전후 일본의 문화외교 연구

저자

김필동(金弼東, Kim Pil Dong)

히토츠바시[一橋]대학 사회학부 석·박사과정(일본사상 전공) 수료 후 히로시마[広島]대학 박사과정(교육문화전공) 졸업, 박사학위(Ph.D) 취득. 한국일본학회 부회장, 일본국제교류기금펠로(2000년), 국제일본문화연구센터(日文研) 객원연구원(2008년) 등 역임. 현재 세명대학교 일본어학과 교수로 재직 중.

주요저서로는

『일본적 가치로 본 현대일본』(2007년도 대한민국학술원 우수학술도서 선정)
『근대일본의 민중운동과 사상』(2007년도 문광부추천 역사 분야 우수학술도서 선정)
『일본·일본인론의 재발견』(2008년도 대한민국학술원 우수학술도서 선정)
『리액션의 예술 일본대중문화』(한국출판협회 선정 청소년 교양학술도서 선정)
『일본문학 속 에도·도쿄 표상 연구』(공저, 2010년도 대한민국학술원 우수학술도서 선정)
『일본의 정체성』, 『일본사상의 이해』, 『日本語で日本を歩く』, 『交渉する東アジア』(공저) 등 다수.

전후 일본의 문화외교 연구

초판인쇄 2014년 12월 10일 **초판발행** 2014년 12월 20일
지은이 김필동 **펴낸이** 박성모 **펴낸곳** 소명출판 **출판등록** 제13-522호
주소 서울시 서초구 서초중앙로6길 15(란빌딩 1층)
전화 02-585-7840 **팩스** 02-585-7848
전자우편 somyong@korea.com **홈페이지** www.somyong.co.kr

값 54,000원 ⓒ 김필동, 2014

ISBN 979-11-85877-74-7 93910

이 저서는 2010년도 정부재원(교육과학기술부)으로 한국연구재단의 지원을 받아
연구되었음(NRF-2010-812-A00180).

전후 일본의 문화외교 연구

A Study on
Cultural Diplomacy
of Postwar Japan

김필동 지음

소명출판

일러두기
- 영단어 중 그 자체가 의미 파악에 더 수월할 경우 한글로 번역하지 않고 영단어 그대로 표기하였다.
- 'public diplomacy'의 번역은 한국에서 사용하는 '공공외교', 일본에서 사용하는 '홍보문화외교' 두 가지를 문맥에 따라 혼용하였다.
- 일본어의 한글표기는 외래어 표기법에 따랐다. 그러나 저자의 판단하에 실제 발음을 살리는 것이 더 좋다고 여겨진 경우에는 그에 따라 표기하였다.

또 하나의 일본 이해서가 되기를 기대하며 ……

일본문화에 대한 세계의 관심증대와 함께 일본어학습자 수가 해마다 증가하고 있다. 일본의 경제력과 국제적 지위변화를 반영한 당연한 현상으로 간주할 수 있으나 그 이면에는 일본문화의 매력과 팝 컬처에 대한 각국 청소년들의 관심고조라는 또 다른 동기부여가 존재한다. 21세기의 국력은 문화콘텐츠산업이 성패를 가를 것이라는 예측이 점차 현실화되고 있는 가운데 일본의 문화콘텐츠는 세계 청소년들의 마음을 사로잡으며 일본이나 일본에 대한 긍정적 이미지를 국제사회에 확산시켜가고 있다. 소프트파워의 중요성을 다시 한 번 확인시켜주는 사례이다.

전후 일본의 이미지가 '후지야마 게이샤'에서 '트랜지스터 세일즈맨', '이코노믹 애니멀', '일본주식회사', '상인국가' 등으로 이어지면서 경제적 실리에 집착하는 다소 부정적인 국가상이 각인되어 있었던 시기를 상기하면 최근 진행되고 있는 '쿨 재팬'의 세계화는 그야말로 격세지감을 느끼게 한다. 일국에 대한 국제사회의 이미지가 수십 년 사이에 이렇게 급변한 사례가 또 있는지 의문이지만 근대를 선도해온 구미문화의 영향력 쇠퇴를 고려하면 그다지 길지 않은 시기에 패전국 일본의 문화적 영향력과 국격(国格)의 향상은 주목할 가치가 있다.

소프트파워의 강화를 통해 '존경'받는 국가로 부상하기 위한 일본의 노력은 이미 제국시대부터 시작되었고 전후에는 경제대국으로 떠오른 1970년대부터 본격화되었다. 그런 흐름은 일본정신과 국가의식의 함양을 외치며 '강한 일본'의 '국제화' 전략을 주창하기 시작한 1980년대의 이데올로기를 거쳐, 1990년대가 되면 'GNP 세계 2위, ODA 세계 1위인 일본이 존경받지 못하는 나라 일본'으로부터 벗어나기 위해 무엇을 해야 할 것인가라는 국가의 '품격' 논의를 낳으면서, 국가 · 기업 · 개인 모두가 '일본'의 발신과 행동을 강조하는 '문화대국 일본'의 건설로 귀결된다.

그 배경에는 국제공헌을 둘러싸고 국제사회로부터 경제대국 일본에 대한 시선이 차가웠다는 것에 대한 반성과 일본사회가 자신들의 역할에 대한 국제사회로부터 평가가 제대로 이루어지지 못하고 있다는 것에 대한 반감이 작용하고 있었다. 이 무렵부터 일본사회는 국내외의 문화정책이나 외교노선에 일본문화의 자긍심고취와 적극적인 해외발신을 보다 중시하는 전략을 추진하기 시작했고, 장기적인 관점에서 대시민외교를 강화하여 일본의 내셔널 이미지 체인지에 국력을 결집했다. 일본적 가치의 확산을 위한 이념설정과 체제구축이 문화외교의 핵심이 되었고, 국격을 높이기 위한 다양한 노력이 범국가적인 차원에서 구체화되었다.

본서는 그 역사적인 흐름, 요컨대 전후 일본사회가 일본문화의 국제화를 위한 국민적 에너지를 결집하여 패전국에서 경제대국, 문화대국으로 변신해가는 과정을 문화외교의 관점에서 일본의 국제적 지위변화와 관련지어 종합적으로 분석한 것이다. 여기에는 '일본적 가치'론을 통해 일본문화의 '전체상' 해명을 강조하는 저자의 일본문화연구의 기본적인 문제의식이 반영되어 있다. 본 연구를 시작하여 6년의 시간이 흘러 겨우 전체적인 윤곽을 잡았다. 언제나 그러하듯 완벽한 내용으로 독자들에게 다가가지 못하는 아쉬움은 있으나 본서가 일본의 실체를 이해하는 또 하나의 계기가 되기를 진심으로 기대해 마지않는다. 본 연구에 물심양면의 지원을 아끼지 않으신 국제일본문화연구센터(日文研) 고마츠 가즈히코(小松和彦) 교수님께 지면을 빌어 감사의 말씀을 드린다.

2014년 9월

김필동

○ 목차

머리말 3

제1장 **일본문화와 문화외교**

들어가면서 11

1. '문화외교' 연구의 방법론과 문제의식 13
   1) '문화외교' 연구의 문제의식 13 ▮ 2) '문화외교' 연구의 배경 17
2. '일(日)'의 '일본문화'의 이해와 '문화외교'의 개념 25
   1) '문화'인식의 역사성―근대 이후 25 ▮ 2) '문화'인식의 역사성―전후 31 ▮ 3) 일본문화와 '의식혁명의 시대' 36
3. 전후 일본의 '문화외교'의 추이 42
4. 맺음말―일본적 가치의 역사성 49

제2장 **제국일본의 '일본문화'의 외교 전략화**

들어가면서 61

1. 제국일본의 대외 문화사업 구상 63
   1) 국책으로서의 문화사업 인식 63 ▮ 2) 문화의 '외교'화 여론 70
2. '제국문화'의 '해외선양' 체제의 구축 76
   1) 제국일본의 문화적 리더십 추구 76 ▮ 2) '국제문화진흥회' 설립 81 ▮ 3) 동방의 주체로서의 '일본문화' 89
3. '일본문화'의 해외발신에 대한 국민적 지지 92
4. 맺음말―문화외교 '이념'의 전승 101

제3장 **일본의 전후부흥과 문화외교**

들어가면서 109

1. 전후 일본의 외교노선―'경제외교'의 중시 111
   1) 점령군지배와 요시다의 외교철학 111 ▮ 2) 외교통상정책의 성과와 전후부흥의 완료 119
2. 전후 일본의 부흥과 외교 전략의 변화 122
   1) 전후 일본의 동아시아 인식 122 ▮ 2) 동아시아 외교 전략의 의미 127
3. 전후외교에 있어 '문화외교'의 인식 130
   1) 일본적 가치의 대외지향성 130 ▮ 2) 문화외교의 주목 134
4. '문화외교'의 추진 경과와 실태 139
   1) 배상을 통한 문화교류정책 139 ▮ 2) 선진문화수용을 위한 문화교류정책 146
5. 맺음말―'문화외교'노선의 의의 157

제4장 **일본의 국제지위변화와 문화외교**

들어가면서 165

1. 일본의 고도경제성장과 국제사회의 지위변화 167
   1) 전후부흥과 고도성장의 문화적 기반 167 ▮ 2) 일본경제의 약진과 국제적 지위 향상 171

2. 일본의 국제지위 변화와 대외문화교류 협력체제의 강화 177
   1) 국제문화진흥회의 재정비 177 ▮ 2) 학술·인물교류 확대를 위한 체제 정비 181

3. '동아시아' 문화교류의 강화—아시아제국의 국가 건설에 '공헌' 185
   1) '반공'전선의 구축과 '동아시아' 경제협력 구상 185 ▮ 2) '동아시아' 기술협력·교류의 강화 192
   3) '동아시아' 학술·교육교류의 확대 197

4. 구미문화교류의 확대—일본문화의 우수성 전파와 재평가 시도 201
   1) 유럽제국과의 문화교류 201 ▮ 2) 북미문화교류의 추이 205 ▮ 3) 일본어·문화의 발신노력 강화 209

5. 맺음말—문화교류협력의 성과와 한계 212

제5장 **경제선진국 일본의 문화외교**

들어가면서 221

1. '경제대국 일본'의 자긍심 223
   1) 국제질서의 급변과 일본의 다각적 외교노선 223 ▮ 2) 일본의 국제지위 변화와 일본사회의 자긍심 227

2. 국제사회의 비난고조와 일본사회의 '자기인식'의 결여 232
   1) 통상마찰의 심화와 국제사회의 여론악화 232 ▮ 2) 외교노선에 있어 '자기인식'의 반영 240

3. 국제외교환경의 변화와 문화외교의 질적 변화 246
   1) 경제활동과의 불균형해소 246 ▮ 2) 문화·교육 분야의 협력 강화 253

4. 문화외교의 성과와 과제—'국제화'의 관점에서 262

5. 맺음말—80년대의 전망을 겸해 269

제6장 **국제국가 일본의 문화내셔널리즘과 문화외교**

들어가면서 281

1. 일본경제의 국제지배력 확대와 국제사회의 시선 283
   1) 국제정세의 불확실성과 일본경제의 상대적 지위변화 283 ▮ 2) 구미로부터의 압력—문화마찰의 본격화 293
   3) 아시아로부터의 시선—기대와 우려의 교차 299

2. 일본의 '선진대국' 가치관과 문화외교 이념 304
   1) '선진대국' 가치관의 외교노선 반영 304 ▮ 2) '국제화'의식의 반영 308

3. '선진대국' 일본의 문화외교 추이   312

   1) 체제의 확충과 다면적 교류·협력의 확대 312 ▮ 2) 일본문화의 연구·발신체제의 강화 322

   3) 문화협력사업과 대외홍보활동의 강화 327 ▮ 4) 민간·지방레벨에서의 문화교류 활성화 334

4. 문화교류활성화의 성과와 한계―'세계에 열린 일본'이라는 관점에서   337

   1) 다문화공생의 가능성 모색 337 ▮ 2) 일본인으로서의 아이덴티티 문제 340

5. 맺음말―90년대의 전망을 겸해   345

제7장   **일본의 글로벌 리더십 구현과 문화외교**

  들어가면서   359

  1. 국제질서의 구조적 변화와 일본의 외교 전략   361

    1) 일본의 '적극적 역할'론 361 ▮ 2) '적극적 역할'론의 좌초―정치외교적 측면 368

    3) '적극적 역할'론의 좌초―경제외교적 측면 375

  2. 문화외교의 이념설정과 글로벌체제 강화   384

    1) 냉전 후 문화교류의 이념 384 ▮ 2) 문화외교의 글로벌 체제의 강화 391

  3. 글로벌 문화외교의 추이   399

    1) 동아시아로의 '정서적 회귀' 움직임 399 ▮ 2) '일·ASEAN 다국적 문화미션' 412 ▮ 3) 대미문화외교의 강화 417

    4) EC통합과 대 EU문화교류 강화 424 ▮ 5) 문화대국화의 지향과 교류저변의 확충 433

  4. 글로벌 문화외교의 성과   443

  5. 맺음말―21세기 문화외교에 남긴 과제   450

제8장   **일본적 가치의 세계화 전략과 문화외교**

  들어가면서   465

  1. '신생일본'의 외교노선   467

    1) '신생일본'의 외교 이념 467 ▮ 2) 일본외교의 신기축으로서 '자유와 번영의 호' 479

  2. '신생일본'의 문화외교의 이념과 체제   489

    1) '홍보문화외교'의 강화와 '보편적 가치'의 발신체제 구축 489

    2) '일본브랜드'의 발신 강화와 내셔널 이미지 체인지 499 ▮ 3) '쿨 재팬(Cool Japan)'의 '문화가치 입국' 구현 507

  3. '신생일본'의 문화외교 추이   514

    1) 아시아문화외교―멀티트랙 전략 514 ▮ 2) 대미문화외교―'안정과 번영'을 위한 지적교류의 확대 529

    3) 대EU문화외교―'기본적 가치'를 공유하는 글로벌 파트너십' 구축 536 ▮ 4) ODA의 전략성 강화 541

    5) 국제교류기금의 지적교류 강화 555 ▮ 6) 지역사회의 내향적 국제화 추구 563

4. '신생일본'의 문화외교의 특징 572

5. 맺음말-문화외교의 의미를 음미하는 여유 583

제9장 금후의 전망과 한국의 문화외교에의 제언

들어가면서 597

1. 일본의 문화외교가 시사하는 것 599

2. 한국의 문화외교의 추이 605

　1) 한국의 문화정책·교류의 회고 605　∥　2) 문화교류·정책의 '공공외교'화 체제 구축 612

3. 한국의 문화외교에의 제언 623

　1) 한일문화교류의 회고와 패러다임 전환 623　∥　2) 문화교류·정책이 지향해야 할 가치─동아시아를 중심으로 637

　3) 문화외교 강화를 위한 제언 644

4. 맺음말-'가치입국'의 구현 657

제10장 '한류'의 재인식 ─ 가치지향의 문화외교의 시점

들어가면서 669

1. 동아시아 '한류'의 현재 671

　1) 중화권의 '한류' 672　∥　2) 동남아의 '한류' 677　∥　3) 일본에서의 '한류' 683

2. 한류의 자성과 지향해야 할 가치 689

　1) 한류의 실체와 위상 689　∥　2) 한류가 지향해야 할 가치 697

3. 맺음말-'가치창출'의 한류 707

참고문헌 717

저자후기 745

제1장
일본문화와 문화외교

들어가면서

인류사에서 문화를 매개로 한 교류의 역사는 오래되었다. 이 경우 '교류'의 시점에서 본 '문화'의 정의는 광의적으로 해석할 수 있고 동시에 문화적 배경이 서로 다른 집단 간에는 다양한 형태의 접촉이 발생한다는 것을 쉽게 확인할 수 있다. 그 접촉을 '문화교류'라고 이해한다면 교류의 형태는 이문화끼리의 자연발생적인 접촉에 의한 것과 국가라든가 집단이 자신들이 의도하는 어떤 목적을 갖고 정책적으로 행하는 교류로 구분해 볼 수 있다. 문화교류[1]라는 것은 이렇게 양면성을 갖고 있지만, 이를 국가 혹은 국제적 관계에서는 포괄적으로 '국제교류' 또는 '국제문화교류'로 이해하고 있다.

일본의 경우는 19세기 후반 근대국가로 탈바꿈하면서 '화혼양재(和

魂洋才)'의 정신으로 부국강병을 실현했으나 제국의 위용을 드러내기 시작한 1920년대부터는 국경을 초월하는 일본문화의 '교류'에 중점을 두고, 그것을 '문화사업' '문화공작' '문화외교'의 관점에서 접근하기 시작했다. 가토 슈이치(加藤周一, 1919~2008, 조치대 교수 역임)가 일본문화를 "잡종문화의 전형"[2]으로 정의하며 일본문화의 적극성을 평가한바 있듯이 지배층 역시 일본문화의 우수성에 대한 자신감을 바탕으로 영향력 확대를 시도한 것이다. 소위 하드파워로 동아시아의 패권적 지위의 구축에 성공하자 이번에는 소프트파워로 대동아지배의 정당성과 영속성 확보를 도모한 것이다.

이를 위해 일본은 국가가 적극적이고 체계적으로 '지도관리'하는 문화교류체제를 확립하여 일본문화의 목적지향적인 해외 전파와 일본의 국제적 지위향상을 도모하는 방향성을 모색했다. 그 역사성은 오늘날까지 일관되게 추구되고 있는 일본문화외교의 특징이자 일본적 가치의 전형이기도 하다. 바꾸어 말하면 일본사회에서 '문화'를 둘러싼 통합적 가치의 형성과 그것을 활용한 '외교'적 활동의 역사는 근현대의 일본적 가치의 대외지향성을 상징하는 하나의 유력한 사례로 주목할 수 있다는 것이다. 전전·전후 일본의 문화정책의 추이와 국제문화교류의 효과를 극대화하려는 문화외교의 실태를 분석해 보면 자연스럽게 확인할 수 있다.

문화교류를 국익을 위해 전략적인 외교수단으로 활용하려는 의도는 일본만의 특징은 아니지만 근대 이후 아시아에서 가장 먼저 중시한 나라는 일본이다. 이에 본 장에서는 일본의 '문화외교'의 역사와 전모를 '전체'[3]적 고찰이라는 틀 속에서 분석한다는 전제하에, 우선 문화론적 관점에서 일본의 '문화외교'를 분석하는 연구사적 의미를 저자의 종래 일본문화연구방법론과 관련지어 파악하는 시점을 제시하고, 동시에 전후 일본의 지배계급의 '일본문화'에 대한 이해(역사적 경위를 포함하여)와 '문화외교'의 개념 등을 정리해 보고자 한다.

1. '문화외교' 연구의 방법론과 문제의식

1) '문화외교' 연구의 문제의식

전후 일본의 법학자로서 명성을 날린 가와시마 다케요시(川島武宜, 1909~1992, 도쿄대 교수, 변호사)는 루스 베네딕트(Ruth Benedict, 1887~1948, 인류학자)의 『국화와 칼』에 대해 다음과 같이 평가를 한 적이 있다.[4]

무엇보다도 언급하고 싶은 것은 한 번도 일본을 방문한 적이 없음에도 불구하고 이렇게 많은, 게다가 중요한, 언뜻 보면 매우 사소한 것임에도 불구하고 실은 극히 중요한 사실을 모아 그에 의거하여 일본인의 정신생활과 문화에 대해 이렇게 생생하게 전체상을 묘사하고, 또 그것을 분석하여 전체에 대해 결정적인 의미를 갖는 듯한 제 특징을 묘사해 내었다고 하는, 저자의 정말 놀라운 학문적 능력에 대해서이다.

가와시마의 평가처럼 베네딕트는 명확한 문제의식과 풍부한 자료, 그리고 그것을 객관화 시킬 수 있는 이론적 분석의 깊이를 보유하고 있었다. 『국화와 칼』에 대한 논자들의 평가는 엇갈리지만 전후 일본문화론의 명저로 세계적으로 주목받을 수 있었던 것은 일본문화의 전체상을 분석하고자 하는 문제의식과 연구방법론이라는 '학문적 능력'을 보유하고 있었기 때문이다. 그동안 한국에서의 일본문화연구가 양적인 풍요로움에도 불구하고 연구사(史)적인 측면에서 여전히 정체(停滯)적 상황을 극복하지 못했다고 한다면 그 이유는 바로 여기서 찾아야 할 것이다.

저자는 한국에서의 일본문화연구를 심화시키기 위해서는 학계의 인식재고와 함께 주제로서 일본문화의 내용도 일본사회의 이데올로기나 일본인의 아이덴티티의 문제, 일본의 사회구조나 일본인의 전통적인 사유양식의 특성, 일본인의 의식구조의 변화나 그와 관련된 문화형태의 변용과 같은 부분에까지 확대하여 근원적이고 동태적인 관점에서 일본문화의 심층을 논하는 시점을 확보할 필요가 있다고 언급한 바 있다. 그리고 그 연장선상에서 일본·일본인·일본사회가 체현(体現)하는 일반적 정서의 심리 및 전통적인 사유양식이 반영된 문화양태를 통사적 관점 내지는 사회구조적인 측면에서 분석하는 연구를 '일본문화연구'로 규정하여, 이를 위해서는 적어도 두 가지의 전제조건이 충족되어야 한다고 지적했다.[5]

우선 일본인의 의식구조나 행동양식, 전통사상이나 관행, 법이나 제도(혹은 다른 관점) 등에 의거한 일관된 논리로 일본의 사회문화의 제 현상에 나타나는 내면적 특성을 분석하고자 하는 문제의식이 필요하다.

요컨대 의식구조나 행동양식의 분석 → 그것을 잉태하는 사회구조의 분석 → 일본문화의 특징해명 → 타 문화와의 비교 등의 과정을 거쳐 구조적이고 심층적인 시야를 확보하는 노력이다. 이것은 한국에서의 일본문화연구에 대한 생육기반(生育基盤)의 강화와 이문화연구의 객관성 확보, 국제사회에서 대일연구의 비교우위를 위해서도 중시되어야 할 조건이다.

두 번째는 문제의식을 객관적인 결과로 도출하기 위한 폭넓은 자료의 수집과 과학적인 연구방법론의 단련이 필요하다. 재론의 여지가 없는 당연한 것이지만 유감스럽게도 한국의 일본문화론은 이 부분에 상당한 취약점을 안고 있었다. 특히 방법론에서 예를 들면 현실생활에 있어 일본인의 사유양식의 독자성의 분석 → 사유양식과 그 집합체인 문화양태의 상관관계 분석 → 그 결과로서 규정된 제도나 관행 등이 다시 일본인의 의식세계를 속박하는 형태를 연속·순환적으로 분석하는 방법론의 단련이다. 이문화의 특성을 전체적인 관점에서 이해하기 위한 필수적인 것이다.

달리 언급하면 분석대상의 주제설정에 대한 문제의식, 충실한 자료의 확보와 분석, 그리고 선험적 가치관에 얽매이지 않는 연구방법론의 확보 등은 이론의 비약이라든가 왜곡을 근원적으로 차단할 뿐만 아니라 이문화의 심층적 이해를 가능하게 하는 출발점이라고 할 수 있다. 일본의 국내외로부터 주목받아온 일본문화론을 접해보면 모두 이러한 '기본'에 충실해 있다.

1990년대 중후반부터 주목받기 시작한 한국논단의 일본문화론이 취약한 기반 속에서 그 나름대로 성과를 거두었음에도 불구하고,[6] 임팩트가 강한 일본문화론이 잘 등장하지 않았던 것은 두 가지의 전제조건 = '기본'이 연구자의 의식 속에 각인되어 있지 않았기 때문이다. 저자가 제기한 '일본적 가치'론의 이론적 토대는 이상의 문제의식과 연구방법론에 의해 지탱되고 있고(이를 종합적으로 요약하면 〈표 1-1〉과 같다),[7] 본 연구의 문제의식도 이 토대로부터 출발했다.

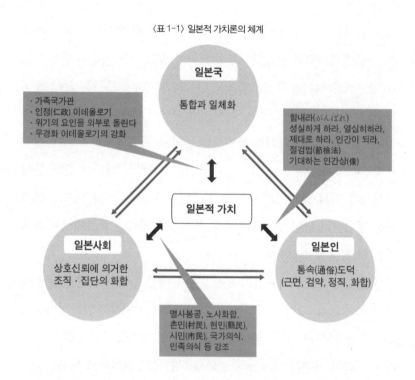

〈표 1-1〉 일본적 가치론의 체계

따라서 본 연구는 지금까지 저자의 일본사상·문화연구의 성과를 바탕으로 ① 일본문화연구의 시점에서 전후 일본의 '문화외교'의 실체(이데올로기, 체제, 추진과정, 성과와 의의 등)를 분석하고, ② 그 결과가 스스로의 목적지향적 가치와의 부합 = 일본적 가치의 확대재생산을 통해 새로운 국가이미지 창출에 기여하고 있는가, ③ '문화외교'가 국제관계의 변화를 촉진시키는 동력으로서 어떠한 역할을 하고 있는가 등을 종합적으로 고찰하려는 문제의식에서 출발했다.

이 과정에서 주목하고 싶은 것은 기존의 국제정치의 역학구조와의 관련 속에서 문화외교를 파악하는 방법론이 아니라 ① 일본인의 사유양식과 지배계급의 이데올로기 등이 역사를 통해 형성해온 인식론적·실천론적 '문화'의 실체이고, ② 그것이 일본의 국제적 지위변화를 반영한 '외교'정책과 결합하여 어떠한 형태로 나타나 역사 속에 계승되고 있는가라는 점이다. 요컨대 일본의 '문화'와 그 문화가 발신하는 제 가치를 중시하는 '일(日)'[8]의 사유양식이 '외교'를 매개로 하여 추구하려고 한 가치 및 그 결과와 의미를 실증 구체적으로 분석하는 방법론이다.

2) '문화외교' 연구의 배경

'일(日)'의 사유양식과 '외교'의 접점을 가능하게 한 배경에는 다음과 같은 3개의 시점이 내재되어 있다. 첫 번째는 일본의 문화외교의 생육 기반으로서 일본의 국제문화교류와 일본문화형성의 역사적 기반을 고려하는 시점이다. 일본사회의 발전을 한마디로 요약하면 '국제교류'를 통한 '수용'과 '발신(発信)'의 역사라고 할 수 있다. '수용'의 관점에서 보면 고대는 대륙의 문화를 받아들여 '화혼한재(和魂漢才)'를, 근대 이후에는 서구의 문화를 받아들여 '화혼양재(和魂洋才)'를 실현했다. 끊임없이 국가의 문명·문화 진화의 원동력으로서 당해(当該)의 선진문명을 적극적으로 흡수하면서, 그것을 '일본화'하는 '창조적 수용'을 실천해 왔다.

특히 근대 이후에는 서구로부터의 문화수입과 문명의 발전속도가 세계에서도 유례를 찾아보기 어려울 정도로 빠르게 진행되었다. 서구 문물을 배우기 위한 유학생이 진국에서 해외로 향했고, 서양의 기술자들이 일본정부의 초청으로 전국각지에서 식산흥업의 열기를 선도했다. 서양문화에 대한 일본사회의 "탐욕스러움"은 "골수까지 빨아들일" 정도로 강렬했고, 이런 열기가 "일본을 근대국가로 성립시킨 최대의 요인"[9]이었다는 사실에 이론을 제기하는 사람은 없다. 역사학자 츠지 젠스케(辻善之助, 1877~1955)는 이를 "일본민족의 소질의 우수함"과 "포용력이 큰 일본문화의 특징"[10]으로 규정하며 그것이 가능했기에 지금의 일본이 있다고 했다.

또 '발신'의 관점에서 보면 마치 창조적 수용의 결과를 반영하고 있는 것처럼 전근대의 서구에 대해서는 일본의 전통문화를 서양에 비견할 수 있는 훌륭한 문화로서, 근대 이후의 아시아에 대해서는 근대국가로서의 문화우위성을 전제로 일본문화의 해외보급과 자기계발에 노력해 왔다(이 과정에서 아시아는 제국일본이 주창한 '공영(共榮)'의 환상과 결합된 일본의 근대문명과 문화를 강제로 이식받은 아픈 체험을 경험했다). 전후 일본이 취한 서구·아시아에 대한 문화교류정책도 기본적으로는 이러한 골격으로부터 조금도 변하지 않았다.

이 과정은 일본문화의 아이덴티티형성과도 관련성이 있다. 일본의 경우 고대사회의 국풍(国風)문화의 형성과 발전과정도 그러했지만 근대사회형성기에 확립된 국민문화(National Culture)도, 내셔널 아이덴티티의 확립을 주도한 지배층에 의해 창출되어 일본의 전통문화로서 국민의 정신세계를 지배하는 형태로 계승 발전되어 갔다. 특히 세계문화의 주연(周緣)에 위치하고 있으면서도 '수용'에 의한 자극과 반작용의 원리가 일본의 문화형성과정에 작용하고 있었으며 문화적 통일을 꾀하는 과정에 있어서도 내부의 갈등과 혼란 같은 것은 그다지 일어나지 않았다.

이러한 역사적 특징은 '국체(国体)'를 비롯하여 오늘날 '국민문화제'[11]의 개최나 전국의 교육현장에서 실시되고 있는 '일본의 전통·문화 이해 교육'의 실태에서도 확인할 수 있듯이 일본 근·현대사를 관통하는 문화정책의 DNA이고, 지배계급의 보호하에 일본문화로서 아이덴티파이 해가는 일본사회의 가치관이기도 하다. 21세기의 문화정책의 역사적 기반이나 오늘날 일본문화외교의 이념과 행동지침으로서의 '발신' '수용' '공생'이라고 하는 3대 핵심 축도 바로 이 같은 역사를 계승한 것이다.

두 번째는 '문화'에 의한 외교라고 하는 발상이 이미 제국일본의 대외팽창과정에서 구상되어 실천되었다는 역사성이다. 문화외교에 관한 인식은 일본이 새로운 국제질서를 모색하기 시작한 1920년대를 지나면서 구체화되기 시작한다. 스기우라 요타로[杉村陽太郎]의 경제입국과 문화정책 구상, 오치 모토하루[越智元治]와 야나기사와 다케시[柳沢健]의 국제문화사업구상, 사에구사 시게토모[三枝茂智]의 문화입국책 구상, 마츠모토 마나부[松本学]의 문화국제연맹구상 등이 대표적이다. 이들의 구상 속에서 일본문화의 해외소개, 학술·문화교류의 확충, 일본적 가치의 전파, 일본문화의 학문적 기반 구축과 대외문화정책의 연계, 문화외교와 국민외교론 등이 주창되었다.

이러한 주장은 오늘날 일본의 문화외교정책의 핵이라고 할 수 있는 논리이기도 하다. 일례로 문화정책의 필요성을 역설한 스기우라는 "국세(国勢)를 신장하기 위해 해야 하는 것은 문화정책"이라고 하면서 "우리나라의 우수한 문명을 널리 세계에 이해시키기 위해 국제사회에 우리의 품위를 높이고 우리나라의 국민성에 대한 각국의 존경심을 확보하여 서로 국교의 기초를 단순한 권력 혹은 재력에 의존하지 않고 고상한 상호이해와 존경심의 관념 위에 구축해 가는 것이 국세의 발전에 기여하는 요건"[12]이라고 주장했다.

또 물질적이 아니라 정신적으로도 일본의 문화와 국권(国権)을 세계에 알려 발전시키려고 한다면 "시장의 개척과 함께 서로 문화적 관계의 긴밀함을 꾀해야 한다. 공사관 또는 영사관의 설치와 동시에 과학, 예술, 종교 등 각 방면의 대표적 인물로 하여금 국정(国情)을 밝히게 하고 국민들과의 교제를 형식이나 내용적인 측면에서 돈독하게 해야 한다"[13]고 했다. 문화적 노력을 동반한 정치적·경제적 신장을 강조하면서 문화정책의 목적과 기본 이념을 실현할 수 있는 수단과 방향성을 명확히 제시한 것이다.

문화정책·외교에 대한 일본사회의 현안화는 실질적인 체제의 정비로 이어졌다. 외무성의 내국(内局)으로서 '국제문화사업국'을 설립하겠다는 구상을 비롯해 학예협력국내위원회 내에서의 '국제문화사업'을 둘러싼 논란을 통해 필요성을 공론화해 갔다. 당시 중의원 의원이었던 나카무라 가쥬(中村嘉壽)는 문화외교에 대한 일본의 후진성과 매년 수백만 엔을 쏟아 붙는 대지문화사업(対支文化事業)이 제대로 효과를 거두지 못하고 있다는 지적을 하면서 성과가 없는 문화사업에 사용되고 있는 돈을 국제문화사업국으로 전환시켜 각국의 문화외교를 위해 사용하는 것이 예산을 보다 더 유용하게 사용하는 방안이라는 것을 주장했다.[14]

그러나 외무성은 예산의 한계로 나카무라 의원의 건의를 받아들이지 못하고 민간유지를 망라한 단체를 설립하는 방향으로 대안을 모색했고, 그 과정에서 외무성과 문부성이 관할하는 반관반민의 '민간'단체를 창설했다.[15] 그것이 바로 '국제문화진흥회(国際文化振興会)'이다. 일본의 문화정책이나 문화외교를 관할하는 부서로서 외무성과 문부성이 주축이 되었다는 것은 국가의 대내외적 정치상황을 반영한 시대적인 의미가 있었다.

그 후 '진흥회'는 재계의 적극적인 지원하에 조직의 규모를 팽창시켜 제국의 문화를 해외에 '선양(宣揚)'하기 위한 역할을 충실히 담당해 갔다. 운영은 국제파 화족(華族)과 국제연맹 관계자, 그리고 외무성의 관료들이 주축을 이루었다. 관민일체화의 형태로 문화외교를 추진하는 조직기반을 확립한 것이다. 그 전통이 오늘날 '올 재팬(All Japan)' 체제 확립의 근간이 되었음은 두말할 나위도 없다. 문화외교의 이념과 방향성 그리고 그것을 실현할 수 있는 체제정립에 이르기까지 모든 것이 일본적 가치로서 현대일본의 문화외교의 골격을 그대로 계승하고 있는 것이다.

세 번째는 '문화외교'는 21세기의 일본외교가 지향하는 국가 전략의 요체라는 점이다. 오늘날 국제사회는 다양한 주체가 다양한 형태의 '～외교'를 주창하며 전략외교를 강화하고 있지만, 니콜슨에 의하면 원래 외교(Diplomacy)라고 하는 말은 "어떤 집단과 집단과의 사이에 질서 있는 관계행위"를 의미하는 것이라고 한다.[16] 니콜슨은 이 "관계행위" 를 '교섭(交涉)'이라고 하면서, 교섭은 선사시대의 야만인들조차 행해온 인류의 보편적인 행위였다고 한다. 인간의 섭리로서 교섭을 바라는 의식일반이 집단에 존재한다는 의미이다.

여기서 집단을 국가로 바꾸어 근대적으로 재해석하면 국제사회에서 발생하는 제 문제에 대한 대응(대화나 교섭)이나 국가(이국 간 혹은 다국 간)와의 교제에 관한 종합적이고 목적지향적인 정치활동의 총칭이 외교라는 것, 이른바 니콜슨이 언급한 "교섭에 의한 국제관계의 처리"이자 "외교관의 직무 혹은 기술"[17]인 것이다. 이것이 오늘날 '근대외교'라고 하는 이름으로 국제사회에서 통용되고 있다. 이 경우 외교는 분별있는 행위를 전제로 하는 것이나 "국가의 국익만큼 중요한 말은 없다"[18]고 하듯이 궁극적으로는 일국의 대외정책의 총체적인 목적과 깊은 관련성이 국익(national interest)을 우선시하는 전략적인 어프로치를 추구하게 된다.

현실주의적 관점에서 국제정치를 분석한 대표적인 학자 한스 모겐소((Hans Joachim Morgenthau, 1904~1980, 국제정치학자)는 국익을 국가가 따라야 할 하나의 지침, 하나의 사고기준, 하나의 행동규범으로 정의하여 국가의 대외정책은 순수한 국익에 의거해 결정해야 한다[19]고 언급한 바 있다. 당연한 주장인 듯하지만 국가의 대외정책에 있어 국익을 규정하는 것은 그리 간단한 일은 아니다. 일본이 '불변한 국익'으로 가장 중시하는 것이 "일본의 물리적, 정치적, 문화적 통합성을 보지(保持)"하는 "국방적 이익"[20]이라고 하듯이 국익과 가장 직결되는 요소는 주로 국방·경제·세계질서라고 할 수 있기 때문이다. 이는 각국의 프레젠스에 따라 해석을 달리할 수 있는 여지가 크고, 따라서 국익의 극대화를 추구하는 방식도 사실상 물리적인 힘(power)을 바탕으로 하는 경향이 강했다.

기본적으로 외교는 '외교교섭'이라고 하는 기술적인 측면과 '외교정책'이라고 하는 정치적 측면[21]을 공유하고 있기에 교섭과 정책에 영향력을 미치는 중요한 요소로서, 군사력·경제력을 바탕으로 하는 정치력의 의미를 과소평가 할 수는 없다. 이로 인해 외교는 항상 국제관계, 국제정치, 안보, 경제라고 하는 영역과 결합하여 생각하는 경향이 일반적이고 문화와 같은 소프트한 힘과의 관련성을 강조하거나 활용하려는 시도는 그다지 강하지 않았다.

전후의 국제정치·외교에 대한 주도권싸움이 '힘[力]'을 상징하는 하드파워를 배경으로 일종의 국가 간 권력투쟁의 양상을 띠고 있었기에 어쩔 수 없는 측면도 있었지만 연구의 영역에서도 그 리얼리즘의 시점만이 선행되어 문화의 시점을 경시해온 측면은 재고되지 않으면 안 된다.[22] 조셉 나이가 대외정책에서 눈에 보이지 않는 힘(그 나라가 내면에서 뿜어내는 매력)으로서 소프트파워를 제창한 것은[23] 시대의 흐름을 예측한 매우 적절한 문제제기였다.

이를 반영하듯 오늘날의 국력과 외교력에 있어 문화의 영향력은 물론이고, 정치·경제의 글로벌라이제이션과 결합한 '글로벌한 문화시스템'[24]의 성숙도 갈수록 현저해지는 경향을 보이고 있다. 글로벌 가치의 확산에 대한 위기위식이 각국의 현실정치로 하여금 문화내셔널리즘을 강화하는 자극제가 되고 있고 그것이 또 다른 지역주의를 낳는 부작용을 일으키기도 하지만 '문화상대주의'의 가치를 억압하는 형태로 진행하기에는 역시 한계가 있다.

게다가 문화라고 하는 개념은 역사학에서 '민중'의 개념을 규정하는 만큼이나 어려워, 개략적으로 학술·예술적 작품, 언어·사상, 이데올로기, 기호, 감정, 생활문화, 제도, 역사가 생산하는 각종의 기호, 그 외 심볼 등으로 이해한다 하더라도 그 가치에는 고유성(固有性)뿐만 아니라 인류가 공유할 수 있는 보편성을 내재하고 있다는 사실 또한 간과할 수 없다. 국제사회에서 정치문화나 생활문화를 중심으로 하는 문화 보편화 현상의 확대가 그것을 뒷받침하고 있다.

이 고유성과 보편성을 외교를 통해 국력신장과 국익추구, 국제공헌과 국제협력의 기반으로 활용하는 것은 21세기의 외교정책에 있어서는 결코 빠트릴 수 없는 전략이다. 패전직후 일본사회의 미국화 현상의 이면에 미국의 생활문화가 중요한 영향을 미쳤듯이 냉전시대에도 미국은 문화를 외교수단으로 적절히 활용하여 상당한 성과를 거두어 왔다. 특히 포스트냉전시대를 맞이하여 치열해진 문명의 충돌이나 민족분쟁, 자본주의의 글로벌화가 잉태하는 문화마찰과 다문화공생시대의 구현 등은 문화외교의 중요성을 보다 더 고조시키는 동력이 되고 있다.

2. '일(日)'의 '일본문화'의 이해와 '문화외교'의 개념

1) '문화'인식의 역사성–근대 이후

일본정부는 2004년 12월 관민합동으로 '문화외교의 추진에 관한 간담회'를 발족하여 문화외교에 대한 방향성을 범정부적 차원에서 설정하는 등 "'문화교류의 평화국가' 일본의 창조"에 총력을 기울이고 있다. 일본이 문화외교를 중시하는 배경에는 전술한 것처럼 시대성과 역사성이 존재하기 때문이지만 다른 한편으로는 '변화'라고 하는 또 하나의 특징을 주목하지 않을 수 없다. 이것은 기본적으로는 전후 일본의 국제적 지위변화를 반영한 외교적 대응 전략의 일환으로서의 '변화'를 의미하는 것이나, 동시에 일본문화의 확산과 지지에 대한 자신감을 외교자원으로 극대화하려는, 문화외교의 본질에 대한 '발상의 변화'를 의미하는 것이기도 하다.

시대가 주목하는 문화를 외교와 결합시키겠다는 의지는 '팝 컬처'의 문화외교자원화가 대표적인 사례이다. 아소[麻生太郎] 외무대신의 '문화외교의 신 발상'(2006.4)에 의하면, 지금 일본의 문화외교에 필요한 것은 ① 현대문화의 상품화, ② 민간부문과 외무성의 호환(互換)관계의 수립, ③ 올 재팬 체제의 구축이라고 했다.[25] '신 발상'을 통해 우선 확인할 수 있는 것은 문화외교 강화를 위한 범국가적 대응체제의 확립과 문화를 일본외교 자원의 핵심으로 간주하려는 인식, 그리고 문화의 상품화와 발신능력의 강화이다. 일본이 보유하고 있는 문화력을 범국가적 차원에서 발신해가는 능력을 강화하는 것이 일본외교에 요구되고 있는 새로운 발상이라는 것이다.

'문화'라고 하는 넓은 의미에서의 유·무형의 고유자산을 판매의 수단으로 고려하는 발상도 문제이지만, 그것을 지배이데올로기의 틀 안에서 일국의 외교정책의 수단으로 관리하여 체계적으로 해외에 송출하려는 의지 역시 일본적인 발상이다. 현대사회에서 점차 사회적 지위를 높여가고 있는 팝 컬처의 위상을 감안하더라도 다소 난폭한 논리라는 느낌을 지울 수 없으나 실은 현대일본문화의 세계화 현상[26]을 반영한 일본의 정계와 문화행정당국, 그리고 민간의 어드바이저(advisor)들에게 보이는 일반적인 시각이기도 하다.

소위 21세기의 '국격(国格)'은 문화력과 직결된다고 하는 시대적 인식과 문화력을 보유하지 못한 경제대국은 '일본주식회사'에 지나지 않으며 그래서는 세계로부터 '존경받는 나라'가 될 수 없다는 과거의 경험이 일본의 지배층으로 하여금 국제사회로부터 강한 흡인력(co-option)을 발휘하고 있는 일본의 현대문화를 주목하게 만든 것이다. 특히 같은 패전국이면서도 근대사회의 하이컬처를 주도한 문화국가로서 미국의 동경의 대상이기도 했던 전후의 독일[27]의 예를 상기해 보면 비슷한 경제부흥과정을 거쳐 온 라이벌로서 일본이 추구해야 할 목표는 분명했다.

게다가 21세기의 생활문화를 중심으로 '세계의 일본화'를 외치며 국제사회에서 확고한 문화선진국의 지위를 구축하려는 의도를 노골적으로 드러내고 있는 일본의 이데올로그(ideologue)들에도 세계 각지에서 주목받고 있는 현대일본문화의 저력은 일본의 국격을 향상시킬 수 있는 새로운 동력이었을 것이다. 이를 범국가적 차원에서 외교적 자원으로 승화시켜 간다면 현대문화를 주도하고 있는 '문화국가'로서 '대국 일본'의 실현이 멀지 않았다는 인식이다.

그렇다면 현재 일본의 지배층은 '문화' 내지는 '문화력'을 '현대문화'를 중심으로 이해하고 이를 정책이나 외교에 반영하고 있는 것일까. 물론 그렇지 않다. 거기에도 당연하지만 하나의 역사성이 존재한다. 우선 일본사회에서 '문화'가 언급되기 시작한 것은 근대 이후이다. 근대로 접어들면서 일본의 지식인사회는 '문화'를 독일어의 문화 개념을 사용하여 "고도의 정신적인 소산"으로 파악하기 시작했다. 영어용법과 혼합된 독일어용법의 '문화'의 개념은 "품위 있는 용어, 무게가 있는" 용어로서 "Kultur"이고, 이것은 "18세기 이래 게르만국민의 언어와 본질의 모든 차원에서의 표현을 나타내는 것"[28]이었다.

당시 서구사회에서 '문화'는 영국의 매튜 아놀드(Matthew Arnold, 1822~1888, 시인, 비평가)의 주장[29]처럼 문화를 교양으로 생각하며 마치 지식인들의 전유물로 인식하는 경향이 강했다. 지식인들의 독자적인 가치관을 중시했다는 것은 '문화'를 개인적인 수양이나 인간과 사회의 국부적인 활동의 영역으로 제한했다는 것으로 이해할 수 있다. 이 점은 인류의 진보라는 역사적 전망을 상징하는 '문명'이라는 개념에 비하면 협의적이라는 느낌을 지울 수 없다.

특히 18세기의 학문 · 예술 등의 정신 분야에서 게르만민족의 활약상을 일본의 지식인사회가 높이 평가하고 있었기에 그런 시대적 인식이 '문화'의 개념을 정립하는데 상당한 영향력을 미쳤다고 볼 수 있다. 그러나 이 과정에서 일본의 지식인사회도 문화를 정신적 · 도덕적 향상을 꾀하는 교양과 일체화시키고 그것을 향유할 수 있는 주체 역시 높은 수양을 겸비한 엘리트계급에 국한시켜, 대중은 문화를 향유할 수 있는 주체로부터 철저하게 배제시켰다는 한계점도 노정했다.

서양의 문화발달과정을 특징지은 이 귀족주의적 개념은 근대사회 형성기 일본의 지식인 사회를 그대로 지배해 갔다. 근대 초기 일본사회의 가치관을 반영하듯(당시 근대국가로의 탈바꿈 과정에서 지식인들과 언론이 주로 언급했던 주제가 문명과 문맹, 개화와 미개의 논리였다. 이항대립적 논리 속에 민중은 항상 계몽의 대상이었다) 문명개화를 주도한 계몽적 지식인들의 우민관(愚民観)에 그 실체가 상징적으로 나타났고,[30] 전제(専制) 정부에 대항한 자유민권운동가들의 사유양식도 민중들의 의식세계와는 동떨어진 차원에서 '문화'가 제창되었다.[31]

일본의 근대사회형성기의 지식인들이 자유, 문화, 사상 같은 개념들을 민중들과 격리시켜 이해하는 것은 일반적인 흐름이었지만, 그것을 향유하는 층에서 조차 민중을 배제하는 논리에 대해서는 일부 지식인에 의한 비판적 고찰도 없지 않았다.[32] 그럼에도 문화에 대한 협의적(狹義的) 이해와 문화형태를 엘리트층의 독점적 전유물로 생각하는 발상은 그다지 변화지 않았다. 서구문명의 흡수를 통해 일본의 근대화에 국가의 명운을 걸었던 당시 지배층의 의식 일반에 비추어 보면 민중은 오로지 계몽의 대상이었기에 이 같은 '문화'론이 횡횡할 수밖에 없었다.

'생활문화'의 관점

그러나 근대국가의 시스템이 거의 완성된 19세기 말이 되면 '일본고유의 문화'를 강조하는 미야케 세츠레이(三宅雪嶺, 1860~1945, 철학자, 평론

가) 등이 주축이 된 잡지 『일본인』이, 구가 가츠난(陸羯南, 1857~1907, 정치평론가)이 발행하는 신문 『일본』 그리고 도쿠토미 소호(德富蘇峰, 1863~1957, 사상가)가 주축이 된 『국민의 벗』 등이 국민들의 관심 속에 애독되면서 독자적인 문화를 과시하여 일본의 아이덴티티를 확보하려는 움직임이 본격화 된다.

그들의 주장에는 '보편적인 문명'이 전제되어 있었고 산업의 발달로 인해 일본도 문명국의 일원이 되었다는 자부심이 깔려 있었다. 제국대학에서 '국사학과'와 도쿄미술학교에서 '일본미술사'가 개설되고, 가부키가 일본문화를 대표하는 '고전'예능으로 거듭나고, 고유한 '일본의 문화'가 '우리들 일본인'을 만들었다고 하는 역사의식이 형성[33]된다. 일반국민의 입장에서 서구의 문명을 수용하여 일본의 근대화를 추진해야 한다는 주장이 설득력을 갖게 된 것도 이 무렵부터이다. 일본 고유의 문화에 대한 일본사회의 자의식이 확산되고 자유주의나 평등주의를 통해 문화를 향유하고 생산하는 주체로서 평민이 주목받기 시작한 것이다.

일본문화에 대한 재평가 움직임은 일본의 본격적인 대외침략과정에서 싹트기 시작한 일본문화의 선양(宣揚)의식과 맞물리면서 보다 탄력적으로 변하기 시작한다. 구체적으로는 당시의 지도층이 문화를 대외정책의 일환으로 활용하려고 하는 구상을 추진하는 과정에서 나타났다. 대표적인 인물이 이 무렵 제국일본의 대외 문화사업을 주도한 사에구사 시게토모(三枝茂智)였다. 그는 문화와 문명을 동일 개념으로 파악하면서 그것은 "자연"이라고 하는 언어에 대비되는 말이자 "경제적 생활, 예술활동, 정치생활, 종교생활, 지적생활의 진보발달"이라고 했다. 이른바 "사회생활의 최고수준으로 향상시킨다는 의미"[34]로 정의한 것이다.

이를 문화의 "최광의(最広義)"적 해석으로 간주한 그는 보다 협의(狭義)적으로 해석하면 "자연"에 첨가된 가치, 소위 "순수의 가치 또는 정신 문명이라고 하는 범위에 속하는 사항은 물론 그 이외에 있어서도 가치라고 하는 방면을 주로 그 존재의 방면으로 하고 있는 사물, 즉 주로 가치적 존재를 갖고 있는 사물도 우리의 목적주관을 가미함으로써 이들 일체를 문화하고 하는 문자, 문화재라고 하는 문자 속에 포함"[35] 할 수 있다는 것이다. 어떠한 의미를 부여하고 만들어내느냐에 따라 그 가치가 달라진다는 논리이지만, 그는 여기서 그치지 않고 이를 생산, 교환, 소비라는 관점에서 접근하면 그것이 바로 "문화사업"이라고 주장하기도 했다.

곤도 하루오[近藤春雄]도 뒤를 이었다. 곤도는 문화와 문명은 구별되어야 한다는 전제를 견지하면서도 문화라고 하는 개념의 다양성은 문화 활동의 다각성(多角性)을 낳는 것이기 때문에 문화외교의 내용도 학술, 예술 등 정신적 노작(労作)에서 기술적 축적의 교환에 이르기까지 폭넓은 범위 내에서 파악해야 한다고 주장했다.[36] 곤도가 언급한 "기술적 축적"의 내용이 명확하지 않지만 현실생활에서 일본의 선진적 문화재 일반까지를 가리키는 것으로서, 예를 들면 "종래 직인(職人)의 생업으로서 높이 평가받지 않았던 정원술(庭園術)이라든가 염색술까지 하나의 커다란 '일본문화'의 한 분야로서 간주"[37]하여 새로운 가치를 부여해야 한다는 발상이었다.

이들의 해석을 종합해 보면 '문화'는 정신 문명이나 학문의 대상으로 국한할 것이 아니라 상품과 같은 문화가치를 표현하는 문화적 재화까지 포함하여 인식의 폭을 최대한 확대할 필요가 있고, '문화사업'은 종교, 교육, 학예, 의료, 기술에 관한 사업을 중핵으로 하면서도 다소 2차적인 의미를 가미하여 보다 일상적인 영역으로까지 확대해야 한다는 것이다. 일본인의 정신세계가 빚어낸 문화적 재화까지 중시하는 발상의 전환을 통해 문화를 "국민전체의 지식, 도덕, 취미 등에 기초하여 축적된 것"[38]으로 해석했다.

소위 생활문화라는 관점에서 일본의 문화를 평가하고 이를 교류와 발신을 강화하는 '대외정책'을 통해 고유하고 우수한 일본문화를 전파하겠다는 의지를 드러낸 것이다. 일본문화의 기초를 국민에 두었을 경우 국민의 지식이나 도덕, 취미 등의 수준이 대외적으로 전파될 수 있는 수준과 역량을 겸비했는가의 문제는 존재하지만 제국 일본의 지배층은 서구열강에 필적할 수 있는 동아의 지도국으로 부상했다는 자신감을 바탕으로 '대외선양'에 나선 것이다.

2) '문화'인식의 역사성 – 전후

제국일본이 문화를 일상적인 관점에서 재해석하고 이를 외교수단으로 활용하기 시작했다는 점은 주목할 만하다. 하지만 전후가 되면 문화를 "인간집단의 생활양식(way of life)"[39]으로 간주한 미국의 문화인류학의 연구 성과에도 자극받아 지배층뿐만 아니라 일본사회도 인식의 폭을 넓혀 갔다. 대표적으로는 인류학자 요시다 테이고(吉田禎吾, 1923~,

도쿄대 교수 역임)의 정의가 있다. 그는 문화라는 것은 "사회의 구성원에 의해 배우고 나누고 게다가 다음세대에 전달되는(기술, 경제, 사회조직, 정치, 종교, 가치, 언어를 포함) 생활양식의 체계"[40]라고 했다.

미국의 대표적인 문화인류학자 클라이드 클럭혼(Clyde Kluckhohn, 1905~60)이 문화를 "후천적 역사적으로 형성된 외면적 및 내면적인 생활양식의 체계이고 집단의 전원 또는 특정의 멤버에 의해 공유되는 것"[41]이라고 언급했듯이 '생활양식의 체계'라는 기본적인 인식이 전후 일본사회를 지배했다. 그 후 문화에 대한 해석은 '인간의 생활양식의 전체'라는 사전적 해석을 뒷받침하듯 역사적으로 형성된 풍속습관이나 사회제도를 포함하여 한 민족의 '생활양식'[42]의 총체로서 이해하는 흐름이 정착되고, 동시에 문화의 담당자도 대중과 일체화하는 개념이 보편성을 확보하게 된다.

일례로 관료 출신의 문화론자 사가라 노리아키(相良憲昭, 1943~)는 문화의 특성에 대해 ① 모든 민족이나 사회집단은 교유의 문화를 보유한다, ② 문화는 민족이나 사회집단의 구성원에 의해 공유되는 것이다, ③ 문화에는 예술, 언어, 복장, 의생활, 주거라고 하는 외면적인 생활양식뿐만 아니라 가치관, 도덕률, 종교 등 내면적인 생활양식도 포함된다, ④ 문화는 학습에 의해 세대를 초월하여 계승된다, ⑤ 문화는 민족, 사회, 집단의 구성원에 공통하는 아이덴티티의 근원이다[43] 등으로 요약했다.

또 하시모토 겐지(橋本健二, 1959~, 와세다대 교수)는 문화의 개념에는 네 가지의 용법이 있다고 하면서 ① 사회생활의 총체, ② 이미 존재하는 사회집단이나 제도 속에서 인간이 후천적으로 습득하고 공유하는 행동양식, ③ 인간의 사회생활의 배후에서 사람들의 행동을 규제하고 구성하는 정신, ④ 인간의 정신이 기술되고 표현되고 객체화되는 지적·예술적 활동의 생산물 등으로 정의했다. 행동양식, 정신, 지적·예술적 활동의 생산물이 바로 문화라는 것이다.[44]

양자의 주장을 요약하면 고유한 조직이나 집단의 구성원인 '인간'에 의해 획득된 복합적인 '전체'가 바로 '문화'이고, 그것은 민족이나 국가의 역사, 전통, 습관, 제도, 풍습, 종교 등과 밀접한 관련성을 갖고 형성된다는 것이다. 이를 기무라 쇼사부로(木村尚三郎, 1930~2006, 도쿄대 교수)는 농경이나 토지와 밀착된 "독특한 삶의 양식"[45]으로 정의한바 있지만, 사(史)적인 관점에서 보면 "역사적으로 형성된 일본인의 생활이나 사고양식의 전체를, 특히 거기에 나타난 민족으로서의 개성 내지 특성에 주목하여 생각하는 의미의 개념"[46]으로 규정된다.

문화에 대한 일본사회의 개념정의는 국제관계론의 관점에서 다소 특별한 해석을 한 히라노 겐이치로[平野健一郎][47]를 제외하면 대동소이하고, 최근에는 비교적 '생활가치'를 중시하는 틀 속에서 이해되고 있다. 그 연장선상에서 '일본문화'를 고려하면 아오키 다모츠(青木保, 1938~, 도쿄대 교수 역임)가 지적한 것처럼 생활양식으로부터 사회구조 나아가 가치와 의미까지를 포함하는 넓은 뜻으로 이해할 수 있고, 거기에는 행동양식이나 사회관계, 제도나 조직 그리고 예술과 종교까지 포함된다[48]고 볼 수 있다. 문화인류학의 극히 일반적인 사고방식에 따른 해석이다.

역사적으로 일본문화의 해외발신의 추이를 들여다보면 이 같은 정의의 변화를 뒷받침하고 있다. 전근대시대에 유럽으로부터 많은 주목

을 받은 우키요에[浮世絵]⁴⁹ · 마키에[蒔絵]⁵⁰ 등과 같은 미술 · 공예품을
비롯해, 비 서구사회에서 유일하게 근대화에 성공한 이문화로서의 이
국적 정서(exoticism), 전후 일본사회의 경제활동과 결합된 노동윤리, 경
제대국의 파워가 낳은 대중문화에 이르기까지, 일본인의 고유한 전통
과 정신문화의 일단을 엿볼 수 있는 생활문화와 그것을 반영한 오락문
화를 축으로 하는 서브컬처가 일본문화의 상징으로 확산되어 국제사
회의 호평을 얻고 있다.

　이를 토대로 우선 일본의 이데올로그 측이 생각하고 있는 '일본문화'
라고 하는 개념을 정리해 보면, 그것은 일본의 전통적인 미(美)나 정신
이 용해되어 있는 문화재적 유산에서 일본인의 규범의식이나 제 가치
가 반영되어 있는 유 · 무형의 사회적 · 지적 자산, 그리고 현대의 생활
양식을 에워싸고 있는 다양한 문화적 재화까지를 총칭하는 것이고,
'문화외교'라고 하는 것은 이 유 · 무형의 문화적 소산을 '일본문화의
매력'으로 간주하여 그것을 외교라고 하는 수단을 통해 세계에 확산시
키는 전략이다.

　즉 고유한 정신적 · 물질적 · 기술적 소산으로서 폭넓은 범위에서
계승 · 발전되고 있는 제 가치를 교류 · 교섭 · 정책의 일환으로서 대
외적으로 활용하여 외교적 효과를 극대화함으로써 국제사회에 일본
의 이미지 개선이나 지위향상, 국제협력 등을 모색해 가는 목적지향적
외교활동의 총제가 이른바 '문화외교'인 것이다. 외교의 선택지를 넓히
고 국격을 높일 수 있는 카드인 셈이다. 이를 일본의 문화외교 전문가
들이 정의한 내용으로 대비해 보면 ① 자국에 대한 이해촉진과 이미지
향상, ② 분쟁회피를 위한 이문화 간 문명 간 상호이해와 신뢰의 함양,

③ 전 인류의 공통의 가치나 이념의 육성에 공헌하는 것 등으로 규정[51]할 수 있다.

특히 지식인들은 "세계인의 관심과 흥미를 유발하는 다양한 문화의 힘을 종합적으로 이용하면서 일본의 이미지 향상을 꾀하는 것이 갈수록 문화외교의 중요한 과제"[52]로 부상하고 있다는 사실을 수시로 강조하면서 정부의 정책방향성을 뒷받침하고 있다. 적어도 문화외교에 대한 민간의 인식과 정부의 정책에 갭은 거의 존재하지 않는다는 것이다. 일본의 대내외의 문화정책도 기본적으로는 이 틀 안에서 이루어지고 있음은 두말할 나위도 없다.[53]

이 이념을 '생활문화'라고 하는 일상의 관점에서 새롭게 정의해 보면 "일본인의 각자의 라이프스타일에 긍지를 갖고 그것이 국가의 풍치(風趣)에 반영되어 매력을 높여 외국인으로부터 동경"[54]되는 것을 의미한다. 일본인의 '삶의 양식'이나 '생활방식'이 총체적으로 세계인으로부터 동경되고, 추종, 모방되기를 희망하고 있을 뿐만 아니라 그런 흐름이 보편적 가치로서 국제사회에 정착될 수 있도록 한다는 것이다. 이를 실현시키기 위해서는 무엇보다도 국가에 의한 체계적인 '지도관리'가 필요하고, 그것이 효과적으로 기능할 때 비로소 일본은 세계를 매료시키는 '문화력'을 가진 '아름다운 나라(美しい国)'로 거듭날 수 있다는 논리이다.

3) 일본문화와 '의식혁명의 시대'

'문화외교의 신 발상'은 바로 이런 야망을 상징적으로 보여주는 것이지만 이를 거국적으로 추진할 수 있는 내적 에너지도 일본사회는 지속적으로 분출하고 있다. 포스트 고도경제성장 시대의 일본인의 의식상황을 보면(〈표 1-2〉 참조), 일본인의 생활양식이 '물질적인 풍요로움'에서 '마음의 풍요로움'을 추구하는 방향으로 선회하기 시작했다. 문화에 대한 국민적 인식이 변할 수 있는 기반이 마련되었다는 의미이다. 전후부흥과 경제성장을 거치면서 급변한 일본인의 사유양식이 양질의 문화 진흥을 촉진하면서 그 내적동력이 경제대국의 자긍심을 자극하고 있고, 한편으로 '21세기, 세계는 일본화 한다'[55]는 주장까지 낳게 하며 문화력 증대를 모색하고 있다.

일본문화의 '창조력'에 대한 일본사회의 의지와 높은 자부심(〈표 1-3 참조), 그리고 '21세기형 매력'을 추구하는 일본문화의 세계화 가능성 등은 다소 의문과 논란의 여지를 남기고 있기는 하지만, 실체를 들여다보면 놀라운 부분이 없지 않다. 유럽의 자포니즘을 상징한 우키요에[浮世繪]와 같은 전통문화와 현대의 서브 컬처 세계를 예외로 하더라도 구몬식학습법(公文式学習法)[56]의 세계로의 확산, 헬시(healthy)나 편리함을 강조하는 스시[寿司]와 주먹밥(おにぎり)의 인기, 서구와는 다른 '민족적 지방색(locality)'을 인터내셔널(international)한 합리적 수단을 사용하여 해결하려는 '일본인터내셔널 건축회'의 활동, 일본적 애니메이션의 창출에 기여한 오타쿠(オタク)문화의 세계화 현상 등은 모두 '일본적'인 것의 확산이라는 특성이 있다.

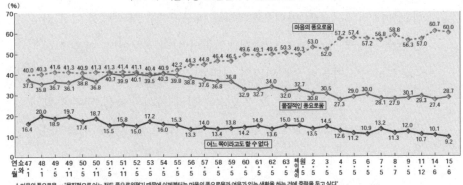

〈표 1-2〉 '마음의 풍요로움'을 추구하는 일본인의 의식조사

출처 : 『我が国国の文化行政』, 文化庁, 2004, 2면.

〈표 1-3〉 국가의 힘, 다섯 요소의 각국비교

	미국	일본	독일	유럽	중국	러시아
군사력	10	2	2	4	2	5
경제력	10	9	5	8	2	-
지적 창조력	10	6	5	7	-	3
문화적 창조력(전통·현대·첨단)	7	10	3	5	1	-
도의력	5	10	3	4	-	-

출처 : 日下公人, 『21世紀, 世界は日本化する』, PHP研究所, 2000, 57면.

특히 오래전부터 일본 중산층의 생활문화의 특징을 상징하고 있는 '4K'의 문화 '공간(kukan)·쾌적(kaiteki)·건강(kenkou)·청결함(kirei)'이 어느새 세계인의 주목을 받으며 일상 속에 '일본문화의 세계화'가 소리 없이 진행되고 있고(실제 일본사회에서 국제화의식이 가장 발달해 있는 규슈 지역의 경우 동북아시아를 대상으로 수출하는 농산품에도 이러한 가치를 접목시켜 동북아의 상류층을 사로잡았다), 일본사회 역시 이러한 생활문화의 발신능력을 지속적으로 강화하고 있다.

현대인들에게 문화와 예술은 이미 생활의 일부로 자리잡고 있다. 문화교류에 의해 스스로 라이프스타일을 바꾸어가고 그 속에서 여유 있는 삶을 추구하고자 하는 것이 현대인들의 삶의 양식이다. 이를 시미즈[淸水嘉弘]는 "마음의 의식혁명의 시대"[57]라고 언급하며 문화의 새로운 산업화를 주창한 바 있다. 소위 '변화와 질서' '재화와 마음' '일과 유희'라고 하는, 이른바 "이종복합(異種複合)"[58]의 시대를 재미있고 매력적인 일본문화로 선도해 가겠다는 의지이다. 포스트콜로니얼(Postcolonialism) 시대를 주도하는 문화를 글로벌라이제이션에 편승시켜 또 다른 '제국' 일본을 꿈꾸는 형국이다.

일본인 작가 레이제이 아키히코(冷泉彰彦, 1959~)가 "일본화하는 아메리카"[59]를 외치고 있듯이 국제사회에서는 이러한 일본문화를 '쿨 재팬(Cool Japan)'으로 표현하며 그 영향력을 예의주시하고 있고, 일본정부는 경제산업성의 제조산업국에 '쿨 재팬 실(室)'[60]을 설치하여 문화산업을 일본의 전략산업으로 육성해 가려는 의지를 보이고 있다. 일본문화에 대한 일본사회의 적극적인 재평가는 경제대국의 국민으로서 절도 있고 풍요로운 라이프스타일 = 정신적으로 윤택한 문화적 가치를 추구하는 자신들의 행동양식이 세계로부터 주목받고 있다는 현실을 반영한 결과이다.

일본문화에 내재되어 있는 독특한 '일본적'인 요소가 세계에 '통(通) 문화적'인 현상을 불러일으키고 있는 것에 대한 일본사회의 자신감은 새로운 연구영역을 낳고 있기도 하다. '쿨 재팬'의 세계화를 연구사적인 관점에서 새롭게 조명하는 흐름으로서, 이를테면 '생활양식'이라고 하는 일본문화가 구체적으로 어느 정도 해외에 진출해 있는가를 '필드조사'를 통해 일본문화연구를 이데올로기로부터 탈피시켜 재구성하려는 신 '일본문화'론[61]의 등장이다.

연구동향이나 정책적 측면에서 나타난 새로운 흐름들을 부정적으로 평가할 수는 없지만, 일본사회가 버블경제붕괴를 극복해가는 과정에서 '우리는 일본인이다'라는 자의식이 "대중적으로, 그것도 문화적인 형태"[62]로 표출되고 있다는 점, 그리고 그것이 일본사회의 리비저니즘(revisionism) 경향을 강화[63]하는 형태로 나아가고 있다는 점은 간과할 수 없다. 1990년대 등장한 '자유주의 사관'이 학문적 객관성을 결여한 "역사수정주의"[64]라는 비판을 낳았듯이, 일본사회의 우경화 흐름 속에 점차 지반을 넓혀가는 수정주의 역시 바람직한 현상은 아니기 때문이다.

특히 역사인식에 대한 근본적인 반성이 결여된 상황에서 일본인으로서의 삶의 주창이나 일본문화의 외연확장에 대한 강력한 의지 표명은 국제사회의 경제대국으로서 글로벌 가치의 창조나 발신에 노력해야 할 책무를 지니고 있는 국가의 사상과는 거리가 멀뿐만 아니라 문화침략에 대한 또 다른 경계 심리를 고조시킬 가능성도 배제할 수 없다.[65] 문화교류의 '초국가적인 움직임'을 세계가 공유하기 위해서라도 국제국가로서의 책무와 공헌을 둘러싼 일본사회의 밸런스감각은 중요하지만 불행하게도 일본의 사상적 동향은 그 기대감을 저버리는 방향으로 치닫고 있다.

'문화외교'의 강화

일본사회의 사상적 역주행과 내셔널리즘의 팽창이라고 하는 우려에도 불구하고 일본의 문화외교는 보다 더 강화될 것이다. 구미제국이 국가의 브랜드파워로 일본을 압도하고 있는 현실[66]과 일본의 '생활문화'가 세계에서 관심의 표적이 되고 있는 현실을 일본정부가 냉정히 분석하여 적극적으로 대응하고 있기 때문이다. 특히 일본이 국제사회에서 강점으로 인식되고 있는 테크놀로지와 제품 서비스 영역, 그리고 비즈니스 환경이나 예술문화 분야 등은 일본의 브랜드 파워를 높여온 일등 공신이기도 한 만큼 이 분야에서 일본사회의 노력은 향후 끊임없이 이어질 것이다.[67]

이를 반영하듯 지배층은 대회홍보활동의 강화와 대외정책의 선택지를 넓히기 위해서라도 매력 있는 문화의 창조와 발신은 새로운 형태의 국력이자 외교력의 원천[68]이라는 인식하에 국력을 결집해 가고 있다. 문화외교를 국가의 영향력 확대를 위해 활용하려는 의도를 결코 긍정적으로 평가할 수는 없다. 이에 대한 비판적 견해[69]가 일본사회에도 존재하고 있지만 일본이 자신들의 국가색을 세계에 알리는 수단으로서 문화력의 강화와 해외보급을 중시하고, 이를 21세기 국가의 핵심 정책이자 외교적 과제로 삼아 발신하고자 하는 의지를 매도하기도 역시 어렵다.[70]

문화교류에 있어 오랜 기간 수신(受信)을 통해 자가발전한 역사를 보유하고 있는 데다, 문명국의 책무라는 관점과 인류의 보편적 가치의 추구라는 관점도 내재되어 있기 때문이다. 여기에 인간의 삶의 양식에 커다란 활력을 불어넣은 문화의 매력과 그 교류를 통해 국력의 신장과 상호이해의 증진을 표방한 역사를 과거의 독일이나 영국, 전후의 미국이나 현재의 한국 등에 이르기까지 주요선진국들이 국가의 중요 시책으로 추진해온 역사도 존재하고 있다. 최근 '공공외교(public diplomacy)'

에 대한 주요선진국의 열의마저 감안하면 문화외교를 강화해야 할 요인은 다양하다.

어느 나라보다도 문화정책을 중시하는 프랑스의 경우는 "정책의 입안이나 실시 모두 대통령 및 문화성의 관료기구를 통해 국가주도형"[71]으로 추진하고 있는 것으로 유명하다. 게다가 세계 제일의 문화대국으로서 국민의 자긍심도 높고 각종의 문화 활동에 대한 호감도도 매우 높은 편이다. 마르크 휴마로리(Marc Fumaroli)는 "프랑스라고 하는 나라의 지방, 현, 도시, 촌락의 모든 면에 불고 있는 창조의 바람에 이론을 제기하는 것은 목석과 같은 마음이거나 프랑스적이지 않는 마음을 가진 자"[72]라고 지적하고 있다. 나라 전체가 '문화신자'와 다를 바 없다는 의미이다.

프랑스의 문화정책은 '문화에 의한 사회주의' 체제라 해도 과언이 아니다. 이 점에서는 '암즈 렝스 원칙(arm's length principle)'에 철저한 영국의 문화정책과는 대조적이라고 할 수 있다. 하지만 영국조차도 최근에 이르러서는 팝 컬처의 "중상류 계급화(Gentrification)"[73] 현상을 국가의 전략적 문화정책·계획으로 추진하고 있듯이, 문화를 국가의 중요한 정책·외교적 자원으로 활용하고 있다는 점을 감안하면 큰 차이는 없을 듯하다. 또 전통의 클래식문화에서 현대의 브랜드문화에 이르기까지 서구의 문화가 세계에 미치고 있는 경제적·문화적 부가가치도 간과할 수 없다.

그 효과를 탐지한 각국은 프랑스와 같이 예술문화의 진흥과 보급을 위해 국가적 차원에서 전력을 기울이고 있다. G2로 부상한 중국의 경우는 과거의 문명대국의 지위를 되찾으려는 듯 노골적인 차원을 넘어 무례함을 범하면서까지 자국문화의 해외 전파에 열을 올리고 있다. 글로벌 중심국가로의 도약을 모색하고 있는 한국도 문화력이 21세기의 국력을 가늠하는 자원이라는 인식하에 문화정책의 근본적인 변화를 통해 'CT KOREA'를 국가 전략으로 추진하고 있다.

한 때 영·미라는 '앵글로 색슨 형제'와 어깨를 나란히 하고자 했던 제국일본이 전후 '평화국가'로서 힘겹게 국제사회에 복귀한 뒤 패전국에서 경제대국으로 탈바꿈하는 데는 성공했지만 '상인국가'라는 오명으로부터 자유롭지 못했던 것은 근대문명이나 문화가 서구중심적이었다는 측면도 있었지만, 다른 한편으로는 경제발전 속도에 비해 문화력의 성장이나 문화적 영향력이 그만큼 부족했기 때문이다. 그런 이력을 고려하면 문화대국으로의 지위변화를 통해 '존경받는 국가' '신뢰받는 국가'로 거듭나려고 하는 일본의 의도는 어찌 보면 당연한 원망(願望)인지도 모른다. 문제는 우리가 그 도정(道程)을 어떻게 응시하느냐일 것이다.

3. 전후 일본의 '문화외교'의 추이

전술한 스기우라(杉村陽太郎, 1884~1939, 외교관, IOC위원)는 1920~30년대 일본을 대표하는 외교관으로 명성을 날렸던 인물이다. IOC위원으로 1940년 도쿄올림픽유치에도 전력을 기울인바 있던 그는 일본의 대

외정책의 기조를 '향상과 발전'에 두어야 한다고 주장하면서 다음과 같이 언급했다.[74]

> 일본의 문명과 도덕으로 세계의 진보와 인류의 복지증진에 공헌하기 위해서는 단순히 무력이나 재력만으로 국토의 확대나 국부의 증식을 꾀하고 국세(国勢)의 신장을 기대하는 것은 불충분하다. 일본의 품위를 높이고 국제적 지위향상을 도모하지 않으면 일본정신을 만족시킬 수 없다.

일본이 국가의 먼 장래를 생각하고 널리 세계를 응시하며 전진하는 방향으로 나아가기 위해서는 무력이나 재력에 의지할 것이 아니라 '일본의 품위'를 향상시킬 수 있는 외교적 방안을 강구해야 한다는 논리였다. 일본의 대외침략이 본격화되기 시작한 시점에서 제기된 그의 주장은 일본의 대외정책의 방향성이 새롭게 모색되어야 한다는 의미였다. 이른바 '경제입국과 문화정책으로 일본의 이익을 꾀하고 일본의 품위'를 높이는 외교정책을 통해 일시적 성공이 아닌 일본의 정신을 영원히 국제사회에 확산시키는 전략이 필요하다는 것이었다.

문화정책을 중시한 배경에는 만주사변 이후 국제적 고립을 회피하기 위한 목적이 전제되어 있었지만 한편으로는 안전보장과 경제적 관점에서 국익추구라는 이념이 내재되어 있었다. 당시 일본은 안정보장 측면에서는 동아시아를 중심으로 중국 소련 미국과의 관계가, 경제적인 측면에서는 미국을 비롯한 공업국 및 중국을 중심으로 한 아시아제국과의 관계가 대외관계의 초점이었다.

요컨대 원재료의 수입 및 공업제품의 수출면에서는 동아시아 및 타

아시아 지역과, 또 자본재와 기술의 수입 및 일부제품의 수출에 관해서는 미국을 비롯한 유럽공업국이라는 2개의 다른 지역과의 관계유지가 불가결하였다. 바꾸어 말하면 경제적인 국익에서 보면 이들 두 개 지역과의 관계는 대립이 아니라 협력을 유지하는 것이 중요하였던 것이다.[75] 이렇게 국익은 "국가의 대외행동을 결정하는 최대의 요소"[76]라는 지적처럼 문화외교를 항상 '국익'과 관련지어 추진하는 일본의 지배계급의 의지는 전후에도 그대로 계승되었다.

　패전직후에는 이에 대한 의식이 그다지 강하지 않았으나 샌프란시스코회담 이후에는 그 중요성을 조금씩 인식하기 시작했다. 당시 문화외교는 전후의 국가재건 속에서 전략적으로 선택된 경제외교의 그늘에 가려져 있었던 데다 예산상의 문제도 있어 독자적인 영향력을 발휘할 수는 없었다. 하지만 정부의 인식론적 차원에서는 평화국가로서의 이미지 개선이나 국제공헌의 의무를 짊어질 보조수단으로서 나름대로 전략적인 방향성을 유지하고 있었다.

　우선 아시아제국에 대해서는 일본의 전후부흥과 결합된 대외경제협력구상을 실시하는 과정에서 침략성을 배제한 선진문화의 전수수단으로 적절히 활용되었고, 북미나 서구제국과의 관계에서는 교류 강화를 통한 주요 자유진영의 일원으로서의 편입시도와 구미의 선진문화수입을 통한 일본사회의 문화욕구충족의 매개수단으로서의 역할을 다하였다. 이 무렵의 문화외교는 어쩌면 전혀 실체가 보이지 않는 허상과 같은 것이었으나 실은 군국주의 일본의 색채를 탈색시키며 일본의 국제적 지위변화에 기여한 보이지 않는 공로자였다.

　1960년대에 접어들면 눈부신 경제성장과 평화국가로서의 자기변신에 주력하는 일본의 노력을 평가하는 국제여론과 이에 고무된 문화교류의 중요성이 정부 내에 확산되면서 외무성도 문화담당부서의 확대개편과 민간차원의 체제개편의 필요성을 인식했다. 문화외교를 강화하기 위한 방침으로 문부성의 외국(外局)으로서 문화청을 설치하여(1968) 국내외의 문화정책을 종합적이고 유기적인 연계시스템에 의해 효과적으로 추진하기 위한 기반을 정비했다.

이와 함께 아시아에 대한 대외경제 협력에 편승한 문화협력·지원도 점차 강화되었고 동시에 '세계문화에 공헌'이나 '우호관계의 강화'라고 하는 논리가 시대적 과제로 주창되기도 했다. 국제사회에서 일본의 지위도 미국과 '평등한 파트너'로서의 위치를 획득했다는 자부심을 바탕으로 국제사회·경제 분야에 있어 일본의 입장도 갈수록 상승하는 추세였다.

실제 1960년대가 되면 도쿄올림픽의 성공과 OECD가맹으로 인한 선진국지위 획득, 미국에 이은 GNP 제2위의 경제대국으로의 부상 등, 이미 모든 방면에서 국제사회에서 가장 주목받는 국가로 변신해 있었다. 일본의 위상변화는 그 지위에 상응하는 국제공헌을 요구하는 움직임을 낳았고,[77] 이는 일본의 문화외교정책에 새로운 전환이 필요하다는 시그널이기도 했다.

그 결과 1970년대의 문화외교는 "해외의 여론에 대해 평화국가를 지향하는 우리나라에 대한 바른 이해를 얻기 위한 방책"[78]으로서 그 중요성을 더해갔고, 한편으로는 "이데올로기나 국정(国情)의 차이에도 불구하고 모든 나라와 상호이해를 심화시켜 우호관계의 증진을 꾀하는"[79]방향으로 나아가야만 했다. 어느새 문화외교는 경제대국을 지탱하는 일본외교의 한 축으로 자리매김하면서 시대적 요청에도 부응하며 새로운 방향성을 모색하는 상황으로 나아가고 있었다. 전후 일본의 문화외교사에 있어 체제나 인식론적 차원에서 분기점을 맞이한 시기이기도 하다.

영국의 문화외교의 특징인 '암즈 렝스 원칙(arm's length principle)'을 벤치마킹하여 설립한 국제교류기금(The Japan Foundation)이 문화외교를 주도하는 핵심 기관으로 자리매김했고, 경제선진국으로서 국제사회에 적극적으로 공헌하는 일본의 이미지 만들기가 '기금'을 통해 구체화되기 시작했다. 1970년대의 일본외교가 '적극적으로 공헌하는' '명예 있는 지위를 구축한다' '호혜(互惠)와 호양(互讓)의 정신' 등을 강조하면서 세밀한 문화외교 방침을 표방한 것도 국제사회의 요청에 대응하기 위한 체제 정비에 일정부분 진전이 있었기 때문이다. 인물·학술교류를 축으로 하는 문화외교가 장기적인 안목에서 추진되기 시작한 것도 이 무렵부터이다.

그 연장선상에서 1980년대에 들어가면 "우리나라의 실정·동향에 대해 제 외국에 바른 정보와 지식을 제공하는 것이 극히 중요"해졌다는 판단하에 일본으로서는 "해외홍보활동을 통해 제 외국에 정확한 정보를 제공하고 우리나라에 관한 바른 인식과 이해를 심화시킬 수 있게 노력을 거듭"[80]해 가야 한다는 사실을 강조하기 시작했다. 이에 따라 '국제국가'로서의 '홍보활동 및 문화교류사업'이 일본외교의 '불가결한 요소'로서 인식되고 추진되는 경향이 한층 강화되면서 문화외교의 폭과 깊이도 점차 맞춤형으로 전략화되어 갔다.

그로부터 일본외교는 동아시아에서의 서브 컬처(subculture)를 중심으로 하는 '트랜스내셔널 재팬(transnational japan)' 현상의 확산에 힘입어 국제사회로부터 '얼굴이 보이지 않는 나라'라고 하는 마이너스 이미지를 일소하고 일본문화의 세계화에 본격적으로 매진하는 정책으로 전환했다. 일본문화연구의 세계적 발신거점으로서 세간의 주목 속에 설립된 국제일본문화연구센터(International Research Center for Japanese Studies)를 비롯해, 유학생 10만 명 유치 계획이 본격적으로 추진되는 등 소위 '국제국가'로서의 일본의 지위와 역할 강화에 초점을 맞추는 방향으로 나아갔다.

일본인·일본사회에 대해서도 '일본인'으로서의 삶이나 국제화가 지식인들로부터 주창되었을 뿐만 아니라 국제사회가 일본의 외교에 요구하고 있는 책임의 중대함을 국민 한 사람 한 사람이 충분이 인식하고 그것을 "자신의 외교적 과제로서 파악하는" 것이 "넓은 의미에서 일본외교 그 자체"[81]라는 논리가 정부주도로 제창되기도 했다. 이 무렵부터 일본사회는 문화나 문화정책에 대한 근본적인 인식변화[82]와 함께 '올 재팬' 체제로 국제공헌의 길을 모색하면서 동시에 일본적 가치를 국제사회에 관통시키고자 하는 외교노선을 강화하기 시작했다.

그리고 1990년대에 들어가서는 "보편적 가치에 대한 자세를 외교정책에 명확"히 하여 국제사회의 이해를 구해야 하며 그러기 위해서라도 "문화협력 분야에서 일본의 국제공헌을 일층 확대"할 필요가 있음을 확인했고, 나아가 각 분야에 있어 "국제화의 일층의 진전"과 "국제문화 교류의 강화"[83]가 당면한 문화외교의 방향성이라는 것을 주창했다. 미국이 주도하는 재팬 배싱(japan bashing)이 맹위를 떨치고 있었고 냉전체제의 붕괴로 세계의 관심이 경제문제와 새로운 국제질서의 모색에 집중되어 있었기에 일본의 문화외교도 그에 상응하는 대응이 필요했던 것이다.

국제교류기금의 대폭적인 예산증액을 통한 아시아·태평양 제국과의 교류 강화(대표적인 사업이 '평화우호 교류 계획'과 '일미(日米)센터'의 설치)를 비롯해 구미와의 전략적인 교류 확대가 이때부터 본격적으로 이어졌다. 그 결과 글로벌 리더십의 구현과 문화외교의 글로벌체제의 확립, 지역별 맞춤형 문화외교의 전개가 가능해졌고, 동시에 "제2의 언어로서의 문화의 역할"[84]과 그것이 가져다주는 상승효과(synergy effect)도 확대되었다. 이로 인해 일본은 '잃어버린 10년'이라는 경제·사회적 혼미에도 불구하고 일본외교가 주창한 '글로벌한 협력' '지역협력' '양국 간 관계'의 이념을 문화외교에 접목시켜 나름대로의 실적과 성과를 축적할 수 있었다.

일본사회의 가치관 혼미라는 위기적 상황 속에서도 국제질서의 재편에 부응하기 위한 전략적 방향성 확보에 주력한 문화외교는 2000년대에 들어서는 일본대중문화의 파워에 힘입어 "Japan's Empire of Cool"[85] "Japan's Gross National Cool"[86]이 국내외의 주목을 받게 되고, 일본사회 전반에도 "일본문화를 보다 적극적으로 해외에 발신하여 세계에 다양한 측면을 가진 일본의 내면을 충분히 이해시키는 것이 중요하다"[87]는 공감대가 형성되기 시작했다.

소프트파워로서 일본문화의 세계로의 발신을 효율적으로 추진하는 범국가적 시스템, 소위 정·관·재·민 일체화 = '올 재팬' 체제의 완성, 팝 컬처를 중심으로 한 문화산업·콘텐츠산업의 정책대상으로서의 부상, 그리고 '현대문화'의 외교자원화 등의 발상이 일본의 지배층을 사로잡은 것도 이 무렵이다. 특히 1990년대 말부터는 "일본외교에 국제교류의 중요성이 지금 이상으로 고조되고 있다"[88]는 현실을 냉정히 파악하여 '국민교류'의 방향성을 2000년대 문화외교의 방침으로 설정하는 등, 국민 참여를 높이기 위한 다양한 방안들을 추진했다.

그 연장선상에서 일본정부는 "지방자치체나 NGO를 포함한 민간단체가 실시하는 국제교류활동과 연계·협력해 가는 것이 극히 중요하다"[89]는 인식을 국민들에게 재삼 강조하며 문화교류의 '홍보문화외교(public diplomacy)' 체제로의 전환을 관·민일체화의 형태로 추진하기 시작했다. 화려하거나 요란스럽지는 않지만 언제나 세계를 향해 치밀하게 추진해온 문화정책과 시스템의 정비이력이 문화대국화를 향한 여망을 현실화시키며 끊임없이 스스로의 발상 전환과 공격적 대응을 가능하게 하고 있다.

4. 맺음말 – 일본적 가치의 역사성

정치모럴의 붕괴와 군사력에 대한 과도한 자만이 로마제국의 멸망을 촉진한 요인이라는 것은 주지의 사실이다. 팍스 로마나(Pax Romana)의 멸망이 인류의 역사에 남긴 교훈은 모럴 헤저드와 하드웨어에 의존하는 국력의 한계성이다. 이는 여타제국에도 나타난 예외 없는 현상이고 G2로 부상한 중국 역시 앞으로 증명해 보이겠지만, 경제모럴의 붕괴와 세계군사력의 반을 차지할 정도로 절대적 파워를 자랑하는 20세기 패권국가 미국의 위기나 구제금융에 연명해야 했던 남유럽의 몰락은 그 교훈을 극명하게 보여주었다. 하지만 전후 유럽의 복지국가나 미국의 군사국가와는 다른 길을 걸으며 산업국가로서 '초 대국'으로 부상한 일본의 경우는 어쩌면 국제질서의 재편과정에서 새로운 기회를 맞이했다고도 볼 수 있다. 산업국가에서 문화국가로 새로운 국가상을 모색하고 있는 일본의 국가발전모델은 세계의 혼미가 심화될 때 마다 주목을 받아 왔다.

특히 경제대국에서 군사대국·문화대국으로의 전환을 모색하기 시작한 1980년대 전후부터 일본의 자기변화과정은 주목할 만하다. 군사대국을 지향하면서도 한편으로는 '문화의 시대' '지방의 시대'를 외치며 문화정책·문화외교 강화에 국력을 집중하는 노력을 멈추지 않았다. 각종의 문화정책·사업·교류는 국내외를 불문코 단연 활기를 띠기 시작했고, 생활의 질을 높이는 문화의 창조와 그와 관련된 일본사회의 범사회적인 활동도 활발하게 전개되었다.[90]

그 무렵부터 시작된 '문화의 힘으로 일본사회를 건강하게 하자'는 구호는 보이지 않은 합창어로서 국민들의 지지를 획득해 갔고, 그런 기반이 오늘에 이르러서는 일본의 문화정책이 각 성청(省庁)의 유기적인 협력에 의거하여 탄생하는 종합정책으로 일본사회의 구석구석에 침투하는 상황으로 발전되어 갔다. 이 과정에서 문화정책의 기본적인 방향, 소위 "문화기반의 정비, 예술 활동의 장려·원조, 국민의 문화 참여와 향유 기회의 확대, 문화재의 보존과 활용, 문화의 국제교류의 추진"[91] 등이 결정되기도 했다.

이념의 범사회적인 공유하에 적절한 형태로 이루어지는 역할분담은 마치 제조업의 생산라인처럼 가동되며 국내외 문화정책의 효율성을 극대화시키고 있다. 그 과정을 보고 있으면 문화가 일본인의 생활양식과 일본의 대내외정책을 지탱하고 있는 중핵적인 이념으로 자리잡은 듯한 느낌이다. 그러나 이러한 일본의 문화정책은 전후 일본의 문화외교가 추진해온 대외정책노선과 거의 일치하고 있다. 일본의 문화정책과 문화외교정책을 동일선상에서 파악하더라도 무리가 없다는 것이다.

이는 일본의 문화정책을 통해 문화외교의 특징을 살펴볼 수도, 역으로 문화외교의 특징을 통해 문화정책의 대강이나 그 이데올로기의 일단을 파악할 수도 있다는 의미이다. 그런 관점은 이미 일본제국시대에 형성된 논리이고 전후 일본의 문화외교정책의 흐름을 통해서도 확인할 수 있는 사실이다. 패전국 → 전후부흥 → 평화국가 → 고도경제성장 → 경제선진국 → 경제대국 → 문화대국이라는, 이른바 국가이미지의 '변화'를 적절히 대변하는 방향성을 띠며 한편으로는 국제사회의 정세변화 속에서 일본의 역할을 직시하는 보다 국가화·전략화된 형태로 발전해 갔다.

전후 일본이 재미있고 아름다운 일본문화의 세계적인 확산에 자긍심을 느끼며, 21세기의 국력으로서 문화력(전통문화+현대문화)의 중요성을 재인식하기 시작한 것이나, 그 가치를 극대화하기 위한 국민적 에너지를 올 재팬 체제로 결집해 갈 수 있었던 것,[92] 또 '문화의 산업화'와 '문화의 전략' '일본문화의 세계화'를 외칠 수 있었던 것도 실은 20세기 전반기에 형성된 역사적 기반이 있었기에 가능했다.

경제외교와 함께 일본외교의 양대 축으로 기능하고 있는 문화외교는 20세기 가치의 붕괴로 갈수록 그 의미와 영향력을 더해가고 있다. 1950년대 국제사회복귀에 즈음하여 구축한 평화국가 이미지, 1960년대 일본의 국제적 지위향상, 1970년대 '일(日)'의 국제화, 1980년대 아시아제국의 '일본화' 현상과 그에 동반한 반일감정의 쇠퇴, 1990년대 지구적 규모의 현안에 대한 미일공동대응 체제의 확립, 2000년대 일본문화에 대한 세계적 관심증대 등은 다름 아닌 문화외교의 성과에 힘입은 바 크다.

이미 일본은 근대의 부국강병론이나 전후의 경제부국논리, 아시아에 대한 우월의식이나 서구컴플렉스를 넘어 일본문화의 재평가와 확산을 통한 문화대국을 착실히 구현해 가고 있다. 현재 조용히 진행되고 있는 '생활문화의 일본화' 현상이나 "쿨 재팬(Cool Japan) 전략"[93]이 금후 일본의 국제적 지위나 국격을 어떻게 변화시킬지 예의주시해야 한다. 단순히 일본의 전략을 배우기 위해서가 아니라 '문화강국' '품격 있는 대한민국'을 꿈꾸고 있는 한국의 입장에서 보면 많은 것을 생각해야 하기 때문이다.

○ 주_제1장

1 정정숙은, 정치·경제적 교류를 제외한 문화교류의 미시적이고 실제적인 내용을
① 국가의 정책을 목적으로 하는 문화교류, ② 순수예술의 교류, ③ 대중문화예술의
교류, ④ 시민단체나 학술단체, 청소년의 교류 등 인적문화교류, ⑤ 스포츠나 관광
차원의 교류 등으로 분류하고 있다. 「동아시아문화공동체를 지향하는 문화정책」,
한국문화관광정책연구원, 『뉴스레터』 第16号, 2005.11.3, 5면. 기본적으로 보면 이
는 전후 일본의 문화교류의 핵심적인 내용이었고, 현재 한국도 이 틀 속에서 문화교
류정책을 추진하고 있다.

2 加藤周一, 『近代日本の文明史的位置－加藤周一著作集 7』, 平凡社, 1979, 9면. 이하 출처
가 거듭 언급될 경우에는 '저자, 글명 혹은 책명, 인용면수'로만 표기하고 전체 서지
사항은 생략한다.

3 '전체(全体)'라고 하는 개념은 두 가지의 의미를 갖고 있다. '동시대성(同時代性)'이라
고 하는 의미로서의 전체성(이것은 주로 역사학에 있어서의 문제의식)과 '통사성(通
史性)'이라고 하는 의미로서의 전체성(이것은 주로 민속학에 있어서의 문제의식)이
다. 본고에서는 기본적으로 전자의 의미로서 사용하고 있지만, 그 이면을 떠받치고
있는 '통사성'이라는 관점을 항상 염두에 두고 있다.

4 川島武宜, 「評価と批判」, 『民族学研究』 第14巻 4号, 1950.5, 263면.

5 졸고, 「한국에 있어서 '일본문화론' 전개에 관한 일고찰」, 『日本学報』 第58輯, 2004.3
참조.

6 예를 들면 한국사회의의 대일관을 적절히 반영하면서 일본문화론＝대중적 담론이
라는 등식을 깨트린 것, 일본연구의 정체성 타파와 새로운 연구시각 제시, 연구 분
야의 다양화와 한일학술교류의 기반 구축에 공헌, 한국 내부의 인식대상으로서의
'일본'이 아니라 객관적 연구대상으로서의 '일본'상의 정착 등의 성과를 올렸다.

7 졸고, 1장 「인식대상으로서의 '日本的価値'」, 『일본·일본인론의 재발견』, J&C, 2007 참조.

8 여기서 말하는 '일(日)'은, 일본·일본인·일본사회의 총칭이다.

9 加藤英俊 編, 『日本文化論』, 徳間書店, 1966, 38면.

10 辻善之助, 『皇室と日本精神』(修訂版), 大日本出版, 1944, 3면.

11 이것은 문화청, 현(県), 현(県)교육위원회, 개최시정촌(開催市町村), 개최시정촌교육
위원회, 현(県)실행위원회, 시정촌실행위원회, 전국 및 현 내의 문화관계단체 등의

협력으로 이루어지고 있는 일본 최대의 문화제전이다. '보편성이 있는 일본문화'의 창조를 정부의 지도관리하에 범국가적인 행사로 치르고 있다.

12   杉浦陽太郎, 『国際外交録』, 中央公論社版, 1933, 361면.

13   杉浦陽太郎, 『国際外交録』, 362면.

14   芝崎厚土, 『近代日本と国際文化交流』, 有信堂高文社, 1999, 71면.

15   芝崎厚土, 『近代日本と国際文化交流』, 63~64면.

16   Harold George Nicolson, 斎藤真・深谷満雄 訳, 『外交』(*Diplomacy*, Oxford University Press, 1963), 東京大学出版会, 1965, 9면.

17   Harold George Nicolson, 斎藤真・深谷満雄 訳, 『外交』, 7면.

18   小原雅博, 『国益と外交』, 日本経済新聞社, 2007, 11면.

19   大沢淳, 「国益」, 猪口孝 編, 『国際政治事典』, 弘文堂, 2005, 321면.

20   内閣府・財団法人日本総合研究所, 「国民経済協力の効率化のための官民パートナーシップの検討調査報告書, 2000.3, 4면.

21   Harold George Nicolson, 斎藤真・深谷満雄 訳, 『外交(*Diplomacy*)』 참조.

22   국제정치연구는 그러한 경향이 매우 강하게 나타난 분야이다. 그래서 일본국제정치학회는 이에 대한 반성에 입각하여 '문화의 시점'에서 국제관계나 국제정치연구의 현상을 소개하는 특집을 기획하여 발표했다(「国際政治と文化研究」, 日本国際政治学会 編, 『国際政治』 129호, 2002 참조). 특히 '문화의 시점'을 중시하는 히라노(平野健一郎)의 『国際文化論』(東京大学出版会, 2000)이나 『国際文化交流の政治経済学』(勁草書房, 1999), 나카지마(中嶋嶺雄)의 『反・革命の時代』(PHP研究所, 1992) 등은 국제관계・국제정치 분야의 새로운 연구동향으로 주목할 수 있다.

23   Joseph S. Nye, Jr., *SOFT POWER : The Means Success in World Politics*, Perseus Books Group, 2004 참조. Joseph에 의하면 'soft power'는 행동원리에서 보면 내편으로 끌어들이는 '매력적인 힘(power of attraction)'이고, 그 힘을 끄집어내는 관련성이 높은 것으로서 제도, 가치관, 문화, 정책 등을 언급하고 있다. *SOFT POWER*, pp.5~11.

24   Martin Show는, "개개인의 경제적 정치적 이해에 대한 고집과 마찬가지로 개개인의 관념이나 아이덴티티에 대한 고집도 있지만, 그래도 역시 보편적인 문화의 성장은 현저하다"고 지적하면서, "보다 중요한 것은 경제, 정치의 글로벌리제이션과 결합하면서 그 과정을 통해 사람들이 공통의 기대와 가치관과 목표를 갖고 자신들의 생활을 되돌아볼 수 있게 되는 것이다. 이들의 문화적 규범에는 생활수준, 생황양식, 복지의 권리, 시민권, 민주주의, 민족적・언어적 권리, 독립국가로서의 지위, 성의 평등, 환경수준 등의 관념이 포함된다"고 한다. 그리고 이러한 관념의 다수는 서구에 기원을 두지만 각각의 사회적 문맥 가운데 커다란 해석의 차이를 동반하면서 세계 속에 점점 생활양식과 정치 이념의 일부로 되고 있다고 한다. 여기에서 글로벌한 문화, 특히 글로벌한 정치문화가 모습을 드러낸다고 지적하고 있다. 高屋定国・松尾真 訳, 『グローバル社会と国際政治』, ミネルヴァ書房, 1997, 29~30면.

25 麻生太郎,「文化外交の新発想」, http://www.mofa.go.jp/mofaj/press/enzetsu/18/pdfs/e aso_0428.pdf, 2006.4.28.

26 예를 들면 일본제품, 콘텐츠. 식문화, 애니메이션, 만화, J-Pop, 패션 등, 소위 '쿨 재 팬(Cool Japan)'의 세계화 현상을 의미한다.

27 原田武夫,『'NO'と言える国家』, ビジネス社, 2006. 하라다는 '문화국가'라고 하는 것은 "학술이나 예술, 그 응용부분을 중심으로 한 소위 '문화'의 발신원으로서 세계로부 터 주목을 받고 동시에 사람도 모이는 국가를 말한다"고 언급한 후 일찍이 그런 지 위를 구가한 나라가 독일이었다고 한다. 『'NO'と言える国家』, 115면.

28 Mare Fumaroli, 天野恒雄 訳,『文化国家─近代の宗教』, 山陽社, 1993, 188면.

29 Matthew Arnold, 多田英次 訳,『教養と無秩序』, 岩波文庫, 1965 참조.

30 졸고,「啓蒙思想に関する少考」,『日本学報』第71輯, 2007.5.30 참조.

31 졸고,「自由民権運動の'在地化'過程に関する研究」,『日本学報』第61輯, 2004.11.30 참조.

32 다나카田中耕太郎는 메이지 이래 일본의 문화는 항상 지배계급이나 엘리트층이 지 배했다고 하면서, 문화 향유의 주체는 두말할 필요도 없이 국가가 아닌 민중이라고 주장했다.「国際文化運動の理念」,『改造』1月号, 1937, 8~9면.

33 牧原憲夫,『文明国を目指して─日本の歴史幕末から明治時代前期 13』, 小学館, 2008, 329 ~330면.

34 三枝茂智,『極東外交論策』, 斯文書院, 1933, 627면.

35 三枝茂智,「対外文化政策に就て」,『支那』8月号, 1931, 17면.

36 近藤春雄,「文化外交の思想的背景」,『外交時報』76号, 1934 참조.

37 宮城望,「文化宣揚と文化宣伝」,『国際文化』第5号, 国際文化振興会, 1939, 5면.

38 内藤湘南,「日本文化とは何ぞや」, 加藤英俊 編,『日本文化論』, 徳間書店, 1966, 188면.

39 白幡洋三郎,「'新'日本文化'論─序説」,『日本研究』第16号, 国際日本文化研究センター, 1997, 90면.

40 吉田禎吾,「文化変容」, 祖父江孝男 編,『現代文化人類学2─人間の文化』, 中山書店, 1957, 221면.

41 平野健一郎,『国際文化論』, 東京大学出版会, 2000, 10면에서 재인용.

42 대표적으로는 加藤英俊 編,『日本文化論』이 있다. 여기서는 문화에 대한 정의를 "적 어도 이 해설에 관한 한 '문화'라고 하는 말은 '생활의 양식'이라는 의미로 사용되고 있다"고 하면서 이것이 현대일본의 문화에 대한 일반적인 이해라고 언급했다(10 면). 그 후 梅棹忠夫 編,『文明学の構 築のために』(中央公論社, 1981); 上山春平,『日本文明 史の構想』(角川書店, 1990) 등이 문화와 일본문화에 대한 다양한 해석을 하고 있지만 기본적으로는 대동소이하다고 볼 수 있다.

43 相良憲昭,『文化学講義』, 世界思想史, 2003, 7~8면.

44 橋本健二,「文化としての資本主義・資本主義の文化」, 宮島喬 外編,『文化と社会』, 有信堂,

1991, 98~99면.

45 木村尚三郎, 『耕す文化の時代』, ダイヤモンド社, 1988, 126면.

46 尾藤正英, 『日本文化の歴史』, 岩波新書, 2000, ii면.

47 히라노平野健一郎는 문화를 국제관계의 관점에서 '살아가기 위한 궁리'로 정의했다. 국제사회 속에서 살아갈 경우 행하지 않으면 안 되는 행위라는 관점에서 문화를 정의한 것이다. 『国際文化論』, 2000, 11면.

48 青木保, 최경국 역, 『일본문화론의 변용』, 소화출판사, 1997, 21면.

49 에도시대에 성립한 풍속화의 일종.

50 칠기의 표면에 그림이나 문자 같은 무늬를 넣어 표현하는 기법.

51 文化外交の推進に関する懇談会報告書, 「'文化交流の平和国家'日本の創造を」, 2005.7.11, 2면.

52 文化外交の推進に関する懇談会報告書, 「'文化交流の平和国家'日本の創造を」, 2면.

53 실제 일본의 문화정책은 '예술의 진흥'과 '문화의 보급'을 기본으로 '문화유산의 보존과 활용' '문화의 국제교류' '문화기반의 정비'를 첨가한 종합문화정책을 표방하고 있다(根木昭, 『日本の文化政策』勁草書房, 2001 참조). 또 문화청의 '문화정책'의 기본도 각 분야의 문화예술창조활동의 활성화, 전통문화의 계승ㆍ발전, 지역의 문화예술ㆍ국민의 문화예술 활동 진흥, 문화에 의한 국제공헌과 일본문화의 적극적인 발언, 문화예술거점의 충실과 발신을 위한 기반정비, 문화를 지탱하는 인재의 양성ㆍ확보 등에 맞추어져 있다(『我が国の文化行政』, 文化庁, 2008, 3면 참조).

54 川勝平太, 『文化力－日本の底力』, ウェッジ, 2006, 96~98면.

55 日下公人, 『21世紀, 世界は日本化する』, PHP研究所, 2000 참조.

56 구몬학습은 1954년 구몬 도오루公文公라는 한 고교교사가 자신의 아들의 공부지도를 하면서 시작되었다. "한 사람의 아이에게 가능한 것은 다른 많은 아이들에게도 가능할 것이다"라는 생각으로 자택에서 아내를 지도선생으로 하여 교실을 개설한 것이 구몬식교육법이 확립된 계기가 된다. 오늘날 구몬교육법은 "교육을 통해 세계 평화에 공헌한다"는 이념을 바탕으로 해외로 확산되어 2012년 3월 현재 47개국에 4 43만 명의 학습자가 이 교육법을 바탕으로 학습하고 있다. 구몬 홈페이지 참조, http://www.kumon.ne.jp/job/kumon/sekai.html.

57 清水嘉弘, 『文化を事業する』, 丸善ライブラリー, 1997, 220면.

58 시미즈清水嘉弘는 20세기 말의 사회를 '변화와 질서' '사물과 마음' '일과 놀이' 등 일견 거의 모순된 것처럼 보이는 '종(種)'의 다른 실체를 복합시켜 균형을 유지하면서 즐거운 생활시간이나 '예술화한 생활'을 보내는 궁리를 하는, 이른바 '이종복합(異種複合)'시대로 파악하고 있다. 『文化を事業する』, 16면.

59 冷泉彰彦, 「日本化するアメリカ」, 『Japan Mail Media』第305回, 2007.6.2 참조.

60 일본정부는 2010년 6월 8일 부로 경제산업성의 제조산업국에 '쿨 재팬 실(室)'을 설치하여 문화산업을 일본의 전략산업 분야로 육성 발전시켜 일본문화의 해외진출 촉진, 인재 육성 등을 정부차원에서 종합적으로 관리 추진하는 정책을 실시하고 있

다. 経済産業省, 『News Release』, 2010.6.8 참조.

61 白幡洋三郎, 「新「日本文化論—序説」, 『日本研究』 참조.

62 鈴木貞美, 「グローバリゼイション, 文化ナショナリズム, 多文化主義と日本近現代文芸」, 『日本研究』 第27号, 国際日本文化研究センター, 2003, 19면.

63 1990년대의 경제 위기 속에서 강조된 '일본인이여, 자신감을 회복하라'는 구호는 1980년대에 경제대국의 실체를 등에 업고 제창된 '일본인으로서의 아이덴티티'론과 동질한 시대성을 갖고 있다. 시대정신이라고 하는 것이 일본사회의 보수화를 촉발할 뿐만 아니라 항상 이데올로그 측에 선점되어 제창되고 있는 것은 일본의 근현대 국가체제의 형성과정을 상기해 보면 그리 놀랄 일은 아니다. 다만 그것이 일본사회의 집단귀속적 가치를 강화하는 요인이 되고 있다는 사실은 주목할 필요가 있다.

64 永原慶二, 『「自由主義史観」批判—自国史認識について考える』(岩波ブックレットNo.505), 岩波書店, 2000 참조.

65 예를 들면, 1998년 한국정부의 일본대중문화의 개방에 즈음하여 한국의 대중문화 산업의 기반약화와 청소년의 정신문화의 황폐화를 포함한 일본적 가치의 침투를 두려워한 반대여론이 대표적이다. 구체적으로는 졸고, 『리액션의 예술 일본대중문화』, 새움출판사, 2001 참조.

66 *The Travel Vision news*, 2007.11.24 참조. 'カントリー・ブランド・インデックス 2007'(CBI)에서 일본은 종합 10위에 올라 처음으로 탑 텐을 실현했다. 종합평가는 ① 관광지・시설, ② 독자의 생활문화・전통행사, ③ 미술공예・지적재산, ④ 풍습・전통・신앙, ⑤ 자연・지형, ⑥ 기술・통신・교통・의료, ⑦ 치안・안전, ⑧ 경제력, 등의 8항목으로 분석했다. 1위는 오스트리아, 2위는 미국, 3위는 영국, 4위는 프랑스, 5위는 이탈리아로 이어졌다. 9위까지는 북미, 유럽, 오세아니아의 국가들이 차지하고, 일본은 10위로서 아시아 국가 가운데는 최상위였다. 경제대국의 이미지를 고려하면 결코 높은 순위라고 할 수 없지만, 2011년도의 평가에서는 종합 4위로 약진하기도 했다. 그럼에도 개별평가 영역인 '가치시스템'(정치나 포용성, 환경 등), '생활의 질', '유산・문화' 등의 분야에서는 여전히 낮은 평가를 받고 있다.

67 2004년 3월 내각에 '지적재산 전략본부'를 설치하여 지적재산의 창조와 보호를 위한 각종 시책들을 쏟아내고 있지만 그중에서도 2009년 3월에 발표한 '일본브랜드 전략—소프트파워산업을 성장의 원동력으로'나, 경제산업성이 2010년 10월에 발표한 '문화산업입국을 향해—문화산업을 21세기의 리딩산업으로' 등의 정책은 문화산업을 전략적으로 발전시켜 국가의 브랜드파워를 높이겠다는 의지를 명확히 한 것이다.

68 文化外交の推進に関する懇談会報告書, 「'文化交流の平和国家', 日本の創造を」, 2면.

69 小倉和夫, 「'国際財'の真の価値こそ世界に発信しよう」, 『中央公論』, 2004.10 참조.

70 하물며 일본의 경우는 전범국가에서 고도경제성장과 경제대국으로 탈바꿈하는 가운데 '이코노믹 애니멀' '상인국가'라고 하는 부정적 이미지가 선행하여, 그것을 해소하기 위한 방편으로 문화교류를 통한 상호이해, 교류협력의 촉진을 전후부터 일

관된 외교적 과제로서 중시해 왔다. 때문에 일본은 전후의 국가재건 과정에서 전략적으로 추진한 '경제외교'와 함께 문화외교 분야도 첨차 대응능력을 높여갔다. 이 부분에 대해서는 졸고, 「戦後日本外交史における'文化外交'の推移と意味」, 『日本学報』(第75輯, 2008.5.31) 및 「戦後日本外交史における'文化外交'研究－1960年代を中心に」, 『日本学研究』(第24輯, 2008.5.31) 참조.

71 河島伸子, 「文化政策形成の仕組みづくりのために」, 社団法人日本芸能実演家団体協議会, 2002.9, 4면.

72 Marc Fumaroli, 『文化国家－近代の宗教』, 14면.

73 中本進一, 「ハイ・カルチャー / ポピュラー・カルチャーにおけるヘゲモニーの転換と領有に関する一考察」, 『一橋法学』第2巻 第3号, 2003.11, 926면.

74 杉村陽太郎, 『国際外交録』, 123~124면.

75 小野直樹, 『日本の対外行動』, ミネルヴァ書房, 2011, 82~84면.

76 小原雅博, 『国益と外交』, 日本経済新聞社, 2007, 11면.

77 특히 1990년대 들어 아시아제국은 자국의 경제발전이 지상명제가 됨에 따라 아시아에서의 새로운 연대의식이 활발해졌다. 그와 병행하여 아시아제국의 지배계급은 일본으로부터의 기술·자본·경영을 포함한 각종의 지원과 협력을 통해 자국의 경제발전과 국민의 생활수준을 향상시킬 수 있는 정치체제를 구축하기 시작했다. 이 무렵 일본도 아시아의 경제발전과 평화를 위한 일본의 역할 강화를 모색하고 있었기 때문에 아시아와의 협력관계의 강화는 쌍방의 이해관계가 일치하는 것이었다. 그 과정에서 일본의 문화외교는 상당한 성과를 거둘 수 있었다.

78 『わが外交の近況』, 外務省, 1971, 86면.

79 『わが外交の近況』, 1971, 78면.

80 『わが外交の近況』, 1981, 49면.

81 『わが外交の近況』, 1980, 16면.

82 메이지정부가 국가권력의 유지에 문화를 이용한 이래 정부가 행하는 각종 문화정책과 시민레벨에서의 문화 활동에는 상당한 괴리감이 있었지만, 이러한 관계가 변화하기 시작한 것은 1980년대에 들어가서부터라고 한다. 예를 들면 예술문화에도 이 무렵부터 국가의 정책적 지원 강화뿐만 아니라 시민레벨에서도 예술문화를 적극적으로 떠받쳐 가게 되었다고 한다(後藤和子, 『芸術文化の公共政策』, 勁草書房, 1998, 「서문」 참조).

83 제3장 제4절 「国際社会と日本」, 『外交青書』, 1991 참조.

84 「21世紀を'最高に生きる'ために転換期に立つ文化と国家」, 『国際交流』74号, 国際交流基金, 1997, 3면.

85 *The Washington Post*, 2003.12.27.

86 Douglas McGray, "Japan's Gross National Cool", *Foreign Policy*, 2002.5·6 참조.

87 『外交青書』, 外務省, 2001, 129면.

88 『外交青書』, 1999, 146면.

89 『外交青書』, 1999, 148면.

90 70년대 중반 무렵부터 고도경제성장이 가져온 정신문화와 지역의 황폐화에 대한 반발로서, 경제적 가치를 대신하여 정신적 가치를 중시하는 문화적 욕구가 고조되었다. 동시에 지역에서도 지역의 개성을 발견하고 재인식을 통해 '지방의 시대'를 열어야 한다는 움직임이 새로운 문화정책에 도입되었다. 이 무렵부터 일본사회에서는 국가에 의한 종합적인 문화정책뿐만 아니라 각종의 지역문화정책이나 '예술문화의 공공정책' 등이 활발하게 행해졌다. 구체적으로는 根木昭, 『日本の 文化政策』; 馬場憲一, 『地域文化行政の新視点』(雄山閣出版株式会社, 1998); 後藤和子, 『芸術文化の公共政策』 등을 참조.

91 根木昭, 『日本の文化政策』, 47~48면.

92 구체적으로는 졸고, 제10장 「日本的価値의 世界化構想」, 『日本日本人論의 再発見』, J&C, 2004 참조.

93 『クール・ジャパン戦略』, 経済産業省 クリエイティブ産業課, 2012.7. 여기서 일본정부는 세계가 공감하는 '쿨 재팬'의 인기를 살려, 내수의 발전과 수출을 증진시키고, 산업구조를 전환시켜 수익원과 고용확보, 그리고 지역경제 활성화를 도모하자는 방침을 밝히고 있다. 이를 통해 세계문화산업시장 규모에서(총 900조 엔 이상) 약 8조~11조 엔의 획득을 목표로 하고 있다.

제2장

제국일본의 '일본문화'의 외교 전략화

들어가면서

일본이 메이지유신을 통해 근대국가 건설에 박차를 가하고 있던 1880년 9월, 근대동아시아의 국제관계를 새로운 시각에서 정립한 획기적인 서적이 출간되었다. 청(淸)의 외교서기관으로 일본에 파견되어 있던 황쭌셴(黃遵憲, 1848~1905, 청 말기의 외교관)이 쓴 『조선책략(朝鮮策略)』이다. 근대국가로서의 군사력·경제력을 겸비하고 국제정치무대에 화려하게 등장하는 신일본의 모습을 체험하며 쓴 이 책은 동아시아의 국제관계가 전통적인 중화질서로부터 결별을 고하면서[1] 금후의 동아시아 질서가 비극적으로 전개될 것을 암시했다.

"근대 동아시아의 역사를 결정지은 운명의 저서"[2]로 간주된 이 책은 당시 일본을 방문한 김홍집(金弘集, 1842~1896)에 건네져 조선의 외교를 개국으로 선회하는 계기를 만들면서 조선의 대외인식에 커다란 영향을 미치기도 했다. 또 근대의 동아시아는 황의 예고를 뒷받침하듯 일본이 중국을 대신하여 패권국가로 부상하는 새로운 질서가 구축되었다. 아시아의 '지도'국으로 자리매김한 일본은 국제질서의 한 축을 담당하며 세계를 일본의 지배하에 두겠디는 '팔굉일우(八紘一宇)'의 환상을 현실화하는 듯했다.

경제적으로는 "세계의 경이로움과 동시에 세계의 위협"[3]적인 존재로 떠올랐고, 문화·사상적으로는 세계사적인 견지에서 '동아협동체의 사상'을 주도하는 국가[4]로 부상했다. 이 무렵부터 일본은 국제적인 지위변화를 반영하여 '동방(東方)문화'를 대표하는 일본의 문화·사상의 국제적인 발신을 국가의 주요정책으로 설정하여 적극적으로 추진하기 시작했다. 이를 '대외 문화사업' = '문화외교'로 명명한 지배층은 종래의 대(対)'지나(支那)'문화사업을 담당해온 외무성 내의 문화사업부를 재편하는 한편, 관민일체화(官民一体化)에 의한 민간단체를 설립하여 아시아와 세계를 상대로 '대외 문화공작'을 본격화했다.

이에 본 장에서는 전후 일본의 문화외교의 역사적 배경으로서 제국일본의 '대외 문화사업'의 실체를 분석하고자 한다. 구체적으로는 우선 지배계급의 문화사업의 중요성 인식과 구상의 사(史)적 경위, 구상을 실천할 수 있는 체제 정비 과정, 그 결과로서 탄생한 '재단법인 국제문화진흥회'의 목적과 이념 등을 중심으로 분석했다. 이를 통해 국제사회에서 새로운 지위를 획득한 제국일본이 외교자원으로 부상한 '문화외교'를 통해 어떻게 민족문화와 정신을 고취하고 나아가 국제적 지위향상을 기도하려 했는가를 분석했다.

1. 제국일본의 대외 문화사업 구상

1) 국책으로서의 문화사업 인식

역사학자 구로사와 후미다카(黒沢文貴, 1953~, 도쿄여대 교수)는 막말유
신(幕末維新)에서 현재에 이르기까지 일본의 외교를 국제환경의 커다란
변동과 연계하여 생각해 보면, 대체로 4기(期)로 구분할 수 있다고 한다.
제1기는 페리(Matthew Calbraith Perry, 1794~1858, 미해군)내항으로 상징되
는 막말유신기에서 제1차 세계대전의 시기, 제2기는 제1차 세계대전 이
후 태평양전쟁에서 일본의 패전에 이르는 시기, 제3기는 제2차 세계대
전의 종결과 그 후의 미·소를 중심으로 하는 냉전의 시기, 제4기는 냉
전체제의 붕괴에 의한 국제질서의 유동화가 여전히 수습되지 않는 현재
라고 했다.

그런데 근현대의 일본에 있어 국제환경의 변동이 단순한 외교정책
의 변화에 그치지 않고 국내체제 그 자체의 커다란 변동과 결합하고
있다면, 그런 현상을 이른바 '개국'이라고 할 수 있다고 한다. 그런 관
점에서 보면 근현대의 일본은 네 번의 '개국'이 있었고 그 '개국'에는 당
연히 각각의 의미와 특징이 있다는 논리이다.[5] 제1, 제3기의 '개국'은
글자 그대로 국내체제의 대 전환이자 국가로서의 새로운 출발을 의미
하는 것으로서, 이 무렵의 외교목표를 단적으로 말하면 국제사회로부
터 하루라도 빨리 독립국가로서 인정받아 선진제국과 어깨를 나란히
하는 것이었다.

메이지유신을 주도한 이와쿠라 토모미(岩倉具視, 1825~1883, 메이지유신 10걸 중의 한 사람)가 1869년에 올린 '외교'에 관한 의견서에 의하면 "해외만국은 모두 우리 황국(皇国)의 공적이다. 따라서 지금부터 황국이 해외만국과 교제하는 것은 황위를 추락시키지 않고 국권을 훼손시키지 않는 것"[6]이라고 했다. 서구열강의 식민지배의 위기 속에서 제국과의 대일불평등조약 개정을 통해 '황국의 독립'을 확보하는 것이 '오늘날의 급무'라는 것이다. 당연히 독립국가 일본의 존재를 국제사회에 각인시키기 위한 노력을 기울일 수밖에 없었고 이는 패전직후에도 예외가 아니었다.

그에 비해 제2, 제4기의 '개국'은 각각 전 시대가 축적해온 내외정(內外政)의 성과를 전제로 하면서 새로운 국제질서의 변동에 능동적으로 대응하는 외교정책을 행하는 것이었다. 1920년대 중반 스마 야키치로(須磨弥吉郎, 1892~1970)가 오늘날의 외교는 '힘[力]'이 아닌 '국제협조'이고, 따라서 "강한 나라도 약한 나라도 작은 나라도 큰 나라도 모두 국제협조의 길을 추구하지 않으면 생존도 발전도 할 수 없는 시대가 왔다"[7]고 하면서 국제정세의 변화에 탄력적인 대응을 주문했듯이, 제2기는 국제사회에서 동아의 신흥대국으로 부상한 일본이 얼마나 영향력을 확대할 수 있느냐에 집중되었다. 포스트냉전시대의 외교도 예외가 아니었다.

일본의 외교를 국제환경과 관련지어 고려할 경우 구로사와의 견해에 동의를 표하고 싶다. 하지만 저자가 주목하고 싶은 것은 이 같은 시기구분 가운데 문화외교에 대한 인식이 언제부터 시작되었는가이다. 이론의 여지가 있을지 모르지만 일본이 19세기에 유럽에서 확립된 '근대외교'[8]의 실체를 의식하고 나서 얼마 되지 않은 시기, 즉 제2기로서 구체적으로는 러일전쟁 직후부터였다고 해도 과언이 아니다. 근대 이후 일본의 국제문제는 조약개정, 군비의 충실, 조선반도에서의 지배권의 확립 등에 집중되어 있었으나, 러일전쟁 이후에는 국가의 독립이나 사명은 무엇이며, 원래 국제문제는 어떠한 것인가, 세계의 동향은 어떻게 변하고 있으며 그 속에서 일본은 어떠한 방향성을 취해야 하는가 등의 과제로 이행하기 시작했다.[9]

국제정세의 변화 속에서 일본의 독립과 이익을 지키고 나아가 일본의 국제적 지위를 높이기 위해 무엇인가 외교원칙이 필요하다는 사실을 인식한 것이다. 그 과정에서 일본의 새로운 외교사상으로서 '동서조화'의 원칙이라는 것이 형성되었다. 요컨대 "서구제국과의 정치적 이해를 유지하면서 아시아에서 일본의 기득권을 유지해 가는"[10]전략이었다. 이토 히로부미(伊藤博文, 1841~1909, 근대일본을 구상한 대표적 정치가)가 주창한 이 전략은 러일전쟁의 승리에 의해 세계열강의 하나로 부상한 일본이 열국과의 협조관계를 보지(保持)하면서 국제사회에서 자국의 위치를 규정하고자 할 경우 최선의 선택지는 무엇인가에 대한 고민 끝에 내린 결론이었다.

'대외문화사업'의 주목

일본이 내세운 원칙은 대외팽창주의의 강화로 무너지지만 한편으로는 '대외문화사업'이라는 새로운 외교노선에 눈을 뜨게 된다. 그 배경의 하나로 주목해야 할 것이 바로 만국박람회이다. 1893년 시카고 만박의 참여는 일본의 문화사에 하나의 전환점을 이루게 된다. 근대국가 건설의 순조로운 진전이 가져온 자신감이 그때까지 서양문명에 대한 콤플렉스로 인해 잃어버렸던 고유한 가치관을 회복할 수 있는 계기를 만들었기 때문이다. 소위 탈아의 사상을 도달점으로 하는 동양에 대한 자신감(= 멸시)과 국수주의에 상징되는 서양에 대한 자신(= 반발)감이었다.[11]

실제 유럽의 일본에 대한 인식도 "이국적인 이문화의 세계, 약진하는 근대국가, 러시아를 무너뜨린 강국"[12]이라는 이미지가 일부국가에 존재하면서 일본사회의 자긍심을 고취할 수 있는 측면이 있었다. 근대화 정책을 통해 탈아(脫亞)에 성공한 일본이 서구제국에 대한 '자신'감을 배경으로 국제사회에 '대국'의 모습을 드러내기 시작할 무렵 일본문화의 해외진출을 고려하기 시작한 것이다. 그 과정에서 구체적인 공략 대상으로 떠오른 지역이 바로 중국이었다. 출발은 1917년부터 고무라 긴이치(小村欣一, 1883~1930, 당시 아세아국제1과장(亞細亞局第一課長))와 오바타 유키치(小幡酉吉, 1873~1947, 당시 아세아국장(亞細亞局長)), 중국공사였던 하야시 곤스케(林権助, 1860~1939) 등이 모토노 이치로(本野一郎, 1862~1918) 외무대신을 설득하는 과정에서 진행되었다.[13]

그 후 1923년 외무성이 '대지(対支)문화사업 특별회계'[14]를 제정하여 예산 300만 엔 규모로 대'지나(支那)'문화사업을 기획하면서 일본정부 최초의 대외문화교류담당부서로서 대지문화사무국(対支文化事務局, 이듬해 문화사업부로 개칭)이 설치되었다. 초기의 문화사업부는 주로 중국에 대한 문화사업을 다루었지만 1935년부터는 관할부서인 국제문화진흥회, 국제학우회, 국제영화회 등과 협력하여 전 세계를 대상으로 하는 국제문화사업[15]으로 방향을 돌리게 된다. 서구열강에 대한 견제심리와 대국으로서의 자신감이 문화사업의 중요성을 보다 인식하게 한 것이다.

또 다른 계기는 제1차 세계대전 후 지적활동을 위한 국제협력기관으로 주목을 받은 '지적협력위원회(International Committee on Intellectual Cooperation, ICIC)'에 일본이 적극적으로 관여하면서부터이다.[16] 1922년에 국제연맹의 문화사업에 대한 자문기관으로 설립된 이후 연맹의 전문기관으로서 지적·교육·문화 등 다양한 국제교류활동을 실천했다. 특히 제1차 세계대전 이후 각국 대학과의 협력을 통해 지적생활수준에 대한 조사를 행하며 국제관계 개선에 공을 들이기도 했다.

국제정치학자 이리에[入江昭]는 ICIC에 대해 "다양한 지역 출신의 개인이나 집단이 문화적 교류를 통해 국가나 민족과는 다른 공동체를 형성하려고 했다. 그들의 이념이 정치권력자들로부터는 비웃음을 당하고 역사가의 각광도 받지 못하는 그림자 같은 존재였다고 하더라도 그런 노력이 세계라고 하는 공동체를 크게 변화시키고 국제문제에 대한 우리들의 이해를 끝없이 풍요롭게 했다"[17]고 언급하며 그들의 공적을 높이 평가한바 있다.

이리에의 평가처럼 ICIC는 정부보다는 민간의 역할을 중시하는 국제교류를 추구하여 국제여론의 환기에 기여했고, 그 이념은 제2차 세계대전 후의 유네스코에 그대로 계승되었다. 그러나 일본이 ICIC에 참여할 무렵에는 아시아의 소국 일본이 패권을 다투는 군사대국으로 부상하면서 구미제국을 중심으로 일본에 대한 국제여론이 매우 부정적으로 흐르고 있을 때였다. 제1차 세계대전을 거치면서 국제사회에 형성된 대일관은 '일본인의 난폭'함에 대한 비난이었다.

당시 『뉴욕 타임즈』는 "동아시아 현상의 중요하고 이론이 없는 특징은 일본인이 지구상에서 가장 미움 받고 불신감을 안겨주는 존재로서 독일인을 대신하고" 있는 것이라고 하면서, "일본인에게 동정적이지 않은 외국인"에 대한 일본인의 반응은 "자신과잉의 자기주장이라고 해야 할 만큼 실로 어린애 같은 형태"[18]로 나타나 싱대의 감정을 손상시킨다고 언급했다. 전쟁 중에 보여준 일본인의 행동에 대해 국제사회의 경계심리가 어느 정도였는지를 가늠케 하는 기사이다.

일본은 국제사회의 비난여론을 잠재우고 미영이 주도하는 국제질서에 편입하기 위해 연맹의 사무차장이었던 니토베 이나조우(新渡戸稲造, 1862~1933, 윤리철학자, 국제연맹사무차장 역임)로 하여금 ICIC의 설립에 깊은 관계를 맺게 함으로써 일본의 대외적 이미지 개선을 추구하면서 한편으로는 지적사업의 협력을 통해 세계평화에 기여한다는 철학을 공유하고자 했다. 그 경험은 일본의 '학예협력국내위원회'(1926년 설립)에 계승되어 국제문화교류에 커다란 영향을 미치게 된다.

인류의 평화정착에 지적교류가 중요하다는 인식이 국제사회에 확산되어 가는 가운데 일본의 식자층도 문화교류사업의 중요성을 역설하며 국가의 정책을 적극적으로 지원하기 시작했다. 중국의 반일감정에 주목한 다나카 기이치(田中義一, 1864~1929, 육군대장, 제26대 내각총리대신)는 일중 양 국민 사이에는 "언동이나 감정 등 사사로운 차이가 누적 침체"되어 있다고 하면서 이를 극복하기 위해서는 이기적인 일본인의 자기반성과 함께 "정신적인 친선"[19]이 중요하다고 했다. 대일감정의 개선수단으로 문화교류의 필요성을 제기한 것이다.

스페인특명전권공사를 역임한 스마 야키치로(須磨弥吉郎)는 「동양문화 외교시론」이라는 논문을 통해 외교와 문화의 접점이 현대 국제사회에서 중요한 전략임을 인식해야 한다고 지적한 뒤 "문화가 융합하는 곳에 외교의 합치(合致)가 발생하고, 문화를 서로 받아들이지 않는 곳에 외교의 파탄이 초래된다"[20]고 주장했다. 스마는 세계열강의 정책의 핵심이 태평양으로 이동하고 있음을 주목하면서 "동양문화의 부상이 멀지 않았다"고 예언하기도 했다.

그는 서양문명의 정체 현상과 '앵글로색슨 형제'의 연계가 시작되었다는 것은 문화의 흐름이 급격히 태평양으로 기울기 시작했다는 것을 의미하는 것이기에 일본은 항구적인 평화 유지를 위해서라도 "은인자중을 거듭하는 각오"로 스스로를 되돌아보아야 하며, 동시에 "다가올 동양문화의 개가(凱歌)에 감출 수 없는 환희를 느끼는 만큼, 오히려 이 평주안식(平住安息)의 천지인 동양문화의 힘을 인식하면서 외교의 핵심을 지키지 않으면 안 된다"[21]고 역설했다.

국제정세의 변화를 예의주시하며 일본의 대응방침을 밝혔으나 한편으로는 국제사회의 문화질서의 재편 움직임을 정확히 간파한 뒤, 문화가 향후 국가의 외교 전략에 얼마나 중요한 자원이 될 수 있는지, 그 가능성과 현실성을 언급했다는 점에서 시사하는 바가 크다. 특히 이 단계에서 문화라고 하더라도 반드시 '일본문화'만을 주창하지 않고 일본의 국제적 지위변화와 맞물려 문화를 외교의 핵심 영역으로 인식하여 표명한 것은 주목하지 않을 수 없다.

2) 문화의 '외교'화 여론

문화사업의 중요성을 설파하는 언론의 움직임도 이어졌다. 『아사히신문』의 편집주간이었던 오카노 요노스케[岡野養之助, 1878~1949]는 언론의 사회적 공헌에 대해 "조직의 힘에 의해 언론, 보도, 계획의 3박자를 갖추어 사회에 공헌하는 시대"가 도래했다고 하면서 다양한 분야에서 언론사의 문화적·사회적 활동을 강조했다. 실제 아사히신문사는 1927년에 '메이지 다이쇼 명작전'과 '텐표[天平]문화기념사업' 등,[22] 근대 일본의 신문화발달의 경로와 일본문화의 원류를 찾아보는 기회를 제공하여 국민들의 커다란 호응을 얻기도 했다.

일본사회에서 대외문화사업에 대한 지도층 인사들의 적극적인 제언이 잇따르고 언론도 주목하자 정부도 '문화'를 대외정책(대외문화공작)으로 중시하여 실천하고자 하는 의지를 본격적으로 드러내기 시작했다. 국제사회에 군사적 팽창주의를 희석시키면서 자신들의 행동을 정당화 시킬 수 있는 논리의 개발이 필요했기 때문이다. 대외침략을 "극동의 평화 확보"를 추구하는 "일본의 사명"으로 규정하여 "일본의 사리사욕"을 위해서가 아니라 "세계라는 미명하에 행하는 정당방위 또는 자위권의 발동"[23]으로 포장하는 외교논리가 등장한 것도 이와 무관하지 않다.

'대륙진출'을 대망(待望)[24]하는 기운이 충만해 있는 가운데 일본의 조야에서는 세계사에 일본의 위치를 미·영과 동등한 세계 3대 강국의 하나로 인식하는 흐름이 조장되기 시작했다. 그런 흐름을 주도한 대표적인 논자가 외교관 후쿠시마 미치마사[福島道正]였다. 그는 현재 미국은 "일본의 진취(進取), 발전, 일신일보(日新日步) 등의 현실에 화가 날 수도 있겠지만 동시에 이것이 오히려 일본에 대한 존경심을 갖게 만든다"고 하면서 "무한의 에너지를 갖고 있는 대 민족" 미국과 "대립하거나 배척하지 않으면서 제3의 대국 영국과 함께 세계의 항구적 평화를 확보하는 방안을 강구하지 않으면 안 된다"고 주장했다.[25] 세계 대공황과 중국의 내부분열이라는 국제정세에 힘입어 일본의 침략을 정당화하는 논리가 횡횡하고 이를 뒷받침하는 국내여론의 지지가 고조되는 상황이 전개되기 시작한 것이다.

후쿠시마의 주장은 여기서 끝나지 않았다. 그는 세계가 전쟁에 몰두해 있을 때 일본은 평화를 유지하며 문화를 발전시켜 온 "평화적인 국민"이라고 하면서, 일본이 청일, 러일 전쟁을 통해 대국이 된 것은 틀림없지만 전쟁에 의해 산업과 국부를 격증시켰기에, 만약 불행하게도 다시 세계에 "대동란"이 발생한다면 일본은 한편으로는 국방을 충실히 하면서 평화를 대비하고, 동시에 "전투국"에는 각종의 물자를 공급하여 산업을 발전시키고 국부를 증강시켜 국력의 증진을 꾀하고, 그 강대한 힘으로 동양의 평화를 유지하여 황도(皇道)로 세계를 향해 항구적인 평화를 유지하고 인류의 안녕과 행복을 위해 노력하는 국가가 되어야 한다고 언급했다.[26]

전쟁을 통해 대국이 된 이력을 십분 활용한다면 일본의 지위는 보전되고 이렇게 보존된 황국(皇国) 일본은 세계의 평화와 인류의 행복을 보장하는 국가로 군림할 수 있다는 것이다. 실제 일본의 지배층은 "우리나라 국가정책의 궁극적인 목표는 유색인종(有色人種)의 장자(長者) 또는 지도자가 되어 그들의 발달을 유도하고 도와주는데 있다"[27]는 인식을 일본사회에 확산시켜 가면서, 동시에 서구에 대항할 수 있는 "대륙제국"[28]으로서 일본의 존재감을 국제사회로부터 인정받을 수 있는 길이 무엇인가를 고민하기 시작했다. 문명국으로서 일종의 책무와 같은 인식이었다.

그 과정에서 등장한 것이 바로 '문화'라는 외교적 수단이었다. 지배층은 일본의 '문화'를 어떻게 외교정책에 유효하게 활용하여 '제국의 진가'를 높일 수 있을까를 범국가적인 차원에서 모색하기 시작했다. 여기에는 당시 프랑스나 독일, 영국이나 소연방 등이 대규모로 실시한 '대외문화사업'의 영향이 크게 작용했다. 포르투갈의 대리공사를 역임한 야나기사와 다케시(柳沢健, 1889~1953)의 논리가 이를 뒷받침했다. 그는 구주(欧州)제국이 추진해온 국제문화사업에 커다란 자극을 받아 '대외문화사업'을 '일국의 문화외교'와 동의어(同義語)로 간주하면서 이 것을 '국책(国策)' 내지는 '외교정책의 관점'으로 파악하여 대응할 것을 주장했다.

그에 의하면 '외교'는 기본적으로 "정치・국방을 중심으로 하는 활동"이지만 '국제문화사업'은 "학술이나 교육, 종교나 예술, 또는 스포츠와 같은 이른바 문화적 방면을 중심으로 하는 대외활동"을 의미하는 것이기에 간과해서는 안 되는 중요한 외교라고 정의했다. 무력에 의한 아시아지배를 정당화하고 그런 상태의 장기화를 기도하는 논리이기는 하나 당시의 상황에서 문화외교의 중요성을 간파했다는 점은 주목할 필요가 있다.

따라서 '국제문화사업'은 "때로는 분명 국방의 한 요소로서 작용하는 경우도 있다는 사실을 예상"할 필요가 있고, 이를 실천하기 위해서

라도 '문화외교'가 정치·경제외교와 함께 3대 축의 하나로 인식되어
져야 한다고 했다. 특히 문화외교는 "단순히 일국의 정치·경제적 방
면의 활동 도상에서 분쟁을 방지하는 소극적인 역할을 다하기도 하지
만 일국의 정치·경제활동을 조장하고 강화하는 다대(多大)한 힘"을 갖
고 있기에 정치·경제·문화라는 "3면(三面)의 외교활동" 중에서도 "가
장 중요하고 근본적인 것"으로 간주해야 하고, 그런 관점에서 보면 대
외문화사업의 필요성과 효과를 강조하는 구주제국 논자들의 주장은
매우 바람직하다고 역설했다.[29]

그는 문화외교를 무시한 정치·경제외교만으로는 복잡해진 국제관
계를 해결하기 어렵다는 한계를 이미 제1차 세계대전을 통해 확인한
바 있다. 그런 경험이 구주제국의 국제문화사업 강화의 배경이 되었다
는 사실을 인식함으로써 일본외교의 새로운 방향성을 모색한 것이다.
요컨대 야나기사와는 국제관계에 있어 정치·경제적 투쟁을 격화시
킨 결과가 "상호살육(相互殺戮)"을 초래하는 대전(大戰)의 형태로 나타났
음을 교훈으로 받아들여야 한다는 전제하에, 그보다는 "국제생활에서
가장 근본적인 것이 되어야 할 문화방면의 활동"을 중시하는 전략을
통해 '사상'적으로 일본의 국제적 지위를 강화해 가는 외교 전략을 추
구하려고 했다.

'지도정신'의 발신구상

오늘날의 소프트파워론을 연상시키는 논리가 일부 식자층에 의해
확산되는 가운데 이 무렵 가장 체계적인 문화정책구상을 제시한 인물
은 사에구사 시게토모(三枝茂智)였다. 그는 외교서기관 시절 「대외문화

정책에 대해」라는 논문을 통해 '문화입국책(文化立国策)'을 바탕으로 한 "신일본의 운명을 개척하는 방법"을 제창했다. 전문외교관으로서 군축문제를 포함한 국제정치·외교 분야에 조예가 깊었던 그는 '대외문화사업'은 이민문제나 경제정책, 혹은 고등정책 등도 무력을 사용하지 않고 해결할 수 있는 유일한 수난이고, 제국일본의 국제적 지위를 고려하면 청일·러일전쟁 후 국제적 지위를 향상시킬 수 있는 제국외교의 지도적 정신이 될 수 있다고 주장했다.[30]

그는『영국이여 반성하라』는 저서를 발표[31]하며 제국의 팽창주의를 비판하면서도, 유럽제국이 대외문화사업을 통해 ① 자국의 국수주의 유지, ② 자국 언어의 제 외국 소개, ③ 자국문화의 제 외국에 이입, ④ 자국가치의 세계적 인식 촉진, ⑤ 외국인의 인심 수렴, 등의 목적을 달성하고 있다는 사실을 냉정히 인식하고 있었다.[32] 소위 유럽열강이 문화사업을 통해 "자국의 영역을 외국인의 관념세계에 확대"시켜 가는 노력을 지속적으로 추진함으로써 "자국민족의 존립발전에 유리한 환경"을 조성해 가는 전략을 일본도 참고하면 실현가능한 조건은 충분히 구비되어 있다고 판단한 것이다.

일본의 지역적 기반에 대해서도 "어쨌든 국수문화(国粋文化)선전전에서 우리나라는 절호의 전략지"로 자리매김 할 수 있고, 문명적 관점에서도 "일본주의, 인도철학, 유교정신 등을 집대성"하고 있는 국가라고 정의했다. 견해에 따라서는 일본이 "세계문화의 반을 소유하고"있기 때문에 일본인이 무조건 "가치 세계"의 왕자에 군림하려는 의지만 확고하다면 "세계에 최고의 문화를 산출(産出)"할 수 있는 능력은 겸비하고 있는 민족이라는 논리였다.[33]

2000년대 후반 아소(麻生太郎, 1940~, 제92대 내각총리대신) 외무대신이 21세기 일본의 외교가 추구해야 할 이념으로 '가치외교'를 주창하면서 일본은 그것을 실현할 수 있는 전통과 사상을 보유하고 있다고 했지만, 이러한 논리는 시공을 넘어 일본의 지배층이 주장하고 싶은 자기인식의 실체이기도 하다. 대외문화사업의 확대를 통해 새로운 '지도정신'을 세계에 발신하려는 일본의 의도는 '대동아(大東亜)'로 향해졌다. 가장 중요한 공략대상은 중국이었다.

당시 일본은 "만주국을 육성하여 만주국과 특수 불가분의 관계를 보다 공고히 하고, 세계적 견지에서 소련과 지나(支那) 양국과의 관계를 자주적으로 조정하고 동시에 남쪽으로 평화적인 발전과 진출을 꾀하는 것, 그리고 이를 토대로 동아의 안정 세력"을 확보하는 것이 중요하며, 바로 그런 구조 위에 "제국의 존립과 발전"을 추구하는 것이야말로 "제국외교의 중추적 방침"임을 확인했다.[34] 동양문명의 주체인 중국을 확고히 지배한 뒤 이를 발판으로 일본문화를 동방을 대표하는 지도적인 문화로 국제사회에 발신하겠다는 의지였다.

그 연장선상에서 일본은 '지나(支那)'에 대해 "엄정한 태도"로 임하면서, 아울러 "대 민중 경제공작과 함께 대일 태도를 시정하도록 유도하여 공존공영(共存共栄)을 기조로 하는 일지(日支)연계의 실현을 추구하고, 북방으로는 일만(日満) 양국과의 경제적 문화적 융합제휴를 강구해간다"[35]는 방침을 세웠다. 중국을 일본의 문화적 지배하에 두겠다는 정책적 의지를 명확히 하면서도 표면적으로는 중국을 향해 "공존·공영을 위해 제휴해가야 할 우방이고 우인(友人)인 숙명을 짊어지고 있다"고 했다. 외무성의 문화사업부는 그 일익을 담당했다.

따라서 문화사업부의 설치는 "일·지 양국민의 접촉의 소산인 동방 문화를 조직적으로 연구하고 이것을 발양하여 세계의 문운(文運)에 기여함과 동시에 양국민의 정신적 연계를 새롭게 하여 양국민의 상호이해를 촉진시키는 것"[36]에 목적이 있었다고 하면서 문화융합 정책을 전면에 내세우는 유화적인 태도를 보이기도 했다. 고대의 문명대국 중국을 공략하는 적극적인 '문화공작'을 통해 동아(東亞)에 일본의 '지도정신'을 공고히 하겠다는 결의였다.

2. '제국문화'의 '해외선양' 체제의 구축

1) 제국일본의 문화적 리더십 추구

중국에 대한 문화사업의 본격화는 영·미를 비롯한 열강들이 선교사들의 교육활동을 축으로 중국에서 우호적인 여론을 형성하며 영향력을 확대하고 있었던 것이 자극제가 되었지만, 시바사키 아츠시(芝崎厚史, 1970~)는 "대지(對支)문화사업을 통해 동방문화의 선양(宣揚)에 노력하고 있음을 열강에 이해시키는 행위"[37]의 일환으로 파악했다. 제국일본이 '대지나(對支那)'문화정책을 중시한 배경이 어디에 있던 분명한 것은 '대륙제국'의 지위를 확보한 일본이 다음 수순인 '지도정신'의 실천을 통해 '문화제국주의'의 구현에 착수했다는 점이다.

제국주의 정책 가운데 가장 교묘한 것으로 언급되고 있는 '문화제국주의'는 영토의 정복이나 경제생활의 통제가 목적이 아니라, 그보다는 "양국 간의 역학관계를 바꾸기 위한 수단으로서 인간의 마음을 정복하고 제어하는"[38] 것에 있다. 이미 조선에 대한 식민통치 과정에서 유연한 '문화정책'을 통해 반일감정을 억제하는데 성공한 경험을 갖고 있는 일본이 '문화적 융합'정책을 통해 '지나(支那)'인의 '대일태도의 시정'을 기도했다는 것은 군사·경제 제국주의의 한계를 보강한다는 의미에서도 중요한 전략이었다. 특히 프랑스가 자국의 매력적인 문화를 활용하여 제1차 세계대전 이전에 동지중해 지역에 프랑스제국주의의 기초를 다진 전례를 생각하면 문화제국주의 실현은 계량화할 수 없는 효과가 있었다.

일본의 식자층은 아시아 근대문명의 선구자로서의 지위를 활용하여 제국일본의 문화적 리더십 발휘를 강하게 요구했다. 대표적인 인물이 스기무라 요타로(杉村陽太郎, 1884~1939)였다. 국제연맹 사무관 차장과 IOC위원, 이탈리아, 프랑스대사까지 역임한 그는 아시아에 대해 "일본의 극동에서의 사명은 후진민족을 지도 계발하여 아시아문명의 빛으로 세계의 문화와 인류의 진보에 공헌하는 것"[39]이라고 언급했다. 아시아에서 일본의 사명이 "후진민족"의 "지도계발"에 있다는 논리는 타자=아시아에 대한 시선을 오로지 '근대'라는 관점에서 문명과 미개의 이분법적 사고로 재단한 대표적인 예이다.

이 독선적인 문명우월주의는 일거에 일본의 아시아 침략과 지배를 정당화하는 논리로 변질되어 갔다. 스기무라는 "극동의 평화를 생각하고, 만주·조선인의 행복을 염두에 둔 독립 혹은 병합(倂合)을 지원하거나 감행하는 경우, 그 행동은 의인(義人)의 행위이자 인자(仁者)의 행위"[40]라고 하면서, 아시아의 평화를 파괴하고 아시아를 멸시하고 노예시하는 것은 모두가 "일본의 적(敵)"으로 간주하여 단호하게 대처해야 한다고 주장했다. 제국일본의 침략적 팽창주의가 아시아의 문명대국으로서의 사명을 다한다는 의인의 논리로 대체된 것이다.

그러나 이것만으로는 '극동평화의 옹호자'로서 제국일본의 존재감은 크지 않았다. 그는 이미 고대의 로마, 근대의 영국, 프랑스, 아메리카 등의 역사가 일본에게 "좋은 본보기"가 되고 있는 것처럼 "문화적 노력"이 동반되지 않으면 진정한 국권의 신장(伸張)은 없다고 단언했다. "문화정책"을 배제한 "국세(国勢)의 신장"이 바람직하지 않은 이유를 그는 다음과 같이 설명했다.[41]

우리의 우수한 문명을 널리 세계에 이해시키고, 국제사회에 우리나라의 품위를 높이고, 우리나라의 국민성에 대한 각국의 존경심을 확보하여, 서로 간에 국교의 기초를 단순한 권력 혹은 재력에 의지할 것이 아니라, 한층 고상한 상호이해와 존경의 관념 위에 구축해 가는 것이 국세의 신장에 필수적인 요건이다. 정치적으로 본 국권의 신장이나 경제적으로 본 상권(商權)의 신장도 문화적 노력이 동반되지 않으면 그 기초는 극히 연약해 진다는 것을 인식하지 않으면 안 된다.

문명대국 일본의 문화를 세계에 널리 보급하는 노력을 기울이고 그 과정에서 제국일본은 '동아의 지도자'임을 세계에 각인시켜 존경심을 갖게 하여 아시아의 '문명화'를 선도해 가야 한다는 주장이다. 이를 현실화하기 위해서는 문화정책이 중요하지만, 이 경우 문화정책이라는 것은 기본적으로는 종교, 과학, 예술 등의 형태로 이루어진다고 볼 수 있으나, 한편으로는 "정치도덕, 상업도덕, 그중에서도 특히 국민외교에 의한 국민도덕에 의거할 때 극히 유효"한 기능을 발휘하기 때문에 그 중요성을 결코 간과해서는 안 된다고 했다.

적극적인 문화정책을 통해 제국일본의 국제적 지위를 확고히 구축하려고 한 스기무라는 체제에 대해서도 외무성뿐만 아니라 "관민일치(官民一致)의 국민적 기초 위에 이루어져야 할 시대가 왔다"[42]고 하면서, 기존의 문화정책의 전면적인 변화를 촉구했다. 문화제국화의 움직임이 '국민적 기초' 위에 본격적으로 추진될 수 있는 체제 정비에 들어간 것도 이 무렵부터이다. 이것은 제1차 세계대전 후 국제사회에서 일본의 정치적 발언력을 강화하고 그에 부합하는 경제적 프레젠스의 확대[43]에 이어 제국일본이 추구해야 할 최후의 과제이기도 했다.

국세(国勢)의 발전에 정치·경제뿐만 아니라 문화를 활용하는 정책의 추진과 그 중요성을 역설한 외무성 관료들의 일본문화에 대한 프라이드는 매우 높았다. 그런 만큼 그들에게 남겨진 과제는 우수한 일본문화를 앞으로 어떠한 형태로 세계에 발신해 갈 것인가 였다. 때문에 다음 수순은 체제의 정비일 수밖에 없었다. 우선 야나기사와 다케시[柳沢健]는 '일본의 문화'를 "세계에서 극히 특이한 성질을 가진 것"으로 파악하며 그 특징에 대해 다음과 같이 언급했다.[44]

우리나라의 극히 고유한 문명의 정화(精華)를 내포하면서 조선·지나·인도의 각 시대에 걸친 다종다양한 종교·예술·사상을 이입, 섭취하여 어느새 그것을 모두 일본화하여, 오늘날 그 전통에서 가장 오래되고 동시에 활력에서도 가장 강한 동방문명의 혼연(渾然)한 집적을 형성하기에 이르렀다. 보라 불교는 인도에서 탄생했지만 인도에는 죽었고, 유교는 지나에서 발생했지만 지나에는 죽어 있고, 공예는 조선에서 이입되었지만 조선에는 죽어 있다. 오직 이들 동방문명의 정수는 일본에만 살아있고, 번성하였고, 신장했다. 따라서 오늘날 동방문명을, 소위 동양학을 배우려고 한다면 세계는 반드시 일본을 보지 않고서는 그 뜻을 이룰 수가 없을 것이다.

그의 주장을 한마디로 요약하면 '화혼양재(和魂洋才)'(일본고유의 정신 위에 서양의 기술을 접목하여 문명을 발전시켜 간다는 의미)의 정신이다. 홀로 일본만이 동방문화의 정화(精華)를 신장시켰고, 따라서 세계는 일본을 알지 않고는 소위 '동양학'을 배울 수 없다는 주장이다. 여기서 동양학 = 일본학의 논리가 확립되고 동시에 일본학은 특수적 보편이 아닌 동방을 빛낸 구체적 보편의 길을 추구하는 새로운 시대의 학문이자 서양학을 극복하는 동양학으로 전파되기 시작한다.

일본학의 주창에 앞장섰던 오노 마사야스(小野正康, 1891~1984)는 "불교·유교에 대해 일본의 입장을 앙양한 국학"[45]이 바로 '일본학'이라고 하면서 이를 강조하는 것은 "시대교학인 서양학에 대해 우선 일본의 학문을 적극적으로 그 존재를 주장해야"[46] 할 당위성이 있었기에 '창창(創唱)'했다고 언급했다. 근대사회를 지배한 서양문화에 대한 반발심리와 일본문화의 발신이라는 관점이 일본학의 의미를 재정립하게 만들었지만, 근본적으로는 중국학을 핵심으로 간주하는 서양의 동양학인식에 대한 저항의식이 이 무렵 식자층에 팽배했다고 불 수 있다.

사에구사[三枝茂智]도 서양의 '지나학(支那学)'을 중심으로 한 '동양학'을 비판한 바 있지만 실제로 "19세기 서양에서는 한자수득(修得)의 문맥에서 보면 일본어수득 이전에 중국어를 마스터하는 것이 전제였고, 동양학의 중심에 중국학이 있었으며, 그 분파로서 일본학"[47]이 인식되고 있었다. '일본학'을 광의의 '동양학'으로 국제사회에 발신하려는 제국일본의 노력은 패권국으로서의 '일본문화'의 전통성과 우월성을 확보해야 한다는 시대성도 중요했지만 한편으로는 서구문화에 대한 일본의 문화적 열등감의 발로라는 측면도 부인하기 어렵다.

2) '국제문화진흥회' 설립

제국일본은 자신들의 문화가 동방을 대표하는 빛나는 문화임에도 불구하고 해외발신을 등한시함으로써 일본의 발전과 신장을 스스로 저해했다는 인식이 강했다. 따라서 일본은 "세계문명이 파산기에 접어든 지금 우리나라가 동방문명의 유일한 대표자 내지는 집적국(集積国)으로서 그 '빛'을 일관되게 세계인류를 위해 방사(放射)"할 필요가 있다고 판단했다. 이를 국책(国策)으로 신중히 고려하여 실현하는 것이야말로 "실은 하늘로부터 부여받은 사명을 다하는 것"[48]이라는 의식에 사로잡혀 있었다. 동방의 새로운 제국 일본으로부터 세계에 울려 퍼지는 '빛'을 발사해 가는 것이 향후 일본이 국가적 차원에서 진력해야 할 시대적 과업이라는 인식이다.

실제 1936년에 발표된 '국책의 기준'에 의하면 "외교기관의 쇄신과 함께 정보선전조직을 확충하고 외교기능 및 대외문화 발양을 활발히 한다"[49]는 것을 명시하여 일본문화의 해외발신의지와 외교기능 강화를 분명히 했다. 외국의 예를 보더라도 미국은 록펠러재단이나 카네기평화재단 등이 수천만 엔의 자금을 들여(당시 일본 외무성의 문화사업 예산은 연간 300만 엔 전후였다) 세계를 상대로 민간차원의 계몽사업을 전개하고 있었기 때문에 일본의 지배층에도 그 같은 '공작'을 늦추어서는 안 된다는 인식이 강하게 지배하고 있었다.

국제연맹탈퇴[50]와 국제적 지위변화를 반영하여 '제국의 진가'를 세계에 알리기 위한 체제 정비를 서둘러야 한다는 원망(願望)이 결집된 것으로 볼 수 있다. 이와 관련된 언론의 지원보도도 이어졌다. 당시 한 언론은 '문화일본'의 해외진출은 최근 급격한 비약을 보이고 있지만 개개의 사업은 무조직으로 진행되어 혼란을 가중시키고 있는 만큼 통일된 강력한 신 조직이 필요하다고 주장했다. 특히 독일이나 이탈리아 러시아에 비견할 만한 조직을 설치해야 한다고 주창하면서 관계당국에서 흘러나오는 여러 시안들을 소개하기도 했다.

그에 의하면 ① 선전성(宣伝省) 설치 : 독일, 이탈이아처럼 종래 분과·독립적으로 이루어지고 있는 사업을 강력히 통괄하기 위한 성을 만든다, ② 외무성문화사업부의 확장 : 문화사업부를 확장하여 통일적인 외국 또는 내국(內局)을 설치한다, ③ 내각직속의 일국 설치 : 선전성 설치가 불가능한 경우는 관계 각 당국 가릴 것 없이 국책으로서 이 사업을 행하기 위한 조직으로서 내각직속의 일국을 설치한다,[51] 등의 의견이 주류를 이루었다고 한다. 대외문화사업에 대한 지배층의 공감대가 형성되었다는 것을 의미했다.

이를 반영하듯 본격적인 조직정비가 이루어졌다. 외무성에 문화사업부를 신설한데 이어 외무성관할의 '동방문화사업'이 구체화되고 그 일환으로서 북경에 인문사회과학연구소와 상해에 자연과학연구소[52]가, 그리고 일본에서의 중국에 대한 학술연구기관으로서 도쿄와 교토[京都]에 동방문화학원 등이 잇따라 설립되었다. 여기에 서구제국의 예를 벤치마킹한 외무성 내의 '국제문화사업국' 설립 구상, 국제연맹의 학술협력위원회와의 협력을 위해 설립된 학예협력국내위원회(1933.1)에서의 '국제문화사업'을 둘러싼 조직구성과 구체적인 협의 등이 이어졌다.

체제 정비를 서두르게 된 배경에는 우선 단기적으로는 만주사변과 국제연맹의 탈퇴과정에서 심화된 일본의 국제적 고립을 국제문화사업이라는 '국민외교'적 방책에 의해 회피하려는 수단이 필요했고, 중기적으로는 한층 강해진 각국의 국제문화사업에 대한 대응책이 필요했으며, 장기적으로는 이러한 활동을 러일전쟁 이후 '문화적 사명'으로 확고히 인식[53]했기 때문이다. 그 과정에서 영국이나 미국 등이 도입한 '반관반민(半官半民)'의 시스템이 차용되었다.

소위 외무성이 포괄적으로 국제문화교류를 관리하되 진행과정에서는 민간의 역할을 적극적으로 활용할 수 있는 기관을 창설하는 것이었다. 이렇게 해서 발족된 것이 '재단법인 국제문화진흥회(KBS)'(1934.4)[54]였다. 외무성이 주도한 학예협력국내위원회의 "유력하고 대규모의 독립된 기관을 관민협력하에 설치"[55]해야 한다는 강력한 건의와 문화사업 강화의 필요성을 확인한 정부의 의지가 일치한 결과이다. 범국가적 차원의 국제문화교류시스템이 정비된 것이다.

국가주도의 문화교류체제 구축

1972년에 설립된 국제교류기금의 모태이기도 한 '진흥회'는 서구에 대해서는 주권국가로서 동방문화를 대표하는 독자적인 일본문화를 선양하고 아시아에 대해서는 제국일본의 선진문화를 전파한다는 의도가 있었다. 그러나 '진흥회'가 깃발을 올린 그해는 '쇼와유신(昭和維新)'이라는 일종의 국가혁신의 움직임이 활발한 때였다. 게다가 국제적으로는 국제연맹을 탈퇴한 독일에서 히틀러가 총통으로 부임한 것을 비롯해 유럽제국의 내정 불안화가 가중되고 있었고, 국내적으로는 군부급진파나 우익단체를 중심으로 천황친정에 대한 요구가 고조되고 있었다.

국내외의 정세가 매우 혼미한 상황에서 깃발을 올린 '진흥회'는 첫해에는 재정적 어려움을 쉽게 해결하지 못하면서 약 40만 엔이라는 초라한 규모의 예산으로 출발했으나 그 이후에는 민간(財界)의 지원이 이어지면서(〈표 2-1 · 2〉 참조) 점차 규모를 확대시켜 갔다. 시대적 상황이 군부의 영향력하에 편입되고 정부의 지배하라는 태생적 한계마저 안고 있어 자율적으로 '제국의 문화를 해외에 선양하는 중추적인 기관으로서의 역할을 담당하기에는 어려운 점이 있었지만, 나름대로 일본문화의 우수성을 해외에 전파할 수 있는 거국적인 체제를 확보했다는 의미는 있었다.

기관의 운영은 국제과 화족과 국제연맹 관계자, 그리고 외무성 관료들이 주축을 이루었고 재계도 적극적으로 참여했다. 오늘날 문화외교의 '올 재팬' 체제의 개념과 완전히 동일한 형태로 '대외문화공작'을 추진하는 조직기반을 확립한 것이다. '진흥회' 설립의 목적에 대해서는 "본회

<표 2-1> 국제문화진흥회의 예산추이(단위 : 엔)

	1934년	1935년	1936년	1937년
정부 보조금	200,000	300,000	300,000	325,000
민간 기부금	135,000	123,500	80,000	77,000
그 외	70,910	68,281	121,740	120,661
총 액	405,910	491,781	501,740	522,661

<표 2-2> 외무성예산 총액과 국제문화사업비의 비율

	총액(엔 : A)	국제문화사업비(엔 : B)	B/A(%)
1934년	32,933,037	200,000	0.6
1935년	30,266,599	990,980	3.3
1936년	32,095,855	997,926	3.1
1937년	50,143,590	899,841	1.8
1938년	48,145,673	898,687	1.9
1939년	57,125,551	1,181,667	2.1
1940년	66,779,460	1,139,408	1.7

출처 : 芝崎厚土, 『近代日本と国際文化交流』, 有信堂高文社, 1999, 92면.

는 국제간의 문화의 교환 특히 일본 및 동방문화의 해외선양을 꾀하여 세계문화의 신장과 인류복지의 증진에 공헌하는 것을 목적으로 한다"고 언급했다. 그러나 설립에 이른 구체적인 이념에 대해서는 「설립취의서(設立趣意書)」 속의 다음의 문장을 주목할 필요가 있다.[56]

현대세계의 국제관계가 점차 복잡해짐에 따라 난제가 중첩하고 있으나 그 사이에 미묘한 움직임이 있다는 것을 국제사정을 잘 이해하고 있으면 간파할 수 있다. 요컨대 정치적 절충 또는 경제적 교섭 외에 국민상호 간의 감정, 학문, 예술상의 연락 내지는 영화, 스포츠의 교류 등이 국제관계를 좌우하는 것을 볼 수 있다. 그렇다면 한 국가가 그 국제적 지위를 확보하고 신장하는 것은 부강의 실력과 더불어 자국문화의 품위가치를 발휘하여 타국민으로 하여금 존경과 친애의 마음을 갖게 하는 것은 여러 말을 요하지 않을 만큼 중요하다. 문화의 선양은 일국의 품위를 세계에 선포하기 위해서라도 필요할 뿐만 아니라 국민의 자각을 환기시켜 자신감을 갖게 만들고 자중을 하게 하는 힘이 되기도 한다. 세계의 문명제국이 다방면에 걸쳐 자국의 문화를 내외에 현양(顯揚)하고 선포하기 위해 광대한 시설을 정비하여 문화 활동에 노력하고 있다.

(…중략…)

동시에 현재 세계문화의 위기에 직면하여 서양제국의 식자들이 시선을 동방으로 돌려 인류의 장래에 대해 동방문화의 공헌을 바라고 있고 그 때문에라도 한층 깊이 동방, 특히 일본을 연구하고자 하는 기운이 현저해지고 있다. 이 기회에 편승하여 일본연구의 경향을 촉진시켜 우리나라와 함께 동방문화의 진의(真義) 가치를 세계에 선양해야 하고, 이것은 단지 우리나라만을 위해서가 아니라 실로 세계를 위해 수행해야 할 일본국민의 중요한 임무이기도 하다. 이 사업을 다방면에 걸쳐 실시하기 위해서라도 공고(鞏固)한 기관을 조직하여 관민이 힘을 합해 임해야 한다. 우리가 재단법인 국제문화진흥회를 조직한 것은 이미 목적에서 밝힌바와 같이 본회가 스스로 필요한 사업을 수행함과 동시에 널리 내외의 단체나 개인과 연락을 취하고 또는 적당한 원조를 함으로써 문화의 국제적 발전, 특히 우리국민 및 동방문화의 선양에 전력을 기울일 것이다.

이 문장은 「설립취의서」의 일부이지만 내용을 들여다보면 많은 것을 언급하고 있다. 우선 전반부는 오늘날의 국제정세 속에서 대외문화

활동의 의미가 점차 중시되고 그 활동이 정치적 경제적 관계 이상으로 국제관계에 영향을 미치고 있으며 나아가 일국의 국제적 지위와 국가의 품위향상에 크게 공헌하고 있다는 것, 그것은 선진제국의 예를 보아도 분명하며, 때문에 이러한 국제정세의 변화를 인식하여 일본도 "자국문화의 품위 가치"를 발휘할 수 있는 체제의 정비와 활동을 본격적으로 실시해야 한다는 것 등을 강조하고 있다.

특히 여기서는 대외문화 활동을 강화해야 할 배경과 당위성을 비롯해 '문화의 선양이 "일국의 품위를 세계에 선포하기 위해서라도 필요할 뿐만 아니라 국민의 자각을 환기시켜 자신감을 갖게 만들고 자중을 하게 하는 힘이 되기도 한다"는 논리를 주창함으로써 일본인·일본사회에 일본문화에 대한 자각과 긍지를 갖게 만들었다. 일본문화에 대한 내부로부터의 자신감을 토대로 일본문화의 가치제고와 해외선양에 진력하겠다는 전략이다. 일본문화에 대한 강조와 국제문화교류의 중요성을 설파함으로써 일본국의 대외이미지를 근본적으로 변화시키겠다는 의도였다.

일본문화에 대한 자각요구는 표면적으로는 서양문화에 필적할 수 있는 일본의 문화를 "당당하게 선양"하여 "세계 인류의 문화 복지에 공헌"한다는 의도인 것처럼 보인다. 하지만 그 이면에는 국민에 대한 "사상적 배경의 전선(戰線)적 음미와 통제"라는 또 다른 목적이 감추어져 있었다. 곤도 하루오[近藤春雄]에 의하면 문화정책의 수립이나 문화외교라는 것은 "단지 국제화라고 하는 대외적 절충에 머무르지 않고, 또 국제적 관련에 있어 전선적(戰線的) 공동체의 분과" 요컨대 "국내적 정치현실성에 의해 촉진된 반사운동의 표현"[57]이라는 것이다. 전선의 확대에 의한 국민의식의 '집중화'를 위해 무엇인가 사상적 통합이 필요하다는 주장이다.

곤도의 논리를 재해석하면 일본문화에 대한 자긍심고취는 국가의 통치 이념을 반영하는 것으로서 구체적으로는 첫째, 메이지[明治] 이래 서양문화의 섭취에 매진 한 결과 지국문화의 우수성에 대한 자각이 부족했다는 것에 대한 반성의 의미이고, 둘째, 일본의 국제적 지위 변화에 부응하는 문화가치를 발신함으로써 국제사회에서 '제국 일본'의 위치를 새롭게 규정하는 것이며, 셋째, 국민여론을 집약하여 관민일체의 가치를 발휘할 수 있는 사상적 지도 원리를 국민에 피로(披露)하는 전략으로 간주할 수 있다. 문화정책·문화외교의 중요성을 강조했다는 의미이다.

이점은 "국민을 위해 국민에 의해 이루어지는 국민의 외교"라는 '국민외교'론을 주창한 모리시마 모리토(森島守人, 1896~1975, 일본외교관, 중원 의원)의 견해와 일치하는 것이기도 했다.[58] 외교를 국민의 총의를 모아 투명하게 전개함으로써 외교에 의해 움직이는 국제정세의 변화에 능동적으로 대처하자는 주장이다. 내부의 통합과 사상적 일체화를 토대로 대국화를 추구하는 일본의 논리는 오늘날에도 조금도 변하지 않았다. 1980년대 일본이 경제력을 등에 업고 대국화의지를 천명하면서 일본인으로서의 아이덴티티를 강조한 것이 그 대표적인 예이다.

3) 동방의 주체로서의 '일본문화'

한편 후반부의 내용을 보면 세계문화의 위기에 즈음하여 동방의 문화가 주목받고 있다는 것, 그 동방의 주체는 다름 아닌 일본의 문화이고, 그 "진의(真義) 가치"를 세계에 선양하는 것은 일본뿐만 아니라 세계의 문화발전을 위해서라도 수행해야 할 "일본국민의 중요한 임무"라고 했다. 그리고 그 임무를 다하기 위해서는 "공고한 기관"을 조직하여 관민일체로 대응할 필요가 있으며, 그 역할을 '진흥회'가 국민과 함께 짊어지겠다는 것이다.

문화에 의한 '사상전선'의 통일을 외친 것으로 한마디로 요약하면 문화전선의 국내적 통일(官民一体)[59]을 토대로 국민의 사상적 통합을 꾀하고, 이를 바탕으로 국제문화사업을 체계적으로 행하는 중핵적 기관이 필요하다는 논리였다. 따라서 '진흥회'가 행해야 할 '국제문화사업'도 처음부터 일본문화(= 동방문화)의 우수성을 세계에 '선양'하는 것에 집중될 수밖에 없었다. 제국일본의 문화외교의 성격이 소위 프로파간다적 특성을 띠고 출발했음을 의미한다.

그럼에도 표면적으로는 세계문화의 진전이나 인류복지의 증진이라는 개념을 도입하여 이를 퇴색시키는 논리를 동원했고, 국제문화교류라는 수단을 활용하여 일본문화 선양을 정당화시키는데 몰입했다. '진흥회'의 사업내용이 그 사실을 증명하고 있다. 그동안 외무성의 문화사업부가 추진해온 내용(〈표 2-3〉 참조)과는 상당한 차이를 보이며 매우 진일보한 형태로 나타났다. 일본문화와 관련된 각종 자료의 제공, 국내외의 일본연구에 대한 적극적인 지원, 일본문화를 전파하는 각종 단

주요사업내용	연구소 및 도서관, 지나 및 일본에 있는 일·지관계의 학교단체 등에 보조금, 지나유학생에 대한 학자금, 일·지학자의 교환·강연·시찰 등의 분담

출처: 「行詰の對支文化事業(上)」, 『滿州日報』, 1931.8.13~14.

체에 대한 지원, 홍보를 위한 각종 자료의 제작과 배부 등이 핵심을 이루었다〈표 2-4〉 참조).

마치 근대의 서구와 동아시아의 관계를 상징한 '서방동점(西方東漸)' (서방의 학술사상을 동양에 전파하는 것)의 흐름을 이제는 역으로 일본이 선두에 서서 '동방서점(東方西漸)'의 흐름으로 바꾸려는 의지인 듯하다. 특히 선전영화의 제작이나 검열 등에 적극적으로 개입하거나 지원한다는 것은 사상적 통제를 통한 의도화된 문화 전파에 주력하겠다는 속내를 드러낸 것이다. 이러한 일본문화의 해외 전파의 의지를 구체적으로 확인한 것이 바로 만국박람회였다.

유가와 히데키(湯川秀樹, 1907~1981, 1949년 노벨상 수상)가 중간자이론 구상을 발표한 1934년, 그해 12월에 프랑스정부로부터 파리박람회에 초청을 받은 일본은 즉시 참여를 결정했다. 그리고 그 준비를 상공성 (商工省)당국이 직접 총괄하는 한편 일본상공회의소, 국제문화진흥회, 일본산업진흥회가 서로 협력하여 파리만국박람회협회를 설치하여 실질적인 참여준비를 추진했다. 내용물은 '일본산업문화의 정수'를 담고 있는 것으로 결정했다.[60] 파리박람회의 주제가 '근대생활의 예술과 기술'이었음을 감안하면 당연한 결과이지만, 독일의 재무장 선언 등 국제사회의 혼미함이 가중되고 있는 상황에 일본문화의 정수를 선전하기 위한 절호의 기회로 '진흥회'를 앞세워 근대화된 일본의 실체를 세계에 과시하려 한 것이다.

① 저술, 편찬, 번역 및 출판
- 문화 활동의 각 방면에 걸쳐 일본어 또는 외국어의 저술을 창작, 편집, 간행.
- 일본인으로 하여금 동방문화에 대한 학술논문 등을 외국어로 번역, 간행.
- 일본문화에 대한 외국어의 양서를 번역.

② 강좌의 설치, 강사의 파견 및 교환
- 외국의 주요대학에 일본문화에 관한 강좌를 설치.
- 외국의 학교에 일본어강좌 혹은 일본어학교를 설치.
- 외국과의 강사의 파견 및 교환을 추진.

③ 강연회, 전람회 및 연주회의 개최
- 명사의 파견, 초청.
- 외국에서 일본문화에 관한 전람회 개최.
- 예술문화의 소개 및 연주회 개최.

④ 문화자료의 기증 및 교환
- 일본과 동방문화에 관한 자료를 외국의 대학도서관 등에 기증.
- 문화자료를 해외의 박물관 등에 기증, 교환.

⑤ 저명 외국인의 초청
- 각 분야의 저명인사를 초청하여 일본의 진가를 인식 시킨다.

⑥ 외국인의 동방문화연구에 대한 편의제공
- 내일하는 일본문화 연구자 등에 연구상의 편의를 제공.
- 외국의 일본문화 연구자 등에 연구상의 편의를 제공.

⑦ 학생의 파견 및 교환
- 장래 국제문화 활동에 종사할 수 있는 우수한 학생을 외국에 유학시킨다.
- 우수한 외국의 학생을 초청하여 일본에서 유학시킨다.
- 국내외의 대학 간에 학생의 교환을 행한다.

⑧ 문화 활동에 관계하는 단체 혹은 개인과의 연락
- 외국의 일본문화·동방문화단체 등과 밀접한 관계를 맺는다.
- 국내의 문화사업단체 등에 원조를 행한다.

⑨ 영화의 제작 및 그 지도원조
- 외국에 선양해야 할 일본문화 관련 영화를 제작한다.
- 이런 종류의 영화를 제작할 단체·개인 등에는 지도 원조를 한다.
- 외국에 수출하는 일본영화의 통제, 검열에 협력한다.

⑩ 회관, 도서실, 연구실의 설치 경영
- 이상의 사실을 달성할 수 있는 시설을 일본과 주요외국에 설치하든지 설치 지원을 한다.
- 본 사업의 중심지인 도쿄에 되도록 빠른 시일 내 중앙회관을 설치한다.

출처 : 『財団法人国際文化振興会設立経過及昭和九年度事業報告書』, 文勝印刷所, 1935, 13~16면.

3. '일본문화'의 해외발신에 대한 국민적 지지

'진흥회'의 사업내용은 '동방문명 유일의 대표 내지 집적(集積)국'으로서의 일본의 '빛[光]'을 세계에 알리려고 한 야나기사와[柳沢建]나 사에구사[三枝茂智]의 문화사업 구상 내용과 거의 일치했다. 야나기사와는 국제문화사업은 "외교공작의 일부"로서 그 운영을 외무성 당국에만 위탁할 성질은 아니고 국내의 모든 문화기관·문화단체와 함께 문화인이 가장 깊은 관심을 갖고 협력해야 하는, 이른바 "국내의 문화적 총동원" 체제로 임해야 한다고 주장했다. 그리고 주로 행해야 할 사업내용으로서 다음과 같은 것을 언급했다.[61]

① 외국의 제 대학에 일본문화 강좌를 개설할 것
② 일본어학교 혹은 일본어학과를 설치할 것
③ 학자의 파견, 초청 및 교환을 행할 것
④ 학생의 교환 등을 행할 것
⑤ 출판물이나 그 외의 것으로 일본문화를 해외에 소개할 것
⑥ 미술품이나 그 외 각종의 문화자료의 기증·교환을 행할 것
⑦ 내외에 있는 국제문화단체에 대해 보조나 원조를 행할 것
⑧ 전람회나 음악회 등을 해외에서 개최할 것
⑨ 연극 영화 등을 해외에 진출시킬 것
⑩ 국제적 스포츠 및 국기(国技)의 해외진출에 대해 장려책을 강구할 것 등

일본어와 학술교류, 일본문화의 전파와 적극적인 대외홍보 등이 주류를 이루고 있다. 이 외에도 국제적인 조사협력, 해외의 일본연구소 설립, 해외의 일본인이 관여하는 자선사업 등에 대한 지적(知的)·재적(財的) 원조 등을 중시했다. 철저하게 일본문화의 전파와 소개에 중점을 두었다. 이러한 내용들은 어디까지나 서구제국이 추진해온 문화사업의 실태를 면밀히 검토하고 내린 결론이었다. 그것이 최종적으로 '진흥회'의 핵심적인 문화사업으로 정리되었고 오늘날 국제문화교류의 주된 내용으로 계승되어 있기도 하다.

'만주국' 건설과 국제연맹탈퇴로 국제사회의 대일불신감이 고조되는 상황에서 '진흥회'가 설립되어 일본문화의 일방적인 선전을 위한 다양한 프로그램이 추진되었다는 점에서 '진흥회'의 설립취지와 목적, 사업내용이 갖는 시대사적 의미를 높이 평가하기 어렵다. 대외침략과정에서 국익을 극대화하기 위한 수단으로 문화사업을 추진하고 이를 통해 상대를 스스로 굴복하게 하여 존경심을 불러일으키게 하는 전략은 그 어떤 명분으로도 용납될 수 없기 때문이다.

그럼에도 '진흥회'가 저명인사를 총망라하여 국제문화사업의 중추적 기관으로 탄생하자 제국일본의 문화외교정책은 지식인들과 언론에 의해 추구되어야 할 일본의 대외정책으로 간주되며 각계각층의 지지를 획득해 갔다. 대표적인 사례가 일본어보급에 대한 지지였다. 일본어에 대해서는 이전부터 교육을 중심으로 해외 전파가 이루어지고 있었지만 외무성에서는 1931년 '대외문화사업정책'을 발표하면서 일본의 문화정책과 연계하겠다는 의지를 밝힌바 있다.

당시 외무성은 일본이 추구해야 할 문화사업으로서 자국의 국수주의의 유지, 자국언어의 제 외국에 소개, 자국문화의 제 외국에 이식, 자국의 가치에 대한 세계적 인식의 촉진, 외국인의 인심수렴 등의 5대 조건을 제시하며 일본어보급에 주력하겠다는 의지를 분명히 했다. 일본어의 국제화를 바로 이 목적과 연동하여 추진하겠다는 것이었다.[62] 문부성의 입장도 다르지 않았다. 1939년 문부성이 주최한 '국어대책협의회'에서 당국자는 다음과 같이 언급했다.[63]

> 팔굉일우의 대 이상에 의거하여 일본어가 해외에 보급되어 타 민족이 일본어를 충분히 이해하게 되면 일본의 국책이나 일본문화도 이해하게 되고 동아공동일체나 신질서의 건설도 기약할 수 있다. 일본어를 동아민족의 자비로운 모국어로 하여 동아민족에게 일본국민과 동등한 사고방식과 감동을 주어야 한다고 생각한다.

일본어가 보급되면 일본의 정신문화의 전파가 가능하고 일본의 국책에 대한 올바른 이해가 이루어져 동아의 신질서를 구축할 수 있는 기반이 확립된다는 주장이다. 정부의 논리를 대변하는데 혈안이 되었던 지식인들의 견해도 대동소이했다. 언어학자 마츠미야 가즈야(松宮一也, 1903~1972)는 '대동아문화'의 건설과 '일본어'와의 관계를 '공작'의 수단으로 언급했다.[64]

> 각 민족은 각각의 문화를 보유하고 있지만 대동아문화는 공영권의 다른 민족문화를 횡선(橫線)으로 하고 우리의 공영권정신을 종선(縱線)으로 일관시키는 것이다. (…중략…) 일본어가 적어도 영어의 현상처럼 유통되어

사용되면 우리나라의 정치·경제·문화의 제 공작이 비교적 용이하게 이루어질 뿐만 아니라 이것은 공영권 제민족의 향상에 필수의 요건이다.

일본어를 영어에 버금가는 국제어로서의 지위를 부여하는 한편, 동아의 민족이 일본어를 사용하는 것은 "제 민족의 향상"을 위해 필수조건이라는 사실을 역설했다. 어느새 일본어는 지배층에 의해 '일본정신'과 '일본문화' 전파의 수단으로 확고히 자리매김 했고, 국제문화진흥회와 일본어교육진흥회를 비롯한 제 기관들은 일본어보급사업[65]을 앞장서 실천했다. 중국대륙과 남방권을 중심으로 '대동아일본어' 만들기 전략이 현실화되기 시작했다.

특히 중일전쟁 이후에는 중국의 민중에게 '일중연계'의 불가피성과 타당성을 각인시키기 위해 일본어보급의 필요성에 대한 광범위한 지지가 형성되었고, 실제 중국에서는 일본어보급이 확산[66]되기도 했다. 군정(軍政)에 의해 강제적으로 추진된 일본어보급정책에 언론이 추종하여 당위적인 여론을 조성하고, 식자층이 한목소리로 '동아어로서 일본어' '일본어의 세계화' '대동아공영권의 공용어로서 일본어'를 외치기 시작하면서[67] 일본어는 소위 '일본정신'을 구현하는 대동아공영의 공통어로서의 침략성을 띠고 한 시대를 풍미하게 된다.

일본문화소개를 위한 제작자료(서적·영화·사진·레코드)도 광범위하게 이루어졌다. 국책선전을 위한 문화활동이라는 이념하에 이루어진 이 사업은 통칭 'KBS photolibrary'라는 이름으로 기획되었으며 내용은 주로 '일본의 문화와 생활'이라는 주제에 집약되었다. 사업 개시를 위한 준비기간을 거쳐(1934년에는 각국에 연락원을 파견하여 각국의 문화선전의 방책을 조사·연구했다) 1935년부터 1943년까지 일본의 전통문화와 근대 발달을 과시하는 모든 모티브를 주제로 집중적으로 제작하여 일본최초의 체계적인 포토라이브러리를 형성했다.[68] 또 정책홍보수단으로 활용된 기관지『국제문화』와 다국어로 제작된 일본문화출판물도 '진흥회'의 주요사업이었다.

이렇게 제작된 자료집은 제국일본의 국가선전을 위한 핵심 수단으로 활용되었다. '진흥회'가 주도하는 문화사업이 식자층의 협력과 여론의 지지하에 해외로 뻗어나가자 욱일승천의 승전보 전달에 광분했던 언론들도 국제문화교류와 관련된 내용들을 중점적으로 보도하기 시작했다. 교수 및 학생의 교환, 유명배우들의 외국흥행, 외국의 일류학자, 음악가, 문학자들의 내일, 경제나 그 외의 목적을 위한 교환사절의 파견, 외국주요도시에서 개최되는 동양미술관계의 전람회에 출품, 특히 국보급 문화재의 해외출품 등의 기사들이 하루가 멀다 하고 신문지면을 장식했다. 영리주의적 저널리즘의 특별한 감각이 국민대중의 관심도를 고려하여 선정한 기사들임을 감안하면 국제문화교류가 국민들의 흥미의 중심에 있었다는 것을 의미했다.[69]

지식인들도 앞장섰다. 백인제국주의 사상을 대체하는 새로운 동양의 통일사상으로서 '동아협동체'[70]론을 주창한 미키 기요시(三木清, 1897~1945, 철학자)는 태평양 전쟁 직전에『요미우리[読売]신문』에 투고한 칼럼(夕刊, 1940.9.11)에서 "재미있는 읽을거리를 통해 일본의 문화에 접촉시키는 것은 추상적인 만주건국정신론을 외치는 것보다 훨씬 유익하다"고 하면서 국민들에게 대외문화정책의 중요성을 강조하기도 했다. 지식인들의 언론활동은 문화외교·정책에 대한 적극적인 대책을 주문한 것이기도 하지만, 그 효과에 대한 국민계몽운동의 의미도 내포하고 있었다.

미키의 주장은 여기서 그치지 않았다. 그는 일본문화의 힘은 "위대한 동화력"에 있다고 하면서 "외래의 요소가 섞이지 않은 순수한 일본고유의 문화가 존재하느냐 마느냐를 논하는 것은 무의미하다"고 했다. 그보다는 "외국문화의 장점을 가미하여 종합하는 것에 의해 만들어진 것이 국제적 혹은 세계적 문화이고 그것이 오히려 외부를 향해 그 힘을 발휘함에 있어 적합하다"고 했다. 외래문화를 일본의 고유한 전통에 접목하고 융합하여 발신하는 힘을 일본이 보유하고 있기에 일본의 문화는 세계에 영향력을 행사할 수 있는 훌륭한 문화라는 것이고 이러한 일본문화의 배움의 자세와 창의력은 "동아의 제 민족이 일본에 배워야" 할 점이라고도 했다.[71] 전통과 창의력을 겸비한 일본문화이기에 해외에 진출하여 영향력을 행사할 수 있는 충분한 근거가 존재한다는 논리이다.

일본문화를 발신하기 위한 장치로서 문화협정체결에 대한 제언도 이어졌다. 국제문제가 정치나 경제에서 사상이나 문화로 이행하고 있는 현실을 "국제생활의 발전"으로 규정한 다나카 고타로(田中耕太郎, 1890~1974, 문부대신 역임)는 국제사회의 발전의 의미를 일본이 제대로 이해하기 위해서라도 문화협정을 체결해야 한다고 하면서 다음과 같이 언급했다.[72]

문화협정은 요컨대 국가 간의 친선감, 우정감(友情感)의 솔직한 표명이다. 그것은 정치적 또는 경제적인 협정과 달리 이해타산을 포함하고 있지 않다. 이해의 관점에서 관찰하면 가령 문화적 활동이 많은 경우에는 서로를 위한다손 치더라도 이것이 당사국의 국고에 경제적 부담을 가하게 된다. 요컨대 이해를 초월한 우정의 관계이다. 그것은 현재의 국제관계에 있어 국가가 다른 국가에 표명하여 얻을 수 있는 최대의 우정의 의사표시로 인정하지 않으면 안 된다.

여기서는 우선 그의 문화교류에 대한 기본적인 인식을 엿볼 수 있다. 문화교류는 정치적인 이해관계의 완화에 기여하는 "우정"이고 문화협정은 국가 간의 이해관계를 초월한 "우정의 의사표시"라는 것이다. 따라서 최대한 서로 부담감을 주지 않은 상태에서 상호이해를 도모하기 위한 교류를 전개해야 하고, 이를 추진함에 있어서도 널리 국민의 협력을 얻어 실행하는 것이 마땅하며, 그것을 실천하는 주체 역시 국민각층에 의해 형성된 제 기관들, 이른바 "국민전체"가 되어야 한다고 주장했다. 이 같은 관점에 입각하면 "문화협정의 배후에 정치적 의도가 숨겨져 있다하더라도 그 본질은 비정치적"인 것이기에 "오히려 정치적 효과를 발휘할 수 있다"[73]는 것이다.

일본문화의 '해외진출'을 정당화하고 환영하는 사회적 여론이 조성되고 동시에 이를 체계적이고 효율적으로 전파할 수 있는 통일된 기관을 설립하고, 나아가 상대국과의 협정을 통한 실천적 활동을 강조하는 논의들이 각계각층에서 발의되어 구체화되었다는 점은 제국일본을 또 다른 관점에서 응시하게 한다. 또 "마르크스적 풍조의 쇠퇴와 그에 이어 만주사변을 계기로 팽배한 민족주의적 경향이 동양문화 및 일본문화의 자각과 재인식에 일반인의 관심을 촉진"[74]시켰다는 시대적인 배경도 음미할 필요가 있다.

어쨌든 동아의 '지도'국으로 부상한 제국일본은 구미제국이 대외침략 과정에서 중시한 문화사업의 효과를 벤치마킹하여 세계의 중심국으로 거듭나려 했다. 청일, 러일전쟁의 승리 이후 형성되기 시작한 대국의식이 해외지향성을 강화하는 가운데 제국일본이 '일본문화'의 해외 전파를 통해 침략국에서 문화국가로 자기변신을 시도한 결과가 성공했는지는 불분명하다. 관점에 따라 논란의 여지가 많기 때문이다. 사실 일본의 대외문화진흥책에 대해서는 일부 식자층에서 비판적인 움직임도 없지 않았다.

'진흥회'의 활동을 '일본문화의 침략성'의 관점에서 파악한 기요사와 기요시(清沢洌, 1890~1945, 저널리스트로서 외교문제 평론가로 활약)는 "비상시국이 되고 나서, 일본은 세계 최고가 되고, 세계 최고가 갖고 있는 예술과 문화는 또 세계 최고가 되니, 따라서 이 세계 최고의 예술을 감탄하지 않을 수 없다는, 이런 논리가 유행하게 되면서 일본의 문화는 국가적 원조하에 기세등등하게 유출되고 있다"[75]고 하면서, 이는 나치의 문화와 흡사하다고 지적했다.

기요사와의 문제제기는 일본의 국제적 지위변화를 동반한 논리의 왜곡 현상의 확산과 그에 편승한 국가정책의 무모함에 대한 비판이었다. 하지만 당시의 시대적 인식은 일본문화의 대외침략에 대한 경고의 소리에 귀를 기울일 상황은 아니었다. 그보다는 "유럽주의, 세계를 백인(白人)적 견지에서 생각하는 사상을 타파하여 진정한 세계의 통일을 실현해야"[76] 할 사상으로서 주창된 '동아협동체의 사상'이 오히려 각광을 받고 있는 방향으로 흘러가고 있었다.

세계사적 사상으로서 일본이 주창한 '동아사상(東亜思想)'의 허구는 "동아에 안정 세력의 결실을 맺는 것은 제국외교의 중추적인 방침"[77] 이라는 '제국외교방침'(1936.8.7)과, "거국일치 견인불발(堅忍不拔)의 정신으로 현재의 시국에 대처"[78]할 것을 명한 '국민정신 총동원 실시 요강'(1937.8.24)의 선포, 등의 과정을 거쳐 보다 더 전체주의를 강화하는 방향으로 나아갔다. 그리고 최종적으로는 '대동아가 일본의 생존권'이라는 인식하에 '대동아 신질서의 건설'을 실현한다는 태평양전쟁의 이데올로기로 귀결되어 그 역사적 사명을 다하게 된다.

여기서 주목해야 할 것은 일본이 제국으로서의 영향력을 확대하고자 하면 할수록 국제사회에서 문화의 가치와 발신이 국가의 위상이나 지위제고에 얼마나 중요한 요소인가를 일본사회가 이른 시기부터 인식하고 실천하려 했다는 것이고, 이와 관련해서는 지식인들과 언론 그리고 정부관계자나 경제계의 주요 인물들이 대부분 일치된 견해를 보였다는 사실이다. 일본적 가치의 확산에 대한 일본사회의 원망이 서구 제국의 팽창과 스스로의 대국화 과정에서 형성되었다 하더라도 그것이 역사를 통해 소멸한 것이 아니라 오늘날에도 문화정책이나 외교의 DNA로 계승되고 있다면 우리는 그 역사적 실체를 결코 간과해서는 안 될 것이다.

4. 맺음말-문화외교 '이념'의 전승

역사학자 가토 유조(加藤祐三, 1936~)는 근대는 '양육강식'의 항쟁과 경쟁이 지배한 황폐한 시대였다고 하면서 일본인의 근대에 대한 이미지를 다음과 같이 언급한바 있다.[79]

> 일본이 개국하여 메이지유신을 맞이하자 화려한 의상의 근대가 이상화되어 야만적이고 피투성이의 제도와 사건은 낡은 봉건제도의 잔재이고 근대를 자신의 것으로 만들기만 하면 그것은 없어지는 것으로 생각하는 풍조가 강했다. 현재의 우리들이 안고 있는 근대의 이미지도 이 영향을 강하고 받고 있다.

근대의 화려함으로 무장하면 그 자체가 역사의 진보라는 논리이고 과거의 제도나 가치도 야만적인 것으로 전락한다는 것이다. 일본이 근대국가로 탈바꿈하면서 국가로부터 가해지는 수탈과 전통의 파괴에 저항하는 민중들의 행위(문명개화기의 일련의 민중운동)를 문맹으로 치부하며 무력으로 억압했던 역사를 떠올리면 가토의 주장은 쉽게 이해할 수 있다. 제국일본이 무력으로 아시아제국을 지배한 후 문화력으로 정신세계마저 지배하려 했던 것은 침략행위를 일본문화의 우수성으로 정당화하려는 의도와 크게 다르지 않다.

분명 일본은 내우외환의 위기적 상황에서 근대국가로 탈바꿈했고, 비 서구사회에서 유일하게 근대화에 성공한 나라이다. 그리고 불과 수십 년 만에 세계 "5대 강국 가운데 하나의 지위"를 획득했다는 자부심에 들떠 자제력을 잃어가기 시작했다. 만주 침략 이후 국제사회의 비난여론이 가중되자 일본은 "이번에 만주국을 건설함에 있어 제국(일본)은 그 독립을 존중하여 건전한 발달을 촉진함으로써 동아의 회근을 제거하여 세계의 평화를 유지"[80]하기 위함이라고 강변하면서 이에 반대하는 국제연맹을 탈퇴했다. 침략행위를 정당화하기 위해 국제사회와 등을 돌린 것이다.

일본의 지배층은 동아의 맹주로 떠오른 일본에 대한 서구의 시선에 경계심이 가득하다는 것을 인정하면서도 한편으로는 지금의 지위를 구축해온 일본의 문화력을 세계가 '경이로운 시선'으로 주목하고 있다는 사실에 스스로 도취되는 최면술을 걸어 제국일본의 위용을 과시하려 했다. 그들은 일본의 문화가 중국이나 조선의 문화와 달리 왜 동방문화를 대표하는 문화인가를 설명하며 해외진출의 논리적 정당성을 확보하려 노력했고, 일본문화의 자긍심 고양(高揚)을 배경으로 우수한 일본문화를 선양하여 세계로부터 "일본발견"과 일본에 대한 "진정한 존경과 사랑을 세계 대중에게 불러일으키는" 것을 당면의 국가적 과제로 설정하기도 했다.

세계 각국에서 동방문화를 대표하는 일본문화를 이해하고 연구하고자 하는 세계의 '열의'와 현황에 대한 조사를 실시하여 그에 부응하는 대응책을 강구했고, 각국의 문화정책도 치밀하게 분석하여 일본적 가치의 확산에 주력하기 위한 범국가적 체제의 정비도 완수했다. 그 목적은 명쾌했다. 일본의 "민족문화의 정신을 기초"로 하여 "자신의 민족적 이상이 동시에 세계 각국에 대해 적어도 표본이 되고, 리딩 파워가 되도록 하는 이상"[81]을 세계에 구현하기 위함이었다.

그 과정에서 일본의 지배계급은 민족문화에 대한 의식을 고취하며 민족정신 함양의 필요성과 중요성을 외치기 시작했다. 야나기사와 다케시는 일본은 "동서일체의 문명을 반입하여 이것을 종합·융합할 수 있는 유일한 국가"라는 전제하에, 인류가 정신적 위기에 처해 있는 오늘날 만약 "일본이 수수방관하여 어떤 행동도 취하지 않으면 오히려 그것은 인도(人道)상의 가장 커다란 죄악으로 간주해도 과언이 아닐 것"이라고 언급[82]하면서, 세계문명이 '파산' 위기에 직면한 지금이야말로 동방유일의 대표적 문화가 그 진가를 발휘할 적기라고 주창하기도 했다.

이를 통해 일본은 스스로 미·영이라는 앵글로색슨형제와 동일한 국제적 지위를 확보한 국가로 간주했다. 일본정신의 대외침략성은 '뛰어난' 일본문화의 대외선양의 수단으로서 채색되었고, 미·영 제국주의 침략에 대한 정당방위로 변질되었으며, 나치의 '유럽 신질서'에 대응하는 '대동아 신질서'의 사상으로 왜곡되었다. 끊임없이 본질을 호도한 채 일본인의 정신세계를 지배해 간 그 허구성이 다시 일본정신의 고취와 문화정책, 문화외교의 강화를 외치는 식자층의 담론을 양산하는 형태로 나타나면서,[83] 제국일본의 문화팽창주의는 속도를 더하게 된다. 그런 역사적 기반이 전후 일본의 문화외교에 그대로 전승되었음을 상기할 필요가 있다.

1 平野健一郎,「黄遵憲『朝鮮策略』異本校合―近代初期東アジア国際政治における三つの文化の交際について」, 日本国際政治学会 編, 『国際政治』 129号, 2002 참조.

2 平野健一郎,「黄遵憲『朝鮮策略』異本校合―近代初期東アジア国際政治における三つの文化の交際について」, 11면.

3 有沢広巳,「日本経済の孤立」, 『改造』 8月号, 1934, 52면.

4 三木清,「東亜思想の根拠」, 『改造』 12月号, 1938 참조.

5 黒沢文貴,「日本外交の構想力とアイデンティティ」, 日本国際政治学会 編, 『国際政治―日本外交の国際認識と秩序構想』 139号, 2004, 1~2면.

6 岩倉具視,「外交・会計・蝦夷地開拓意見書」, 『日本近代思想大系・対外観』, 岩波書店, 1988, 8면.

7 須磨弥吉郎,「東洋文化外交試論」, 『外交時報』 490号, 1925, 33면.

8 외교의 논리와 제도는 19세기 이후 유럽제국에서 확립하였고, 20세기에 이르면 미국이나 일본, 중국에서도 정착하여, 제1차 세계대전 이후에는 '민족자결(民族自決)'의 논리에 의해 세계로 널리 보급되어 갔다. 이것이 근대외교가 국제사회에 기본적인 행동규범으로서 확립되어 가는 과정이었다고 한다. 細谷雄一, 『外交―多文明時代の対話と交渉』, 有斐閣, 2007, 31면.

9 入江昭, 『日本の外交』, 中公新書, 1966, 6~7면.

10 入江昭, 『日本の外交』, 9면.

11 佐野真由子,「文化の胸像と実像―万国博覧会に見る日本紹介の歴史」, 平野健一郎 編, 『国際文化交流の政治経済学』, 勁草書房, 2007, 100면.

12 近藤正憲,「戦間期における日洪文化交流の史的展開」, 『千葉大学社会文化科学研究』 第4号, 千葉大学, 2000, 428면.

13 이 부분에 대해서는 熊本史雄,「第一次大戦期における外務省の対中政策―'経済提携'から'文化提携'への転換」, 歴史人類学会 編, 『史境』 第45号, 2002 참조.

14 '특별회계'는 의화단(義和団)사건의 배상금과 산동철도(山東餓道) 보상금을 바탕으로 대중문화교류를 실시하기 위한 특별법이었다. 학술연구기관의 설립과 도서관 설립, 중국유학생에 대한 지원 등 주로 학술교육교류를 중심으로 추진한 문화사업

이다. 이에 대해 중국 측은 일본이 '문화라는 미명'을 빌려 중국에 대한 침략적인 야심을 드러낸 '수단'에 불과하다는 인식을 갖고 있었다. 田崎仁義,「対支文化事業と吾人の之に対する若干の希望」,『商業と経済』第5巻 2号, 1925. 2, 178면.

15 外務省文化事業部,『国際文化交流の現状と展望』, 大蔵省印刷局, 1973, 197면.

16 구체적으로는 広部泉,「国際連盟知的協力国際委員会の創設と新渡戸稲造」,『北大文学研究科紀要』121, 2007 참조.

17 入江昭, 篠原初枝 訳,『権力政治を越えて-文化帝国主義と世界秩序』, 岩波書店, 1988, 4면.

18 『ニューヨーク・タイムズ』(1920. 10. 3),『外国新聞にみる日本』第四巻・下, マイナビ, 1993, 299면.

19 田中義一伝記刊行会 編,『田中義一伝記』上, 原書房, 1981, 680면.

20 須磨弥吉郎,「東洋文化外交試論」, 38면.

21 須磨弥吉郎,「東洋文化外交試論」, 42면.

22 『朝日新聞社史』(大正・昭和戦前編), 朝日新聞社, 1995, 290면.

23 『国際外交録・杉村陽太郎の追憶』(日本外交史人物叢書8), ゆまに書房, 2002, 44면.

24 당시 일본은 국내적으로는 불황・인구・식량문제의 타개를 위해 '대륙진출'을 대망하는 기운이 있었고, 신흥재벌은 군부와 결합하여 대륙에 진출하기 위한 기회를 노리고 있었다. 매스컴도 관동군의 움직임을 대대적으로 보도하여 전쟁 열기를 북돋우고 있었다. 언론보도는 사변(事變)은 일본의 만몽권익(満蒙権益)이 침해되었기 때문에 관동군이 반격한 '자위행동'이고 관동군이 만철선(満鉄線) 등에 대한 중국군의 파괴공작을 실력으로 제압하고 있다는 논조였다. 山田朗 編,『外交資料 近代日本の膨張と侵略』, 新日本出版社, 1997, 213면.

25 福島道正,「最近世界における日本の地位」,『外交時報』第701号, 1934, 8면.

26 福島道正,「最近世界における日本の地位」, 12～13면.

27 杉村陽太郎,『国際外交録』, 中央公論社, 1933, 363면.

28 Hans J. Morgenthau, 原彬久外 訳,『国際政治(POLITICS AMONG NATIONS)』 I, 福村出版株式会社, 1986, 60면.

29 柳沢健,「国際文化事業とは何ぞや」,『外交時報』第704号, 1934, 71～74면.

30 三枝茂智,「対外文化政策に就て」,『支那』8月号, 1931, 25～27면.

31 三枝茂智,『英国反省せよ』, ダイヤモンド社, 1937.

32 三枝茂智,「対外文化政策に就て」, 22～23면.

33 三枝茂智,「対外文化政策に就て」, 25면.

34 山田明 編,『外交資料・近代日本の膨張と侵略』, 新日本出版社, 1997, 253면.

35 山田明 編,『外交資料・近代日本の膨張と侵略』, 254면.

36 「対支文化事業の動向」,『週報第一〇号』, 1937. 12. 16 참조.

37　芝崎厚史,『近代日本と国際文化交流』, 有信堂高文社, 1999, 65면.

38　Hans J. Morgenthau,『国際政治(*POLITICS AMONG NATIONS*)』I, 64면.

39　杉村陽太郎,『国際外交録』, 363면.

40　杉村陽太郎,『国際外交録』, 380면.

41　杉村陽太郎,『国際外交録』, 361면.

42　杉村陽太郎,『国際外交録』, 367면.

43　衛藤藩吉,『近代東アジア国際関係史』, 東京大学出版会, 2004, 206면.

44　柳沢健,「国際文化事業とは何ぞや(続)」,『外交時報』第706号, 1934, 38면.

45　小野正康,『日本学入門』, 目黒書店, 1944, 240면.

46　小野正康,『日本学の道統』, 目黒書店, 1944, 439면.

47　中山茂,「世界における日本学の成立とそれからの離脱」,『日本研究』第10集, 国際日本文化 センター, 1994.8, 387면.

48　柳沢健,「国際文化事業とは何ぞや(続)」, 39면.

49　外務省 編,『日本外交年表並主要文書』下, 原書房, 1965, 345면.

50　국제연맹탈퇴 후, 일본의 지배층 가운데는 "세계에 대해 우리나라의 진가를 인식시 키지 않으면 안 된다는 의견이 각계"에서 강조되고 있다는 사실을 적극적으로 반영 하려 했고, 이러한 움직임이 '진흥회' 설립을 촉진시킨 요인 가운데 하나이기도 했다. 『財団法人国際文化振興会設立経過及昭和九年度事業報告書』, 文勝社印刷所, 1935, 4면.

51　「対外文化事業の綜合機関組織, 二千六百年を光輝あらしめん, 提唱される試案三つ」,『神戸 新聞』, 1936.8.15 참조.

52　이 가운데 상해자연과학연구소는 중국과의 문화교류의 중추적인 역할을 담당했다. 李嘉冬,「戦前・戦時期日本の中国における学術研究活動－東方文化事業上海自然科学研究 所を中心に」,『中国研究月報』No.777, 2012.11 참조.

53　芝崎厚士,「財政問題からみた国際文化交流－戦間期国際文化振興会を中心に」, 平野健一郎 編,『国際文化交流の政治経済学』, 勁草書房, 2007, 131면.

54　국제문화진흥회는 통상 'KBS'로 표기하는데 이는 '国際文化振興会'의 로마자표기인 'Kokusai Bunka Shinkokai'의 머리글자이다.

55　外務省文化事業部,『国際文化交流の現状と展望』, 5면.

56　『財団法人国際文化振興会設立経過及昭和九年度事業報告書』, 11~12면.

57　近藤春雄,「文化外交の思想的背景」,『外交時報』76号, 1934, 216면.

58　森島守人,「国民外交の基調」,『国際知識』6巻6号, 国際連盟協会, 1926 참조. 인용문은 12면.

59　'진흥회'의 주요멤버를 보면, 우선 고문에는 총리를 비롯해, 궁내(宮内)・외무(外務)・ 문부(文部)대신이 이름을 올리고 있고, 회장에는 총리를 역임한 고노에 후미마로(近 衛文麿, 1891~1945)가 취임했다. 그리고 주요이사와 평의원에는 대학총장이나 교 수를 비롯해 재계의 수장들과 관료, 정치가 등, 소위 정(政)・관(官)・재(財)・학(学)

을 총망라했다.

60 佐野真由子, 「文化の胸像と実像ー万国博覧会に見る日本紹介の歴史」, 105면.

61 柳沢健, 「国際文化事業とは何ぞや(続)」, 44~49면.

62 이와 관련해서는 長谷川恒雄, 「日本語教育の'国策化'の流れー外務省・興亜院・文部省・日本語教育振興会」, 『第二次大戦期日本語教育振興会の活動に関する再評価についての基礎的研究報告』 3, 2010.3 참조.

63 小沢有作, 「日本植民地教育政策論」, 『人文学報』 No.82, 東京都立大学, 1971, 17면.

64 松宮一也 「共栄圏文化の拡充と日本語」, 『日本語』 第2巻 第5号, 1942.5.

65 당시 일본어보급사업에 앞장선 주요기관들은 이 외에도 국어협회, 청년문화협회, 일어문화협회, 국제학우회, 일본로마자회, 일본선전문화협회, 국민정신문화연구소 등 다수의 단체가 있었다.

66 1930년대에 중국에서 일본어가 공전의 붐을 이루었다고 한다. 특히 중일전쟁 이후 일본어는 북경을 중심으로 급속히 확산되었다고 한다. 孫安石, 「戦前中国における日本・日本語研究に関する資料の調査報告」, 『神奈川大学言語研究』 第25巻, 2003.3.1, 303면.

67 대표적으로는 石黒脩, 『国語の世界的進出』(厚生閣, 1939); 石黒脩, 『日本語の世界化』(修文官, 1940); 各務虎雄, 「新東亜建設と国語教育」(『日本語教科書論』, 育英書院, 1943) 등이 있으나, 당시 단행본과 잡지를 비롯해 언론과 식자층에서 일본어보급정책에 관해서는 매우 적극적으로 지지했다. 이와 관련된 구체적인 연구는 関正昭, 『日本語教育史研究序説』, スリーエーネットワーク, 1997 참조.

68 白政晶子, 「国際文化振興会写真作製事業に関する一考察ー'KBSフォトライブラリー'形成と活用の展開」, 『早稲田大学大学院文学研究科紀要』, 2011.2, 51면.

69 田中耕太郎, 「国際文化運動の理念」, 『改造』 1月号, 1937, 6면. 이 외에도 당시 '진흥회'는 미국과의 관계 강화에 공을 들여 영어판 서적의 출판, 미국 서해안 여자대학과의 교사교환이나 학생교류에 대한 후원 등 미국생활이나 문화의 일본소개에 상당한 노력을 기울였다고 한다. 日米交流150周年記念シンポジウム報告書, 「日米関係の軌跡と展望」, 国際交流基金, 2004, 14면.

70 미키는 동양의 통일사상은 백인의 역사가 세계의 역사라고 생각하는 사상을 타파하여 진정한 세계의 통일을 실현하는 데 의의가 있다고 했다. 三木清, 「東亜思想の根拠」, 12면.

71 三木清, 「文化の力」, 『改造』 1月号, 1940, 116~120면.

72 田中耕太郎, 「文化協定と文化工作」, 『改造』 6月号, 1939, 8~9면.

73 田中耕太郎, 「文化協定と文化工作」, 10면.

74 田中耕太郎, 「文化協定と文化工作」, 4면.

75 清沢洌, 「日本文化の侵略性」, 『改造』 12月号, 1935, 292면.

76 三木清, 「東亜思想の根拠」, 12면. 미키는 이 논문에서 '지나(支那)'의 근대화와 민족주

의를 긍정적으로 파악하고 있고, '지나'의 근대화야말로 동양의 통일의 전제라고 하는 인식을 분명히 하고 있다. 그런 의미에서는 "동아협동체론의 지배적인 지정학적 개념을 역사철학적 개념으로 재정의 = 의미 전환하여, 다양한 개성자(個性者)가 대등하게 민족을 구성하여 다양한 민족이 대등하게 하나의 '세계'를 구성한다고 하는 비전하에 동아협동체를 구상"했다고 하는 우치다 히로시[内田弘]의 평가는 일리가 있을지도 모른다. 内田弘, 「三木清の東亜協同体論」, 『專修大学社会 科学研究所月報』 No. 508, 2005.10.20, 2면.

그러나 일본의 대 '지나'에 대힌 행동을 기본적으로는 '백인제국주의로부터 해방하는 것'으로 파악하고 있고, 이 의식은 전편을 통해 일관되게 흐르고 있다. 특히 당시의 시대적 상황을 고려하면 미키의 논리가 일본제국주의를 변호하는 역할을 다했다는 사실은 부정할 수 없다.

77 山田明 編, 『外交資料・近代日本の膨張と侵略』, 253면.

78 山田明 編, 『外交資料・近代日本の膨張と侵略』, 257면.

79 加藤祐三, 『東アジアの近代』, 講談社, 1985, 6면.

80 「御署名原本・昭和八年・詔書三月二七日・国際聯盟脱退ニ関スル詔書(国立公文書館)」, JACAR(アジア歴史資料センター) Ref.A03021877900, 1면.

81 姉崎正治, 「国際文化事業の真意義」, 『財団法人国際文化振興会設立経過及昭和九年度事業報告書』, 190면.

82 柳沢健, 「国際文化事業とは何ぞや(続)」, 39면.

83 예를 들면, 田中耕太郎, 「国際文化運動の理念」(『改造』 1月号, 1937); 田中耕太郎, 「文化協定と文化工作」(『改造』 6月号, 1939); 三木清, 「文化の力」(『改造』 1月号, 1940); 矢野仁一, 「日支文化の交流」(『文芸春秋』 6月号, 1939); 高田正治, 「日支文化政策の将来」(『文芸春秋』 1月号, 1941) 등이 있다.

제3장

일본의 전후부흥과 문화외교

들어가면서

패전 후의 일본이 미 점령군의 지배하에 놓여진 것은 전후 일본의 외교노선을 특징지은 결정적인 요인이 되었다. 사실상의 식민지 지배라고 해도 과언이 아닌 상황에서 일본이 독자적인 외교노선을 추구하기 어려웠기 때문이다. 주권을 상실한 채 미국의 정책에 의존하고 있던 일본의 외교가 자주 독립국가로서의 길을 걷기 시작한 것은 미국의 대일점령정책의 변화와 한반도 전쟁의 발발, 샌프란시스코평화조약의 체결 등이 실현되고 나서부터이다.

이때부터 일본은 철저한 친미노선하에, 통상·무역문제를 최우선 시하는 현실주의 경제외교노선을 관철했다. 국제사회의 정치적 문제에는 침묵하는 자세를 견지하면서 친미·경제지상주의 외교노선을 선택한 것이다. 전전(戰前)의 '귀축미영(鬼畜米英, 태평양 전쟁 당시 미국과 영국을 적대시하고 멸시하는 의미로 사용)'에서 '친미영(親米英)'외교노선으로의 일변(一變)은 일본인의 재빠른 현실적응능력을 세계에 어필하는 계기가 되기도 했지만, 그러한 방향성을 결정지은 것은 전후의 불안정한 정치·사회상황 속에서 뛰어난 외교력을 발휘한 요시다였다.

그의 리더십과 '요시다 학교(吉田学校)'로도 언급된 그 그룹 출신의 '우등생'들 — 요시다의 정치체제를 떠받친 국회의원들로서 관료 출신이 많았으며, 대표적인 인물로서는 1960년대 고도경제성장을 이룩한 이케다 하야토(池田勇人)와 사토 에이사쿠(佐藤栄作) 등이 있다 — 은 전후부흥과 국제사회복귀에 전력을 기울였다. 요시다의 정치철학과 체제하에서 전후 일본의 안전보장과 고도경제성장에 의한 경제대국화의 발판을 다진 일본은 1950년대 중반 이후 선진공업국의 반열에 접어들면서 일본의 국제적 지위변화를 반영한 형태로 문화외교를 다시 주목하기 시작했다.

이 무렵 문화외교의 의미는 과거와 같이 자국문화의 일방적인 '선양(宣揚)'과 그에 의한 "세계문화의 발전 및 인류복지 증진에 공헌"한다는 제국주의적 관점에서 추진된 것은 아니었다. 국제사회의 원활한 복귀와 대외적 지위향상, 그리고 전후의 새로운 국제질서의 구축 기운을 반영하여 '교류' '국제우호 협력 증진' '세계평화 유지에 기여'한다는, 이른바 상호이해·국제연대를 추구하는 방향으로 변화했다. 이 과정에서 이념 그 자체는 시대적 가치를 반영한 형태로 포장되어 갔지만, 제국일본의 문화외교의 DNA가 변한 것은 아니었다.

이에 본 장에서는 유연한 대미관계를 통해 독립국가로서의 국제적 지위를 회복한 1950년대를 중심으로 전후 일본의 '국가상(国家像)' 건설 과정에서 전략적으로 추진한 '경제외교'의 의미와 실태(전후부흥을 통한 국제협력구상의 시대적 의미를 포함하여), 국제사회의 복귀에 성공한 이후 일본의 문화외교에 대한 인식경위, 그리고 문화외교의 추진과정과 실태(전후배상을 전제로 한 경제협력에 문화외교를 링크시키는 전략), 그 시대사적 의미 등을 분석하고자 한다.

1. 전후 일본의 외교노선-'경제외교'의 중시

1) 점령군지배와 요시다의 외교철학

미국의 대표적인 일본인 국제정치학자 이리에 아키라(入江昭, 1934~) 는『일본의 외교』를 통해, 근대 이후 일본의 외교를 "무사상의 외교"로 규정지은 뒤, 일본의 지도자가 추상적 관념이나 도덕관 의식에 얽매이지 않고 무사상(無思想)의 입장에서 착실하게 현안을 해결하려는 자세를 견지한 것은 근대일본사를 통해 보면 하나의 커다란 특색이었다[1]고 했다. 국제정치의 '현실'과 실제의 '현실'의 근사치에 일본정부가 취한 정책들이 얼마나 유효하게 기능했는가 하는 것, 그것이 근대일본을 관통한 외교사상이었다는 것이다.

근대일본의 실용주의적 외교사상은 전후에도 예외 없이 발휘되었다.

전후 일본의 정치사에 커다란 족적을 남긴 요시다 시게루(吉田茂, 1878~

1967, 제45 · 48~51대 내각총리대신)는 다섯 차례에 걸친 내각총리대신의 자

리에서 물러난 후 전후 10년을 되돌아 본 회고록『회상 10년(回想十年)』(전

4권, 1957)을 출판했다. 이 서적은 연합국 점령하의 일본의 정치 · 외교적

상황과 지도자로서 요시다의 철학을 이해할 수 있는 자료이다. 그 속에

서 요시다는 메이지유신 이후 전후에 이르기까지 일본은 세계에서 2번

에 걸쳐 "경이로운" 주목을 받았다고 언급하고 있다.

첫 번째는 당시 이름도 없던 섬나라 일본이 반세기도 지나지 않아

청일, 러일 전쟁을 거쳐 제1차 세계대전 후에는 5대 강국의 반열에 올

라 국제연맹의 5대 이사국에 들어간 것이고, 두 번째는 무모한 대전(大

戰)의 참패 후 훌륭한 국민들의 노력에 의해 10년도 채 지나지 않아 다

시 경제부흥에 성공했다는 것이다.[2] 동아의 패권적 지위를 확보하여

세계열강의 반열에 들어선 것과 원폭의 피해국이면서도 일순간에 아

시아의 패권국가로 다시 부상했다는 것에 대한 자부심이다. 영욕의 일

본 근현대사를 세계자본주의 시스템의 틀 안에서 보면 요시다의 주장

에는 일리가 있다.

그러나 요시다가 주장하는 영광의 '근대사'의 이면에는 서구화, 산

업화로 대변되는 '근대문명'을 배경으로 한 국가 건설을 지향하면서도

내면적으로는 천황을 중핵으로 한 내셔널 아이덴티티의 확립에 성공

한 일본의 민족적 자긍심이 배여 있었다. 일본의 정신문화에 서양의

과학기술을 접목하여 근대화에 성공한 역사성이 일본인의 정신세계

를 지배한 채 근대 일본사회를 관통하는 '일본적 가치'로 계승되어 갔

고 이러한 전통은 지배계급에도 예외가 없었다. 전후의 지도자로서 가

장 주목받았던 요시다 역시 이 유연한 사고를 일본의 국가재건에 활용했다. 그런 점에서 요시다가 품고 있는 민족의식에는 각별한 의미가 있었다고 할 수 있다.

패전 후 일본의 정계는 세 번의 보수정권과 두 번의 혁신·중도·보수연립정권이 잇따라 탄생하는 혼미한 상황이 이어졌다. 하지만 정부의 정책기조는 내각의 이데올로기적 입장에 의해 좌우되지 않고 주권은 점령군(GHQ)이라고 하는 이름의 '국제환경'[3]에 존재하고 있었다. 때문에 일본의 외교적 주권은 인정되지 않았고 기본적인 노선조차 설정할 수 없었다. 현실을 있는 그대로 받아들인 요시다는 점령 당시 패전국 지도자로서의 태도를 "지는 척 잘하기"로 설정했다.

그는 "지는 척 잘하기를 훌륭하게 한다는 것은 무엇보다도 예스 맨으로 통하는 것은 아니다"고 하면서, 중요한 것은 "되도록이면 점령정책에 협조"하면서도 상대방과 생각의 차이가 있을 때에는 "가능한 한 우리 쪽의 사정을 잘 설명해서 상대방 설득에 노력"하는 자세가 필요하다고 했다.[4] 현실을 냉정히 직시하여 현명하게 대응함으로써 일본의 미래를 개척하려고 한 지도자의 철학을 엿볼 수 있는 부분이고 요시다는 일관되게 이 철학을 중시했다.

실리 추구에 전력한 요시다는 외교에 대해 "외교는 손재주를 부려서도 안 되지만 권모술수도 아니다. 국력을 토대로 세심한 경영, 부단한 노력으로 국운을 열어가는 방법 이외의 길은 없다"[5]고 단정했다. 눈앞의 이익을 추구하는 태도는 신뢰를 잃어버릴 수 있기 때문에 대국적인 입장에서 "타협할 것은 타협"하고 "주장할 것은 주장"하는 자세로 상호 신뢰와 이해를 높여가야 한다는 논리였다.

소탐대실하지 않고 신뢰의 축적을 통해 국익을 추구하겠다는 요시다의 철학은 내정에 있어서도 예외가 아니었다. 혼미한 사회정세를 틈타 교묘한 언설이나 비현실적인 의견을 주장하는 사람들을 '곡학아세(曲学阿世)'의 무리로 비판할 만큼, 현실주의 노선과 신뢰에 의거한 국익 추구에 철저했다. 보수반공주의자로서 국운을 펼치기 위해 선택한 외교노선의 이념은 요시다가 경제적 측면에서 "필연의 도정(道程)"으로 중시한 일미관계론에 잘 나타나 있다.[6]

일미관계의 중요성은 (…중략…) 우리 국민경제의 근본성격에서도 그 의미를 이해할 수 있다. 일본은 섬나라이고 해양국이다. 좁은 국토에 세계에서도 드물게 조밀한 인구를 갖고 있다. 살아가기 위해서는 해외무역의 확대는 반드시 필요하고 경제의 성장과정을 끊임없이 꾀하기 위해서는 선진국의 자본기술의 도입을 반드시 실현해야 한다. 해외무역이나 자본도입을 위해서라도 세계 각국에서 경제적으로 가장 부유하고 기술수준에서도 가장 진보한 나라를 상대로 하지 않으면 안 된다. (…중략…) 그러한 관계로 세계를 바라보면 미국, 영국 등의 자유제국이야말로 일본이 가장 존중해야 할 상대이다.

요시다의 대미·영 관계론을 통해 확인할 수 있는 것은 ① 일본은 과밀한 인구를 안고 있는 작은 해양국이기에 적극적인 해외무역을 통해 생존하는 방안을 모색해야 하고, ② 일본의 국력신장을 꾀하기 위해서는 선진국의 기술과 자본을 도입해야 하기에 그런 능력을 보유하고 있는 미국과 영국의 관계를 일본은 가장 중시해야 한다는 논리이다. 요시다는 일본이 처한 현실적 제 상황을 그대로 받아들여 철저하게 미국에 협조하고 그런 자세로 지원을 요구하는 외교노선의 견지가 가장 바람직하다고 판단한 것이다.[7] 요시다의 국정철학을 엿볼 수 있는 부분이다.

전후 일본의 외교적 방향성을 결정지은 요시다의 신념을 정치학자 이오키베 마코토[五百旗頭真]는 "전통적 국가주의가 아니라 경제적 상호이해를 기조로 하는 국제협력주의에 따라 전후 일본의 궤도를 설정"하는 데 전력을 다한 자세였다고 높이 평가했다. 특히 그는 보수주의 지도자가 펼친 이러한 국가 건설 방침이 그 후 일본사회에 장기적으로는 "전후 일본의 정치외교뿐만 아니라 섬나라의 사회와 사람들의 성격에도 영향을 미쳤다"[8]고 지적했다.

식민통치와 국제정세의 급변이라는 상황 속에서 요시다는 전후부흥을 위한 경무장(軽武装)·경제우선의 국가 건설을 지향하여 그것을 실천하는 정치 외교적 수완을 발휘한 것이다. 요시다의 국가재건노선이 바로 일본재건의 이념이 되었다고 해도 과언이 아니나, 전후부흥과 번영의 기반조성에 매진한 요시다의 이념이 외교적으로 구체화되어 결과를 동반하기 시작한 것은 '조선특수'에 의해 일본의 정치적·경제적 입장이 극적으로 변한 1952년 무렵부터이다.

독립국가로서의 지위회복과 경제외교

한국전쟁에 참여한 미국의 전쟁물자 구입은 미국의 군비확장에 의해 발생한 동남아시아제국의 구매력의 증대와 맞물려 일본의 수출무역 확대에 크게 공헌했을 뿐만 아니라[9] 일본의 국제적 지위마저 변화시켰다. 미국의 참전에 의해 일본은 서방세계의 '기지'와 '공장'으로서 역할을 담당했고, 그런 역할 증대가 일본의 국제사회의 복귀와 경제발전의 길을 보장[10]하는 결정적인 전기가 되었다. 국제사회에서 일본의 운신의 폭이 넓어진 것이다.

이 무렵부터 일본은 미국의 적극적인 지원에 힘입어 재군비를 포함해 독립국가로서의 지위를 회복하기 시작했다. 무엇보다도 외교에 있어 "제 외국과 통상관계를 안정적인 기조 위에 두기 위해 자주적으로 통상 혹은 무역교섭을 개시"[11]할 수 있게 되었고, 통상정책의 기본 방향성에 대해서도 "강력한 경제외교의 추진과 시장개척에 적극적으로 노력"한다거나, "수출경쟁력의 배양을 중심으로 한 수출입정책을 강력히 추진"[12]한다는 등의 정책설정이 가능해졌다. 경제재건과 경제자립을 위한 과감한 정책[13]을 도입하여 자유경제로 이행할 수 있는 내적기반도 정비해 갔다.

동시에 일본의 무역환경에 불리한 제 조건을 제거하면서 무역 확대를 위한 외교정책을 모색하기 시작했다. 이 과정에서 대외경제자유화에 포커스를 맞춘 '경제외교'가 일본외교의 축으로 부상했다. 당시 '외교'에 '경제'라고 하는 특정의 의미를 부여한 외교 전략을 수립한 것은 다소 이례적이라고 할 수 있지만 포츠담선언에 의해 무장해제를 당한 일본으로서는 전후부흥을 위해 선택할 수 있는 적절한 외교적 수단이기도 했다. 이와 관련하여 일본정부는 다음과 같이 언급했다.[14]

평화주의를 신봉하는 우리나라가 4개의 섬에 살고 있는 9천만 국민의 생활을 향상시키고 경제를 발전시키며 국력을 배양할 수 있는 유일한 방법은 그 경제력의 평화적 대외진출에 있고, 따라서 국민경제의 요청에 적합한 대외경제 발전을 목적으로 하는 경제외교는 우리나라 외교에 과해진 제2의 중요과제이다.

전후경제의 부흥과 발전, 국민의 생활향상과 국력배양, 경제력의 평화적인 해외진출 등을 실현하기 위해서도 대외적으로 다대한 노력이 요구된다는 인식이었다. 대외상황도 일본정부의 외교적 방향성을 고무시키는 형태로 흐르고 있었다. 일본에 극히 관대한 강화[15]였던 샌프란시스코평화조약이 대표적인 사례였다. 동 조약 제12조의 '통상항해조약에 의하면 "일본국은 각 연합국과 무역, 해운 그 외의 통상관계를 안정적이고 우호적인 기초 위에 두기 위해 조약 또는 협정을 체결하기 위한 교섭을 빠른 시일 내 개시할 용의가 있음을 선언한다"[16]고 명기하고 있다.

이에 따라 일본은 국제사회의 일원으로서 선진제국을 비롯해 공산권이나 동남아시아, 아프리카의 신흥국에까지 적극적인 통상교섭을 행하여 무역활성화의 기반을 구축할 수 있었다(〈표 3-1〉 참조). 전후 일본경제의 키워드가 '수출'과 '성장'에 집약되어 있는 것에서도 알 수 있듯이 무역의 확대를 위해 각국과의 통상교섭을 서두른 것은 당면의 외교과제였다고 해도 과언이 아니었다. 강화조약은 경제우선의 현실주의 외교노선의 '지원군' 역할을 한 것이다.

요시다 수상이 1954년 9월, 서방 7개국을 방문하기 전 '국민께 드리는 인사말' 속에서 "이 기회에 외교통상적으로 금후 보다 이해를 심화시키고 싶다"[17]고 언급하고 있듯이, 국제상황은 배상문제를 포함한 전

국가명	형식	서명연월일	발효연월일
미국	우호통상항해조약	1953.4.3	1953.10.30
캐나다	통상협정	1954.3.31	1954.6.7
노르웨이	통상항해조약	1957.2.28	1957.10.14
오스트레일리아	통상협정	1957.7.6	1957.12.4
소련	통상조약	1957.12.6	1958.5.9
인도	통상협정	1958.2.4	1958.4.8
폴란드	통상조약	1958.4.26	1959.1.16
뉴질랜드	통상협정	1958.9.9	1958.11.26
하이티	통상협정	1958.12.17	1963.10.31
유고	통상항해조약	1959.2.28	1959.7.20
체코	통상조약	1959.12.15	1960.9.26
쿠바	통상협정	1960.4.22	1961.7.20
말레이연방	통상협정	1960.5.10	1960.8.16
베네룩스	통상협정	1960.10.8	1962.4.10
필리핀	우호통상항해조약	1960.12.9	未発効
파키스탄	우호통상조약	1960.12.18	1961.8.30
페루	통상협정	1961.5.15	1961.12.18
인도네시아	우호통상조약	1961.7.1	1963.3.8
아르헨티나	우호통상항해조약	1961.12.20	1967.9.25
영국	통상거주항해조약	1962.11.14	1962.5.4
프랑스	통상협정	1963.5.14	1964.1.10

출처 : 荻原徹 監修,『日本外交史 第30巻―講和後の外交 II 経済・上』, 鹿島研究所出版会, 1972, 204
~205면에서 작성.
* 샌프란시스코평화조약의 발표 이후 일본은 세계 각국과 폭넓은 통상조약을 체결하여 무역확대에
  의한 경제성장의 기반을 다져갔다. 적극적인 경제외교의 성과였다고 할 수 있다.

후처리, 국제통화기금(IMF)과 관세 및 무역에 관한 일반협정(GATT), 국
제연합이나 OECD가맹의 문제, 미국과의 경제협력체제의 구축, 개발도
상국에 대한 경제지원과 개발원조, 동서냉전구도의 정착에 따른 일본
의 역할 등, 다방면에서 일본의 외교능력이 시험받는 상황이었다. 이는
역설적으로 일본의 경제외교를 지원하는 형국이 되었다.

패전국이었던 일본이 외부로부터 거듭되는 '은혜'에 힘입어 전후의 일본에 향해진 다양한 대외제약과 압력을 기술적으로 피해가면서, 한편으로 국제적인 지위회복과 부국 건설, 그리고 세계로부터 인정받을 수 있는 선진자본주의의 일원이 되기 위해 이 같은 과제들에 일본의 외교가 어떻게 대응하느냐는 매우 중요한 문제였다. 따라서 '경제외교'는 어찌 보면 일본의 입장에서는 필연적 선택지였다고 해도 과언이 아니다.

2) 외교통상정책의 성과와 전후부흥의 완료

한편 전후 일본경제의 급성장은 경제외교의 효과를 보다 더 신봉하게 만들었다. 요시다가 "조선동란의 발발로 경제상황은 완전히 바뀌어 버렸다"[18]고 언급했듯이 '조선특수(特需)'의 발생과 해외군수물자의 확산과 수요 증대는 일본의 경제회복 속도를 가속화 시키는 동력이 되었다. 여기에 각국과의 국교회복, 통상협력 체결, 배상교섭, 외자도입, 동남아시아 및 중남미를 축으로 한 적극적인 해외투자, 수출상품의 해외선전 활동 강화와 시장개척, 수출 진흥책의 촉진 등이 활발하게 진행되면서 외교통상정책의 성과도 무르익고 있었다.

그 결과는 각종 지표에 그대로 반영되었다. 1949년의 수출 총액이 5.1억 달러, 수입 총액이 8.8억 달러에 지나지 않았던 무역규모가 1958년에는 수출 28.8억 달러, 수입 30.3억 달러로 증대했다(1950년부터 55년까지 조선특수만으로 약 20억 달러의 수입을 올렸다). 1953년 무렵에는 광공업 생산은 1945년의 5배로 증가했고 일인당 국민소득과 소비수준도 전전의 수준을 돌파했다. 상품별 수출동향을 보더라도 섬유제품 및 비금속 광물제품의 감소는 두드러진 반면, 식료, 금속품, 화학품과 잡화, 광학 기계 등의 증가율은 지속적으로 높아지는 등, 산업의 고도화도 착실히 이루어졌다.

국제수지도 대폭 개선되어 1958년에는 5.1억 달러의 흑자를 기록했고, 경제협력의 추이도 민간베이스에서의 해외투자나 기술협력이 1957년에는 전후 최고를 기록할 만큼 신장했으며, 정부베이스에 의한 신용 제공이나 기술협력과 같은 각종 경제협력도 매년 활기를 더해갔다. 1950년대의 세계경기가 동란 붐의 종언, 경제발전의 정체(停滯), 원료시장 및 섬유공업의 부분공황(1952년 무렵)[19]의 위기를 극복하고 약 5년간 이어졌던 세계적 호황국면[20]에 편승한 결과였다.

그동안 일본사회는 전후 고도경제성장의 개막이라 할 수 있는 진무경기(神武景気, 1955~57)와 이와토경기(岩戸景気, 1958.6~61.12)를 거치면서 경제회복에 대한 자신감을 완전히 되찾은 상태였다. 정부는 전후부흥의 완료를 선언하였고, 일본사회는 국민소득의 증가가 소비로 이어지는 호경기 속에 내구소비재의 붐이 발생하며, 소위 '3종의 신기(神器)' (냉장고 · 세탁기 · 흑백TV)에 취한 채 전후부흥의 기쁨과 프라이드를 만끽하고 있었다.

특히 요시다의 이념을 계승한 경제관료 출신인 이케다 하야토(池田勇人, 1899~1965, 제58~60대 총리대신 역임)가 1960년의 안보투쟁(미일안전보장조약의 개정에 반대한 국민운동)에 의해 분출한 국민여론의 반정부투쟁의 열기를 퇴색시키며, 국론분열 수습책의 일환으로 추진한 경제개발 우선 정책이 국민들의 광범한 지지하에 일본의 경이적인 고도경제성장을 이끌어 내자,[21] 일본은 수출과 성장을 통한 경제성장의 환경조성에 중점을 두는 외교에 보다 더 박차를 가하기 시작했다. 경제외교를 축으로 하는 전후의 국가 건설의 방향성이 거의 궤도에 오른 것도 이 무렵이다.

수출 진흥 정책과 경제외교에 의한 일본의 경제성장은 결국 전후 최고의 경기 확대 국면을 자랑한 이자나기경기(1966~70년, 고성장시대 호경기의 통칭)를 구가할 때 까지 조금도 흔들림이 없었다. 때문에 '경제외교'는 외부로부터 '트랜지스터 세일즈 맨'(62년 프랑스의 드골 대통령이 이케다 수상에게 한 대일 비유 발언) '이코노믹 애니멀'이라고 하는 조소어린 시선에 직면하면서도 전후 보수정치세력의 경제입국노선[22]에 편승하여 어느새 일본외교의 트레이드마크처럼 인식되어 오늘날까지도 위력을 발휘하고 있다.

이리에 아키라[入江昭]에 의하면 1941년 이후 20년간 외교정책이 없는 외교정책만 존재하고 있던 일본이 변동하는 국제정세 속에서 경제발전과 경제외교에 전념했다는 것은 메이지[明治] 이래의 일본외교의 유산 가운데 유일 보편적인 것이 전쟁 이후까지 강하게 생존하고 있었기 때문[23]이라고 했다. 이리에의 지적은 근대 이후의 일본외교가 국제정세의 변화 속에서 항상 현실적·실제적 대응을 추구해 왔다고 하는 전통성에 대한 언급이다. 미 군정지배하의 요시다의 외교철학이나 경제개발지상주의 가치관을 절대화한 이케다의 외교노선이 이를 반증하고 있다.

근대일본의 외교적 유산이 독자적인 외교력을 발휘 할 수 없었던 패전국 일본의 현실주의 외교노선에 계승되어 실제 성과를 축적해 간 것에 대한 역사적 평가는 논자에 따라 엇갈릴 수 있다. 하지만 저자가 강조하고 싶은 것은 외교에서 일본적 가치의 전통(상황의 논리를 중시하는 유연한 사고)이 전후에도 계승되어 일본의 전후부흥과 국제사회의 복귀, 그리고 경제대국으로서 새로운 국제적 지위를 확보하는 기반이 되었다는 것, 그리고 그로부터 새로운 팽창주의적 가치가 파생했다는 사실이다. 소위 '만들어진 전통(invention of Tradition)'의 재창조의 과정이다.

2. 전후 일본의 부흥과 외교 전략의 변화

1) 전후 일본의 동아시아 인식

서구열강들의 식민지 지배로부터 해방된 아시아는 오랜 기간 제국의 수탈과 민족 억압정책에 짓눌려 풍부한 지하자원과 노동력을 보유하고 있었음에도 근대화와 산업화를 자력으로 달성할 수 있는 문명적 가치를 육성하는 데는 실패했다. 그로 인해 전후의 독립국으로 새로운 출발을 했음에도 정치문화의 후진성과 산업의 근대화에 필요한 기술과 자본이 부족하여 국내의 혼미한 상황으로부터 쉽게 벗어날 수 없었다.

동북아시아는 중국의 공산화와 한반도의 분단 및 내전에 의한 냉전 체제의 격화, 여기에 사회적 혼란을 동반한 내외정세의 불안으로 경제 발전과 사회 안정을 실현할 수 있는 체제 정비에 어려움을 겪고 있었고, 동남아시아는 정치·경제·사회적으로 제국의 식민지주의로부터의 탈각을 목표로 한 국가체제의 확립을 지향했음에도 그 과정에서 폭발한 사회적 혼란으로 인해 체제안정에 의한 경제개발은 요원한 상황이었다.

아시아제국의 혼미와는 달리 극적으로 전후부흥에 성공한 일본은 내정의 불안과 외부로부터의 지원이나 원조 없이는 경제개발이 불가능한 상태에 놓인 아시아를 일찍부터 개발할 구상을 준비하고 있었다. 일본의 전후부흥과 아시아의 부흥을 일체화시키고자 하는 의식을 갖고 있었는 데다, 그런 인식 자체가 '대동아 공영권'이 상징하고 있는 것처럼 기본적으로는 근대 이후의 아시아정책을 계승하는 측면이 강했기 때문이다. 그로 인해 일본의 선진문명을 활용하여 아시아를 개발하려는 움직임은 전후 이른 시기부터 정(政)·관(官)·재(財)에 공유된 일관적인 흐름이었다.

특히 동남아시아에 대해서는 일본의 경제발전의 중요한 파트너로 간주하여 상호번영을 위한 다방면에서 적극적인 협력·지원체제의 구축이 일찍부터 일본조야에서 논의되고 있었다. 많은 인구와 자원을 보유하고 있는 동남아시아제국은 일본에 있어 식량이나 공업원료의 수입원일 뿐만 아니라 공업제품의 수출시장으로서도 전략적인 요충지였기 때문이다.

여기에 전후 아시아의 새로운 질서구축과 경제발전, 일본의 국제적 지위회복과 국제사회의 공헌이라는 관점에서도 지역적 중요성은 각별했다. 일본정부가 "전후 우리나라의 경제 안정과 발전상 점점 더 그 중요성을 더하고 있다"[24]는 견해를 피력한 것은 이 지역과의 관계회복과 산업화의 달성 없이는 전후부흥과 일본경제발전의 초석을 다질 수 없다는 사실을 인식하고 있었음을 의미한다.

전후 일본의 대외경제협력이 주로 동남아제국에 집중하는 현상이 지속된 것은 전후 미국의 정치 경제적 측면에서의 세계정책과도 일치하는 측면이 있었다. 공산주의의 확산을 막기 위해서는 경제부흥이 유효하다고 판단한 미국은 일본의 공업능력을 적극적으로 활용하면서 한편으로는 일본을 지역적 거점으로 하는 아시아부흥의 역할을 맡기려고 한 것이다. 요컨대 일본부흥의 배후지로서의 원료공급지와 상품시장의 역할을 하는 지역을 확보할 수 있으면 부흥에 성공한 일본으로부터 싼 광공업제품이 아시아제국에 유입되어 정치 경제적 안정에 기여한다는 논리였다.[25]

일본의 동남아 정책은 이렇게 미국의 강력한 지원하에 이루어졌지만, 대 동남아 경제발전·협력구상의 배경에는 몇 가지의 복합적인 요인이 작용하고 있었다. 자원과 수출시장의 확보를 통해 일본의 번영이라고 하는 경제적 요인과 미국의 세계 전략상의 보이지 않는 지원이라는 대외요인, 그리고 근대 이후 아시아제국에 대한 문명적 우월의식과 전후 냉전체제의 확산에 의한 일본의 안보 전략으로서의 반공전선의 구축(이 부분은 미국의 대외안보정책과 일치한다) 등이다. 이와 관련하여 두 개의 시점에서 일본의 역할론을 분석할 필요가 있다.

우선 '서구적 일본'의 국제적 역할론 = 일본의 대아시아 지도적 역할론이라는 사상적 관점이다. 요시다 수상은 아시아에서 일본의 지위를 "국내정치, 경제, 산업, 사회적 사정 등이 아시아적이라고 하기 보다는 오히려 서구적"이라고 규정한 후, "아시아의 경우는 아직 민도도 낮고

산업, 경제도 미개발된 후진국의 영역을 벗어나지 못한" 지역으로 단정했다.[26]

그 취지는 극히 간단명료하다. 요시다는 제반 사정이 서구적인 일본이 지리적으로는 아시아에 속해 있기 때문에 인종적이나 문화적으로 일본이 서구제국에 비하면 아시아를 이해하거나 친근감을 가질 수 있는 부분이 보다 더 많다는 것이다. 이러한 지형적·인종적인 친근함에 "서구 측 특히 미국의 자금과 일본의 기술을 잘 결합시켜 동남아시아의 개발을 꾀"한다면, 아시아는 번영할 수 있으며 그것을 실현하는 것이야말로 "우리가 공헌해야 할 길"이라고 했다.[27]

이 발상에는 문명선진국 일본과 미개한 후진국 아시아라는 대극(対極)적 구도가 뒷받침되어 있다. 후쿠자와 유키치(福沢諭吉, 1834~1901, 메이지 시대의 계몽사상가)의 탈아론(脱亜論)이 대표적인 예이다. 그는 "일본의 국토는 아시아의 동쪽에 위치하고 있지만 국민의 정신은 이미 아시아의 고루함을 벗어나 서양의 문명으로 이행하고 있다"고 하면서, 일본은 "이웃의 개명을 기다려 함께 아시아의 부흥을 도모할 것이 아니라 오히려 그 대오를 이탈하여 서양의 문명국과 진퇴를 함께"해야 한다고 주장했다. 또 "악우(悪友)와 친한 자는 함께 악명에서 벗어나기 어려우니" 우리는 마음속에서 "동방의 악우를 사절"해야 한다고도 했다.[28]

한국과 중국은 '나쁜 이웃'이고 그런 이웃과 함께 하고 있는 일본은 '불행'이라는 인식은 문명사관에서 보면 근대 이후 일본의 지배계급에 일관되게 흐르고 있는 대아시아관의 전형이기도 하다. 여기에는 빈곤, 기아, 후진, 미개라는 이미지가 항상 붙어 다닌다는 특징이 있다. 아시아에 대한 일본의 '공헌'론이 문명과 미개라는 극단적 인식론에 의거하여 전개되면 침략적 사상은 연기처럼 사라지고 일본에 의한 대아시아 '은혜'론 만이 선행하게 된다. 오늘날까지도 일본의 보수우파들에 흐르고 있는 일반적인 대아시아 인식이다.

두 번째는 동남아시아의 경제개발을 통한 '대공방위(対共防衛)'전선의 구축이라는 안보이데올로기적 관점이다. 당시 일본은 국제적으로 냉전체제가 고착화함에 따라 일본도 아시아에 대한 공산주의의 침윤(浸潤)을 경계하고 있었다. 서구의 제국침략주의 사상에 저항한다는 명분이 독립 후의 사회적 혼미를 이용하여 정당성을 확보할 가능성이 높았기 때문이다. 그런 가능성을 가장 우려한 정치가가 바로 요시다였다. 그는 미국의 대일점령 초기의 정책으로서 공산주의 사상의 용인이나 노동조합의 보호 육성을 비판적으로 받아들였다. 그들 "파괴적 세력"이 패전직후의 생활불안에 편승하여 사회적 혼란을 조장한다는 것을 우려하고 있었기 때문이다.[29]

공산주의 세력의 확장에 대한 요시다의 강한 저항 심리는 아시아의 냉전 확대에 자극받아 아시아정책에도 상당한 영향을 미쳤다. 이로 인해 요시다는 처음부터 일본의 기술경험과 미국·영국·프랑스·네덜란드의 자금을 결합한 대공정책(対共政策)을 이 지역에 실현할 계획을 세웠다. 자유진영이 공동으로 동남아 대책을 강구함으로써 효과적인 경제개발과 반공체제를 확립하겠다는 의도였다. 그 계획을 '동남아시아 대책'의 기본방침으로 규정한 요시다는 1954년 국회의 시정연설을 통해 그 의지를 대내외에 천명했다.[30]

나는 이 대공방위를 위해 동남아시아의 경제를 개발하여 이 지역 제 국민의 생활을 향상시키는 것이 급무라는 것을 지난번 워싱턴에서도 역설한 바 있지만, 그 후 점차 구체화되어 가고 있는 것은 참으로 기쁜 일입니다. (…중략…) 동남아시아제국과 경제협력과 친선 강화를 추진하여 공산세력에 대해 한 번에 허를 찌르고 싶습니다.

공산주의에 대한 적극적인 대처가 당시 자유세계의 최대의 현안이었고, 구미제국도 일본이 경제부흥을 통해 하루빨리 자유진영의 일원으로 편입되기를 기대하고 있었기 때문에 요시다도 이 문제에 대해서는 자국의 안보확립을 위해서라도 중요한 현안으로 대처해야 한다고 역설했다. 전전(戰前)부터 공산주의자들에 의한 대중선동과 그 폐해를 극단적으로 싫어했던 요시다였기에 일본에 대한 자유진영의 기대감 고조는 일본의 국제적 '공헌'의 의미를 보다 더 높이는 동인이 되었다. 경제협력과 우호관계 확립을 통한 공산세력의 침윤방지라는 일본의 의도는 미국이 소련과의 대립격화에 의한 대일정책의 전환, 요컨대 일본을 경제적으로 부흥시킴으로써 공산주의 세력의 확산을 차단하려고 한 점령정책의 예를 그대로 차용한 전략이었다.

2) 동아시아 외교 전략의 의미

요시다 내각이 추진한 대아시아 외교정책은 기시(岸信介, 1896~1987, 제56~57대 총리대신) 내각에 이르러 본격적으로 전개되었다. 전후 일본의 보수합동을 주도하며 친미(親米)노선을 보다 강화한 기시는 아시아에 대해, 아시아의 일원으로서 우호국과 협력하여 경제개발→사회안정→아시아 지역의 평화확보라는 프로세스를 제시했다. 이를 실현하기 위한 일본의 역할을 강조하면서 수상에 취임하자마자 아시아를 방문하여[31] '아시아 전체의 번영을 꾀하기 위한 방도'로서 경제협력의 구체적인 플랜을 제시했고, 그 일환으로 동남아시아 개발기금[32]과 기술연수센터의 설치구상을 의욕적으로 표명했다. 적극적인 아시아외교에 착수한 것이다.

지역적 경제협력구상에 대한 아시아제국의 반응은 자국의 상황에 따라 편차를 보이고 있었지만[33] 기시 내각의 외교기저에는 '동서의 가교'라는 전략적 역할론이 숨어 있었다. 아시아의 내셔널리즘이 정치적인 형태를 띠며 서구제국과 대립을 야기할 경우에는 온건화를 꾀하면서 한편으로는 서구제국과의 타협을 주도하는 역할을 담당한다는 것이고, 경제적 내셔널리즘에 대해서는 아시아에 타국기구의 창출을 통해 선진국의 원조자금이 식민주의적인 색채를 띠는 것을 피하면서 상호 간의 경제 건설 계획을 조정한다는 의도였다.[34] 대동아공영권의 주창자답게 자주적인 외교노선을 전개하여 새로운 아시아질서를 구축해보겠다는 의도였다.

전전의 아시아주의를 임의적으로 재해석한 듯한 기시의 외교노선은 아시아에서 일본의 역할론이 변화되었다는 것을 의미했다. '동남아시아개발기금' 구상을 제창한 것에서도 확인할 수 있듯이 국제사회에서 일본의 새로운 지위변화를 반영하여 그 기조 위에 아시아에 대한 경제협력 방안을 제시함으로써 아시아제국의 지지를 획득하여 함께 번영을 구가한다는 방침이었다. 이는 기시 내각의 아시아외교의 기본적인 스텐스이기도 했다. 이후 1958년의 시정연설을 통해서는 아시아 방문의 성과에 만족감을 표하는 한편, 지금의 아시아는 "세계를 움직이는 새로운 원동력"이라고 규정한 뒤, 아시아와 일본의 관계변화의 일단을 다음과 같이 언급했다.[35]

아시아에 대한 관심이 컸던 나는 2회에 걸쳐 각국을 방문하여 전쟁 중의 일에 대해 유감의 뜻을 표함과 동시에 친선의 부활에 노력하였습니다. 이로 인해 아시아 제 국민의 감정은 점차 부드러워지고 우리나라에 대한 신뢰와 협력의 마음은 일층 깊어졌다고 믿습니다.

자의적이긴 하지만 일본과 아시아의 신뢰관계가 강화되었다는 일본정부의 인식은 아시아의 일원으로서의 '자각'과 '공헌'을 외친 요시다 이래의 적극적인 외교적 노력에 의한 것이었다. 아시아제국의 잠재력과 정치적 안정, 그리고 경제적 번영이 일본의 미래의 안전과 번영에 직결된다고 하는 일본정부의 판단이 아시아를 중시하는 외교정책의 본격적인 전개를 가능하게 한 것이다. 실제 일본은 동남아시아에 재진출할 즈음 배상(賠償)문제의 해결을 발판으로,[36] 당시 각국의 경제발전에 직접 공헌할 수 있는 방안을 모색했다.[37] 표면적으로는 동남아시아의 요청에 응하는 자세를 취하면서도 일본 측의 입장을 우회적으로 달성하는 형태로 아시아제국과의 경제협력과 지원체제를 구축하는 전략이었다.

그 사이 양자의 관계 진전에 커다란 문제가 된 아시아의 반식민주의 운동에 대해서는 "그 주장 관철의 방법이 어디까지나 온건 착실하다면 자유와 정의의 입장에서 되도록 목적의 실현을 기대한다"[38]는 태도를 견지하며 최대한 상대정부의 입장을 곤란하게 하지 않는 태도를 취하는 듯했다. 그 결과 적어도 일부 동남아시아의 정권레벨에서의 지지는 확보할 수 있었다. 위기적 상황에 놓여 있는 상대정부에 대해 공세적인 대응을 하기 보다는 호의적인 지원체제를 구축함으로써 상대와의 교섭을 원만하게 전개할 수 있는 여지를 만들어 간 것이다. 전후 일본의 대 아시아 문화교류도 주로 이러한 스탠스로 진행되었음을 주목할 필요가 있다.

3. 전후외교에 있어 '문화외교'의 인식

1) 일본적 가치의 대외지향성

국제사회에 있어 힘의 원천의 변화(The changing sources of power)를 제창한 조셉 S. 나이(Joseph Samuel Nye, Jr.)는 일본은 1930년대의 대동아공영권(Greater East Asian Co-Prosperity Sphere)을 창설하려고 한 군사 전략보다도, 1945년 이후의 통상국가(trading state)로서 살아가는 전략이 훨씬 좋았다고 평가하면서도, 상대를 굴복시키는 힘(command power)의 측면에서는 일본은 천연자원이 부족하고 군사력도 상대적으로 약하고 특히 상대를 끌어들이는(co-optive) 중요한 힘인 문화적인 측면은 극히 고립되어 있다고 지적했다.[39]

전후 일본이 국가 전략으로서 통상국가의 길을 걸은 것은 바람직했고 앞으로도 일본의 경제력은 신장하겠지만 문화적으로 고립(insular)되어서는 국제사회에서의 영향력 확대는 어렵다는 논리이다. 문화적인 영향력을 포함해 종합적으로 세계적인 지지라는 관점에서 보면 미국의 문화력이 일본에 비해 분명 우위에 있는 것은 사실이나 일본문화가 고립되어 있기 때문에 영향력의 확대에 한계가 있다는 논리는 편협적이고 오리엔탈리즘적 발상이다.

포스트냉전시대의 문화적 파워는 그것의 정치적 영향보다는 생활문화에 미치는 영향력에 있다. 특히 경제대국의 지위에 편승하여 국제적으로 확산되고 있는 서브 컬처의 영향력을 조셉 S. 나이는 간과하고 있다. 실제 그의 인식을 비웃기라도 하듯 '쿨 재팬(Cool Japan)'의 세계화는 강화되는 추세이다. 그런 자긍심이 오늘날에는 일본문화외교의 발상까지 변화시키는 동인이 되고 있으며, 궁극적으로는 21세기 일본의 문화제국화의 야망을 가능하게 하는 '자원'으로까지 주목받고 있다. 여기서 우리가 기억해야 할 것은 일본적 가치의 대외지향성이다.

문화적 · 지리적인 관점에서 보면 일본은 세계의 주연부(周緣部)에 위치하고 있어 한 번도 세계의 중심에 서지 못했다. 그것을 외부에서는 일본문화의 '고립'이라는 관점에서 보고 싶어 하지만 일본은 그 한계를 역으로 대외 '팽창(膨張)'을 위한 활로로 바꾸어 왔다. 그것을 가능하게 한 것이 바다이다. 전근대사회에서부터 일본은 바다를 세계와의 통로로 생각하였지만 근대사회 이후 이 발상은 대외팽창과 함께 보다 더 강화되어 갔다. 스기우라[杉村陽太郎]가 "일본의 국세(国勢)발전은 주로 해양에 의존해야만 한다"[40]고 주장한 것이나, 요시다[吉田茂]가 "일본은 해양국이고 해외와의 무역을 통해 9천만 국민을 부양하지 않으면 안 되는 것은 명확한 사실이다"[41]고 언급한 것 등은 모두 바다를 활용한 국력신장의 발상이었다.

특히 근대화에 성공한 제국일본은 과거의 그리스, 로마, 영국과 같이 세계의 각 대양을 이용하여 대국의 길을 개척한 역사를 상기하면서 같은 환경에 놓여 있는 일본도 해양을 이용하여 세계에 비상할 수 있다고 믿고 있었다. 따라서 일본의 대외인식에는 팽창적 요인이 항상 내재되어 있는 반면, 국제정세를 반영한 현실적응능력은 뛰어나다는 양면성을 보유하고 있다. 전후의 통상국가론도 일본의 지리적 한계를 극복하기 위한 것이었지만 한편으로는 민족번영의 활로로 살리고자 한 역발상이기도 했다. 그것을 일본은 미국과의 관계설정을 축으로 추구하기 시작했다.

이로 인해 요시다 이후 대미관계를 중핵으로 하는 전후의 외교방침으로부터 일탈하는 정권은 나타나지 않는 현상이 지금까지 이어지고 있지만, 그렇다고 해서 대미관계가 일본외교의 전부는 아니었다. 이오키베(五百旗頭真, 1943~, 일본정치 · 역사학자)도 지적하고 있는 것처럼 전후 일본의 외교는 한편으로는 일미관계의 심화에 의해 과실을 얻는 역점(力点)과 미국 이외의 세계에 외교적 지평을 펼치는 역점이 호환성을 갖고 추구되는 경향[42]이 강했다. 요컨대 현실적응과 실리를 지향하는 외교역량을 높여가면서 팽창적 가치를 추구한다는 입장이다. 그런 체제가 형성된 것은 '전후(戰後)'의 종언이 공식적으로 선언된[43] 1950년대 후반에 들어가서부터이다.

여기에는 국제연합의 가맹(1956.12)이나 국내정세의 변화에 따라 "세계의 열강과 함께 하는 나라"로서, 그리고 "새로운 발언권을 갖고 세계 평화의 확보를 위해 적극적으로 노력을 경주"하기 위해서도 외교활동의 재정비가 필요하다는 인식이 작용했다. 전후부흥에 대한 확신이나 미국의 배려에 의한 대일정책이 일본외교의 새로운 노선설정을 자극한 것이다. 이에 일본정부는 당면한 외교의 핵심 과제로, 반공노선을 축으로 한 아시아제국과의 선린우호, 경제외교, 대미관계조정 등의 문제를 일본이 지향해야 할 외교노선으로 설정한 후 그것을 실천하는 이념으로서 소위 '국제연합중심' '자유주의 제국과의 협조' '아시아의 일원으로서의 입장을 견지'한다고 하는, 이른바 '외교 3원칙'[44]을 일본외교의 신기조로 선언했다.

일본의 전후외교 활동의 근본 목표이자 최초의 독자적인 외교원칙이라고도 할 수 있는 이 선언은 국제사회의 정세변화를 반영하는 형태로 외교노선을 설정해온 일본정부[45]가 국제사회의 일본에 대한 역할 요청에 선제적으로 대응하기 시작한 것으로 주목할 수 있다. 세계 열국의 반열에 오른 일본이 국제사회에서 '조정자로서의 역할'을 하겠다는 새로운 외교적 아이디어라고 할 수 있으나 저변에는 대미협조의 원칙을 견지하면서도 자주외교의 실천적 토대를 마련하겠다는 의지가 배여 있었다. 이점에서 친미일변도의 요시다노선과는 다소 차별화된 전략이었다.

우선 '국제연합중심'이라는 원칙표명은 국제연합이 추구하는 제 이념에 충실히 협력한다는 것이다. 요컨대 각국 간 우호협력관계 증진이나 국제분쟁 혹은 국제문제를 해결함에 있어 국제협력을 추구하는 가치가 전후 일본이 지향한 국가상 건설이나 외교노선과 일치하기에 그

숭고한 목표에 일본이 적극 동참함으로써 일본의 국제적 지위변화를 도모하려는 외교 전략이었다.

'자유주의 제국과의 협조'라는 원칙은 국제연합의 이상을 추구하면서 한편으로는 자유 제국과의 협력을 통한 일본의 안전 확보, AA의 지역문제에 대한 공동대응, 그리고 세계평화유지에 기여한다는 명분에 의거했다. 그러나 다른 한편으로는 정치 이념의 공유에 역점을 둔 것으로서 일본경제의 국제적 지위향상에 따라 경제 이념이나 경제발전의 공통성을 가미한 '선진민주주의의 일원'이라는 자기인식을 적절히 반영한 외교자세로 볼 수 있다.[46]

'아시아의 일원으로서의 입장을 견지'한다는 원칙은 아시아 지역의 평화정착과 정치·사회적 불안해소, 아시아의 번영을 위한 적극적인 협력, 아시아제국의 공동성의 제고와 국제사회의 아시아문제의 공정한 발언자로서의 역할, 그리고 아시아의 지위향상과 발언권의 확보에 노력한다는 의도였다. 지역협력에 일본의 리더십을 발휘해야 한다는 여론이 고조되는 가운데 한마디로 반공아시아의 맹주로서 '동서의 가교' 역할을 일본이 적극적으로 담당한다는 의미였다.

2) 문화외교의 주목

국내의 순조로운 경제회복과 사회 안정에 대한 강한 자신감을 바탕으로 국제사회서 일본의 지위변화에 능동적으로 대처함과 동시에 국교관계의 확대와 외교기능의 강화, 아시아제국과의 선린우호관계의 증진,

조정자로서의 새로운 역할모색에 진력한다는 방침이 외교 3원칙에 내재된 이념이었다. 이 무렵부터 일본의 외교활동은 3원칙을 구체화하고 적극 실천하는 방향으로 움직이기 시작했다. 동시에 문화외교에 대해서도 "제 국민의 마음과 마음의 결합"을 강화하고, 나아가 "정치 경제적인 측면에서의 국제적 협력의 기초"가 되는 수단으로서 새롭게 평가하기 시작했다.

경제외교와 함께 문화외교가 이른 시기에 주목받은 것은 전후의 국제질서 속에서 일본의 생존과 일본적 가치의 전파를 효과적으로 실현하기 위한 전략적 판단이 작용했다. 전후 일본이 전력을 다해 추진해 온 경제외교를 뒷받침하고 국력신장에 기여할 수 있는 외교노선으로서 문화외교의 의미와 역할을 정부가 담당해야 한다[47]는 의지였다. 그 배경에는 무엇보다 선진제국의 문화교류활동 강화에 대한 자극과 아시아제국과의 관계 개선의 필요성, 경제회복에 따른 일본사회의 선진 문화수요 원망(願望) 등의 요인이 있었다. 정부의 기본적인 인식도 문화교류가 "국민 간의 상호이해가 깊어지고 넓어지면서 그로부터 보다 더 국가 간 우호친선 관계를 증진시켜 나아가서는 세계평화의 유지에 크게 기여한다"[48]고 판단했다.

문화교류가 갖고 있는 '초국가적인 움직임'을 외교에 살리려고 하는 일본정부의 방침은 우선 아시아를 대상으로 했다. 당시 외무성은 국제사회에서 국가 간 문화교류가 갈수록 강조되고 있는 사실을 주목하면서 아시아에 대해 "우리나라가 지리적으로 같은 지역에 속하고 있을 뿐만 아니라, 인종적, 문화적 친근감을 가질 수 있는 강한 심리적 유대감이 있기 때문에, (…중략…) 이들 제국과의 친선우호 관계를 강화하는 것이 당면한 제1의 중요과제"[49]라는 인식을 피력했다. 인종적·지리적·문화적으로 문화외교를 추진할 만한 역사적인 기반이 이미 조성되어 있었고 일본의 의지나 경제력도 구비되어 있었던 만큼 어떠한 전략으로 행동에 옮길지가 과제였다.

특히 선제적인 대응을 강조한 신 외교방침이 외교의 적극화·다극화를 추진하고 있었지만, 교착상태를 타개할 수 있는 실마리조차 보이지 않은 한국이나 중국에 비하면 동남아시아는 일본의 외교적 지평을 확대할 수 있는 중요한 실험장이기도 했다. 때문에 일본정부는 자원의 보고이면서 빈곤에 허덕이는 동남아제국과의 협력을 경제외교의 "긴요사(緊要事)"로 간주하여 "정부·민간 일체가 되어" 경제외교에 노력하겠다는 의향을 표명했다. 그 일환으로 기술협력(기술자의 파견 및 수용)[50]과 민간차원에서의 협력, 그리고 국비유학생의 수용과 같은 인재교류를 중시하는 정책을 병행했다. 경제협력의 성과를 극대화하면서 양국의 선린우호관계를 진전시킬 수 있는 유효한 정책이 인재의 교류·육성이었기 때문이다.

일본의 선진문화를 아시아에 이입함으로써 전후부흥과 국제사회의 복귀라는 2개의 과제를 자연스럽게 각인시킬 수 있는, 소위 현실적 상황판단과 대응능력을 고려한 외교 전략이었다. 동남아시아제국도 자국사회의 반일감정이 증폭될 수 있는 우려에도 불구하고 사회 안정과 경제개발을 위해서는 일본의 경제·사회 분야의 지원과 협력이 필요했고, 그것이 자국의 미래의 평화와 번영에 관한 중요한 과제라는 것을 인식하고 있었기에 일본과의 관계개선에는 전향적인 자세를 취했다. 이것은 '아시아의 일원으로서의 입장을 견지'한다고 하는 외교 3원칙의 구현과 전략적으로 추진하는 문화교류 확대의 기반이 사실상 확보되어 있었다는 것을 의미했다.

구미와의 관계 강화

문화외교를 통한 북미와의 관계 강화도 일본에 있어서는 중요했다. 아시아와의 관계회복은 아시아의 일원으로서 과거의 불행한 역사를 '청산(淸算)'하고 미래의 경제번영을 위한 협력기반을 강화한다는 명분이 강했다. 하지만 미국과는 근대 이후 일본외교의 기본적인 기조가 미·영 중심이었다는 전통성과 강화조약 이후 냉정한 국제환경을 돌파하기 위해서는 미국의 힘을 빌려야 한다는 현실적인 판단, 그리고 냉전체제하의 일본의 안전보장과 선진문명의 유입을 통해 선진경제로의 발전기반을 확보해야 한다는 명분이 우선했다. '달러'와 '핵우산'이 필요했던 것이다.

미국도 중국의 공산화를 계기로 대일점령정책을 전환하고 나서는 경제력과 냉전적 국제환경을 배경으로 대일 협력관계를 중시하는 정책을 취했다. 자유진영과의 세력을 확장하는 과정에서 서독과 일본은 미국의 글로벌 전략의 요충지였기 때문이다. 양국의 전략적 이해가 일치하면서 1950년대 미일관계는 급속히 발전해 갔다. 전후의 패권국가의 지원을 등에 업은 일본은 대미관계를 일본외교의 최우선과제로 인식하며 다양한 경제·문화교류를 추진했다.

서구와의 관계증진도 긴요한 사안이었다. 국제사회에서 미·영과 함께 자유진영의 중핵으로서 서서히 발언권을 높이고 있는 서구와의 관계강화는 '자유주의 제국과의 협조'라는 외교원칙을 실천하는 과정이자 일본의 국제적 지위변화를 도모하기 위해서라도 서둘러야 할 과업이었다. 서구는 일본이 근대국가로 탈바꿈해가는 과정에서 정치·경제·사회·문화 등 각 분야에서 커다란 영향을 미친 이력이 있어 그 역사적 선린우호관계를 심화시켜 가야 한다는 의지가 일본의 경우 매우 강했다.

게다가 세계대전에 의한 막대한 피해로부터 눈부신 부흥을 이룩하여 국제정국의 일각을 차지한 이 지역의 문화적 저력은 전후의 일본에게도 커다란 의미를 갖고 있었다. 그 중요성을 인식한 일본정부는 1950년대에 들어 우호증진의 장애물이었던 전후처리문제에 대해 "성의 있는 태도"를 취한다는 방침에 입각하여 이 지역과의 협력 강화를 도모해왔다. 그 결과 1950년대 후반이 지나면서 "서구제국에 대일감정을 일층 양호하게 하는 동시에 일본의 국제신용의 회복에 적지 않게 기여하고 있다"는 판단을 일본정부가 스스로 내릴 수 있을 정도로 관계진전이 이루어졌다.

전후의 일본이 프랑스, 이탈리아, 독일 등과 문화협정의 체결에 공을 들인 것, 또 그리스, 스페인, 스위스, 스웨덴, 덴마크, 네덜란드, 노르웨이 등과 통상항해조약의 체결을 이른 시기부터 추진한 것 등은 서구와의 교류를 긴밀히 함으로써 대일인식을 개선시키고 나아가 일본의 경제부흥과 국제사회 복귀, 그리고 일본의 국제적 지위향상이라는 대의명분을 달성하기 위한 도정이었다. 이를 토대로 일본정부는 "우리나라가 모든 분야에서 급속한 진보와 발전에 커다란 공헌을 할 수 있는"[51] 기반을 확보하기 위해서도 "나아가 이들 제국과의 협력관계를 전반적인 분야에 걸쳐 강화"해 가야 한다는 방침을 굳히고 실천에 옮기기 시작했다.

4. '문화외교'의 추진 경과와 실태

1) 배상을 통한 문화교류정책

전후 일본이 아시아와의 관계회복과 선린우호관계 촉진의 수단으로 활용한 것이 샌프란시스코 평화조약에 의해 의무지어진 배상의 이행이었다. 이를 통해 일본은 구원을 해소하는 동시에 배상을 매개로한 협력노선을 추구하여 경제적으로 밀접한 선린관계를 구축하려고 했다. 여기에는 "아시아의 고도로 발달한 공업국으로서 동남아시아제국을 비롯한 저개발제국의 경제발전에 특별한 관심을 가져야 한다"[52]는 입장도 작용했다. 아시아의 선진지도국의 입장에서 일본의 의지를 실현할 수 있는 자격도 국제적으로 인정받았다. 1954년 '콜롬보 플랜'의 가맹이었다.

개발도상국에 대한 기술협력을 통해 아시아·태평양 지역 제국의 경제사회개발을 촉진시키려는 국제기구의 가입이 이루어짐으로써 피원조국 일본이 원조국의 일원으로 변신한 것이다. 이로서 일본은 연수원교육이나 전문가파견과 같은 정부차원의 기술협력을 추진할 수 있는 국제적 당위성과 피원조국과의 2국 간 협정체결 등을 통해 적극적인 경제지원·협력에 나설 수 있는 발판을 마련했다. 소위 일본의 ODA 역사의 시작이다. 일본의 국제지위변화는 아시아와의 경제개발연계를 도모해온 일본의 입장을 강화하며 대아시아교섭에 적극성을 갖게 만들었다.

교섭대상으로는 동남아시아를 우선적으로 주목했다. 이유는 "동남아시아제국의 정치적 안정 및 경제적 번영이 우리나라 자신의 정치적 안전 및 장기적 경제발전과 상호 간에 밀접하게 관련한다고 하는 인식"[53] 때문이었다. 인도네시아가 우선적으로 교섭대상이 되었다. 인도네시아는 천연자원과 많은 인구를 보유하고 있는 잠재적 대시장이라는 경제적인 요인도 있었지만, 한편으로는 탈 식민지화라고 하는 의지하에 네덜란드의 경제적 영향력을 불식하려고 하는 의지가 동남아시아의 어느 나라보다도 일본의 진출을 용이하게 하는 상황[54]이었기 때문이다.

전후의 일본이 이 지역에 재진출할 즈음 전전(戰前)과 마찬가지로 가장 전략적인 거점으로 중시한 이유이기도 했지만 배상을 둘러싼 인도네시아와의 교섭은 사실상 난항을 거듭했다. 결과가 타국과의 교섭에 전례로 작용할 수 있는 데다, 인도네시아의 끊임없는 내정불안으로 인한 교섭의 어려움, 그리고 배상이 국교정상화의 전제조건으로 간주되었기 때문이다. 하지만 경제 위기의 심화로 내치의 기반이 취약했던 인도네시아의 양보로 인해 최종적으로는 인적·지적교류를 포함한 문화교류의 강화와 실질적인 경제협력과 양국의 관계개선을 꾀한다는 방향으로 타결되었다(인니에 앞서 버마, 필리핀과도 잇따라 협상이 마무리되었다. 〈표 3-2〉 참조).

그 내용을 보면 양국 간 "통상의 무역이 저해받지 않음과 동시에 외환상의 추가부담이 일본에 가해지지 않도록" 규정하는 등, 전체적인 조항들이 일본에 상당히 유리한 형태로 작성되었다. 각종 개발 계획과 함께 교육, 연구시설 설비, 조사, 계획, 관리, 훈련, 그 외 제 계획의 수

국가	배상총액	배상기간	배상협정명	협정조인	배상개시연도
버마	2억	10년	일본과 버마연방과의 평화조약	1955.11.5	1956.1
필리핀	5.5억	20년	일본과 필리핀공화국과의 배상협정	1956.5.9	1956.12
인도네시아	2.2308억	12년	일본과 인도네시아공화국과의 배상협정	1958.1.20	1958.4
베트남	3.900만	5년	일본과 베트남공화국과의 배상협정	1959.5.13	

행에 필요한 역할, 인도네시아 기술자 및 직인(職人)의 일본 국내와 인도네시아 국내에서의 훈련, 제 개발 계획의 실천을 위한 일본인 전문가의 역할 등 다양한 문화협력지원책이 포함되었다.[55] 당시 일본의 아시아에 대한 경제지원이나 협력의 형태는 대체로 이러한 틀 안에서 이루어졌다.

그 배경에는 "현 단계에서 자본을 갖고 각국의 경제개발을 지원할 여유는 부족하기 때문에 정부가 행하는 협력 시책으로서는 각국의 희망을 존중하면서 원하는 기술을 제공하는 형태로 각국의 경제 건설에 기여하되, 민간 기업의 이 지역에서의 연계나 협력에 대해서는 적극적으로 지원"[56]한다는 방침이 나름대로 정해져 있었기 때문이다. 배상금을 지불할 수 있는 능력도 부족했지만 배상과 관련해 일본정부는 이미 아래와 같은 원칙[57]을 정해둔 상태였다.

① 소위 현금배상은 우리나라의 현재의 경제로는 곤란하고 만약 이것을 인정하면 그 경제규모의 유지는 축소될 수밖에 없다.

② 자본재에 의해 배상을 지불하는 것은 구상국(求償国)의 산업을 일으키고 생활수준을 향상시키며, 나아가서는 일본과 구상국의 통상관계를 확대한다. 만약 소비재에 의해 배상을 지불한다면 일본의 구상국에 대한 무역의 규모를 축소할 뿐만 아니라 구상국 자신의 경제발전

회복에도 도움이 되지 않는다.

일본의 경제여건상 현금배상은 어렵다는 것과 자본재의 배상을 통해 일본과 구상국의 통상관계를 강화하겠다는 원칙이었다. 이 방침에 따라 일본의 동남아시아에 대한 경협은 민간 기업을 중심으로 합병사업, 사업연계, 기술협력이라고 하는 3개의 형태로 진행되는 경우가 많았고, 문화교류도 그에 맞추어 협력, 지원의 성격을 띤 '연수생 수용'이나 '파견' '육성'의 형태가 주류를 이루었다(예를 들면 동남아시아 벼농사민족문화종합조사단 파견, 일본청년단 협의회 대표단 파견, 농수산업·경공업 분야의 기술자 파견 등. 〈표 3-3〉 참조).

즉 일본정부가 대외원조의 주축이 되기에는 재정적으로 한도가 있었기에 정부는 측면지원체제를 구축하는데 주력하는 대신, 피 원조국과 민간 기업과의 연계를 통해 상호 이익을 추구하는 방법을 추진했다. 통상정책의 강화와 활기에 찬 수출 증가에 의해 경제성장은 착실히 이루어지고 있었지만 불안정한 국제수지가 정부에 의한 적극적인 대외원조의 실시를 어렵게 만들었기 때문에 민간 기업을 매개로 한 연계 전략은 일본으로서는 나름대로 최선의 실리를 추구할 수 있는 선택이었다.

이 과정에서 일본이 적극적으로 활용한 것이 바로 ODA였다. ODA를 통한 전후배상의 형태로 대아시아관계를 복원하면서 한편으로는 "정치경제적인 측면에서 대외정책이 제대로 그 성과를 거두기 위해서는 문화교류의 진흥이 불가결한 기반이 된다"[58]는 인식하에, 문화외교를 중시하는 스텐스를 견지했다. 각국과의 교섭에 즈음해서도 "양국은 문화관

〈표 3-3〉 연수생의 수용현황(1959년 12월 31일 현재, 괄호안의 숫자는 콜롬보 플랜에 의한 것)

	농림	수산	건설	운수	광업중공업	화학공업	경공업	상업	복지후생	행정	기타	합계
인도	83(13)	24(15)	14	8(7)	18(9)	17(4)	60(10)	7	31(1)	8	30(11)	300(70)
파키스탄	9(6)	5	14(1)	10(9)	1(1)	4(1)	11(1)	5(1)	1	0	47(1)	107(21)
세이론*	46(28)	10(9)	2(2)	0	5(1)	1	8(2)	6(1)	1(1)	1	12(2)	92(46)
버마	19	1	1(1)	1	0	3(2)	11(2)	0	3	2	6(1)	47(4)
태국	110(22)	16(3)	5(4)	12(19)	6(1)	7(2)	21(9)	12(3)	12(9)	82(3)	26(7)	312(82)
인도네시아	16(3)	25(7)	1	19(6)	28(16)	6	17	6	17(3)	28	21	178(37)
필리핀	86(1)	12(2)	7(1)	7(7)	9(4)	9	8	17	16	2	10(1)	180(16)
말레이시아	6	4(4)	0	0	0	0	1	2	0	2	6	21(4)
싱가폴	0	5(4)	0	1	0	0	1	0	0	0	1(1)	8(5)
베트남	43	17(1)	0	2(3)	0	0	5(1)	7	8	25(2)	8	115(4)
캄보디아	32(1)	4	14(2)	5	0	0	5	9	7(1)	25	18	119(7)
중국	183	20	3	15	33	8	25	14	31	55	35	422
네팔	6	1	0	0	1	0	1	1	0	15	5	30
사라와쿠*	1(1)	1(1)	0	0	1(1)	0	0	1	0	0	0	4(3)
라오스	0	0	4(4)	0	4(4)	0	0	0	0	5(5)	0	13(13)
보루네오	0	0	2(2)	0	0	0	0	0	0	0	0	3(3)
합계	640(75)	145(46)	65(15)	82(53)	106(37)	49(99)	174(25)	87(5)	128(16)	250(10)	225(24)	1,951(315)

출처 : 「各説・三 最近における経済協力の諸問題」, 『わが外交の近況』, 外務省, 1960 참조.
세이론 : 현재의 스리랑카.
사라와쿠 : 현재 말레이시아의 행정구역의 하나.

계의 교류를 중시하도록 상호 간에 노력한다"는 내용을 반드시 삽입하는 등 처음부터 장기적인 관점에서 이 문제를 중시했다.

국익을 전제로 한 ODA를 매개로 "일본의 경제발전과 국민의 번영"을 꿈꾸면서 동시에 정치 경제적인 측면에서 국제협력의 기초가 되는 문화협력을 강화한 것이다. 자국의 이익에 근거한 지원을 하면서 표면적으로는 아시아와의 친선외교의 추진, 세계평화에 공헌, 아시아제국의 경제기반의 취약함과 생활수준의 향상 등에 일본의 능력을 적극적으로 활용하여 기여한다는 명분을 내세웠다. 경협을 통한 아시아와의 문화교류 확대를 의미했다.

이로 인해 정부에 의한 문화교류의 기반 강화도 착실히 다져지고 있었다. 1950년대에 외무성이 관계한 문화교류의 내용을 개략해 보면 무엇보다도 각종 문화협정의 체결이 눈에 띤다. 일본정부는 빠른 시기에 아시아를 포함한 각국과의 정부 간 문화협정(〈표 3-4〉 참조) 및 분야별 문화협정체결(〈표 3-5〉 참조)에 노력했다. 전후 1950년대까지 일본이 체결한 문화협정국을 일람하면 지역에 국한하지 않고 세계 각지의 주요국과 협정을 체결하고 있음을 알 수 있다.

제2차 세계대전 후 각국 정부가 "문화외교를 중시하여 강력한 기구, 스텝, 그리고 비대한 예산을 갖고 문화교류사업을 활발히 전개하고 있지만 이것은 세계 각 국민이 전쟁의 참화를 다시 되풀이하지 않기 위해서는 각 국민 간의 상호이해가 얼마나 중요한가를 통감했기 때문일 것이다"[59]고 지적하고 있는 것처럼, 문화교류는 전후 주요국의 중요한 외교정책의 하나였다. 그 역사적 배경이 각국으로 하여금 문화교류의 기반이 되는 문화협정의 체결에 전향적으로 대응하게 만들었다.

〈표 3-4〉 전후 1950년대까지 일본과 문화협정을 체결한 국가명

국가명	체결시기	국가명	체결시기
브라질	1940.9.23	인도	1956.10.29
프랑스	1953.5.12	독일	1957.2.20
이탈리아	1954.7.31	이집트	1957.3.20
멕시코	1954.10.25	이란	1957.4.16
태국	1955.4.6	파키스탄	1957.5.27

출처 : 「七, 文化の面における国際交流」, 『わが外交の近況』, 外務省, 1957에서 작성.
* 브라질의 경우는 1953年5月23日에 브라질정부의 통고에 의해 효력존속이 확정.

협정의 분류	1840~1944	1945~1959	합계
문화 · 교육 · 과학관계를 포함한 기술협력	0	51	51
문화 · 교육 · 과학관계를 포함한 우호 통상항해조약	23	19	42
유해 영화필름의 금지	1	0	1
영화필름의 교류	0	20	20
정보미디어	0	12	12
출판물 교류	38	44	82
원자력연구소	0	80	80
과학 · 기술연구소	0	3	3
지역개발	0	2	2
기술 · 산업의 훈련	1	11	12
문학 · 예술작품의 보호	47	23	70
예술적 전시	4	0	4
문화기관	2	11	13
교육교환 · 교육협력	4	54	58
훈련생 교환	5	36	41
직업훈련	0	12	12
학위 · 직업자격의 동등성	28	10	38
교과서 · 교과내용의 개정	6	0	6
교육관계 재단 · 위원회	0	79	79
교육기관의 설치	5	9	14
학생 · 연구생 교환	5	9	14
지적협력에 관한 협정	17	304	321

출처 : 外務省文化事業部, 『国際文化交流の現状と展望』, 大蔵省印刷局, 1973, 5면.

일본 역시 그런 흐름으로부터 뒤처지지 않았다. 문화협정체결을 기반으로 정부레벨에서 국제이해의 증진을 표방하고, 이를 위해 문화영화 및 문화소개 자료의 작성과 홍보활동의 강화, 국제적 문화전람회의 개최와 참가, 유학생을 포함한 인물교류, 스포츠나 학술교류, 재외일본문화회관의 건설, 재외 및 국내의 국제문화교류단체의 원조 등, 다

양하게 교류사업을 전개해 갔다. 이런 사업들은 소위 전전의 대외문화
사업의 주요 내용을 그대로 계승한 것이었다. 이른바 문화협정체결 →
문화교류 확대 → 상호이해의 증진 → 일본문화의 전파라는 프로세스
를 확립한 것이다.

2) 선진문화수용을 위한 문화교류정책

문화교류 확대에 대한 일본정부의 의지는 강화되고 있었지만 예산
은 정부의 의지를 뒷받침하지 못했다. 그로 인해 이 무렵의 문화교류
는 대부분의 경우 외무성이 기획하여 민간이 협력하는 형태로 진행되
었다. 그럼에도 일본의 경제회복과 국제경제·기술협력의 증대, 국제
환경의 변화(교통의 발달에 의한 교류의 확대) 등에 따라 국제교류에 대한
민간의 이해와 참여는 깊어갔다. 1950년대 후반기에 각국에서 행한 교
류의 내용을 보면 미술, 영화, 연극 및 음악, 각종 전람회, 스포츠교류,
인물교류, 국제회의 개최, 외국인유학생 초청 등의 분야에서는 그 이
전에 비해 현저한 증가세를 보이고 있었다. 이 과정에서 구미와의 교
류실적도 급증했다.

우선 대미관계에서 보면 1947년에 일미문화진흥회(日米文化振興会, 일
미 양국의 문화교류를 목적으로 설립)를 설립한 사카이 주지(笠井重治, 1886~
1985, 정치가, 일미친선활동가)가 "일미동맹을 위해서는 단순히 표층의 정
치적인 대화뿐만 아니라 서로의 생각이나 도덕관, 종교관 등을 포함한
외교·정치를 말하지 않으면 안 된다"[60]고 주장했듯이, 대미관계의 심

화를 위해서는 문화교류 강화가 필수라는 인식을 갖고 있었다. 따라서 패전 이후 이른 시기부터 일본은 대미교류 확대를 위한 기반 정비에 주력했다. 그 이면에는 미국문화에 대한 일본사회의 강한 동경의식도 한몫했다.

그런 열기를 상징한 예가 바로 영어교육의 중시였다. 정부는 영어교육의 지도요령을 통해 "영어로 생각하는 습관을 기를 것"과 "영어를 말하는 국민에 대해 알아야 할 것 특히 풍속습관 및 일상생활에 대해 이해할 것"[61]을 강조하며 미국문화수용을 앞장서 리드해 갔다. 이를 반영하듯 360만 부나 발행된 『일미회화수첩(日米会話手帳)』과 100만 명의 시청자를 흥분시킨 〈카무카무영어〉는 일본사회에 영어 열풍을 몰고 왔다. 『아사히신문』의 만화 〈브론디〉[62]를 비롯해 대중잡지들에 의한 '미국의 육아법'이나 '민주적인 가정'을 테마로 한 미국문화 소개는 일본인들의 도달해야 할 미래의 이상적인 생활양식이 어떤 것인가를 느끼게 만들었다.

특히 미국의 일상생활을 묘사한 〈브론디〉는 순식간에 일본인의 마음을 사로잡아 '아메리칸 라이프스타일'이 자신들이 꿈꾸고 있는 이상세계처럼 받아들여졌다. 특별한 내용이 있었던 것도 아니고 그저 "사랑하는 아내의 기분을 상하게 하지 않을 정도로 남편은 가사노동에 협력을 아끼지 않는 것이 중요하다"[63]는 메시지를 남성독자에게 전하려고 한, 그런 정도의 의도가 일본사회에서는 향후 일본인이 체득해야 할 새로운 가치로 동경된 것이다. 그 가치가 1950년대 후반의 가정전화(家庭電化)시대를 이끈 보이지 않는 동인이었다는 것은 드러나지 않은 사실이기도 하다.

여기에는 과학기술을 정점으로 하는 인식적 틀이 일본인들의 의식 속에 내면화되어 현실생활에 침투했다는 시대성이 있었다. 실제 '전기 냉장고'하면 '미국문화'와 동일시되었듯이 과학기술을 통한 인식적 틀 이라는 필터를 통해 본 미국은 가전제품을 비롯해 생활 전반에 과학기 술이 깊숙히 침투한 국가로서의 이미지가 확산되었다. 그로 인해 가전 제품의 소유도가 일본인들의 가치나 사회적 지위를 결정지우는 듯한 언설이 지력(知力)으로 작용하여 일본인들의 주체적인 벡터(vector)를 형성해 갔다.[64] 요컨대 전후 미국문화의 수용과정은 한편으로는 과학 기술을 정점으로 하는 '인식적 틀'을 매개로 가정전화제품을 보급하는 과정이었다고 할 수 있다.

양국의 교육·학술교류도 궤도에 오르기 시작했다. 대표적인 사례 가 '풀브라이트 계획(Fulbright Program)'[65]으로 거론되고 있는 일미교육 교환 프로그램이다. 미국정부의 지원하에 1951년 8월, 당시 주일대사 였던 윌리엄 J. 시볼드(William Joseph Sebald, 1901~1980)와 요시다[吉田茂] 외무대신과의 합의에 의해 시작된 이 계획(⟨표 3-6⟩ 참조)은, 1952년부 터 본격적으로 추진되어 일미의 대학원생, 강사, 교사, 연구원 등의 교류 가 활발히 이루어졌다(이 계획이 실현되기 전에는, 'GARIOA(Government Aid and Relief In Occupied Areas)'라는 프로그램이 가동되어 일본에서는 1949년부터 51 년까지 약 1천 명의 일본인이 미국에 유학했다).

지적문화교류 강화라는 취지로 록펠러재단의 지원을 받아 설립된 '국제문화회관'의 활동 역시 주목하지 않을 수 없다. 당시 미 정부는 동 서대결의 격화에 의해 구 적대국이었던 일본의 무장해제를 지체하는 대신 극동에 있어 반공주의의 방패막이로 위치지어 '친미일본' 만들기

<표 3-6> '풀브라이트 계획'에 의한 1950년대의 일미교육교류 상황(단위 : 명)

	1952	1953	1954	1955	1956	1957	1958	1959	합계
일본인	352	236	282	283	274	256	253	251	2,187
미국인	17	53	53	49	55	48	43	38	356

출처 : Chronological History of the GARIOA / Fulbright Program in Japan.
* 참고로 GARIOA로부터 이 계획에 의한 일미의 교육교류는 1949년부터 2005년까지 일본인 7,272명, 미국인 2,167명 등, 합계 9,439명의 교류가 이루어져 양국의 상호이해와 우호증진에 커다란 공헌을 했다.

에 외교정책을 강화하고 있던 터였다(이 무렵에는 미 점령군에 의한 일본 내의 공산주의 척결운동도 병행했다). 그 일환으로 미국정부는 해외홍보활동과 문화교류를 중시하는 정책을 일본에 적용하여 그 역할을 당시 프린스턴 대학을 갓 졸업한 존 · 록펠러 3세(John D. Rockfeller 3rd. 1906~1978)에게 맡겼다.

그는 임무를 부여받고 나서 훗날 주일대사로 부임하여 일본전문가로 명성을 날린 라이샤워 교수(Edwin O. Reischauer, 1910~1990)의 조언을 구하기도 했고, 트루먼 대통령(Harry S. Truman, 1884~1972, 33대 미국 대통령)의 특사로서 일본에 파견된 달레스(John Foster Dulles. 1888~1959) 일행과 함께 내일하여 일본의 많은 문화인, 지식인과 의견을 교환하기도 했다. 그리고 '일미문화관계(United States-Japan Reletions)'라는 80페이지에 이르는 보고서를 작성했다. 여기서 그는 '문화'를 국민전체의 생황양식에 관한 모든 것으로 정의한 뒤, 평화조약 발표 후의 미일관계 재구축에는 정치, 경제뿐만 아니라 문화적인 부분도 함께 중시해야 한다고 지적했다.

또 양국민이 상호이해를 심화시키고 신뢰감을 양성해 가는데 불가결한 요소로서 문화교류를 언급하며 문화교류는 일방적인 전파로서는 곤란하고 서로 상대로부터 배우려고 하는 겸허한 자세가 긴요하다고 강조한 뒤, 광범위하면서 다기에 걸친 구체적인 행동 계획, 즉 문화교류 지적협력을 촉진하기 위한 매체로서 '컬처센터(Japanese-American Cultural Center)'의 설립과 도쿄[東京]와 교토[京都]에 인터내셔널 하우스를 건설할 것을 제안했다. 실질적인 문화교류 프로그램을 강화하여 일본 사회에 친미적인 인사들을 육성하겠다는 의도였다. 이러한 과정을 거쳐 1952년 최종적으로 재단법인 국제문화회관(International House of Japan)이 탄생했다.[66]

동회관의 활동내용은 주로 ① 인물교류, ② 동종(同種)의 목적을 가진 내외의 개인, 단체, 조직에 대한 협력이나 지원, ③ 강연회, 연구회, 간담회 등을 비롯한 다양한 집회, ④ 국제적 공동연구에 대한 지원, ⑤ 해외의 일본연구지원, ⑥ 출판사업, ⑦ 도서관·정보서비스 활동 등으로 제한되어 있었다. 하지만 지향하는 방향성은 지적교류에 중점을 두는 엘리트주의였다. 민간사업으로서의 효율성을 높이기 위해 "범위를 제한하여 초점을 명확히 정하는 방식을 선택"한 것이다.[67] 이 방침에 따라 양국은 미일관계에 무엇인가 임팩트를 가져올 수 있는 인물의 상호파견에 합의하여 1953년도부터 본격적인 지식인의 교류활동을 시작했다.

1955년에 설립된 '재단법인 일본생산성본부(Japan Productivity Center, 경영자, 학식경험자, 노동자대표의 3자로 구성)'의 활동도 주목할 필요가 있다. 동 본부는 발족 후 4개월 후에 미국과 체결한 생산성향상 계획에 관한 협정을 계기로 일본 국내 산업의 생산성향상에 커다란 기여를 한 것으로 평가받고 있다. 이 계획은 1961년도에 종료되었지만 동 기간 중에 일본생산성본부와 농림수산업생산성향상회의가 미국에 파견한 '생산성 시찰단'은 광공업(중소기업을 포함), 농업, 노동관계 등을 포함해 총 432개

팀, 단원 수 4,150명이었고, 이외 생산성관계 장기연수생까지 합하면 그 수는 4,400여 명에 이를 정도로 활발했다.[68]

각 산업 분야의 경영자, 기술자, 노동자 대표로 구성된 해외시찰단을 파견하거나, 미국의 전문가를 초빙하여 기술정보의 제공을 받아 일본기업의 경영, 생산, 노무의 측면에 과학적 관리방식을 보급하면서 일본의 경제발전과 대미 민간교류의 활성화를 주도했다. 1950년대 무렵 일본의 노사문화는 노동운동의 주도권을 장악한 총평(総評)이 평화옹호·임금투쟁을 통해 "닭에서 오리"로 전환한 뒤 좌파노선에 경도되어 산업별로 각종 쟁의를 빈발시키고 있었다.[69] 당시의 경험은 노사 모두에게 서로 대립할 것이 아니라 새로운 기업문화를 도입하여 대립상황을 타개해야 한다는 공감대를 불러일으켰고, 그 모델로서 미국의 높은 생산성을 배우자는 분위기였다.

미국경제 배우기와 같은 교류협력이나 인재 육성을 위한 교육교류 등은 양국의 민간레벨에서의 정서적인 관계 강화에 크게 기여했다. 범국가적으로 나타난 미국문화수용을 일본사회는 '미국화(americanization)' 현상으로 간주하며 당연시 하는 분위기였지만, 한편으로는 '일본의 독자성'을 스텐스로 하면서 "어떤 종류의 경도된 미국의 이미지로부터의 문화수용"[70]이었다는 측면도 배제할 수 없었다. 소위 화혼양재(和魂洋才)의 정신이 메이지의 문명개화와 부국강병을 이끌었듯이 패전직후 미국문화에 대한 급격한 경도 현상은 주어진 상황에 적극적으로 순응하면서 현실을 극복해 가는 일본인들 특유의 전통적 정서를 반영한 결과였다.

미국문화의 비교우위를 스스로 인정하고 '숭배'하는 일본인들의 유연함에 고무된 미국은 일본사회의 대미추종노선을 고착화하기 위해 승전국으로서의 지위를 십분 활용하여 전후 일본의 민주화와 사회개혁을 주도했다. 소위 '아시아의 공장'으로서 일본의 경제부흥과 사회안정을 지원했고 문화교류 강화를 위한 기반조성에도 지원을 아끼지 않았다. 문화교류는 양국 공히 그 중요성을 인식하고 있었고 목표 역시 크게 다르지 않았다. 미국은 일본의 정치적 안정과 경제적 자립, 그리고 극동에 미국의 동맹국을 구축하려는 전략이었고, 일본은 선진문화수입을 통한 전후부흥과 사회안정, 그리고 국제사회의 복귀에 즈음한 대일지원의 확대 등을 기대했다.

그 성과에 대한 역사적 평가는 논점에 따라 다양하게 나타날 수 있다. 그러나 한 가지 분명한 것은 국제정세의 급변과 미일관계가 중요한 국면에 접어드는 단계에서 양국의 교류를 확대할 수 있는 안정적인 제도적 장치를 마련했다는 것, 그로 인해 미국의 중요한 인물이 잇따라 내일하여 민간레벨에서 일본의 지식인과 교류의 폭을 넓히며 공통의 이익을 추구하기 시작했다는 점이다. 미국의 지배와 함께 시작된 일본사회의 미국문화수용이 전후 일본인의 정신세계를 장악한 부작용도 배제할 수 없지만 양국의 여론개선이나 상호이해 그리고 협력관계 강화의 기반 만들기에 상당한 기여를 했다는 긍정적인 측면 역시 부인하기 어려울 것이다.

서구와의 문화예술교류 확대

서구와의 문화교류도 활기를 띠었다. 이 지역과의 교류는 경제부흥과 국제사회의 복귀에 즈음하여 일본에 대한 이미지개선과 국제적인 지위 강화를 꾀할 수 있는 교류가 활발하게 이루어졌다. 대표적인 예가 연극·영화, 미술 분야의 교류였다. 예술문화의 본고장에 자포니즘(Japonisme) 열풍을 일으켰던 과거의 이력을 살려 일본문화를 적극적으로 소개함으로써 서구사회의 대일이미지를 바꾸어보려는 의도였다. 파리문화제에 능악단(能樂団)을 파견한 것을 비롯해, 스위스 취리히에서 일본의 신작 오페라 〈유즈루[夕鶴]〉[71]의 첫 공연, 베니스국제 현대미술전 출품, 파리에서 재류일본인의 미술전 개최, '일본 현대회화 구주순회전' 개최, 베니스·칸·베를린 등의 국제영화제 참가, 런던의 일본영화시즌의 참가 등, 1950년대 후반부터 문화예술 분야에서의 교류가 폭넓게 이루어졌다.

일본에 서구문화를 소개하는 움직임도 활발해졌다. 볼쇼이 발레단과 베를린 필하모니 관현악단의 내일(來日)을 비롯해, '로마전(展)'의 도쿄 개최, 레닌그라드교향악단 일행의 내일 등이 이루어졌다. 전후부흥과 함께 소비와 문화에 대한 일본사회의 욕구가 분출하는 시점에 세계적인 예술가가 잇따라 일본을 방문하여 서구의 예술문화에 대한 일본사회의 높은 문화적 욕구를 충족시킨 것이다.

예술문화를 축으로 하는 서구와의 교류 확대는 기본적으로는 일본의 문화교류가 본격적으로 시작되었다는 것을 의미했지만, 그 이면에는 단기간에 전후부흥에 성공한 일본사회의 자신감이 반영되어 있었다.[72] 1958년 후반기에 기시[岸] 수상이 특별한 현안도 없으면서 우호선린을 꾀하기 위해 서구제국을 방문했을 때 "각국에서 국빈으로 최고의 의례를 다해 맞이하였다"[73]고 자평할 만큼 일본사회는 스스로에 자긍심을 느끼고 있었다.

일본에 대한 서구사회의 관심증대를 일본경제의 급성장과 교류진전에 의한 효과로 판단한 정부는 "구미제국과 우리나라와의 문화교류를 일층 활발히 하는 것이 바람직하다"[74]는 의지를 표명하며, 서구세계와의 교류 확대 방안을 다각도로 모색했다. 각종 국제학술회의 개최에 대한 적극적인 지원을 비롯해(〈표 3-7〉 참조), 국제미술협회나 재단법인 일본영화해외보급 및 협회의 설립 등, 정부가 지원하는 단체를

〈표3-7〉 일본에서 개최된 주요한 국제학술회의(자연과학계)

연도	국제회의의 명칭	참가한 외국인 수
1953	국제 이론물리학회의	55
1954	태풍심포지엄	15
	방사성물질의 효과 및 이용에 관한 회의	7
1955	대수적 정수론 국제심포지엄	10
	인도 태평양 지역 해양물리학 심포지엄	21
1956	국제 유전학회의	105
1957	국제지구관측년 서태평양 지역회의	37
	국제지리학 연합 지역회의	85
	산소(酸素)화학 국제심포지엄	99
1958	태평양 지역 암 심포지엄	20
	흉부질환 국제회의	350
	비파괴시험 국제회의	61
1960	지진공학 세계회의	109
	국제혈액회의	380
	국제수혈회의	213
	수치예보 국가심포지엄	47
1961	국제우주선지구람 회의	197
	국제자기 및 결정학회의	225
	동아시아 지역 지진 및 지진공학세미나	14
1962	국제화산학회의	68

출처 : 『科学技術白書』, 科学技術庁, 1962, 33면.

통해 보다 조직적인 교류를 추진했다. 정부의 기획과 지원이 체계적으로 이루어지는 관민일체의 시스템 구축을 통해 민간레벨에서의 교류 활성화를 꾀하고자 했다.

그뿐만이 아니다. 일본문화의 소개나 민간레벨에서의 친선우호관계의 증진에 크게 공헌한 재외 일본관계 문화단체의 육성(〈표 3-8〉 참조)도 놓칠 수 없는 부분이다. 이들 기관은 현지의 일본인과 해당국 국민의 협력체제하에 사업을 전개했지만 일본정부의 지원 또한 탄력적으로 이루어졌다. 국제문화교류의 의의와 목적은 문화를 통해 각국이 상호이해와 친선을 심화시키고 세계의 평화와 번영에 공헌하며, 국민

〈표 3-8〉 재외일본관계 문화단체의 육성

단체명	지역
재팬 소사이어티	북미
브리티시 컬럼비아 대학 일본연구소	캐나다
일묵(日墨)협회	멕시코
일백(日伯)문화협회	리오 데 자네이로
일백(日伯)문화 보급회	상파울로
일본 아르헨티나 문화협회	아르헨티나
일지(日智)문화협회	칠레
일본 콜롬비아 문화협회	콜롬비아
일인(日印)협회	뉴델리, 캘커타, 봄베이
일본 파키스탄 협회	카라치, 다카
일본 인도네시아 협회	인도네시아
일독(日独)협회	독일
중아극동(中亜極東)학교	이탈리아

출처 : 「六, 國際文化の交流」, 『わが外交の近況』, 外務省, 1960.6을 참조하여 작성.
* 제 단체의 문화 활동은 각종 문화전시회, 영화 또는 강연회 개최, 기관지의 발행 등 다양하게 이루어졌지만 이런 활동은 일본문화의 소개 및 일본과의 친선우호관계 증진에 적지 않은 공헌을 했다. 외무성은 재외공관을 통해 이들 단체에 최대한의 협력을 하도록 지시했다. 그 이후에는 아시아제국에 대해서도 이러한 방향성을 강화했다.

의 삶과 질을 풍요롭게 하면서 서로 문화력을 향상시켜 가는 것에 있었다. 이 무렵 해외에서 잇따라 설립된 문화단체의 육성은 국민레벨에서의 상호이해를 넓혀가는 수단으로서 문화교류 이외의 효과적인 대안은 없다는 것을 증명하는 듯한 흐름이었다.

이들 단체와의 연계시스템 구축은 예를 들면 일본에 관한 각종 조회에 대한 회답, 계발(啓発) 대상으로서의 지도적 인물이나 유력친일가의 리스트 작성, 일본소개 정기 간행물이나 그 외 계발 간행물의 발행, 각종 단체, 방송국, 보도출판교육관계 등에 대한 계발영화, 사진·슬라이드 등의 대출, 순회전시회의 실시, 민간 개최 건에 대한 원조[75] 등의 활동을 매우 효율적으로 실행할 수 있는 방안이었다. 이러한 사업들은 모두 대외적인 측면에서 중요한 사업이었고, 따라서 국가적 차원에서의 지원체제 구축은 당연한 것이라는 것이 당시 일본정부의 일관된 입장이었다.

특히 대내외적으로 각종 정보·자료의 신속한 작성 배포, 국제정세에 관한 강연회 개최, 민간이 기획한 사업에 대한 후원이나 원조, 재외공관을 통한 계발활동이나 각종 유력한 사업의 진전 등은 선진제국의 문화정책의 영향과 전전(戦前)의 대외문화사업의 발전적 계승이기도 했다. 국제교류기금의 전무이사로서 일본의 국제문화교류사업을 주도한 전문 외무관료 출신인 가토 준페이(加藤淳平, 1935~)는, 문화교류를 사물에 대한 사고방식의 교류, 생활양식의 교류, 학문·예술의 교류로 크게 분류하여 그것을 적극적으로 해외에 발신하는 것이 중요하다는 인식을 표명한바 있다.

문화나 문화교류를 광의(広義)적으로 해석하여 발신력을 강화해 가야 한다는 철학은 이미 전전에서부터 확립된 일본의 문화정책의 핵심이었다. 교류에 제한을 두지 않고 발신과 수용을 강조하며 모든 분야의 교류 확대를 도모하고, 이를 통해 '제 국민의 마음과 마음의 결합'을 배양하여 '상호이해'의 증진과 경제협력의 기초가 되는 기반을 다지고, 동시에 세계로부터 일본문화에 대한 이해를 높인다는 것이다. 그 도정(道程)을 정부와 민간의 협력체제에 의해 확대해 간다는 것, 이것이 1950년대에 형성된 일본의 문화외교의 방향성이고 현재까지 이어지고 있는 문화외교의 DNA이다.

5. 맺음말―'문화외교'노선의 의의

전후 일본외교의 특질을 논할 때 주로 '외압반응 형 국가'와 '자주외교 국가'의 이미지로 언급되고 있다. 전자는 일본이 경제대국임에도 불구하고 독립된 외교정책도 없이 외압에 굴복하는 연약한 국가라는 견해이고, 후자는 일본은 국익을 추구하는 명확한 의지와 능력이 있고, 국제사회에서 수동적이기는커녕 적극외교를 관철하는 대국이라는 견해이다.[76] 양 견해에 대해서는 당해의 국제상황에 따라 엇갈리는 부분도 있어 어느 쪽이 옳은지를 여기서 논할 수는 없다.

다만 케네스 B. 파일도 지적하고 있는 것처럼 "경제성장과 정치적으로 수동적 자세를 취한다는 기본적 진로도 신중히 선택된 대외정책이라는 점을 간과하면 전후 일본외교의 포인트를 놓쳐버릴 수 있다"[77]는 견해에 전적으로 동의를 표하고 싶다. 요컨대 전후의 보수지배세력이 자의든 타의든 복잡한 국제정치 환경에 휩쓸리지 않고 국민적인 총의를 경제성장에 결집시키며 철저한 실리외교를 추구하는 데 전력을 다했다는 점을 상기하면 일본이 처해진 당시의 대내외적 상황에서는 적절한 리더십이었다고 지적하지 않을 수 없다.

전후 일본은 근대 이후 추구해온 '부국강병'노선을 포기하고 '강병없는 부국'을 선택했다. 다소 특이한 국가형태였지만 상호의존과 집단방위가 확산되는 추세였기에 미일관계를 확고히 하는 한 일본의 선택이 치명적이지 않았다.[78] 오히려 일본인들은 절제력과 책임감으로 정중하게 미국에 협력하는 자세를 취하고 그들의 문화를 '숭배'하는 행동을 함으로써 일본인들의 정신적인 유연함을 어필하면서 동시에 미국의 지원하에 신속하게 전후부흥에 매진할 수 있는 여건을 조성하는데 성공했다.

소위 '경제외교'나 '문화외교'라고 하는 것도 이러한 국가 이념을 확립하기 위해 종합적으로 고려된 절묘한 선택지였다는 사실을 간과해서는 안 된다. 물론 정치·군사대국화를 포기하는 방향성을 취할 수밖에 없었던 한계라는 것이 일본외교에 내재되어 있었다고 하는 이론(異論)[79]도 무시하기는 어렵다. 하지만 기본적으로는 전후 일본의 지배계급이 일본을 둘러싼 국내외의 정세를 어떻게 판단하여 최선의 외교 전략을 추구했는가, 또 그에 대한 국민적 지지는 어느 정도 두터웠는가 등의 문제와 직결되어 있기에 한계론을 운운하는 것은 다소 무리가 있을 듯하다.

외교에서 국민적 합의가 얼마나 중요한가는 일본의 사례를 검토해 보면 재론의 여지가 없다. 문화외교의 예를 들어도 일본정부는 "민간의 강한 열성의 발의(發意)"를 항상 강조했고, 동시에 "정부와 민간의 긴밀한 협력"이라는 말을 입버릇처럼 사용했다. 국민적 지지를 바탕으로 문화외교를 전개하겠다는 정부의 의지 표명이기도 하지만 국민적 지지가 전제되지 않으면 결코 문화외교는 성공할 수 없다는 인식을 반영한 것이기도 하다.

전후배상을 매개로 한 동남아제국과의 경제협력과정에서 문화외교를 강조한 이력이나 전후부흥에 대한 자신감과 일본사회의 서구문화에 대한 관심고조, 그리고 선진문화의 수용을 통한 일본의 경제발전을 꾀하기 위한 구미제국과의 문화교류 확대 등은 장기적인 관점에서 보면 일본문화의 발전과 일본적 가치의 확산을 도모하는 것이다. 이것이 바로 1950년대 일본의 문화외교의 방향성이었다. 그 기본적인 틀이 전후 10여 년 사이에 완성되어 1960년대 이후부터 실질적인 성과로 나타나게 된 것은 당시 한국사회의 상황과 비교해 보면 시사하는 바가 적지 않다.

○ 주_제3장

1 入江昭, 『日本の外交』, 中公新書, 1966, 27면.

2 吉田茂, 『回想十年』第四巻, 新潮社, 1957, 16면.

3 국제환경이라면 통상적으로는 섬나라 일본의 해외 요인을 말하지만 점령하에서의 국제환경은 연합군 최고사령부라는 도쿄소재의 권력중추에 구상화되고 동시에 국내화되어 GHQ와의 균형 이외의 외교관계는 금지된 상황을 의미한다. 五百旗頭真, 「国際環境と日本の選択」, 『講座国際政治4－日本の外交』, 東京大学出版会 1989, 23～24면 참조.

4 吉田茂, 『回想十年』第一巻, 新潮社, 1957, 116～117면 참조.

5 吉田茂, 『回想十年』第四巻, 17면.

6 吉田茂, 『回想十年』第四巻, 24～25면.

7 전후 미국의 점령국가 가운데 가장 성공적인 사례로서 일본이 자주 언급되고 있지만 그 이면에는 일본의 지도층을 비롯한 일본사회의 유연한 대미추종노선과 그에 의한 미국의 대일 배려 정책이 주효하고 있었음을 잊어서는 안 된다.

8 五百旗頭真 編, 『戦後日本外交史』, 有斐閣アルマ, 1999, 62면.

9 荻原徹 監修, 『日本外交史 第31巻－講和後の外交 II 経済・下』, 鹿島研究所出版会, 1972, 316면.

10 若宮啓文, 『戦後保守のアジア観』, 朝日新聞社, 1995, 96면.

11 荻原徹 監修, 『日本外交史 第30巻－講和後の外交 II 経済・上』, 225면.

12 『通商白書』, 1953, 282면.

13 대표적으로는 1952년에 발표한 '산업의 근대화촉진책'이 있다.

14 『わが外交の近況』, 外務省, 1957.9(増田弘 外, 『日本外交史ハンドブック』, 有信堂, 1995, 160면 수록).

15 이 조약은 예를 들면 군비나 경제를 제한하는 조항도 없고 배상도 현금배상을 피하게 했으며, 원재료가 필요한 경우는 연합국이 공급한다는 것을 규정하는 등, 전반적으로 일본에 매우 관대한 내용이었다. 原栄吉, 『日本の戦後外交史潮』, 慶応通信, 1984, 35면 참조.

16 西村熊雄, 『日本外交史 第27巻－サンフランシスコ平和条約』, 鹿児島平和研究所, 1971, 401면.

17 吉田茂, 『回想十年』第一卷, 185면.

18 吉田茂, 『回想十年』第三卷, 238면.

19 『通商白書』, 1953, 118면.

20 「第1章 總論」, 『年次世界經濟報告』, 1958, 經濟企畫庁 참조.

21 이케다[池田] 내각의 경제성장의 실태를 간략히 보면 GNP신장은 1960년의 전반기
    에 14.1%로 전후 처음으로 두 자리를 기록했지만, 이듬해도 15.6%를 기록하면서 이
    기록은 그 후 깨어지지 않는 기록으로 남아있다. 1962년에는 다소 떨어졌지만 1963
    년에는 10.6%, 1964년에는 13.7%로 다시 증가했다. 무역총액도 1960년에는 85억 달
    러였지만, 1964년에는 약 두 배에 이르는 146억 달러를 기록했다. 또 국민소득은 이
    케다 내각의 4년간 40%나 증가하였다. 그 페이스는 이케다의 공약을 초과하는 것이
    었다. 原栄吉, 『日本の戦後外交史潮』, 91면.

22 전후 일본의 보수정치세력에 의한 경제우선의 실용주의 외교노선이 전후의 혼란을
    빠른 시일 내에 극복하면서 경제대국의 기반을 굳히는데 공헌한 것은 인정해야 하
    지만, 한편으로는 그 폐해도 컸다고 볼 수 있다. 예를 들면 니시가와[西川吉光]는 일
    본의 보수정치가 안보·방위문제를 봉인한 것은 일본 및 일본국민의 국제정치에
    대한 관심이나 참가의식을 후퇴시켜 일본의 위기대처·관리능력을 현저히 저하시
    켰고, 그 과정에서 경제적인 풍요로움을 바탕으로 하는 전후 내셔널리즘이 탄생하
    는 기반을 만들었다고 지적하고 있다. 西川吉光, 『日本の外交政策-現状と課題, 展望』,
    学文社, 2004, 33~34면.

23 入江昭, 『日本の外交』, 143~144면.

24 『わが外交の近況』, 1957, 23면.

25 波多野澄雄·佐藤晋, 『現代日本の東南アジア政策』, 早稲田大学出版部, 2007, 4면.

26 吉田茂, 『回想十年』第一卷, 37면.

27 吉田茂, 『回想十年』第一卷, 38면.

28 『福沢諭吉全集』第十卷, 岩波書店, 1960, 239~240면.

29 吉田茂, 『回想十年』第一卷, 80~81면.

30 吉田茂, 『回想十年』第四卷, 265면.

31 기시[岸]는 수상에 취임하자마자 바로 아시아외교에 착수했다. 1957년에만 기시는
    버마, 인도, 파키스탄, 세이론, 태국, 대만, 인도시나 3개국 등을 정력적으로 순방했
    다. 이 정상외교를 통해 경제협력이나 배상문제, 그리고 엔 차관의 문제 등을 협의
    하면서 아시아외교에 공을 들였다. 당시 일본정부는 기시 수상의 아시아외교가 상
    당히 성공적이었다고 자평했다.

32 기시 수상은 동남아시아와의 경제적 결합을 강화하는 것에 일본의 외교적 기회가
    있다고 판단했다. 기시는 1957년에 미국을 방문했을 때 미국이 거액의 자금을 지출
    한다는 전제로 '동남아시아 개발기금 구상'을 제안했다. 이 구상은 미국이 자금을
    대고 일본이 기술과 노하우를 제공하여 동남아시아의 노동력과 자원을 이용한다는

것이었다. 기시가 이 구상에 착수한 것은 동남아시아의 개발에 일본이 지도적인 역할을 다한다면 그만큼 일본은 미국과의 관계를 대등한 것으로 할 수 있다는 판단에서 였다. 五百旗頭真 編, 『戰後日本外交史』, 91~92면 참조.

요컨대 기시는 이 구상의 실현을 통해 동남아시아를 일본경제의 자원과 시장을 확보한다는 의미로 중시함과 동시에 경제협력체제의 구축을 통해 미국과의 관계개선을 꾀한다는 더블효과를 노린 것이다. 결과적으로 이 구상은 이루어지지 못했으나 일본이 '자유주의 제국과의 협조'정책과 '아시아의 일원으로서의 입장 견지'라는 신외교노선을 실천할 수 있는 외교석 무대를 스스로 만들어 갔다는 점에서 그 의미는 적지 않다.

33 구체적으로는 鄭敬娥, 「岸内閣の'東南アジア開発基金'構想とアジア諸国の反応」, 『大分大学教育福祉科学部研究紀要』第27巻 第1号, 2005.4, 23~24면 참조.

34 波多野澄雄 外, 『現代日本の東南アジア政策』, 55면.

35 「第二十八回国会における岸内閣総理大臣施政方針演説(外交に関する部分)」(資料編), 『わが外交の近況』, 1958, 171면.

36 당시 일본의 동남아시아에 대한 배상문제는 전쟁의 보상이라기보다는 일본이 이 지역에 진출하는 발판으로서 파악하고 있었다. 상세한 내용은 宮城太蔵, 『戦後アジア秩序の模索と日本』, 創文社, 2004, 5~7면 참조.

37 일본의 배상은 대체로 상품과 역할의 제공이라는 형태로 진행되었다. 즉 통상, 배상을 받는 국가가 일본정부로부터 받은 배상금을 일본상품의 구입, 혹은 국내에서 사용하는 일본의 기술·역할에 지불한다는 조건으로 이루어졌다. 그런 배상지불은 실행이 용이하였고 피배상국이 경제재건과 기업창설을 위해 절실히 필요로 하는 자본재를 공급할 수 있었기 때문에 일본의 입장에서 보면 상당히 성공적이었다. フランク C. ラングドン, 福田成夫 監訳, 『戦後の日本外交』, ミネルヴァ書房, 1976, 117면.

38 『わが外交の近況』, 1958, 7면.

39 Joseph S. Nye, Jr., *BOUND TO READ : the chandind nature of American power*, Basic Books, 1990, pp. 29~33.

40 杉村陽太郎, 『国際外交録』, 中央公論社, 1933, 360면.

41 吉田茂, 『回想十年』第一巻, 33면.

42 五百旗頭真, 「国際環境と日本の選択」, 『講座国際政治4-日本の外交』, 30면.

43 이것은 1956년도 판 『경제백서(経済白書)』에서 언급된 "이미 전후는 아니다"라는 일본정부의 인식에 근거하고 있다.

44 「二, わが国外交の基調」, 『わが外交の近況』, 1957 참조.

45 일반적으로 외교정책은 국내적·국외적 환경이 규정하는 제 요인의 상호작용의 산물이지만 전후의 일본외교는 정책결정자의 자주적인 발의라기보다는 국제환경의 변화에 대응한다는 측면이 강조되었다고 한다. 武田康裕, 「東南アジア外交の展開」, 草野厚 外編, 『現代日本外交の分析』, 東京大学出版会, 1995, 64면.

46 武田康裕,「東南アジア外交の展開」, 63면.

47 당시 일본정부는 "원래 문화의 교류는 민간의 발의(発意)에 의해 자연스럽게 이루어지는 것이기 때문에 정부의 역할은 이들 민간의 문화교류가 효과적으로 진행되도록 지원하고 촉진하는 것이지만, 최근에 각국의 경향을 보면 국제문화교류사업에 정부의 역할은 증대하고 있고, 스스로 적극적으로 각종 문화교류사업을 행하는 예가 현저해 지고 있다"고 하면서 정부의 적극적인 역할을 강조했다.「七, 文化の面における国際交流」,『わが外交の近況』, 1957 참조.

48 『わが外交の近況』, 1957, 162면.

49 『わが外交の近況』, 1957, 10면.

50 일본이 대외경제협력의 일환으로 추진한 국제기술 교류는 처음에는 그렇게 성과를 올리지 못했다. 그 이유는 첫째, 배상문제의 미해결과 통상항해조약의 미체결 등에 의해 경제관계가 긴밀한 상태가 아니었다는 것, 둘째, 일본의 일부 국내 산업이 제도의 도입에 소극적이었다는 것, 셋째, 일본의 공업기술에 대한 상대국의 인식이 불충분하였다는 것 등이 있다. 그러나 1954년 6월에 기술자의 수용 및 파견 사무를 취급하기 위한 사단법인 아시아협회가 설립되고, 10월에 콜롬보 플랜에 일본의 참가가 확정되고 나서부터는 서서히 활성화되기 시작했다.「第5章 2経済協力および市場開拓」,『通商白書』, 1955 참조.

51 『わが外交の近況』, 1957, 66면.

52 『わが外交の近況』第4号, 1960, 18면.

53 『わが外交の近況』第4号, 1960, 145면.

54 宮城大蔵,『戦後アジア秩序の模索と日本』, 20~21면. 일본의 이러한 전략은 전전 남방으로의 팽창을 모색하기 시작했을 때 석유 등의 자원과 종주국 네덜란드의 지배력 약화의 틈을 노려 인도네시아를 노린 과거의 전략을 방불케 한다고 한다.

55 「日本国とインドネシア共和国との間の賠償協定」(資料編),『わが外交の近況』, 1958 수록.

56 『わが外交の近況』, 1957, 23면.

57 『わが外交の近況』, 1957, 29면.

58 『わが外交の近況』, 1959, 34면.

59 『わが外交の近況』, 1964, 265면.

60 「旧称号"日米文化振興会"の設立経緯－'文化'の意味とは?」, http://www.ja-cpce.jp/history.htm 참조.

61 紀平建一,「戦後英語教育におけるJack and Bettyの位置」,『日本英語教育研究』第3号, 1988, 179면.

62 1949년 1월 1일부터 1951년 4월 15일까지『아사히신문』에 연재.

63 岩本茂樹,「アメリカ漫画〈ブロンディ〉へのまなざし－'夫の家事労働'をめぐって」,『慶応義塾大学メディア・コミュニケーション研究所紀要』No.58, 2008, 45면.

64 岩本茂樹, 「戰後日本におけるアメリカニゼーション─*JACK AND BETTY*を通して」, 『社会学部紀要』第83号, 1999, 109~110면.

65 1946년 미국의 상원의원이었던 풀브라이트에 의해 설립되었으며, 미국의 각 전문가를 대상으로 한 국제교환 프로그램 및 장학금제도(Fulbright Fellowships and Fulbright Scholarships)의 총칭이다.

66 『国際文化会館50年の歩み』, 財団法人国際文化会館, 2003, 1~13면 참조.

67 『国際文化会館50年の歩み』, 25~26면 참조.

68 「三, わが国と各国との間の諸問題, 北米地域 7 生産性向上計画」, 『わが外交の近況』, 1963 참조.

69 宮本又郎 外, 『日本経営史』, 有斐閣, 1995, 236~238면 참조.

70 岩本茂樹, 「戰後日本におけるアメリカニゼーション─*JACK AND BETTY*を通して」, 99면.

71 1949년 일본에서 첫 공연이 시작된 이후 1986년까지 37년간 1,037회의 공연기록을 갖고 있다.

72 예를 들면 1950년대의 일본영화계는 유럽의 주요영화제에 적극적으로 참여하여 잇따라 수상하는 성과를 올렸다. 문화예술의 후진 지역이었던 아시아의 섬나라가 거둔 쾌거는 전후부흥에 매진하는 일본사회에 커다란 긍지를 갖게하는 효과를 낳았다. 그 결과는 전후 일본영화계의 전성기를 구가하게 만든 외부로부터의 자극이 되기도 했지만 문화교류를 통해 일본사회의 저력을 일본인 스스로가 확인 했다는 점이 보다 더 컸다.

73 『わが外交の近況』, 1960, 32면.

74 『わが外交の近況』, 1960, 33면.

75 「三, 最近におけるわが国外交の大要・国際理解の増進」, 『わが外交の近況』, 1957 참조.

76 平田恵子, 「インドシナ外交」, 宮下明聡 外編, 『現代日本のアジア外交』, ミネルヴァ書房, 2004, 15면.

77 ケネス B. パイル, 「日本と世界と21世紀」, 『現代日本の政治経済 第2巻─現代日本の国際関係』, 総合研究開発機構, 1987.10, 458면.

78 五百旗頭真 編, 『日米関係史』, 有斐閣ブックス, 2008, 178면.

79 예를 들면 국토의 황폐화와 무조건 항복에 의한 연합국의 지배, 국내외의 반전론, 평화헌법에 의한 제약, 핵에너지 등, 다양한 제약이 일본으로 하여금 정치군사대국이 되는 것을 불가능하게 했다는 주장이 있다. 그러나 이러한 주장은 일본의 역사를 통해, 특히 근대 이후 면면히 전승되고 있는 독특한 실용주의 노선이나 정치지도자들의 국제정세에 대한 선견지명의 리더십을 간과하게 된다.

제4장
일본의 국제지위변화와 문화외교

들어가면서

평화·통상 국가를 추구하는 이념을 바탕으로 전후부흥과 원조국으로서의 국제적 지위를 인정받은 일본은 1960년대에 들어서도 오로지 자국의 경제발전을 위한 수출과 성장정책에 국력을 결집했다. 그로 인해 국제사회에서 일본의 정치·군사 분야의 입장은 취약할 수밖에 없었지만,[1] 눈부신 경제성장은 세계의 이목을 집중시키기에 충분하고도 남음이 있었다. '세계의 경이(驚異)'로 간주된 일본의 비상에 대해서는 다양한 관점에서 접근할 수 있으나 미국이 주도한 IMF와 GATT, 유가의 안정과 냉전의 수혜와 같은 외생적 요인을 배제하고 논하기는 어려울 것이다.

그럼에도 내부적으로 보면 고도성장을 가능하게 한 일본문화의 특징적 요인들을 간과할 수 없다. 근면·정직으로 대변되는 일본인의 행동양식, 전통과 역사에 기반을 둔 독특한 일본의 기업문화, 국민적 합의를 바탕으로 한 정부의 적극적인 경제정책 방향 등, 가볍게 볼 수 없는 점이 한 두 가지가 아니기 때문이다. 국가의 경제정책과 경제활동 주체들의 미래에 대한 범국가적 가치 공유는 일본사회에 경제성장지상주의 가치관 확립을 조장하면서 전후부흥과 국제사회의 지위변화, 그리고 고도(高度)의 장기적인 경제성장을 가능하게 한 동력이 되었다. 일본이 이룩한 '동양의 기적'에는 이렇게 그것을 가능하게 한 '일본문화'의 특징이 존재하고 있다.

그에 대한 국제적인 관심은 1960년대를 거치면서 증폭되기 시작했고 급기야는 일본·일본인의 프라이드를 제고시키는 요인이 되었다. 그러나 한편으로는 일본의 국제적 지위와 역할이 새로운 단계에 진입하면서 책임과 역할 역시 그와 동반된다는 것을 일본사회에 환기시키는 전기가 되기도 했다. 경제도약 과정에서 국제사회로부터 지나친 경제실리를 추구한다는 비판에 직면하며 국제사회의 비난과 기대감이 교차하는 환경 속에 빠져들었기 때문이다. 일본사회가 국제문화교류의 중요성과 그 효과를 인식하고 체제 정비와 사업 확대를 서두르기 시작한 것이 바로 이 무렵부터이다.

이때부터 일본정부는 관민일치(官民一致)라고 하는 협력체제의 필요성을 일관되게 강조하며 경제협력의 지지기반 강화와 일본문화의 대외 전파를 핵으로 하는 문화외교의 방향성을 확립했다. 그 방향성은 일본경제의 비상과 국제적 지위변화를 등에 업고 일본외교의 새로운 동력으로 탄력을 받기 시작했다. 이에 본 장에서는 1960년대 일본의 고도경제성장과 국제사회에서의 지위변화, 그에 동반하여 활발히 전개된 대외경제협력(동아시아를 중심으로)의 추이, 그 과정에서 일본외교의 또 하나의 축으로 비중을 높여간 문화외교의 전개과정(체제 정비와 교류실태의 추이), 그리고 문화외교의 성과와 시대적 의미 등을 구체적으로 분석하고자 한다.

1. 일본의 고도경제성장과 국제사회의 지위변화

1) 전후부흥과 고도성장의 문화적 기반

근대일본은 메이지유신을 통해 비 서구사회 가운데 놀랄만한 스피드로 산업화에 성공한 유일한 나라이다. 17세기 후반부터 상공업이 활성화되면서 국내시장의 형성과 수공업(手工業)의 생산기술이 발전할 수 있는 토대를 만들어 갔고, 데라코야(寺子屋)라는 서민교육이 정착하면서 경제성장을 가능하게 하는 내적 조건을 갖추어 갔다. 구마자와 반잔(熊沢蕃山, 1619~1691, 양명학자)과 같은 경세제민(経世済民)론자들이 등장하여 상업의 육성을 통해 국가의 이익을 추구하는 오늘날의 '국부(国富, national wealth)' 개념과 같은 논리를 제창했고, 바쿠후(幕府)와 한(藩)은 각각 내부개혁을 통해 국가와 지역의 경제발전을 위한 체제를 구축하기도 했다.

그 연장선상에서 근대일본은 부국강병과 식산흥업을 주창하며 근대적인 시장경제체제를 확립하여 열강의 반열에 들어섰다. 그 역사는 제국일본의 대외팽창과 침략전쟁의 대가를 치르며 일본경제가 괴멸적 상황에 처해졌을 때도 위력을 발휘했다. 패전직후 GHQ에 의한 이민족지배하에서 전후부흥의 기반을 다지는 저력을 보였고, 도쿄올림픽과 오사카엑스포 개최를 통해 일본경제의 비상을 전 세계에 각인시켰으며, '상인국가'라는 오명을 뒤집어쓰면서도 일본의 국부와 국익을 창출하는 노력을 멈추지 않았다. 이렇게 일본은 부국의 역사를 스스로 만들어 왔지만 그것을 가능하게 했던 요인은 정치·경제·사회·문화적으로 다양하다.

사회·문화적으로 보면 경제근대화의 기반이 근세 중엽 무렵부터 구축되기 시작했다는 것과 서구화·산업화로 대변되는 '근대문명국가' 만들기를 지향하면서 천황을 중핵(中核)으로 하는 내셔널 아이덴티티의 확립에 '성공'[2]했다는 것, 화(和)와 신뢰를 축으로 하는 강력한 운명공동체의식(기업·조직문화의 전통성)의 존재와 그 역사적인 뿌리가 이미 근세시대에 형성되었다는 것, 근면·정직·인내를 바탕으로 하는 일본인의 행동양식, 그리고 화혼한재(和魂漢才)·화혼양재(和魂洋才)가 대변하듯 고유한 정신문화에 시대정신을 조화롭게 발전시키는 유연한 이문화 수용능력과 같은 정서적 특징이 존재했다는 것 등, 제 요인을 열거하자면 한두 가지가 아니다.

개인과 조직, 국민과 국가의 관계만 하더라도, 예를 들면 국민으로서의 일본인은 국가가 목적지향적인 집단의 성격을 갖고 리드하면 국민들이 각자의 삶의 양식을 국가의 목표 지향적 가치와 일체화시키는 형태를 자연스럽게 받아들이고 실천해간다. 노사관계도 그러하다. 일본적 경영이라는 기업문화가 대변하고 있듯이 일본기업의 종업원들은 노동협약이나 노동계약 같은 것이 존재하더라도 그에 드러나지 않은 '기대관계'(일종의 상호의존적인 것)라고 하는 것이 있어, 회사 측은 우리 회사의 경영방침에 따라 종업원들이 열심히 해 줄 것이라고 믿고 있고(물론 그렇게 움직이게끔 하는 각종 시스템이 기능하고 있지만) 종업원들은 그에 대한 기대를 고용보장이나 근로여건의 개선 등과 같은 복지를 통해 보상 받는 것을 당연시 한다.

하만 칸(Herman Khan, 1922~1983, 미국의 미래학자, 군사이론가)은 '일본인·이 신기한 국민성'이라는 제목하에 놀랄만한 동질적 국민성, 추월논리, 화혼양재와 같은 문화이입에 대한 열정, 기적의 성장을 이룬 집단주의 의식, 일본적 의사결정 방식, 일본인의 의무관(義務觀), 신비적 이데올로기로서의 국체(国体)관, 초대형 콩글로머릿(conglomerate, 거대복합기업)·일본주식회사의 존재 등, 다양한 요소를 언급하며 일본·일본인·일본사회의 특성을 설명한바 있다〈표 4-1〉 참조). 이 특성으로 일본인을 보면 "세계 굴지의 전향적인 국민이고 미래지향형의 국민"이며 동시에 "고집스럽게도 전통적인 생활양식에 얽매이는 국민"[3]이라는 것이다.

〈표 4-1〉 1950~60년대 초기 일본경제성장의 내외부요인

내부 요인	① 일본인의 왕성한 활력을 이용(일본인은 대체로 목적의식을 갖고 있는 공동체본위의 행위를 수행할 능력을 구비하고 있다). ② 철저한 인구제한 조치가 취해졌다. ③ 정부·민간 공히 적절한 조직력, 판단력, 인심(人心)유도력을 구비하고 있고, 그것을 이용할 수 있다.

	④ 기술 · 교육수준이 비교적 높았다.
	⑤ 저축률과 투자율이 공히 높았다.
	⑥ 자유기업제도의 일본판이라고도 할 만한 것이 존재했다.
	⑦ 정부의 지도와 개입이 교묘하게 이루어졌다.
	⑧ 높은 시장 점유율을 달성함과 동시에 진보한 기술과 산업을 선취해야 한다는 모든 종류의 압력이 작용하고 있었다.
	⑨ '노후화 한 산업' 또 '일본인에게 맞지 않은' 산업에 대해 가차 없이 지지를 철회했다. 역으로 근대적인 성장산업이나 유리한 수출산업에 대해서는 최대한의 지지와 보호가 이루어졌다.
	⑩ '서방에 추월'하기 위한 중점전술로서 '경제발전'에 대한 적극적인 전환이 이루어졌다.
	⑪ 바람직한 형태의 노동력이 즉시에 투입되었다.
외부 요인	① GNP의 겨우 1%만 방위예산으로 책정되었다.
	② 조선전쟁(후에는 베트남전쟁)이라는 자극이 있었다.
	③ 미국자본이 유입되었다.
	④ 자금이 풍부하고 구매의욕이 왕성한 미국이라는 고객이 있었다.
	⑤ 테크놀로지(처음에는 미국으로부터, 후에는 유럽으로부터)를 싼 가격으로 입수할 수 있었다.
	⑥ 자유무역의 기운이 고조되었을 뿐만 아니라 세계무역 그 자체의 확대 경향이 있었다.
	⑦ 대규모의 원료 보급원으로 새로운 호주 그 외의 지역을 확보할 수 있었다.
	⑧ 해운(海運)이 발달했다.

출처 : Herman Khan, 坂本二郎 · 風間禎三郎 訳, 『超大国日本の挑戦』, ダイヤモンド社, 1970, 136~138면.

일본의 이데올로기나 사회구조, 그리고 일본인의 행동양식을 역
사 · 문화적으로 분석해 보면 쉽게 발견할 수 있는 이들 요소가 일본의
사회통합과 경제발전에 기여한 중요한 요인이라는 사실을 인지할 필
요가 있다. 이를 상징적으로 보여주고 있는 것이 노 · 사 · 정관계이다.
생산성향상에 총력을 기울이면서도 그로 인해 발생할 수 있는 잉여노
동에 대해서는 국민경제적 관점에서 최대한 실업을 방지할 수 있도록
관민이 협력하여 적절한 조치를 취할 수 있게 했다. 이에 따라 기업은
생산성향상과 고용확보를 양립시키기 위해 이윤의 최대화 보다는 시
장점유율을 우선하여 시장창출을 통해 사업을 확대하면서 동시에 고
용을 보장하는 전략을 추구한다.[4]

관민일체화를 통해 일본이라는 공동체의 안정과 이익을 최우선시
하는 사고방식에 대해 국제사회의 비판이 고조되어도 그들은 자신들

의 가치관을 중시하는 행동양식을 포기하지 않았다. 역으로 말하면 '일(日)'의 특징이 그만큼 선명하고 역사성이 깊다는 의미이다. 국민이나 민족을 마치 한 개의 혈연집단처럼 인식하는 '가족국가관'과 같은 이데올로기를 서구사회가 쉽게 이해하기는 어려울 것이다. 경제이론이 아닌 문화적 관점에서 일본인의 사유양식을 고려하고 그 토대 위에서 일본의 경제성장의 요인을 분석하면 이 같은 특징들을 이해할 수 있을지 모른다.

2) 일본경제의 약진과 국제적 지위 향상

폐쇄적인 봉건국가로부터 불과 수십 년 만에 세계의 열강과 어깨를 나란히 하고, 패전 후 경이적인 스피드로 각종 기록들을 갈아치우면서 다이내믹한 경제성장을 이룩한 일본은 '라인강의 기적'에 비견되는 '동양의 기적'으로 찬사되기에 충분했다. 1961년도 판『우리외교의 근황』은 국제경제의 움직임을 언급하면서 "이제 미국이나 구주제국 및 일본은 자유경제 세계의 파트너로서 서로 협력해야 한다"고 하면서 그것이 현단계에서 "가장 주목받는"[5] 현상이라고 지적했다. 전후 팍스 아메리카나시대를 열며 두드러진 번영을 구가해온 미국경제에 쇠퇴의 조짐이 보이기 시작할 무렵, 미국의 원조를 받은 유럽과 일본이 역으로 눈부신 경제발전을 이룩하여 드디어 미국과 '평등한 파트너'로서의 지위를 획득했다는 주장이다.

그 배경에는 각국과의 통상항해조약의 체결촉진, 유럽 및 대양주제국과의 통상관계 개선, 저개발제국의 실정에 맞는 경제기술 협력의 실시, 중남미제국에 대한 이주정책의 진흥 등, 각 방면에 걸쳐 현저한 수출신장과 그 환경의 최적화에 공헌한 경제외교의 역할이 컸다. 일본정부레벨에서도 "종전 직후의 황폐한 소토(燒土) 위에서 생산규모나 국민생활이 불과 10년 만에 여기까지 회복되리라고 예상한 사람은 아마 한 사람도 없었을 것이다"[6]라고 평가하고 있듯이, 그 누구도 예상할 수 없는 단기간에 일본경제가 회생되었기 때문이다. 전후 10년을 간단히 되돌아보아도 일본의 실질국민소득은 연 평균 11%, 공업생산 22%, 수출액은 46%의 비율로 성장했다.

전후의 부흥이 확인된 1955년부터 고도경제성장의 정점기였던 1968년까지 연 평균 10%의 고 성장률을 기록했고, 수출총액은 1950년에 8.2억 달러에서 1969년에는 150억 달러를 돌파했다. 수출 증가율은 1957년부터 1965년까지 연평균 16.4%를 기록했다. 이 기간에 세계의 수출증가율이 6.6%였다는 사실을 상기하면 일본의 기록이 얼마나 놀라운 것인가를 확인할 수 있다. 세계의 수출에서(공산권을 제외) 일본이 차지하는 비중도 1950년에 1.5%에 지나지 않았지만, 1960년에 3.6%, 1965년에 5.1%까지 상승한 후, 1968년에는 6.2%까지 증가하여 미국, 서독, 영국에 이어 제4위가 되었다.[7]

경제외교의 성과에 힘입은 일본경제의 저력은 1960년대 후반기 세계경제의 성장과 함께 보다 더 약진했다. 이 무렵 유럽에서의 동서관계의 긴장완화의 진전과 중국의 서방세계와의 경제관계 개선노력, 아시아의 지역협력 움직임의 활성화 등에 촉발되어 세계경제는 전체적으로 확장 기조를 보이고 있었다. 미국, 이탈리아, 프랑스, 일본의 경기

상승력의 고조가 다른 주요공업국의 정체(停滯)를 커버하며 그 확대율을 높일 만큼 두드러졌다. 그로 인해 1966년에 OECD전체의 실질국민총생산 증가의 경우 약 8할 정도가 이들 4개국의 경제 확대에 의한 것이었다.[8]

국민총생산 부분(〈표 4-2〉 참조)도, 1950년에 109억 달러(자유세계에서 제7위)였던 것이, 1955년에는 240억 달러, 1960년에는 430억 달러, 그리고 1968년에는 1,419억 달러를 달성하여 드디어 서독을 제치고 미국에 이어 제2위의 대국이 되었다.[9] 그동안 광공업생산과 국민소득의 성장률은 선진제국 가운데 제1위였고, 경제번영을 지탱한 새로운 요인으로서의 정보화사회의 발전 역시 서구제국(영국, 서독, 프랑스, 이탈리아)의 평균보다도 진보했다는 자평이다.

이 외에도 1960년대의 실질경제 성장률의 압도적인 1위, 금 외화 준비고 5위, 조선생산 1위, 자동차생산 2위, 조강(粗鋼)생산 3위, 광공업생산 1위 등,[10] 1970년 단계에서 일본의 경제력은 세계의 주목을 끌기에

〈표 4-2〉 전후 일본의 GNP성장추이(단위 : 억 달러)

1950년		1955년		1960년		1965년		1968년	
국명	GNP	국명	GNP	국명	GNP	국명	GNP	국명	GNP
미국	2,851	미국	3,917	미국	5,038	미국	6,849	미국	8,606
영국	370	영국	535	서독	742	서독	1,132	**일본**	**1,419**
프랑스	274	프랑스	480	영국	719	영국	1,001	서독	1,322
서독	231	서독	418	프랑스	604	프랑스	941	프랑스	1,176
인도	219	캐나다	268	**일본**	**356**	**일본**	**883**	영국	873
캐나다	167	**일본**	**240**	-		-			
일본	**109**	-		-					

출처 : 『経済白書』(復刊版), 経済企画庁, 1969, 104면.

충분할 만큼의 위치에 도달했다. '초 대국일본'을 예상하는 밖으로부터의 시선이나 일본정부와 사회에 확산된 '경제대국 일본'이라는 실체는 결코 허구가 아니었다. 각종 기록이 증명하듯 일본경제의 파워는 주요 서구제국을 압도했다.

일본의 국제적 지위 향상

현저한 일본경제의 발전과정은 국제사회에서 일본의 지위를 빠르게 향상시키며 일본경제의 국제적 역할증대로 이어졌다. 대표적 사례가 바로 경제원조의 확대이다. 개발도상국에 대한 원조가 해마다 증가하면서 OECD의 개방원조위원회(DAC, Development Assistance Committee) 원조 총액에서 차지하는 일본의 비율이 1957년의 1.6%에서 1966년에는 6.8%까지 확대되었다.[11] 경제원조의 총액도 1968년에는 미국, 서독, 프랑스의 뒤를 잇는 수준에 도달했고, 세계은행이 중심이 된 국제협력 분야에서도 세계은행에 대한 누계출자액이 1971년에는 총액 10억 2,300만 달러가 되어, 미, 영, 독, 불에 이어 5번째의 출자국으로서 임명이사국이 되었다.[12]

일본정부도 "경제원조의 추진은 세계경제와의 상호관계를 점점 강화해가는 우리나라에 과해진 커다란 사명이고, 게다가 그것이 결국 세계경제의 번영을 통해 우리나라 자신의 이익에도 연결 된다"[13]는 인식에 의거하여 금후에도 GNP에 대한 원조비율을 높여갈 것을 분명히 했다. 당초의 목표성장률을 훨씬 초과하는 예상외의 실적은 정부의 경제운용 계획이 일본경제의 성장력을 과소평가 했다고 스스로 고백하게 만들 정도였다.

강화(講和) 후 경제외교의 성패에 국가의 미래를 걸었던 일본의 외교 노선도 일본의 국제적 지위향상과 함께 국제사회의 복귀와 선진국 진입, 무역자유화[14]와 개발도상국에 대한 경제협력 시스템의 구축 등이 자연스럽게 이루어졌다(〈표 4-3〉 참조). 일본정부가 자국의 경제번영과 역할 강화에 외교력을 결집해 가는 동안 세계경제의 흐름도 IMF와 GATT체제하에서 세계경제의 재건을 꾀하고 있었고, 그것을 관철시키기 위한 기본적인 사고로서 자유무역주의 노선도 각국으로부터 강한 지지를 받았다. 세계는 이 체제 아래 자국의 경제성장과 세계경제의 번영을 꿈꾸는 협력방안을 모색하며 '황금의 1960년대'를 구가했다. 새로운 국제질서의 구축과 그에 따른 세계경기의 선순환구조의 확대라고 하는 대외환경이 조성된 것이다.

일본정부는 우호적인 대외환경에 신속하게 대응할 수 있는 외교력

〈표 4-3〉 일본의 국제기구 가입의 추이

국제기구	연도
IMF(International Monetary Fund, 국제통화기금) 가맹	1952
IBRD(International Bank for Reconstruction and Development, 국제부흥개발은행)협정체결	1952
일미우호 통상항해조약	1953
ECAFE(Economic Commission for Asia and the Far East, 아시아극동 경제위원회) 가맹	1954
콜롬보 플랜(Colombo Plan, 동남아시아의 경제개발 촉진을 목적으로 하는 경제협력기구)협의 위원회 참가	1954
GATT(General Agreement on Tariffs and Trade, 관세 무역에 관한 일반협정)가맹	1955
국제연맹 가맹	1956
무역자유화대강(수입을 점차 자유화하는 정책) 발표	1960
해외경제 협력기금 설립	1961
OECD가맹	1964
아시아개발은행 설립(Asian Development Bank)	1966
개발도상국에 대한 특혜 관세제공 방침 결정	1967

을 발휘하는 한편 내부적으로는 근면한 국민성과 양질의 노동력을 바탕으로 일본의 경제부흥과 구미선진국 수준의 캐치 업(catch up, 선진국을 따라잡기 위해 노력하는 것)에 대한 국민적 합의를 구축해갔고, 그것을 결집시키는 '국민소득배증 계획'(이케다 내각이 채택한 장기경제 계획)과 같은 정책비전도 적기에 제시했다. 미래에 대한 국민적 공감대는 일본인으로 하여금 "10년 후의 우리들의 생활"[15]에 대해 다양한 꿈을 꾸게 하며 일본사회의 경제성장 지상주의 가치관의 확립과 그에 대한 맹신을 조장했다(한편으로는 국제사회의 비난고조에 따른 자기인식의 계기를 제공하기도 했다).

드골 대통령의 '트랜지스터 세일즈 맨' 발언이나 파키스탄 부토 외상의 '이코노믹 애니멀' 발언 등이 당시 발언의 진위야 어떠하든 국제사회에서 부정적인 일본인상으로 회자되기 시작한 것도 바로 이 무렵부터이다. 경제성장에 매진하는 일본인들의 행동양식과 이를 바라보는 국제사회의 시선이 충돌하는 가운데 미국경제의 압도적 우위의 상실과 일본경제의 비상에 따른 국제사회의 관심고조도 일본에게는 점차 부담으로 작용했다. 국제지위변화에 의한 일본의 역할 재정립은 일본으로 하여금 국제공조와 국제공헌을 강화하는 방향으로 움직이게 만들었고, 동시에 문화교류에 대한 일본사회의 인식도 전향적으로 움직이게 하는 동인이 되었다.

2. 일본의 국제지위 변화와 대외문화교류 협력체제의 강화

1) 국제문화진흥회의 재정비

패전에서 불과 10년 남짓으로 국제적 지위를 일변(一変)시킨 일본은 1950년대 후반부터 대외경제협력의 강화와 문화교류 활성화를 통해 일본의 국제공헌의 길을 모색하기 시작했다. 일본의 새로운 외교 전략은 문화교류에 대한 일본정부의 인식변화가 크게 작용했다. 국제사회에 복귀할 무렵에는 문화교류를 경제협력구상의 기반 강화나 일본문화의 소개를 위해 필요하다는 소극적인 사고로 접근했지만, 1950~60년대 세계를 향한 일본영화의 예상외의 선전(〈표4-4〉 참조)과 같은 실질적인 교류효과를 확인하고 나서는 경제발전과 국제적 지위향상을 반영한 일본의 실체를 적극적으로 세계에 알려야 한다는 공격적인 발상으로 전환했기 때문이다.

〈표4-4〉 1950~60년대 일본영화의 국제영화제 수상 일람

연도	영화명	수상
1951	구로사와 아키라(黒沢明) 감독 〈羅生門〉	12회 베니스 국제영화제 금사자상
1954	기누가사 데이노스케(衣笠貞之助) 감독 〈地獄門〉	7회 칸 국제영화제 그랑프리
1954	구로사와 아키라(黒沢明) 감독 〈七人の侍〉	15회 베니스 국제영화제 은사자상
1957	구로사와 아키라(黒沢明) 감독 〈蜘蛛巣城〉	런던영화제 가장 독창적인 영화상
1958	죠수아 로건(Joshua Logan) 감독 〈サヨナラ〉	30회 아카데미상 4개 부문 수상
1958	데이비드 린(David Lean) 감독 〈戦場にかける橋〉	30회 아카데미상 7개 부문 수상
1958	이나가키 히로시(稲垣浩) 감독 〈無法松の一生〉	19회 베니스 국제영화제 황금사자상
1960	존 스타지스 (John Sturges) 감독 〈荒野の七人〉	〈七人の侍〉를 리메이크하여 빅히트

경제협력기반의 강화가 도상국과의 관계를 중시하는 발상이었다면 일본문화의 발신력 강화는 구미선진국과의 관계에 중점을 둔 것이었다. 이것은 국제사회의 성공적인 복귀 이후 일본의 국제적 지위부여와 역할론을 반영한 것이자 전후 선진국으로부터 일방적으로 문화수용에 급급했던 일본의 문화교류사가 새로운 단계에 접어들었다는 것을 의미했다. 1960년대 일본외무성의 국제문화교류정책은 기본적으로 이러한 방향성을 갖고 추진되었다.

그러나 발상의 전환에 의한 문화교류 확대의 필요성은 인지했다 하더라도 그것을 실천할 수 있는 체제나 자금적인 부분은 영국, 프랑스, 서독과 같은 선진제국에 비해 극히 빈약한 편이었다. 이는 교류의 내용에도 그대로 반영되었다. 1950년대까지는 개발도상국에 대한 기술교류·협력사업을 제외하면 학술·예술교류, 도서증정, 문화예술인 초청과 파견, 각종 전시회 개최, 인물교류, 스포츠교류, 해외일본 문화단체의 지원, 해외공관을 활용한 홍보활동 등이 주류를 이루었다. 예산상의 한계와 문제의식의 부족으로 인해 비교적 제한적으로 행하는 교류가 전부였다.

따라서 당장 서둘러야 할 것이 자금의 확충과 문화교류를 주도할 수 있는 체제의 정비였다. 방법론적으로는 영국과 프랑스가 정부의 지원을 받는 독립된 공적기관을 설립하여 국제적으로 문화교류에 주력하는 사례를 전전(戦前)에서부터 참고하고 있었기 때문에 그다지 이론(異論)은 없었다. 이런 상황을 감안하면 일본에는 일찍이 자국문화의 해외선양에 커다란 공적을 남긴 기존의 국제학우회(国際学友会, 1935년 외무성의 외곽단체로서 설립)나 국제문화진흥회(国際文化振興会, 1934년 설립)라고 하는

'민간'단체가 있었다. 일본의 국제지위변화에 따른 문화교류의 방향성과 체제의 재정비를 이들 기관의 재건을 통해 실현하려고 했다.

이 과정에서 정부가 주목한 단체는 국제문화진흥회[16]의 움직임이었다. '진흥회'의 경우는 이미 언급한 것처럼 일본의 '민간'주도의 대외문화교류기관으로서 가장 오래된 역사를 자랑했다. 반관반민(半官半民) 단체로서 제국일본의 국제문화사업을 주도한 뒤 전후 잠시 동안 활동이 중지되었지만 일본정부가 문화교류 확대에 대한 필요성을 인식하기 시작한 1953년경부터 정부의 지원하에 다시 존재감을 어필하기 시작했다(이때에는 정부의 보조금이 전전에도 미치지 못할 정도로 작은 금액이었고 활동도 그다지 활발하지 못했다). 그 역할과 존재의미가 일본의 국제문화교류의 중요성에 대한 관민의 인식확산에 의해 다시금 체제의 확대개편에 직면하게 된다.

'진흥회'의 개편은 회장교체로부터 시작되었다. 1962년 2월에 기시노부스케[岸信介] 전 수상을 신임회장으로 맞이한 뒤 임원진을 일신하고 동시에 정부보조금의 증대, 민간으로부터의 적극적인 자금협력의 확보, 그리고 기구의 정비와 사업의 확대에 진력하는 기관으로 거듭났다. 소위 1960년대 문화교류사업의 새로운 중핵적 기관으로 재탄생하면서 전전(戰前)의 '명예'있는 지위를 다시 획득한 것이다. 내각총리대신을 조직의 대표자로 하는 관행은 설립 초부터 정해진 규칙으로 이는 일본이 문화외교를 국책사업으로 얼마나 중시했는가를 가늠하게 하는 일례이다.

조직을 일신한 '진흥회'는 ① 문화자료의 작성, 수집, 교환 및 배포, ② 일본인의 해외파견 및 외국인의 초청과 알선, ③ 외국인의 일본문화연구에 대한 편의제공, ④ 해외의 각종 문화관계 전람회의 개최와 참가 및 출품의 알선, ⑤ 강연회, 전람회, 영화 및 연주회 등의 개최, ⑥ 내외문화에 관한 지식의 보급, ⑦ 도서실, 자료실, 연구실의 설치 및 운영, ⑧ 재 로마 일본문화회관의 운영 및 뉴욕 주재원의 파견과 활동지도[17] 등의 사업을 중심으로 적극적으로 각국과의 교류에 임했다. 이들 사업내용은 기본적으로는 전전(戰前)의 대외문화사업을 그대로 계승한 것들이었다.

사업의 방향성을 확정한 '진흥회'의 교류실태를 보면 규모나 건수는 대폭 늘었지만 내용은 전전이나 1950년대와 비교하여 큰 변화는 없었다. 주로 기술, 학술, 인물교류 이외에 미술, 영화, 연극 및 음악, 각종 전람회, 스포츠교류, 일본소개전시품의 제공이나 기증 등의 분야가 중심을 이루었다. 다만 일본문화의 해외소개의 목적과 맞물려 일본 전통문화나 관련 자료의 해외기관에 기증이 급증했다는 것은 주목할 만하다. 이는 우선 협의적 개념의 문화교류를 활성화시킴으로써 교류대상지역을 확대하고 일본문화의 전통성과 우수성을 세계에 알리면서 동시에 전후의 눈부신 경제부흥을 이룩한 자신감을 문화교류에 실어 어필하려는 의도가 내포되어 있었다.

대외문화교류 확대를 위한 체제 정비는 일본의 전후부흥을 세계에 과시한 도쿄올림픽 전후로 보다 강화되었다. 일본사회에 "정치, 경제, 문화의 모든 분야에 걸쳐 아시아의 일본, 세계의 일본으로 국제적 지위를 확립하기에 이르렀다"[18]는 자부심이 작용하면서 일본문화의 해외전파에 대한 당위성을 확보한 것이다. 내적인 동기부여와 정부의 의지는 1964년 5월, 문화교류 관계의 부국(部局)으로 외무성에 문화사업부를 설치하면서 구체화되기 시작했다.

이 무렵부터 일본은 교류의 전략도 "민간의 창의에 의한 앞으로의 사업을 장려하고 되도록 이에 편의를 제공하여 확대를 꾀한다"[19]는 방침하에 교류기반의 저변확충에 주력하는 형태로 나아갔다. 구체적으로는 제 외국의 일본어학습자나 일본연구자에게 연구의욕을 갖게 하는 하나의 방안으로서 외국대학에 일본연구 강좌를 개설하여 해외의 일본에 대한 관심을 학문적 연구로 발전시켜가는 방안을 본격적으로 모색하기 시작했다. 학술교류를 강화하겠다는 의지였다.

2) 학술·인물교류 확대를 위한 체제 정비

국제문화교류에 대한 일본정부의 인식전환은 학자, 문화인, 각종 시찰단의 교류를 포함한 인물교류의 확대, 일본어보급 및 사업의 확대,[20] 관계단체를 통한 일본문화의 소개 강화 등, 교류형태의 다양화뿐만 아니라 교류의 질도 한층 발전적인 형태로 진행하는 계기가 되었다. 그 중에서도 일본은 학술·인물교류 확대에 공을 들이기 시작했다. 이 분야는 어느 나라도 자연스럽게 받아들일 수 있는 교류이기도 했지만, 일본의 역사에서 학술·인물교류가 문화나 산업의 발전에 공헌한 예를 상기하면 정부로서도 지체할 수 없었고, 게다가 일본제국주의 시대에도 '대외문화사업'의 중요한 분야로서 적극적으로 추진했던 역사성이 존재하고 있었다.

학술·인물교류를 중시해야 할 아픈 사례도 있었다. 1948년 기초물리학의 가장 중용한 국제회의 가운데 하나인 솔바회의가 중간자(中間子)론을 테마로 열렸을 때 노벨물리학상을 수상한 유가와 히데키(湯川秀樹, 1907~1981)는 참석할 수 없었다고 한다. 당시 일본인의 해외도항이 허락되지 않았기 때문이다. 그런 연유로 1950년대에 일본이 문화교류를 시작할 때부터 이 분야는 적극적인 대응이 필요하다는 인식하에 단계적으로 체제의 정비를 꾀했다.

우선 1950년에 부활한 해외연구원제도의 확대와 교직원의 해외파견제도의 도입이다. 이 제도를 통해 메이지 일본의 근대화에 공헌했던 학술·인물교류의 성과를 다시 추구할 수 있는 기반을 확보했다. 또 1953년부터는 각국과 체결한 문화협정의 발효(〈표 4-5〉 참조)에 의해 협정국과 학자·연구자의 파견과 초청을 적극적으로 실시했고, 1959년부터는 일본학술진흥회가 주도한 외국인유동연구원 및 장려연구원제도를 만들어 인물교류의 폭을 획기적으로 넓혀 갔다.

그 결과 1953년 무렵부터 일본에서 다양한 국제학술회의가 개최되

〈표 4-5〉 문화협정의 주요 개요

① 서적, 강연, 연극, 전람회, 영화, 라디오 등에 의한 문화의 상호이해의 증진에 대해 편의를 제공한다.

② 학자, 학생, 그 외 문화 활동에 종사하는 자의 교환을 장려한다.

③ 상대국 국민의 수학, 연구, 기술습득에 대해 장학금이나 그 외 편의를 제공하는 방법을 연구한다.

④ 대학 등에서 상대국의 문화에 대한 강의나 확충 및 창설을 장려한다.

⑤ 상대국의 학위 및 자격을 서로 인정하고 그 방법 및 조건을 연구한다.

⑥ 상대국의 문화기관의 설립 및 운영에 편의를 제공한다.

⑦ 상대국 국민의 박물관 도서관 시설의 이용에 대해 편의를 제공한다.

⑧ 그 외 협정에 따라서는 문학 및 미술의 저작물의 번역 또는 복제의 장려, 문화단체와의 협력의 장려, 국제적 운동경기의 장려 등을 규정한 것도 있다.

출처 : 『わが外交の近況』, 外務省, 1963, 295면.

어 외국의 저명한 학자나 인물이 잇따라 내일했고, 일본으로부터 해외로 진출하는 경우도 급증했다. 미국과의 교육·학술교류를 포함해 지적교류가 급증한 것도 바로 이 무렵부터이다. 이 분야의 교류는 항상 정부에 의해 주도되었다고 하는 한계는 있었지만 학술과 교육에 관한 교류 촉진이 일찍부터 추진되어 전후부흥에 기여할 수 있는 토대 구축에 일조했다는 점에서는 의미가 있었다.

1959년에 황태자의 결혼을 기념하여 정부차원에서 적극적으로 추진한 청소년교류사업도 주목하지 않을 수 없다. 청소년을 위한 건전 육성정책의 일환으로 매년 100명의 젊은이(20~26세 미만의 남녀)를 해외에 파견하기로 한 이 사업은, 방문국에 대한 이해증진과 국제협력, 그리고 국제봉사정신의 함양이라는 목적으로 추진되었다. 젊을 때부터 국제적인 시야를 갖춘 지역전문가를 육성하려고 한 정부의 의지를 엿볼 수 있는 정책이었다.

그 연장선상에서 '청년해외협력대(JOCV, Japan Overseas Cooperation Volunteers)'사업이 도입되었다. 일본젊은이들의 봉사활동의 촉진과 개발도상국에 대한 민초레벨에서의 교육·기술협력을 목적으로 1965년에 시작한 이 사업은 매년 100~200여 명 규모로 지원인력을 확대해 갔고, 협력대의 업종도 처음에는 농업 분야가 중심이었지만 시간이 흐르면서 농림수산, 가공, 보수조작, 토목 건설, 스포츠, 행정·계획, 교육문화 분야 등 8개 분야 120종류의 직종으로 활동영역을 넓혀갔다.[21] 이 사업은 '현지인과 함께'라는 이념으로 상호이해를 촉진하면서 개도국의 자조노력을 지원한다는 점에서 오늘날까지도 국제공헌의 모범사례로서 주목받고 있다.

또 1967년부터는 메이지 100년 기념사업의 일환으로서 '청년의 배' 프로젝트를 실시하여 선상에서의 연수, 방문국에서의 시찰 견학, 방문국 청소년들과의 교류회 등을 주최하며 일본의 미래를 짊어질 젊은이의 육성에 노력했다(〈표 4-6〉 참조). 그리고 1969년부터는 방문국의 젊은이도 일본에 초청하여 시찰견학을 마치게 한 후 '청년의 배'를 통해 본국에 귀환시키는 사업을 추가하는 등, 장기적인 관점에서 젊은이의 교류를 확대하고 육성하는 정책에 공을 들였다.

〈표 4-6〉 '청년의 배' 방문국 일람

연도	기간	방문국	참가인 수
1967년 제1회	68.1.19~68.3.10	중국, 태국, 인도, 세이론, 말레이시아, 필리핀, 싱가포르	321인
1968년 제2회	68.9.27~68.11.20	필리핀, 태국, 싱가포르, 인도, 중국, 세이론	321인
1969년 제3회	69.9.27~69.11.18	태국, 인도네시아, 말레이시아, 버마, 싱가포르, 중국	323인
1970년 제4회	71.2.5~71.3.27	필리핀, 인도네시아, 말레이시아, 인도, 싱가포르, 중국	319인

출처 : 外務省文化事業部, 『國際文化交流の現象と展望』, 大蔵省印刷局, 1973, 106면.

국내의 각종 국제문화단체에 의한 교류도 활기를 띠었다. 국제문화진흥회(약칭KBS)의 활동[22]을 필두로, 출판물을 통해 국제친선을 도모한 '출판문화 국제교류회'[23]의 왕성한 활동, 국제적 지적교류를 목적으로 하는 '국제문화회관'의 활약, 외국인유학생의 지원에 공헌한 '국제학우회', 일본영화의 해외소개를 목적으로 하는 '일본영화 해외보급협회'(약칭 Uni Japan), 문필에 종사하는 사람들의 국제교류를 주도한 '일본 팬클럽'등이 두드러진 활동을 전개했다. 여기에 1960년대 후반부터 활발하게 움직이기 시작한 '요시다국제교육기금'[24]이나 '일본 존 F. 케네디 기념기금' '세계청소년교류협회'[25] 등의 민간베이스에서의 교류도 성행하기 시작했다.

1964년의 '해외도항자유화'정책이 민간의 교류활성화에 기여하면서 일본의 문화교류는 새로운 국면을 맞이하고 있었지만 외국에서의 문화교류현지화도 두드러졌다. 재외공관은 주재하고 있는 일본인 문화인이나 지식인들에 의뢰하여 재외공관차원에서 기획하는 문화행사를 잇따라 개최했다. 교류의 확장추이를 보면 경제성장에 비례하는 흐름이었고 각국의 반응도 호의적이었다. 문화교류의 중요성을 '통감'한 일본외무성의 인식이 결국 1960년대에 문화교류체제의 재정비로 이어지면서 결과적으로는 세계와의 교류영역의 확대와 교류의 질을 심화시키는 방향으로 나아갔다. 그리고 한편으로는 국제사회에서 지위향상이 이루어지면 질수록 그만큼 일본의 역할과 책임도 가중되고 있다는 것을 자각하는 전기가 되기도 했다.

3. '동아시아' 문화교류의 강화 — 아시아제국의 국가 건설에 '공헌'

1) '반공'전선의 구축과 '동아시아' 경제협력 구상

전후 일본이 경제부흥과 함께 일관되게 대외정책의 중요한 축으로 간주해 온 것이 대외경제협력이었다. 동남아시아 지역의 민생과 경제개발을 지원·협력하는 노선은 1950년대의 기시[岸] 정권 이래 1970년대의 후쿠다[福田]독트린에 이르기까지 전후 일본외교의 하나의 축[26]이기도 했다. 그 출발은 전술한 것처럼 1950년대 정부베이스에서 시작된 배상의 형태였다.[27] 전후처리와 배상을 통한 관계회복과 일본의 경제부흥을 기저에 두고 아시아제국의 경제부흥과 개발에 공헌한다는 명분이었다.

원래 배상문제는 패전국 일본에 과해진 의무로서 일본이 국제사회에 복귀하기 위한 가장 중요한 현안이었다. 그러나 '요시다전권[吉田全權]의 빛나는 성공'[28]이라고 평가받은 샌프란시스코평화조약(제14조)에 의해 '역무(役務)'의 형태로 변질된 데다, 미·영이 주도한 강화조약에 아시아제국의 요구가 충분히 반영되지 않았다. 게다가 일본 측에서도 "전쟁에서 싸운 나라는 미·영이고 아시아제국이 아니라는 의식과, 국내를 설득하기 위한 배상은 투자라고 하는 레토릭이 강조"[29]된 측면도 있어 '배상의무'를 둘러싼 일본과 아시아제국과의 사이에는 메우기 어려운 갭이 존재했다.

그로 인해 배상교섭은 난항을 거듭했고, 해결방식도 ① 샌프란시스코평화조약 서명·비준(批准)국에 대한 배상 : 남베트남, ② 서명은 했지만 비준하지 않았던 국가의 배상 : 인도네시아, 필리핀, ③ 불참국가에 대한 배상 : 버마, ④ 배상청구권을 포기한 국가에 대한 배상 : 라오스, 캄보디아, ⑤ 청구권이 없는 국가에 대한 배상 : 태국, 말레이시아, 싱가포르, 미크로네시아, ⑥ 배상액의 추가 : 버마 등의 형태로 각각 진행되었다.[30] 배상을 둘러싼 교섭이 6개의 형태로 진행되었다는 것은 일본을 포함해 각국의 입장에 적지 않은 차가 존재하고 있었다는 것을 의미했다(〈표 4-7〉 참조).

〈표 4-7〉 일본의 배상·준 배상 내용(단위 : 백만 엔)

국명	배상	준 배상	무상	유상	계
필리핀	190.203	-	-	-	190.203
한국	-	169.821	102.093	67.728	169.821
버마	72.000	47.336	47.336	-	119.336
인도네시아	80.309	-	-	-	80.309
태국	-	15.000	15.000	-	15.000
베트남	14.040	-	-	-	14.040
싱가포르	-	5.880	2.940	2.940	5.880
말레이시아	-	2.940	2.940	-	2.940
캄보디아	-	1.500	1.500	-	1.500
라오스	-	1.000	1.000	-	1.000
미크로네시아	-	1.800	1.800	-	1.800
계	356.552	245.277	174.609	70.668	601.829

출처 : 通商産業省, 『経済協力の現状と問題点·各論』, 1988, 4면.

그럼에도 교섭은 잇따라 타결되었고, 배상을 매개로 한 일본과 아시아제국과의 사이에는 경제개발을 위한 협력적 토대가 마련되었다. 일본의 적극적인 동남아 진출의 이면에는 전술한 것처럼 수출시장과 자원의 확보, 그리고 일·미·동남아시아의 경제적 연대를 통한 일본경제의 이익극대화, 아시아의 맹주로서의 역할론 확대 등의 요인이 있었다. 하지만 아시아제국의 입장에서 보면 결과적으로 탈식민지시대에 새로운 국가 건설에 직면한 아시아가 미국의 지원을 등에 없고 전략적으로 접근해온 일본의 외교 전략에 속절없이 포섭되어 버렸다는 것을 의미했다.

당시 일본정부가 추진한 외교방침이 세계를 움직이는 원동력으로서 아시아 중시, 국제공산주의에 대한 경계, 일미협조체제의 강화, 자유제국과의 협조, 동남아개발기금구상의 실현 등이었음을 고려하면 일본의 전략은 성공적이었다. 일본정부의 이러한 방침은 1957년에 선언된 일본외교의 '3원칙'[31]에도 반영되어 그 후 아시아외교의 기본적인 방향성으로 작용했다.[32] 그리고 1960년대 동북아 외교에도 그 위력을 발휘하게 된다. 이케다 내각이 그런 흐름을 주도해 갔다.

1960년의 안보투쟁을 둘러싼 국론분열의 책임을 지고 퇴진한 기시[岸] 내각의 뒤를 이어 등장한 이케다[池田] 내각은 동남아시아의 범위를 인도, 파키스탄을 포함한 광의의 의미에서 버마 이동으로 축소하는 대신 한국, 대만을 중시하는 자세를 취하기 시작했다. 즉 협의의 '동남아시아'에 한국·대만을 추가한 '동아시아'라는 단어를 새롭게 사용한 것이다.[33] 아시아외교에 변화가 발생했다는 것을 의미했지만, 그 배경에는 '반공정권'을 지원한다는 의도가 있었다.

중요한 대상국은 한국과 대만이었다. 대만의 경우는 대만경제를 지탱해온 미국의 원조삭감을 일본이 대신하는 한편 경제력 강화를 통해 중국의 공산정권에 대항하는 힘을 부여하고, 동시에 중국민중으로 하여금 자본주의 경제의 매력에 끌리게 한다는 속셈이었다. 여기에는 중국의 동남아에 대한 영향력을 일차적으로 차단하고 그 연장선장에서 협의의 동남아 지역에 대한 적극적인 외교를 전개한다는 전략이 내재되어 있었다.[34]

한국의 경우는 장년에 걸쳐 진행된 국교정상화의 문제가 있었다. 한국과의 관계정상화는 청구권문제에 관한 '오히라[大平]·김 합의'의 성립에 의해 급진전했다. 이케다 내각은 박정희 정권의 '개발독재'노선을 경제적으로 지원하여 실익을 추구한다는 계산이었기에 한·일 양국의 관계정상화 의지는 이전보다 훨씬 강했다. 미국의 압력도 무시할 수 없었지만 당시 고사카(小坂善太郎, 1912~2000) 외무대신은 국회에서 행한 연설을 통해 "우리나라와 가장 가까운 이웃인 한국과의 관계는 목하 진행되고 있는 양국 간의 회담에서 제 현안의 해결을 꾀하고 되도록 가까운 장래에 양국의 국교를 정상화할 수 있도록 대국적인 견지에서 노력해 가고 싶다"[35]는 의지를 밝혔다.

박정희 의장도 1961년 11월 이케다와의 회담을 마친 후, 일본의 경제침략을 우려하면서도 ① 이케다 총리와의 회담에 만족한다는 것, ② 청구권문제에 대해 한국은 전쟁배상을 요구하지 않고 확고한 법적 근거에 의해 요구하고 있으며 따라서 이 문제에 대해 일본 측이 어느 정도 의사를 표시하는가가 한일회담 조기타결의 중요한 요인이라는 것, ③ 일본정부가 청구권문제에 대해 한국민이 납득할 수 있을 정도의 성의표시를 한다면 한국정부로서도 평화라인 문제를 상당히 신축성을 갖고 해결할 용의가 있다는 것[36] 등의 논점을 제시하며 관계정상화에 대한 한국 측의 입장을 표명했다.

그 후 양국정부는 "일한국교정상화의 실현을 언제까지나 늦춘다는 것은 대국적 견지에서 바람직하지 않다"[37]는 일본정부의 입장과, 회담을 성공시키기 위해 "양국의 위정자는 어느 정도 국민의 비난을 함께 감수해야 한다"[38]는 박의장의 소신이 맞물리면서 회담이 시작 된지 14년 만인 1965년 6월, 우여곡절 끝에 도쿄에서 조인식을 거행하게 된다. 양국의 조약체결에 의해 동북아의 강력한 반공전선의 구축, 배상자금의 한국 상륙과 한국의 경제성장, 한일경제교류의 활성화에 의한 일본의 새로운 경제이익의 창출 등이 예상되었다. 동남아시아의 전례를 보더라도 예상 가능한 시나리오였다.

동아시아질서의 재편

'반공전선'의 구축이라고 하는 정치・사상적 이념과 배상을 매개로 한 경제개발 이념의 공유, 이를 통해 전후 아시아의 복귀와 지도력 확보를 노린 일본정부의 의도는 사실상 달성되었다고 해도 과언이 아니었다. 일본의 대 '동아시아' 수출입동향과 상호의손도의 심화과정을 보면 실태를 확인할 수 있다. 일본의 동남아시아에 대한 수출증가율은 1964년 11%, 1965년 23%를 기록한 이래, 1960년대 후반이 되면 총 수출증가율을 항상 상회하는 수준이었고, 동시에 총 수출에 차지하는 비중도 1967년 22.9%, 1968년 23.8%, 1969년 24.9%로 해를 거듭할수록 높은 수치를 기록했다.[39]

일본의 자본과 기술협력에 의한 아시아제국의 경제개발이 일본의 수출증대와 경제성장을 지탱하는 시나리오가 현실화된 것이다. 특히 1960년대 후반에는 동남아시아의 베트남특수 영향과 한국의 비약적인 경제성장에 의해 동아시아를 포함한 개발도상국과의 사이에 수출의 43.3%, 수입의 40.6%를 의존하는 등(1968년 기준), 주요선진국 가운데 가장 높은 비중을 차지했다.[40] 동북아도 한국의 성장에 의해 1970년에는 한국이 일본의 제2위의 수출상대국으로 부상할 만큼 중요한 지역이 되었다.

일본의 수출품목도 주로 화학・의료・화장품류・염색・식료・섬유 등이 주류를 이루면서 동아시아에서 일본의 시장영향력도 확연히 증대되었다. 아시아의 경제발전이 일본번영의 토대가 된다는 것이 확실히 증명된 것이다. 이 무렵 도상국들은 수출의 촉진, 제2차 수입대체(자본과 중간재의 수입대체)의 추진, 자원내셔널리즘, 민족자본의 육성 등의 움직임을 보이며 자립경제 개발을 지향하고 있었기에[41] 일본과의 경제협력 관계는 보다 더 깊어져 갔다.

동아시아에 대한 일본의 수출이 급증한 것은 경제협력을 통한 상호발전 전략이 주로 동아시아제국에 향해져 있었기 때문이지만, 그런 환경을 만들어간 외교적 노력을 간과할 수 없다. 사실 전후 일본의 외교환경은 미국의 냉전정책 속에 편입되어 "동남아시아에서 '자주외교'를 전개할 여지가 매우 제한적"[42]이었다. 그럼에도 배상·원조·협력을 축으로 한 일본의 적극적인 외교 전략이 주효하여 결과적으로는 동아시아제국에 '신생일본'의 존재감을 새로운 형태로 각인시키는 결과를 초래했다.[43]

경제협력을 축으로 한 동아시아제국과의 연대 강화가 시대적 요청을 반영하는 형태로 진행되었다고는 하나 그것이 동아시아의 반일기운의 해소에 일정부분 역할을 했다는 점도 부인하기 어렵다. 일본의 경제협력과 일본상품에 대한 아시아제국의 구매욕구의 증대가 반일감정의 해소에 도움이 되었다는 일본 측의 평가가 이 무렵 외교백서 등에 자주 등장하는 것을 보면(그런 방향으로 나아가기를 바라는 일본 측의 희망이 내재되어 있다) 추측할 수 있는 부분이다.

그러나 냉정히 생각해 보면 동아시아에 대한 전후 일본의 입장이 과거의 군사력에서 경제·문화력에 의한 지배로 대치되는 새로운 질서가 이 지역에 확립되었다는 것을 의미했다. 이는 1970년대 아시아제국의 정치 환경에 상당한 부담으로 작용하게 된다. 경제원조에 매달려 역사인식의 청산에 소극적이었던 동아시아의 지배이데올로기 측이 현실의 부정하기 어려운 신국면에 대한 대응책을 제대로 구축하지 못한 채

1970년대를 맞이함으로써 일본의 경제·문화적 지배력 강화에 저항하는 자국민중의 반발과 대일 경제종속화의 심화라는 2중의 곤경에 처하게 되었기 때문이다.

당시 일본정부가 경제협력에 즈음하여 "상대국과의 무역, 자금협력, 기술협력 등 제반 관계를 유기적으로 결합·조정하여 경제협력이 우리나라와 상대국과의 우호관계의 강화에 진정으로 유효한 역할을 다하도록 세심한 대책을 실시할 필요가 있다"[44]는 인식하에 항상 개선책을 준비하며 전략적인 대응책을 강구했던 것을 고려하면 아시아제국의 자기반성의 결여와 우매함이 묘하게 대비되기도 했다. 전후 불과 십수 년 만에 양자의 관계는 배상을 매개로 한 '경제협력'시대를 거치면서 새로운 질서 속으로 빠져들고 있었다.

2) '동아시아' 기술협력·교류의 강화

일본정부가 전후부흥과 함께 '경제협력'이나 '원조'라는 미명하에 실시한 자금·기술의 제공이 '문화교류'와는 전혀 관계가 없는 것처럼 보이지만 실은 문화의 만남과 교류를 피해갈 수 없다. 가토 준페이[加藤淳平]에 의하면 정치가나 정치관계자의 절충, 실무자끼리의 회합, 프로젝트의 실시, 기술의 이전 등 어느 단계에서도 현지의 문화와 일본 측의 문화가 만나 교류한다[45]고 한다. '협력'이나 '원조'라는 형태를 빌려 행하는 다양한 접촉을 문화교류의 일환으로 파악하는 발상이다.

'접촉'은 사물과 사람의 교류를 동반하지 않을 수 없다. 접촉은 자연

발생적으로 이루어지는 것도 있지만 목적에 의해 인위적으로 이루어지는 경우도 많다. 일본의 경제개발협력은 주로 후자에 속한다고 볼 수 있다. 이 경우 주의할 점은 목적을 드러내지 않는 형태로 상호 간의 이해를 심화시키는 것이다. 그것을 실현하기 위한 유효한 수단으로 문화교류를 동반한 경제협력이라는 카드가 일본 측에 있었다. 일본의 아시아에 대한 경제협력·문화교류 이념도 기본적으로는 이러한 관점에서 시작되었음을 유의할 필요가 있다.

일본의 동아시아에 대한 경제협력은 아시아제국의 경제개발을 위한 자금협력(엔 차관, 유·무상 자금협력)과 기술협력,[46] 그리고 인물교류를 중심으로 정부나 민간베이스에서 지속적으로 이루어졌다(기술협력의 종류로는 연수원수용, 전문가파견, 기자재제공, 개발조사, 청년해외협력대파견, 국제긴급원조, 기타 등이다). 도상국이 자국의 경제개발을 추진할 때 최대의 난제는 자금, 기술, 인재의 부족이다. 기술협력은 도상국의 절실한 문제이지만 선진국의 입장에서는 사람과 사람의 직접적인 접촉을 통해 상호이해와 우호증진에 실질적으로 기여할 수 있는 형태이자, 경제입국의 기반이 되는 인재 육성을 동반하며 도상국의 성장을 뒷받침할 수 있는 중요한 협력수단의 하나였다.

일본 역시 이런 부분을 간과하지 않았다. 경제협력의 틀 안에서 도상국이 직면하고 있는 난제에 대응하기 위해 연수생의 수용(〈표 4-8〉 참조)이나 기술지도자의 현지 파견, 기자재의 기증, 기술훈련 센터의 설립, 국제기구를 통한 기술협력 등 다각도로 협력체제[47]를 정비해 갔다. 후진국의 산업화나 근대화를 위해 선진국이 해야 하는 일종의 의무라는 관점에서 보면 이러한 체제의 구축은 당연한 것이었다. 눈부신

기술연수생의 종류	콜롬보 플랜에 의거한 것(경비전액 일본정부 부담)
	미국국제협력(ICA)자금에 의한 것(일부 아시아협력사업비에 의해 지출)
	국련원조기관(TAA, FAO, ILO, UNESCO 등)의 자금에 의한 것
	아시아제국의 정부가 직접 파견하는 것
	배상정산에 의한 것
연수생의 레벨	연수생 A = 고도의 학식경험을 보유한 자(국회의원, 장관, 차관, 국장급)
	연수생 B = 대학졸업자로 상당한 경험을 보유한자(중견계층)
	연수생 C = 대학졸업자 및 그에 준하는 자

출처 : 『科学技術白書』, 科学技術庁, 1958, 107~108면.

경제성장과 국제적 지위향상을 배경으로 국제협력과 책임을 다해야할 일본도 '통상·외교의 일환'으로서, 또 '세계문화에 공헌'이나 '우리나라 과학기술의 해외보급' '우호관계의 강화'라는 입장에서 협력적인 자세를 취해 갔다.

특히 일본은 아시아 유일의 선진공업국으로서 "역사적, 지리적으로 이 지역에 대해 구미선진국과 다른 귀중한 공헌을 하는 것이 기대되고 있다"[48]는 인식을 갖고 있었기에 저개발 지역에 대한 일본의 전향적인 협력마인드는 전후 비교적 일관성을 유지했다. 게다가 기술협력은 공업 분야 뿐만 아니라 농수산업이나 의료, 기초과학, 예체능 분야, 복지후생, 운수, 행정 등을 포함해 다양한 분야에서 인프라구축에 공헌 할 수 있는 수단이기에 일본 측도 '아시아에 대한 공헌'이라는 명분을 버리지 않는 한 전향적으로 검토하지 않을 수 없었다.

실제 일본은 아시아 각국과의 경제협력이나 조약을 맺을 때는 기술협력을 포함한 인적교류를 강조하면서 양국의 정치, 경제, 통상, 문화의 각 방면에 걸쳐 협력관계를 강화한다는 방침을 고수했다(단 기술협력

협정을 체결할 때에는 기술협력을 행할 때 일본전문가의 상대국에서의 지위와 향유
하는 특권의 문제, 기술협력을 위해 제공하는 기자재에 대한 관세 문제 등[49]은 명확
히 했다). 또 1950년대 후반부터는 문화교류가 '정치나 경제면에서 국제
협력의 기초'가 된다는 인식이 정부 내에 확산되면서 기술협력도 인적
교류를 강화하는 형태로 추진되었다(〈표 4-9〉 참조).

그 결과 일본의 기술협력 실적은 1954년부터 69년까지 연수생의 수

〈표 4-9〉 과학기술, 문화관계 협정

국명	서명 연월일	비고
버마	1954.11.3	배상, 경제협력
캄보디아	1959.3.2	경제 기술협력
인도네시아	1958.1.20	배상협정
라오스	1958.10.15	경제 기술협력
인도	1956.10.29	문화
이란	1957.4.6	문화
파키스탄	1957.5.27	문화
필리핀	1953.3.12	침몰선 인양배상
태국	1955.4.6	문화
베트남	1959.5.13	배상
브라질	1940.9.23	문화
캐나다	1959.7.2	원자력평화이용
멕시코	1954.10.25	문화
미국	1958.6.16	원자력평화이용
	1951.8.28	교육교환 계획에 관한 각서
프랑스	1953.5.12	문화
독일	1957.527	문화
이탈리아	1955.1.22	문화
영국	1958.6.16	원자력평화이용
	1960.320	문화
이집트	1957.12.3	문화

출처: 『科学技術白書』, 科学技術庁, 1962, 37면.

용만 누계로 12,489명, 전문가파견 누계 2,265명, 일본청소년 해외 협력대 파견 수 667명, 해외기술협력센터 30개소 설치 등, 착실히 성과를 축적해 갔다.[50] 기술협력이 일본기술의 유출로 이어질 수 있다는 일부 반대여론에도 불구하고 정부는 저개발 지역을 중심으로 협력적 자세를 견지했다. 양국의 상호이해의 증진과 사회발전의 촉진이 가져오는 이익을 극대화하기 위해서였다.

이러한 정부의 의지는 1962년 기술협력의 규모 확대를 배경으로 전액 정부출자에 의한 특수법인 '해외기술협력 사업단'의 설립에 의해 강화되었다. 정부가 집행하는 각종 협력이 관계 각부서의 협력시스템하에 보다 효율적으로 추진할 수 있게 된 것이다. 여기에 1966년도부터 의료협력이, 1967년도부터 농업협력이 실시되면서 기술협력도 점차 분야를 넓혀 갔다. 이에 따라 기술협력이 개시된 1954년도의 경제기술협력에 관한 외무성예산은 불과 1,300만 엔에 지나지 않았지만, 1969년도에는 약 68억 1,400만 엔으로 급증했다.[51]

예산의 증강과 함께 협력 지역도 당초의 동남아에서 아시아 지역과 아프리카, 중남미에 이르기까지 대부분의 도상국으로 확대되어 갔다. 체제의 확충(〈표 4-10〉 참조)과 협력 분야 및 지역의 확대가 이루어진 것이다. 일련의 경과를 보면 일본의 기술협력은 해를 거듭할수록 신장하고 있는 듯했지만 다른 선진국과 비교해 보면 그 규모는 여전히 작다는 것이 일본정부의 판단이었다. 그래서 정부는 "특히 경제협력 금액 가운데 기술협력이 차지하는 비율이 현저하게 낮다"는 현실을 심각히 받아들여 어떻게 해서든 개선할 필요가 있음을 인식한 뒤 "그 일층의 확대가 내외 각 방면에서 강하게 요망되고 있는"[52] 상황에 전향적으로

1954년 4월	콜롬보 플랜 가맹, 일본의 기술협력사업의 개시
1962년 6월	해외기술협력 사업단(OTCA) 설립
1963년 7월	해외이주 사업단(JEMIS) 설립
1965년 4월	일본청년 해외협력대(JOCV) 발족
1974년 8월	해외기술 사업단과 해외이주 사업단이 통합, 외무성소관의 특수법인 국제협력 사업단(JICA) 설립
1987년 9월	국제 긴급원조대(JDR) 발족

대응할 준비를 시작했다.

이에 외무성은 1969년도에 도상국에 대한 기술협력을 확충한다는 방침을 밝히는 한편 실시기관인 해외기술협력 사업단의 역할도 확대 (1974년에 해외이주 사업단과 통합하여 국제협력 사업단으로 확대재편)하는 등 기술협력사업의 방향성을 개선해 가겠다는 의사를 피력했다.[53] 기술협력 확대를 통한 피협력국의 자원개발과 성장실현, 그에 의한 남북문제의 해소와 세계무역규모의 확대 등에 일본이 적극적인 역할과 공헌을 하겠다는 의지의 표현이었다.

3) '동아시아' 학술·교육교류의 확대

아시아제국의 국가 건설에 협력하기 위한 학술·교육 분야의 지원도 중요한 정책으로 추진되었다. 이 부분과 관련해서 일본정부는 강한 자부심과 함께 이른 시기부터 국제교육협력에 대해 적극성을 띠고 있었다. 일본정부는 "메이지 이래 우리나라의 급속한 교육의 보급·발전과 사회경제의 눈부신 발달, 성장이라는 사실은 아시아제국에 귀중한 참고가 될 것이고 우리나라의 역사적 경험과 근대적 지식·기술을 살려 이들 제국의 교육발전에 협력해 가는 것은 현재 우리나라 교육계에 과해진 가장 중요한 과제 중의 하나라고 할 수 있다"[54]고 하면서, 일본의 높은 교육수준과 선진경험이 아시아제국의 경제발전에 기여할 것이라는 인식을 갖고 있었다.

정부의 인식은 실천에 옮겨졌다. 1965년 11월에 태국의 타마사트대학을 필두로 동남아제국으로 확대된 일본연구 강좌의 개설이다. 개설실태를 보면 아시아에 집중되었다는 것과 강좌의 내용이 일본의 근대화나 경제성장, 일본의 역사나 문화, 그리고 일본어에 집중되어 있음을 알 수 있다〈표 4-11〉 참조). 이런 현상은 일본의 선진문화의 아시아 전파의욕과 일본의 근대화 및 경제발전에 대한 아시아제국의 관심, 그리고 그것을 배우려고 하는 열의가 일치한 결과이다. 일본의 근대화·

〈표 4-11〉 외국대학의 일본연구 강좌의 개설현황의 예

국가명	대학명	실시기간	개설강좌명
태국	타마사트대학	1965.11~73.4	일본문화사, 역사지리, 일본근대화론, 일본어
	체라론코론대학	1965.11~74.4	일본어
필리핀	아테네오대학	1966.12~72.6	일본 근대경제사, 일본어, 일본의 교육, 일본사, 일본의 문화와 사회, 심리학, 일본 근대화론, 전후 일본의 경제
홍콩	중문대학	1967.2~73.3	일본 근대화론, 일본경제, 일본공업화론, 경영학, 일본어
말레이시아	말레이대학	1966.2~74.3	일본 근대화론, 일본어, 일본경제발전론
인도네시아	인도네시아대학	1967.3~74.2	일본 근대화론, 일본어, 일본문화사, 일본사, 일본의 국제관계사
인도	델리대학	1968.12~73.7	일본경제사, 일본어
싱가포르	남양대학	1972.2~72.3	국제정치, 일본경제발전론

출처 : 外務省文化事業部, 『國際文化交流の現象と展望』, 大藏省印刷局, 39~41면.

공업화에 대한 아시아제국의 깊은 관심을 일본정부가 관련강좌의 개설을 통해 부응한 것이다. 태국을 포함해 7개국이 이 사업에 관심을 표했고, 일본도 적극적인 지원으로 아시아제국의 일본이해를 높이면서 일본연구의 토대 만들기에 노력했다.

일본어학습자 수도 급증했다. 1970년 단계에서 아시아의 일본어교육시설은 232개소에 학습자 수도 약 2만 5천 명에 달했다. 학습의 동기도 일본과의 통상·경제협력·관계의 긴밀화에 동반하는 무역, 기업합병, 관광사업, 기술연수, 유학, 취업 등 실용적인 필요성이 대부분이었다. 일본의 경제발전을 배우고 자국의 국가 건설에도 도움이 되겠다는 생각이 기본적으로 작용했고,[55] 이는 아시아 지역의 일본어학습 동기부여의 현저한 특징이었다.

학술·교육을 축으로 하는 정부의 문화교류 의지는 아시아의 경제·사회발전에 기여할 수 있는 인재 육성에 공헌한다는 명분하에 보다 발전적으로 진행되었다. 대표적인 사례가 문부성에 의한 국비유학생초청(〈표 4-12〉 참조)과 정부에 의한 해외기술협력 사업단(OTCA)을 중심으로 개발도상국의 유학생이나 기술자를 대상으로 한 교육·훈련사업의 실시였다. 국비 외국인 유학생 제도는 "동남아시아·중근동제국의 경제협력, 기술협력에 대한 국민의 관심"[56]을 바탕으로 교육의

〈표 4-12〉 1960년대 아시아·중근동(中近東) 지역의 국비유학생의 초청추이(단위 : 명)

연도	1960	1961	1962	1963	1964
명수	49	82	98	79	157
연도	1965	1966	1967	1968	1969
명수	148	153	144	144	156

출처 : 「国際文化の交流」, 『わが外交の近況』, 外務省, 1961~1970에서 발췌작성.

국제협력이라는 명분하에 1954년에 도입되었다. 교육환경이 열악한 도상국의 학생들에게 일본의 선진화교육을 습득시켜 자국의 경제와 국가발전에 기여하는 인재를 육성하고자 하는 의도가 내포된 협력사업이었다. 당시 정부는 첫해에 23명을 선발하고 나서 주로 동남아시아의 유학생을 대상으로 1971년까지 60여 개국으로부터 누계 2,500명을 받아들였다.

또 일본의 배상금에 의해 1960년부터 65년까지 약 400명의 인도네시아정부 파견 유학생이 내일한 것을 비롯해 사비(私費)유학생도 해마다 증가하여 전후부터 1971년까지 약 1만 명 이상이 내일한 것으로 추측하고 있다. 같은 기간에 일본으로부터의 유학생도 9,500여 명으로 증가했지만 문부성이 아시아제국의 지역연구의 진흥에 투자하기 위해 1968년부터 국비로 인도, 네팔, 태국, 필리핀 등에 일본인 유학생을 2년간 파견하는 제도를 실시한 것은 주목할 필요가 있다.[57] 장기적 관점에서 미래에 대한 투자를 통해 다방면으로 긴밀한 관계구축을 시도한 것이다.

문화교류를 통한 일본의 아시아지원·협력에 대한 각국의 반응은 적어도 정부레벨에서는 환영하는 무드였다. 자국의 경제·문화 발전에 필수불가결한 요소를 일본의 협력을 얻어 충족할 수 있었고 이를 바탕으로 자국의 경제성장을 주도하며 독재 정치 기반을 다져갈 수 있었기 때문이다. 일본정부도 기본적으로는 각종 협력지원을 통해 아시아제국의 경제발전과 영속적인 평화와 번영에 공헌한다는 입장을 견지하면서 아시아와의 정서적 유대감 강화에 주력했다. 이러한 흐름은 구미와의 문화교류 강화의 배경과는 분명 다른 것이었다.

4. 구미문화교류의 확대 – 일본문화의 우수성 전파와 재평가 시도

1) 유럽제국과의 문화교류

1960년대에 나타난 문화외교정책 가운데 주목해야 할 것은 일본의 문화교류가 선진제국을 크게 의식하기 시작했다는 것이다. 그 배경에는 ① 구미제국의 왕성한 문화 활동에 대한 자극, ② 국제사회의 일본에 대한 관심증대와 그에 대한 일본사회의 적극적인 대응협력, ③ 경제성장에 의한 일본사회의 생활문화 수준의 향상과 서구선진예술문화에 대한 관심 고조 등의 현상이 복합적으로 작용했다. 특히 학문·예술 분야의 실질적인 문화교류 상대국도 아시아보다 구미제국이 압도적으로 많았고,[58] 해외의 일본관련 문화단체의 설립 지역도 주로 유럽과 남미에 집중되었다.

아시아와의 교류가 경제기술협력·교류를 중심으로 일본의 선진문화의 전파를 통해 아시아의 국가 건설에 공헌한다는 일방통행식 교류였다면 구미와의 교류는 쌍방의 문화에 대한 실질적인 이해와 흡수를 동반하는 형태로 진행되었다. 1959년에 기시[岸] 수상이 구미 11개국을 방문했을 때 각국 수뇌와의 회담에서 강조한 내용을 보면 그 의도를 확인할 수 있다(〈표 4-13〉 참조). 자유제국과의 협조노선 강화를 통해 세계평화의 정착에 기여하는 것이 당시 일본외교의 기조 중의 하나였던 만큼 서구제국과의 통상관계의 강화와 문화교류 확대는 필수불가결하다는 인식이었다.

① 우리나라는 정의와 자유에 의거하여 세계평화의 확립을 바라며 이를 위해 국제연합헌장의 존중과 자유민주주의 제국과의 협력을 외교의 기본방침으로 하고 있다.

② 저개발국에 대한 원조는 현재 가장 중요한 국제적 과제의 하나이고, 자유제국이 협동하여 이것을 행할 필요가 있다.

③ 우리나라가 자유로운 민주주의 국가로서 번영하기 위해서는 외국무역을 진흥하는 것이 불가결한 조건이기에 방문국과 우리나라와의 통상관계를 금후 보다 더 발전시키는 것이 극히 바람직하다.

④ 국제관계 속에서 문화교류가 차지하는 지위가 점점 중요성을 더하고 있음을 고려하여 이들 제국과의 문화교류를 보다 활발하게 하는 것이 바람직스럽다.

⑤ 특히 중남미에는 현재 우리나라의 이주자가 다수 진출하여 각국의 국토개발과 경제발전에 기여하고 또우리나라와의 우호관계의 긴밀화에 공헌하고 있어 금후 이들 제국이 우리나라의 이주자를 일층 우호적으로 받아들일 수 있도록 강하게 희망한다.

출처 : 「五 国際友好関係の増進」, 『わが外交の近況』, 外務省, 1960 참조.

서구제국에 대한 정치, 경제, 문화적 측면에서의 긴밀한 협력관계 증진의 표명은 서구대륙이 자유진영의 중핵으로서 국제정치·경제적 측면에서의 위치를 고려한 적극적 대응과, 이것을 발판으로 동구제국에 평화외교기반 강화 → 우호관계 확립 → 동서냉전구조의 완화에 기여한다는, 외교적으로 보아 장기적인 관점에서 일본의 역할론을 고려한 포석이었다. 이를 실현할 외교방침도 정해져 있었다. 동서대립 완화를 위한 '3원칙'으로서 첫째, 국제문제의 모든 문제는 대화에 의해 해결한다, 둘째, 직접 혹은 간접으로 타국의 정치 및 사회경제체제에 간섭하지 않는다, 셋째, 동서 대립 권 이외의 지역에서 발생하거나 혹은 발생할 만한 분쟁을 동서대립의 입장에서 끌어들이지 않는다는 입장을 표명했다. 또 "동서 간에 사람과 문화의 교류를 촉진하여 상호이해와 신뢰감을 증진시키면서 대립을 완화하도록 노력"한다는 의지도 피력했다.[59]

서구제국과의 문화교류 촉진을 바탕으로 자유진영과의 관계를 결속하면서 동시에 동서대립 완화에 기여한다고 하는 외교노선은 일본의 국제적 지위향상에 동반한 새로운 외교역량의 발휘라는 측면과, 세계대전 당시 일본과 직접적인 교전국으로서 참화에 휩쓸린 나라들을 중심으로 일본의 외교적 지평을 확대해 가려는 전략적인 의도가 감추어져 있었다. 우호 증진과 개선을 위한 외교수단으로서 문화교류만큼 효과적인 정책은 없었기 때문이다.

그 방향성은 경제·문화적인 측면에서 커다란 성과를 거두었다. 양측 수뇌부의 상호방문의 급증, 경제·문화교류의 긴밀화에 공헌한 항공협정의 체결 확대, 무역·경제 관계의 사절단 및 요인의 상호교류 증대, 주요국(영국, 독일, 프랑스)과의 정기협의의 정착, 서구제국과의 무역교섭의 확대, 동구제국과의 통상항해조약의 체결, 문화협정(〈표 4-14〉 참조)에 의거한 혼합위원회(混合委員会)의 활발한 개최 등은 모두가 60년대 유럽제국과의 관계개선에 기여한 대표적인 사례들이다.

〈표 4-14〉 1960년대 문화협정 체결국

국명	서명 연월일	비고
영국	1960.12.3	문화협정
브라질	1961.1.23	문화협정
유고슬라비아	1968.3.15	문화협정
아프가니스탄	1969.4.9	문화협정

문화교류의 실적만 보더라도 유럽제국 미술전의 일본 개최와 유럽 음악예술가의 일본공연의 급증, 스포츠·학술교류의 확대, 유럽주재의 일본문화 관련기관을 통한 문화사업의 확대(주로 영화, 공연, 각종 전람회, 음악회, 일본조사·연구에 대한 편의제공), 유럽문화관계 요인(要人)의 일본방문의 급증, 국비유학생의 초청(〈표 4-15〉 참조) 등의 현상이 두드러

	1960	1961	1962	1963	1964	1965	1966	1967	1968	1969
서구	9	10	10	8	23	20	22	17	23	28
동구				2	4	4	4	3	4	5

출처 : 「国際文化の交流」, 『わが外交の近況』, 外務省, 1961~1970에서 발췌작성.

졌다. 일본도 국제문화진흥회를 중심으로 일본전통 예능·미술공예 문화의 유럽공연과 도서기증의 확대, 각종 시찰단의 유럽제국방문 급증, 유럽주최의 국제영화제의 적극적인 참가 등을 통해 교류 확대의 폭을 비약적으로 확장시켜 갔다.

유럽과의 문화교류 추이를 보면 아시아제국과는 달리 선진문화의 적극적인 수입에 의한 일본문화의 자극과 일본문화의 우수성 전파 및 일본문화에 대한 서구사회의 바른 재평가 등의 목적을 갖고 이루어졌다. 물론 일본사회도 서구와의 교류 확대에 의해 생활수준의 향상을 반영한 새로운 문화욕구에 대한 원망(願望)을 충족할 기회를 넓힌 것은 분명하지만 기본적으로는 문화교류를 전략적이고 실질적인 의미의 형태로 추진했다는 점이다.

그 결과 1960년대는 유럽제국의 협의적 의미의 문화가 일본사회에 폭넓게 수용될 수 있었다. 유럽선진국에서도 "일본의 전통문화의 세련된 이질성에 대한 강한 흥미를 갖게 되었고, 이러한 요소에 의거하여 일본연구 및 일본어학습에 대한 의욕이 많은 국가와 국민에 증대하고 있다"[60]는 평가를 일본정부가 내릴 수 있게 되었다. 적어도 일본과 유럽의 문화교류에 있어 '교류'라는 말이 갖고 있는 본래의 의미가 상당 부분 충족된 것이다.

2) 북미문화교류의 추이

대미문화교류도 한 단계 발전했다. 도시의 교류실태만 보더라도 1955년 12월, 나가사키[長崎]시가 미네소타주의 세인트폴(Saint Paul)시와 문화교류 및 관광, 무역 등의 진흥을 목적으로 하는 제휴가 이루어진 이래 6년간 31개의 도시가 제휴를 맺을 정도로 시민레벨에서의 교류 기반이 확대되어 갔고, 문화·교육 분야에서 학생들과 지식인들의 교류도 활기를 더해갔다. 미국 대중스타들의 일본방문이 이어지고, 라이샤워 교수를 필두로 한 대표적인 지일가들의 '일본 근대화론'이 학계나 메스컴을 통해 일본사회에 전파되기 시작하면서 양국의 상호인식도 제고되기 시작했다.

경제계의 교류협력도 강화되었다. 미국의 지원하에 1955년부터 시작된 생산성향상 계획은 7년간의 성과[61]를 갖고 종료되었지만 그 후에는 일본생산성 본부와 농림수산성향상회의라는 독자적인 계획에 의해 자비부담에 의한 시찰단(중소기업시찰단은 여비의 반을 정부가 보조했다)을 파견하거나, 미 국무성 초대에 의해 일미노동활동의 교류나 향상을 목적으로 일본노동관계자의 파견 등이 잇따라 이어졌다. 미일동맹 관계를 바탕으로 양국의 교류는 시간이 흐를수록 양적 성장과 질적 심화를 병행하며 다른 지역이나 국가를 압도했다.

그러나 1950년대를 지나면서 대미문화교류는 변화를 보이기 시작했다. 미국으로부터의 일방적인 유입이 아닌 일본에서 미국으로 문화 발신이 조금씩 강화되는 방향으로 나아갔다. 이케다 내각이 그런 흐름을 주도했다. 1961년의 수뇌회담에서 양국은 금후의 관계를 보다 강화하기 위해 경제뿐만 아니라 교육·문화 및 과학 분야로도 협력을 넓혀 갈 것을 합의했다. 이 합의를 거쳐 양국은 1962년 1월 '문화 및 교육교류에 관한 일미합동회의 최종 코뮈니케'를 발표했다. '코뮈니케'의 메시지는 과거 10년간의 교류실적을 평가하면서도 문화교류 확대를 위해 장·단기적인 관점에서 취해야 할 과제들을 정리했다. 교류의 방향성을 새롭게 모색해 보자는 취지였다(〈표 4-16〉 참조).

〈표 4-16〉 '일미합동회의의 최종 코뮈니케'의 권고내용

우선적으로 조치를 요하는 권고	문화 및 교육의 교류를 저해하는 커다란 장애는 언어의 장벽에 있다는 것을 인식하여 양국정부가 관계단체와 전문가의 협력을 얻어 극히 중요한 이 언어교육의 문제해결에 집중적 노력을 기울일 것을 요청한다.
	양국의 공통 관심이 존재하는 학술적 및 비학술적 문제, 예를 들면 일본연구, 미국연구, 아시아연구 등의 특수한 부분, 대학의 일본교육과정의 문제, 양국문화에 미치는 미디어의 영향, 현대저널리즘의 문제와 기술 등에 관한 공동연구의 노력, 그리고 양국 간 또는 다국 간의 세미나를 일층 장려해야 한다.
	공적단체와 사적단체 사이에는 활동영역의 분담이 명료해야만 한다. 또 국제간의 문화 및 교육의 교류를 촉진하기 위해서는 현존하는 조직의 능력을 강화하여 충분히 활동하지 않으면 안 된다. 일미 양국에 있어서 그 계획을 원조하기 위한 민간자금의 획득에 도움이 되는 기회가 보다 양성되고 그를 위한 원조 등이 강화되지 않으면 안 된다.
	예술교류는 질 높은 교육·문화 TV 프로그램, 양국의 대학 간에 재능 있는 젊은 무대예술가 그룹, 소도시에서 소규모로 고급 전람회 개최와 무대예술가 그룹, 장기간에 걸쳐 상대국에서 활동할 수 있는 창조적 능력을 가진 완성된 예술가 및 장래성 있는 젊은 예술가, 그리고 초등 및 중등교육의 예술담당 전문가의 교류가 보다 더 강조되어야 한다.
	양국에서 교환되는 학생의 수용국에서의 연수기간이 학술 및 인간형성상 극히 풍부한 경험이 되도록 이들 학생에 대한 카운셀링과 오리엔테이션, 어학연수 및 그 외 중요한 사업이 적절하게 개선되도록 해야 한다.
	번역, 문헌의 요약, 2국 간 공동작업과 출판을 증가시켜 일본인의 사상 및 과학연구 성과를 일층 효과적으로 미국에 소개하도록 개선해야 한다.
일반 권고	1, 인물교류
	2, 도서·자료의 교환
	3, 예술의 교류
	4, 지역연구
	5, 어학교육
	6, 단체감(団体感)의 관계

출처 : 「外務省資料編」, 『わが外交の近況』, 外務省, 1962 참조.

이를 위해 향후 '우선적으로 조치를 요하는 권고'와 '일반권고'의 내용을 세분화하여 제시했다. 구체적으로는 쌍방문화의 독자성 인정과 상호이해의 심화, 그를 위한 언어교육의 강화와 문화교류의 확대, 관련기관의 체계적이고 효율적인 체제 정비와 이에 대한 정부와 민간의 지원 강화, 출판문화 활성화를 통한 양국의 사상 문화 이해의 증진 등을 우선적으로 취해야 할 과제로 선정했다. 그리고 이것을 실현할 수 있는 인물, 예술, 출판문화의 확대, 지역연구의 활성화와 관계하는 각종 단체의 역할 자각과 분담을 통한 효율성의 극대화 등을 요구했고, 미래를 짊어질 양국의 젊은이들을 장기적인 관점에서 문화교류의 첨병으로 육성시키려는 의지도 피력했다(이 부분은 현재까지도 일본정부가 심혈을 기울이고 있다). 미일관계를 한 단계 성숙한 파트너로 격상시키려는 양국정부의 의지가 반영된 결과이다.

또 1961년 12월 '과학협력에 관한 일미위원회' 설치 발표는 향후의 교육·문화·과학 분야에 양국의 실질적인 문화교류 확대를 알리는 시그널이었다. 이 위원회를 통해 연구자의 교류촉진, 과학정보와 자료 교환의 촉진, 특정 과학 분야의 공동연구 추진, 태평양에 관한 학술조사, 태평양 지역의 동·식물지리학 및 생태계, 암 연구 등에 관한 구체적인 협력방안이 검토되었다. 그 후 위원회는 매년 1회의 회의를 개최하여 협력부분의 확대와 가능성을 검토한 결과를 양국정부에 제출하는 작업을 계속했다. 오늘날의 관점에서 보면 글로벌 과제에 대한 공동연구체제의 구축이었다.

양국관계의 진전은 주요현안이었던 오키나와반환을 위한 미국의 전향적인 자세를 계기로 정점에 이르게 된다. 케네디 대통령의 '오키나와신정책'의 표명과 라이샤워 주일대사의 적극적인 진언을 계기로 구체적인 검토에 들어갔던 미국은 "오키나와반환을 거부하여 일미관계를 교착상태에 빠뜨리기보다 반환을 통해 일미우호관계 속에서 기지의 이용을 계속하는 편이 미군부에 보다 커다란 이익"[62]이라는 결론을 내렸다. 1967년의 수뇌회담을 통해 일본으로의 반환이 확정되고 (1971년 '오키나와 반환협정'을 통해 일본으로의 귀속이 확정) 일본의 '비핵 3원칙'이 선언되면서 이 문제가 일단락되었다. 이를 계기로 양국관계는 '상호신뢰에 의거한 강고한 협력관계'가 구축되고 일본사회의 대미인식은 한층 우호적인 흐름을 이어갔다.

민간에서도 활발한 움직임을 보이기 시작했다. 1960년대 들어 양국의 관계는 냉전체제의 심화에 의해 정치와 군사적인 측면에서는 완전히 밀월관계를 구축하고 있었지만 경제관계에서는 일부산업을 중심으로 무역마찰의 기운이 고조되고 있었다. 이에 대해 일본사회의 일각에서는 상호이해의 부족이 낳은 현상이라는 인식이 표출되면서 민간차원에서 교류 활성화의 필요성을 강조하는 목소리가 부각되었다. 양국민의 인식의 갭을 해소하기 위해서라도 적극적으로 대응해야 한다는 시대적 논리가 작용한 것이다. 그 연장선상에서 국제친선을 위한 지적문화교류의 활성화에 공헌한 재단법인국제문화회관의 활약은 주목하지 않을 수 없다.

록펠러재단의 지원을 받아 설립된 동회관은 설립 당초부터 엘리트 지식인의 교류학대를 추구하는 전략적 대응을 통해 1950년대 양국의 관계개선이나 여론조성에 적지 않은 성과를 거두었다. 그 여세를 몰아 1960년대에 들어서는 1950년대의 실적을 바탕으로 국제관계 및 지역연구의 현상조사(1958~62), 일미관계연구 프로젝트(1958~70), 일미민간인회의(1962~67), 세계질서의 미래연구 프로젝트(1967~70), 일미관계사공동연구회의(1969) 등, 다양한 지적교류의 활성화에 기여하는 형태로 성장해 갔다. 한편으로는 미국의 엘리자베스 로즈(Elizabeth H. Rose)의 유네스코정신의 보급 활동에도 자극받아 아시아와의 지적협력 프로그램도 가동하기 시작했다.[63]

그로 인해 동 회관은 '아시아지적협력 프로그램'을 성공시키기 위한 자금 확보에 주력하는 한편 "아시아제국과 일본인 지식인과의 폭넓은 지적대화의 채널을 개척한다는 시점"[64]에 입각하여 아시아와의 다양한 프로그램을 추진했다. 1968년부터 70년 초기에 걸쳐 일본과 아시아와의 지적교류가 이루어지는 전기를 만들면서 동회관의 국제교류가 일미중심에서 문자 그대로 '국제화'의 방향성을 띠기 시작했다. 패전 후 약 20여 년 만에 일본인과 아시아인의 지적교류네트워크가 형성된 것이다.

3) 일본어·문화의 발신노력 강화

일본문화의 소개도 한층 강화되었다. 가부키(歌舞伎, 일본고유의 연극)·노(能, 일본의 전통예능인 능악의 하나)·교겐(狂言, 전통예능의 하나)이라고 하는 일본의 고전예능문화의 구미공연이 1960년대에 급속히 증가하기 시작했다(〈표 4-17〉 참조). 노(能)의 경우 전후 유럽에서 최초로 상연된 것은 1954년 베네치아 비엔날레였다.[65] 그 후 구미의 관계자들을 중심

〈표 4-17〉 1960년대 일본의 고전예능 구미공연현황

	시기	국가, 도시	회수, 국가, 도시
가부키	1960.6~7	미국	45회
	1961.7	소련	37회
	1964.8	하와이	20회
	1965.10	유럽	26회
	1967.3	하와이	13회
	1967.8	캐나다	13회
	1969.9	미국	4회
노·교겐	1965.9	유럽	6회
	1966.9~11	미국	31회
	1967.2~4	유럽	7개국
	1968.6	미국·멕시코	4개시
	1969.9	유럽	5개국

출처 : 外務省文化事業部, 『国際文化交流の現象と展望』, 大蔵省印刷局, 1973, 82~85면.

으로 노에 대한 관심이 증대하면서 구미에서 일본의 전통예능에 대한 관심도 고조되기 시작했다.

일본문화에 대한 구미의 관심이 커졌다는 것은 일본의 경제력에 대한 관심이 증대되었다는 것과 맥을 같이 한다. 이는 일본으로 하여금 전통문화의 우수성과 예술성을 적극적으로 구미사회에 전파해야 한다는 동기부여와 스스로 문화적 자긍심을 높일 수 있는 계기를 부여받았다는 것을 의미한다. 바꾸어 말하면 전통예술문화의 구미공연 확대는 외부적으로는 구미로부터 일본문화에 대한 관심이 증가하고 있는 현상을 반영하는 것이지만 내부적으로는 전후의 일방적인 문화수용국의 입장에서 대등하게 발신할 수 있는 입장으로 자기변화에 성공했다는 의미이다.

일본어보급을 위한 노력도 착실히 진행되었다. 1968년도에는 외무

성의 지도하에 강좌 개설이나 운영의 재정적 지원을 받고 있는 나라가 아시아 지역에서 호주를 포함하여 12개국, 유럽 지역에서 2개국, 북·남미 지역에서 5개국에 이르는 등 각 지역에서 거점기관을 확보해 갔다. 또 외국의 일본어교육시설의 총계를 보면, 동남아시아 112, 중근동 2, 유럽 53, 북미 223, 중남미 55, 대양주 50곳 등, 총 495개소에 달하고 있었다.[66] 일본에 대한 국제사회의 관심고조와 일본적 가치의 대외발신 의욕이 맞물리면서 나타난 결과였다.

유럽에서는 일찍부터 일본어·일본문화에 관한 연구가 행해지고 있었지만 미국에서도 전전부터 하버드대학을 비롯해 유수의 대학에서 일본어교육이 이루어지고 있었다. 전쟁 중에는 특수목적을 위한 집중교육을 행하기도 했으나 전후에는 지역연구의 촉진이라는 관점에서 많은 대학에 일본어 관련 강좌가 개설되어 일본연구 전문가의 양성에 공헌했다〈표 4-18〉 참조). 일본문화론의 고전으로 언급되고 있는『국화와 칼(The Chrysanthemum and the Sword)』(Ruth Benedict, 1946)도 이러한 환경 속에서 탄생했다.

〈표 4-18〉 세계의 일본어교육기관(1970년 11월 현재)

지역명	기관 수	교사 수	학생 수
아시아	232	537	24,961
북미	**246**	**814**	**20,731**
중남미	76	164	4,789
유럽	80	231	2,595
대양주	80	139	3,056
중근동	2	3	33
합계	**716**	**1,888**	**56,165**

출처: 外務省文化事業部,『国際文化交流の現象と展望』, 大蔵省印刷局, 1973, 47면

그 결과 미국에서는 일본어교육기관과 학습자 수가 세계에서 압도적으로 많았고 지역별로도(캐나다도 일부포함) 세계에서 가장 많을 만큼 일본어교육과 연구는 앞서 있는 상태였다. 세계적으로는 라디오 강좌의 청취자를 포함하여 무려 10만 명에 달한다고 추정할 정도로 일본어 학습자 수가 급증했다(1970년 기준). 이런 흐름을 중시한 일본정부도 대미이해의 촉진과 상호이해의 증진을 위해 미국의 일본어보급과 일본 연구촉진을 위한 다양한 교재기증·강사파견과 같은 지원을 아끼지 않았다.

특히 일본어보급에 필요한 관련교과서 제공에 적극적으로 대응하여 한국을 비롯해 26개국에 총 12,494권의 책을 무상으로 배포하기도 했다. 이 무렵부터 일본정부는 해외의 일본어 학습 열기에 전향적으로 대응하는 자세를 일관되게 추구해 왔고 지금까지도 그런 흐름을 이어가고 있다. 흔히 '언어는 문화의 창'이라고 하듯이 일본정부는 우선 세계 각지에 일본어를 널리 보급하여 일본문화의 지지기반을 확산한다는 전략을 본격적으로 추진했다.

5. 맺음말 – 문화교류협력의 성과와 한계

1960년대 후반기가 되면 일본의 번영구가(謳歌)와 세계경제의 신장과는 달리 국제사회는 베트남전쟁과 세계적인 반전운동의 확산, 중동

전쟁의 발발, 중국의 문화대혁명, 동구권혁명 등 이데올로기의 대립에 의해 크게 흔들리기 시작했다. 그것이 결과적으로는 1970년대 데탕트 기운을 초래한 원인이 되기도 했지만, 경제적으로는 자유무역주의 노선과 협력의 기운도 여전히 높은 편이었다. 아시아의 경우는 자국의 정치적 입장의 차이를 초월하여 경제 건설을 위한 연대와 협력의 필요성이 강화되어, 예를 들면 동남아시아경제개발회의, 동남아시아농업개발회의, 아시아·태평양각료회의, 아시아개발은행의 발족 등 일각에서는 '아시아의 신풍'이 불고 있다고 할 정도로 지역협력에 대한 각국의 움직임이 활발했다. 그 중심에 일본이 있었다.

아시아의 번영과 세계평화에 기여한다는 것을 1960년대의 외교목표로 설정하고 있던 일본은 자국의 역할이 증대될 수 있는 국면으로 전개되고 있다는 점에서 매우 바람직한 흐름으로 판단하는 듯했다. 그럼에도 일본은 자신에게 향해진 2개의 시선을 피해 갈 수 없었다. 하나는 흔들리는 반일감정의 포로이면서도 전후부흥을 달성한 경제대국으로서의 실정을 자국의 경제발전의 모델로 차용하려는 아시아로부터의 시선이었고, 또 하나는 동양의 전통문화를 계승하면서도 아시아의 근대문명과 전후의 기적을 이룬 동양의 섬나라에 대한 구미로부터의 흥미로운 시선이었다.

그로 인해 전후의 일본을 둘러싼 외교노선에는 항상 위기와 기회, 기대와 비난, 협력과 외면이 공존하는 독특한 환경이 도사리고 있었다. 그 틈새에서 일본은 실용주의 경제외교노선으로 일본의 국제적 지위향상을 무난하게 달성해 가는 저력을 발휘했다. 그에 대한 평가는 당연히 엇갈릴 수 있겠지만 이러한 외교환경 속에서 일본이 그 중요성을 인식하여 스스로 역량을 높여간 '일상의 외교활동' = '문화외교'에 대한 노력과 의지는 평가할 만하다.

경제지원과 협력에 편승한 각종 인적교류의 촉진, 일본문화를 널리 세계에 알리려는 목적으로 추진한 해외활동, 상호이해를 심화시키기 위해 기획된 문화사업, 지적교류 강화를 위한 교육·학술교류의 확대, 자매도시와 같은 지역레벨에서의 교류기반 정비, 일본에 대한 이미지 개선을 위해 추진한 해외홍보 활동 등, 각종 문화교류 활동을 관민이 일체화된 외교형태로 승화시켜 갔다. 침략전쟁에 대한 반성이나 진지한 자기성찰에 의거한 국제평화, 아시아에 대한 문화적 이해, 경제와 문화의 유기적 결합을 통한 삶의 질 제고와 같은 보편적 메시지의 발신 등은 부족했지만 경제성장을 가능하게 한 일본적 가치나 일본문화의 우수성 전파에는 열중했다.

경제 비상을 배경으로 1960년대 문화교류 확대를 통해 일본이 기대한 것은 ① 아시아의 번영과 세계의 평화에 기여할 수 있는 국가로서의 이미지를 확산시키는 것이고, ② 자국민에게는 변화무쌍한 국제정세에 대한 올바른 이해를 통해 국제사회의 일원으로서의 자각심을 고취시키는 것이었으며, ③ 세계에 대해서는 일본의 모든 분야에 오해가 없도록 객관적인 인식을 심화시켜 대일관을 긍정적으로 바꾸는 것이었다. 일본정부도 예산의 문제 등에서 만족하지는 못했지만, 나름대로의 성과에 동의를 표하는 흐름이었다.

그러나 한편으로는 ① 소위 '일상의 외교활동'이어야 할 문화교류가 항상 국가의 지도와 정책방향에 의해 추진되었다는 것, ② 세계 제2위의 경제대국이 된 단계에서도 자발적인 민간단체로부터의 교류에 대한 움직임이 활발하게 이루어지지 않았다는 것, ③ 그로 인해 문화교류를 통해 국제사회의 평화와 번영에 공헌한다는 국민적 합의가 확산되지 않았다는 것, ④ 세계는 물론이고 아시아에 대해서조차도 문명선진국으로서 아시아가 공유할 수 있는 전후가치의 발신에 고뇌하는 모습을 보이지 못했다는 것, 등은 한계로서 지적하지 않을 수 없다. 그에 대한 반성이 조금씩 표출되면서 개선의 방향으로 나아간 것은 1970년대에 들어가서부터이다.

그러나 보다 근본적인 문제는 역사에 대한 지배층의 자의식이다. 일본의 역사를 돌이켜 보면, 근대일본의 경우만 하더라도 청일·러일전쟁에서 일본이 승리한 것은 구미제국이 일본에 대한 군사적·금융적 지원이 있었기에 비로소 가능했지만 스스로의 힘으로 승리한 것처럼 자만했고, 전후 일본의 고도성장 역시 IMF와 GATT체제 그리고 냉전구조하에서 미국과 서방세계가 일본의 경제재건과 발전을 허용하고 원조함으로써 비로소 가능했음에도 일본사회는 마치 자력으로 달성한 것처럼 착각했다.[67]

뿐만 아니다. 전후 고도경제성장과 국제적 지위변화는 일본의 대외인식을 바꾸어 놓을 좋은 기회였지만 그에 대한 최소한의 범사회적 반성조차 허락하지 않으며 일본은 경제선진국의 대열에 합류했다. 일본의 문화외교가 궤도에 오르기 시작한 1960년대 자기반성의 결과가 적극적으로 반영되어 국제사회의 공감을 획득하는 방향으로 나아갔다면 오늘날 일본은 존경받는 대국으로 탈바꿈해 있었을지도 모른다. 지배층의 폐쇄적 역사관은 경제대국 일본의 정체성을 의심하는 뇌관으로 국제사회에 잠복해 갔다.

1 예를 들면 1950년대부터 아시아에서 발생한 주요 지역분쟁과 그 평화협정의 장에 일본은 예외 없이 초대받지 못했고 참가하지 못하는 상태가 지속되었다. 전후 일본의 국가상 건설이나 일본외교의 궤적을 대변하는 현상이었다. 『わが外交の近況』, 外務省, 1969, 62면.

2 봉건체제의 붕괴와 외압에 의한 일본의 강제개국이라는 위기적 상황 속에서 메이지[明治]유신을 단행한 근대일본의 지도자들은 국내의 분열된 권력체계를 통합하고 새로운 질서의식을 구축하기 위한 사상적 중핵(中核)으로 천황을 전면에 내세웠다. 그들은 천황의 존재를 바탕으로 일본은 천조(天祖) 이래 신에 의해 통치되고 그 황은(皇恩)을 입은 뛰어난 민족이라는 정치신화를 만들어 내었고, 그 '가공의 논리'를 법으로 뒷받침하는 헌법을 제정함으로써 소위 천황과 그 관료들이 전 국민을 대상으로 법과 제도에 의해 직접 통치할 수 있는 중앙집권통일국가＝근대천황제국가를 창출하는 데 성공했다.

3 Herman Khan, 坂本二郎・風間禎三郎 訳, 『超大国日本の挑戦』, ダイヤモンド社, 1970, 3면. 또 '일본인・이 이상한 국민성'에 대해서는 第2章 참조.

4 戎野淑子, 「高度経済成長期における労使関係－日本的労使関係」, 『日本労働研究雑誌』 No.634, May 2013, 70면.
일본의 노사관계는 소위 기업의 발전과 노동자의 생활향상의 벡터(vector)가 같다는 특징이 있다. 요컨대 노동자는 스스로의 고용을 지키고 생활향상을 위해서는 기업의 발전이 불가결하고 자신의 회사가 시장점유율 경쟁에서 승리해야만 한다. 따라서 노동자는 직장에 있어 적극적으로 경영참가를 하게 된다. 기업과 노동자가 운명공동체 관계라는 것이다. 이 점은 기업과 노동자가 다른 목적과 원리에 의해 운동을 전개하는 주체라는 서구의 인식과는 근본적으로 다른 개념이다. 여기서 일본적 노사관계의 특징을 알 수 있다. 「高度経済成長期における労使関係－日本的労使関係」, 71～72면.

5 『わが外交の近況』, 1961, 11면.

6 「経済白書発表に際しての経済企画庁長官声明」, 『経済白書』, 経済企画庁, 1956 참조.

7 『経済白書』(復刊版), 1969, 118면.

8 『世界経済白書』, 経済企画庁, 1966, 1면.

9 『経済白書』(復刊版), 1969, 99～100면; 「第1部 第4節 69年の日本貿易」, 『通商白書』, 通商

産業省, 1970 참조.

10 「II 付表・3 わが国経済力の国際比較」,『わが外交の近況』, 外務省, 1972, 도표 참조.

11 『経済白書』(復刊版), 1968, 73면.

12 『わが外交の近況』, 1971, 275면.

13 『経済白書』(復刊版), 1970, 135~136면.

14 일본은 국제사회의 복귀는 성공했지만 일본경제의 체질 강화를 위한 무역・자본의 자유화는 필요하였다. 그러나 일본의 경우는 1960년대에 들어가서 겨우 무역자유화를 추진했다. 1960년의 무역자유화대강의 발표를 통해 1962년까지 90%의 자유화를 달성한다는 방침을 밝혔다. 또 1963년에 수입제한을 하지 않는 국가가 되었고, 1965년에는 승용차의 수입자유화가 이루어졌다. 外務省戦後外交史研究会,『日本外交 30年』, 世界の動き社, 1982, 130~131면.

15 『毎日新聞』(夕刊), 1960.10.25~26 연재.

16 국제문화진흥회(약칭 KBS)는 국제간의 문화교류, 특히 일본문화의 해외소개를 목적으로 1934년 설립되었다. 설립 후 제국일본을 선양하는 활동으로 해외의 문화단체나 학계 일본연구자들 사이에는 그 명성이 널리 알려져 있었다. 전후에도 정부는 1953년도부터 보조금을 지불하여 동회의 국제문화 활동의 확대를 꾀했지만 보조금이 소액이어서 전전만큼의 활약은 보이지 못했다. 구체적으로는 본서의 제2장 참조.

17 『わが外交の近況』, 1963, 300면.

18 「第四十八回通常国会における椎名外務大臣の外交演説(1965.1.25)」(資料編),『わが外交の近況』, 1965, 12면.

19 『わが外交の近況』, 1966, 303면.

20 외무성은 일본어 보급사업을 체계적으로 행하기 위해 재외공관에 일본어강좌의 개설운영, 일본어교육전문가의 파견, 현지일본어교육기관에 대한 원조, 일본어교재의 기증, 현지일본어강사의 일본 초대 등을 구체적으로 실시했다.

21 斉藤泰雄,「青年海外協力隊 '現職教員特別参加制度」,『わが国の国際教育協力の在り方に関する調査研究報告書』, 国立教育政策研究所, 2009.3, 65면.

22 1960년대 후반기부터 국제문화진흥회는 각종 문화자료의 출판과 함께 해외와 접촉 확대의 일환으로서 해외주재원 1명을 뉴욕, 런던, 부에노스아이레스 등에 파견 상주시켜 현지의 문화사정 파악에도 본격적으로 착수했다. 이것은 해외에서 문화교류활동을 적극적으로 펼치기 위해서도 현지의 문화사정을 파악하는 것이 사업상 필요하였기 때문이다.

23 이 회는 1953년 10월 아시아문화교류출판회라는 이름으로 탄생했지만 1956년에 출판문화국제교류회로 개칭한 뒤, 1961년에는 외무성관할의 사단법인의 허가를 받아 활동의 장을 세계로 넓혔다. 『出版文化国際交流会会報』160号, 2004.3, 1면.

24 요시다 수상의 정계은퇴를 기념하여 1964년에 설립된 단체.

25 이 협회는 1965년도 이후 독일, 스위스, 오스트리아 등 유럽제국을 중심으로 정기교

류사업을 추진한 뒤 1970년대에 들어가서 교류 지역을 확대해 갔다.

26 五百旗頭真 編,『日米関係史』, 有斐閣ブックス, 2008, 220~221면.

27 전후 일본의 대외정책의 핵이었던 경제협력은 각각의 시대의 요청이 강하게 반영되어 있었다. 예를 들면 1950년대에는 배상을 매개로 한 아시아와의 관계를 재구축한다는 의미였고 1960년대에는 수출 촉진으로서의 성격이 비교적 강했다고 한다. 外務省戦後外交史研究会,『日本外交30年』, 158~159면.

28 당시 일본의 매스컴은 강화조약의 조인에 성공한 요시다에 대해 "그 내용 및 표현은 극히 용의주도함과 동시에 당당하게 할 말을 다한 것으로 국민적 자존심을 견지하면서 요청할 것은 요청하고 약속할 것은 약속하여 머리를 숙여 화합을 구걸한 것은 아니었다. 강화사절로서 그 대임을 완수한 대성공으로 인정하지 않을 수 없다"고 호평했다.『時事新報』, 1951.9.10, 社説.

29 宮城大蔵,『戦後アジア秩序の模索と日本』, 創文社, 2004, 6면.

30 이러한 형태로 시작된 일본의 배상은 1955년부터 1975년까지 11개국에 총액 15억 달러를 지불했다. 그러나 일본의 배상·준배상은 금전뿐만 아니라 생산물과 서비스의 형태로 제공되었다. 즉 "일본정부가 민간 기업에 대해 배상액에 상당하는 일본 엔을 지불하여 기업이 구상국에 대해 현물 내지 서비스를 제공하는 형태"를 취했다. 경제관점에서 보면 "정부에 의한 수요창출이 배상이라고 하는 명목으로 이루어진 것으로 특히 초기의 배상실시는 조선동란 특수가 끝난 후의 일본경제의 부흥에 기여"하게 된다. 渡辺昭夫,『戦後日本の外交政策』, 有斐閣, 1985, 136~138면. 결과적으로 일본의 배상·준배상 교섭은 일본의 경제이행·관계회복·일본경제의 발전이라고 한 일석삼조의 효과를 거둔 것이 된다. 그뿐만이 아니다. 정부레벨에서의 교섭진행과 함께 엔 차관 제공을 비롯한 민간 기업에 의한 경제협력도 아시아전역에 걸쳐 강력히 추진되어 배상 및 차관협정의 실시와 더불어 일본의 경제 진출의 기초를 착실히 다져가는 기반이 되기도 했다.

31 일본정부가 급변하는 국제정세의 변화를 반영하여 일본외교의 신기조로서 선언한 외교정책을 말한다. 그 내용은 '국제연합중심' '자유주의 제국과의 협력' '아시아의 일원으로서의 입장견지' 등의 '3원칙'이다.

32 이 무렵『우리외교의 근황』이나『경제백서』,『통상백서』등에 등장하는 일본정부의 인식을 보면 동남아시아와의 관계개선과 경제협력이 일본경제의 번영과 불가분의 관계에 있다는 것을 일관되게 강조하고 있다. 그만큼 배상·준배상 교섭을 통한 경제협력체제의 구축은 강화조약 후 일본이 아시아에 원만히 복귀하여 경제회복을 이룩하기 위해서도 중요한 제 일보였다.

33 波多野澄雄 外,『現代日本の東南アジア政策』, 早稲田大学出版部, 2007, 80면 참조.

34 波多野澄雄 外,『現代日本の東南アジア政策』, 81면.

35 「第三十八回国会における小坂外務大臣の外交方針演説」(資料編),『わが外交の近況』, 1961, 145면.

36 『わが外交の近況』, 1962, 78면.

37 『わが外交の近況』, 1963, 86면.

38 『わが外交の近況』, 1963, 87면.

39 通商産業省, 「第1部 第4節 69年の日本貿易」, 『通商白書』, 1969; 「序章 第2節 わが国貿易の進展とその経済発展に果たした割」, 『通商白書』, 1964 참조.

40 『経済白書』(復刊版), 1970, 134면.

41 通商産業省, 『経済協力の現状と問題点・総論』, 1988, 130면.

42 武田康裕, 「東南アジア外交の展開」, 草野厚 外編, 『現代日本外交の分析』, 東京大学出版会, 1995, 64면.

43 1950년대 후반부터 1960년대에 걸쳐 일본의 아시아(공산주의국가를 제외하고)에 대한 수출이 신장한 것에 대해 프랑크는 "경제원조 특히 배상을 실시한 결과 일본이 이 광대한 발전도상 지역에 거액의 자본재를 수출할 수 있게 되었기" 때문이라고 했다. 특히 "피 원조국에 대한 효과는 차치하고 원조정책이 일본자신의 산업과 무역에 다 대한 이익을 가져왔다는 것은 의심할 여지가 없고, 또 원조정책이 발전도상국에 일본이 불가결한 존재라는 것을 확신시키는데 크게 도움이 된 것도 분명하다"고 한다. フランク ラングドン, 福田成夫 監訳, 『戦後の日本外交』, ミネルヴァ書房, 1976, 133~134면. 배상교섭이 일본자신은 물론이고 결과적으로 아시아제국에게 자신들의 경제개발을 위해서는 일본이 불가결한 존재라는 것을 강하게 부각시키는 효과를 거둔 것이다.

44 『わが外交の近況』, 1965, 149면.

45 加藤淳平, 『文化の戦略』, 中公新書, 1996, 29면.

46 정부베이스에서 이루어지는 일본의 기술원조는 수익국과의 직접교섭을 통한 2국 간 방식과 국련이나 그 외의 국제기구를 통한 다자국 간 방식으로 대별된다. 일본이 2국 간 방식에 의한 기술협력을 행한 것은 1954년에 콜롬보 플랜에 가맹하여 기술전문가의 해외파견 및 해외로부터의 기술연수원의 수용을 하고나서부터 시작되었다.

47 기술협력을 추진하는 정부기관으로서는 외무성을 비롯해 각 관계성이 있지만 이들 성(省)을 보충하는 기관으로는 아시아협회(外務), 국제학우회, 일본유네스코협회(文部), 국제건설기술협회, 해외건설협력협회(建設), FAP협회(農林), 전기통신협회(郵政), 일본수출플랜트기술협회 등이 있다.

48 『科学技術白書』, 科学技術庁, 1962, 30면.

49 芹田健太郎, 「日本の技術協力協定の分析」, 『国際協力論集』 第1巻 第2号, 1993, 20면. 구체적으로는 사무소의 제공, 전문가의 현지카운터파트너 제공, 통근비・국내공용출장비・공용통신비 부담, 가구겸비 주택제공 등의 의무를 상대국에 요구했다(22면).

50 『わが外交の近況』, 1970, 230~231면.

51 「五, わが国の経済協力の現状と問題点・技術による経済協力の現況」, 『わが外交の近況』, 1967; 「第3章 わが国の経済協力の現状・技術協力の現況」, 『わが外交の近況』, 1969 참조.

52 外務省,『わが外交の近況』, 1970, 228면.

53 1950년대 일본의 기술협력은 전술한 아시아에 대한 경제협력의 틀 안에서 이루어졌다. 이러한 흐름은 1960년대까지 이어지면서 보다 더 강화되었다. 하지만 서구와의 기술협력은 아시아와의 기술협력과는 전혀 다른 형태로 진행되었다. 서구와는 국련, 국제학술연합회의 등을 중심으로 학술적인 공통문제에 대응하는 형태였지만 그 마저도 1960년대에 들어가서는 일본의 경제력을 반영하여 지구물리학 분야, 원자력, 우주항공 등 전혀 새로운 국제협력을 필요로 하는 협력체제를 구축하려 했다. 참여의 형태도 1960년대 후반으로 갈수록 원자력개발, 우주개발 등과 같은 거대 프로젝트의 개발에 동반하는 효율적인 연구개발의 수행을 목적으로 공통의 입장에선 2국간 또는 지역공동체에 의한 특정테마의 공동연구나 그 외 협력활동이 주류를 이루었다. 전후 일본의 기술협력의 형태가 1960년대에 들어가서는 완전히 2개의 방향성을 띠고 있었던 것이다. 이러한 현상은 1960년대 문화교류의 일반적인 흐름이었다.

54 文部省,『学制九十年史』, 1964, 556면.

55 外務省文化事業部 編,『国際文化交流の現象と展望』, 42면.

56 文部省,『学制九十年史』, 567면.

57 전후 일본의 유학생의 초청과 파견 상황에 대해서는 文部省,『学制百年史』第一篇, 帝国地方行政学会, 1972, 1103~1105면 참조.

58 외국에서 내일한 경우는 대부분 구미나 남미로부터의 교류가 많았지만 파견의 경우는 아시아와의 교류가 많았다.

59 「第三十八回国会における小坂外務大臣の外交方針演説」,『わが外交の近況』, 1961, 308면.

60 『わが外交の近況』, 1970, 307면.

61 1955년 4월에 체결된 일미 양국의 협정에 의거하여 일본의 생산성향상 계획을 위한 미국의 원조는 1961년도 회계로 종료되었다. 7년간 미국의 원조액은 합계 1,200만 달러에 달하고 동기간 중에 일본생산성본부 및 농림수산성향상회의가 미국에 파견한 생산성시찰단은 광공업, 농업, 노동관계 등 합계 432, 단원 수 4,150명이었다. 이 외에 생산성관계연수생의 도항까지 합하면 도항자 수는 4,400명에 달했다.『わが外交の近況』, 1963, 109면.

62 五百旗頭真 編,『日米関係史』, 227면.

63 『国際文化会館50年の歩み』, 66~69면 참조.

64 『国際文化会館50年の歩み』, 69면.

65 河竹登志夫,『近代演劇の展開』, 日本放送出版協会, 1972, 24면.

66 『わが外交の近況』, 1969, 132면.

67 松葉正文,「日本の戦後史・断想(下)―『昭和天皇』,『敗北を抱きしめて』,『歴史としての戦後日本』を読了して」,『立命館産業社会論集』第39巻 第3号, 2003.12, 208면.

제5장

경제선진국 일본의 문화외교

들어가면서

1970년대의 개막에 즈음하여 일본사회는 '경제대국 일본'의 프라이드에 취해 있었다. 각종 지표는 일본경제의 비상을 증명했고 국제사회의 기대와 경계심은 날로 증대했다. 일본정부는 전후의 황폐함을 극복한 '일본민족의 생명력'과 '위대함'에 흥분을 감추지 못하면서도 한편으로는 '조화로운 우호관계 증진'을 통해 상호번영에 기여한다는 전향적인 자세로 대외정책을 모색하기 시작했다. 국제정세의 급변에 따른 일본의 역할을 새롭게 정립한다는 취지였지만 국제사회로부터의 평가는 일본의 예상과는 달리 만족스럽지 못했다. 이는 일본의 외교가 새로운 도전에 직면했다는 것을 의미했다. 일본정부는 향후의 외교노선에 대해 다음과 같은 과제를 제시했다.[1]

앞으로 파생하는 문제로서는 경제대국으로서 국제적 책임을 어떻게 다할 것인가, 우리나라의 경제력의 해외신장에 동반하는 국제적 마찰을 어떻게 조정하고, 또 우리나라에 대한 각국의 이해를 심화시키고 무용(無用)의 경계심을 해소시킬 것인가, 그리고 공해인플레 등과 같은 작금의 선진제국의 공통의 문제에 어떻게 내응해 갈 것인가 일 것이다.

일본외교의 책무와 방향성을 일목요연하게 함축했다. 일본의 경제성장이 고도화의 형태로 정착되면 국제사회의 공세도 강해질 수밖에 없기에, 이를 피해가면서 경제대국에 부합하는 역량을 발휘할 수 있는 전략적인 외교노선을 정립해야 한다는 판단이었다. 그러나 정부의 방침은 일본외교의 기본적인 스탠스인 평화외교 이념을 강화하는 방법 이외에는 없었다. 평화공존의 기운이 강해졌다는 시대적 상황과 일본경제의 국제화에 대한 일본사회의 자기인식을 반영하여 기존의 외교노선을 성실하게 실천하여 국제공헌을 다한다는 것이다.

다시 한 번 확인된 평화외교 강화 의지는 국제적인 교류 확대로 이어졌다. 선진제국과는 원자력, 우주개발, 해저개발과 보호, 인간환경의 문제 등에 주력하는 한편, 아시아제국과는 정부·민간레벨 모두 자금이나 기술 원조를 포함한 경제협력·지원을 강화하는 방향으로 나아갔다. 문화교류 분야는 국제교류기금의 창설이 대변하듯 예산의 대폭적인 증액과 교류제체의 확충에 힘입어 교류의 질적 변화 뿐만 아니라 양적인 측면에서도 비약적으로 증가했다. 그런 의미에서 1970년대는 일본의 문화외교·정책에 있어 전후의 분기점이 되었다고 해도 과언이 아니다.

이에 본 장에서는 문화교류를 정치・경제・경제협력과 더불어 일본의 외교정책의 4대 축 가운데 하나로 중시한 시대적 흐름을 반영하여, 우선 일본경제의 비상과 책무를 둘러싼 국제사회의 시선과 그에 대한 일본사회의 자기인식 과정, 새로운 문화외교의 기반이 된 '암즈 렝스 (arm's length)' 원칙의 도입과 국제교류기금의 문화교류 실태, 이를 통해 일본이 국제사회에 발신하고자 했던 메시지의 실체, 그리고 그 시대적 의미와 교훈 등을 분석해보고자 한다.

1. '경제대국 일본'의 자긍심

1) 국제질서의 급변과 일본의 다각적 외교노선

정치・경제적인 측면에서 '동서냉전'과 '남북문제'로 대변되던 1960년대의 국제질서는 1970년대 들어 급변하기 시작했다. 미국이 주도한 데탕트와 환율정책이 전후의 국제정치・경제질서의 변화를 촉구했기 때문이다. 미・소를 축으로 한 냉전구도가 양국의 경제력 쇠퇴와 함께 붕괴의 조심을 보이며 국제질서의 재편이 시작되었고, 보호주의와 지역주의가 태동하면서 전후부흥의 토대가 되었던 자유무역주의가 위기에 직면했다. 일본외무성의 1972년도 판『우리외교의 근황』은 1971년의 시대의 특징을 "변동의 해"로 규정한 뒤 다음과 같이 언급했다.[2]

1971년은 전후역사에서 가장 변화가 심한 해였다. 전후 4반세기에 걸쳐 유지되어온 동서대립이라는 국제정치의 기본 틀이 적어도 현상적으로는 크게 변모하여 새로운 국제질서의 건설을 위한 구체적인 일보를 내디뎠기 때문이다. 변화는 국제정치뿐만 아니라 국제경제면에서도 발생하여 전후 일관되게 유지되어 온 세계경제질서는 적지 않은 동요에 휩싸였다. 당연히 우리나라도 정치, 경제 양면에 걸쳐 이러한 변화의 영향을 피할 수 없었다.

동서대립의 기운이 약화되고 세계경제질서의 기반이 흔들리기 시작했다는 인식이다. 팍스아메리카나의 붕괴와 새로운 국제질서의 건설은 중국의 등장과 궤를 같이 했다. 문화혁명 이후 국내체제를 재정비한 중국이 국제사회에 존재감을 드러내기 시작하자 미국은 신속하게 중국과의 관계정상화에 착수했다. NPT조약 성립을 계기로 핵전쟁 방지를 위한 미·소의 노력(SALT·I 교섭)과 중·소 국경분쟁이 대변하듯 양국의 대립이 국제사회의 이목을 집중시키고 있는 가운데 닉슨 대통령의 전격적인 중국방문(1972.2)은 미·중의 관계를 종래의 이념적 대립으로부터 공존의 관계로 전환시키며 국제사회 전반에 걸쳐 긴장완화를 조성했다.

미·중 화해의 파장이 세계에 미친 영향은 컸다. 우선 아시아에서는 중·일관계의 정상화이다. 미·중 접근이 비밀리에 추진된 것에 충격을 받은 일본은 즉각 중국과의 관계개선에 착수하여 국교 수립을 단행했다. 닉슨 대통령의 방중선언 이후 1년 2개월 만에 이루어진 이례적인 스피드였다. 국제정세의 급변이 중·일 전쟁 이후 30여 년 만에 양국을 미래지향적인 관계로 탈바꿈시켜 놓은 것이다. 이어 동남아제국의 대중관계개선이 이어졌고 베트남전쟁의 종결과 한반도의 남북대화 움직임이 구체화되면서 사실상 아시아에서의 냉전구도가 해체되기 시작했다.

유럽에서는 서독이 현실주의 외교노선을 표방한 동방정책(東方外交)에 의해 동구권과의 관계개선이 구체화되었다. 서독과 폴란드의 국교정상화, 동·서독기본조약체결, 소련과의 무력불행사조약체결 등이 잇따르며 유럽에서의 데탕트기운이 고조되었다. 여기에 소련의 서구진영에 대한 긴장완화 노력과 동서진영 간의 교류 확대가 본격화되고, 1975년의 헬싱키선언이 조인되면서 사실상 유럽공동체의 기반이 조성되기 시작했다. 미·소의 이극(二極)시스템이 중국의 등장을 계기로 다극화체제로 전환되면서 소위 경쟁 속의 공존, 대립 속의 대화의 시대가 도래한 것이다.

급변하는 국제정세는 일본의 외교에 새로운 과제를 제기했다. 3대국의 파워 게임에 휩쓸리지 않으면서 동시에 동남아시아의 안정에 공헌하여 스스로의 존재감을 증명하는 것이었다.[3] 국제환경을 "냉정히 파악"하고 일본의 국력을 "적확하게 평가"하면서 "올바른 원근감을 갖고 현실에 철저한 외교를 진행"[4]하지 않으면 안 되는 상황에 직면한 것이다. 긴장완화와 다극화시대라는 국제환경의 변화 속에 '본질적 국익'을 전제로 '세계 속의 일본'에 어울리는 국제적 역할을 추구하는 '다각적'인 외교정책이 요구되었다.

일본의 외교기조는 국제관계의 구도변화를 적극적으로 반영해 갔다. "변화의 실상과 허상" "국제적 입장과 책임의 자각" "국제협조를 통한 국익의 확보" "역사에의 도전" 등이 새로운 외교방침으로 언급되기 시작했고,[5] 이어 "균형 잡힌 외교의 전개" "아시아 속의 일본" "확대하는 일본의 국제공헌"[6]이 주요과제로 부상했다. 그 연장선상에서 최종적으로 "대화와 협조에 의한 다각적 외교의 전개" "새로운 국제 경제질서 건설에 기여" 그리고 "문화외교의 중요성"[7] 등이 세계정세의 조류를 감안한 일본외교의 실천적인 과제로 설정되었다.

다극화시대로의 변화의 실체를 냉정히 파악하고, 세계경제의 지도적 입장을 고려하여 그 영향력과 책임감을 자각하고, 세계에서 일본의 독특한 지위와 능력을 바탕으로 국제사회의 평화적 번영에 기여함으로써 일본의 국익을 확보하는 외교노선이 필요하다는 논리였다. 일본의 방침은 군사대국을 포기하고 경제력만으로 국제사회의 생존을 모색하는 전례 없는 실험과 도전이었기에, 대화와 협조를 통한 균형 잡힌 외교는 국익을 위해 필수불가결하고, 이를 위해서라도 문화교류를 통해 마음과 마음의 연결을 강화해야 한다는 것이다.

패전 이후 일본적 가치로 전후부흥에 성공하고 무역입국을 국시(国是)로 설정하여 경제대국으로서 세계경제 전체의 번영을 선도하는 국가로 비상했음에도 국제질서의 변화를 주도할 수 있는 외교력을 갖고 있지 못한 일본의 선택지는 넓지 못했다. 미·소·중이 주도하는 전후질서의 변화에 일본이 소외되었다는 것은 전후 일본외교의 태생적 한계를 대변하는 것이었다. 그럼에도 일본은 여전히 대미관계를 축으로 한 실용주의 외교노선을 추구할 수밖에 없었다. 장기적인 관점에서 국익추구와 일본의 국제적 지위향상이라는 원망(願望)때문이었지만, 한 가지 주목해야 할 것은 문화외교의 중요성을 본격적으로 인식하기 시작했다는 점이다.

2) 일본의 국제지위 변화와 일본사회의 자긍심

1965년도 판『우리외교의 근황』에 의하면 현 단계에서 주목해야 할 현안은 1964년에 IMF8조국으로의 이행과 OECD의 정식가맹, 미국, 영국, 프랑스, 캐나다의 각국정부와 각료급의 정기협의회 또는 위원회의 개최, 여기에 전후 경제외교의 일관된 목적이었던 "선진국으로서의 국제적 지위의 확립"을 명실 공히 실현했다는 것 등이었다.[8] 경제선진국으로서의 성취감과 새로운 선진국으로서 세계경제의 번영에 다해야 할 역할을 동시에 자각했다는 의미였다.

이를 반영하듯 1960년대 중반 무렵부터『우리외교의 근황』에는 "세계경제 발전을 위해 중대한 책무를 지고 있다"(1967), "세계경제의 안정과 확대에 응분의 기여를 다한다"(1968), "국력에 어울리는 공헌"(1969) 등과 같은 문구가 빈번히 등장하기 시작했다. 1970년대를 향해 자기 자신에게 던지는 메시지였지만, 그 이면에는 전후의 국가 건설 과정에서 선택한 경제외교노선이 일본의 국력신장과 세계경제발전에 크게 기여했다는 전제가 있었고, 따라서 이 노선을 국제정세의 변화에 맞추어 보다 강화해 가겠다는 의지가 반영되어 있었다.

실제로 일본의 경제외교는 케네디 라운드교섭(Kennedy Round, GATT의 제6회 다각적 무역교섭), 자본자유화, 남북문제, 대아시아・태평양외교 강화, 동서무역의 확대, 도쿄라운드(1973~79년에 걸쳐 행해진 GATT의 제7회 다각적 무역교섭)의 적극적 추진 등, 다양한 과제에 적극적으로 대응하기 시작했다. 경제발전과 그에 따른 국제적 책무 강화라는 측면이 있었으나 한편으로는 서구선진국과 일본의 경제약진에 의해 세계경제가 다각적인 국제협조의 시대로 진입했다는 것을 나타내는 현상이었고, 그 일각을 일본이 차지해 가겠다는 의지였다.

그 결과 일본경제는 "세계에서 가장 커다란 경제력을 보유한 나라 가운데 하나이고 그 행동이 세계경제에 직접 영향을 미치고 우리나라의 경제동향이나 경제정책이 국제경제사회의 주목"[9]을 받게 되는 상황이 되었다. 일본경제의 고성장이 국제적 지위를 향상시켜가는 형국이었지만 일본경제의 국제경쟁력 강화, 국제수지의 흑자기조 정착, 일본기업의 해외투자의 확대, 국제금융시장의 적극적인 참가 등이 일본의 지위변화를 실질적으로 뒷받침하고 있었다. 특히 일본경제의 예상 외의 신장과 도전은 전후 압도적인 힘으로 세계경제를 이끌어 온 미국의 영향력 쇠퇴를 촉진하면서 그 공백을 EC나 일본이 메워가는 새로운 국제질서가 초래되었다.

1960년대를 통해 실질GNP 성장률 10%를 달성하여 1968년 세계 2위의 GNP대국이 되었고, 수출 분야는 1950년부터 20년간 현저한 확대를 이어가 1970년에는 약 200억 달러를 기록하며 세계 3위의 수출국인 영국과 어깨를 나란히 했다.[10] 동남아시아시장의 수출점유율이나 발전도상 지역에 대한 직접투자도 1970년 무렵에는 미국을 압도하는 입장이 되었고,[11] 대외원조 분야에서도 일본은 국민총생산에 대한 비율이 1970년에 0.9%를 초과하여 원조액에서는 자유제국 가운데 2위를 차지했다.[12] 전후 20년이 지나는 시점에서 움직이기 시작한 세계경제구도의 변화[13]와 그에 따른 일본의 경제외교의 성과는 일본사회의 자긍심 제고로 이어졌다.

그런 흐름은 1970년대에도 가속화되었다. 전후 국제경제구도의 재편을 상징하는 일들이 잇따른 데다, 그것을 극복하는 대처능력과 그 결과가 그대로 국제경제에 반영되었기 때문이다. 미국경제의 위기를 공식적으로 세계에 알린 1971년의 '달러 쇼크'(금·달러체제와 고정환율제의 붕괴, 세계 각국의 달러 레이트의 절상), 미국의 무역보호주의의 태두와 자원 내셔널리즘의 앙양, 중동 발 오일 쇼크 등은 1970년대의 세계경제를 예상 불가능한 상황으로 몰아갔다. 세계경제에 일찍이 없었던 혼미함에 대부분의 국가는 경기침체에 허덕였다.

그러나 일본의 경쟁력은 남달랐다. 일본은 고투자 → 생산성상승·국제경쟁력 강화 → 수출증대·고성장 → 고투자라고 하는 성장메카니즘을 정착시켜 구미제국에 비해 상대적 저력을 발휘했다. 1960년대부터 일본경제의 새로운 수출동력이 된 중화학공업 분야의 비약적인 발전(각 업종의 제조업국내생산액에 차지하는 비율을 보면 기계공업 분야는 1955년의 14.8%에서 1974년 30.5%, 석유·석탄제품이 1955년 2.2%에서 1974년 5.6%, 금속제품이 1955년 3.1%에서 1974년 5.5%로 신장했다)[14]이 가능했던 것도 성장구도의 정착에 의한 것이었다.

이들 업종은 일본의 수출을 주도하는 구조를 형성하여 1970년대 중반이 되면 미국 서독에 이어 세계 3위의 무역국으로 부상하는 핵심이 될 만큼 일본경제의 절대적인 비중을 차지했다. 일본의 상대적 성장은 국제사회에 일본의 프레젠스 확대를 촉진시키는 결과로 이어졌다. 1975년 프랑스의 랑브이에에서 개최된 제1회 선진국수뇌회의(미국, 영국, 서독, 프랑스, 이탈리아)에 일본이 전후 처음으로 주요선진국의 일원으로 참여하여 세계경제문제에 대한 책임을 공유하게 된 것은 일본의 국제적 지위변화를 상징하는 일례였다.

미국의 미래학자 하만 칸(Herman Kahn, 1922~1983)은 『발흥하는 초 대국 일본 = 도전과 대응』이라는 저서를 통해 이르면 10년 내지 20년 안에 일본이 반드시 강대한 경제력, 기술력, 재정적 발전을 이룩할 것이고 아마 국제문제에서도 정치적, 재정적으로 강력한 존재가 되어 궁극적으로는 초 대국이 되기 위한 노력을 할 것이라고 단언한 바 있다.[15] 그의 주장은 1960년대를 마친 단계에서 보면 결코 허언이 아니었고 일본 역시 그 실체를 스스로 확인하는 듯했다.

'만박'의 열기

일본이 국제사회에서 쟁취한 '경제대국'의 모습은 다가올 '초 대국'이라는 또 다른 출발을 의미했고 일본사회는 자신감에 충만해 있었다. 오사카 만국박람회와 삿포로동계올림픽은 바로 그 자신감을 상징하는 이벤트였다. 오사카만박은 아시아 최초이자 최대 규모로 개최되었다고 하는 외형적 요인 외에 1960년대에 축적한 경제대국의 실체를 앞으로도 흔들림 없는 실체로 각인시키려는 일본사회의 의지가 담겨있었다. 인류의 제전을 통해 '선진국화' '국제도시화'된 일본을 스스로 확인한다는 분위기였고 이로 인해 일본사회의 관심은 개최 전부터 뜨겁게 달아올랐다.

만박에 대한 지도층 인사들의 흥분과 기대감이 이를 대변하고 있었다. 관할부서였던 경제기획청의 칸노(菅野和太郎, 1895~1976)장관은 만박을 "친선외교의 장"[16]으로 승화시키겠다고 선언했고, 개회식의 연출을 담당했던 우츠미(內海重典, 1915~1999, 연출가)는 "전 인류의 교환(交歓)의 장으로 만들고 싶다"[17]고 했으며, 사토(佐藤栄作, 1901~1975, 제61~63

대 총리대신) 총리는 "세계의 대화의 장"[18]으로, 그리고 경제계를 대표한 이시자카(石坂泰三, 1886~1975, 제2대 경단련회장 역임)회장은 "향후 만박의 모델"[19]로 하고 싶다는 의향을 피력했다. 저마다 자신의 위치에서 일본사회의 높은 관심을 대변하는 멘트들이었다.

그뿐만이 아니었다. 관서(関西) 지방의 염원을 안고 개최지로 선정된 오사카와 주변 지역은 "도시개조의 기폭제"[20]가 될 수 있다는 기대감에 들떠 있었고, 취재로 내일한 외국인 저널리스트들이 외치는 "베리 나이스!"[21]의 연발은 일본인 관계자들을 흥분시키며 홍보에 열중하게 만들었다. 각계각층의 멘트가 잇따라 매스컴을 춤추게 하는 가운데, 문부성(文部省)이 '만박 주최의 긍지교육'[22]을 실시하도록 각급 학교에 지시하는 코미디 같은 일막도 있었다. 만박에 대한 국민여론조사만 보더라도 '반드시 보고 싶다'[23]가 73%에 달할 만큼 "사상 최대의 '놀이'"에 대한 국내외의 주목도는 뜨거웠다.

국민들의 열기를 대변하듯 당시 『요미우리[読売]신문』은 "일본의 만국박람회는 유사 이래 거대한 놀이라고 해도 좋다. (…중략…) 전쟁의 초토(焦土)로부터 4반세기, 일본이 사상 최대라고 일컬어지는 '놀이'를 수행할 수 있는 실력을 갖춘 것은 허구가 아닌 틀림없는 사실이다"[24]고 자화자찬하면서, 폐허로부터 20여 년 만에 달성한 '대국일본'의 프라이드를 전 국민과 함께 만끽하려 했다. 일본정신의 위대함과 전후부흥 → 경제대국으로서의 국제적 지위변화 → 초 대국으로서의 새로운 출발을 상징하는 이벤트가 바로 오사카 만박이었다.

그 결과 오사카만박은 세계 최대라는 규모뿐만 아니라 당초의 예상을 훨씬 뛰어넘는 흥행으로 만박 사상 처음으로 흑자를 달성하는 등,

갖가지 기록을 남기고[25] 일본인이나 일본의 미래에 커다란 희망을 갖게 만들었다. 20~30대에는 '제외국과의 우호' 증진에 대한 기대감을 품게 하였고, 30~40대에는 '인류의 진보와 빛나는 미래'를 꿈꾸게 만들었으며, 60대 이상의 세대에는 '일본의 부흥'을 확신시키는 도달점[26]으로 인식하게 만들었다. 모든 세대가 희망의 꿈을 꾼 것이다. 만박은 일본인들의 자긍심을 전 세계에 어필하며 '대국일본'의 실체를 확인시키는 계기가 되었지만 국제사회의 시선은 일본사회의 인식과는 다른 방향으로 흐르고 있었다.

2. 국제사회의 비난고조와 일본사회의 '자기인식'의 결여

1) 통상마찰의 심화와 국제사회의 여론악화

1960년대를 마감하면서 세계무역은 주요선진국의 지속적인 성장에 힘입어 순조로운 확산을 이어갔고 일본은 그런 기조의 최대 수혜국이었다. 그 과정에서 전후부흥과 고도성장을 통해 확보된 일본의 자긍심은 국제사회의 일본에 대한 압력과 기대감이 혼재하는 가운데 조금씩 무너지기 시작했다. 1970년대 들어 심화된 일본에 대한 비판은 새롭게 획득한 국제적 지위에 어울리는 책무를 수행하라는 것이었다. 국제사회가 그것을 상징적으로 확인시킨 일례가 경제협력 확대를 포함해 엔

(円)의 절상을 요구한 주요선진국의 압력이었다.

그러나 일본의 정·관·재는 일본에 대한 기대감이나 변화된 일본의 국제적 지위를 심각히 받아들여 그 책임과 역할을 다할 준비(자기인식으로서의 사회적 합의)가 되어있지 않았다. 국제사회의 비난이 일과성이 아닐 수 있다는 사실을 전혀 모르는 듯한 태도로 일관했다. 국제사회의 압박에 대한 소극적 대응은 환율을 둘러싸고 전개된 게이단렌[経団連]의 움직임이 대표적이었다. 1971년 5월에 제출된 게이단렌의 결의 내용을 보면, 일본의 수출 확대와 세계경제의 성장둔화에 즈음하여 "마찰 없는 무역발전"을 금후의 과제로 제시하면서도 당면의 현안이었던 엔 문제에 대해서는 어디까지나 "현행평가 견지"를 주장하는 산업계의 입장을 강조했다.[27] 자유화정책을 바탕으로 해외로부터의 엔의 절상압력을 회피하려는 의도였다.

게이단렌의 견해는 무역마찰의 확대와 경기후퇴가 염려되는 상황에서 제시되었기에 이해의 여지는 있으나 그렇다고 '자각 있는' 행동도 아니었다. 당시 미야자와(宮沢喜一, 1919~2007, 제78대 총리대신)통상성장관이 "1960년대는 세계경제를 주어진 환경이라고 생각하면 되었지만 1970년대는 우리나라도 자각 있는 행동이 필요해졌다"[28]고 언급하며 게이단렌의 움직임에 제동을 걸려고 했듯이 세계경제에 대한 민간의 책임도 분명 요구되는 시점이었다. 양자의 입장을 보면 정부가 재계를 설득하고 있는 듯하지만 실은 그렇지도 않았다.

제2위의 GNP대국으로 성장한 국가로서 미국발 국제통화 불안과 같은 경제정세의 급변에 대해 일본은 어떤 대응책을 강구하면서 세계 경제 위기의 타개에 공헌할 것인가, 그런 비전을 제시하는 근본적인 과제에 고뇌하는 모습은 없었기 때문이다. 엔 절상문제[29]는 주요선진국의 압력에 굴복한 형태로 해결되었지만, 일본경제의 선진화와 수출증대에 의한 통상마찰의 확대(1950년대의 섬유문제를 포함한 경공업제품, 1960년대 철강을 비롯한 가공・조립산업 등, 산업구조의 변화에 의한 구미제국과의 마찰)로 더욱 곤혹스러운 상황에 직면했다.

1970년대에 들어 격화된 통상마찰의 문제는 그 이전과는 달리 정치적인 의미를 띠면서 일본의 대응에도 한계가 있었다. ① 구민선진국의 일본에 대한 우위성이 붕괴되기 시작했다는 것, ② 마찰을 일으킨 산업이 철강, 자동차 등 상대국의 근간산업으로 이동했다는 것, ③ 선진국경제가 제1차 오일쇼크 이후 전반적으로 침체국면에 접어들어 일반적인 경제침체에서 발생하는 실업문제가 쉽게 무역마찰문제와 결합하기 쉬운 상황으로 치달았다는 것[30] 등의 이유 때문이었다. 이러한 구도는 일본 측에 일방적으로 책임을 전가할 수 있는 성질은 아니지만 국제적 지위 상승이 '일본이 스스로 대책을 강구해야 한다'는 여론을 국제사회에 조성하게 만들었다.

요컨대 통상문제가 석유 위기 이후 정치문제화 하는 경향이 강화되고, 이에 일본이 적극적으로 대응하지 못하는 상황이 이어지면서 여론이 악화된 것이다. 그러나 일본 역시 호혜적(互惠的)인 경제관계의 발전을 위해서도 대책을 강구하지 않을 수 없었다. 국제사회의 여론악화를 방치할 수 없었기 때문이다. 1970년대 들어 일본의 『통상백서』가 구미제국의 경제혼미의 구조적 요인, 일본경제의 상대적 호조요인, 일본경제의 당면한 제 과제, 선진국경제관계와의 대응방안, 경쟁과 조화의 원리를 매개로 한 국제경제 질서의 재편움직임 등을 중심으로 일본경제의 실체와 대외환경, 그리고 대응책이나 방향성을 집중적으로 분석했다는 것이 이를 반증했다.

이에 일본정부는 EC와는 수입 확대와 투자 증가를 꾀하는 방침을 취하고, 캐나다 대양주와는 광물 자원가공의 고도화, 제조업의 육성 등에 협력하고, 미국과는 조화적 경제관계의 실현을 위해 한층 노력한다[31]는 입장을 표명했다. 일본사회에서 창조적인 기술개발과 산업구조의 고도화, 효율적인 기업체질 개선 등이 내부에서 빈번하게 제기되거나 국제사회의 비판고조에 공격적인 방어대책을 강구해야 한다는 목소리가 높아지기 시작한 것도 이 무렵부터였다.[32] 어쨌든 일본은 국제사회의 여론을 의식하여 지역별 대응책을 강구한다는 방침이었으나 상황은 주요공업국과의 마찰해소에 노력하지 않으면 안 되는 국면으로 진입하고 있었다.

아시아의 대일인식의 악화

1970년대가 되면 아시아와 일본의 관계는 경제교류 활성화에 힘입어 보다 발전적으로 나아갔다. 경제협력이나 지원의 확대는 차치하고 일본의 수출시장으로서 아시아가 차지하는 비중이 1960년대와는 질을 달리했기 때문이다. 일본의 지역별 수출동향(1973)을 보면 동남아시아의 수출점유율이 24.2%를 기록하여 미국의 시장점유율과 거의 같은 수준에 도달했다.[33] 국별 수출동향(1975)으로 보면 1위 미국(20.0%), 2위 라이베리아(4.6%), 3위 중국(4.1%), 4위 한국(4.0%), 5위 이란(3.3%), 6위 인도네시아(3.3%), 7위 대만(3.3%), 8위 호주(3.1%)의 순이었다.[34] 아시아의 경제성장이 일본의 수출을 촉진하면서 일본경제가 탄력적으로 성장하는 구조가 정착된 것이다.

아시아와 일본의 동반성장 구조의 정착은 한국, 중국을 비롯해 동남아시아와 일본의 관계재정립을 요구하는 배경이 되었다. 아시아에서도 경제성장 가도에 연착륙한 국가로부터는 선진국과의 경제격차의 시정을, 지속적인 경제지원에도 불구하고 성장가도에 편승하지 못한 국가로부터는 현재 이상의 경제협력 강화를 각각 요구받는 상황에 직면했다. 양쪽 모두 선진국과의 경제 격차가 해소되지 않는 상황에 대한 불만과 초조감이 내재되어 있었다.

아시아의 일원이면서 세계경제의 중추적인 존재로 거듭난 일본이었기에 아시아의 요구를 피해 갈 수 있는 상황은 아니었다. 국제협조하에 상호발전을 도모하겠다는 의지는 강했지만 어느새 일본은 "일본 측의 작은 변화로 인해 교류 상대가 받게 되는 커다란 임팩트에 충분한 관심을 기울이지 않는"[35] 사회로 변해 있었다. 아시아에 대한 정서적 괴리감이나 무관심, 귀속감 부재 등으로 아시아의 소리를 경청하며 스스로를 되돌아보는 자세를 가다듬지 않았기 때문이다. 그로 인해 상황은 뜻하지 않은 방향으로 흘러갔다. 반일운동의 격화였다.

1972년 태국에서 학생들에 의한 일본상품 불매운동으로부터 촉발된 반일운동은 1974년 다나카(田中角栄, 1918~1993, 제64~65대 총리대신) 수상의 동남아 5개국 방문 시 피크에 달했다. 다나카의 방문은 1967년 사토 수상의 방문 이래 6년 만에 이루어진 것으로 그 사이 동남아시아와는 경제면을 중심으로 상호의존 관계가 비약적으로 발전했다. 그런 흐름을 반영하여 다나카 수상은 경제협력을 포함한 상호의존의 증진을 도모하기 위한 내실 있는 성과를 도출할 예정이었다. 결과적으로 정부 간의 대화는 진전이 있었지만 방문지마다 동남아의 민중들로부터는 반일의 세례에 직면했다. 동남아경제에 대한 일본의 과도한 영향력과 지배력이 화근이었다.

특히 반일운동의 동인이기도 했던 무역불균형의 시정이나, 일본계 기업의 태도, 일본인의 행동양식,[36] 차관조건의 완화, 원조의 방법 등의 문제는 오히려 클로즈업되는 상황을 초래했다. 동남아의 반일감정의 확산[37]은 일본경제의 중요한 기반 지역으로부터의 메시지라는 점에서 일본도 심각히 받아들이지 않을 수 없었다.[38] 사실 일본정부는 1957년 동남아시아에 대한 외교 3원칙을 표방한 이후 "점령시대의 연장이 아닌 전후의 새로운 일본외교"[39]의 출발지로서 동남아를 중시해 왔고, OECD가맹 후에는 협력관계의 기반구축에 진력하면서 경제선진국으로서의 일본이 이 지역의 발전을 위해 상당한 기여를 했다는 자부심을 갖고 있었다.

아시아제국의 생산성 향상을 목적으로 설립한 아시아생산성 기구, 지역협력을 추진하기 위한 포럼으로서 동남아시아 개발각료회의의 발족, 아시아와 극동 지역의 경제성장을 촉진하기 위한 아시아개발은행의 설립, 어업개발의 촉진에 기여하기 위한 동남아시아 어업개발센터의 설치, 동남아시아 경제개발촉진센터의 설립, 메콩강 유역 개발 계획에 대한 원조, 정부와 민간단체에 의한 각종의 기술협력사업의 확대 등, 그동안 일본은 이른 시기부터 동남아와 동반자의 입장에서 상호발전을 위해 각종 지역협력구상의 제창이나 지원을 아끼지 않았다.

그 결과 아시아에 대한 원조비율은 정부직접차관만으로도 1965년 이후 건수·금액 모두 배증했고, 게다가 대부분이 아시아에 향해져 있었다. 국가 건설에 공헌할 목적으로 행한 기술협력도 수용연수원이나 파견전문가 모두 70% 이상이 아시아관계였고, 프로젝트방식에 의한 협력도 평균하면 역시 70% 이상이 아시아관계의 것이었다.[40] 일본의 적극적인 경제지원 정책은 피원조국에게는 자국의 경제발전에 실질적으로 도움이 되었다. 적어도 경제협력의 목적이나 방향성은 양자의 의도가 일치했다고 할 수 있지만 일본정부에 의한 원조의 질이나 조건이라고 하는 내용적 측면에서는 주요선진국과 비교하면 개선의 여지가 많았다.

우선 일본정부도 인정하고 있듯이 '진정한 원조'라고 할 수 있는 정부개발원조(여기에는 배상, 무상경제협력, 기술협력, 국제기관에 대한 증여·거출 및 정부대출이 포함된다)는 1970년 실적으로 GNP대비 0.23%로, 동년의 DAC제국 평균의 0.34%에 비해 상당히 뒤쳐져 있었다. 원조의 조건도 증여비율이 39%로 DAC제국 평균의 63%에 비해 현저히 낮았으며, 차관조건도 일본은 평균금리 3.7%, 기간 21.4년(거치기간 6.7년)이었는데 비해 DAC평균은 2.8%, 29.9년(7.4년)이었다.[41] 기술협력 분야도(1973년 기준) 정부개발원조의 7.5%에 지나지 않아, DAC제국의 평균 31.9%와 비교하면 상당히 낮은 수준에 머물러 있었다.

요컨대 원조의 질을 좌우하는 정부개발원조의 후진성과 조건의 엄격함, 여기에 비판의 표적이 된 대가성원조방식과 경제 원조를 통해 리더십을 추구하려는 일본의 정치적 의도 등은 아시아제국으로 하여금 일본의 경제협력의 진의에 의문을 갖게 만들었다. 그것이 아시아의 반일감정을 자극하는 기반이 되었지만,[42] 대외원조의 7할 이상을 아시아에 할애하면서도 정서적 관계진전과 '평등한 파트너'로서의 관계 확립에는 이르지 못했던 것이다. 아시아와의 긴장관계를 해소하기 위해서도 일본이 적극적으로 대응해야 할 과제였다.

전후 일본의 외교정책을 보면 국제사회가 일본에 요구하는 역할이나 책무를 일본이 반드시 방기한 것은 아니었다. 경제외교를 통해 분야에 따라서는 상당한 실적을 남기기도 했고 국제사회에 대해서는 항상 응분의 책임을 다해가겠다는 결의를 밝히기도 했다. 그럼에도 적절하게 평가받지 못한 부분이 있다. 이유는 다양하겠지만 인식론적 관점에서 보면 만박 당시『아사히[朝日]신문』에 실린 사설논조를 주목할 필요가 있을 듯하다.

"숨 가쁘게 경제성장의 언덕길을 올라갔기" 때문에 발생한 "60년대의 부조화를 고발"하는 것이야말로 "70년대의 최대의 과제"이고 그것을 "인류의 진보와 조화"를 테마로 거론한 만박을 통해 "진보가 가져온 부조화를 앞으로 어떻게 시정하고 보상해 갈까, 만박은 그 출발점으로서의 의미"[43]가 있었다는 것이다. 재론의 여지가 없는 정확한 지적이다. 만박의 의미처럼 일본사회 전체가 전후의 경제대국 일본의 궤적을 되돌아보면서 살려야 할 교훈은 무엇이며 어떠한 이념으로 다가올 1970년대를 준비할 것인가 등과 같은 과제에 한 번도 진지하게 고민하지 않았다.

자신들에게 주어진 시대적 과제가 무엇인지 스스로 제기하지 못했다면 외부로부터의 메시지에는 귀를 기울여야만 했다. 결국 국내로부터의 문제의식(특히 대외인식과 문제의 해결에 앞장서 대응하려는 자세의 결여)의 결여와 잇따라 제기되는 현안에 대한 대응타이밍의 부조화, 그리고 자기검증시스템의 부재 등이 일본의 과제로 부상하는 결과를 낳았다.

국제사회의 지위변화는 필연적으로 책무의 강화를 동반한다는 사실을 일본사회가 인지하지 못한 것이다.

2) 외교노선에 있어 '자기인식'의 반영

고도경제성장을 이룩한 일본은 그 과정에서 국제사회의 평화와 자유로운 국제경제교류체제의 유지가 일본의 안전과 번영에 얼마나 중요한 것인가를 깊이 체험했다. 때문에 일본의 외교는 전후 일관하여 정치, 경제, 문화의 각 방면에 걸쳐 국제협력을 통한 평화유지와 상호 번영추구, 국제긴장의 완화에 기여하는 외교력에 집중했다. 그러나 이러한 목표를 지속적으로 추구하려면 일본에 대한 기대와 주목을 자각해 행동하지 않으면 안 된다는 것이 문제였다.

1971년도 판 『우리외교의 근황』은 "지금 우리나라는 국제사회에 요구하는 입장에서 제공하는 입장으로 객체에서 주체로 이행하고 있어 우리나라의 결의와 행동은 세계의 대세에 적지 않은 영향을 미치고 있다"[44]고 강조하면서도, 한편으로는 "우리나라의 동향은 자칫 잘못하면 제 외국으로부터 경계의 눈빛으로 보이고 때로는 마찰의 원인이 되는 경우가 많다는 사실도 주의해야 할 점 가운데 하나"라고 지적했다. 일본의 행동양식에 대한 국세사회의 주목이 고조되고 있는 만큼 외교적으로 대응할 수 있는 노력이 필요하다는 입장이었다.

실제 일본정부도 1970년대의 개막에 즈음하여 선진주요국으로부터의 강한 견제와 동남아시아로부터의 뜻밖의 저항에 직면하자 일본외

교에 대한 자기인식 결여를 반성하는 한편 과학기술의 발달이 국제정
치를 움직이는 시대에 대처하기 위한 외교노선의 재정비에 착수하는
이른바 '프론티어 외교'를 제창하기도 했다(과학기술을 매체로 하는 새로운
분야가 외교상 중요한 과제로서 등장했다는 인식하에 원자로나 우주, 해저의 평화
적 이용을 둘러싼 외교노선의 강화).

그러나 보다 종합적으로는 국제사회의 다극화에 의해 "우리나라는
종래 이상으로 외교활동의 폭을 넓힘과 동시에 다양한 선택을 할 수
있다. 그러나 우리나라가 국제적인 기대나 여망에 부응하여 한층 신중
하고 책임 있는 행동이 요청되고 있다"[45]는 문제의식에 향후의 방향성
이 내포되어 있었다. 적절한 외교적 선택지를 활용함으로써 일본의 외
교적 역량을 극대화하면서 "자신이 갖고 있는 실력의 평가와 그 행사
에 두 번 다시 실수를 되풀이하지 않고 조용한 용기로 책임 있는 외교
를 전개"해 가겠다는 의지였다. 그리고 다음과 같은 메시지를 국민에
게 전달했다.[46]

전후의 일본은 제2차 세계대전에 의한 황폐 속에서 출발하여 국민각위
의 노력과 미국 그 외 우호국의 이해와 지원을 받아 국력을 배양하여 지금
의 국제사회를 지탱하는 주요한 국가 가운데 하나로까지 발전을 이룩하였
습니다. 지금 우리들은 내외에 걸쳐 스스로의 입장을 되돌아보면서 안으
로는 재정의 질양 양면에 걸쳐 충실을 꾀하고 밖으로는 세계의 평화와 번
영을 위해 어떠한 적극적 기여를 할 수 있을까를 요청받고 있습니다.

일본은 현저한 국력신장에 의해 국제사회를 지탱하는 주요국이 되

었다는 사실과 그에 따라 국제사회에 대한 일본의 공헌이 강화되어야 한다는 것이다. 그리고 그 책임은 정부차원에서 뿐만 아니라 일본사회 전체가 새롭게 인식해야 할 시대적 과제라고 했다. 일본사회의 행동원리인, 서로 돕고, 서로 채워주고, 책임의 분담을 축으로 하는 '협조와 연대'의 정신이 국제사회에도 일본인·일본사회와 동일하게 요구되어지는 행동원리라는 것을 설파한 것이다.

바꾸어 말하면 고도성장과 국제적 지위상승의 영광에 취해 잃어버리고 있던 일본인의 행동양식을 새롭게 자각하여 경제협력과 문화교류를 강화하는 보다 세심한 외교를 통해 국제사회에 공헌하는 길을 모색하겠다는 방침이었다. 일본의 국제적 책무로서 적극적인 확대를 요구받고 있던 원조문제에 대해 일본이 전향적인 자세를 보이기 시작한 것도 밖으로부터의 압력이나 호소에 대한 대응이라는 측면이 있기는 하지만 자기인식의 반영이라는 점도 부인하기 어렵다. 1974년 1월, 다나카 수상의 시정방침연설이 이를 뒷받침하고 있다.[47]

개발도상국이 경제적인 자립과 사회적인 안정을 달성할 수 있도록 우리나라의 경제력과 기술력을 제공하고 원조하는 것은 우리나라에 대한 세계적인 요청이고 국제사회에 대한 우리나라의 책무입니다. 우리나라의 원조는 양적으로는 국제적 목표인 국민총생산의 1%를 거의 달성했습니다. 그러나 정부원조의 확대, 차관조건의 완화, 대가성 없는 원조의 추진 등, 질적인 측면에서는 OECD가맹제국의 평균수준을 하회하고 있습니다. 원조의 질적 개선에 대해서는 국련무역개발회의에서 표명한 기본방침에 따라 최선의 노력을 계속하여 상대국에 진정으로 도움이 되는 원조를 해 가겠습니다.

국제사회에 대한 일본의 책무를 보다 충실하게 하는 것은 이미 "세계적인 요청"으로 자리매김하고 있으니 이를 일본사회가 진지하게 자각해야 한다는 것이었다. 일본의 진가가 국제사회에 제대로 발휘되어야 할 시기인 만큼 정부의 메시지에는 일종의 의지 같은 것이 베어져 있는 듯했다. 하지만 이미 일본은 정부개발원조의 실체를 이루는 무상자금협력, 기술협력 및 국제기관에 대한 협력확충, 정부차관 조건의 완화, 정부개발원조의 조건 개선 등에 '각별한 노력'을 기울이겠다는 방침을 정해 실제 동남아시아제국을 중심으로 실천하고 있었다.[48] 경제선진국으로서 국제사회에 공헌하는 이미지를 구축하기 위한 노력이자 자기인식의 결과를 반영한 조치였다.

'후쿠다[福田]독트린'

이렇게 일본이 국제사회에 자신들의 진의를 전하고자 하는 노력이 구체화되고 있는 가운데,[49] 1975년도 판『통상백서』는 금후의 대응방향으로서 "현상 이상의 악화를 방지하기 위해서는 최소한의 방위적인 조치와 장기적인 해결의 방향으로 나누어 생각하지 않으면 안 된다. 또 각각의 문제는 다른 문제와 밀접히 관련해 있어 종합적인 시점에서의 대응이 필요하다"[50]고 언급하며 대응책에 있어 정부의 입장이 간단치 않음을 토로하기도 했다. 나름대로 국제사회의 기대와 요구에 부응하기 위한 노력을 했다는 자평에도 불구하고 국제사회의 평가가 자신들의 기대에 미치지 못하자 이에 대한 일본정부의 입장이 조금씩 초조해지기 시작한 것이다.

1970년대『우리외교의 근황』의「간행에 즈음하여」에 등장하는 문구 가운데 "세계에 도움이 되는 국가" "보다 더 나아가서" "적극적으로 공헌한다" "명예 있는 지위를 구축한다" "조화로운 공통이익 추구" "인내심을 갖고 국제적 협조에 노력" "우수한 균형감각" "호혜(互惠)와 호양(互讓)의 정신" 등과 같은 문구가 두드러지기 시작한 것도 급변하는 국제질서 속에서 조화로운 연대를 추구해야 할 일본의 고뇌를 반영하는 것이었다. 일본의 외교노선이 추구해야 할 방향성과 과제는 '국민'과 함께 그 실체를 드러내기 시작했다.

오히라(大平正芳, 1910~1980, 제68~69대 총리대신) 외무대신은 국회연설을 통해 아시아의 긴장완화의 촉진과 평화의 공고화를 위해 적극적인 외교를 전개하는 것, 국제경제의 질서 있는 발전에 기여하고 각국과의 경제관계를 원활히 하기 위해 대내외의 제 시책을 정력적으로 추진하는 것, 개발도상국에 대한 원조 확대와 문화외교에 한층 노력하는 것[51] 등은 작금의 일본외교의 기본이라는 것을 역설하며 국민들의 동의와 이해를 구했다. 적어도 외교는 내정과 표리일체이고 국민의 확고한 지지 없이는 유효한 역량을 발휘할 수 없다고 하는 전후로부터의 일관된 입장을 표명한 것이다. 아시아에 대한 외교력 강화는 반일감정분출 이후 경제협력외교의 연마[52]를 거쳐 '후쿠다독트린'을 통해 사실상 정리된 형태[53]로 나타났다.

1977년 8월 마닐라에서 '일본의 동남아시아 정책'의 형태로 발표된 이 연설에서 후쿠다 총리(福田康夫, 1936~, 제91대 총리대신)는 ① 평화에 철저하고 군사대국이 되지 않는다, ② 광범한 분야에 걸쳐 진정한 친구로서 마음과 마음이 통하는 상호신뢰 관계를 구축한다, ③ '대등한 협력자'의 입장에서 동남아시아 전역에 평화와 번영의 구축에 기여한다, 등의 동남아 외교 3원칙을 천명했다. 평화국가의 이미지를 전면에 내세워 사회문화를 포함한 폭넓은 범위에서 신뢰할 수 있는 협력관계를 구축해가겠다는 선언이었다.

이 선언에 의해 일본은 종래의 경제중심의 대동남아외교의 재고와 심화되어 가는 ASEAN의 연대노력에 공헌하겠다는 의지를 확약했고, 나아가 "일본정부와 국민은 ASEAN의 연대와 강인성 강화의 노력에 결코 회의적인 방관자가 되지 않을 것이며 ASEAN과 함께 걸어가는 '좋은 협력자'로 존재한다"는 것을 명언했다.[54] 군사대국을 포기한 평화국가로 세계와 아시아의 번영과 평화, 안정과 발전에 기여할 수 있는 일본국의 모습을 마치 '진인사 대천명'의 심경으로 ASEAN에 호소한 것이다. 그리고 후쿠다는 다음과 같이 언급했다.[55]

일본과 동아시아제국과의 관계는 단순히 물질적인 상호이익에 의거하는 것에 머무르지 않습니다. 같은 아시아의 일원으로서 서로 돕고 서로 채워가는 것을 마음으로 바랄 때 비로소 물질적 경제적인 관계도 좋아질 수 있다고 생각합니다. 이것이야말로 일본과 동남아시아 사람들이 머리로서가 아니라 마음으로 서로 이해해야 할 필요성, 즉 '마음과 마음의 교류'의 필요를 제가 이번 방문을 통해 지속적으로 호소해 왔습니다. 같은 아시아인인 여러분은 제가 드리는 말씀을 이해해 주실 것으로 믿습니다. 물질적 충족만으로는 부족하고 정신적인 풍요로움을 구하는 것은 아시아의 전통이자 아시아인의 마음이기 때문입니다.

이 연설의 취지는 일본의 경제침략에 대한 동남아시아인의 반일감정과 경계 심리의 완화, 그리고 아시아의 일원으로서 머리가 아닌 마음으로 서로 이해하는 관계, 이른바 '상호이해'[56]를 구축하자는, 일본의 동남아시아 어프로치의 기본 이념이라는 것을 밝힌 것이다. 일본에 대한 경제협력이나 경제침략에 대한 비판적 목소리가 동시에 고조되고 있는 가운데 일본이 동남아에 대한 진의 전달에 얼마나 공을 들였는가를 알 수 있는 대목이다. 후쿠다가 언급한 '마음과 마음이 통하는' 상호신뢰 관계의 구축[57]이 교류협력 정책 등에 구체적으로 반영되어 어느 정도의 효과를 거두었는지는 차치하고라도 그런 방향성과 의지가 경제대국 일본의 외교, 특히 문화외교를 촉진하는 동력[58]이 되었다는 사실은 주목할 필요가 있다.

3. 국제외교환경의 변화와 문화외교의 질적 변화

1) 경제활동과의 불균형해소

1960년대 말부터 강도를 더해간 국제사회의 대일 비판은 일본에게는 무거운 짐이었다. 뒤를 돌아볼 여유도 없이 빠른 속도로 경제대국의 자리에 오르다 보니 대국으로서의 역할과 책무를 어떻게 다해야 하는지, 비전이나 구체적인 액션플랜 같은 것을 스스로 제시하거나 자각하지 못했다. 내부로부터의 대응책이나 준비가 되어 있지 않은 상태에서 국제사회의 비난에 직면한 것이다. 결국 1960년대를 마감하면서 일본에 가해진 국제적 이미지는 국제공헌에 인색한 나라, 일방적인 경제이익만 추구하는 나라였다. 이는 1970년대 일본외교에 커다란 과제를 안겨주었다. 1973년도 판 『통상백서』는 그 과제와 관련하여 다음과 같이 간결하게 방향성을 정리했다.[59]

　　종래 우리나라의 시장대책은 수출시장의 개척에 중점이 두어진 감이 있지만 그러한 시장의 접근만으로는 최근 발생하고 있는 문제를 해소하기 어렵고, 향후는 수출, 수입, 투자, 기술교류, 경제협력 등 모든 대외경제활동을 유기적으로 조합하면서 각 시장과의 조화적 경제관계의 유지, 강화를 꾀할 필요가 있을 것이다.

　이 지적은 우선 ① 수출시장의 개척에 의존해온 일본경제의 성장구조가 이미 내외경제가 직면하고 있는 제 문제로 인해 상당히 어려워졌고, ② 향후 내외경제의 조화적 발전을 실현하기 위해서라도 이러한 난제를 국제협조의 정신하에 착실히 해결할 필요가 있으며, ③ 이 과정에서 일본은 국제협력을 추진하는 '담당자'로서 적극적인 역할을 다해야 한다는 취지이다. 모든 대외경제활동을 유기적으로 조합하는 노력을 경주하면서 국제협력을 주도하는 역할을 한다는 일본정부의 의지는 그 후 일본외교의 일관된 방침이 되었다.

　이른바 국가나 제 지역과의 마찰요인이 발생하지 않도록 상대를 배려하는 동시에 1960년대의 영광을 유지 발전시키며 국제적인 책무를 다할 수 있는 나라로 발전할 수 있는가라는 문제였다. 그러나 일본의 선택은 국제외교의 추세에 순응하는 방법밖에는 없었다. 이미 국제사회는 군사력에 의한 직접적인 위협은 서로 억제하는 대신 정치, 경제, 문화에 의한 다원적・종합적 외교력을 동원하여 국익을 추구하는 방향으로 움직이고 있었기 때문이다. 따라서 일본 역시 경제・문화외교를 보다 더 강화하는 것 이외에는 특별한 수단이 없었다.

이에 일본은 무역과 자본의 자유화촉진, 상품과 자본의 급격한 해외진출에 따른 다양한 마찰의 최소화, 각종 산업기술의 교류・촉진의 강화, 현대사회의 제 문제 해결을 위한 국제협력의 적극적 참여, 일본의 해외홍보활동과 각종 문화교류의 강화 등의 방향으로 외교노선을 설정해 갔다. 정부의 인식론적 차원에서 "정치・경제협력과 더불어 우리나라 외교정책의 4대 핵심 가운데 하나인 문화교류를 추진하지 않으면 안되는 시대가 오고 있다"[60]는 공감대가 확산된 것이다.

그 배경에 대해 정부는 "상호이해, 우호촉진의 가장 유효한 수단은 문화교류의 촉진이다. 문화를 통해 제 국민이 마음과 마음의 교류를 갖는 것은 국제관계에서 자칫 발생하기 쉬운 오해나 편견을 시정하고 불신이나 의혹을 제거하기에 더할 나위 없는 역할을 다하기 때문"이라고 언급했다.[61] 평화국가・문화국가를 지향하는 일본외교의 기본으로서 국제문화교류를 '발본적'으로 강화해야 하는 이유이기도 했다. 정부의 의지는 바로 정책에 반영되었다.

1970년대에 실시된 문화외교의 실태를 보면 새로운 외교 분야로서 각광을 받은 과학・기술・해양・환경 분야의 국제협력의 확대를 비롯해, 일본소개를 위한 음악, 무대예술의 해외공연, 순회전시회, 재외공관기획의 전시회, 영화・도서출판에 의한 일본소개, 재외일본문화회관의 활발한 운영, 과학기술교류사업, 일본연구에 대한 원조 및 일본어보급, 각 분야의 인물교류사업 등이 예산의 대폭적인 증액(〈표 5-1·2〉참조)에 힘입어 비약적으로 확대되었다. 특히 1973~74년에는 30%가 넘는 예산을 증액하는 등, 마치 '세계경제의 지도적 입장'을 문화외교에 반영하는 듯한 의욕이었다.

〈표 5-1〉 외무성의 예산 증액 추이

연도	1970	1971	1972	1973	1974	1975
금액	451억 700만 엔	529억 1,400만 엔	659억 4,900만 엔	876억 8,066만 엔	1,250억 71만 엔	1,474억 9,074만 엔
증액%	14.6%	14.7%	24.6%	33%	36%	18.0%

출처 : 『わが外交の近況』, 外務省, 1970~1975에서 발췌작성.

〈표 5-2〉 외무성문화사업예산의 추이

년도	예산액(천 엔)	전년비 증가율
1967	405,148	
1968	470,923	16%
1969	620,001	31%
1970	653,780	5%
1971	870,333	33%
1972	6,127,972	604%

출처 : 外務省文化事業部, 『国際文化交流の現状と展望』, 大蔵省印刷局, 1973, 200면.

증액된 예산 가운데 아시아와 개도국에 대한 경제협력비용의 증액분을 제외하면 대부분의 예산이 대외홍보활동(1970년대 들어 해외로부터의 일본에 대한 관심 증대뿐만 아니라 대일 비판이나 경계심도 강화되었고, 천황의 유럽방문과 같은 외교일정도 있어서 해외홍보활동이 상당히 강화되었다)과 대외문화교류사업에 할당되어 있어 일본이 문화교류사업에 본격적으로 착수했음을 알 수 있다. 국제문화교류사업을 '국민적 사업'으로 승화시키려는 정부의 의지, 방향성, 목적 등에 대해서는 1973년도 판의 『우리 외교의 근황』이 명료하게 언급하고 있다.[62]

우리나라는 지금이야말로 시야를 넓혀 정치나 경제 분야에 그치지 않고 각국과 한층 더 문화교류를 활발하게 하여 특히 폭넓은 분야에 걸쳐 인적 교류를 추진하지 않으면 안 된다. 이리하여 우리나라는 제 국민과 마음과 마음이 통하는 교류를 강화하여 인류의 지적, 문화적 자산의 증대에 한층 공헌할 수 있도록 해야 한다.

문화교류를 확대하여 각국과 '마음이 통하는' 관계를 구축하려는 움직임은 교류협력체제의 구축이나 국내외의 사업형 재단의 설립 등에 의해 구체화되어 갔다. 미국과 영국을 비롯한 주요선진국과의 문화협정 체결(〈표 5-3〉 참조)과 그에 의거하여 활발하게 이루어진 문화혼합위원회의 개최, 전후부터 이어져 온 일미문화교육협력관계의 강화, 일본연구촉진을 위한 특별기금 증여, 각 지역에 문화사절단의 파견, 아시아·태평양 지역 문화센터의 설치(ASPAC), 양국 간 문화교류협력의 강화, 등을 통해 문화교류의 촉진을 도모했다.

〈표 5-3〉 문화협정체결국(1982년 현재)

국가명	서명 연월	국가명	서명 연월
프랑스	1953.5	아프가니스탄	1969.4
이탈리아	1954.7	벨기에	1973.5
멕시코	1954.10	호주	1974.11

국가명	서명 연월	국가명	서명 연월
태국	1955.4	캐나다	1976.10
인도	1956.10	이라크	1978.3
서독	1957.2	핀란드	1978.12
이집트	1957.3	아르헨티나	1979.10
파키스탄	1957.5	네덜란드	1980.4
이란	1957.4	그리스	1981.3
영국	1960.12	방글라데시	1983.2(미발효)
브라질	1961.1	스페인	1982.3(미발효)
유고슬라비아	1968.3		

출처 : 外務省戰後外交史硏究会, 『日本外交30年』, 世界の動き社, 1982, 186면.

그뿐만이 아니다. 국제문화교류사업의 중핵체로서 설립된 국제교류 기금, 해외기술 사업단과 해외이주 사업단을 통합하여 '사람을 통한 국제협력'을 표방한 국제협력 사업단의 발족, 일본국제문화교류센터와 도요타재단의 설립, 국제협력추진협회의 등장 등, 정부관할의 특수법 인이나 민간단체의 설립도 잇따랐다. 이들 제 단체는 예외 없이 구미와 아시아제국과의 교류협력에 노력했다〈표 5-4〉 참조). 지방자치단체의 수장이 '민제(民際)외교'(국가 간의 교섭인 '국제외교'라는 개념을 대신하여 국민 이 지역끼리 국경을 초월하여 교류한다는 개념)[63]를 제창하고 국제교류를 담 당하는 부서를 설치하기 시작한 것도 이 무렵부터이다.

특히 1970년대에 들어 민간에서 활발한 국제문화교류사업의 참가 는 일찍부터 정부가 추진한 관민일체·국민문화외교 이념의 추구가 현실화되었다는 것을 의미했다. 그 결과 일본의 문화외교는 "해외의 여론에 대해 평화국가를 지향하는 우리나라에 대해 바른 이해를 얻기 위한 방책"[64]으로서의 기능을 다하는 한편 "이데올로기나 국정(国情)의 차이에도 불구하고 모든 나라와 상호이해를 심화시켜 우호관계의 증진을 꾀하는 것이 필요"[65]하다는 시대적 요청에도 촉발되어 일본외교의 새로운 축으로 부상하기 시작했다.

〈표 5-4〉 1970년대에 발족한 주요국제문화교류기관

일본국제교류센터(JCIE, Japan Center for International Exchange)

- **설립연도** : 1970년
- **설립목적** : 국제 관계나 정치・경제・사회 등 폭넓은 정책과제를 둘러싸고 일본과 제 외국의 상호이해와 협력관계를 촉진하여 국제사회의 발전에 기여
- **주요사업** : 국제적인 정책대화나 공동연구, 의회관계자의 교류, 민간비영리섹터의 강화를 목적으로 한 조사・교류 등

국제협력 사업단(JICA, Japan International Cooperation Agency)

- **설립연도** : 1974년
- **설립목적** : '사람 만들기, 나라 만들기, 마음의 교류'를 슬로건으로 개발도상국의 인재양성
- **주요사업** : 일본의 ODA(정부개발원조) 가운데 양국 간 증여(기술협력과 무상자금협력)의 대부분을 담당
  ① 개발도상국에 대한 정부베이스의 기술협력(연수원수용, 전문가파견, 기재(機材)제공, 프로젝트방식의 기술협력, 개발조사 등)
  ② 청년을 해외에 파견하여 협력활동을 추진(청년해외협력대)
  ③ 개발도상국의 사회개발이나 농림수산업・광공업개발에 필요한 관련시설의 정비에 소요되는 자금, 개발사업에 선행하는 시험적 사업에 대한 자금이나 기술의 제공
  ④ 무상자금협력을 위한 조사나 실시의 촉진
  ⑤ 기술협력을 추진하는 인재의 양성이나 확보
  ⑥ 중남미 등에 일본인의 해외이주에 필요한 업무
  ⑦ 대규모재해의 피해국에 긴급원조

도요타재단(The Toyota Foundation)

- **설립연도** : 1974년
- **설립목적** : 일상의 생활 속에 있는 지혜를 활성화하여 이웃끼리 도우며 협동을 통해 좋은 사회를 구축
- **주요사업** : 아시아를 중심으로 인문・사회・자연과학의 모든 영역의 학술연구에 대한 지원

국제협력추진협회(APIC, Association for Promotion of International Cooperation)

- **설립연도** : 1975년
- **설립목적** : 국제협력에 관한 장기종합적인 조사와 연구, 학술의 장려 및 정보자료의 수집과 제공, 해외 및 국내의 홍보활동을 통해 국제협력의 추진을 꾀함
- **주요사업** : ① 국제협력에 관한 조사 및 연구, 그 외 성과의 발표
  ② 국제협력에 관한 학술의 장려
  ③ 국제협력에 관한 정보 및 자료의 수집과 제공
  ④ 국제협력에 관한 홍보활동
  ⑤ 국제협력에 관한 강연회, 연구회의 개최
  ⑥ 그 외 협회의 목적을 달성하기 위해 필요한 사업

출처 : 각 재단의 홈페이지에서 발췌작성.

2) 문화·교육 분야의 협력 강화

문화외교의 새로운 기조와 실천은 아시아외교에 일찍이 없었던 활력을 불어넣었고 동시에 문화교류의 장에 착실히 우호기반을 다지는 결과로 이어졌다. 그 대표적인 사례가 아시아의 문화교육 분야에 대한 협력관계의 강화이다. 전술한 아시아·태평양 지역문화센터(1968년에 발족)의 본격적인 활동에 이어 동남아시아교육대신기구(SEAMEO, 1965년 설립)[66]와 같은 국제기관을 통한 지역적사업도 활기를 띠었다〈표5-5〉 참조). 이들 제사업은 "각국이 협력의 은혜를 입고 있다"[67]는 평가처럼 지역의 현안에 대한 전략적 대응이라는 관점에서 지역의 활성화에 공헌했을 뿐만 아니라 교류기반의 질적 강화라는 측면에서도 의미가 있었다.

〈표5-5〉 국제기관을 통한 지역사업

사업명	지역
영어교육센터	싱가포르
이과수학교육센터	말레이시아(페난)
농업연구센터	필리핀(로스베뇨스)
열대의학공중위생 계획	방콕
열대생물학센터	인도네시아(보골)

출처 : 『わが外交の近況』, 外務省, 1970, 309~310면 참조.

또 일본정부의 최초의 시도였던 '동남아시아문화사절단'의 파견(사절단의 경우도 단장은 유력정치인이 맡았고, 단원은 기업회장이나 학계 그리고 교류단체의 임원 등으로 구성했다. 정·관·재·민 일체화의 형태가 항상 유지되고 있었다)과 '아시아교육조사단'의 파견,[68] 아시아가 자랑하는 세계적 문화유산 부흥의 협력, 대일이해의 촉진을 목적으로 1973년부터 문부성의 협력을 얻어 아시아제국의 중·고교의 교원이나 교육관계자를 초빙하는 사업,[69] 그리고 1975년 이후부터 실시한 문화무상협력[70] 등은 일본의 아시아문화외교의 근본적인 재검토가 필요하다는 인식을 상징적으로 반영한 것이었다.

요컨대 아시아제국에 대한 일본의 왕성한 경제활동에 비해 상대적으로 빈약했던 문화교육교류의 확대를 통해 일본의 경제적 'Over Presence'에 대한 아시아제국의 반감을 해소시킴과 동시에, 교류의 방법론적인 측면도 경제발전에 실질적으로 기여할 수 있는 협력사업이나 인재양성에 공헌할 수 있는 교류형태를 보다 강화해 갔다. 장기적인 관점에서 일본에 대한 오해나 편견, 불신이나 경계심리 등을 해소하고 그 연장선상에서 '마음과 마음이 통하는' 관계구축을 지향한다는 의도였다. 이러한 일본외교의 전향적인 구상을 정부는 일본사회의 동의하에 추진했다.

'암즈 렝스' 정책의 도입과 인물·학술교류의 강화

1970년대 들어 일본외무성이 문화교류의 일환으로 특히 주력한 분야가 있다면 인물·학술교류였다. 그 배경에는 ① 국제사회의 일원으로서 일본의 책임을 자각하여 신뢰와 존경을 받을 수 있는 일본인을 육성하고, ② 일본에 대한 외국인의 이해와 우리국민의 제 외국에 대한 이해를 심화시키고, ③ 상호 간의 접촉에서 얻을 수 있는 이해와 자극에 의해 교육, 문화, 학술의 발전과 향상을 꾀하고, ④ 국제적인 협력사업에 적극적으로 참여하여 인류공통의 과제 해결에 기여한다는 등의 목적[71]이 있었다. 일차적인 대상은 주로 개도국이었다.

이 교류는 폭넓은 분야에서 다양한 방법으로 국제적인 네트워크 구축이 가능하고 그것을 이용해서 다채로운 메시지를 외부로 발신할 수 있다는 강점이 있었다. 따라서 장기적인 관점에서 보면 대일인식의 개선에 가장 효과적인 분야라고 할 수 있고, 특히 아시아에 대한 협력으로는 매우 의미 있는 사업이었다. 일본에 대한 국제여론이나 시대적 흐름도 "근대일본의 형성이나 전후의 경제부흥의 사정을 배우려고 하는 경향이 강해지고 있고, 구미선진국에서도 우리나라 전통문화의 세련된 이질성에 대한 강한 흥미가 있어 이러한 소지에서 일본연구 및 그를 위한 일본어학습에 대한 의욕이 많은 국가의 국민들에게 증대"[72] 되고 있는 상황이었다.

이런 흐름을 반영하여 일본정부도 해외로부터의 관심고조를 본격적인 일본연구로 인도하여 다방면에 걸쳐 대일이해의 촉진과 상호이해의 증진을 꾀하려고 했다. 그로 인해 일본은 정부레벨에서의 사업과는 별도로 민간의 사업을 장려하기도 하고 보조금을 지급하여 간접적으로 문화교류를 촉진하는 정책을 취해 왔다.[73] 1965년부터 태국에서 시작된 교육·학술교류에 대한 일본의 적극적인 협력도 바로 이런 차원에서 이루어졌다. 게다가 교육 분야의 교류·협력은 상대국에 의한 요청도 강한 편이었고 일본 역시 자신의 경험(근대화나 전후부흥)이나 문화(전통문화나 가치)를 제대로 전달할 수 있는 통로이기도 하여 매우 적극적으로 대응했다.

대표적인 사례가 국제적인 교육문화관계사업(특히 유네스코를 통한 다국 간 교육교류사업)의 확대이다. 구체적으로는 ① 순회지도강사 파견사업(아시아제국의 교육발전을 위한 정책으로서 유네스코와 협력하여 순회강사단을 편성하여 교육 및 전문가를 대상으로 집중적으로 연수를 실시), ② APEID(Asian Programme of Educational Innovation for Development)사업에 대한 협력(아시아에서 예상을 뛰어넘을 정도로 급격히 증가하는 학령아동의 교육에 있어 교육의 내용이니 빙법의 혁신을 통해 교육의 효율과 질을 향상시키고자 하는 이른바 '개발을 위한 교육혁신사업'), ③ 유네스코 아시아문화센터(Asian Cultural Centre for UNESCO)의 설립(유네스코와 협력하여 주로 아시아제국의 문화교류를 촉진하기 위해 설립), ④ 국련대학본부(관민이 일체가 되어 국련대학본부를 도쿄에 설치)의 일본유치 등이었다.[74]

교육 분야의 협력 강화는 상대국의 교육환경의 급변을 반영한 새로운 형태의 개도국원조사업이라는 점에서 문부성 주도로 추진할 수 있는 여지가 많았지만, 학술 분야는 정부가 직접 전면에 나서서 진두지휘할 수 없었다. 게다가 학술교류를 포함한 문화외교의 거시적인 관점에서 문화외교능력을 발휘할 수 있는 통일적인 센터의 필요성도 제기되고 있었다. 그래서 일본정부는 미국, 영국에 필적할 수 있는 대형재단을 설립하여 효율적이고 체계적으로 교류사업을 추진하면서 정부가 간접적으로 관여할 수 있는 구상에 착수했다.

이른바 문화외교에 있어 '암즈 렝즈(arm's length)' 정책의 도입이다. 이 정책에 의해 설립된 대표적인 기관이 일본학술진흥회(Japan Society for the Promotion of Science)와 국제교류기금(Japan Foundation)이다. 양 기관 공히 정부소관(문부성, 외무성)의 특수법인재단이지만 이 중에서도 국제교류기금의 출현은 역시 주목하지 않을 수 없다. 1970년대 일본의 문화외교를 주도할 새로운 주체로 떠오른 동 '기금'은 국제사회에서 일본의 지위를 반영한 결과로서, 소위 "닉슨 쇼크에 상징되는 국제정치 흐름의 변화에 대한 일본의 대응 측면과 일본의 경제성장과 국제적 역할 증대에 따른 문화교류의 의의 증대라는 측면"[75]을 배경으로 탄생하게 된다.

동 '기금'의 설립이 표면화된 것은 1972년 1월 사토·닉슨의 양국수뇌 회담 때이다. 회담 후의 공동성명에 의하면 양국은 "세계의 평화와 번영 및 국민의 복지를 유지 증진한다는 공통의 목적달성을 위해 정치, 문화, 경제, 과학, 기술 등 모든 분야에서 상호 간에 긴밀하게 협력한다는 기본적인 생각을 재확인"했다. 그리고 양국은 "문화교류를 증대하기 위한 조치에 의견을 일치했고, 이와 관련하여 대통령은 일본이 설립을 고려하고 있는 문화교류 계획에 관한 설명에 대해 환영의 뜻을 표했다"[76]고 언급하면서 사실상 설립이 확정되었다.

이를 받아 후쿠다(福田赳夫, 1905~1995, 제67대 총리대신) 외무대신은 국회외교연설을 통해 "우리나라의 외교활동이 경제적 이익의 추구에 편향되어 있다는 비판은 물론이고 일본군국주의의 부활을 우려하는 목소리조차 들리는 상황입니다. 이러한 때에 평화국가, 문화국가를 지향하는 우리나라의 바른 모습을 해외에 전하여 잘못된 인식의 불식에 노력하는 것은 우리외교의 급선무입니다"라고 주장하며 '국제교류기금'이 설립되어야 하는 취지를 강조했다.[77]

외무성의 외곽단체로서 모습을 드러낸 국제교류기금은 전전(戰前)부터 커다란 활약을 한 재단법인국제문화진흥회(KBS)를 모체로 하여, 정부뿐만 아니라 민간의 출자 — 정부출자 100억 엔(1972년도 50억 엔, 1973년도 50억 엔), 민간출자의 운용수익 및 정부보조금과 민간기부금 — 를 받아들인, 이른바 '반관반민(半官半民)'단체라는 성격을 갖고 출발했다(〈표 5-6〉 참조). 급격한 경제성장과 그에 따른 국제사회와의 관계 재정립을 문화교류(일본에 대한 이해)의 강화를 통해 추진하겠다는 의지를 갖고 있었기에 출발에 즈음해서는 1960년대까지의 문화교류정책이 남긴 과제를 다각도로 개선하여 그것을 중점적으로 반영하려는 노력도 게을리하지 않았다.

〈표 5-6〉 국제교류기금예산의 연도별 추이(단위 : 백만 엔)

연도	1972	1973	1974	1975	1976	1977	1978	1979
정부출자액	5,000	10,000	10,000	5,000	-	5,000	5,000	5,000
출자액누계	5,000	15,000	25,000	30,000	30,000	35,000	40,000	45,000
a : 보조금	319	724	725	1,214	1,258	1,314	1,355	1,361
b : 운용수익	295	945	1,739	2,233	2,546	2,905	3,555	3,655
(a＋b) 합계	614	1,669	2,464	3,446	3,804	4,219	4,910	5,016
전년비증액	-	171.86%	47.63%	39.86%	10.38%	10.92%	16.37%	2.16%

출처 : 國際交流基金, 『國際交流基金30年の歩み』, 中央公論事業出版, 2006, 308~311면 발췌작성.
* 설립 당초, 기금의 운용자금(정부출자액)은 약50억 엔이었지만, 그 후 정부로부터 지속적으로 출자가 이루어져 2003년 10월 1일 독립행정법인으로 이행시 정부출자금은 약 1,110억 엔까지 팽창했다.

그 과제는 ① 구미에 비해 자금이 빈약하다는 것, ② 교류가 주로 '일본문화의 해외소개'에 역점이 두어져, 민간베이스에서의 교류는 취약한 반면 정부 원조에 의한 교류는 현저하고 일방적이었다는 것, ③ 일본문화의 해외소개에 전념할 인재 확보가 커다란 문제였다는 것, ④ 최근 선진제국에서 문화면의 국제협력, 특히 개발도상국에 문화교육협력이 상당한 관심을 불러일으키고 있지만 일본은 아직 제 일보를 내딛은 단계에 불과하다는 것[78] 등이 지적된 상태였다. 널리 국제이해와 우호친선을 촉진하기 위해 교류기반의 확충과 교류의 방향성, 그리고 인물교류와 일본연구에 대한 원조를 중심으로 하는 폭넓은 문화교류 체제의 정비가 필요하다는 인식이었다. 설립목적과 사업내용은 이를 적극적으로 반영했다.

우선 설립목적은 "우리나라에 대한 제 외국의 이해를 심화시키고 국제상호이해를 증진시킴과 동시에 국제우호친선을 촉진하기 위해 국제문화교류사업을 효율적으로 추진하여 이로서 세계의 문화 향상 및 인류 복지에 공헌하는 것"[79]으로 확정했다. 그리고 금후 추진해야 할 중핵적인 사업으로서 ① 국제문화교류의 목적을 갖고 행하는 인물의 파견 및 초빙, ② 해외의 일본연구에 대한 원조와 알선 및 일본어보급, ③ 국제문화교류를 목적으로 하는 전시회의 개최, 원조 및 알선, ④ 일본문화를 해외에 소개하기 위한 자료 그 외 국제교류에 필요한 자료의 작성, 수집, 교환 및 배포, ⑤ 국제문화교류를 행하기 위해 필요한 조사 및 연구 등이 설정되었다.[80]

이후 국제교류기금은 일본의 국제적 지위변화에 따라 증가하는 해외로부터의 니즈에 대응하면서 국제사회에 일본을 이해시켜가는 노력을 주도하는 중추적 기관으로 자리매김했다. 실적의 일례를 보면, 일본연구펠로십 수용자 수 623건(1972~79), 출판원조 건수 94건(1974~79년, 도서 기증 건수 758건(1973~79), 일본연구조성 프로그램 실시건수 665건(1972~79), 각 프로그램 특별 초빙자 건수 4,122건(1972~79) 등을 포함해 상당한 실적을 축적해 갔다(〈표 5-7〉 참조).

특히 연간 약 80여 건에 이르는 일본전문가 초청과 연구조성 프로그램의 활성화는 장기적 관점에서 세계의 일본연구의 저변 확대에 기여함은 물론이고, 과거 제국일본이 동양학의 대표로서 '일본학'을 위치지

사업구분	연도	건수
일본연구펠로십 수용	1972~79년	623건
출판원조	1974~79년	94건
도서기증	1973~79년	758건
일본연구조성 프로그램	1972~79년	665건
각 프로그램 특별 초청자 수	1972~79년	4,122건

었던 의미부여를 향후 일본이 지향해야 할 국가적 과제인양 공을 들인 정책이었다. 1980년대 전후 일본 국내외에서 주목받은 일본문화연구의 활성화(경제대국 일본의 실체를 문화적 관점에서 접근)와 오늘날 주목받고 있는 '일본연구의 글로벌라이제이션' 현상이 이러한 정책적 효과에 기인하고 있음을 간과해서는 안 될 듯하다.

설립목적에 부합하는 역할을 수행한 '기금'은 교류사업에도 어느 정도의 독자성을 갖고 외무성의 문화사업부와 함께 1970년대의 문화교류를 주도하는 기관으로서 명성을 높여갔다. 그러나 1980년대에 들어 "국제교류기금은 정부기관이고 기금이 행하는 문화교류사업은 외교정책의 일환이며 넓은 의미에서 일본의 안전보장에 기여해야만 한다"[81]는 인식이 대세를 이루면서 '기금'의 성격도 국가의 이데올로기를 대변하는 형태로 변질되어 갔다. 설립목적에서도 "일본에 대한 제 외국의 이해"를 전제로 "국제상호이해"를 증진시킨다고 언급하고 있듯이, 일본문화의 해외 전파와 이해에 방점을 찍었다는 태생적 한계를 의미하는 것이기도 하다.

'기금' 이외에도 외무성소관의 재단법인이 되어 연구 활동·심포지엄·강연회·출판 등을 중심으로 일본의 국제문제에 관한 싱크탱크의 대표적 존재로 활약한 일본국제문제연구소(The Japan Institute of Inter-national Affairs)[82]를 비롯해, 1960년부터 외국인연구자초빙사업을 본격적으로 개시한 이래, 일미과학협력사업, 아프리카 지역연구센터 개설, 영국, 독일, 프랑스, 아시아제국과의 학술교류사업 개시 등, 해외의 일본연구의 기반조성에 기여한 일본학술진흥회의 활동(〈표 5-8〉 참조)도 간과할 수 없다.

이들 기관은 모두 학술 분야에서는 1970년대에 들어 그 존재감을 세계에 어필했다. 전체적으로 활동경과를 보더라도 인물교류, 일본연구 지원, 일본어보급, 국제적 문화행사, 각종 일본문화 소개 자료의 작성, 문화교류 실시를 위한 조사연구 등의 업무에 충실하면서 착실히 성과를 축적해 갔다. 학술·인물교류의 심화를 통해 장기적인 관점에서 일본에 대한 지지기반을 세계 각지에 확대시켜 일본문화 이해의 글로벌

〈표 5-8〉 일본학술진흥회의 연혁(1970년대까지)

일본학술진흥회(Japan Society for Promotion of Science)	
설립목적	학술연구의 조성, 연구자의 양성을 위한 자금의 지급, 학술에 관한 국제교류의 촉진, 그 외 학술 진흥에 관한 사업을 실시
주요연혁	1932년 재단법인 일본학술진흥회 설립인가 1933년 산학협력연구사업, 연구원조사업 개시 1950년 『학술월보』(월간) 발행 1953년 유네스코·쿠폰취급 개시 1959년 젊은 연구자에 대한 지원사업(유동연구원·장려연구생) 개시 **1960년 외국인연구자초빙사업 개시** 1963년 일미과학협력사업 개시 1965년 아프리카 지역 연구센터(현 나이로비 연구연락센터) 개설 **1967년 특수법인 일본학술진흥회 설립** 1971년 영국과의 연구자 교류사업 개시 1973년 국제곤충생리·생태학센터(ICIPE)파견사업 개시, 독일과 연구자 교류사업 개시 1974년 프랑스와 연구자 교류사업 개시 **1976년 아시아제국과 학술교류사업 개시** 1978년 국유특허(国有特許)출원 및 실시에 관한 사업 개시, 거점대학 교류 개시, 논문박사 학위취득 희망자에 대한 지원사업 개시

화를 꾀하고자 한 전략이었다. 그런 노력을 세계경제가 침체기에 접어들 무렵 관민협력체제하에 본격적으로 실시했다는 것은 주목하지 않을 수 없다. 당시 일본의 문화외교에 대한 의지가 얼마나 강했는지를 알 수 있는 대목이다.

4. 문화외교의 성과와 과제 - '국제화'의 관점에서

문화교류를 강화해야 하는 이유에 대해 일본정부나 식자층 공히 이론이 없었지만 교류나 지원이 바로 성과로 이어지는 것은 아닌 만큼 무엇보다도 꾸준히 장기적으로 노력해야 한다는 점을 특히 일본의 지배층은 중시했다. 그런 인식은 1970년대 국제정치상황의 급변과 두 번에 걸친 오일 쇼크 등과 같은 위기적 상황이 일본을 엄습할 때마다 외교노선과 적절히 결합하여 위력을 발휘했다. 1974년도 판『우리외교의 근황』은 일본외교의 자산으로 다음과 같은 내용을 중시했다.[83]

우리나라는 자원의 혜택은 없지만 뛰어난 국민의 자질과 산업, 기술은 혜택받았습니다. 이 귀중한 힘이야말로 우리나라의 다각적인 외교의 전개를 지탱하는 기반이고 이것을 어떻게 현명하게 활용 할 것인가에 우리나라의 미래와 세계의 기대가 걸려있습니다.

일본국민의 자질, 산업, 기술과 같은 '귀중한 힘'은 다름 아닌 일본적 가치를 의미하는 것이고 이를 외교적 자산으로 활용하는 것은 문화외교를 강화하는 의미라는 것이다. 문화외교의 성과와 파급효과를 피드백(feedback)한 실증적 데이터 없이 논하기에는 무리가 따를지 모르나 한 가지 분명한 것은 전후 일본은 경제성장과 비례하여 문화외교를 강화해 갔고, 그 결과가 경제마찰의 해소나 아시아의 긴장완화에 일익을 담당했다는 측면이다.

　전후 일본의 경제·문화외교에 대한 정부의 평가는 확고한 편이다. 우선 경제협력에 대해서는 '상호의존의 정도나 인도적 고려'라는 두 개의 요소를 기준으로 개발도상국의 경제와 사회개발을 지원하여 민생안정, 복지향상에 기여했을 뿐만 아니라 이들 제국의 정치적, 경제적 안정성을 촉진하여 그것이 궁극적으로 세계의 평화와 안정에 기여하는 결과를 낳았다고 확신하고 있다. 또 태국, 파키스탄, 터키와 같은 '분쟁주변국'의 경우는 원조 강화를 통해 해당국의 민생안정을 꾀하는 한편, 그 정치적 사회적 강인성을 강화하여 분쟁이 파급되거나 새롭게 발생하는 것을 미연에 방지하는 것[84] 역시 일본외교의 목적이자 성과라고 자평하고 있다.

　이와 함께 상호이해의 증진, 국제사회의 일본의 지위제고, 일본문화의 세계화 현상, 일본인의 자기인식에 대한 자극, 교류를 통한 인적·사회적 네트워크의 구축과 활용, 등의 측면도 문화외교의 성과로 간주하고 있다. 1980년대 아시아의 문화계에 불어 닥친 '일본화 현상'의 실태를 상기하면 그 기반형성이 이전부터 착실히 진행되었다는 것을 예상하는 것은 어려운 일이 아니다. 이것이 바로 문화외교의 저력이다.

이를 고려하여 1970년대 문화외교의 추진과정을 '국제화'의 관점에서 주시하면 몇 가지 주목할 만한 성과를 발견할 수 있다.

우선 '일본'이라는 국가적인 레벨에서 국제화가 제창되기 시작했다는 점이다. 전후부흥과 경제개발지상주의 가치관을 거치면서 포스트 고도경제성장시대의 국민적 합의의 도출이 결코 쉽지 않았지만 국가의 방향성을 국제화의 이데올로기에 집약시킴으로써 대내외적으로 일본이 나아가야 할 방향성을 제시했다는 것이다. 긴장완화와 국제협조의 기운이 강화되는 가운데 일본의 국제적 지위향상과 국제공헌에 대한 일본사회의 공감대도 어느 정도 형성되었다. 구체적으로 보면 해외로부터 증대하는 대일비판이나 관심, 그리고 일본의 국제공헌 등과 같은 문제에 일본사회가 스스로의 역할과 책무를 조금씩 자각하기 시작했다는 의미이다.

두 번째는 일본의 국제적 역할과 책무를 강화하기 위한 움직임이 체제의 구축을 통해 문화외교의 전략적 전환으로 이어졌다는 점이다. 국제적 지위향상을 반영한 발상전환과 정책추진을 통해 문화외교의 종합적인 역량을 강화하기 시작했고 실천적인 조치로서 국제교류기금의 설립을 비롯해 다양한 민간차원의 국제교류단체가 설립되는 전기를 마련했다. 국제사회의 '문화의 시대'의 도래에 대응할 수 있는 체제를 관민일체로 구축하여 일본문화의 '국제화' 전략의 기반을 내부적으로 확립했다는 것, 이런 노력에 의해 일본의 국제화 특히 아시아 지역의 문화세계에 '일본화' 현상의 기반 만들기에 공헌했다는 것이다.

세 번째는 일본연구의 기반조성을 비롯해 학술·교육교류가 강화되었다는 점이다. 국제교류기금과 학술진흥회를 통한 해외의 일본연구지원이나 지적교류 강화는 일본의 문화외교가 한 단계 성숙했다는 것을 의미했다. 학술·교육교류는 장기적인 관점에서 보면 일본연구의 세계화와 대일비판의 해소, 일본적 가치의 이입과 친일사상의 전파를 꾀할 수 있는 실질적인 교류수단이다. 각국의 일본어교육에 대한 적극적인 지원과 미국을 비롯해 1970년대의 국제질서의 변화를 주도한 중국에 일본연구의 붐이 조성되기 시작한 것도 이 무렵부터이다. 이때부터 일본은 지적교류를 문화외교의 핵심적인 벡터로 간주하여 대상국과 지역을 넓혀가기 시작했다.

일본사회가 대내적으로 지향해야 할 시대적 가치로 국제화가 부상하고 그와 관련된 다양한 정책들이 추진되는 가운데 문제점도 적지 않게 드러났다. '후쿠다독트린'이 상징하고 있는 것처럼 아시아에 대한 문화외교의 발상전환이 구체적인 정책으로 실행되었다는 점은 평가할 만하지만 일본사회가 '마음과 마음의 교류'가 가능할 만큼 아시아에 대한 자기인식에 철저했는가, 그리고 그것이 과연 일본인의 '진의(眞意)'로서 아시아제국에 연착륙할 수 있는 여건을 일본사회가 진실하게 조성해 갔는가 등의 문제에 대해서는 여전히 아시아로부터의 의문이 해소되지 않았기 때문이다.

이는 전후 일본이 근대의 탈아입구(脫亞入歐)사상이 아시아에 남긴 역사적 상흔을 해소하기 위한 각고의 노력을 전제하기보다 경제원조와 선진문명의 지원을 통해 아시아를 리드해갔다는 대국의식에 쉽게 경도해버린, 전후의 대아시아인식과도 밀접한 관련성이 있다. 전후 일본사회에 있어 아시아는 일본의 경제성장을 담보하는 토대이자 일본으로부터 원조를 받고 있는 가난한 국가라는 인상 이외에 다른 어떤 의미가 있었을까. 국제화가 제기한 과제는 바로 일본인의 사유양식과 행동양식의 폐쇄성이었다.

일본인의 해외자유화정책[85]과 일본기업의 적극적인 해외진출이 맞물리면서 일본인은 각국으로부터 상당한 빈축을 사기 시작했다. 문화의 차가 품어내는 '태도의 충돌'[86]로서의 문화충돌(Cultural Conflict)을 초래했고, 그런 일본인의 행동양식에는 경제·문화적 우월의식이 강하게 작용하고 있었다. 결국 일본사회는 경제대국의 성취감에 취한 나머지 자신들의 모습을 되돌아보며 타자에 대한 객관적인 시선을 확보할 노력조차 외면한 채 자의적으로 상대를 응시하는 시선만 선행하여 그것이 자신들도 모르는 사이에 네거티브한 일본인상으로 해외에 발신되어 버렸다.

구체적으로 보면, 우선 내외의 적응부조화 현상이다. 일본인이 해외에서 적응하지 못하는 내적요인으로 "자기완결성의 결핍"과 "대인소통성의 결핍"이 지적[87]되고 있듯이 일본사회의 상식을 그대로 해외에서 보편화하려는 폐쇄적인 행동양식까지 고려하면 일본사회가 극복해야 할 자기한계의 벽이 결코 낮지 않다. 세계의 보편적 가치와 일본적 가치의 조화를 모색하려고 하는 진취적 사고가 전체적으로 부족하다는 것을 의미한다. 그런 행동양식이 비록 전후의 구미선진국에 대한 맹렬한 추종행동의 결과라고 하더라도 자기인식의 결여가 1970년대 서구의 배일감정이나 동남아시아의 반일운동의 원인으로 작용했다는 사실을 반성하지 않으면 안 된다.

전후 아시아의 반일감정의 폭발은 각국의 내부요인에 기인하고 있는 바 없지 않지만 일본에 대한 기대감이 충족되지 못한 배신감이 작용했다는 점도 부인하기 어렵다. 일본이 '마음과 마음이 통하는'관계 구축에 집착하기 시작한 것도 그런 이유 때문이었다. 또 국제공헌을 둘러싼 서구로부터의 비판 역시 일본이 스스로 다해야 할 책무에 대한 자의식 결여와 언제나 한발 늦은 수동적인 대응자세 때문이었다. 이러한 문제점이 내부로부터 분출되기는 결코 쉽지 않고 오히려 국제사회의 비판에 직면함으로써 비로소 얻을 수 있는 교훈이었다.

요컨대 ① 국제사회에 있어 전후 일본의 이미지, 평화국가로서의 삶에 대한 일본사회의 자기점검 노력이 부족했고, ② 경제대국의 지위에 어울리는 책무와 내실 있는 국제공헌에 대한 사회적 합의와 이를 지속적으로 추구하려고 하는 문제의식과 내부시스템이 구조적으로 미비했으며, ③ 경제대국 일본을 지탱하고 있는 일본적 가치(= 일본의 기준)로부터 타자를 응시하려는 자기유혹에 빠져 밸런스감각을 갖춘 '문화의 국제화'의식을 함양하고자 하는 개개인의 자의식이 부족했다는 것이다. 다른 각도에서 보면 새로운 일본·일본인의 삶의 양식을 모색할 수 있는 가능적 계기를 일본사회가 스스로의 자각에 의해 확보하지 못했다는 의미이다.

두 번째는 문화교류의 '형태'나 '지역성'이라는 측면에서 '균형감각'의 부재라는 과제를 남겼다. 무엇보다 심각한 것이 교류 형태의 불균형이다. 전후 일본의 문화외교의 역사를 보면 구미로부터는 이른 시기부터 각종 선진문화의 왕성한 섭취가 이어지고 있었지만 아시아나 개도국 등에는 경제협력이나 지원의 일환으로서 일본의 우수한 '선진문화' 전수라고 하는 형태가 일반적이었다. 소위 어느 쪽이든 '일방통행'의 교류형태를 드러냈다는 점이다. 이는 세계사에 있어 근대일본의 문명사를 반영하는 결과로서 이해의 여지가 없는 것은 아니지만, 아시아 각국의 고유한 전통문화를 적극적으로 수용하여 아시아적 가치를 공유하는 노력을 전개한다거나 아시아의 정서를 유럽에 확산시키기 위해 일본이 문화적 리더십을 발휘하는 발상 같은 것은 아예 존재조차 하지 않았다.

국제문화교류의 지역적 불균형도 지적하지 않을 수 없다. 전후 일본의 문화외교의 대상 지역을 보면 문화적 선진 지역인 구미나 경제협력과 지원을 애타게 기다리는 동남아시아가 중심이었다. 이들 지역과는 문화적 정서를 공유하고 있다는 측면보다는 정치적 요인이나 경제적인 상호의존도가 높았던 만큼 그것을 지탱하고 보완하는 관점에서 적극적으로 문화교류를 강화했지만 동구나 중동, 아프리카 등과는 상대적으로 교류빈곤의 상태를 벗어나지 못했다.

일본이 상호이해와 우호증진이라는 문화교류의 고유한 기능을 중시하고 충실하기보다는 경제외교의 보조수단으로 전락시키거나 혹은 문화상대주의 가치의 빈곤함을 노정한 결과로서 자칫하면 경제적 실리를 동반하지 않는 지역과는 교류를 확대하지 않는다는 오해를 불러일으킬 수 있고, 전후 일본의 외교 전략인 평화통상·우호친선외교라는 이념과도 맞지 않은 것이었다. 따라서 지역적인 편중 현상은 서둘러 해결해야 할 과제였다.

세 번째는 교류의 주체가 제한적이라는 문제도 있었다. 1970년대 들어 정부의 정책에 협력하는 형태로 기업이나 기업의 지원을 받은 민간에서의 교류참여가 점차 활성화되기 시작했다. 이는 바람직한 현상이었지만 일본경제의 국제화가 심화되는 상황에서 지방자치체나 시민단체로부터의 적극적인 참여가 그다지 활발하지 않았다는 점은 아쉬운 부분이었다. '정책'에 의해서가 아닌 '운동'이라는 관점에서 자발적인 참여에 의해 움직이는 활동가나 단체의 등장이 미약했다는 것, 바꾸어 발하면 문화시민주의 의식이나 그와 관련된 시스템이 자생적으로 형성되지 못했다는 것이다.

이러한 결과는 일본사회의 국제화의 진전과도 깊은 관련성이 있었다. 경제성장 속도에 비해 일본사회의 개방화는 매우 느린 편이었다. 일본사회의 자기변화가 아직 '국제화'에 이르지 못했다는 것이다. 이는 정부의 관여를 용이하게 하는 요인이 되기도 했다. 문화교류가 항상 정부주도하에 관민일체의 형태로 전개되는 것이 문화교류의 의미를 높이는 지름길은 아니다. 국민레벨에서 자발적으로 국제교류를 확대해 가는 것이 바람직한 방향성이다. 세계 각 지역과의 결합 강화나 교류의 형태 그리고 교류의 내용이나 주체의 측면에서 어떻게 밸런스감각을 확보한 문화교류를 활성화시킬 것인가, 1970년대 일본의 문화외교가 남긴 과제였다.

5. 맺음말-80년대의 전망을 겸해

1960년대부터 1970년대에 걸쳐 현재화한 일본의 경제대국화는 세계에 일본경제의 영향력을 증대시킴과 동시에 각국과 필연적으로 사람·재화·돈의 국경 없는 이동이나 교류를 촉진시켰다. 이는 일본의 역사에서 보면 일찍이 경험한바 없는 현상이었다. 그 결과 일본은 외부의 세계에 대해 자신들의 잠재된 능력을 충분히 피로하면서 단기간에 세계의 중심국가의 지위를 쟁취하는데 성공했고 동시에 경제미찰과 문화마찰의 주역이라는 비난도 피해 갈 수 없었다.

때문에 일본은 1980년대에 국내·외의 많은 논자들로부터 다양한 각도에서 분석되는 영광을 누렸고 때로는 '이상한 나라 일본'이 되기도 했다. 그러나 냉정히 분석해 보면 이제는 자기검증의 기회가 도래했다는 것을 의미하는 신호이기도 했다. 바꾸어 말하면 '이상한 나라 일본' 현상은 국제사회에서 새로운 리더로 부상한 일본에게는 당연히 통과해야 할 의례, 즉 일본·일본인·일본사회의 국제화과정이었다. 그 과정에서 일본사회의 '일국중심주의'적 가치관을 극복할 수 있는 계기를 내부가 아닌 외부로부터의 자극에 의해 자각할 수 있는 기회를 제공받았다면 일본사회는 그것을 자기점검의 호기로 진지하게 받아들이는 예지를 발휘했어야 했다.

패전국이었던 일본이 예상외의 빠른 시기에 국제사회에서 경제대국의 좌에 오른 만큼 국제사회도 자국의 입장에 따라 비판의 수위를 높일 수밖에 없었고, 일본사회 역시 국제사회로부터의 '시선'과 '일본적 가치'의 조화를 모색할 수 있는 기회를 스스로 찾지 않으면 안 되는 시기에 도달해 있었다. 하지만 일본사회는 외무성과 일부기업, 식자층의 노력에도 불구하고 전반적으로 자기반성에 충실하지 못했다. 오히려 일본에 대한 비판을 국제사회의 '오해'로 치부하는 우를 범하면서 스스로를 위로하려는 심리상태를 노정했다. 1980년대 일본사회의 국제화수준을 둘러싸고 내외로부터 쏟아진 비판적 언설의 확산이 이를 뒷받침하고 있다.

그런 측면에서 1970년대 일본의 문화외교의 강화는 일본사회의 자기발견이나 자기변화의 기회였고 궁극적으로는 일본이 국제사회에 동화해가는 길이자 진정한 의미에서 '존경받는 국가'에 접근하는 지름길이었다. 이 같은 시대적 의미가 일본사회의 저변에 침투하여 개개인의 의식개혁으로 까지 이르지 못한 것은 어쩔 수 없다 하더라도 일본사회가 외부로부터의 메시지를 의식하여 자기반성의 기회로 삼으려는 움직임이 일부이기는 하나 각계에서 제기되었다는 것은 그나마 의미가 있었다. 일본사회의 선진화과정을 반영하는 과정으로 해석할 수 있기 때문이다.

대표적인 사례가 보수지식인 단체의 '일본문화연구회'가 출간한 『국제오해와 일본인』(三修社, 1980)이다. 이 책은 경제선진국 일본과 일본인의 미래에 남겨진 과제가 무엇인가를 가장 명확하게 적시했다는 느낌이 든다. 요컨대 "이제까지 우리 일본인 사이에서 당연한 것처럼 운용되고 있던 흔해빠진 세계관, 국가관, 사회관, 일본문화관, 일본인관, 인간관을 새롭게 직시하여 고치지 않으면 안 된다"는 것이었다. 그 이유로서 "우리들 일본인 한 사람 한 사람이 자신은 앞으로의 일본과 세계를 어떻게 할 것인지를 스스로 묻고 생각하고 행동하는 시대"[88]가 도래했기 때문이라고 했다. 적절한 자기진단이었다.

일본의 경제력이 구미선진국을 추월한 지금 국제사회에서 '일본'이라는 국가 색을 어떠한 형태로 레벨 업 시킬 것인가, '일본사회'는 국제사회에 울려 퍼질 수 있는 문화적 메시지를 어떻게 발신할 것인가, '일본인'은 어떠한 삶으로 다가올 세계를 맞이할 것인가, 등의 과제에 이제는 일본사회의 합의가 필요하다는 주장이다. 이 메시지는 일본사회가 세계와의 교류 강화를 통해 국제사회로부터 엄격한 시선이나 일본적 가치의 한계를 더 이상 묵인해서는 안 된다는 인식 위에 제기되었다. 특히 이 같은 세언은 일본의 일류기업과 식자층이 협력하여 새로운 일본인의 모습을 산학협동으로 모색한 결과라는 점에서도 상당한 설득력을 갖고 있었다.

그 메시지를 반영하듯 정부도 1980년도 판『우리외교의 근황』을 통해 "책임 있는 국제사회의 일원으로서 격동하는 국제정치 · 경제정세에 대해 무엇을 해야 할지 무엇이 가능한지를 스스로의 문제로서 파악해 가는 것이 요구되고 있다"[89]고 하면서, 그것이 바로 넓은 의미에서 '일본외교'라고 강조했다. 국민각자의 자각을 통해 국제사회에서 국가의 책임과 역할을 스스로 짊어지고 가는 것이 일본외교가 지향해야 할 향후의 방향성이라는 것이다. 시대의 전환기에 제창된 일본사회의 이러한 움직임은 일본인 · 일본사회의 '국제화'를 둘러싼 다양한 논쟁에도 불구하고 1980년대 문화외교의 '국제화'에 박차를 가하는 내부로부터의 동력이 되었다.

일본의 경제상황 역시 제1차 오일쇼크 이후 "뛰어난 적응력"을 발휘하여 조정과정을 탈피하여 "새로운 성장궤도의 발판"을 마련했고(『경제백서(経済白書)』, 1979년도 판), 그 여세를 몰아 경기상승, 물가안정, 국제수지균형이라는 "활력과 안정성"을 회복하면서 1970년대를 마감하는 데 성공했다(『경제백서』, 1980년도 판). 그런 의미에서 1980년대는 소위 진정한 '대국'으로서의 지위에 걸맞은 보다 진전된 '국제화'를 통해 일본·일본인이 국제사회에 대해 '명예 있는 공헌'이 가능한지, 그로 인해 일본사회의 염원이기도 한 '신뢰받는 국가' '존경받는 국가'로 거듭날 수 있는지 그 시금석의 시대로 진입했다고 할 수 있다. 소위 경제대국에 이어 문화대국이라는 또 하나의 '대국'의 지위를 획득할 수 있는지의 과제이기도 했다.

○ 주_제5장

1 『わが外交の近況』, 外務省, 1969, 62면.

2 『わが外交の近況』, 1972, 1면.

3 田凱, 「環太平洋連帯構想―大平外交とアジア太平洋地域秩序の模索」, 『北大法学研究科ジュニア・リサーチ・ジャーナル』第14号, 2007.12, 83면.

4 『わが外交の近況』, 1973, 15면.

5 『わが外交の近況』, 1972, 80~82면.

6 『わが外交の近況』, 1973, 90~92면.

7 『わが外交の近況』, 1974, 12~14면.

8 『わが外交の近況』, 1965, 43면.

9 『わが外交の近況』, 1973, 99~101면.

10 『経済白書』, 経済企画庁, 1971, 103면. 덧붙이자면 일본의 수출신장률은 1950년대는 17.3%, 1960년대는 16.7%를 기록하여 다른 주요선진국의 신장률을 압도했다. 「第78表 世界輸出の規模, 伸び率と地域別構成」, 『同白書』 105면 참조.

11 『経済白書』, 1971, 111면; 『経済白書』, 1972, 121면.

12 『経済白書』, 1971, 118면.

13 제2차 세계대전 후 20년이 지난 시점에서 세계경제정세는 크게 변해 있었다. 그것은 ① 미국의 경제력의 압도적인 우위의 붕괴와 일본이나 서구선진국 경제의 현저한 향상과 그에 의한 국제경제협력체제의 강화, ② 세계경제에 있어서 지역통합화 움직임의 현저화, ③ 저개발국문제가 크게 클로즈업 된 것 등이다. 『わが外交の近況』, 1965, 38~42면. 경제질서의 변화만큼 일본의 경제외교는 강화되어 갔다.

14 「第3章 第1節 我が国経済の基盤をなす貿易2. わが国経済における輸出の果たす役割」, 『通商白書』, 1971 참조.

15 Herman Khan, 坂本二郎・風間禎三郎 訳, 「序文」, 『超大国日本の挑戦』, ダイヤモンド社, 1970 참조.

16 「万国博, あと半年」, 『日本経済新聞』(夕刊), 1969.9.15.

17 「人, その意見」, 『朝日新聞』, 1969.10.28.

18 「世界の対話の場に」, 『日本経済新聞』(夕刊), 1970.3.13.

19 「日本万国博協会会長・石坂泰三」, 『朝日新聞』, 1970.1.1.

20 「日本万国博(2)」, 『読売新聞』(夕刊), 1970.2.20.

21 「日本万国博ベリーナイス!」,『日本経済新聞』(夕刊), 1970. 2. 25.

22 「'教室での万国博'で対立」,『朝日新聞』, 1970. 2. 24.

23 「万国博の世論調査」,『朝日新聞』(夕刊), 1969. 6. 21.

24 「日本万国博(1)」,『読売新聞』(夕刊), 1970. 2. 19.

25 당초 외국인 100만 명과 일본인 3,000만 명 정도로 예상했던 관람객 수는 일본국민의 6할이 넘는 총 6,421만 명을 기록하는 이변을 연출했다.

26 「変質するの意義」,『読売新聞』, 2000. 3. 31.

27 「為替制度の改善を」,『日本経済新聞』, 1970. 5. 18.

28 「財界の押し, 巧奏さず」,『日本経済新聞』(夕刊), 1970. 5. 19.

29 당시 일본은 스미소니안 합의(Smithsonian Agreement)에 의해 엔은 1달러 360엔에서 308엔으로 16.8% 절상하게 된다.

30 『通商白書』, 通商産業省, 1981, 258~259면.

31 「第2部 第2章 第1節 対先進国経済関係と対応の方向」,『通商白書』, 1973 참조.

32 일본경제를 둘러싼 위기상황이 고조되는 가운데 일본자본주의는 일본경제의 실속 상태의 재건에 국력을 모아갔지만 위기에 직면한 일본자본주의가 취한 방향성은 정계·관계·재계, 그리고 노동자까지 포함한 다음의 5가지 방법이었다. ① 경기부양정책의 전개, ② 감량경영의 추진, ③ 수출지향의 강화, ④ 탈석유방책의 추진, ⑤ 기술혁신과 산업구조의 변환 등이었다. 이러한 대처 결과 일본자본주의는 에너지 위기를 체질개선의 기회로 삼아 위기를 극복했다. 鹿野正政直, 「1970~90年代の日本−経済大国」,『日本通史 第21巻−現代2』, 岩波書店, 1995, 14~16면. 즉 '쇼크에 강한 일본경제'의 체질이 이 무렵부터 확립된 것이다.

33 『通商白書』, 1974, 115~119면.

34 『通商白書』, 1976, 231면.

35 渡辺昭夫,『戦後日本の外交政策』, 有斐閣, 1985, 159면.

36 일례로 일본의 외무차관을 역임한 호겐[法眼晋作]은, 동남아시아제국과의 문화교류 확대를 환영하면서도 교류의 확대에 있어서는 "이민족에 대한 우리 일본인의 접촉 태도가 너무 자기본위가 아닌가"라고 하면서 일본인의 행동양식의 문제점을 지적했다. 즉 일본인의 "자기본위의 대응 방식"의 반성 없이는 번영의 기쁨을 나눌 수 없고 그것은 아시아제국 전체에 대해 동일하다고 했다. 法眼晋作,『日本の外交戦略』, 原書房, 1981, 114~115면.

37 동남아의 반일감정의 확산은 전전의 상흔을 배제할 수 없었다. 예를 들면 인도네시아의 경우만 하더라도, 제2차 세계대전 때 일본인의 행동양식에 대한 트라우마가 존재하고 있었던 데다 전후에는 독재정권을 일본이 지원하고 있다는 의혹 등이 복합적으로 작용하면서 민중들에 의한 일본제품의 불매운동이나 반일운동이 확산된 것이다. 佐藤乾一,『近代日本とインドネシアー'交流'100年史』, 北樹木出版, 1989, 136~142면 참조.

38 1975년 11월부터 약 1개월에 걸쳐 동남아시아의 주요국에서 '일본주간'과 같은 문화 행사를 개최한 것은 이런 반일감정을 해소하기 위한 방책이었다.

39 당시 기시 수상은 전후의 수뇌로서 3번째의 외유였지만 이 외유를 일본의 외교계에서는 "점령시대의 연장이 아닌, 전후의 새로운 일본외교가 본격적으로 작동을 개시"하는 전환점이었다고 했다. 加藤淳平, 「戰後日本の首脳外交」, 『外務省調查月報』No.1, 2002, 85면.

40 渡辺昭夫, 『戰後日本の外交政策』, 147면.

41 『わが外交の近況』, 1972, 218~219면 참조.

42 일본에 대한 아시아제국의 경계심이 아시아의 번영과 안정에 기여할 수 있다고 판단된 경제협력의 강화에 의해 확대되었다는 것은 시대의 아이러니이다. 그러나 어쨌든 일본의 경협 확대가 자국의 경제발전을 위해 일본의 성의 있는 자세를 기대하고 있던 동남아시아 민중에게는 독재정권과 타협하는 듯한 원조방식을 통해 아시아의 경제 지배력을 강화하였고, 궁극적으로는 "일본은 일방적으로 자신들의 이익만을 추구한다"는 인식에 빠져들게 하면서 결과적으로는 대일비판을 높이는 환경 조성에 일본이 스스로 공헌하는 결과를 초래했다.

43 『朝日新聞』, 1970.2.24, 社説.

44 『わが外交の近況』, 1971, 78면.

45 『わが外交の近況』, 1972, 81면.

46 「昭和48年版『わが外交の近況』(外交青書)の刊行にあたつて」, 『わが外交の近況』, 1973 참조.

47 「第71回国会における田中内閣総理大臣施政方針演説」(資料編), 『わが外交の近況』下巻, 1974, 2면.

48 예를 들면 태국에 대해 제1차 엔 차관으로서 216억 엔을 제공하는 서한이 1968년 1월에 서명된 데 이어 제2차 엔 차관은 1972년 4월 12일 640억 엔을 제공하는 취지의 서한이 양국정부 간에 교환되었다. 제2차 엔 차관은 태국의 제3차 경제·사회개발 5개년 계획의 일부에 협력하는 것이었고, 댐이나 수도권 전화시설의 확장, 수도권 수도공사 등이 대상후보 프로젝트였다. 제2차 엔 차관은 1차에 비해 금리, 기간 모두 조건이 완화된 것이었다. 『わが外交の近況』, 1973, 149면.

49 예를 들면 경제협력의 양적확충, 원조조건의 완화, 기술협력과의 유기적 결합, 개도국의 실정에 적합한 경협내용의 다양화, 등의 입장을 표명하면서 경협에 대한 국제사회로부터의 다양한 요구에 대응하려고 했다. 『通商白書』, 1975, 445면.

50 『通商白書』, 1975, 450면.

51 「第71回国会における大平外務大臣の外交演説(昭和48年1月27日)」(第3部 資料編), 『わが外交の近況』下巻, 1974, 442면.

52 「第8回東南アジア開発閣僚会議における大平外務大臣一般演説(昭和48年10月12日)」. 동남아시아 개발각료회의가 일본에서 개최되었을 때 오히라 외상은 각 대표를 향해 "우리나라는 동남아시아제국의 개발노력에 대해 최대한의 지원을 제공할 것을 기본적인 정책으로 하고 있습니다. 나는 이번 회의의 주최국으로서 보다 일층 강하게 이 정책을 견지해갈 것을 천명합니다"라고 강조하면서 향후 일본의 협력방침이나 내용 등을 구체적으로 설명했다. 「第3部 資料編」, 『わが外交の近況』下巻, 1974 수록.

53 '마음과 마음이 통하는' 상호신뢰관계 구축의 제창은 경제 분야(ASEAN공업프로젝트에 대한 10억 달러의 협력의지 표명), 무역 분야(관세, 비관세조치의 철폐 내지 경

감을 다각적 무역교섭의 틀 내에서 검토, 일본특혜제도의 개선을 검토, ASEAN무역
관광 상설전시장의 도쿄 설치, 그 외 일차 산품수출소득 안정화문제에 대한 공동검
토), 문화 분야(ASEAN역내의 문화협정촉진에 대해 자금면을 포함한 협력 ─ 50억
엔의 'ASEAN문화기금 설립') 등의 현안에 대한 합의(『わが外交の近況』, 1978, 43면)를
간단히 도출해 내면서 일본과 ASEAN의 '신시대의 개막'이 현실화 되는 듯했다.

54 「福田総理大臣のマニラにおけるスピーチ(1977.8.18)」(第3部 資料編), 『わが外交の近況』, 1978,
329~330면.

55 「福田総理大臣のマニラにおけるスピーチ(1977.8.18)」(第3部 資料編), 『わが外交の近況』, 1978,
328면.

56 1970년대 일본의 국제교류활동의 모토는 상호이해였다. 그 현상은 1960년대 일본의
경제성장과 그에 이은 해외경제 진출과 깊은 관련성이 있었다. 국제교류기금의 설립
이나 후쿠다독트린 등이 대표적인 사례였다. 그러나 국제교류기금은 일본문화를 해
외에 소개할 뿐만 아니라 일본문화를 해외에 보내어 일방적으로 일본문화에 대한 이
해를 구하는 형국이었다. 요컨대 상호이해를 전제로 하고 있지만 실은 자기중심적이
고 일본의 다른 아시아 지역에 경제진출을 위한 변명에 지나지 않았다. 平野健一郎,
「ヒトの国際移動と国際交流」, 『国際文化交流の政治経済学』, 勁草書房, 1999, 286면.

57 이러한 일본의 노력은 후쿠다 정권 성립 이전부터 외무성 내에서 검토되고 있었다고
한다. 1976년에 아세안제국과의 막후협상을 거쳐 1977년 3월에는 도쿄에서 일본·
ASEAN포럼의 개최를 성사시켰다. ASEAN도 점차 자신을 갖고 일본과의 관계 강화가
일본에 종속을 의미하는 것은 아니라고 생각하여 동년 8월에 후쿠다를 제2회 ASEAN
수뇌회담에 초대한 것이다. 五百旗頭真 編, 『戦後日本外交史』, 有斐閣アルマ, 1999, 174면.

58 후쿠다는 동남아시아방문 결과를 보고하는 가운데 "종래처럼 경제관계에 편향되어
버린 이 지역과의 관계를 진정한 상호이해에 의거하여 대등한 협력자로서의 관계,
마음과 마음이 통하는 진정한 친구로서의 관계로 구축하는 것이 중요하다는 것을
통감한다"고 언급했다. 후쿠다의 이 연설은 지금까지의 동남아시아외교의 반성과
향후의 동남아시아외교의 변화를 알리는 것이기도 했다. 「第82回国会における福田内
閣総理大臣所信表明演説(1977.10.3)」(資料編), 『わが外交の近況』, 1978 수록.

59 『通商白書』, 1973, 238면.

60 『わが外交の近況』, 1973, 104~105면.

61 『わが外交の近況』, 1973, 104면.

62 『わが外交の近況』, 1973, 92면.

63 이 조어는 나가스 가즈지[長洲一二] 전 가나가와[神奈川]현지사가 1975년 지사선거의
공약으로 '신가나가와선언[新神奈川宣言]'을 제창하는 가운데 언급되었다. 현의 행정
에서 민간차원의 국제 교류를 적극적으로 추진하겠다는 의지를 피력한 것이다.

64 「第6節 国際的な各種交流の促進」, 『わが外交の近況』, 1971 참조(http://www.mofa.go.jp
/mofaj/gaiko/bluebook/1971/s46-1-2-6.htm).

65 「第3節 諸外国との関係の増進」, 『わが外交の近況』, 1971 참조.

66 1965년 11월에 설립된 기관으로서 목적은 동남아시아 지역의 교육, 과학, 문화를 통

해 협력을 촉진하여 정의, 법의 지배, 인권 및 기본적 자유를 추진하는 것이다. 사무국은 태국의 방콕에 있으며 가맹국은 설립 당초에는 7개국이었으나 그 후 아세안제국 및 동티모르를 합해 11개국으로 늘었고, 준가맹국은 호주, 프랑스, 캐나다, 서독, 네덜란드, 뉴질랜드, 스페인 등 7개국이다. 준가맹국(Associate Member Countries) 은 양국 간 혹은 다국 간 협력에 의한 프로그램을 가맹국과 공동으로 개발함으로써 가맹국에 협력하는 형태를 취했다. 일본은 준가맹국은 아니지만 1970년 이래 연계국(Partner Country)으로서 협력해 왔다. ウィ ホック チェア, 「東南アジア教育大臣機構－(SEAMEO)有効な地域教育協力の一例」, 『Japan Education Forum』 IX, 広島大学教育開発国際研究センター, 2012 참조.

67 ウィ ホック チェア, 「東南アジア教育大臣機構－(SEAMEO)有効な地域教育協力の一例」, 4면.

68 '동남아시아문화사절단'의 파견은 1971년 7월 25일부터 8월 11일까지 필리핀, 태국, 말레이시아, 싱가포르, 인도네시아의 5개국을 방문하여 새로운 문화·교육협력의 가능성에 대해 조사·연구를 행하여, 향후 동남아시아제국과의 문화교류연구, 문화·교육협력의 확대를 제창한 보고서 「동남아시아와의 문화교류를 어떻게 추진할까」를 정리하여 향후의 방향성을 제시했다. 그 후 일본정부는 1972년도에 제2차 '동남아시아문화사절단'을 17일간에 걸쳐 파견했다. 그리고 1976년에는 중근동 5개국에 문화교류사절단을 파견하여 이들 지역과의 문화교류의 방법에 대해서도 제언을 모색했다. 또 1971년에 시작된 '아시아교육조사단'의 파견은 1972년 '이란반', 1973년 '버마반' '스리랑카반', 1974년 '베트남반'을 각각 구성하여 파견했다. 「国際文化交 流の現状」, 『わが外交の近況』, 1972~77 참조.

69 『わが外交の近況』, 1973, 418~419면.

70 문화무상자금협력에는 현재 '일반문화무상자금협력'과 '민초무상자금협력(2000년도 도입)'의 2가지가 있다. 특히 일반문화무상자금협력의 실적만을 보면(1975~2006년), 실시총액 약 570억 엔, 실시 건수 1,324건, 실시 국가 128개국이다. 이를 지역별로 보면, 아시아가 약 167억 7천만 엔(419건·29%), 중남미 약 163억 2천만 엔(369건·29%), 중근동 약 70억 엔(149건·12%), 아프리카 약 68억 5천만 엔(174건·12%), 중동구(中東欧) 벨트 약 55억 엔(126건·10%), 대양주 약 28억 엔(48건·5%), 중앙아시아 약 18억 엔(39건·3%)이다. http://www.mofa.go.jp/mofaj/gaiko/culture/kyoryoku/pdfs/ippan.pdf

71 斉藤泰雄, 「1970年代初頭における国際教育協力論の高揚と停滞」, 斉藤泰雄 外, 『わが国の国際教育協力 の在り方に関する調査研究』, 国立教育政策研究所, 2009.3, 29면.

72 『わが外交の近況』, 1970, 307면.

73 이 흐름은 외무성이 1964년에 문화외교를 총괄하기 위한 체제구축으로서 문화사업부를 설치하고 나서 강화되었다. 그 배경에는 주요선진국의 강력한 문화외교활동의 자극이라는 측면이 있었다.

74 斉藤泰雄, 「1970 年代初頭における国際教育協力論の高揚と停滞」, 27~28면.

75 国際交流基金, 『国際交流基金30年の歩み』, 中央公論事業出版, 2006, 21면.
즉 2개의 닉슨쇼크는 전후외교의 한 축이었던 일미기축에 균열을 가져와 대미관계의 수복, 대중관계의 조정 등, 새로운 형태의 국제정치의 관여가 일본에 중요한 과제가 되었다. 국제교류기금은 이러한 과제에 대처하기 위해 설립되었고, 때문에 설립 당초는 대미문화교류를 강력히 추진한다는 측면이 강했다.

76 「佐藤総理大臣・ニクソン米大統領共同発表(1972.1.7)」(資料編), 『わが外交の近況』, 1972, 459면.

77 「第68回国会における福田外務大臣の外交演説(昭和47年1月29日)」(資料編), 『わが外交の近況』, 1972, 424면.

78 外務省文化事業部 編, 『国際文化交流の現象と展望』, 10~11면.

79 「国際交流基金法第1章 第1条」(昭和47年6月1日 法律 第48号).

80 『わが外交の近況』, 1972, 386면.

81 国際交流基金, 『国際交流基金30年の歩み』, 26면.

82 일본국제문제연구소(The Japan Institute of International Affairs)는 1959년 12월에 설립되어 초대회장에는 요시다 전수상이 취임했다. 이 연구소는 중・장기적인 시야에서 국제문제를 연구하는 것을 주된 목적으로 한 종합적인 국제문제연구기관이다. 그 활동범위는 국제관계・외교문제의 기초 연구 및 외교정책기획입안을 위한 국제정세의 조사연구를 중심으로 외국연구기관과의 연구교류・공동연구, 외국연구원의 초빙, 국제심포지엄・세미나・강연회 등의 개최, 자료의 수집, 광범위한 출판 활동 등 다양하였다. 1960년 9월에는 외무성소관의 재단법인으로 인가되어 1976년부터는 해산한 사단법인 구아(欧亜)협회의 업무를 계승했다.

83 『わが外交の近況』, 1974, 간행사 참조.

84 『わが外交の近況』, 1981, 15면.

85 일본인이 단순한 해외여행을 목적으로 자유롭게 해외에 나갈 수 있게 된 것은 도쿄올림픽이 열리던 1964년 4월 1일 이후부터이다. 그리고 1966년 1월 1일 이후에는 일인 연간 일회라는 여행제한이 철폐되기도 했지만, 해외여행이 일반화된 것은 1970년대 들어서부터이다.

86 林知己夫 編, 『日本と東南アジアの文化摩擦』, 出光書店, 1982, 11면.

87 稲村博, 『日本人の海外不適応』, 日本放送出版協会, 1980 참조.

88 日本文化研究会 編, 『国際誤解と日本人』, 三修社, 1980, 4면.

89 『わが外交の近況』, 1980, 13면.

제6장

국제국가 일본의 문화내셔널리즘과 문화외교

들어가면서

다극화시대의 국제협력체제의 구축을 통해 '균형외교'를 추구하기 시작한 일본은 1980년대가 되자 '자주외교'노선을 바탕으로 경제대국에 어울리는 정치력을 발휘하여 소위 '국제국가'로서의 지위를 한층 강화하려는 의지를 드러냈다. 미국, 서독과 함께 세계경제의 '지도적'입장이 된 것을 자축하면서도 경제력만으로는 일본의 지위가 국제사회에서 편향적으로 흐르기 쉽다는, 자기이미지의 고착화에 대한 일종의 위기의식이 초래한 변화였다. 그 선두에는 일본의 보수우경화를 주도한 나카소네[中曾根康弘] 총리의 대담한 국가 건설 구상이 있었다.

그는 '전후정치의 총결산'이라는 미명하에 대내적으로는 일본정신과 국가의식의 함양을 통한 '강한 일본'의 '국제화' 전략을 추진했고, 대외적으로는 미국과 동맹국으로서 일본의 역할 재검토를 비롯해, 국제관계에서 '성(誠)'을 다하는 외교노선의 지속, 문화적·지적으로 국제사회에 공헌하는 '문화국가' 만들기와 같은 글로벌 리더십을 추구했다. 이 시기 일본의 외교가 글로벌화, 조직화, 대형화의 형태로 전개된 것도 '국제국가'의 이념이 반영된 결과였다. 국제사회로부터의 일본에 대한 기대와 비판에 즈음하여 기존의 수동적 자세를 버리고 일본적 가치의 발신을 강화하여 비판적 여론을 상쇄시키려는 공세적 대응으로 전환한 것이다.

이로 인해 1980년대는 "보다 적극적인 정치적 역할"이나 "폭넓은 다면적 외교" 전략이 일본외교의 방향성을 형성했다. 경제대국의 지위를 등에 업고 정치·문화적 영향력을 확대하려는 정부의 의지가 통상마찰에 대한 방어수단으로서의 대응 전략, 일본사회의 국제화 진전 등과 맞물리면서 일본의 문화외교 역시 '선진대국'의 가치를 이입시키는 형태로 세밀함을 더해 갔다. 이른바 멀티트랙 전략을 통해 상대의 니즈에 일본적 가치를 적절히 조화시키는 형태로 일본문화의 발신과 일본적 가치의 '국제화' 전략을 선택한 것이다. '선진국'에 도달했다는 자부심과 격화하는 통상마찰의 해소, 일본 문화력의 해외 전파에 대한 강한 의지 등을 반영한 흐름이었다.

이에 본 장에서는 국제문제에 대한 일본의 외교방침이 '주체적·적극적 참여'의 형태로 변해가는 가운데 '국제국가' 일본의 문화외교는 어떠한 형태로 전개되었는가를 주목했다. 구체적으로는 1980년대 문화외교의 이념과 방향성을 결정지은 중요한 기반이 된 일본경제의 국제지배력 확산의 실상(국제사회에서 일본경제의 상대적 지위변화를 가져온 제 요인과 일본경제의 국제화진전), 경제대국을 둘러싼 국제사회의 압력과 기대감에 대한 일본의 대응, 그것이 문화외교에 반영되어 가는 과정, 문화외교를 통해 일본이 발신하고자 했던 메시지의 시대사적 의미, 그리고 '세계에 열린 일본'이라는 관점에서 문화외교의 성과와 과제 등을 종합적으로 분석했다.

1. 일본경제의 국제지배력 확대와 국제사회의 시선

1) 국제정세의 불확실성과 일본경제의 상대적 지위변화

1980년대의 국제사회는 정치·경제·군사의 각 방면에 걸쳐 유동화와 불안정화의 양상을 강화하는 형태로 시작했다. 1970년대 긴장완화의 시대상을 비웃기라도 하듯 이란·이라크전쟁을 필두로 한 중동정세의 악화, 아프가니스탄문제와 소련의 군비확장을 둘러싼 미·소의 대립격화, 한반도정세의 악화와 캄보디아문제를 포함한 아시아정세의 불안, 제3세계에서의 분쟁격화 등 동서관계와 각 지역의 상황이 큰 흐름에서 '불확실성의 시대'를 예고하고 있었다. 그런 흐름은 소련의 고르바초프의 등장과 서울올림픽의 성공적인 개최가 이루어질 때까지 이어졌다.

경제적인 측면에서의 혼미한 상황도 종식되지 않았다. 제2차 석유

위기발생으로 주요선진국의 경기침체는 물론이고 무역환경도 개선될 기미를 보이지 않았다. 주요국은 경상수지 악화, 인플레의 지속, 고용환경의 악화라는 공통의 현안을 안고 저성장의 늪에 빠졌고, 개도국은 정치·사회불안에 수출환경의 악화라는 2중고에 시달리고 있었다. 1983년 유엔무역개발회의(UNCTAD)가 '개발과 세계경제의 회복'이라는 주제로 개최되었다는 것은 세계경제의 위기와 남북 간의 상호의존성이 그만큼 깊어졌다는 것을 반증하는 것이었다.

국제정세의 불확실성의 증대와 국제관계의 긴밀화는 일본외교의 과제로 이어졌다. 1982년 일본정부는 당면한 외교과제를 ① 평화와 군축을 위한 노력, ② 세계경제발전에 공헌, ③ 도상국의 안정과 발전에 협력 등으로 설정했다.[1] 일본외교의 기본적 입장인 서방세계의 일원으로서의 외교, 아시아·태평양 지역을 기반으로 하는 외교, 폭넓은 다면적인 외교를 반영한 결과였다. 이른바 동서 간의 대화를 촉진하여 국제정세의 안정을 꾀하고 자유무역체제하에서 일본경제의 안정적 성장과 국제공헌을 도모하여 국력에 부합하는 책임 있는 국제국가로 거듭나겠다는 의도였다.

일본경제의 상대적 비상

제1차 오일쇼크 직후인 1975년부터 85년까지 일본의 연평균성장률은 약 4%였다. 고도경제성장이 시작된 1956년부터 70년까지의 평균성장률이 9.7%였기 때문에 1975년 이후 거품기에 들어가기 직전까지의 성장률은 고도성장기의 약 6할 정도의 저성장을 한 것이다. 수치로 보면 성장률의 저하가 현저하다. 그 이유를 일본의 경제계는 두 번에 걸친 오일 쇼크에 의한 '석유가격급등설', 규제신설과 강화에 의한 '구조 요인설', '역구조개혁' 이론, 생산성신장률의 저하가 가져온 '캐치 업 효과'의 저하 등에서 찾거나 한다.[2]

이들 제 설은 1960년대와 70년대의 경제성장률의 격차가 지나치게 크다는 전제하에 그 원인을 분석한 것이고 그런 의미에서 한편으로는 고도경제성장의 종언을 고하는 주장이기도 하다. 하지만 이와는 반대로 1970년대도 일본경제는 고성장을 계속했다는 의견도 있다. 경제학자 하시모토 주로(橋本寿朗, 1946~2002)는 일본의 경제성장률이 1970년대 중반부터는 1950~60년대에 비해 감소했지만, 일본의 GNP성장률을 5년 단위로 달러로 계산해 보면 1970년대 후반이나 80년대 후반도 1950~60년대와 같은 높은 성장을 했다는 것이다. 그 결과 경제규모를 미국과 비교하면 1955년에 17분의 1에 지나지 않았던 것이 1970년에는 5분의 1까지 상승했다고 한다.[3]

즉 달러로 환산하면 동시기의 아시아의 성장에는 미치지 못하지만 구미선진국보다는 고성장을 이룩했으며, 일본의 전후경제사로 보면 고성장이 이어졌다는 주장이다. 경제성장률의 고저에 관한 논쟁은 차지하고라도 1970년대를 마친 시점에서 국제경제는 일본의 경제력에 압도되는 듯했다. 1960년에 일본의 GNP가 미국의 9%에 지나지 않았지만 1979년에는 43%로 증대[4]했다. 1980년 세계의 GNP규모도 미국 24.7%, EC 23.2%, 일본 10.6%를 기록하여 일·미·EC만으로 세계의 명목 GNP의 약 60%, 세계 수출의 50%, 세계 수입의 52%를 차지하는 한편, 각각의 명목 GNP(GDP)에서 차지하는 무역 비율도 일본 33%, 미국 24%, EC 25%를 차지하고 있었다.[5]

각 산업별 실적도 1970년대를 마친 시점에서 제조업(자동차생산 및 수출 제1위, 조간생산 제2위) 분야를 비롯해 첨단산업(고품질 DRAM생산을 통한 반도체왕국 건설)의 약진, 정보화사회구현(주요선진국의 정보통신문화의 비교우위), 연구개발의 성과를 가늠하는 기술특허출원건수의 상대적 증가와 비교우위(1970년대를 통해 특허건수는 주요선진국은 감소추세였지만 일본은 증가일로를 더듬었다. 특히 출원건수는 1973년부터 주요선진국을 압도하기 시작했다), 비즈니스세계의 권력지도교체(국제사회의 일본기업의 대약진), 사회안전(주요선진국 가운데 실업률과 범죄발생률이 가장 낮았다) 등의 분야에서 두각을 나타내고 있었다.[6]

일본경제력의 비약적인 발전은 2회에 걸친 오일쇼크와 엔고(円高)기조의 정착, 그리고 '영국병'이라는 말이 상징하듯 주요국이 국내의 구조적인 문제(특히 1970년대에 현저해진 주요선진국경제에 내재하는 제 문제, 예를 들면 구조적 인플레요인으로서의 임금상승, 그와 병행하지 않는 노동생산성의 정체, 노사대립의 격화, 설비투자의 부족, 여기에 정부부문의 비대화의 폐해로서 나타난 재정적자의 확대)[7]에 의해 침체에 빠져있던 시기에 달성되었다는 점에서 저력을 평가하지 않을 수 없다. 일본경제의 부상과 상대적인 지위변화는 경제정책이나 구조적 요인 이외에 일본인의 행동양식이나 기업문화 등과 관련지어 파악하면 보다 명확해 진다.

일본경제의 상대적 지위변화의 요인

우선 노동생산성이다. 일본경제를 지탱하는 노동생산성의 상승률은 선진제국을 압도한 반면 시간당 임금상승률은 선진제국에 비해 낮다(〈표 6-1〉 참조). 노동생산성의 경우 오일쇼크 이후 선진제국은 정체

	연도	미국	일본	서독	영국	프랑스	이탈리아	캐나다	EC
노동생산성 상승율	1973~80	1.7	6.8	4.8	1.9	4.9	3.6	2.2	4.2
	1960~80	2.7	9.4	5.4	3.6	5.6	5.9	3.8	5.4
시간당 임금상승률	1973~80	9.3	10.5	9.7	19.1	15.2	20.1	11.9	13.8
	1960~80	6.7	15.1	10.3	12.7	12.0	16.0	8.6	11.9

출처 : 『通商白書』, 「第3章 3. 貿易摩擦の構造的背景」, 1982, 〈第3-2-7表〉에서 발췌작성.
* 노동생산성은 총 노동시간당 산출액.
* EC는 9개국 합계.

된 상태였는데 일본은 여전히 높은 생산성을 유지하고 있었다. 노동생
산성의 향상은 제품가격의 국제경쟁력 확보는 물론 물가의 상승억제
나 산업구조의 유연한 변화를 가능하게 하는 등, 일석삼조의 효과를
엿볼 수 있는 지표이다. 특히 제조업 분야에서 수출비율이 높은 업종
의 노동생산성의 상승률이 수출비율이 낮은 업종에 비해 일반적으로
높다는 결과가 구체적으로 증명되었다.[8] 이를 보면 노동생산성이 국
가경쟁력을 지탱하는 중요한 요인이라는 것에 이의를 제기하기는 어
려울 것이다.

노동생산성의 향상에 기여한다는 자본장비율(취업자 한 사람 당 자본
스톡)의 실상도 참고할 필요가 있다. 1960~73년에 연평균 10.4%, 1973
~79년에는 6.1%의 증가세를 기록했다. 동시기의 미국·서독·프랑
스 등을 압도하는 흐름이었다(〈표 6-2〉 참조). 자본장비율의 상승은 고
도성장기의 왕성한 설비투자에 의한 것으로, 그 결과 1955~80년 까지
일본 제조업의 생산이 12.4배로 확대되었고 그 가운데 약 3할이 기술
혁신에 의한 것으로 추정되고 있다.[9] 기술혁신 → 설비투자 → 자본장
비율의 상승이 노동생산성의 신장을 담보한 것이다. 특히 일본경제의

연도	일본		미국		서독		프랑스	
	1960~73	1973~79	1960~73	1973~79	1960~73	1973~79	1960~73	1973~79
노동생산성 상승률 전년비	8.5	3.0	2.2	0.5	4.4	3.2	5.3	2.8
민간기업 설비투자 전년비	13.5	1.8	5.7	2.8	4.7	2.6	6.8	1.0
자본장비율 전년비	10.4	6.1	2.6	0.9	5.7	4.7	-	-

출처 : 「第2部 日本経済の活力, その特徴と課題, 1. 資本装備率の上昇」, 『経済白書』 1981, 210면(第2-1-1에서 발췌작성).

기술혁신은 오일쇼크 이후 '대량생산형 혁신'에서 '효율형 혁신'으로 구조적 변화를 추구하는 가운데 생산성의 향상을 동반함으로써 일본의 국가경쟁력을 확보하는 기반으로 작용했다.

일본기업의 적극적인 해외시장 개척의지의 국제비교도 주목하지 않을 수 없다. 일반적으로 기업의 해외진출의 성패를 가늠하는 기본적인 요소는 "해외시장의 제도적 특질, 소비자의 기호, 경합상품, 유통제도 등 다양한 문제에 대해 정통"해야 하며 아울러 "시시각각 변화는 해외시장의 동향에 대해 신속히 적절한 정보를 수집하여 이에 대응하는 체제가 정비"되어 있어야 하는 등, 수출국 측의 적극적인 의지가 중요하다. 이 부분(즉 기업의 해외무역종사자 수)에서 일본의 기업은 1970년대 중반 무렵부터 이미 미국이나 EC제국을 상회하는 기세를 보이고 있었지만, 외국기업의 재일무역종사자수는 일본과는 달리 극히 낮은 수준에 머물러 있었다.[10]

노동생산성과 기술혁신 그리고 기업의 파이오니아 정신의 결합은 수출촉진을 통해 경제성장을 추구하는 일본이나 한국과 같은 국가에서는 국부창출의 원동력이 된다. 일본의 수출동향이 이를 뒷받침하고 있다. 예를 들면 1970년에 이미 세계 3위의 수출국이었던 영국과 어깨를 나란히 하면서 수출총액 역시 1980년에는 1,298억 700만 달러를 기록하여 1970년 수출총액의 6.7배에 이르렀다. 수출의 연평균신장률도 1970년대를 통해 20.4%를 기록하여 고도성장기의 1960년도에 기록한 평균신장률 16.5%를 상회하는 실적을 거두었다.[11] 구미선진제국이 안고 있던 구조적 요인에 의한 수출과 성장의 정체를 마치 비웃기라도 하는 듯한 결과였다.

수출의 신장은 경상수지의 흑자기조, 그 가운데에서도 무역수지의 흑자기조를 유지시켜 두 번의 오일쇼크 이외에는 모두 흑자의 확대가 두드러진 결과를 초래했다. 경제규모를 가늠하는 주요국의 무역점유율도 미국 서독에 이어 제3위의 위치(1978년 단계)에 도달했다. 마치 나홀로 역주행하고 있는 듯한 일본경제의 퍼포먼스는 1970년대의 세계경제가 두 차례의 오일쇼크로 인해 '파란만장의 양상'을 연출하고 있는 가운데 이룩한 상대적인 결과였다는 점에서 국제사회의 이목을 집중시켰다. 그러나 그 이면에는 노동생산성과 일본기업의 무한경쟁의식, 그리고 일본인의 노동윤리와 같은 비교우위의 요인이 감추어져 있었음을 간과해서는 안 될 것이다.

*Japan as NO.1*을 필두로 하는 소위 '일본예찬론'이 붐을 이루기 시작한 것도 이 무렵부터이지만, 당시 영국에서는 「일본의 산업에 있어서 과학기술에 대하여」라는 보고서(1978년 8월, 과학과 기술에 관한 영국특별조사위원회)를 통해 "일본이 과학기술을 국가목표를 달성하는 도구 혹은 수단으로 간주하여 정부가 다양한 정책을 취하면서 일본인의 성격, 재능 및 종신고용제도 등과 맞물려 과학기술을 제대로 이용하여 생산 공정의 능

률화에 성공하면서 정확한 품질관리를 행하여 세계시장을 개척해온 경험을 영국은 유효하게 응용할 수 있다"[12]고 지적한 바 있다. 일본의 경제성장의 동력을 종합적으로 높이 평가한 것이다.

일본경제의 국제공헌

일본경제의 규모 확대와 국제화의 진전은 국제통화 시장에 '엔의 국제화' 현상을 동반했다. 구체적으로는 ① 무역거래에 엔 사용의 고조, ② 대일증권투자나 비거주자 엔 예금 등을 통한 엔 자산보유의 증가, ③ 일본의 자본시장에 엔다테외채(円建外債, yen-denominated foreign bond : 외국이나 외국의 제 기관 등이 일본에서 발행하는 채권)의 발행이나 일본은행들의 엔 해외대출 등,[13] 국제적인 자본·금융거래에 엔의 사용이 급증하게 되었다. '엔의 국제화'는 1871년 '신화조례(新貨条例)'에 의해 '엔'이 탄생하고 나서 약 1세기만에 국제금융·자본시장에서 국제통화로서의 지위를 확보했다는 것을 의미했다. 이는 일본경제의 국제적 지위 상승을 반영한 결과이자 향후 일본경제의 국제지배력 강화를 예상하게 하는 현상이었다.

경제선진국의 국제공헌을 측정하는 지표 가운데 하나인 정부개발원조(ODA)도 착실하게 증가했다. 일본정부는 1976년에 모든 전후배상을 완료하자 1978년부터 ODA를 3년간 배증한다는 제1차 중기목표를 설정(1977년에는 14억 달러 초)하여(〈표 6-3〉 참조), 우선 1980년에는 33억 400만 달러(전년대비 253% 증가)를 할당했다. 당면의 목표를 가볍게 달성한 것이다. 그 후 정부는 1980년 유엔의 국제개발 전략(신IDS)의 채택에 따라 'ODA의 대 GNP대비 0.7% 목표'의 달성을 위해 향후 5년간 ODA

〈표 6-3〉 중기목표의 개요

	기간	주요 내용
제1차 중기목표 (1978년 7월 책정)	1978~80	1977년 ODA실적 14.2억 달러를 1980년까지 배중한다.
제2차 중기목표 (1981년 1월 책정)	1981~85	1981~85년의 ODA총액을 1976~80년 총액의 배 이상으로 한다.
제3차 중기목표 (1985년 9월 책정)	1986~92	1986~92년의 ODA총액을 400억 달러 이상으로 한다.
제4차 중기목표 (1988년 6월 책정)	1988~92	1988~92년의 ODA실질총액을 1983~87년의 배 이상의 500억 달러 이상으로 한다.
제5차 중기목표 (1993년 6월 책정)	1993~97	1993~97년의 ODA실질총액을 700~750억 달러 이상으로 한다.

총액을 과거 5년간 ODA총액의 배 이상으로 한다는 중기 전략을 제시했다. 그리고 1989년에는 미국을 제치고 세계 최대의 원조대국(89억 6,500만 달러)이 되었다〈표 6-4〉 참조).

일본정부도 「경제협력의 이념 — 정부개발 원조를 왜 행하는가」(1980)를 발표하면서 정부개발 원조를 "일본의 종합적인 안전보장을 확보하기 위한 국제질서구축의 비용"으로서 인식하면서, 원조를 확충하는 이유를 ① 평화국가이고 원조를 통해 평화적인 국제질서의 구축에 공헌할 필요가 있다는 것, ② 자유세계 제2의 경제대국으로서 국제사회에 대한 응분의 협력을 해야 한다는 것, ③ 자원 등의 측면에서 대외의존도를 보강한다는 것, ④ 비서구국가로서 100년 남짓

〈표 6-4〉 DAC주요국의 ODA실적의 추이(지출순액베이스)(단위 : 백만 달러)

	1978년	1989년	순위(89년 단계)
일본	2,347	8,965	1
미국	3,664	7,664	2
프랑스	2,347	7,467	3
서독	2,245	4,053	4
이탈리아	377	3,325	5
영국	1,465	2,588	6
캐나다	1,000	2,302	7

출처 : 『外交靑書』, 外務省, 1990, 86면에서 저자가 작성.

기간에 근대화를 달성한 아시아국가로서 개도국의 기대가 크다는 것 등의 네 가지로 요약했다.

그리고 이 4개의 요인은 "글로벌한 정치적, 경제적, 사회적 상호의존 관계의 다양한 측면이 있다"고 언급했다.[14] 일본의 적극적 대응은 1980년대 일본의 무역흑자 확대에 따른 ODA지원의 양적증대요구에 부응하는 측면이 강했다하더라도 1980년대에 들어 유럽을 중심으로 '원조피로' 현상이 심화되는 가운데 이룬 성과였기에 일본의 ODA는 이 문제의 완화에 상당한 역할을 한 것으로 평가받고 있다.[15] 특히 일본의 ODA의 제공이 수출시장의 확보에 긍정적인 역할을 했다는 연구결과[16]가 뒷받침 하듯 ODA 확대는 일본경제의 국제지배력을 강화하는 중요한 수단이었다.

인도적·도의적 고려와 상호의존의 심화라는 두 개의 관점이 경제협력 이념의 근간이었음을 강조하면서, 아울러 경제선진국으로서의 자기인식을 강화하여 그에 상응하는 책무를 개도국에 대한 경제협력 강화를 통해 글로벌한 관점에서 국제사회의 공헌(개도국의 경제사회발전)에 기여하겠다는 취지였다. 소위 경제협력 분야에 있어서도 자유롭고 개방된 국제질서 구축을 일본이 주도해가겠다는 의지를 반영한 것으로 앨빈 토플러가 언급한 'powershift'의 파고가 일본으로부터 발하고 있다는 것을 국제사회가 인정하지 않을 수 없는 상황이 1980년대의 일본이었다.

2) 구미로부터의 압력—문화마찰의 본격화

1974년 일본은 전후 처음으로 마이너스성장(-0.6%)을 기록했다. 적어도 형태상으로는 고도성장의 종언을 고하는 것이었다. 마이너스 성장은 외부로부터의 충격에 의해 "전치 3년의 중상"을 입은 결과였기에 향후의 전망도 밝지 않았다. 1975년도 판『경제백서』가 전후의 고도성장과 결별하여 "조용하고 조심스러운 성장"으로 전환해 가는 것이 향후 일본경제의 과제라고 언급했듯이 일본경제의 재건에 시간이 걸릴 것이라는 판단에는 이론이 없어 보였다.

그러나 예상은 빗나갔다. 주요선진국의 악전고투와는 반대로 일본은 ① 에너지절약 추진과 석유대체에너지의 개발, ② 설비투자와 노동협조에 의한 생산성 향상, ③ 산업의 고도화 추진 등[17]을 바탕으로 양호한 퍼포먼스를 피로했다. 일본경제의 "유연한 적응력과 풍부한 창조성"(『경제백서』, 1978년도 판)과 "기업, 소비자의 냉정한 대응"(『경제백서』, 1980년도 판)이 내외의 다양한 어려움에도 불구하고 그것을 극복할 수 있는 원동력이 된 것이다. 국제환경의 동요가 아무리 커도 국내의 대응여하[18]에 따라 회복상황에는 커다란 차가 있음을 일본이 모범적으로 보여준 것이다.

일본정부도 1970년대 중반 이후『경제백서』를 통해 경제상황에 대한 낙관적인 전망을 피력하기 시작했다. 1976년도 판을 통해 "새로운 발전을 위한 기초다지기"라는 인식을 표명한 이래 1978~79년도 판에서는 일본경제에 광명이 비치기 시작했다는 지적과 함께 "새로운 성장궤도를 위한 발판 다지기"에 돌입했으며, 그 연장선상에서 "자율적·본격적인 경기상승과정"에 들어섰다(1982년도 판)는 견해를 밝혔다. 표현은 일본적이었지만 내심은 자신감에 차있었다. 경제대국의 위용은 국제사회에 일본경제의 프레젠스 확대로 이어졌다.

1985년이 되면 일본의 GNP는 OECD전체 GNP의 약 10%를 차지해 미국 GNP의 3분의 1, 서독 GNP의 2배의 규모에 달했다. 국민 일인당 GNP(달러베이스)도 OECD의 7번째로, 주요국 가운데는 미국, 캐나다에 이어 3번째의 고수준이었다. 주요국의 대외순자산잔고도 1980년부터 5년 만에 서독과 영국을 제치고 제1위가 되었고, 경상수지의 흑자폭도 1985년도에는 550억 달러를 기록하여 GNP의 3.8%까지 부풀어 올랐다. 특히 국민경제의 활력을 반영하는 불쾌지수(= 실업률+소비자물가상승률-실질성장률)는〈표 6-5〉참조) 제1·2차 오일쇼크를 극복한 1980년부터 주요국에 비해 상대적으로 낮았다.[19] 일본의 경제적 퍼포먼스를 단적으로 보여주는 데이터이다.

일본경제의 프레젠스 확대는 경제협력을 포함해 일본의 역할에 대한 국제사회의 기대감을 고조시켰다. 1980년대 후반 당시 외무대신이었던 우노(宇野宗佑, 1922~1998, 제75대 총리대신)가 국제사회의 현실을 관찰한 뒤 귀국하여 "우리나라의 국제적 역할과 책무가 현저하게 증대하고 있다는 것, 그리고 우리나라에 대한 제 외국의 기대와 관심이 크게 고조되고 있다는 것을 피부로 느꼈다"[20]는 고백은 결코 허언이나 겸손이 아니었다.

국제사회는 세계의 경제 위기를 피하기 위해서는 일국만으로는 불충분하고 선진국이 협력하여 사태의 개선에 노력하지 않으면 안 된다는 인식은 공유하고 있었다. 주요선진국들의 보호무역주의의 태두에

〈표 6-5〉 국민경제의 불쾌지수

	일본	미국	영국	서독	프랑스
1974년 1차 쇼크	27.1	17.2	20.0	9.2	12.8
1980년 2차 쇼크	5.8	20.8	27.0	7.6	19.9
1985년	0.1	8.5	15.9	9.0	14.8

출처 : 総合研究開発機構, 『国際社会の中の日本経済』, (株)丸井工文社, 1988, 13면.

도 불구하고 도쿄라운드의 채택과 같은 국제사회의 협력노선이 견지되고 있었다는 것이 상징적인 예이다. 그러나 선진국 가운데 현안해결을 위한 여력을 갖춘 나라는 일본이었다. 그런 만큼 일본의 역할과 공헌에 대한 국제적인 압력도 커질 수밖에 없었다. 그 선두에 선 나라가 미국이었다.

미국은 우선 안전보장문제를 중심으로 일본의 협력을 압박했다. 레이건 정권은 소련의 아프가니스탄 침공을 계기로 국제사회에서 정치·군사적으로 소련을 봉쇄하는 정책을 기도했다. 미국의 적대적 대소정책은 군비경쟁을 초래하며 궁극적으로는 양국의 경제적 경쟁력을 쇠퇴시키는 요인이 되었지만, 미국과의 동맹관계를 맺고 있던 일본의 경우는 미국의 새로운 군사 전략에 편입되지 않을 수 없는 상황에 직면했다(역으로 생각하면 일본은 미국의 압력에 의해 군사적인 협력을 강화함으로써 국사대국으로 전환하는 계기를 잡았다고 볼 수 있다).

당시 일본은 나카소네[中曾根康弘] 정권의 보수우경화 현상이 노골적으로 강화되고 있었기 때문에 미국의 군사력증강 요청은 보수정권에는 더없이 행복한 압력이었다. 방위력증강에 대해서는 일본정부도 이미 이란, 아프가니스탄 문제를 비롯한 국제정세의 변화에 즈음하여 "앞으로도 자주적으로 한층 더 노력을 계속할 결의이고 우리나라로서도 무엇을 해야 할지에 대해서는 신중히 검토"[21]하겠다는 의지를 기회 있을 때마다 미국에 전하여 긍정적 평가를 받고 있었다.[22] 그로 인해 안보문제에서 양국의 협력은 강화되어 갔다.

구체적으로는 "방위비 증대, 일본에 주둔하는 미군의 지원증강, 미국과의 다수의 공동기술개발사업이나 광범한 공동 군사연습" 등에 의해 미국의 정책을 적극적으로 지원했다. 이 같은 공동연습이 결과적으로 "자위대의 활동을 국내에 한정한다고 하는 일본의 이제까지의 정책이 본질적으로 뒤집어지는"[23] 계기가 된 것은 기억에 새롭다. 안보문제의 순항과는 반대로 경제 분야는 긴장감을 더해갔다. 1970년대부터 본격화한 미국의 대일무역적자의 확대, 일본의 산업구조의 변화와 맞물려 전개된 산업별통상마찰의 심화, 일본의 시장개방을 둘러싼 미 의회의 상호주의 법안의 체결 등, 양국의 무역환경은 일찍이 없었던 긴장관계를 형성했다.

특히 1980년대에 들어서는 미국농산물의 수입자유화문제를 비롯해, 자동차산업에 대한 미국의 전방위에 걸친 압박(로컬 컨텐트법의 가결, local content legislation : 미국의 자동차부품 국내조달법안), 철강이나 반도체마찰의 격화(1985년 6월에는 미국반도체협회가 통상법 301조로 일본의 반도체업계를 제소), 그리고 전기통신, 일렉트로닉스, 임산물, 의약품과 의료기기 분야의 일본시장 개방 확대 요구 등, 미국과의 통상마찰이 산업전반에 걸쳐 광범위하게 진행되고 있었다. 미국의 대일적자가 급격히 확대(1980년 100억, 1985년 500억)된 것을 반영한 결과였다.

미국의 압력에 대한 일본의 대응은 대미안보의존 등으로 인해 제한적일 수밖에 없었다. 엔고에 의한 수출의 억제, 일본기업의 해외진출,

일본시장의 적극적인 개방, 일본의 내수 확대 등이었다. 그러나 백약이 무효였다. 플라자합의(1985) 이후 1달러 260엔이 130엔으로 급등하고, 나카소네 수상이 국민 1인당 100달러의 미국산 물품구입을 외치고, 일본시장의 개방(오렌지와 소고기 등)과 일본기업의 현지생산이 본격화되어도 대일무역수지는 개선되지 않고 오히려 증가할 뿐이었다. 일본 측의 처방전은 더 이상 존재하지 않았다.

1950년대부터 주요현안이었던 통상마찰에 대해서는 현안이 발생(섬유 → 철강 → CTV → 자동차 → 하이테크 분야)할 때마다 일본 측이 자주규제를 실시하고 미국이 이를 평가한다는 형태로 마찰을 극복[24]해 왔지만 그 원인이 일본의 관습이나 국민성과 같은 제도나 정서적 요인에 귀결되는 문화마찰의 문제로 변질되는, 소위 비판의 '질'[25]이 급변하면서 무역마찰 역시 점점 심각화·복잡화의 양상을 띠기 시작했다. 이 무렵 국세사회에서 자주 거론된 '불공정'이라는 단어는 '일본'이라는 단어와 마치 '일체불가분'의 의미로 인식될 정도였다.

그 행방은 1991년의 미일구조협의(Structural Impediments Initiative, 양국 간의 무역불균형 해소를 목적으로 한 협의)의 타결에 의해 일단락되었지만 이러한 압력은 구미제국에서 공통적으로 나타난 현상(= 일본의 과제)이었다. 당시 구미제국의 GATT 23조에 의거한 대일협의 개시의 이유서를 보면 ① 일본의 수입액에 차지하는 제품의 비율, 즉 수입제품 비율을 구미선진국수준으로 끌어 올려야 하고, ② 일본에 제품 수입이 확대되지 않는 것은 일본의 시장이 폐쇄적이기 때문에 조속히 시장을 개방해야 한다는 점을 중점적으로 거론하고 있었다.

시장의 폐쇄성에 대해서도 구체적으로는 ① 검사절차, 허가기준 등

수입에 관계하는 절차가 복잡하다는 것, ② 유통제도가 복잡하다는 것, ③ 일본의 기업집단의 과점체제가 배타적이라는 것 등, 소위 비관세장벽의 문제를 언급하며 이것이 제품수입의 확대를 저해하고 있는 요인이라고 지적했다.[26] 일본시장의 폐쇄성과 유통구조의 복잡함은 일본사회의 관행과 같은 것이지만 구미제국은 이러한 부분에 대한 개선을 본격적으로 요구한 것이다.

무역마찰은 내부적으로 축적된 일본의 국제경쟁력이 구미제국에 비해 상대적으로 높아진 가운데 발생한 부분이 있는 만큼 그 책임을 일본에 일방적으로 전가하는 데는 무리가 있었다.[27] 그럼에도 미국을 비롯한 국제사회의 움직임은 일본 측의 항변논리에 귀를 기울이기 보다는 일본에 결자해지의 원칙을 촉구하는 흐름이었다. 따라서 일본의 대응이 주목되었지만 일본으로서도 이전의 대응책에 비해 진전된 내용을 제시할 수 없었다.

요컨대 자주규제, 수입제한의 완화, 투자촉진을 통한 산업협력, 내수 확대를 통한 일본시장의 개방약속, 관세인하나 비관세장벽의 개선 등과 같은 조치를 취하면서, 한편으로는 하이테크 분야에서의 적극적인 국제협력, 유통기구 · 비즈니스관행의 개선, 국제교류의 활성화를 통해 일본에 대한 오해불식 등의 대응책을 추가하는데 그쳤다.[28] 하이테크 분야의 협력이나 관행의 개선 같은 것은 모두 실효성이 떨어지는 장기과제의 영역으로 일본의 실행 의지가 매우 의심스러운 메시지였다. 따라서 1980년대에 들어 무역마찰에 대한 구미제국과 일본정부의 인식차[29]는 쉽게 메워지지 않았고 이는 향후의 전망 역시 결코 낙관적이지 않다는 것을 암시했다.

3) 아시아로부터의 시선 - 기대와 우려의 교차

한편 아시아로부터의 제 요구와 지역별 관계설정도 일본의 딜레마를 가중시켰다. 그 선두에 한국과 중국이 있었다. 1965년에 최대의 현안이었던 국교정상화가 타결된 이후, 양국관계는 착실한 발전을 이루었고 한국은 경제 건설에 총력을 기울였다. 일본도 "한국에 의한 다케시마(竹島) 불법점거"에 대한 항의를 지속적으로 제기하면서도 기본적으로는 '우호협력'관계의 중시라는 명분하에 경제협력이나 기술협력, 민간투자, 대륙붕공동개발 등의 형태로 한국의 경제발전과 관계개선에 기여하는 자세를 취했다.

그 과정에서 양국관계가 순탄하지만은 않았다. 한국의 경우는 대일 무역수지의 악화와 경제구조의 종속화에 대한 우려가 제기되면서 "일본시장 예속" "한일협조의 한계성"이라는 논조가 매스컴의 메인을 장식[30]했고, 일본의 경우는 "한국 측의 질서 있는 수출을 요구한다"는 재계의 움직임을 정부가 받아들여 대한수입규제를 확대하는 등, 통상마찰의 문제[31]가 1970년대에 발생한 여러 정치적 갈등과 맞물려 양국의 관계에 위기적 요인을 제공했다.

통상마찰과 정치현안의 충돌에도 불구하고 상호의존성은 깊어졌다. 한국의 농업진흥과 각종 개발조사에 대한 일본정부와 민간차원의 교류협력이 착실히 진행된 데다, 1973년에는 한국이 일본의 제2위의 수출국가로 부상하는 관계로 발전했기 때문이다. 경제교류의 확대가 한국경제의 대일의존 심화라는 구조적 모순을 짊어지게 만들었지만 동반성장의 기반은 다져가고 있었던 것이다. 그 연장선상에서 1979년에는 양국의 무역총액이 96억 달러를 기록하는 등, 경제를 중심으로 양국의 관계는 긴밀함을 더해가고 있었다.

발전적으로 1970년대를 마감한 양국은 1980년대에 들어 다원적인 분야에서 교류협력 강화를 시도했다. 경제협력(한국은 경제협력자금으로서 일본에 60억 달러를 요청하였고, 일본은 30억 달러를 지원했다)과 무역규모가 확대되었고, 한국의 문화정책의 전환과 일본의 한국에 대한 문화외교의 강화에 의해 본격적인 문화교류협력도 추진[32]되었다. 양국수뇌에 의한 상호방문의 실현과 미국의 주도에 의한 한·미·일 동맹 강화 등, 정치·문화·군사 분야까지 협력무드가 조성되면서, 양국관계도 국교정상화 20주년을 전후로 새로운 단계에 접어들고 있었다(국교정상화 10년을 맞이한 중·일관계도 흐름은 한국과 유사했다).

그 결과 1984년에는 양국의 무역규모도 1965년에 비해 52배로 확대되고 총액에서도 사상 처음으로 100억 달러를 돌파(114.4억 달러)하는 등, 무역·경제 분야를 포함해 각계각층의 교류 확대에 힘입어 한일관계도 비로소 "성숙한 파트너로서의 일한 양국의 영원한 선린우호협력관계가 세계적인 시야에서 구축"[33]되기 시작했다. 동아시아의 평화와 안정, 세계 경제지형의 변화라는 관점에서 양국의 관계를 고려하면 실로 의미 있는 발전이었다. 그러나 우여곡절 끝에 40년 만에 이룩한 장밋빛 평가도 양국의 거듭되는 긴장국면의 조성으로 인해 그 역사적 의미도 퇴색되기 시작했다.

대표적인 사례가 1982년과 86년에 잇따라 발생한 역사교과서 왜곡문제와 각료들의 역사인식, 변함없이 개선의 조짐이 보이지 않았던 무역불균형문제(〈표 6-6〉 참조) 등이었다. 심각한 상태로 누적되고 있던

	1980	1981	1982	1983	1984	1985	1986	1987
대한수출	53.6	56.6	48.8	60.0	72.3	71	104.7	132
대한수입	29.9	33.9	32.5	33.6	42.1	40.9	52.9	81

출처 : 「第2部・第1章・第1節 アジア地域, 1.朝鮮半島」,『外交靑書』, 外務省, 1981~1988에서 작성.

대일무역적자에 역사인식의 충돌이라는 새로운 현안의 등장은 휴화
산의 두려움을 확인시켜주는 계기가 되었다. 양국의 '우호협력관계'의
유지, 발전이라는 기본적인 인식의 성숙이 결코 간단하지 않다는 것을
노정했기 때문이다(이 문제는 앞으로도 양국의 최대의 현안이 될 것으로 보인
다). 특히 역사인식[34]을 둘러싼 양국의 균열은 한・일만의 문제가 아니
라 일본사회의 우경화 현상에도 촉발되어 동북아의 외교문제로서 파
문을 불러일으킬 가능성이 농후해졌다는 점에서 아시아의 새로운 위
협으로 떠오르기도 했다.

ASEAN의 평화와 번영을 위한 일본의 공헌도 새로운 국면을 맞이하
고 있었다. 1967년 ASEAN이 설립되고 나서 일본은 폭넓은 분야에서
ASEAN과의 협력관계 증진을 아시아외교의 기본으로 인식해 왔다. 정
치적으로는 ASEAN의 연대와 강인성(强靭性) 강화의 노력에 협력하는
한편, ASEAN에 대한 주요선진국의 일치된 지지를 이끌어내기 위해 노
력했고, 경제적으로는 자금협력・기술협력・인재양성 등을 중심으로
"원조의 최 중점 지역"으로 취급해 왔으며, 문화적으로는 ASEAN문화
기금(50억 엔)의 설립이나 청소년지도자 초빙 계획, 문화시설 원조 계획
등의 협력사업을 실시하면서 평화외교의 기본 이념과 ASEAN 중시의
외교자세를 견지해 왔다.

1957년 기시 수상의 동남아순방 이래 1970년대에만 3차례에 걸친

수뇌방문을 통해 각종 협력의지의 표명과 현안의 신속한 해결, 상호이해의 증진, 신뢰관계의 육성에 진력해 온 이력이 이를 증명하고 있다. 반일감정의 폭발과 같은 위기적 상황에 빠진 시기도 있었지만 후쿠다 독트린을 매개로 한 '마음과 마음이 통하는' 관계회복에 양쪽 모두 노력해 왔고 실직도 결코 과소평가할 수 없었다. 그러나 ASEAN의 일반적인 대일인식은 식자층의 비판적인 담론에서도 확인할 수 있듯이 극적인 반전은 없었고 일본사회의 ASEAN인식도 이전과 크게 다르지 않았다. 때문에 일본은 정서적인 거리를 축소하기 위한 노력을 보다 적극적으로 추진할 필요가 있었다.

역내의 협력 확대에 의해 정치·경제 분야에서 착실한 진전을 보이고 있는 ASEAN과의 관계설정을 재구축하기 위한 의지는 1981년 1월, 스즈키(鈴木善幸, 1911~2004, 제70대 총리대신)가 총리 취임 이후 첫 방문지로 ASEAN제국을 선택한 것에 상징적으로 나타났다. 이 방문을 통해 각국과 경제관계 분야의 폭넓은 협력방안을 표명한 뒤 구체적인 실천 프로그램을 제시했다. ASEAN '사람 만들기' 프로젝트(총액 약 1억 달러), ASEAN공업프로젝트에 대한 자금협력, 일반특혜관세제도의 10년 연장, ASEAN 지역연구 진흥 계획 등이었다.

역방(歷訪)의 결과에 대해 일본정부는 "일·ASEAN우호협력관계의 일층의 증진과 우리나라의 아시아외교의 기반 강화에 크게 공헌했다"[35]는 자평과 함께, 향후의 ASEAN관계에 대해서도 "함께 생각하고 함께 노력한다"는 정신에 입각하여 성숙한 관계구축을 목표로 한다고 선언했다.[36] 1980년대 이후의 일본·ASEAN관계의 기본적인 방향성을 밝힌 것이다. 동북아의 정세변화를 반영하는 한편 ASEAN의 경제발전과 일본의 안정적인 성장기반의 확보를 위해 양쪽 모두 일본의 역할 증대의 필요성을 인식한 결과였다.

이렇게 1980년대에 들어서면 국제사회는 경제대국 일본에 대해 그 지위에 부합하는 책무를 보다 강하게 요구하거나 기대감을 높여갔다. 어느 쪽이든 일본의 입장에서 보면 적극적으로 대응하지 않으면 안 되는 과제였다. 국제사회로부터 일본에 과해진 제 요구에 대해 일본은 우선 구미제국에 대해서는 경제대책각료회의를 통해 상대의 요구를 적극적으로 반영하는 의지를 정부레벨에서 피력하거나, 수출시장의 다각화의 추진과 산업의 고도화, 고부가가치의 추진 등과 같은 정책변화를 통해 새로운 활로를 모색하면서 구미로부터의 압력을 벗어나기 위한 노력을 기울였다.

아시아에 대한 경제협력에 대해서도 외무성의 실질적인 조정하에 대장성, 통상산업성, 경제기획청 등, 관계 각 성청(省庁) 간의 유기적인 연락협의를 꾀하면서 전향적인 대응자세를 견지했다. 지역에 따라 일본에 대한 요구사항이 다른 만큼 대응에도 지혜가 필요했지만 한편으로는 높아져 가는 국제사회로부터의 요구가 결과적으로는 일본의 국제경쟁력을 강화하고 국제사회의 영향력 확대로 이어졌다는 점도 부인하기 어렵다. 그리고 그 결과가 다시 일본에 대한 압력으로 되돌아오는 패턴이 1970년대를 거치면서 정착되어 버렸다.

이러한 대외기류에 일본정부는 당혹감을 감추지 못했지만 결국 일본이 취할 수 있는 적절한 수단이라는 것이 경제·문화외교를 강화하면서 현실적 정서적 갭을 메워가는 방법 이외에는 별다른 방도가 없었다. 일본정부가 아시아·태평양 지역의 외교방침으로서 지역의 긴장을 완화하여 분쟁을 해결하고 이 지역의 경제발전에 기여하기 위해 일본은 국력에 어울리는 공헌을 하여, 이 지역과의 우호관계를 진정으로 국민에게 뿌리내릴 수 있도록 국민레벨에서 상호교류, 상호이해를 심화시켜 가는 것[37] 등을 앞으로도 일본이 한층 노력해서 추진해야 할 외교적 노력으로 규정했다는 사실에 일본 측의 한계를 엿볼 수 있을 듯하다.

2. 일본의 '선진대국' 가치관과 문화외교 이념

1) '선진대국' 가치관의 외교노선 반영

경제학자 마사무라 기미히로(正村公宏, 1931~)는 일본경제의 국제적 영향력이 확대되었다는 것은 일본의 경제시스템이 국제사회에서 '투명성'을 높이는 것과 불가분의 관계에 있다고 하면서 일본경제와 국민이 향후 취해야 할 과제로서 다음과 같은 사실을 언급했다. 우선 후발 공업국에 대해서는 경제성장을 우선하는 성숙한 선진국을 향해 명확한 목적의식을 가진 전환에 성공했다는 선례를, 그리고 인류에 대해서는 인권과 자유와 민주주의를 사회생활의 기본원리로 정착시키는 것, 이것은 일본인뿐만 아니라 인류전체의 초장기 전망 속에서 공통의 목표라는 것을 분명히 하는 것이라고 했다. 그리고 그는 이 역할을 다하는 것은 현대의 '문명'에 유럽문화권 이외의 지역에서 최초의 참가자가 된 일본의 책임이라고 역설했다.[38]

그의 주장은 선진국의 일원으로 편입된 일본이 경제적 성공이라는 토대 위에서 국제사회에 공헌할 수 있는, 또 발신할 수 있는 메시지가 무엇인가를 명확히 제시한 것이라고 생각한다. 구체적인 방법론은 언급하지 않았지만 기본적으로 문화교류 강화 이외에 특별한 수단은 없었다. 국제사회의 급격한 지위격상, 그에 따른 역할과 책무의 증대, 경제적 프레젠스의 확대에 의한 통상마찰의 격화, 이와 관련하여 일본의 경제시스템을 외국에 이해시킬 수 있는 방법론[39]의 모색, 경제대국에 기인한 일본적 가치의 상대적 우월의식의 확대, 보수지배층이 주도하는 대국화의지의 태두 등, 교류 확대를 요구하는 시대적 여건은 성숙되어 있었다. 이런 흐름을 직시한 구사카 기민도(日下公人, 1930~평론가)는 다음과 같이 언급했다.[40]

일본인이 이코노믹 애니멀로 불리는 이유는 장사의 방법에 있는 것이 아니라 장사 이외의 생활이 없기 때문이다. 마음에 여유가 없는 것이다. 패전 후 일본은 무(武)를 버리고 오로지 상(商)을 철저했지만 여기서도 문(文)을 잃어버렸다. 문무양도(文武両道)와 똑같이 문상양도(文商両道)라고 하는 것도 있지 않은가. 문화도 겸비한 훌륭한 상인이다. 고도성장을 달성하였으니 일본은 이제 그것이 필요한 단계에 왔다고 생각한다.

구사카는 전후 일본이 오로지 상인국가로서의 길만 추구했을 뿐 문화를 겸비한 일본인 = '훌륭한 상인'의 품격을 국제사회에 어필하지 못했다고 하면서, 경제대국의 지위를 획득한 지금이야말로 문화를 겸비한 일본인으로 거듭나야 한다고 주장했다. 경제개발, 사회개발의 시대를 거쳐 인간개발, 문화개발의 시대를 맞이하여 '문화입국'의 기치아래 일본의 문화나 풍토에 근거하는 산업을 발전시켜 국제사회로 하여금 일본에 대한 문화적 친근감이나 존경심을 갖도록 만들어야 한다는 것이다. 구사카의 주장은 하드파워에 소프트파워를 결합한 스마트파워가 국력을 좌우하는 시대가 되었다는 조셉 나이의 논리를 연상케 하는 발언이자 오늘날 일본이 주창하고 있는 '문화산업입국'의 이념과 조금도 다를 바 없다.

요컨대 '일본문화'에 대한 자긍심을 바탕으로 존경받는 국제인으로 거듭날 수 있느냐의 문제(= 문상양도(文商兩道)의 일본추구)는 1980년대 일본이 어떻게든 헤쳐가야 할 국가적인 과제이자 일본인이 국제사회에 요구받고 있는 시대적 행동양식이었다. 일본정부도 국내외의 정세변화를 고려하여 문화정책·외교를 강화하기 위한 과감한 행보를 이어갔다. 특히 1980년대 들어서는 국제문제에 대해 주체적·적극적 참여를 통한 '국제국가 일본'의 건설이 당면한 외교 전략이었기에 일본문화의 아이덴티티를 반영한 문화외교도 국가의 위상제고를 실현하는 핵심적인 대외 전략으로 중요성을 더해갔다. 소위 '선진대국'의 가치를 문화외교에 투영하기 위한 활발한 움직임을 범국가적인 차원에서 추진하기 시작한 것이다.

『우리외교의 근황』을 보면 1970년대 말부터 국제경제협력에 즈음하여 "현재의 국제정세를 고려하면서 우리나라 독자의 입장에서 지원 강화를 꾀하도록 유의하고 있다"는 입장을 자주 표명하고 있다. 이는 국제적 지위변화를 반영하여 일본이 추구하는 주체적인 국제공헌의 모습을 이미 외교노선에 반영했음을 의미한다. 선진공업제국 가운데 '지도적국가의 하나'로서 '명예 있는 공헌'을 자주적 · 주체적으로 행한다는 의지를 대내외에 분명히 한 것이다.

그러나 일본이 세계의 '선진국'으로서 명예 있는 지위를 국제사회로부터 획득하기 위해서는 주요선진국처럼 문화교류를 외교정책의 핵으로 강화할 필요가 있었다. 선진국을 향해서는 일본적 가치의 실체를 제대로 널리 전하는 것이 긴급한 과제로 떠올랐고, 도상국에는 경제협력에만 열중할 것이 아니라 "물심양면으로 균형 잡힌" 원조(= 문화교류협력)를 통해 존경받는 '선진국'으로서의 모습을 국제사회에 각인시키지 않으면 안 되는 입장이었다.

1980년대 들어 국제문화교류의 새로운 기획사업이 다수 실시되고 해외홍보활동의 질적인 전환을 꾀하고, 그런 활동을 활성화하기 위해 민간 및 지자체 등과 협력체제를 강화한 것은 바로 '선진대국'으로서의 일본의 위상을 국제사회에 재정립하기 위한 의지였다. 1970년대 후반부터 "긴밀한 신뢰" "합리적인 협력관계" "우호관계의 강화" 등의 말들이 각 『백서』에 두드러지기 시작한 것도 세계와의 상호의존관계의 심화를 반영한 결과였다. 하지만 지배계급은 일본에 대한 세계로부터의 기대와 요망에 부응해야 한다는 당위성은 인정하면서도 한편으로는 그런 기대감에 편승하여 일본의 '대국화'를 실현하려는 의지를 노골적으로 드러냈다.

2) '국제화'의식의 반영

'선진대국'을 향한 일본의 의지는 일본사회의 '국제화' 인식에도 커다란 영향을 미쳤다. 정치, 경제, 문화 등의 다방면에 걸친 국제화의 진전에 의해 일본사회는 자신들이 국제적인 상호의존의 틀 안에서 존재하는 국가라는 것을 자각하기 시작했다. 경제대국으로서의 실적과 자부심에 근거한 대국주의적인 '국제화'의식이 서서히 문화외교에 반영되어 갔다는 사실이다. 나카소네[仲曾根] 총리는 1983년 국회에서 행한 소신표명연설에서 다음과 같이 주창했다.[41]

> 단순히 경제의 국제화에 머무르지 않고 우리나라를 문화적으로 정치적으로도 적극적으로 세계적 역할을 다할 수 있는 국가로 보다 더 전진시키지 않으면 진정한 국제국가가 될 수 없다는 것을 통감하고 있습니다. 우리 일본인이 2,000년의 전통 위에서 스스로의 특색을 발휘하면서 문화적으로 정치적으로도 세계와 조화하여 세계적 보편성을 겸비하는 것이 지금 강하게 요청되고 있습니다.

지배계급에 있어 '국제화'라는 것은 경제적·문화적·정치적으로 일본의 가치를 세계에 확산시켜 인류공통의 과제나 보편적 가치의 확산에 '공헌'하는 형태를 취하면서 국제사회와 상호의존관계를 심화시켜 가는 '대국'이 될 수 있을까라는 문제였다. 바꾸어 말하면 '국제화'의 실현에 의해 '세계에 도움이 되는 국가'에서 국제사회의 '지도적 국가'로 거듭난다는 의미였다. 질 높은 강한 군사력을 보유하고 있으면서도 군사대국이 되지 않겠다는 입장을 수시로 밝혀온 일본이 경제대국의 지위에 어울리는 역할과 책무의 요청을 '국제화'의 명분을 빌려 '대국 일본' '팽창일본'의 기류를 조성한 뒤 그것을 문화외교에 적극적으로 반영하기 시작했다는 것이다.

그 기류의 이면에는 해를 거듭하면서 강해진 '세계의 격랑'에 일본이 어떻게 대응할 것인가라는 위기의식도 작용하고 있었다. 외부에서 일본에 요구하고 있는 내용이나 비판 가운데는 국정(国情)의 차이를 무시하고 오해나 편견에 의거한 것도 적지 않다는 사실을 일본정부가 인식하고 있었기에 그런 공세에 적절히 대응하지 않으면 국제사회에서 고립될지도 모른다는 위기감이었다. 대일인식의 악화는 일본사회의 자기인식에도 영향을 미쳤다.

경제대국의 지위를 획득한 일본이 국제사회에서 얻은 교훈은 구미 제국처럼 문화력이 뒷받침되지 않으면 '얼굴이 보이지 않는 나라'의 이미지를 결코 탈피하지 못한다는 사실이었다. 따라서 일본사회가 자각해야 할 시대적 명제는 경제선진국에서 문화선진국으로의 자기변신, 요컨대 문화의 시대를 선도하여 그에 부합하는 가치를 국제사회에 전하는 과정을 통해 국제공헌에 노력하는 평화·문화국가로서의 이미지를 구축하는 것이었다.

1979년 오히라(大平) 총리는 시정방침연설을 통해 일본은 전후 30년간 "경제적 풍요로움을 추구한 나머지 한눈도 팔지 않고 매진하여 현저한 성과"를 거두어 왔고, 그것은 "구미제국을 표본으로 하는 메이지 이후 100여 년에 걸친 근대화의 정화(精華)"이기도 하지만 한편으로는 그 과정에서 "자연과 인간의 조화, 자유와 책임의 균형, 정신의 내면에 깊이 뿌리내린 삶의 보람 등에 반드시 충분한 배려를 해 왔다"고는 할 수 없다고 언급했다. 물질문명의 급속한 성장 속에 도외시되었던 인간성 존중과 같은 문화적 가치의 중요성을 일본사회에 솔직하게 제기한 것이다.

이는 "급속한 경제성장이 초래한 도시화나 근대합리주의에 의거한 물질문명 자체가 한계에 다다랐다는 것을 나타낸 것"으로서, 말하자면 "근대화시대에서 근대를 초월하는 시대로, 경제중심의 시대에서 문화중시의 시대"로 이행하고 있다는 것을 자각해야 한다는 의미였다. 그 연장선상에서 오히라는 금후의 시정방침으로서 "문화의 중시, 인간성의 회복을 모든 정책의 기본 이념"으로 추진해 갈 것을 명언했다.[42] 한마디로 "진정한 삶의 보람을 추구할 수 있는 사회"를 실현하는 것이 일본이 추구해야 할 "새로운 사회"라는 주장이다.[43]

일본사회가 "문화적 풍요로움"을 추구하고 이를 발판으로 인류공통의 과제에 대한 "일본의 문화적 관심과 역할분담"에 대한 결의를 다지고, 그로부터 "국제적인 존경을 획득하는 나라가 된다"는 것이 1980년대 일본정부가 제시한 문화국가 일본의 실체였다.[44] '얼굴'의 실체가 제대로 보이지 않는 경제성장 만으로는 일본의 새로운 사회 건설은커녕 국제사회로부터 '존경받는 국가'가 되기는 요원하다는 것을 일본사회는 국제화의 진전과 함께 체험한 것이다.

실제 1970년대 중반 무렵부터 마찰의 성격이 통상마찰의 차원을 넘어 문화마찰의 단계로 확전하는 양상은 일본으로서도 커다란 부담이 아닐 수 없었다. 세계경제를 휩쓴 오일쇼크, 구미제국의 경제적 정체를 지속시킨 구조적 요인의 존재, 개도국의 신 국제경제질서 요구, 보호주의적 무역동향과 지역블록화 현상의 심화, 국제금융·통화불안이나 인플레 우려 등, 세계경제가 혼미상태에 빠져 있을 때도 일본경제는 활력에 차 있었기 때문이다.

따라서 일본에 대한 비판은 강도를 더해갔고, 비판의 질도 비관세장벽의 문제, 일본의 기업집단의 체질이나 시스템과 같은 문화적 측면에까지 가해졌다. 대응을 잘못하면 '세계의 고아'가 될지 모른다는 위기의식이 지배층에 증폭되기 시작한 것도 이 무렵부터이다. 일본경제의 퍼포먼스의 이면에는 일본사회의 각 경제주체가 위기적 상황에 직면하여 보여준 뛰어난 적응능력, 이른바 일본인의 사유양식과 같은 전통적 가치나 시스템이라는 문화적 요인이 구미제국에 비해 비교우위의 위치에 있었기 때문이지만, 일본이 갖고 있는 그 비교우위의 요소가 국제사회로부터는 '일본주식회사'론이 대변하고 있듯이 오히려 비판의 표적이 되고 있다는 것이 문제였다.

이러한 움직임은 일본의 입장에서 보면 각각 고유한 생활양식을 규정하고 있는 '문화' = '일본적 가치'가 세계로부터의 '오해'나 '편견'에 의해 훼손되고 있다는 것을 의미했다. 일본의 지배층이 사태의 흐름을 심각히 받아들여 대응을 서두르기 시작한 것은 평가할 만한 일이고, 그 위기감이 결과적으로는 일본의 시스템이나 일본인의 행동양식을 국제사회에 바르게 전달할 수 있는 방법이나 정책을 강화하는 동인이 되었다는 점은 주시할 필요가 있다. 외부로부터의 충격이 자기변화의 촉매가 되고 그것이 다시 '대국일본'의 건설과 일본의 국제적 지위변화의 요인으로 작용하는 구도가 여전히 일본의 역사에 위력을 발휘하고 있었기 때문이다.

3. '선진대국' 일본의 문화외교 추이

1) 체제의 확충과 다면적 교류·협력의 확대

1970년대를 마감한 시점에서도 일본경제는 '고투자 → 생산성상승·국제경쟁력 강화 → 수출증대·고성장 → 고투자'라는 선순환구조를 통해 구미제국에 상대적 우위를 확보하는 저력을 발휘했다. 세계경기의 악조건 속에서 일본경제의 성장을 담보한 수출호조는 국내경제의 구조적문제에 봉착해 있던 구미주요국과는 통상마찰을 격화시키고, 경제도약에 박차를 가하고 있던 아시아제국과는 경제격차의 확대를 동반하며 일본경제의 프레젠스를 확장시켜 갔다. 수출 확대에 의한 성장이 일본에 대한 국제적 압력으로 부메랑이 되어 오자 일본은 세계경제의 안정적인 발전에 기여할 수 있는 책임 있는 역할을 해야 한다는 명분에 구애받기 시작했다.

1977년도 판 『통상백서』는 "현재 자기가 두어져 있는 입장을 충분히 인식하면서 각국의 이해와 협조에 의한 내외경제의 번영을 추구하여 각국과 함께 노력해야 할 시기를 맞이하고 있다"[45]고 지적하면서 "이해와 협조"노선의 견지에 의해 복잡다기하게 걸쳐 있는 국제적 과제에 대응하는 자세를 강조했다. 1978년도 판 『통상백서』는 "경제협력의 충실은 제 일의적으로는 상대국의 경제발전에 기여하는 것을 목적으로 하지만, 동시에 상대국과의 다면적 교류를 통해 상호보완적인 결합을 강화하는 효과도 기대할 수 있다"[46]고 지적하며 불필요한 마찰을 피하기 위해서도 폭넓은 교류의 중요성을 역설했다. 소위 "다면적 교류"에 의한 '상호이해'의 중요성이 시간이 지남에 따라 중요해지고 있음을 강조하기 시작했다는 것이다.

1979년 오히라 총리가 국회에서의 소신표명연설을 통해 "경제문제에 그치지 않고 정치, 사회, 문화, 연구개발 등 넓은 분야에 걸쳐 국제간 커뮤니케이션을 농밀하게 하도록 노력하고 싶다"고 언급한 것은 다면적 교류의 확대를 통해 심화되는 국제마찰을 어떻게든 최소화하려는 의지의 표현이었다. 이를 실천하기 위해서라도 "종합적인 외교력을 적극적"으로 전개할 필요가 있고, 그것이 국제사회에 있어 일본의 "명예 있는 존재를 확보해 가는 길"이라고 강조했다.[47] 이 연설은 격화하는 국제마찰의 문제에 대응하는 일본의 외교적 자세에 어떤 결의가 내포되어 있음을 암시하는 것이었다. 일본에 가해지고 있는 국제사회로부터의 압력이 예상외로 강하다는 사실을 정부가 심각하게 받아들이고 있었음을 의미했다.

그 연장선상에서 1980년도 판『통상백서』는 각국과의 협조와 연대를 강화해 가면서 가장 중요한 것은 "의사의 소통, 상호이해의 증진"이고 그것을 토대로 문제에 대처해 간다면 "경제상의 대립이나 마찰을 상당히 경감"시킬 것이라고 지적했다. 커뮤니케이션의 갭을 메우기 위해서라도 "피아(彼我)의 상호이해가 필수 조건"임을 명확히 제기한 것이다. 국제교류에 대해 일찍이 없었던『통상백서』의 문제제기는 통상마찰의 해소와 교류의 다면화가 얼마나 불가분의 관계에 놓여 있는가를 일본사회가 1970년대를 통해 몸소 체험했음을 의미했다. 이에『통상백서』는 지금까지의 국제교류를 회고하면서 그 한계와 금후의 과제에 대해 다음과 같이 언급했다.

우선 한계로서는 ① 기존의 국제교류가 물적인 측면에 편향되어 있어 일본의 예술·문화·역사나 '일본인의 생활·사물에 대한 사고방식'에 대해 제대로 이해하고 있는 사람은 일반적으로 적고, ② 그 마저도 내용적, 지역적으로 편향성이 큰 데다 문화나 정보의 교류도 일방통행식이라는 것을 지적한 뒤, 향후의 과제로서 ① 지역적으로나 내용적으로 균형 잡힌 국제교류를 추진할 것, ② 국제교류를 정부레벨에서가 아니라 기업이나 지방자치단체, 예술가, 학자, 저널리스트, 시민 등 국민레벨에서 모든 채널을 통해 폭넓게 할 것 등을 주장했다.[48] 국제교류에 대한 방향성이나 내용의 재검토가 시급히 이루어져야 한다는 것을 지적한 것이다.

다면적 접근에 의한 국제교류 활성화는 1970년대 들어 일본을 둘러싼 국제정세의 변화에 따라 이미 그 중요성이 부각되고 있었다. 동남아시아로부터의 반일세례에 직면한 일본이 "특히 종래 자칫 잘못하면 경제관계에 경도되기 쉬웠던 이 지역과의 관계를 진정한 상호이해에 의거한 대등한 협력자로서의 관계, 마음과 마음이 통하는 진정한 친구로서의 관계로 재구축하는 것이 중요하다는 것을 통감"[49]했다고 고백하고 있듯이, 외무성도 발상의 전환과 예산의 대폭적인 증액을 통해 문화외교의 강화를 꾀하는 등, 관민일체의 적극적인 대응자세를 일관되게 견지해 왔다.

그럼에도 불구하고 세계와 일본의 상호의존관계와 일본의 경제적 지위 확대, 그리고 경제성장의 발전스피드가 다면적 교류의 확대를 훨씬 초월할 만큼 빨랐기 때문에 인식부족이나 사고방식에 대한 '오해'를 해소할 수 있는 시간적 여유가 부족했다는 점도 간과할 수 없었다. 이로 인해 1980년대 일본의 문화외교는 1970년대의 교훈을 살리면서 어떻게 경제대국 일본의 참된 모습(즉 얼굴이 보이지 않는 나라에서 얼굴이 보이는 나라로)을 세계에 알려, 그로부터 국제사회에 다각적으로 공헌할 수 있는 국가 건설을 국민과 함께 추진할 것인가에 집중되었다. 일본 정부는 "세계의 평화와 안정에 적극적으로 공헌"하는 것이 "우리외교의 기본자세"라고 하면서 우선 외교적 관점에서 시대적 상황을 다음과 같이 인식했다.[50]

우리나라가 국제사회에서 유력한 일원으로 성장한다는 것에는 변함이 없다. 우리나라는 단순히 경제면뿐만 아니라 널리 정치·외교적 측면에서 세계의 평화와 번영을 위해 종래의 배가 넘는 적극적 건설적인 역할을 다하지 않으면 안 되는 상황이다. 책임 있는 국제사회의 일원으로서 격동하는 국제정치·경제정세에 대해 무엇을 할 것인가 무엇이 가능한가를 스스로의 문제로서 파악하는 것이 요구되고 있다.

격동하는 국제정치·경제정세에 즈음하여 정치·외교적 측면에서 일본의 보다 책임 있는 역할을 강조했을 뿐만 아니라 그 역할과 책무를 국민의 자각과 지원하에 실천해 가겠다는 의지를 피력했다. 그리고 이 목표를 안정적이고 지속적으로 추진하기 위해서는 국민 한 사람 한 사람의 자각이 필요하다고 하면서 '일본외교'의 포괄적 의미를 다음과 같이 정의했다.[51]

국민각자가 내외의 다양한 활동과 교류를 통해 세계의 제 정세에 대한 인식을 심화시켜 그 가운데서 우리나라의 책임과 역할을 자신의 문제로 진지하게 생각하는 것이 넓은 의미에서의 일본외교 그 자체라고 할 수 있을 것이다.

일본의 외교에 과해진 책임의 중대함을 국민도 충분히 인지하여 그것을 자신의 문제로서 받아들이는 자세를 가져야 한다는 입장이었다. 종래의 일본외교에 대한 진지한 자기검증을 요구하는 목소리였지만, 한편으로는 이 무렵 세계가 일본에 요구하고 있던 책무, 소위 '세력균형(balance of power)'[52]에 공헌할 수 있는 체제를 일본사회가 어떠한 형태로 구축할 수 있을 것인가라는 문제와도 관련성이 있었다. 모든 루트를 통해 교류를 확대해 가겠다는 의지를 밝힌 가운데 우선 필요한 것은 국민의 이해와 협력이라고 하는, 요컨대 '올 재팬' 체제로 국제공헌의 방법을 모색하면서 일본의 주장을 관철시켜 가는 외교노선을 추구하겠다는 메시지였다.

일본의 국력신장과 각국과의 상호의존관계의 심화가 일본에 광범한 국제적 책무를 요구하고, 그에 대한 국민적 지지와 이해를 구하는 일본정부의 노력은 결국 1980년대 일본의 외교적 방향성을 전환시키는 동력이 되었다. 1981년도 판『우리외교의 근황』이 "우리나라의 국제관계는 우리나라가 그 유지 운영에 주체적이고 적극적으로 참여해야 하는 모습으로 바뀌고 있다"[53]는 인식을 표명한 것에 향후의 외교노선에 변화의 조짐을 읽을 수 있었다. 외교에서 정부의 입장변화의 의지를 내외에 알리는 시그널은 이미 1970년대 중반부터 시작되었지만,[54] 1980년대 들어 일본정부는 한 걸음 더 나아가 '주체적'으로 한다는 것을 천명한 것이다.

외교노선의 변화를 시사한 것은 국제사회가 일본으로 하여금 자주적이고 적극적인 방법으로 국제관계조직의 유지에 참여할 것을 요구하였기에 그에 순응하는 것이 순리라는 명분이 있었다. 하지만 내심으로는 경제외교를 축으로 일본경제의 성장과 번영의 환경조성에 초점을 맞춘 방어적 외교노선에서 국제적 지위변화에 상응하는 경제적·정치적 역할을 강화하는 공격적 외교로 전환할 수 있는 여건이 내외에 조성되었다는 것을 '환영'하는 것이었다. 정면 돌파라는 새로운 외교전략을 통해 명실 공히 국제사회에서 리더십을 발휘할 수 있는 국가로 거듭나겠다는 의지였다.

문화사업의 총괄 시스템 구축

일본외교의 노선변화는 문화외교에 그대로 반영되었다. 일본정부는 "각국 간의 상호의존 관계가 강화되고 있는 오늘날, 문화교류를 통해 언어, 습관, 문화적 전통 등 각각의 사회의 기반에 대해 상호이해를 심화시켜 마음이 통하는 관계를 배양해가는 것은 갈수록 긴요하기 때문에 정부로서는 국제교류기금 등을 통한 제반의 문화교류활동을 외교정책의 핵심 가운데 하나로 한층 확충 강화해 갈 생각"[55]이라는 입장을 피력했다. 상호의존과 상호신뢰의 축적을 위해 문화외교활동을 한층 강화하겠다는 의지였다.

이는 체제의 변화로부터 시작되었다. 외무성에 문화외교를 담당할 '문화교류부'가 1984년에 신설되었다. 고도경제성장과 함께 문화교류에 본격적으로 대응하기 위해 1964년에 '문화사업부'를 신설하여 문화사업을 총괄하는 시스템을 정비한 이래 20년 만에 다시 체제 정비에 나선 것이다. 문화외교 강화의 필요성에도 불구하고 주요국에 비해 국제문화교류가 뒤처져있다는 반성에서 출발한 이 부서는 국제교류기금과 연계하여 일본문화의 세계화 실현을 위한 정책의 기획·입안을 비롯해 국제교류기금에 대한 지도·감독, 각종 사업의 협력, 제 외국과의 문화교류활성화의 기반정비 등, 사실상 문화교류·협력사업을 총괄하는 부서로 탄생했다〈표 6-7〉 참조).

일본 문화외교의 컨트롤 타워로 새롭게 등장한 문화교류부는 우선 외국과의 문화협정이나 교환공문 등 문화교류에 관한 약정을 적극적으로 체결하면서 동시에 이들 협정에 의거한 각국정부와의 협의를 통해 제국과의 문화교류를 촉진하는 구제적인 방안을 모색했다. 그 결과 일본은 1986년 단계에서 이미 25개국과 문화협정을 체결했고, 중국, 소련, 동구의 9개국과는 문화약정을 체결하는 등, 정부가 주도적으로 문화교류의 기반조성에 주력했다. 이를 바탕으로 제국과의 문화교류에 관한 협의(문화혼합위원회)를 활발하게 개최하는 한편,[56] 구체적인 교류는 주로 국제교류기금(Japan Foundation)을 통해 각종 문화교류사업을 추진하는 전략을 취했다.

국가적 차원에서 문화교류를 효율적으로 실시하기 위해 설립된 국제교류기금은 그 후 정부와 민간에 의한 출자금과 정부보조금 등에 의한 사업비의 안정적 확보(〈표 6-8〉 참조)를 통해 지속적으로 성장할 수 있는 기반구축에 성공했다. 그 사이 교류기금은 사업의 신규개척을 비롯해 인물교류, 일본어보급(〈표 6-9〉 참조), 일본연구의 진흥, 공연·전시사업, 영화·TV 등의 시청각사업, 도서기증과 같은 계속사업을 착실히 수행해 왔다. 그 연장선상에서 1980년대에는 상대의 요구나 각종 신규사업을 세계 각지에서 적극적으로 기획하여 추진하는 등 재외공관과의 긴밀한 협의하에 설립목적에 부응하는 역할을 수행하면서 각 분야에서 착실히 성과를 축적해 갔다(〈표 6-10〉 참조).

〈표 6-7〉 문화교류부의 기능

| 문화교류부 | 문화 제1과 | 문화교류에 관한 외교상의 종합정책의 기획 입안, 문화교류를 목적으로 하는 국제약속의 체결, 문화교류에 관한 국제회의, 일본문화의 해외소개, 국제문화단체와의 협력, 국제교류기금의 감독 |
| | 문화 제2과 | 문화교류를 목적으로 하는 인물의 파견과 초빙, 유학생과 유학생단체, 스포츠의 국제교류 |

출처 : 総務庁行政監察局, 『国際文化交流の現状と課題』, 大蔵省印刷局, 1991, 150면.

〈표 6-8〉 국제교류기금의 연도별예산추이(단위 : 천만 엔)

	1980	1981	1982	1983	1984	1985	1986	1987	1988	1989
예산액	52.4	57.4	61.3	62.0	66.0	69.1	71.6	74.9	76.6	94.8

출처 : 「第2編 各事業の軌跡」, 『国際交流基金30年の歩み』, 国際交流基金, 2006, 310면에서 발췌작성.

〈표 6-9〉 세계의 일본어학습자 수와 그 추이(단위 : 명)

	1977년	1984년	1988년
아시아	194,000	470,087	570,966
대양주	17,000	26,953	65,942
북미	22,000	41,535	56,472
중남미	25,000	31,522	19,972
유럽	5,000	13,982	19,504
중근동·아프리카	300	855	946
세계	263,300	584,934	733,802

〈표 6-10〉 국제교류기금 사업실적표(1972~88년)

사업구분	연도	1972~83 누계	1984	1985	1986	1987	1988	계
인물교류	장기 파견	386인	28	35	35	42	39	567
	단기 파견	1,418인	189	229	292	357	478	2,963
	장기 초빙	1,609인	197	212	188	180	187	2,573
	단기 초빙	1,279인	97	96	92	83	105	1,752
	중고교교원 초빙	1,577인	216	238	248	243	245	2,767
	기타그룹 초빙	1,684인	97	97	148	104	74	2,184
일본어보급	일본어교육전문가 파견	742인	123	119	137	138	156	1,540
	일본어교육순회지도 파견	81인	33	11				
	해외일본어강사초빙	383인	76	134	136	122	156	1,007
	해외일본어강좌양성 우수교원 초빙	578인	72	77	78	87	91	983
	일본어강좌강사기금 조성	994건	108	111	110	107	111	1,541
	해외일본어변론대회 조성	260건	45	44	48	45	55	497
	기타 조성	62건	5	20	21	22	21	151
	일본어교재개발	82건	16	11	1	11	14	135
	일본어능력시험	-	7,019	13,069	17,532	21,240	17,859	76,719
일본연구진흥	일본연구강좌를 위한 교원 파견	658건	34	35	54	86	61	928
	일본연구강좌강사 등 초빙	90인	10	10	11	14	13	148
	일본연구에 대한 조성	546건	104	110	136	115	142	1,130
예술교류	국제전시회 참가	41건	4	3	4	1	5	59
	국내전시회주최·조성	25건	9	4	5	4	5	49
	해외전시회주최·조성	178건	28	34	32	26	35	331
	국내공연회주최·조성	35건	9	6	5	5	10	70
	해외공연주최·조성	284건	30	41	50	33	40	478
출판교류	도서자료의 작성·출판	63건	6	10	10	10	22	121
	출판원조	210건	38	44	42	43	58	435
	문화자료 구입배포	206건	17	16	19	16	17	291
	도서기증	187,666건	15,462	12,111	12,791	-	-	-
			-	-	-	244	270	-
	일본어교재기증	359건	263	395	417	490	525	2,449

업구분 \ 연도	1972~83 누계	1984	1985	1986	1987	1988	계
시청각자료 구입 배포 극영화	672편	162	160	108	121	143	1,366
문화영화	1,822편	170	141	83	91	112	2,319
TV 프로그램 교류촉진	43건	27	19	18	28	28	116
기획·조사국제회의 주최·조성	40건	8	9	10	9	10	86

처: 「II 付表 4. 文化広報関係」, 『外交青書』, 外務省, 外務省, 1989, 403면.

이 가운데 아시아문화를 일본에 소개하기 위한 목적으로 1976년부터 3년마다 개최한 '아시아전통예술의 교류'를 비롯해 국제교류기금상의 창설(1973), 1980년대 두드러진 대형일본종합 소개행사의 주최 및 협력,[57] 해외 일본어학습 열기에 대응하기 위한 일본어보급사업의 확충, 해외의 일본어능력검정시험의 실시(1984), 북경일본학연구센터 사업개시(1985),[58] 일본어교사의 장기연수 개시(1989), 국제심포지엄의 정기적인 개최, 문화인의 파견이나 초청과 같은 인물교류의 확대 등은 교류기금의 성과로서 주목할 가치가 있다.

특히 1982년 창립 10주년 기념행사로서 개최된 남아시아영화제, 발리섬 고전무용극 공연, 아시아의 우주관전(코스모스전, 만다라전), 중국금수(錦繡)전 등의 행사[59]와 창립 15주년을 맞이하여 개최된 '국제문화사회를 목표로 하여'(1987.12) 같은 사업은 각국에서 호평을 받았다. 또 각종 영화제나 일·중 10주년 기념사업, 한국의 '조선통신사전' 등과 같은 종합적인 기획전이 잇따라 개최되면서, 일본에서의 해외문화소개도 1970년대에 비해 질·양이 공히 대폭 증대되었다. 1970년대 문화교류의 문제점으로 지적된 다면적 교류 강화라는 과제가 1980년대의 새로운 방향성으로서 반영되고 있는 흐름이었다.

외무성소관의 교류기금이 전반적인 문화교류를 주도해 가는 가운데 재외공관도 현지의 일본문화에 대한 요망에 부응한다는 명분하에 독자적으로 각종의 일본문화소개사업(극, 문화영화회, 문화강연회, 꽃꽂이 실연, 일본문화소개전, 일본문화제, 일본문화주간, 음악회, 종이접기 강좌, 다도실연, 바둑대회 등)을 활발히 전개했다. 특히 재외공관은 현지의 제 문화단체와 협력하는 형태로 문화행사를 주최함으로써 일본문화의 현지화와 시민레벨의 문화보급에 기여했다.

여기에 일본소개를 위한 각종 공연(음악, 연극, 무용과 같은 일본의 전통예능, 현대미술 등)이나 전시회(미술, 공예, 판화, 사진 등), 영화와 TV에 의한 일본소개와 시청각사업(각국에 일본관계의 TV방영촉진을 위한 원조를 실시) 등, 다종다양한 문화행사가 일본문화의 해외소개의 일환으로 기획되었고, 게다가 지역기관 등과 행사건수를 늘여감으로써 일본에 대한 관심이나 요구를 흡수해 가는 효과도 거두었다. 문화교류 강화를 통해 일본에 대한 세계로부터의 오해나 인식의 갭을 해소하려는 일본정부의 외교 전략이 다각도로 전개된 것이다.

2) 일본문화의 연구·발신체제의 강화

일찍부터 일본이 주목해온 학술연구 분야도 새로운 전기를 맞이했다. 일본문화의 종합적 연구를 통해 민족·문화의 우월성을 세계에 발신하기 위한 전략적 접근이 문화외교 강화의 일환으로 국가적 차원에서 추진되었다. 바로 '국제일본문화연구센터(International Research Center for Japanese Studies)'의 등장이다. 동 센터는 1980년대 전반기에 교토[京都] 시의 문화적인 제 구상 가운데 하나로 거론된 이후 일본정신의 함양과 국제화를 통해 '국제국가일본'을 건설하려는 나카소네 총리와 일본문화의 우수성을 강조해온 교토의 저명한 학자들의 의기투합에 의해 1987년 일본문화를 국제적·학제적으로 연구하는 종합적인 연구기관으로 탄생했다.

이 구상은 계획 당초부터 나카소네[中曾根] 총리의 정치적 의도와 지역의 활성화를 꾀하고자 하는 교토재계, 교토의 문화수도화 등을 목표로 한 교토의 유력학자 등이 성급하게 합의를 이루었다는 우려가 컸다. 정치권의 주도하에 신속하게 설립된 동 센터가 어디까지 민주·자주·독립의 정신을 관철하여 일본문화연구에 매진할 수 있을지에 대한 비판도 제기되었고,[60] 이에 동조하는 진보학자나 단체를 포함해 해외로부터도 비슷한 비판적 견해가 많았기 때문에 동 센터의 전도가 낙관적이지만은 않았던 것이 사실이다.

그러나 설립 당시 '일본의 국가주의 선전기관'이라는 이미지를 불식하면서 시간이 지남에 따라 '연구센터'로서의 본령을 발휘하기 시작했다. 기본적으로는 '국제'의 의미에 충실한 결과이다. 센터의 건립에 깊이 관여하여 초대소장까지 역임한 철학자 우메하라 다케시(梅原猛, 1925 ~)는 센터의 '국제'라는 의미에 대해 "이 기관이 일본인뿐만 아니라 외국인의 일본연구자도 함께하여 공동연구를 하거나 정보를 교환하는 연구소임과 동시에 국제적으로도 통용할 수 있는 관점에서 일본을 연구한다는 의미를 포함하고 있다"[61]고 언급한 바 있다. 국가주의의 선전기관이 아니라 세계와 공동으로 일본연구의 국제화를 실현한다는

주장이다. 이와 관련하여 역사학자 이시이 요네오(石井米雄, 1929~2010)
은 다음과 같이 언급했다.[62]

　　일문연(日文研) '운동'을 담당했던 선배들의 목표는 제 외국에는 있어도 당
　시의 일본에는 존재하지 않았던 '일본문화' 연구기관을 창설하는 것이었다.
　그리고 그 연구기관에서 생산하는 '일본인에 의한 일본문화연구'를 세계에
　발신하는 것, 그것이 선배들의 기대였다. 발족한 새로운 연구기관에 '국제'
　라는 단어가 덧 씌워진 배경에는 이러한 창설자들의 꿈이 실려져 있었다.

　세계의 저명한 연구자와 '국제적으로 통용하는 시점'에서 일본연구
를 행한다는 것은 서로에게 중요한 것임은 두말할 나위도 없다. 또 센
터의 존재의미 자체가 '대국일본' 만들기의 이데올로기와 완전히 표리
부동하다고도 할 수 없다. 역사적으로 세계문명의 중심이라 할 수 없
는 일본문화를 국제적 시야에서 '공동연구' 한다는 사실 그 자체도 그
러하지만 센터가 초빙한 각국의 일본연구자의 경우는 자국에서의 학
문적·사회적 지위를 고려하는 경향이 두드러졌기 때문이다. 일본문
화의 우수성을 상대국의 일본연구의 권위자를 통해 적극적으로 알린
다는 의도와도 무관하지 않았다.
　국제관계를 반영하여 연구자를 초빙하는 측면도 강했다. 1990년대
들어 중국과 미국으로부터의 초빙자가 압도적으로 많았다는 사실이
이를 반증하고 있다. 중국은 동아시아 국제질서의 지형변화를 반영했
고, 미국은 포스트냉전시대의 새로운 글로벌 협력을 위한 연구기반을
강화하겠다는 의도였다. 대외관계를 적극적으로 고려하는 성향을 배

제하지 않으면서 국제적이고 종합적인 일본연구기반을 조성한다는 것이다. 동 센터가 지금까지 축적한 일본연구의 업적과 여기서 일본연구에 종사한 연구자가 자국의 일본연구에 상당히 기여하고 있다는 점도 무시할 수 없는 성과이다.

설립되어 20년간 초빙된 세계 각국의 저명한 일본연구자의 수(외국인연구원)는 37개국 270명에 이르고 있다(설립되고 19년째에 이르는 2006년 단계임. 덧붙여서 외부로부터 다양한 펀드를 받아서 센터에 체재한 외래연구원은 121명).[63] 한국도 중국 미국에 이어 30여 명이 초빙(2006년 단계)되어 일본연구(개인연구, 공동연구, 각종 세미나나 연구회)에 전념했고 동시에 그 성과를 지역사회와의 교류(일문연 포럼) 등을 통해, 혹은 본국에서의 일본연구발전과 기반의 저변 확대에 기여하는 형태로 센터의 연구 활동을 외부에서 떠받치고 있다(〈표 6-11〉 참조).

그 결과 '성인'을 맞이한 시점에서 세계적인 일본연구센터로서의 명성을 획득하는데 성공했다. 일본문화연구의 국제적 시야확보를 통해 문화외교가 중시된 결과였다. 현재 동 센터는 일본문화 전체를 파악하는 시좌로서 5개의 '연구영역'(동태연구, 구조연구, 문화비교, 문화관계, 문화정보)을 두고 그것을 분절하는 '연구축'이라는 형태로 운영되고 있다. 연구와 관련해서는 개인연구와 공동연구를 주체로 하는 '연구활동'과 세계의 일본연구자에 대한 자료와 정보제공을 포함한 '연구협력활동', 연구활동의 성과물 간행과 학술강연회를 축으로 하는 '보급활동'이 핵심을 이루고 있다.[64]

센터의 활동이 일본연구의 인문학적 성과를 세계적으로 집약시키고 확산시켰다는 점에서 일본의 문화국가 및 문화외교 전략에 기여한

	87	88	89	90	91	92	93	94	95	96	97	98	99	00	01	02	03	04	05	06	합
중국		1	2	1	1		2	3	5	6	7	5	3	3	4	3	5	3	3	4	
미국		2	2		2	1	1	2	2	4	8	6	2	7	3	5	3		1	1	
한국	1		1		1		1		2	1	4	1	2	4	3	4	4	2			
독일				2								2	1	3		2	1		2		
영국						1		1	2		1			2	1			2	1	1	
러시아				1				2	1				3			1	2		1		
캐나다							2	1	1		2	2	1		1			1			
프랑스							2	1	3	1			1					1	1	1	
인도				1	1			1			1		2			1				2	
이탈리아	1							1				1	2			1					
호주							1	1	1		1					1		1			
스위스					1			1			1										
이집트											1							1	1	1	
폴란드				1														1	1		
스웨덴									1								2				
뉴질랜드												1			1						
네덜란드												1					1			1	
베트남													1					1	1		
필리핀																		1		2	
체코슬로바				1	1																
핀란드				1																	
터키					1						1										
불가리아					1											1					
덴마크					1																
슬로베니아					1																
벨기에						1															
오스트리아									1												
헝가리										1											
체코										1											
유고													1								
아일랜드														1							
대만																	1				
리투아니아																			1		
브라질																	1				
이란																				1	
태국																				1	
그리스																				1	
합계	2	3	5	6	8	7	9	12	17	18	20	25	14	20	16	17	18	19	15	18	2

출처: 奥野由希子, 「世界中のOB・OGの皆様へ」, 『日文研』 38号, 国際日本文化研究センター, 2007, 243면.

역할을 평가할 수 있다[65]고 언급하고 있듯이, 동 센터는 소위 문화교류의 중요한 기반이라고 할 수 있는 지적교류의 토대구축에 기여했고 궁극적으로는 국제사회에 일본의 영향력행사의 발판(2000년대 일본 문화외교의 전략 가운데 지적교류의 강화를 통한 국제사회에서 우호적인 여론을 조성한다는 전략이 있지만 그 토대를 구축하는 데 일익을 담당한 것이 바로 동 센터이다)을 다지는데도 기여했다. 센터의 설립경위야 어찌되었든 그 존재의미를 고려하면 우리에게 시사하는 바가 적지 않다.

3) 문화협력사업과 대외홍보활동의 강화

일본문화·연구의 광범위한 해외보급과 함께 상대국의 문화적 교육적 수준 향상노력에 협력하는, 이른바 '문화협력'도 새로운 장르로서 활기를 띠었다. 문화·교육부분의 협력은 향후 성숙한 문화교류의 전제조건이 될 수 있다는 의미에서 일본도 상당히 공을 들인 사업이었다. 대표적인 예가 1975년부터 개도국의 문화·교육의 진흥에 기여하기 위해 문화교육관계의 기자재를 구입하기 위한 자금 제공을 목적으로 하는 '문화무상협력'의 실시이다.

이 사업은 일반문화무상, 문화유산무상, 시민문화무상의 분야를 중심으로 시작한 문화·교육 분야의 지원으로, 소위 '문화'를 대상으로 한 협력을 통해 일본의 국제공헌과 일본적 가치의 확산을 시도한 문화외교의 대표적인 정책 가운데 하나이다. 1980년대 들어 건수와 금액의 대폭적인 증가에 힘입어 국제사회의 주목을 받기 시작했고, 협력 지역도

기존의 아시아 중심에서 대양주, 중남미, 중근동, 아프리카로 확대하는
등, 1970년대 문화교류의 한계로 지적된 교류협력의 지역적 편중 현상
의 극복에도 일정부분 기여했다〈표 6-12 · 13〉 참조).

개발도상국에 대한 문화무상협력 외에 유네스코 등의 국제기관을
통한 유적보존사업에 대한 자금거출, 동남아시아교육대신기구(SEAMEO,
Southeast Asian Ministers of Education Organization)에 대한 협력, ASEAN의 청
년들에게 고등교육의 기회를 제공하기 위한 목적으로 시작한 장학금
제도(1980년부터 시작)의 확충, ASPAC(Asian and Pacific Council)문화 · 사회

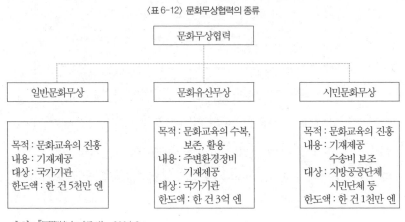

〈표 6-12〉 문화무상협력의 종류

출처 : 『国際協力プラザ』, 2004. 2.

〈표 6-13〉 문화무상협력의 추이(단위 : 백만 엔)

	1976~79	1980	1981	1982	1983	1984	1985	1986~89
건수	25	27	33	18	44	41	48	138 + ?
금액	986	900	1,100	733	1,613	1,684	1,929	7,503

출처 : 『外交青書』, 外務省, 1976~1990에서 발췌작성.
* 1987년도 건수는 확인되고 있지 않다.

센터를 지원하기 위한 분담금거출 등의 사업에도 일본은 적극적으로 협력했다〈표 6-14〉 참조).

이들 사업은 주로 동남아시아가 대상이었다는 특징이 있다. 1970년 대 후반부터 1980년대 전반기에 걸쳐 표면화된 싱가포르의 '일본배우기'주의나 말레이시아의 'Look East'정책[66]과 같이, 동남아시아제국이 지역 내에서 일본의 리더십에 기대하는 바가 컸기 때문에 일본으로서도 균형 잡힌 지원과 협력이 필요했다.[67] 개도국에 대한 일본의 외교 노선이 인적·문화적 교류의 강화[68]를 바탕으로 한 실질적인 국제공헌의 형태로 진전되고 있었음을 의미했다.

이 이외에도 1980년대에 들어서는 새로운 문화교류협력사업이 잇따라 기획되어 추진되었다. 1981년부터 외교관일본어연수 프로그램 (아시아중심)과 캐나다의 브리티시 컬럼비아대학의 아시아센터에서 추

〈표 6-14〉 일본의 연도별 문화협력사업의 추이(단위 : 만 달러)

	1976	1977	1978	1979	1980	1981	1982	1983	1984	1985	1986	1987	1988	1989
유적보존을 위한 협력			10	20	27.5	30	25	10	10	10	10	10	10	10
ASEAN 청년장학금					100	100	100	100	100	100	100	100	100	100
동남아시아 교육대신기구	16	20	27.7	21	14	15.8	17.6	17.2	17	16	17	16.7	17	17.8
ASPEC 문화사회센터	6.2	6.2	6.2	7	7	7	9	9	9	9	9	9	9	9
일본·ASEAN 학술교류기금													100	100

출처: 『外交靑書』, 外務省, 1976~1990에서 발췌작성.
* 유적보존을 위한 협력은 정부레벨에서의 지원에 국한.
* 일본·ASEAN 학술교류기금은 1988년 3월 설립.
* ASPEC문화사회센터의 지원은 분담금이다.

진한 일본연구사업에 대한 지원을 필두로, 미국에서 일본의 홍보활동에 대한 지원, 아스펜인문과학연구소(The Aspen Insitute for Humanistic Studies)[69] 의 일미관계연구 프로그램의 지원, 일미청소년교류 특별 계획에 의거하여 미국고교생의 일본파견사업에 대한 지원, 일미문화교육교류회의(CULCON)가 추진한 교육문화교류 관련 제 사업(〈표 6-15〉 참조. 교류회의의 주된 사업은 미국의 대일무역마찰이 격화되기 시작한 시대적 상황을 반영한 듯 주로 양국의 문화적 차를 해소하기 위한 교류가 주류를 이루었다) 등이 대표적인 사례였다.

〈표 6-15〉 일미문화교육교류회의의 주요사업 내용

주요 내용	연도
일본교육비교연구(일미 간 공동연구)	1986
일미경제관계의 문화적 요인 심포지엄	1982
일미 양국 간 미디어에 보이는 인식 차의 실정과 극복	1988
일미방송인회의	1989~90
일미무대예술교류사업	1986~

출처 : 일미문화교육교류회의 홈페이지에서 발췌작성.

청년교류도 활성화되었다. 대학생의 파견과 초빙사업의 실시(1982년 한국, 1983년 서남아시아, 1984년 중국, 1985년 아프리카까지 확대), 구미제국의 대졸청년을 초빙하여 외국어교육과 지역의 국제화를 촉진하기 위해 추진한 JET(The Japan Exchange and Teaching Programme) 프로그램의 실시 (1987년, JET 프로그램하에서 미국, 영국 등으로부터 약 850명의 청년을 초청하여 지방자치단체에 배치하여 지역의 국제교류 촉진에 기여), 서방선진국과의 경제마찰에 대처하고 상호이해를 강화하기 위한 목적으로 추진한 '대선진국초빙'사업, 등은 모두 1980년대에 일본이 장기적인 관점에서 전략적으로 추진한 중요한 교류사업이었다.

유학생 수도 급증했다. 1980년 5월에 6,500여 명에 지나지 않았던 유학생 수가 10년간에 걸쳐 매년 10~20%대의 증가를 보이며 1990년에는 4만여 명을 돌파했다. 중국의 개방개혁정책이 유학생 수의 급증을 초래하는 계기가 되었지만 구체적으로는 1983년에 추진된 '유학생 수용 10만 명 계획'의 영향이 컸다. 당시 나카소네 수상에 의해 제안된 이 계획은 유학생 정책을 "문교정책, 대외정책의 중심에 두어야 할 중요한 국책의 하나"로 간주하여[70] 추진했다. 일본의 선진문화를 배우려는 아시아제국의 열망과 선진경제대국에 어울리는 지위확보를 유학생 수의 양적 확대를 통해 이룩하려는 지배층의 구미추수형의 발상이 결합된 정책이었다.

그 후 일본정부는 "유학생 교류는 제외국과 국제관계 및 글로벌 사회구조의 극히 중요한 의의를 보유"하고 있을 뿐만 아니라 "우리나라의 지적국제공헌의 충실"이 국내외에서 강하게 요청되고 있다는 인식 하에 일본을 세계의 'center of learning'의 국가로 발돋움시킨다는 목표[71]를 설정했다. 유학생정책을 범국가적 차원에서 추진하여 일본의 국제적 지위를 제고시키는 일환으로 삼겠다는 의지를 재확인 한 것이다. 일본의 고등교육의 국제적 경쟁력확보, 국제사회의 상호의존의 심화에 따른 일본의 지적공헌 강화, 지역사회의 국제화, 기업의 국제화·활성화를 위한 인재활용, 개발도상국에 대한 협력 등의 이념이 복합적으로 작용한 결과였다. 일본사회에서 일본어교육을 위한 '일본어학교'와 '취학생' 수가 급증한 것도 이 무렵부터이다〈표 6-16〉 참조).

대내외 홍보활동도 강화되었다. 1970년대 일본의 대외홍보활동은

〈표 6-16〉 취학생 신규입국자 수 및 일본어학교 수

	1982	1983	1984	1985	1986	1987	1988
대만	829	1,287	1,101	2,184	4,029	1,839	1,113
한국	207	301	627	2,064	1,702	1,470	1,733
중국	113	160	251	1,199	2,126	7,178	28,256
기타	1,407	1,700	2,161	3,495	4,780	3,438	4,005
합계	2,556	3,448	4,140(49)	8,942(89)	12,637(143)	13925(218)	35107(309)

출처 : 栖原暁, 『アジア留学生の壁』, NHKブックス, 1996, 85면.
* ( )는 일본어학교 수.

정보문화국을 중심으로 외국에 대해 일본의 기본적인 방침이나 중요한 외교문제에 대한 입장을 설명하면서 한편으로는 일본의 정치, 경제, 문화 등 제반 사정을 소개하여 일본에 대한 바른 인식을 고양시키는 것에 집중되었다. 그 배경에는 국제화, 정보화시대를 반영하는 시대적 인식이 전제되어 있었지만, 구체적으로 ① 일본의 급격한 경제 진출과 그에 따른 일부 일본인의 행동에 대한 경계심 내지는 비판이 고조되어, 이것이 일본사회의 특수성이나 국민성에 대한 비판으로 발전할 가능성을 차단하기 위함이었고, ② 자원, 에너지, 식량, 인플레, 불황, 통화, 통상 등 세계적인 제 문제에 일본이 어떻게 대처하는가에 대해 국제적으로 관심이 높았다는 이유가 있었다.

따라서 ① 일본은 평화국가라는 것, ② 일본은 정치나 경제, 각 분야에서 국제협력을 추진함과 동시에 응분의 책임을 지고 있다는 것, ③ 일본은 역사와 전통이 있는 문화국가라는 것, ④ 일본의 발전을 떠받치고 있는 제 요소, ⑤ 일본은 세계경제의 룰에 따라 질서 있는 경제활동을 하고 있다는 것[72] 등의 논점에 중점을 두면서 해외홍보활동을 전개해 왔다. 특히 1970년대에는 각국과의 통상마찰이 격화됨에 따라 상

대국의 대일이해의 부족이나 오해를 해소하고 일본의 이미지에 악영향을 미치지 않도록 하기 위해 각 지역에 대한 특별홍보활동도 적극적으로 전개했다.[73]

그러나 1980년대로 접어들면서 대외홍보활동 역시 전략성을 띄기 시작했다. 1970년대 중반 무렵까지의 홍보활동이 일본의 지위향상에 따른 역할과 외국의 관심고조에 대응하는 형태가 주류를 이루었다면, 1970년대 말이 되면 통상마찰의 확대에도 자극받아 상대국의 정책에 영향을 미치는 대상(행정부뿐만 아니라 의회, 언론계, 경제계, 노동계, 학계, 그 외 널리 국민일반의 동향이나 여론)을 직접 접촉하는 형식으로 방향전환을 꾀하기 시작했다. 요컨대 '알린다' '이해를 구한다'라는 기존의 방어적 관점에서 정책적 영향력을 미칠 수 있는 여론주도층을 전략적으로 '공략한다'는 홍보활동으로 전환한 것이다〈표 6-17〉 참조).

이에 따라 해외홍보활동 수단도 변했다. 구체적으로는 ① 출판활동(각종 홍보자료의 각국어판 작성 배포), ② 시청각활동(각종 홍보영화 미 TV영화의 각국어판의 제작 배포, 각종 홍보사진, 포스터 등의 작성 배포), ③ 오피니언 리더 초대 및 외국 TV팀 초대, ④ 홍보문화센터의 운영(29개의 재외공관에 홍보문화센터를 정비, 각종 홍보수단을 활용하여 실시), ⑤ 특별홍보활동(특히 강력한 홍보노력이 필요한 경우 특정국 혹은 특정 지역이나 특정문제에 대해 기동적 집중적으로 특별홍보활동을 실시), ⑥ 여론조사(대일

〈표 6-17〉 오피니언 리더, 보도관계자의 초빙자 수

연도	오피니언 리더	보도관계자 수
1982	64	112
1983	77	124
1984	70	173
1985	72	156
1986	73	154
1987	82	166
1988	63	151
1989	76	166

출처 : 「海外広報」, 『外交青書』, 外務省, 1986～1990에서 발췌작성.
* 1981년은 양쪽 합해서 183명이었다.

본여론의 동향을 파악하기 위해) 등의 방향으로 바뀌어졌다. 실질적인 효과를 거둘 수 있는 보다 세밀화 된 접근방식이 채택되었다.

그뿐만이 아니다. ⑦ 외국교과서·지도 등의 조사·시정(외국교과서, 백과사전, 지도 등을 조사하여 일본에 대해 바르게 소개되지 않은 부분에 대해 시정), ⑧ **교육홍보사업**(교육의 장을 통해 대일이해의 촉진을 꾀할 목적으로 초중고교 사회과교사를 대상으로 하는 워크숍을 재외공관 주최로 개최), ⑨ **일본종합소개주간**(일본을 다양한 각도에서 소개하기 위해 홍보행사와 문화행사를 결합하여 대규모의 '일본종합소개주간'을 민간, 지방공공단체 등의 협력을 얻어 실시), ⑩ **경제협력홍보사업**(일본의 경제기술협력에 대한 도상국의 이해를 촉진하기 위해 현지의 보도기관을 대상으로 경제협력프로젝트 시찰단의 모집), ⑪ **강연활동**(재외공관장, 관원에 의한 강연회 실시, 예를 들면 미국에 있어 1,000회 강연 캠페인 등)[74]과 같은 수단이 단계적으로 추가되어 거의 모든 방면에서 대외홍보활동의 강화 체제를 구비했다.

4) 민간·지방레벨에서의 문화교류활성화

1970년대 후반부터는 민간단체나 지방공공단체를 통한 문화교류도 활발하게 전개되었다. 대표적인 사례가 각 지방자치체에 의한 자매결연의 확대이다. 지방공공단체와 외국의 자치단체와의 '자매도시제휴관계'는 1983년 3월 단계에서 시정촌(市町村) 사이에 420건, 현(県)과 상대국의 주(州) 사이에 28건 등, 계 448건에 달할 만큼 활발했고 이와 관련하여 다양한 교류행사도 이어졌다.[75] 행사의 내용은 상호친선방문,

청소년교류, 기술연수, 공동연구, 교환유학생의 파견과 수용 등이었고 건수도 급증했다. 국제교류에 대한 관심고조는 일본사회의 국제화의 진전에도 촉발되어 전국적으로 수많은 단체가 설립되는 계기가 되었고, 실제 국제교류를 목적으로 설립된 단체 수가 1985년에는 전국에서 555개가 등록될 정도였다〈표 6-18 · 19〉 참조).

〈표 6-18〉 일본 국내의 문화교류단체 조사보고서 내용

보고서 간행연도	1978	1982	1985	1997
수록단체 총수	65	175	555	531
법인격별 내역	재단법인 35	재단법인 85	재단법인 126	재단법인 193
	사단법인 8	사단법인 30	사단법인 44	사단법인 27
	공익신탁 1	공익신탁 1	특수법인 7	임의단체 282
	임의단체 6	임의단체 47	임의단체 355	그 외 29
	그 외 15	그 외 12	그 외 23	

출처 : 国際交流基金, 『国際交流基金30年の歩み』, 中央公論事業出版, 2006, 300면.

〈표 6-19〉 자본금 규모 · 연간예산 규모별로 본 단체의 분포

자본금 규모별			연간예산 규모별		
금액	단체 수	%	금액	단체 수	%
0~50만 엔 미만	335	64.5	0~50만 엔 미만	85	16.4
50~100만 엔 미만	8	1.5	50~100만 엔 미만	46	8.9
100~1,000만 엔 미만	51	9.8	100~1,000만 엔 미만	175	33.7
1,000~5,000만 엔 미만	42	8.1	1,000~5,000만 엔 미만	89	17.1
5,000~1억 엔 미만	13	2.5	5,000~1억 엔 미만	45	8.7
1~10억 엔 미만	52	10.0	1~10억 엔 미만	69	13.3
10~50억 엔 미만	13	2.5	10~50억 엔 미만	7	1.3
50~100억 엔 미만	1	0.2	50~100억 엔 미만	2	0.4
100억 엔 이상	4	0.8	100억 엔 이상	1	0.2
합 계	519	100.0	합 계	519	100.0

출처 : 国際交流基金 編, 『わが国の国際文化交流団体一覧』, はる書房, 1985, 623면.

국제교류기금이 이들 단체의 현황을 조사한 결과(1984년 6월부터 9월까지 앙케이트조사, 519개 단체가 협력)에 의하면 교류단체는 1970년대 중반 이후 급증했고, 사업의 내용도 친선사절단의 파견과 수용, 강연회, 세미나 개최, 영화회·음악회·사진전·미술전, 외국사정의 조사연구, 외국어·문화강좌·스피치 콘테스트, 재일유학생·외교인과의 친선사업, 유학생의 교환·장학금지급 등의 순이었다. 또 교류형태에 의한 분류를 보면 양국 간 교류가 49.1%(북미 28%, 아시아 27%, 서구 22%), 다국 간 교류가 39.1%(아시아 19%, 북미 19%, 서구 16%, 오세아니아 15%), 특정 지역 대상이 11.8%(아시아 51%, 북미 15%, 오세아니아 12%)의 비율로 이루어지고 있었다.[76]

지자체나 민간단체의 교류내용을 보면 이제까지 정부주도로 추진해온 교류영역에서 벗어난 독자적이고 특징 있는 교류형태는 발견하기 어렵고 대부분 대동소이한 것들이었다. 하지만 국제교류 형태가 1980년대 들어 일본사회의 저변에까지 그 중요성이 확산된 것은 바람직한 현상이었다. 지역사회나 민간단체의 교류 확대는 경우에 따라서는 오해를 불러일으킬 소지도 있었지만(예를 들면 기업이 전면에 나서서 교류를 주도할 경우), 기본적으로는 정치색을 최소화하면서 시민레벨에서 문자 그대로 마음과 마음이 통하는 교류를 확대시키는 전기가 될 수 있었기 때문이다.

특히 1980년대는 여성의 사회참여 확대라는 배경에 힘입어 '부인국제교류집회'라고 하는, 여성이 중심이 된 국제교류도 추진되어 단체상호 간의 네트워크 형성이 활발하게 진행되는 등 교류의 질과 양 모두 시대의 흐름을 반영해 갔다. 이에 따라 정부도 현저하게 증가추세를 보이고 있는 민간의 교류움직임에 대해 많은 관심을 갖고 적극적인 지원의지를 아끼지 않았고, 동시에 민간의 의견을 정책에 반영하는 협력시스템의 구축도 서둘러 정비하여 교류의욕을 장려해 갔다. 오늘날 제창되고 있는 '올 재팬' 체제의 토대가 이미 1980년대에 완성되었다는 것을 의미했다.

4. 문화교류활성화의 성과와 한계

― '세계에 열린 일본'이라는 관점에서

1) 다문화공생의 가능성 모색

1980년대 일본의 문화외교가 문화적 · 지적으로 국제사회에 공헌할 수 있는 메시지를 발신하기 위해 정책적 수단을 총동원한 의미는 크다. 요컨대 '선진대국'의 가치관 확립과 그 정합성(整合性)을 추구하려는 이념을 문화외교에 반영한 점은 일본의 입장에서 보면 문화외교의 성과라고 할 수 있을지 모른다. 기본적으로 '외교'는 국익을 최우선 시 하는 논리를 국가적 차원에서 관철해가는 전략적 수단이기에 그것을 '문화'와 결합시켜 정부가 주도적으로 전개하여 일본의 프레젠스 확대에 성공했다는 것은 의미가 있다.

나카소네[中曾根] 총리가 1984년의 시정연설에서 '국제국가'론을 거론하면서 "세계의 평화를 지키기 위해 각국에 대해 정보나 스포츠, 예술,

문화교류를 보다 더 증폭시켜 국경의 담을 낮추고 이를 궁극적으로는 철폐하도록 호소하고 싶다"[77]고 주장한바 있듯이, 일본의 대국화와 일본의 문화를 특히 강조했던 그의 논리는 일본정부가 '국제국가일본'의 건설을 위해 문화외교를 얼마나 중요한 외교 전략으로 추진하려 했는가를 확인시켜주는 일례이다.

그런 의미에서 1980년대 일본의 문화외교는 외교적인 측면에서는 나름대로 성과를 확인할 수 있고 동시에 문화외교 강화와 문화교류의 활성화가 일본 국내에 미친 영향도 간과할 수 없다. 일본의 국제사회에서의 지위변화와 그로 인한 상호의존관계의 심화를 일본사회가 널리 인식하게 되었다는 점이다. 그리고 그 인식은 일본사회의 가치관의 변화를 압박하는 형태로 에스컬레이트되면서 결과적으로는 문화교류를 확대하는 내적인 동력으로 작용했다.

우선, 무엇보다 정부와 지자체 · 민간단체와의 협력 강화시스템(행정과 주민의 링크)이 본격적으로 가동되었다는 점이다. 전후 얼마 지나지 않아 외국과의 문화교류가 시작되자 정부는 민간에서의 교류움직임을 환영하면서 적극적으로 지원한다는 입장을 견지해 왔다. 그 입장이 1980년대에 들어 체제 만들기를 통해 한층 강화되고, 이 체제가 지원 · 협력 · 관리의 형태를 충족시키면서 국민의 폭넓은 이해와 지지를 확보할 수 있는 시스템으로 발전해 갔다.

1983년 3월부터 민간전문가들로 구성된 '홍보 · 문화 활동에 관한 간담회'를 수시로 개최하여 문화교류활동에 대한 전반적인 의견교환을 하고, 그것을 정책에 반영하는 체제를 정비한 것이 대표적인 사례이다. 또 도도부현(都道府県)이나 민간단체가 행하는 각종 국제교류를 외무성이 적극적으로 지원한다는 취지로 1983년부터 '국제교류추진 연락회'를 개최하여 지자체나 민간단체 등이 보유하고 있는 정보나 기술을 공유하여 쌍방이 보다 효율적으로 국제 활동을 추진할 수 있는 체제도 정비했다. 정부가 주도적으로 민간 및 지자체 등과 협력하여 정기적으로 의견이나 정보를 교환하고 공유하는 장을 만들어 국내홍보 활동을 강화하기도 했다.

두 번째는, 국민의 가치관의 변화와 일본사회의 국제화에 따라 지역을 중심으로 이문화와의 교류가 상당히 활성화되었다는 사실이다. 1980년대가 되면 정부가 지향한 일본사회의 모습은 '건강한 문화와 복지국가'의 건설이었다. 국민의 의식세계에 나타난 '물질회피' 현상, 즉 물적 재화(財貨)의 충족에서 생활의 질적 향상으로 국민의 관심이 이동하고 있음을 반영한 비전이었다. 이와 함께 1980년대 일본사회를 뒤덮은 시대적 키워드를 하나 선택한다면 바로 '국제화'이다. 일본사회의 국제화를 둘러싼 많은 논의가 국내외에서 이루어졌지만 그 시대사적 의미를 일본사회의 내부를 향해 언급한다면 역시 '세계에 열린 일본사회'를 만드는 것이었다.

국민의 가치관 변화와 국제화의 진전은 일본사회의 내부에서 '문화'나 '교류'에 대한 일본인들의 인식에도 적지 않은 변화를 가져왔다. 우호친선·상호이해라는 개념과 자신을 일체화하여 일상의 생활 속에서 자신이 주체적으로 교류에 참가할 수 있는 환경 만들기에 노력했다는 것이다. 문화나 교류의 의미를 보다 넓은 의미로 해석하기 시작한 것이다. 전향적인 의식변화는 지역주민의 국제교류의 형태에도 영향을 미쳐 지역에 살고 있는 주민이면서도 이방인에 지나지 않았던 외국인과 직접적인 접촉을 통해 이문화를 이해하는 노력을 전국적으로 확산시켰다. 소위 '단일민족의식'에 젖어있던 일본사회에 다문화공생의 가능성을 모색하기 시작한 것이다.

이로 인해 1980년대는 자치단체나 민간에서의 국제문화교류가 양적인 측면에서 비약적으로 증대되는 전기가 되었다. 교류의 형태나 성격도 문자 그대로 국제화의 색채를 강화하기 시작했고, 일본인의 생활의식이나 사회의식도 '경제개발지상주의'에서 안전과 안정, 자연의 중시라고 하는 '인간생활중시'의 가치관으로 경도되기 시작했다. 일본사회 전반에 걸쳐 '정보화' '소프트화' '탈공업화' 현상이 가속화되고 있는 가운데 문화교류에도 이문화와의 직접적인 교류 확대를 통해 저변에서의 상호이해와 공생의 가치를 모색하는 새로운 흐름이 일본사회에 정착되기 시작했다.

2) 일본인으로서의 아이덴티티 문제

1980년대 일본의 보수통치는 비교적 안정적이었다. 그것이 가능했던 이유는 보수지배가 일본경제의 성장을 견인해 왔고 그것이 국민의 평화와 반군국주의를 지향하는 노선에 저촉되지 않았기 때문이다.[78] 그로 인해 보수지배층은 국내의 안정을 바탕으로 공격적인 문화교류정책을 과감히 실행했고, 그런 노력은 경제대국이라는 실체를 토대로 문화적·정치적 대국화를 목표로 한 '국제국가일본'의 구현에 상당한 '공헌'을 했다. 그러나 '공헌'의 실체를 둘러싸고 국제사회와 일본사회와는 여전히 메우기 어려운 갭이 존재했다.

'원조대국'이 된 단계에서도 개도국에 대한 원조방식이 대가성원조[79]나 애매한 기준[80]이 논란이 되었듯이 일본·일본인·일본사회가 추구하는 가치나 행동양식을 둘러싸고 소위 '일(日)'의 '국제화'의 실체와 국제사회의 보편적 가치와는 일치 할 수 없는 부분들이 많았기 때문이다. 일본처럼 심각한 아이덴티티의 손상이 없었던 나라에서 문화교류의 확대는 바로 '일'의 자기검증의 기회이고 세계의 보편적 가치를 공유할 수 있는 장을 마련한 것이었다. 하지만 그 기회의 장을 '일'은 반드시 미래지향적으로 살렸다고 보기는 어렵고 오히려 '일'의 한계를 드러내는 결과를 낳았다. 그것은 다음의 두 가지 측면, 소위 국가의 이데올로기에 의한 '외적인 국제화'와, 일본인·일본사회와 결합한 '내적인 국제화'의 문제에서 두드러졌다.

우선, 문화교류의 기획이나 추진을 포함한 문화교류자체가 국가의 이데올로기의 영향으로부터 자유롭지 못했다는 사실이다. 설립 후 전방위에 걸쳐 문화교류를 주도한 국제교류기금의 성격이 1980년대 들어 "기금이 행하는 문화교류사업은 외교정책의 일환이고 넓은 의미에서 국가의 안전보장에 기여해야만 한다"[81]는 형태로 변질된 것이 이를 상징적으로 대변하고 있다. 1980년대 일본의 '대국화'를 주도한 나카소네[中曾根] 총리의 정치노선과 보수지배계급의 국수주의 이데올로기에 바탕을 둔 '국제화'추구 욕망 역시 일본의 문화외교의 방향성에 상당한 영향을 미쳤다. 그 대표적인 사례가 전술한 '국제일본문화연구센터' 설립과 같은 움직임이다.

당시 보수지배계급은 강화되는 국제사회로부터의 대일비판을 일본

적 가치의 적극적인 발신을 통해 공격적인 방어의 형태로 대응하려고 했다. 때문에 우선 필요했던 시대적 명제는 '일본인의 아이덴티티'를 확립하여 국가의식이나 일본정신을 함양하고 국론을 통일하는 것이었다. 교육현장에서 '히노마루(日の丸)' 게양이나 '기미가요(君が代)' 제창이 강력히 추진되고, 방위비 GNP 1% 틀의 폐기와 비핵 3원칙의 수정, 헌법개정 등을 포함한 방위력증강이데올로기의 태동, 국가비밀보안법 제정과 야스쿠니신사 참배 등의 움직임이 본격화된 것도 이때부터이다. 요컨대 국내적으로는 '활력 있는 문화'창조와 국민통합을 지향하고 대외적으로는 '국제국가'로서의 '대국화'를 실현한다는 프로세스가 1980년대 일본의 국가상이었다.

정치학자 와타나베 오사무(渡辺治, 1947~, 도쿄대 교수)는 1980년대 일본의 이데올로기동향을 "제국주의적 사회구조"를 지향하는 "반동적 국가 재편"[82]과정으로 분석한 바 있지만, 보수지배계급에 의한 일본사회의 국수주의 이데올로기무장은 적지 않은 반대급부를 동반해야만 했다. 국제사회로부터 군국주의 부활이라는 경계 심리를 갖게 만들었을 뿐만 아니라 일본사회의 바람직한 국제화의 실체가 제대로 보이지 않은 상황 속에서 '존경받는 국가'의 기반으로 이어질 만한 진정한 국제화의식의 함양을 보다 더 어렵게 만들었기 때문이다. '국제책임'에 대한 일본사회의 자의식이 희박한 상태에서 경제대국에 입각한 민족우월의식이 선행함으로써 보편적 가치를 공유할 수 있는 기회의 장을 지배층이 차단하는 형태가 되어버린 것이다. 일본사회를 논할 때 당연한 것처럼 언급되었던 '폐쇄성'[83]이 국제화에 의해 극복되기는커녕 오히려 보다 더 노출되어 버린 것도 지배계급의 이데올로기동향과 결코 무관하지 않다.

두 번째는, 지배계급에 의한 국수주의 함양 움직임과 함께 일본인·일본사회의 '자기본위'적 행동양식도 좀처럼 극복되지 않았다는 점이다. 당시 지배계급은 일본정신의 함양을 강조하면서도 한편으로는 "마음이 통하는 연대와 문화의 지역사회 만들기"[84]를 제창하는 등 '건강한 문화'공동체 구축에 문화정책의 방향성을 설정하고 있었다. 연대와 문화의 지역사회 만들기 제창은 국제문화교류의 장에 일본문화의 상대적 우월성과 열린 풍요로운 문화를 갖고 있는 '국제국가'일본의 이미지를 강조할 수 있는 기반이 된다는 점에서 국민에 대한 국가의 이미지로서는 매우 시의 적절한 것이었다.

하지만 일본의 통상마찰의 문제가 국제사회에서 일본인의 행동양식이나 일본사회의 시스템의 문제를 포함해 문화마찰의 양상을 띠면서 확산조짐을 보이고 있는 가운데 일본적 가치의 강조는 일본인에게는 일본민족의 우수성을, 그리고 외부로부터는 자국중심적 가치의 강화를 촉진한다는 오해를 불러일으키기 쉬웠다. 1987년도 판 『외교청서』는 "제 외국과의 경제마찰은 치열함을 더해가고 있지만 상호의존이 깊어진 오늘날의 국제사회에서는 번영도 고난도 함께 나누어야만 하고 자신의 이익만을 추구하는 자기본위의 행동을 취하는 것은 허락되지 않는다"고 지적하면서 일본인의 행동양식과 관련하여 다음과 같은 우려를 표명했다.[85]

최근에는 일본인의 의식이나 행동에 교만함이 보인다는 지적도 있지만 다른 문화나 가치관을 받아들여 다양성을 존중한다는 겸허함 없이는 우리

스스로를 높일 수도 각국으로부터 신뢰를 얻을 수도 없다. 게다가 편협한 내셔널리즘이 고조되면 국제사회로부터의 고립화를 초래하게 될 것이다.

이문화와의 폭넓은 접촉을 통해 일본사회의 국제화를 진전시켜 보다 열린 모습을 세계에 발신해가야 할 시기에 편협한 내셔널리즘이 문제가 된 것이다. 특히 이 무렵 일본사회의 대아시아에 대한 시선[86]은 국내외 논자들에 의해 비판의 표적이 되었을 만큼 심각했다. 아시아의 후진적 행동양식이 일본인이 생각하는 기준과 너무 떨어져 있다고 일본사회가 인식하고 반응한 결과이다. 그 사실을 현실적으로 완전히 부정하기는 어렵지만, 일본인의 '오만'한 행위가 결코 전후의 경제대국에 의해 촉발된 현상은 아니었다.[87]

그럼에도 그 '오만함'이 이 시기에 다시 두드러진 것은[88] 원래 아시아의 문화적 수준과 다양성을 인정하는 포용력이 부족한 데다 폐쇄적인 자의식이 대국의식이나 민족우월의식에 편승하는 형태로 나타났기 때문이다. 일본의 경제력이 불러일으킨 국제사회로부터의 일종의 적개심 같은 것을 해소하기 위해서도 국제화에 의한 일본인·일본사회의 개방화된 모습을 어필하는 것은 외부로 향해 '일(日)'이 행해야 할 중요한 책무였지만 결국 '일'의 무신경과 오만함은 그것을 성실하게 수행하는 것을 어렵게 만들었다.

이처럼 1980년대 일본은 세계의 경이로움 속에 경제대국의 지위를 획득한 나라로서의 저력을 문화외교를 통해 유감없이 발휘했으나, 한편으로는 다문화사회로의 가능성과 일본인으로서의 아이덴티티의 폐쇄성을 동시에 드러내기도 했다. 근현대의 부국강병과 경제대국을 지탱해온 일본적 가치[89]에 대해 때때로 세계는 외경(畏敬)스러운 시선으로 바라보거나 똑같은 현상을 두고도 예찬과 비난이 뒤섞이는 풍경을 연출하는 연유도 여기에 있다.

그러나 외부의 시선이 어떻게 움직이든 앞으로도 일본사회는 세계의 주목을 받았던 장점들을 계승하고 발신해 갈 것이다. 그 과정에서 일본사회는 자기 프라이드에 취한 나머지 실속(失速)에 브레이크가 걸리지 않는 우를 범할 수도 있다. 이 사실을 일본사회가 얼마나 심각히 받아들여 변신을 도모할 수 있는 동기로 삼을까는 전적으로 자기인식의 몫이나, 우리는 일본의 노력이 국제문화교류와 일본의 국제적 지위 제고에 어떻게 기여하는가는 주시할 필요가 있다.

5. 맺음말-90년대의 전망을 겸해

전후 일본은 당면한 국가목표였던 '경제번영'을 달성하는데 성공했다. 경제·통상문제에 외교력을 결집한 요시다의 외교노선이 국제사회에서 주효하여 20여 년 만에 세계의 찬사를 받은 번영을 이룩했고, 동시에 '전력(戰力)없는 평화국가'의 이미지와 국제적 지위 상승을 획득하는 성과를 거두었다. 그런 방침이 1970년대에 들어가면 데탕트기운과 경제 질서의 재편이라는 국제정치·경제구조의 변화에 힘입어 세계문제에 대한 일본의 영향력을 확대할 만큼 안정적 성장을 이어가며 경제적 지위를 확고히 했다.

오일쇼크에도 불구하고 1970년대를 통해 4%를 넘는 GNP증가율을 과시한 일본의 자신감은 국제사회에서 일본의 '책무'라는 미명하에 영향력 확대로 이어졌다. 그 기세는 1980년대 들어 탄력이 붙으면서 어느새 경제대국·채권대국·금융대국·원조대국의 지위를 쟁취하는 국가로 발전해 갔다. 순조로운 경제성장의 배경에 대해 일본사회는 국제정세의 유·불리와는 별도로 근면한 국민성과 장인정신이 빚어내는 세계일류의 상품제조능력, 왕성한 지적호기심과 실용주의적 가치관, 활발한 투자의욕과 높은 저축률, 전통과 현대정신의 조화능력 등과 같은 '일본인'의 정체성을 거론하며 경제대국을 구축한 요인으로서의 프라이드를 내적으로 키워갔다.

동시기에 주요선진국이 구조적 요인에 의해 장기간의 경제침체에 빠져있었음을 감안하면 일본사회가 일본적 가치에 높은 프라이드를 갖게된 것이 그다지 이상한 일은 아닐 것이다. 프랑스인들이 보는 일본인 인상 가운데 '긍지 높은 일본인'이라는 이미지가 있듯이 경제대국 일본과 관련된 이미지는 서양세계도 양호한 편이다. 하지만 국제사회의 지위변화는 일본의 역할과 책무도 그만큼 커졌다는 것을 의미했다. 통상마찰에 대한 압력도 강화되었고 마찰의 성격도 종래의 상품이나 산업별차원을 넘어 일본사회의 시스템이나 일본인의 행동양식까지 포함한 문화적 마찰로 확산조짐을 보이고 있었다.

일본도 국제사회의 비판에 대해 방관자의 입장을 취하기보다는 변명의 여지는 남기면서도 국제공헌을 위한 책무를 다하겠다는 노력은 일관되게 유지해 왔다. 각종 정부백서를 통해 일본정부가 자평한 내용을 보면 공감할 수 있는 부분도 없지 않기 때문이다. 그럼에도 국제사회의 시선은 차가웠다. 일본의 대응이 일본경제의 프레젠스 확대에 미치지 못했을 뿐만 아니라 일본정부가 주장하고 있는 "기동적이고 적확하게 대응"할 수 있는 자세가 부족하다고 판단했기 때문이다. 이에 비해 일본정부는 국제사회로부터의 비판의 이면에는 일본에 대한 다양한 오해가 숨어있다고 받아들이며 국제사회의 인식과는 갈수록 갭을 벌려가는 흐름이었다.

상호 인식의 차는 일본의 외교노선에 상당한 영향을 미쳤다. 냉전체제하의 성장의 과실을 독점한다는 국제사회의 비난과 세계경제운영에 책임을 공유하고 나아가 세계의 일본문화에 대한 '오해'나 '특수성'을 무시하는 경향을 개선하기 위해서라도 '다면적 교류'에 의한 '상호이해'가 중요하다는 사실을 절감하는 계기가 되었기 때문이다. 소위 무역마찰의 적극적 방어수단으로서 문화외교의 강화는 필연적이었고, 그 과정에서 일본적 가치(제도나 사상, 노동윤리 등)는 장단점을 유감없이 발휘하며 국제사회의 '이목'을 집중시키기도 했다.

이상을 통해 우선 문화외교에 반영된 이념을 보면 무역마찰이나 격화를 배경으로 한 일본비판에 공격적으로 대응하겠다는 성격과 경제대국에 뒷받침된 일본적 가치의 '국제화' 의지가 결합된 형태로 나타났다는 점이다. 이를 위해 일본의 지배이데올로기는 국내적으로는 '일본정신'이나 '국가의식'의 함양을 포함한 국수주의적 대국이데올로기의 확립을 시대적 통치 이념으로 내세웠고, 대외적으로는 풍요롭고 건강한 일본문화나 정치적 영향력의 확대 = '국제화'를 1980년대의 외교방침이었던 주체적·적극적 외교노선에 반영하는 전략을 추구했다.

문화외교의 전략적 강화는 상호의존관계의 심화에 의한 우호증진, 일본적 가치의 국제화 진전, 일본문화연구의 세계화기반 구축, 문화교류에 대한 일본사회의 의식변화, 행정과 주민의 링크에 의한 시민레벨에서의 문화교류 확대 등에 기여했다. 하지만 일본적 가치의 '국제화' 추구는 문화적·정치적으로 '선진대국'의 존재감을 국제사회에 각인시키겠다는 의지를 드러내며 일본사회의 국수주의 강화를 촉진시켰고, 정부나 지자체, 그리고 민간단체의 협력시스템 강화는 문화교류의 체계적·효율성 제고에도 불구하고 시민레벨에서 문화교류의 자립성·자율성이라는 측면을 훼손시켰다.

여기에 '일본인으로서의 아이덴티티' 확립과 같은 선동은 일본인에게 왜곡된 '대국'의식을 갖게 만들어 이데올로기적 관점에서 향후의 전망을 어둡게 했을 뿐만 아니라 국제사회로부터 비판의 표적이 되기도 했다. 이러한 모순노출은 1980년대를 거치면서 의외로 심각함을 더해 갔다. 1987년도 판 『외교청서』는 이 같은 흐름은 "국제사회로부터의 고립을 초래"하게 될 것이라고 하면서, 앞으로는 "국가로서 사회로서의 유연함과 포용력을 겸비해야만 하고, 각 분야의 제 개혁을 국제적 시야에서 대담하게 추진하여 경제·사회면의 제도나 관습, 더욱이 우리들의 의식을 보다 세계에 열린 것으로 만들어 가는 것이 중요하다"[90]는 것을 강조하기도 했다.

일본사회에서는 "학교나 일이 끝나면 비로소 활력을 되찾는다"는 다소 희화적인 말이 있다. 조직문화에 순응하고 언제나 상황추수적인 행동을 하지 않으면 자신의 '존재감'을 확보할 수 없다는 현실을 풍자한 이야기이다. 하지만 그런 행동양식이 일상성의 폐쇄성을 강화하고 있다는 사실을 일본인만 모르는 듯하다. 자기반성과 향후 지향해야 할 방향성을 제시한 일본정부의 우려 역시 일본인의 행동양식을 문제 시한 것이다. 이 한계가 그 후 전향적인 형태로 변화를 보일 것인지 아니면 모순을 보다 더 심화시키는 형태로 나아갈 것인지는 일본인들 자신의 몫이지만, 한편으로는 1990년대의 문화외교의 실체 속에 일정부분 답을 찾을 수가 있다.

○ 주_제6장

1 「第1部 第1章 我が外交の基本的課題 4. 当面する外交課題と我が国の対応」, 『わが外交の近況』, 外務省, 1983 참조.

2 岩田規久男, 『日本経済を学ぶ』, ちくま新書, 2005, 29~34면 참조.

3 橋本寿朗, 『戦後の日本経済』, 岩波新書, 1995, 35~36면 참조.

4 『わが外交の近況』, 1980, 11면.

5 『通商白書』, 通商産業省, 1982, 311면.

6 이상은 1978~85년도판 『文部科学白書』, 『経済白書』, 『警察白書』 등을 참고했다.

7 『通商白書』, 1981, 27~32면.

8 과거의 동향을 장기적으로 보면 주요선진국에서도 제조업의 노동생산성의 상승률이 높은 나라일수록 제품수출수량의 증가가 높다는 관계가 보이고, 일본의 경우도 이러한 현상에 예외가 없다. 『通商白書』, 1980, 206~208면.

9 『経済白書』, 経済企画庁, 1981, 211면.

10 『通商白書』, 1982, 214면.

11 『通商白書』, 1981, 203면.

12 「第1部 第2章 第4節; 7 わが国に対する評価」, 『文部科学白書』, 文部科学省, 1980.

13 『通商白書』, 1982, 190~191면.

14 『わが外交の近況』, 1981, 44면.

15 渡辺利夫・三浦有史, 『ODA』, 中公新書, 2003, 30면. 일본의 ODA규모는, 1973년에 영국, 1983년에 독일, 1984년에 프랑스, 1989년에 미국을 제쳤다(28면). 또 1989년 단계에서 일본이 승인한 국가는 168개국이었다. 그 가운데 130개국 정도가 개도국이었다. 이들 개도국을 둘러싼 경제정세는 여전히 좋지 못했다. 예를 들면 아시아 NIEs 등 일정한 경제발전을 달성하고 있는 국가 및 지역이 존재하는 한편, 사하라 이남의 아프리카제국을 비롯한 많은 개도국은 경제성장의 저조, 누적채무문제, 빈곤층의 확대에 의해 경제곤란은 한층 심각해졌다. 그 결과 개도국에 대한 민간자금의 흐름도 나빠지고 수년간 개도국에서 선진국으로 지불초과, 소위 '자본의 역전 현상'이 발생하여 ODA가 짊어져야 할 역할도 점점 중요해졌다. 이러한 상황에서 일본의 ODA의 약진은 개도국뿐만 아니라 선진국에서도 커다란 주목을 받게 되었다(第5

項「政府開発援助(ODA)の拡 充」,『外交青書』, 1990 참조).

16 山下道子,「日本のODA政策の現状と課題」, 内閣府経済社会総合研究所,『ESRI 調査研究レポート』No.3, 2003.2 참조

17 『通商白書』, 1981, 3면.

18 저자는 '국가의 대응방법'을 정부의 정책뿐만 아니라 기업이나 일본인의 대응능력 등을 포함한 종합적인 관점에서 언급하고 있다. 예를 들면 일본경제는 '쇼크에 강하다'고 언급하고 있고 일본인에 대해서는 '위기는 혁신의 어머니'라는 평가가 있다. 요컨대 위기에 직면하여 가장 중요한 것은 국민 가운데 어느 정도가 위기를 위기로 인식하고 그에 대해 해결책을 제시하기 위해 진지한 노력을 하는가라는 점이다. 이것은 위기국면의 탈출은 국가의 정책 이전에 가장 중시되어야 할 요소라고 저자는 생각하지만, 일본인의 경우는 국민의 과반이 위기발생에 대해 상당히 진지한 관심을 갖고 위기를 극복하기 위한 전향적인 자세를 보인다고 한다. 이것을 가능하게 하는 메커니즘으로서 경제학자 나카타니[中谷巖]는 일본의 '나카매[仲間]사회'구조, 그리고 기업레벨에서 생각하면 '전원참가형'의 기업구조 등의 요인에서 설명하고 있다. 中谷巖,『ジャパン・プロブレムの原点』, 講談社現代新書, 1990, 18~28면.

19 総合研究開発機構,『国際社会の中の日本経済』, (株)丸井工文社, 1988, 9~13면.

20 「1988年版外交青書の刊行にあたって」,『外交青書』, 1988 참조.

21 『わが外交の近況』, 1981, 125면.

22 군사적인 측면에서 대미협력 강화는 일본의 내부에서는 이미 군사대국화에 대한 분위기가 어느 정도 무르익고 있었기 때문에 별다른 충돌 없이 진전될 수 있었다. 일본의 군사협력 강화의 움직임은 서방세계에는 '보통국가'로서 국제공헌의 길을 모색하는 일본의 진지한 자기변화의 모습으로 비쳐진 부분도 있지만, 아시아제국에는 역사인식의 충돌과 맞물려 새로운 위협의 불씨가 되었다. 결국 군사적인 측면에서 '국제공헌'의 문제는 일본이 본심을 감춘 채 서방세계와 보조를 맞춤으로써 아시아의 우려를 심화시켜 갔지만 이것도 일본의 대아시아 경제・문화 외교를 강화하는 하나의 배경이 되면서 결과적으로는 아시아에 대한 일본의 영향력증대로 이어지는 형국이 되었다.

23 猪口孝,『現代日本外交』, 筑摩書房, 1993, 30면.

24 전후 양국 간에 진행되어온 무역마찰의 역사에서 보면 양국의 무역마찰이 완전히 새로운 국면에 접어들었다는 것을 의미하였다. 1950년대의 최초의 섬유마찰에서부터 1960년대의 철강과 칼라TV, 1970년대의 공작기계, 1980년대의 자동차와 반도체에 이르기까지 마찰품목이 부상할 때마다 양국은 정치적 해결과 자주규제라는 울타리 속에서 가능한 한 전면적이고 직접적인 충돌은 피해 왔지만, 양국의 다양한 처방에도 불구하고 무역불균형은 좀처럼 개선되지 않았다.

25 1980년대 일본이 국제사회에서 나홀로 경제적 부를 축적해 가자, 국제사회의 일본에 대한 비판도 강도를 더해갔고, 일본에 대한 비판도 '양의 증가뿐만 아니라 비판

의 '질'도 급변하고 있었다. 그 상황을 사사키 다카시[佐々木毅] 교수는 다음과 같이 언급하고 있다.

"일본시장의 폐쇄성에 대한 논의만 보더라도 관세율이나 수입절차라고 하는 접근의 기회를 추구하는 종래의 논의는, 일본의 수입제품의 실적을 기준으로 하는 이른바 결과를 중시하는 것으로 변화했다. 즉, 일본의 수입제품의 실적이 나쁘면 그것이 폐쇄성의 근거로 간주된 것이다. 일찍이 미국에서 소수민족집단의 차별이 문제가 되었을 때, 예를 들면 직장에서 일정 비율의 소수민족집단 출신사가 고용되어 있지 않으면 그 자체가 차별의 증거가 되었듯이, 바로 이런 논법이 동원된 것이다. 그 결과주의는 일본의 문화적 특성 등이 강조되기에 이르면서 문제를 일거에 해결하려는 난폭한 상호주의의 형태로 갈수록 두드러지게 나타났다"(「一国民主主義の隘路」, 『世界』 2月号, 1986, 20면).

국제사회의 일본에 대한 비판의 흐름이 일본의 "문화적 특성"에 맞추어 지면서 "결과"를 동반하는 "난폭한 상호주의"가 일본을 압박하는 형태로 전개되기 시작했다는 것이다.

26 『通商白書』, 1982, 263면.

27 예를 들면 1980년대의 엔고 쇼크 때 일본정부나 기업의 대응과정을 보면 철저하게 코스트 삭감과 생산성 향상을 꾀하여 그 결과를 갖고 엔고파고를 극복했다. 요컨대 외부로부터의 충격을 내부의 철저한 자기단련을 통해 위기를 새로운 기회로 바꾸어가는 패턴을 전후의 경제성장과정에서 확립했다.

28 『通商白書』, 1983, 300~302면. 물론 이 이외에도 1973년 9월 이래 GATT에 의한 다각적 무역교섭(MTN), 도쿄라운드의 타결이나 양국 간 지속적인 협의 등을 통한 외교적 노력도 병행했다.

29 일본정부는 통상마찰이 일본에 대한 오해로부터 발생하는 부분이 많다고 인식하기 시작하면서 이 오해를 해소하기 위해 문화교류의 활성화를 기도했지만 구미제국은 그것을 일본사회의 폐쇄성에 구하고 있었다.

30 朴順愛, 「韓国マスコミの日本報道」, 山本武利 外, 『日韓新時代』, 同文舘出版株式会社, 1994, 54~55면.

31 1970년대 중반 무렵이 되면 일본의 경제계는 섬유, 가운데에서 견직물에 대해 "한국측의 질서 있는 수출을 촉구한다"는 움직임을 보였다. 일본정부는 이러한 움직임을 반영하여 한국의 섬유제품에 대한 수입제한조치를 취했다. 이 조치는 당시 양국의 무역에서 일본의 흑자가 계속되고 있는 가운데 취해짐으로써 한국사회로부터 커다란 반발을 샀다.

32 한일문화교류의 전체적인 동향에 대해서는 졸고 「한일문화교류의 의의와 전망」, 『일본학보』 제64집, 2005.8 참조.

33 『わが外交の近況』, 1985, 57면.

34 한국뿐만 아니라 아시아와의 정서적 측면에서의 관계진전을 저해하는 커다란 장애요인인 역사인식과 영토문제에 대해 일본의 지배계급이 앞으로 입장변화를 취할 가능성은 거의 없다고 봐야 한다. 그런 만큼 이 문제는 한국에 있어서는 향후 커다

란 외교적 과제가 될 것이다.

35 『わが外交の近況』, 1981, 85면.

36 『わが外交の近況』, 1981, 86면.

37 『わが外交の近況』, 1984, 3~4면. 또 세계에 대해서도 평화와 군축노력을 위한 대화의 촉진, 중기적인 세계경제의 건전한 발전에 공헌, 개도국의 안정과 발전에 협력 등의 과제를 일본외교의 방향성으로 언급 했다.

38 正村公宏,「貿易摩擦・文化摩擦」,『日本通史－第21巻・現代2』, 岩波書店, 1995, 103~104면.

39 예를 들면 구미에 대해서는 일본인이 기본적으로 불공정한 방법이 아니라 근로자의 생활과 안전보장을 배려하면서 기술적・조직적인 혁신을 지속적으로 추진하는 시스템을 창조하여 성공했다는 점을 강조하고, 개도국이나 지령경제에서 혼합경제로의 이행을 시도하고 있는 국가에 대해서는 경제발전과 생활향상을 위해 필요한 제도적・조직적 전제에 관한 참고자료를 제공하는 방법이었다. 正村公宏,「貿易摩擦・文化摩擦」, 102~103면. 마사무라의 지적 속에 주목하고 싶은 것은 상대를 이해시킬 수 있는 방법으로서 국가가 아니라 상대국의 국민에게 직접 설명할 수 있는 방법을 모색해야 한다는 주장이다. 이것은 두말할 필요 없이 문화교류를 통해 실현하지 않으면 안 되는 방법이다.

40 日下公人,『新・文化産業論』, PHP文庫, 1987, 7면.

41 「第100回国会における中曾根内閣総理大臣所信表明演説(1983.9.10)」,『わが外交の近況』, 1984, 376면.

42 「第87回国会における大平内閣総理大臣施政方針演説(昭和54年1月25日)」,『わが外交の近況』, 1980, 309면.

43 지배계급에 의한 새로운 국가목표의 제창은 일본사회의 가치관의 변화를 반영한 것이었다. 즉 이제까지 일본사회를 지배해 왔던 경제중심이나 '소비는 미덕'이라는 자원분배에 관련한 가치체계는 후퇴하고 육체의 안전이나 정신의 안정, 혹은 인간의 삶의 의미나 목적의 추구 등을 중시하는 인간중심의 가치체계로 전환하는 움직임이 두드러졌다. 이러한 움직임은 1970년대 들어 제창된 '일본열도개조론'에 대표되는 개발논리가 횡횡했을 때도 변함이 없었다. 1970년대를 통해 일본인은 이미 '경제중심에서 인간중심으로'라는 시대적 가치를 확립하고 있었다. 安永武已,『日本人と経済 行動の構造』, ダイヤモンド社, 1974, 64면.

44 「第100回国会における中曾根内閣総理大臣所信表明演説(1983.9.10)」, 378면.

45 『通商白書』, 1977, 464면.

46 『通商白書』, 1978, 336면.

47 「第88回国会における大平内閣総理大臣所信表明演説(昭和54年9月3日)」(資料編),『わが外交の近況』, 1980 수록.

48 『通商白書』, 1980, 283~284면.

49 「第82回国会における福田内閣総理大臣所信表明演説(1977.10.3)」,『わが外交の近況』, 1978 수록.

50 『わが外交の近況』, 1980, 13면.

51 『わが外交の近況』, 1980, 16면.

52 외무차관을 역임한 호겐法眼晋作은 세계의 평화라는 것은 좋고 싫음에 관계없이 "밸런스 오브 파워" 위에 성립한다고 하면서, 그 경우 "파워"라는 것은 "물론 군사력뿐만 아니라 가장 넓은 의미에서의 파워이고 예를 들면 경제력, 기술력, 인적·물적 자원, 혹은 인플레를 피하면서 경제의 안정적 성장을 지속시키기 위한 테크닉이나 시스템, 정치적 안정성, 개도국과의 관계 등 그런 것을 모두 포함한다"고 했다. 즉 이러한 "밸런스 오브 파워"에 일본은 어떠한 형태로 공헌할 것인가 또 공헌하려고 하는가 등이 이 무렵 일본에 가해진 과제였다고 한다. 『日本の外交戦略』, 原書房, 1981, 128~129면.

53 『わが外交の近況』, 1981, 11면.

54 1977년도 판 『우리외교의 근황』은 "국제경제 분야에서의 공헌에 이어 정치면 등의 광범한 분야에서 우리나라에 어울리는 공헌을 행하는 것이 불가결하다"고 지적하면서 "국제사회의 우리나라에 대한 기대를 충분히 이해하여 우리나라의 국력에 어울리는 형태의 공헌을 적극적으로 해 가지 않으면 안 된다"고 했다. 이미 일본은 국제사회에서 정치적 영향력을 발휘할 수 있는 외교적 역량 강화의 준비를 착실히 하고 있었던 것이다. 17면.

55 『わが外交の近況』, 1980, 41면.

56 문화혼합위원회는 1980년대를 통해 매년 3~11회 정도 일본과 상대국 사이에 개최되어 각종 교류내용을 협의했다.

57 예를 들면 1981년부터 이듬해에 걸쳐 런던에서 개최된 '에도대미술전江戸大美術展'이나 뉴욕, 워싱턴 등에서 전후 최대 규모로 개최된 가부키 공연 등이 대표적이다. 이 무렵부터 일본의 문화교류 행사는 일본의 전통문화를 중심으로 대형화하는 추세를 띠기 시작했다. 1987년에 동남아시아 대형 문화교류미션, 동구·유고의 문화사절단의 파견, 1989년에 유로파리아 일본축제(벨기에 등), 소련에서의 일본주간 등은 그런 흐름을 상징하는 문화행사였다.

58 중국에서 일본어, 일본연구, 일본과의 교류에 관여하는 인재양성을 목적으로 개설된 것으로 현재는 북경대학과 북경외국어대학의 2개소에서 실시하고 있다.

59 이들 아시아의 문화를 일본에서 개최함으로써 외국문화의 소개가 본격화되었다고 한다. 『国際交流基金30年の歩み』, 国際交流基金, 2006, 47면.

60 天沼香, 『日本人と国際化』, 吉川弘文館, 1989, 29~40면.

61 梅原猛, 「日本文化研究は人類の危機にどのような答えを出し得るか」, 『日文研』 38号, 国際日本文化研究センター, 2007, 9면.

62 石井米雄, 「あらたな'十年期'を迎える日文研への期待」, 『日文研』 38号, 国際日本文化研究センター, 2007, 14면.

63 奥野由希子, 「世界中のOB·OGの皆様へ」, 『日文研』 38号, 国際日本文化研究センター, 2007, 243면.

64 国際日本文化研究センター, 「'国際的な連携及び交流活動' 評価報告書」, 2004.3, 2면.

65 윤상인 외, 「일본의 문화국가/문화외교 전략에 있어서의 인문학적 기여 및 활용」, 『경제·인문사회연구회 인문정책연구총서 2011-06』, 경제·인문사회연구회, 2011, 40면.

66 チャールズ E. モリソン, 「日本の対ASEAN諸国関係へゲモニーの衰退を埋め合わせているか」, 『現代日本の政治経済』第2巻, 総合研究開発機構, 1986, 268면.

67 예를 들면 말레이시아의 선진국편입 프로젝트였던 '동방정책(Look east)'의 실시에 대해 당시 국제교류기금은 이 정책에 협력할 방침을 결정하여, 많을 때는 세계에 파견하고 있는 일본어전문가의 약 4분의 1에 해당하는 수의 전문가를 동 사업을 위해 파견하여 말레이시아의 젊은이들이 일본의 대학이나 고등전문학교에 유학하기 위한 사업을 지원했다. 『国際交流基金30年の歩み』, 国際交流基金, 2006, 46면.

68 제5회 UNCTAD총회(1979.5.10, 마닐라)에 참가한 오히라 총리는 일반연설을 통해 '국가 만들기'의 기초는 우선 '사람 만들기'에 있고 그 역사가 일본이었다고 강조하면서 향후 일본은 '사람 만들기'를 위한 협력을 일본의 원조정책에서 가장 중시할 것이라는 입장을 표명했다. 그리고 구체적으로 교육협력의 확충, 전문기술자의 육성, 인적 문화적 국제교류의 강화 등을 통해 개도국의 인적자원의 개발에 공헌한다는 결의를 피력했고, 이에 따라 매년 100만 달러를 1980년부터 10년간 거출할 것을 약속했다. 이것이 'ASEAN청년장학금'이다. 「第5回UNCTAD総会における大平総理大臣の一般演説(1979.5.10, マニラ)」, 『わが外交の近況』, 1981, 354~359면.

69 인간의 기본적 가치를 회복하기 위해서는 대화를 충실히 하여 공동체를 재구축하는 것이 필요하다는 취지로 1950년에 설립되었다. 이후 정치, 경제, 외교 등의 분야를 중심으로 정책 프로그램을 개발하였고, 일본에서는 1998년 4월에 일본아스펜연구소가 설립되었다.

70 栖原暁, 『アジア人留学生の壁』, NHNブックス, 1996, 50~54면.

71 「今後の留学生政策の基本的方向について(留学生政策懇談会第一次報告)」, 留学生政策懇談会, 1997.7, http://www.mext.go.jp/b_menu/shingi/chousa/koutou/015/toushin/970701.htm#01.

72 『わが外交の近況』, 1975, 385면.

73 이 무렵 일본은 통상마찰을 해소하기 위해 대미특별홍보활동의 확충을 꾀하는 한편 다른 지역에서도 일·유럽무역불균형, 아랍석유공급 삭감, 동남아시아 및 아프리카의 대일비판 등 중대한 제 문제가 대두되었기 때문에 특별홍보활동은 서구, 중근동, 아시아, 아프리카 등으로 확대되었다. 그리고 그 특별홍보의 수단 가운데 주된 것으로서는 ① 심포지엄, 세미나, 강연회, 친선방문, ② 경제협력프로젝트 시찰, ③ TV홍보, ④ 계발(啓発)기사 게재, ⑤ 특별홍보자료, ⑥ 지역사회지도자 초빙 등이 있었다.

74 「文化交流及び報道·広報活動」, 『わが外交の近況』, 1980~1987에서 발췌작성.

75 『わが外交の近況』, 1983, 335면.

76 国際交流基金 編, 「資料編」, 『わが国の国際文化交流団体一覧』, はる書房, 1985 참조.

77 「第101回国会における中曽根内閣総理大臣施政方針演説(1984.2.6)」, 『わが外交の近況』, 1984, 386면. 당시 나카소네 총리는 1984년 2월에 국회에서 행한 시정연설을 통해 '국제국

가일본' 건설론을 제창하면서 그 역할을 각종 분야에서 체제의 차이나 과거의 경위를 초월하여 인류적 공감 위에 서서 평화유지를 주장하는 것, 또 개도국에 대한 경제·기술협력의 확충 등을 우선적으로 거론했다.

78 渡辺治,『現代日本の支配構造分析－基軸と周辺』, 花伝社, 1988, 21면.

79 일본의 ODA를 통한 경제협력의 문제점으로서는, ① 지출총액에서는 1989년에 세계 1위였지만 GNP에 차지하는 비율은 낮았고, DAC가 목표하고 있던 0.7%를 훨씬 하회하고 있었다는 것, ② 원조도 무상이 아니라 유상이 상당한 부분을 차지하고 있고, 증여비율·GE 모두 DAC 제국 가운데 최하위이고, 무상자금협력은 모두 '대가성'이었으며, ③ 원조의 대상국이 편중되어 있는 데다 사회의 빈곤층의 기본적인 요구를 충족시키기 위해서는 최소한의 지출만 하였고, ④ 원조에 관한 관청이 복수여서 일관된 원조가 이루어지기 어려웠고 따라서 소위 '원조의 이념'이 확실하지 않다는 등의 내용이 거론되고 있었다. 家正治 編,『国際関係』, 世界思想史, 1993, 129~130면.

80 ODA에는 대상국의 개발 계획에 참여한다는 '개발'에 관한 측면과 ODA를 통해 대상국의 국제사회에 메시지를 발신한다는 '외교'에 관한 측면이 있다. 어느 쪽을 중시하느냐에 따라 ODA에 대한 견해는 달라진다. 미국의 경우는 '외교' ODA를 중시하는 경향이지만 일본의 경우는 항상 '개발'과 '외교'의 균형을 고려하여 종합적으로 제공대상을 판단하지 않을 수 없는 애매함이 존재하고 있다. 이는 일본이라는 국가의 실체를 반영하는 결과라고 한다. 渡辺利夫 外,『ODA』, 中公新書, 2003, 118~120면.

81 『国際交流基金30年の歩み』, 国際交流基金, 2006, 26면.

82 渡辺治,『現代日本の支配構造分析－基軸と周辺』참조.

83 예를 들면 다니엘 I. 오키모토는 일본의 특징에 대해 정부의 권력이 민간의 세력과 깊은 관계에 있다는 점에서 '네트워크' '관계적' '사회적' 국가라고 한다. 일본정부는 효과적으로 행동하기 위해 민간과 협력하지 않으면 안 되고 그때에는 정부, 민간 쌍방이 서로의 필요성과 목적이 무엇인가를 헤아리는 노력을 하지 않으면 안 된다. 때문에 권력은 한쪽의 의지를 무리하게 강요하거나 정면충돌이 아니라 미묘한 거래를 포함한 정부와 민간과의 상호작용이라는 복잡한 과정을 거쳐 행사된다고 한다. 「政治的包括性－国内の貿易構造」,『現代日本の政治経済』第2巻, 総合研究開発機構, 1987, 361면. 정확한 지적이라고 생각하지만 일본사회의 관민일체의 논리가 합의를 중시하는 '화(和)'의 전통에 떠받혀있는 일본적 체계이기에 일단 합의가 도출되면 일순간에 목표지향적인 가치가 일본사회를 지배하는 동력이 된다. 이것은 내부의 강력한 협력관계 위에 추구되는 가치이기에 목표지향에 대한 동기부여도 강하고 또 외부에서 그 관계를 뚫고 들어가기도 상당히 어려워진다. 즉 권력을 휘두르지 않아도 조화와 통일의 논리를 국가가 선점하고 있는 한 화의 기초는 무너지지 않는다는 것이다. 게다가 내부결속을 전제로 한 목표지향적 행동양식이 일본인의 의식에서 간단히 사라지지도 않는다. 민간단체나 자치체에 의한 문화교류의 형태가 정부의 문화외교의 방향성과 거의 일치하는 이유도 이런 메커니즘을 고려하면 간단히 이해할 수 있다. 이러한 구조를 외부에서 보면 폐쇄적으로 볼 수밖에 없고 '일본주식회사'라는

비판도 무리가 아니라고 생각한다.

84 「第101回国会における中曾根内閣総理大臣施政方針演説(1984.2.6)」, 『わが外交の近況』, 1984, 385면.

85 『外交青書』, 1987, 13~14면.

86 당시 동아시아의 민중들에게 있어 일본은 기회의 땅이었지만 일본사회의 시선은 냉소적이었다. 언론에 비쳐진 아시아인들에 대한 인식의 일단을 보면, 「외국인 "돈벌이" 열도, 남성은 단순노동, 여성은 환락가로」, 「도쿄 24시를 떠받치는 괴로운 일 "일본인은 바로 그만둘 일" 심야의 거리에 불법취로, 그래도 잘도 일해요」, 「농가의 일손인데」, 「궁여지책의 생존술, 연수의 이름으로 중국인, 아프리카로부터는 불법취로, 아시아와의 경쟁 "인건비 다운밖에는"」 등의 기사들이 지면을 장식하고 있었다(「じぱんぐ'88冬」 특집시리즈, 『毎日新聞』, 1988.2). 아시아와의 공존이나 공생의 가치는 전혀 없고 오로지 선진일본과 후진아시아라는 이분법적 사고로 아시아인을 바라보고 있었다.

87 예를 들면 제국일본이 아시아를 지배하기 이전에도 일본인 실업가는 아시아에서의 평판이 나빴다고 한다. 그 배경의 대부분이 무신경하고 오만한 행동양식에 있었다고 한다. フリードマン バートゥ, 『嫌われる日本人』, 日本放送出版協会, 1994, 13면.

88 NHK방송문화연구소가 5년마다 '일본인의 의식조사'를 하고 있는데 그 결과를 보면 1978년부터 83년까지 5년 동안 나타난 일본사회의 의식변화를 한마디로 요약하면 '보수회귀'라고 할 수 있다. 대외적으로는 국제사회에서 일본경제력의 강함이 주목받았고 대내적으로는 나카소네 내각하에서 내정이나 외교에 '강한 정치'가 전개되었다. 문화적인 측면에서는 TV 등에서 일본인의 원점인 농민의 인내력을 찬양하는 〈오싱〉이 방영되어 큰 붐을 불러일으키기도 했다. 때문에 이 무렵의 일본인들의 의식 속에서는 정치영역의 질문에서 "일본은 일류국이다" "일본인은 뛰어난 소질을 갖고 있다"는 의견이 증가하였고 동시에 "정치과제의 '질서의 유지'"나 "자민당의 지지율"이 최대가 되기도 했다. 『現代日本人の意識構造』(第五版), NHKブックス, 2000, 208~209면. 이 결과는 지배계급에 의한 '일본정신'이나 '대국의식'을 강조한 이데올로기가 일본사회에 얼마나 영향을 미쳤는가를 뒷받침하고 있는 현상이다. 이렇게 솟아난 '일류대국의식'이 외부를 향해 무신경적으로 나타났을 때 일본인의 '오만함'은 두드러지게 되고 비난의 표적이 되는 것이다.

89 일본적 가치의 특질에 대해서는 졸고, 『日本・日本人論の再発見』, J&C, 2007 참조.

90 『外交青書』, 1987, 14면.

제7장

일본의 글로벌 리더십 구현과 문화외교

들어가면서

전후 일본은 평화·산업국가로의 선택을 통해 "국제사회의 중추적인 일원"으로 자리매김하는데 성공했다. 일본사회가 혼연일체가 되어 "한눈도 팔지 않고 매진"한 결과였기에 가능했다는 자평이다. 이는 1980년대의 외교방침인 '자주적극외교'노선에 커다란 영향을 미쳤다. 지금까지의 '수동적' 대응에서 '주체적' 대응으로 스스로의 변화를 촉진시키는 내부로부터의 동력이 되었을 뿐만 아니라 '국제국가' '대국일본'을 꿈꾸게 만들었기 때문이다.

일본의 신 외교 전략은 국제사회에서 착실히 성과를 거두었다. 대미외교를 축으로 선진제국과의 연대와 협조노선 강화를 통한 영향력 증대, 아시아·태평양외교의 정치적 역할 강화, 한·중관계의 재정립,

APEC성립의 주도적 역할과 원조대국의 지위획득, 마에가와리포트(前川レポート, 1986년 4월에 발표된 국제협조를 위한 경제구조조정 연구회)의 발표와 도쿄서미트의 성공 등은 일본이 '국제국가'로서의 영향력 확대를 현실화한 사례였다.

일본의 정치·외교적 지위의 극대화 의지는 1990년대 들어 냉전의 종언에 의한 국제질서의 재편이라는 외적요인에 정치·경제의 혼미와 이분법적 사고의 횡행이라는 내적요인이 가미되면서 그 정채(精彩)를 잃어가는 듯했다. 하지만 캄보디아의 PKO참가, 우루과이 라운드의 성립, 21세기를 향한 일미동맹 강화, 아시아 금융·통화 위기에 대한 적극적인 대응, ASEAN＋3의 출발과 동아시아공동체구상의 태두 등, '일본의 시대는 끝났다'는 일부의 시각을 비웃기라도 하듯 외교적 영향력은 강해지고 있었다. 주도권을 갖고 국제외교의 장에 적극적으로 임한 결과였다.

문화외교를 통한 '국제공헌'의지도 강하게 피력했다. 국제문화교류 확대가 '세계에 공헌하는 일본' 만들기의 핵심이라는 사실을 증명이라도 하듯 '국제국가'로서 일본의 지위향상에 기여할 수 있는 정책들을 쏟아내며 실천하기 시작했다. '평화우호 교류 계획'과 '일미센터'의 개설, '일·구문화교류 강화사업'등은 각 대륙과의 문화외교를 강화하기 위한 대표적인 정책들이었다. 문화외교체제의 재정비, 교류의 내용과 규모의 확대, 교류대상 지역의 글로벌화에 이어 시민레벨에서의 교류 활성화와 지역의 국제화진전도 문화외교정책을 뒷받침하며 성과를 축적해 갔다.

이에 본 장에서는 포스트냉전시대의 문화외교의 추이와 특징을 파악하기 위한 시대적 배경으로 우선 냉전의 종언을 전후로 하여 전개된 일본의 외교 전략이 국제정세의 구조적 변화로 인해 어떻게 굴절되었고, 그 과정에서 문화외교의 이념 설정과 정책집행을 위한 범국가적·글로벌체제의 정비 과정은 어떻게 전개되었으며, 실제 문화교류의 추이와 성과 및 과제, 그리고 다음시대로의 전략적 방향성은 어떻게 정립되었는가 등을 종합적으로 분석하고자 한다.

1. 국제질서의 구조적 변화와 일본의 외교 전략

1) 일본의 '적극적 역할'론

국제사회의 1990년대의 개막은 전후사에서도 가장 극적인 형태로 시작되었다. 중국의 민주화운동이었던 천안문사건(1989)을 비롯해, 구소련의 정치체제 개혁운동이었던 고르바초프 대통령의 페레스트로이카와 '신사고' 외교정책에 촉발된 동구권의 민주화 열풍, 베를린 장벽의 붕괴가 세계에 던진 충격과 희망, 그리고 그 대미를 장식한 소련의 붕괴 등은 20세기의 질서를 사실상 해체한 사건들이었다. 소련의 몰락은 외부의 침략이나 내란에 의한 것이 아니라 미국이라는 패권 국가를 상대로 정치·군사적으로 폐쇄적인 블록을 형성하면서 팽창적 대립구조를 전개해온 결과가 가져온 자멸이라는 점에서 서방의 논자들은 민주주의의 승리[1]로 받아들였다.

국제시스템의 극적인 변화에 흥분한 자유진영은 자본주의의 저력과 핵전쟁의 위협으로부터 벗어났다는 안도감을 만끽하며 세기말에 발생한 구조적 변화[2]를 예의주시했고, 동시에 포스트냉전시대의 국제질서가 어떠한 형태로 재편될 것인가에 대해 거다란 관심을 표하기 시작했다.[3] 특히 미국이나 서구의 논자들은 '제2의 전후'[4]라고 할 수 있는 거대한 변화에 즈음하여 다양한 각도에서 냉전 후의 세계상의 전망을 분석했다. 그중에서도 새뮤얼 헌팅턴(Samuel Phillips Huntington, 1927~2008, 정치학자)은 당시의 세계전망의 흐름을 4개의 패러다임으로 정리하여 발표했다.[5]

그에 의하면 ① '하나의 세계'론─조화로운 행복한 세계, ② '2개의 세계'론─북과 남, 동과 서, 안과 밖, 문명사회와 미개사회라고 하는 '우리와 그들'이라는 세계관, ③ '무릇 184개국'론─강한 상대에 대해 자국의 안전을 지키기 위해 동맹을 맺으려고 하는 움직임, ④ '혼돈상태'론─정부의 권위와 실추, 국가의 해제, 격화하는 부족이나 민족 혹은 종교상의 충돌, 대량파괴병기의 확산, 테러리즘의 만연 등으로 요약했다. 헌팅턴은 이 같은 패러다임은 세계정치에 존재할 수 있는 미래의 전체상 가운데 한 부분에 지나지 않는다고 하면서 본인은 가장 가능한 세계상으로서 '문명의 충돌'론을 제시했다.

그의 주장은 냉전 후 세계의 충돌 원인은 이데올로기나 경제가 아니라 8개의 그룹으로 나누어진 서로 다른 문명 간의 충돌이 분쟁요인이된다는 것이다. 국제사회를 분석하는 새로운 이론적 가능성으로서 문화적인 측면(아이덴티티나 종교와 같은 요소)을 중시한 그는 냉전 이후에도 여전히 국제사회는 이항대립구도를 형성할 것이라고 예측했다. 이에 비해 일본의 국제정치학자 이노구치 다카시(猪口孝, 1944~)는 세기말에 발생한 세계변동의 성격을 미국의 승리라고 할 수 있는 '냉전의 종언', 경제활동의 거리(距離)에 대한 고통의 소멸이라고 할 수 있는 '지리의 종언', 그리고 자본주의적 민주주의의 승리라고 할 수 있는 '역사의 종언'으로 파악하여, 이 3개의 '종언'이 1990년대 전후 수년간에 급속히 세계를 휩쓸었다고 했다.[6]

요컨대 국제안전보장의 우위를 지탱하는 기술적·경제적 기초의 경쟁력저하에 대한 미국인의 우려감 증폭, 경제활동의 지구화 추세와 그것이 창출하는 교란을 최소화하기 위한 보호주의·지역주의의 태두(세계경제의 영역), 경제적 자유화·정치적 민주화의 추세와 그것이 잉태하는 불안정화에 대한 우려(국제정치의 영역) 등이 각 영역에서 격하게 대립하여 변증법적으로 전개되고 있는 것이 세계질서의 모습이라는 논리이다. 다른 문명이나 국가 간에 발생하는 대립구도에 주목한 헌팅턴의 논리도 그랬지만, 국제안전보장, 세계경제, 국내정치의 영역에서 세계변동을 분석하여 세계 제1·2위의 경제대국인 미국과 일본의 표류를 예언한 이노구치의 주장도 세기말의 국제정세의 행방을 이해할 수 있는 주목할 만한 논점이었다.

국제사회의 향방과 일본의 대국화 의지

냉전 후 국제사회의 변화 기조에 대해서는 일본정부의 인식도 양자의 견해와 다르지 않았다. 당시 일본정부는 냉전의 종언이 지역분쟁의 해결을 촉진하는 효과는 있지만 역으로 이데올로기 대립의 완화에 따른 민주화·자유화의 진전이 지역의 새로운 대립과 항쟁을 표면화시킬 수 있다는 것과 걸프전쟁을 계기로 국제사회에 유엔안보리의 역할이 증대하고 있다는 점, 그리고 국경을 초월한 문제의 발생과 국제경제의 다각적 자유무역체제의 유지, 강화를 우선적으로 지적했다.[7] 새로운 형태의 지역분쟁이 다발할 수 있다는 것과 제 분야에서 국제사회의 협력적 대응을 필요로 하는 시대로 진입했다는 점에 방점을 찍은 것이다. 명확하지는 않았지만 실제 냉전 후의 국제사회의 행방은 대체로 다음과 같은 전망이 가능했다.

첫째, 글로벌세계에서 미국의 패권적 지위의 재구축 모색과 지역세계의 소패권주의 확대의 가능성이다. 동서대립의 종언은 대국의 이해충돌에 의한 분쟁가능성을 현저하게 줄였지만, 미국에게는 절대적인 영향력을 행사할 수 있는 유일한 초대국의 지위를 부여했고, 나아가 정치·군사적으로 협력적 안보체제의 틀 안에서 주도권을 장악하는 새로운 리더십을 발휘하게 만들었다. 이는 러시아, 중국, 일본과 같은, 지역에서 패권적 지위를 둘러싼 갈등과 분쟁이 상승할 가능성이 높아졌음을 의미했다. 특히 지역분쟁은 민족적·종교적·역사적 제 요인이 서로 얽혀 발생하는 데다 성격에 따라서는 세계자본주의의 안정적 성장기반을 흔들 수 있는 파괴력을 갖고 있었기에 세계의 대응방식은 새로운 질서를 구축함에 있어 중요한 과제였다.

둘째, 포스트냉전시대의 국제적 논점의 이행(정치 군사에서 경제문제로 이행할 가능성)과 세계경제질서의 재구축에 대한 움직임이다. 미국의 급격한 경쟁력 쇠퇴와 유럽경제의 혼미와는 반대로 일본의 경제력은 모든 데이터가 증명하듯 압도적인 비교우위를 자랑하고 있었다. 일본경제의 상대적 강세는 1970년대부터 공격의 표적이 되었지만 냉전 후는 국제적 이슈로 일거에 폭발할 가능성이 농후했고 구미제국의 실제 움직임도 그런 방향으로 나아가고 있었다. 동시에 포스트냉전시대의 세계경제는 거시적 관점에서 보면 EC통합의 진행, 동구제국의 민주화와 경제개혁의 실현, DAEs(Dynamic Asian Economies)의 활발한 경제발전, 통일독일의 경제력 확장 등의 요인에 의해 자본주의 시장경제체제의 외연이 확대될 가능성도 농후했다.

게다가 우루과이 라운드의 타결이나 동구제국에 대한 경제지원, 중동정세의 불안정에 의한 세계경기의 후퇴로 보호주의나 지역주의의 확산이 염려되기도 했지만 한편으로는 선진국을 중심으로 한 정책협조를 강화하지 않을 수 없는 상황이기도 했다. 즉 냉전 후의 국제정치·경제 분야는 다양한 논의에도 불구하고 기본적으로는 '협조'노선을 강화[8]해야 한다는 전망이 우세했다. 이러한 전망은 '평화국가' 일본을 크게 고무시켰다. 일본의 외교 전략이 보다 효율적으로 기능할 가능성이 높아졌기 때문이다. 1990년 3월 가이후(海部俊樹, 1931~, 제76~77대 총리대신) 총리는 시정연설을 통해 "동서의 힘의 대결, 냉전시대의 발상을 넘어 대화와 타협에 의해 새로운 세계질서를 모색해 가려는 움직임"을 환영하면서 다음과 같은 희망을 피력했다.[9]

힘에 의한 대립이 세계의 질서를 지배하는 상황에서는 일본은 힘에 의한 공헌을 할 수 없지만 대화와 협조에 의해 새로운 평화공존 세계의 구축에 대한 모색이 시작된 지금 우리나라는 적극적인 역할을 하지 않으면 안 된다.

이 연설에는 대화와 협조에 의한 새로운 국제질서의 구축은 전후 일관되게 평화외교로 일본의 국제적 영향력을 확대해온 외교노선과 일치하는 것이기에 향후의 대응능력에 따라서는 '지구화 시대'를 주도할 수 있는 국가로 도약할 수 있다는 '기대감'이 내재되어 있었다. 냉전 후 세계의 흐름에 대해 대체로 일본정부는 자국에 대한 강한 경제적 압박에도 불구하고 "군사력이 결정적인 시대가 아니라 일본과 같은 경제적 경쟁력을 자랑하는 국가에 매우 호의적"[10]인 환경이 조성되고 있다고 판단한 것이다. 일본을 둘러싼 국제정세의 변화가 우호적이라는 낙관적인 자기전망이 일본의 지배계급으로 하여금 '적극적 역할'을 주창하게 만들었다.

실제 일본정부는 1980년대 말부터 '평화를 위한 협력'이라는 외교방침하에 시도한 일련의 성과를 통해 그 '기대감'의 실현가능성을 확인한 상태였다. 1987년에 정식으로 발족한 국제긴급원조대의 활약, 1989년 8월의 인도네시아 난민국제회의를 통해 향후 3년간에 걸쳐 1천 명의 베트남난민의 정주입국의 표명, 1989년 11월 나미비아(아프리카 서남부에 위치하는 공화제국가)의 선거감시단 파견, 1990년 2월 니카라과의 선거감시단 파견, 1990년 6월 '캄보디아문제에 관한 도쿄회의' 개최 등은 일본의 새로운 역할로 주목받았다. 일본정부도 국제사회로부터의 '높은 평가'에 고무되어 정부개발원조(ODA)의 확충과 함께 '국제협력구상'의 강화 = 일본의 국제적 지위 극대화의 의지를 1990년대의 외교방침으로 설정하여 강력히 추진하려고 했다.

1992년도 판『외교청서』가 "일본은 국제사회에 대해 어떠한 세계를 지향하고, 그를 위해 어떠한 목표를 추구해야 하는가를 명확히 하여 국력에 어울리는 지도력을 발휘하지 않으면 안 된다. 그러한 노력을 통해서만 국제사회에서 '명예있는 지위'를 획득할 수 있다"고 언급하면서 당면한 외교과제로서 "세계경제번영의 확보, 세계의 평화와 안정의 확보, 자유, 민주주의라고 하는 보편적 가치, 환경문제나 난민문제와 같은 지구적 규모의 문제에 대한 적극적 대응"[11] 등을 언급한 것은 국력에 부합하는 역할증대를 통해 포스트냉전시대의 주도국으로 부상하겠다는 의지를 피력한 것이다.

일본사회의 보수화와 대국화의식도 '기대감'의 후원자가 되었다. 극우 정치인 이시하라 신타로[石原慎太郎]의 『'NO'라고 말할 수 있는 일본』이 스테디셀러가 된 것이 상징하고 있듯이 일본사회의 탈미(脱米)노선과 정치대국화의 움직임이 국민의 지지 속에 속도를 더해가고 있었다. 1990년 10월 '외교에 관한 여론조사'에서 "국제화에 대한 생각으로서 당신의 의견에 가까운 것을 이 가운데 2개까지 선택해 주세요"라는 질문에 제1위가 바로 "국제화를 추진하는 것은 대국이 된 일본의 국제적 책임"(46.6%)이라는 답변이었다.[12]

여기서 주목해야 할 것은 나카소네[中曾根] 정권이 주도해온 '대국'의식이다. 이것은 이미 경제대국의 실체를 반영하여 국민 속에 거의 정착되어 버린 개념이었고 동시에 '대국'으로서의 국제적 역할증대를 암묵리에 승인하는 보이지 않는 국민적 합의였다는 것이다. 일본사회의 보수우경화를 획책해온 지배계급은 국민의 여론이 자신들에게 '우호적'으로 움직이자 기존의 대미추종외교노선의 수정을 외치는 한편 '정치대국'으로서 일본의 역할증대를 기정사실화하는 움직임을 주도했다. 보수정치인 오자와 이치로(小沢一郎, 1942~)의 '보통국가론'이 이 무렵부터 보수정계의 화두로 떠오르며 국민의 여론몰이를 본격화했고, 그런 흐름은 다소 굴절되면서도 결국 1990년대의 일본사회를 관통하는 이데올로기가 되었다.

2) '적극적 역할'론의 좌초 – 정치외교적 측면

그러나 일본의 희망에 찬 '적극적 역할'론은 이노구치[猪口孝]가 '무임승차형 평화주의' 일본의 표류를 지적했듯이 국제정치·군사 분야에서부터 무너지기 시작했다. 그 계기는 '자원전쟁' '문명의 충돌'로도 언급된 걸프전쟁이었다. 후세인의 무모한 야망이 도화선이 된 이 전쟁은 석유의 공급원이 독재자의 손에 좌우될 가능성이 커졌다는 점에서 자본주의 진영을 심각하게 만들었다. 그로 인해 국제사회의 대 이라크압박전선은 신속하게 이루어졌다.

우선 유엔 안보리는 쿠웨이트침공 당일인 8월 2일, 국제법을 위반한 이라크군의 즉시 무조건 철퇴를 요청하는 결의안을 채택했다〈표 7-1〉 참조〉. 8월 10일에 개최된 아랍수뇌회담도 이라크의 침공을 규탄하면서 아랍제국의 군대파견을 요청하는 결의안을 채택했다. 사우디아라비아의 경우는 이라크에 의한 직접적인 위협을 차단하기 위해 미국을 비롯한 서방에 긴급파병지원을 요청했고, 미국과 영국은 육·공군을 급파함과 동시에 페르시아만과 근해에 함대를 파견하며 강력히 대응할 방침을 천명했다. 또 안보리결의를 통해 경제봉쇄에 나서는 한편, 경제제재의 실효성 확보를 위해 28개국에 의한 육·해·공군과 이집

결의 번호	채택 연월일	개요
660	1990.8.2	① 이라크의 쿠웨이트침략을 비난 ② 이라크군의 즉시·무조건철퇴를 요구
661	1990.8.6	① 이라크·쿠웨이트제품의 수입금지 ② 이라크·쿠웨이트로부터의 수출협력을 금지 ③ 이라크·쿠웨이트에 수출협력을 금지 ④ 이라크·쿠웨이트와의 역할거래를 금지 ⑤ 상기의 제재의 실시에 관해 안보리제재감시위원회 설치
662	1990.8.9	① 이라크에 의한 쿠웨이트합병은 법적으로 무효로 인정 ② 모든 국가·국제기관에 합병을 승인하지 않도록 요청 ③ 이라크에 합병의 철회를 요청
664	1990.8.18	① 이라크에 대해 이라크·쿠웨이트로부터 외국인의 출국을 인정하도록 요구 ② 이라크에 대해 외국인의 안전보장을 요구 ③ 이라크에 대해 재 쿠웨이트외교단의 안전을 요구
665	1990.8.25	① 쿠웨이트정부와 협력하여 해상부대를 전개하고 있는 국가에 필요한 조치를 취할 것을 요청 ② 모든 국가에 대해 상기의 국가에 원조를 요청
666	1990.9.13	① 이라크·쿠웨이트의 식량사정 조사를 결정 ② 조사결과 이라크·쿠웨이트에 긴급·인도적인 식량공급의 필요성이 인정되면 공급방법을 결정 ③ 이라크·쿠웨이트에 대한 의료품의 공급은 수출국의 엄중한 감시하에 실시할 것을 권고
667	1990.9.16	① 이라크의 재 쿠웨이트외교단에 대한 침해행위 비난 ② 외교·영사관계에 관한 빈 제 조약의 준수를 요구 ③ 이라크에 대해 재 쿠웨이트·이라크외교단의 안전확보 요구
669	1990.9.24	① 이라크에 대한 경제제재로 인해 특별한 경제문제에 직면한 각국의 원조요청의 검토를 안보리제재감시위원회에 위임
670	1990.9.25	① 이라크에 대한 경제제재는 항공기를 포함한 모든 수송수단에 적용된다는 것을 확인 ② 모든 국가에 대해 이라크·쿠웨이트에, 그리고 항공기의 자국령 통과 거부를 요청 ③ 모든 국가에 대해 경제제재위반의 이라크선박에 대해 입항거부를 요청
674	1990.10.29	① 이라크에 대해 재 쿠웨이트·이라크외교단·외국인의 안전 확보와 출국허가를 요구 ② 사무총장에게 이라크·쿠웨이트에 있어서 외국인의 안전 확보를 위한 노력을 요청 ③ 이라크의 침략·불법점령에 의한 손실·손해에 관한 책임을 확인
677	1990.11.28	① 이라크에 의한 쿠웨이트의 인구구성의 변경·호적의 파괴를 비난 ② 사무총장에게 쿠웨이트의 주민대장의 보관을 위임
678	1990.11.29	① 이라크에 대해 안보리결의를 이행할 최후의 기회 부여 ② 1991년 1월 15일까지 누차 결의가 이행되지 않을 경우, 쿠웨이트정부에 협력하고 있는 국가에 대해 모든 필요한 수단을 취할 권한을 부여 ③ 모든 국가에 상기행동에 적절한 지원을 요청

결의 번호	채택 연월일	개요
686	1991.3.2	① 상기 12개의 결의 모든 실행을 요구. 이라크에 구속된 쿠웨이트인·제3국인의 석방과 쿠웨이트의 재산반환을 요구 ② 이라크에 대해 군대에 의한 적대·도발적 행동의 정지, 가맹국의 군대와 교섭하는 군사령관의 지명, 지뢰, 기뢰, 화학·생물병기에 관한 정보제공을 요구 ③ 쿠웨이트부흥을 위한 가맹국·국제연합기관의 협력을 요청
687	1991.4.3	① 1963년에 합의된 이라크·쿠웨이트국경의 불가침성의 존중을 요구 ② 양국의 국경지대에 국제연합감시단을 전개하는 계획의 제출을 사무총장에 요청 ③ 이라크에 대량파괴병기의 파괴를 수용할 것을 결정 ④ 배상지불을 위한 기금 및 동기금의 운영을 위한 위원회를 설립 ⑤ 이라크에 대한 무기관련물자의 금수를 계속 ⑥ 상기의 제 규정을 수락할 뜻을 이라크가 밝혀옴에 따라 정식정전이 성립

출처 : 「第2章 湾岸危機と日本の外交」, 『外交靑書』, 外務省, 1991에서 작성.

트, 시리아, 모로코, 사우디아라비아 등이 병력을 파병했고, 일본도 독자적인 공헌방안을 제시하며 압박에 동참했다.

안보리는 비난결의안을 12개나 채택하면서 압박했지만 이라크는 아랑곳하지 않았다. 군사시설이나 석유시설에 인간 방패를 배치하는 비열함을 보이며 일전불사의 태도를 취했고 유엔은 최종적으로 미국을 중심으로 28개국이 안보리결의에 의거하여 무력행사에 나서기로 결정했다. 이 결정은 국제사회가 유엔을 축으로 포스트냉전시대의 세계평화와 안전을 지킨다고 하는 의지를 구체적으로 실천한 첫 번째 사례였다. 특히 안보리결의를 주도한 미국은 이라크의 침공을 새로운 국제질서에 대한 도전으로 간주하여 처음부터 단호하게 대처하여 국내외로부터 무력행사의 승인을 획득하는데 성공했다. '무릇 184개국'론이 현실화한 듯 역동적인 리더십이었고, 앨빈 토플러가 제기한 '제국의 종언'[13]을 조소하는 듯한 외교력이었다.

일본의 대응과 국제사회의 시선

일본도 이라크의 침공을 3가지 의미에서 중대 문제로 인식하며 대응에 나섰다. ① 이라크는 유엔헌장을 명백히 침범하여 침략행위를 저질렀고 그 행위는 국제질서에 대한 도전이자 국제평화와 안전을 파괴하는 것으로서 단호히 부정해야 한다, ② 동서관계에 커다란 변화가 생겨 국제정치에 새로운 질서가 모색되고 있는 작금에 이러한 위법행위를 시정하기 위한 국제적 노력에 책임 있는 우리나라가 적극적 역할을 다하는 것은 중요하다, ③ 중동걸프 지역은 세계 석유매장량의 65%를 차지하고 있어 동 지역을 장기적으로 안정시키는 것이 에너지의 안정적 공급 확보의 견지에서도 불가결하다.[14] 일본은 사활이 걸린 국익의 문제로 받아들였다.

이에 일본은 안보리가 경제제재에 관한 결의를 채택하기에 앞서 8월 5일, 이라크에 대한 경제제재조치를 자주적으로 실시하면서 동시에 중동의 평화회복 활동에 관한 일본의 공헌방안을 결정했다. 내용은 ① 걸프 지역의 평화회복활동에 대한 협력(구체적으로는 수송·물자·의료·자금협력), ② 중동관계국에 대한 지원(주변국지원, 난민원조) 등이었다. 일본의 향배에 대한 아시아제국의 우려심리와 헌법 제9조의 제약, 여기에 '인적공헌'에 대한 일본사회의 의견대립[15] 등을 고려한 조치였다. 다국적군에 의한 무력행사가 시작되자 90억 달러의 추가경비를 지불하는 등 유엔결의를 확고한 태도로 지지한다는 외교적 노력도 게을리 하지 않았다.

일본은 인적공헌 대신에 최대자금지원국의 길을 선택했지만 일본의 태도에 대한 국제사회의 반응은 차가웠다. 인적공헌을 배제한 측면

지원(경제제재를 포함하여)이 구미제국에 실망감을 안겨주었고, 협력 내용(〈표 7-2〉 참조)에 대해서도 '지나치게 늦고 지나치게 적다'는 여론이 팽배했기 때문이다. 국제사회의 '일본'관은 냉전체제의 최대 수혜국이고, 세계경제의 3극체제 가운데 하나이며, 석유에너지 공급의 대부분을 중동에 의존하고 있는 나라였다. 그런 국가가 서방세계가 요구한 인적공헌을 거부하고 타이밍도 맞지 않은 행동으로 일관하고 있다는 인상을 남긴 것은, 국제사회의 입장에서 보면 일본의 '소극적 대응'에 대한 비난 이전에 국제안전보장에 대한 최소한의 책무조차 하지 않는 무책임한 국가로 비쳐지기 십상이었다.

특히 미국에서는 "일본은 미국과 위험을 분담하려 하지 않는" 국가라는 이미지가 확산되어 일본에 대한 불만은 무역마찰의 문제까지 가중되어 크게 악화되었다. 미국의 불만증폭에 의한 대일압박은 일본사회의 대미인식에도 변화를 가져왔다. 후나바시 요이치(船橋洋一, 1944~, 언론인)에 의하면 걸프전 당시 국제공헌을 둘러싼 일·미의 갈등과정 가운데 일본에서는 미국에 대한 다양한 새로운 의식·감각이 싹트기 시작했다고 한다. 이제까지의 '친미(親米)' 또는 '반미(反米)'라는 양극의 감정적 대응이나 '지미(知米)'라는 인터내셔널리스트의 입장에서 미국을 응시하는 스텐스와는 달리 좀 더 감각적인 표현, 예를 들면 '혐미(嫌米)' '공미(恐米)' '이미(離米)'라는 단어가 대변하듯 소위 굴절된 대미인식이 노정(露呈)되었다고 한다.[16]

일본정부는 논쟁을 거듭하면서 최대한의 협력방안을 제시했다는 입장이었지만, 군사행동에 동참할 것을 강하게 요구한 구미제국의 압력에 직면해서는 역시 부담감을 느끼지 않을 수 없었다. 전쟁이 개시

년	월	협력내용
1990	8	2일 미명, 이라크군 쿠웨이트 침공 5일 이라크에 대한 경제제재조치를 자주적으로 실시할 것을 결정 17일 나카야매(中山) 외무대신이 사우디아라비아, 오만, 요르단, 이집트, 터키를 방문 29일 걸프 지역의 평화회복활동을 위한 수송・물자・의료・자금협력 등의 공헌방안을 결정
	9	9억 달러 상당을 걸프평화기금으로 거출, 추가로 10억 달러 상당을 거출 주변제국에 대해 총액 20억 달러 상당의 경제협력을 실시할 것을 결정 요르단에 체류하고 있던 필리핀인을 본국에 송환
	10	가이후(海部) 총리가 이집트, 요르단, 터키, 사우디아라비아, 오만을, 나카야매(中山) 외무대신이 시리아 등을 각각 방문
	12	오와대(小和田) 외무심의관이 주네브에서 후세인 측근과 접촉
1991	1	90억 달러 상당을 추가적으로 거출. 베트남인을 본국으로 송환
	2	5억 달러 상당의 추가거출. 태국인을 본국으로 송환
	3	시리아에 약 5억 달러의 엔 차관 제공 '중동의 제 문제에 대한 당면 시책'을 정리, ① 중동 지역의 안전보장, ② 군비관리・군축, ③ 중동화평, ④ 경제부흥, ⑤ 환경면 등 각종 협력시책과 난민지원의 적극적인 공헌약속
	4	해상자위대의 군함 등 6척과 승무원 약 510명 페르시아만 파견 결정.
	6	미국, 영국, 프랑스, 벨기에, 이탈리아, 독일, 네덜란드, 사우디아라비아의 부대와 함께 쿠웨이트공해상에서 해저작업 실시
	8	원유 유출에 의한 해양오염이나 유정의 화재로 인한 대기오염 등의 환경문제를 위해 관련 분야의 전문가 파견

출처 : 「第2章 湾岸危機と日本の外交」, 『外交青書』, 外務省, 1991에서 발췌작성.

되자 걸프 지역의 평화와 안정회복을 위해 5억 달러의 경비지원을 추
가 지원하고 전쟁 후 국제사회의 조소를 사면서까지 군함(掃海艇)을 파
견[17]한 것은 국제사회의 비판에 대한 궁여지책이었다. '선진민주주의
제국의 일원'으로서 국제공헌을 다하겠다는 자부심이 흔들리기 시작
한 것이다. 결국 걸프전은 일본의 의도와는 관계없이 일본사회에 3개
의 과제를 남겼다.

첫째, 안전보장에 대한 국제적인 책임의 문제였다. 이노구치[猪口孝]
도 지적한바 있듯이 "일본이 안전보장의 역할을 담당한다는 것은 기본

적으로 바람직하지 않다고 생각하는 국민의 지배적인 입장을 거슬리지 않고 조화를 유지하면서 국제적인 안전보장을 어떻게 분담할 것인가"[18]라는 과제였다. 헌법상의 제약과 아시아의 이해를 구하면서 자유선진대국으로서 국제적인 안보책임을 짊어져야 하는 과제는 결국 1990년대 일본의 지배이데올로기나 외교에 커다란 딜레마였다(이 과제는 그 후 의외로 해결의 실마리를 잡게 된다).[19]

둘째, 걸프전쟁과 같은 돌발 사태에 직면했을 경우 국제사회의 일치된 행동과 지원체제에 효율적이고 스피드한 대응이 가능한 시스템을 구축하는 문제였다. 당시 일본정부가 "제2차 세계대전 후의 일본이 경험한 적이 없는 많은 문제에 대해 판단과 대응이 필요했었던 만큼 정부의 대응결정에 시간을 요하거나 행동에 한계가 있었던 것은 어쩔 수 없는 것이었다"[20]고 술회하고 있듯이 일본 측의 어설픈 대응에는 국제사회로부터의 비판이 적지 않았다.[21] 위기 시 효율적으로 기능할 수 있는 관리시스템의 문제는 1995년 한신대지진 당시에도 크게 부각되었지만, 이 문제는 여전히 일본사회에서 해결되지 않은 진행형의 과제이기도 했다.

셋째, 일본의 국제안보책임론과 늦은 대응에 대한 국제사회의 회의적인 시각, 소위 일본의 입장에서 보면 국제사회로부터의 '오해'를 어떻게 해소하면서 새로운 국가이미지를 발신할 수 있을까라는 문제였다. 전후 일본은 국제사회의 복귀를 목표로 할 때부터 군사대국이 아닌 평화국가로서 국제사회에 공헌한다는 방침을 유지해 왔다. 하지만 자본주의의 안보와 직결되는 걸프전과 같은 사태는 그런 논리가 서구제국에 더 이상 통하지 않는다는 사실이었다. 요컨대 일본사회의 반대여론이나 아시아의 '일본위협론'을 억누르면서 주요선진국으로서 서방세계의 요구와 기대에 부응할 수 있는 국가이미지를 어떻게 창출할 것인가라는 과제였다.

이들 제 문제는 세기말과 21세기를 향해 일본이 해결해야 할 중요한 과제였다. 특히 일본사회의 가치관이나 일본의 진의를 국제사회가 바르게 이해할 수 있도록 노력해야 한다는 점은 무역마찰의 확대에 따른 대응책과도 맞물리면서 문화외교를 보다 강화해야 하는 필연적인 이유이기도 했다. 결국 냉전의 종언은 일본의 지배계급이 생각하고 있던 '적극적 역할'론의 희망을 현실화하는 방향으로 나아가기 보다는 일본의 대외관계가 한층 복잡하게 진행되고 있다는 사실을 일본사회에 자각시키는 계기가 되었다. 이는 경제외교적인 측면에서도 예외가 아니었다.

3) '적극적 역할'론의 좌초 – 경제외교적 측면

일본의 '적극적 역할'론은 국제사회의 'Japan bashing(일본에 대한 항의나 비난하는 언동을 총칭하는 말)'이 상징하고 있듯이 경제 분야에서도 일본의 희망을 무너뜨렸다. 당시 국제사회의 일반적인 여론은 미국, 유럽과 함께 세계경제의 3극 가운데 하나로 자리잡은 일본경제의 저력을 평가하면서도 냉전의 진정한 승리자는 미국이 아니라 일본과 독일이라는 평가가 일각에서 내려질 만큼 악화되고 있었다. 냉전 후 국제정치경제학적인 관점에서 본 일본은 세계경제의 안정적 성장과 번영에 공헌하는 책임 있는 국가가 아니라 자국의 이익극대화에 몰두하는 나라였다. 어느새 국제사회에서 미운오리새끼로 전락하면서 '적대무역국'으로 간주되기 시작했다.

미국과 EC제국에 의한 대일보복조치가 잇따르고 정상회담을 통한 대일입박이 강도를 더해가는 가운데 일본도 대폭적인 경상수지 불균형의 지속은 세계경제의 조화로운 발전이라는 관점에서 보면 위기를 초래할 수 있는 원인이 된다는 판단하에 '세계와 함께 살아가는 일본'²²의 이미지를 전면에 내세우며 적극적인 대응책을 모색했다. 마에가와 하루오(前川春雄, 1911~1989, 일본은행 총재 역임)를 비롯해 재계, 경제전문가 17인에 의한 '국제협조를 위한 경제구조조정연구회'(나카소네 내각이 미국의 대일압력을 타개하기 위해 설치한 사적자문기관)를 발족시켜 '국제협조형의 경제 개혁'을 대내외에 강하게 어필한 것도 대표적인 대응책의 일환이었다.

그럼에도 일본경제는 미국과 EC제국의 위기나 불만을 외면하듯 확장일로였다. 세계경제에 공헌하기 위해 취한 다양한 정책적 수단이 개인소비의 증가와 투자설비를 촉진시키는 의외의 결과를 초래하면서 일본경제에 활력을 불어 넣었기 때문이다. 그 결과 일본은 주요선진국 가운데 가장 높은 실질성장률(일례로 1989년도를 보면 일본 4.9%, 캐나다 2.9%, 서독 4.0%, 프랑스 3.7%, 이탈리아 3.2%, 미국 3.0%, 영국 2.3%)을 기록하며 대폭적인 무역흑자행진을 이어갔다.

지칠 줄 모르는 일본경제의 상승 기세는 미국을 포함해 경제전반에 대한 관계재정립을 해야 하는 상황으로 치달았다. 1989년도 판『경제백서』는 국제사회에서 일본의 상대적 지위변화를 언급하면서 일본의 경제적 프레젠스의 확대와 세계경제와의 상호관련성이 높아짐에 따라 일체화의 진전이 다양한 측면에서 나타나기 시작했고, 미·일관계에 대해서도 "일본의 비중 고조나 일미 간에 발생하고 있는 의존관계의 강화는 쌍방이 일방적인 요구를 관철시키는 것을 곤란하게 하고 있다. 양국의 관계를 보다 건설적으로 하기 위해서는 양국 간의 대화나 경제관계의 조정에 쌍방이 이러한 추세를 감안하여 논의할 필요가 있을 것"[23]이라고 했다.

일본의 입장은 어느 쪽도 '일방적인 요구'가 아닌 '추세를 감안한 논의'라는 형태로 양국의 경제관계를 재정립하는 것이었다. 21세기의 개막이 일본의 경제패권시대를 실현시킬지도 모른다는 예측이 국제사회에 대두되는 상황이었기에 이에 대한 적극적인 대응이 필요한 시점이었으나, 선진국 간의 긴밀한 정책협조 없이는 세계경제의 건전한 발전은 없다는 시대적 요청을 반영한 원망(願望)이기도 했다. 그러나 일본의 의도는 대일통상 문제를 근본적으로 '재정립'하려는 미국과 주요선진국의 압력에 의해 좌초하게 된다.

'미일구조협의'

1980년대 중반부터 일본이질(異質)론이 두드러진 가운데 미국사회에서는 일본에 의한 'Buy America' 열풍(일본의 기업들이 엔강세를 배경으로 미국의 부동산시장 적극적으로 진출하기 시작)에도 자극받아 향후 미국의 위협이 되는 국가는 소련이 아니라 일본이라는 인식이 팽배했다. 성급한 논자들은 엔이 21세기의 국제통화로서의 지위를 확보하여 미국은 일본의 금융지배하에 편입될 것이라는 섣부른 예단을 하거나,[24] 일본의 대국화

열망이 미국의 강력한 응전을 초래하여 제2의 태평양전쟁이 발발할지도 모른다는 논리[25]를 피력하기도 했다.

일본의 부상을 기정사실화하는 이러한 시나리오는 미·일의 경제마찰이 전방위에 걸쳐 심각성을 더해가고 그와 함께 미국에서의 "경제마찰의 정치사이클화"[26]가 정착되고 있는 가운데 나온 만큼 그 메시지의 무게도 가중되는 경향이 없지 않았다. 하지만 한편으로는 대일무역적자를 포함해 쌍둥이 적자(Double deficit, 무역·재정적자)가 대변하듯 미국의 경제 위기가 한계를 초월하는 수준에 도달했다는 것과 미·일의 역전 가능성에 대한 미국의 초조함과 분노가 극에 달했다는 사실을 반영한 결과였다. 미국은 대일무역관계를 근본적으로 해결하기 위한 방안을 마련하여 정치력을 결집했다. 그 노력의 구체화가 바로 '미일구조협의(Structural Impediments Initiative)'였다.

이 협의는 연간 500억 달러에 이르는 대일무역적자, 포괄통상법 수퍼 301조에 의한 일본의 불공정무역국의 지정, 대일관의 수정을 요구하는 미국 내의 일본이질론의 태두 등을 배경[27]으로 출발했지만, 내용적으로는 대외무역불균형의 장애요인으로 부상한 양국의 구조적인 문제를 근본적으로 시정한다는 새로운 형태의 경제교섭이었다. 소위 종래의 섬유, 컬러TV, 철강, 공작기계, 자동차, 반도체라고 하는 개별 산업의 불균형을 의미하는 '무역마찰'에서 마찰의 원인이 경제구조에 있다는 이른바 '경제마찰'로 확산되었다는 것이다. 일본인의 생활양식이나 일본사회의 가치관의 문제가 본격적으로 언급되기 시작했다는 점에서 '문화마찰'로 인식되기도 했다.

무역규모는 물론이고 세계 GNP의 약 40%를 차지하고 있는 양국의 경제관계가 세계경제에 미치는 영향이 큰 상황이었기에 세계는 교섭의 향방을 예의주시했다. 특히 1986년의 도쿄서미트(summit) 이래 세계경제의 인플레 없는 지속적 성장, 대외불균형의 시정, 환율의 안정이라는 과제에 각국이 일치단결하여 대응한다는 결의가 이루어졌고 그 가운데에서도 세계경제의 가장 커다란 문제가 된 대외불균형의 시정에 대해서는 일본으로서도 '국민적 정책목표'로서 받아들여 대응해가지 않을 수 없는 입장이었다. 바꾸어 말하면 일본이 국제사회에서 얼마나 주목받고 기대되고 있었는가를 일본사회가 자각하지 않으면 안되는 상황이었다.

이 협의는 1989년 9월부터 시작되어 1990년 4월의 중간보고에 이어 6월에 최종보고서의 제출로 일단락되었다. 그에 의하면 향후 일본 측이 취해야 할 조치로서 경상수지흑자의 축소를 비롯해, 10년간 430조 엔의 공공투자의 단행(생활의 질을 높일 수 있는 사회자본의 충실을 꾀한다), 수입관계의 인프라정비, 규제완화, 상관행(商慣行)의 개선(유통제도의 개선, 독점금지법의 강화, 엄정한 운용), 수입촉진책 추진, 토지정책 등 광범위한 처방책이 요구되었다.[28] 소비자 이익을 배려하는 근본적인 개혁에서부터 일본의 대미수출억제와 적극적인 시장개방에 이르기까지 전체적인 내용은 지금까지 미국 측에 의해 식별된 일본경제의 구조적 문제가 총망라되어 있었다.

물론 미국에 대해서도 재정적자의 삭감과 함께 기업의 투자활동과 생산력, 연구개발, 노동력의 훈련·교육 등에 대한 구체적인 조치도 포함되어 있었지만 '회사주의'로 대표되는 독특한 노사문화와 관료기구에 의한 규제나 보호체제하에 경제성장을 지속해온 일본의 경제·

사회문화 시스템 전반에 대한 압박에 보다 초점이 맞추어져 있었다. 이 협의에 대해 일본의 일부 국수주의자들은 '헤이세이[平成]의 불평등 조약'이라고 외치면서 미국을 규탄하는 움직임을 보였지만 일본정부나 사회는 결과를 비교적 담담하게 받아들이는 분위기였다. 1991년도 판 『통상백서』는 협의의 의의를 다음과 같이 평가했다.[29]

대외수지 불균형문제의 해결에 공헌하여 양국 간의 경제관계를 원활히 발전시켜 가는 것이 세계경제의 균형 있는 발전을 위해서도 필요불가결한 조건이라는 공통의 이해하에 양국이 자신의 문제로서 취해야 할 조치를 강구한다는 점에서 평가되어야 한다. 특히 종래 편무적으로 우리나라의 무역문제를 거론하며 문제시 하는 일이 많았던 미국이 스스로에게 많은 구조장벽이 존재한다는 것을 인정하여 이에 대한 대응책을 제시한 것은 획기적이라고 할 수 있다.

일본이 세계경제에 차지하고 있는 영향력을 고려하여 서로 비난을 가열하기 보다는 다양한 분야에서 구조문제를 논의하여 해결의 실마리를 찾은 의미는 컸다는 인식이다. 일본이 내부 개혁을 통해 열린 시장을 국제사회에 제공해 간다는 의지도 중요했지만 미국이 자국의 구조적인 문제제거에 적극적으로 대처하기로 한 부분에 대해 일본정부가 '획기적'인 성과라고 강조하고 있듯이, 미국의 자각은 향후 미일관계와 미국의 경쟁력 회복을 위해서도 매우 중요한 변화였다고 할 수 있다. 국민여론도 정부의 인식과 크게 다르지 않았다.

내각부가 1991년 10월에 실시한 '외교에 관한 여론조사'에 의하면

"미국에 친근감을 느끼는가"라는 질문에 78.1%가 "친근감을 느낀다"는 편이었고, "현재의 일미관계"에 대해서도 66.7%가 "기본적으로는 양호"한 편이라고 답했다. 전후부터 미국에 대한 일본사회의 인식에는 그다지 변화가 없었지만 그렇다하더라도 이 무렵 한국(친근감을 느끼는 편 43.1%)이나 중국(50.1%)을 비롯해 EC제국(46.4%), 아세안제국(33.1%)에 비하면 매우 높은 수치였다.[30]

또 무역마찰을 둘러싼 "일본에 대한 미국의 대응"에 대해서도 "미국은 감정적인 대응을 하고 있다"(39.5%)가 "미국의 대응에는 일리가 있다"(32.8%)를 약간 상회하고 있었지만 "어느 쪽인지 모르겠다"(17.7%), "모른다"(10%)까지를 더하면 상당히 우호적으로 상황을 지켜보고 있었다. 당시 매스컴에서 일본제품의 내외가격차와 유통문제의 폐쇄성을 집중적으로 보도한 것이 이러한 결과에 적지 않은 영향을 미쳤을 것으로 보인다. 어쨌든 일본정부는 협의 결과를 미래지향적으로 받아들이면서도 향후 일미관계를 근본적으로 재정립하고자 하는 의지를 피력했다. 1991년도 판 『외교청서』는 다음과 같이 언급했다.[31]

일미구조문제협의는 일미 간의 협의에 새로운 시점을 도입하게 되었다. 양국은 이 협의에서 서로 문제점을 지적하는 쌍방통행의 원칙에서 협의를 하여, 향후의 일미경제관계를 일층 균형 잡힌 형태로 운영할 수 있는 첫발을 내디뎠다. 일본 측에서 보면 미국이 이 협의에서 분명히 한 것처럼 경쟁력을 강화하여 재정적자를 해결해 가는 것이 세계적인 리더십을 발휘하기 위해서도 불가결하고 이것이 전술한 대일위협론의 해소로도 이어진다는 것을 기대할 수 있었다. 미국 측에서 보면 계열이나 배타적인 상관행이라고 하는 일본의 역사나 제도에 뿌리를 둔 문제에 일본이 적극적으로 대응하면 한층 개방적이고 공정한 일본경제로 연결된다는 것을 기대할 수 있었다. 이렇게 서로 존중하는 구도가 중요하다.

정부 내의 기본적인 인식에는 변함이 없었지만 외무성의 평가에는 2개의 상반된 메시지가 있었다. 하나는 양국의 경제관계가 "보다 균형 잡힌 형태로 운영될 수 있는 제 일보"를 내디뎠을 뿐만 아니라 냉전종결과 함께 미국사회에 고조되었던 일본경계심을 완화시킬 수 있다는 기대감이, 또 하나는 "일본의 역사나 제도에 뿌리를 둔 문제"를 미국으로 하여금 보다 더 이해하게 할 필요성이 있다는 점 등이었다. 일본정부가 협의 결과를 놓고 경제제도에 대한 투명성과 공정성을 높여 국제적인 규범에 맞는 일본경제를 명확히 제시해야 한다고 하면서도 한편으로는 "폭넓게 각층의 미 국민에 대해 일본경제를 일층 객관적이고 설득력 있는 형태로 홍보해가는 것이 필요하다"[32]고 언급한 것은 바로 후자의 과제를 염두에 두었기 때문이다.

일본경제의 기본시스템을 이해하는 키워드는 협조와 장기적 관계 및 결과의 공평성이다.[33] 강한 '단일민족'의식을 갖고 있는 섬나라에서 안정된 사회질서를 구축해온 역사를 갖고 있는 만큼 모든 관계성(예를 들면 기업과 기업, 기업과 소비자, 정부와 기업, 인간관계까지도 포함)이 화(和)와 신뢰에 의거하여 장기적인 거래를 중시하고 있다. 외부에서 일본시장의 폐쇄성을 논할 때 이러한 부분이 의외로 주목되지만 풍토와 민족성을 반영한 자연스런 일본문화의 특징이다.

이미 미국사회에서도 "일본은 경제, 사회, 인간관계의 모든 부분이

기본적으로는 이질적인 국가이고 일본에 대해서는 다른 룰을 적용할 수밖에 없다"는, 이른바 '일본이질론'에 근거한 '대일정책수정론'이 고개를 들고 있었다. 미국사회에 확산된 '일본이질론'적인 국가이미지는 1990년대 미국의 대일정책에 상당한 영향을 미치며 일본의 정책형성에 '외압'[34]으로 작용하는 요인이 되기도 했다. 그럼에도 미국은 글로벌 파트너십을 공고히 하기 위해서도 "일미 양국의 서로에 대한 이해와 인식의 실체를 새롭게" 하는 것이 긴급한 과제[35]라는 사실에 방점을 찍는 대일자세를 견지했다.

때문에 일본정부도 국내의 반일여론을 등에 업고 강경자세를 표방하는 미국의 압력에 무의미한 저항을 하기 보다는 일본적 가치에 근거하고 있는 경제시스템의 특질을 미국사회에 바르게 이해시킬 수 있는 노력을 계속하는 것이 오히려 경제마찰의 근본적인 해소에 도움이 된다고 판단했다. 가이후[海部] 총리가 구조문제협의가 성공적으로 끝난 것을 환영하면서 향후 양국의 상호이해를 보다 진전시키기 위해 의식적으로 커뮤니케이션의 개선에 적극적으로 대응할 의지('커뮤니케이션 개선구상(Communication Improvement Initiative)', 'CII구상'으로 명명)를 피력[36]한 것은 양국의 최우선과제가 무엇인가를 일본정부가 확실히 인식했다는 것을 의미했다.

2. 문화외교의 이념설정과 글로벌체제 강화

1) 냉전 후 문화교류의 이념

1990년대 국제질서의 재편은 일본의 예상과는 달리 의외로 일본의 외교에 적지 않은 시련을 안겼다. 경제문제를 둘러싼 국제사회의 압력은 갈수록 강도를 더해갔고, 군사적 역할을 포기한 국제공헌은 서방세계의 외면 속에 일본의 국제적 영향력에 상당한 타격을 입혔다. 일본 사회의 가치관이나 시스템을 비롯해 일본의 외교 전략에도 어떤 발상의 전환이 필요한 시점이었다. 이와 관련하여 외무성관료 출신인 가토 준페이[加藤淳平]는 다음과 같이 언급했다.[37]

전후 일본에서 국제문제를 거론할 경우 '냉전'이나 '이데올로기'를 중심으로 정치·군사적 관점에서 보든지 아니면 경제적 시장의 쟁탈을 의식하든지, 두 개의 관점에만 제한되어 민족과 그 심층에 있는 '문화'의 시점은 상당히 결여되어 있었다. 이로 인해 일본이 실시하고 있는 문화교류에는 명확한 전략이 없었다.

일본외교의 편향성과 전략 부재를 지적한 것이다. 그의 지적처럼 전후 일본이 문화외교를 중시하지 않았던 것은 아니지만 전체적으로 보면 정치·군사적인 측면에서는 대미추종주의에 집착했고, 경제 분야에서는 ODA가 상징하듯 일본의 국익을 우선시하는 외교 전략을 추진해 왔다. 그 여파는 걸프전쟁과 미일구조협의를 통해 일본의 외교에 적지 않은 교훈을 남겼다. 구조협의를 거치면서 일본정부가 미국과의 커뮤니케이션 강화의 필요성을 절감한 것은 문화교류의 '전략' 부재, 요컨대 이문화에 대한 심층적 교류가 전략적으로 이루어지지 않으면 국제사회에서 자국의 입장을 관철하기가 그만큼 어려워짐을 인식했다는 것을 의미했다.

헌팅턴의 『문명의 충돌』이 상징하듯 냉전의 종언과 글로벌 가치의 확산으로 인해 국제관계를 문화의 관점에서 분석하는 경향이 강화[38]되고 있는 가운데 외교관 출신의 곤도 세이치(近藤誠一, 1946~, 문화청장관 역임)는 글로벌화의 진전으로 아이덴티티의 위기가 시작되면 문화나 문명, 종교의 차이는 도상국에 머무르지 않고 국제정치 전체를 움직이는 중요한 요소가 된다고 하면서 다음과 같이 언급했다.[39]

문화의 힘이 민주화 이래 외교정책의 결정과 실시의 양면에서 향후 점점 중요성을 더해가는 가운데 주목해야 할 것은 일본의 전통적 사상처럼 이제까지의 서구적인 가치관과는 다른 문화나 사상이 이 프로세스를 거쳐 널리 세계에 확산하게 되고 그것이 '쿨'하냐 아니냐의 차원을 넘어 원래 국제관계를 어떻게 파악해야 하는가에 대한 발상 자체에도 영향을 미칠 가능성이 있다.

곤도의 논리는 냉전 후의 글로벌화의 진전은 외교에서 문화나 사상의 영향력을 증대시키는 방향으로 나아갈 것이고, 그런 흐름 속에 서구의 가치관과는 다른 일본의 현대·전통문화에 대한 이해와 공감의 증대를 바탕으로 한 전통적 사상(= 일본적인 공영론)[40]을 세계에 확산시켜 가면 국제관계를 포함한 인간사회의 토대를 바꿀 수 있다는 발상이다. 일본적 가치의 확산에 의해 국제관계의 질서를 '문화'[41]에 의해 바꿀 수 있다는 것이지만, 니시다 요시히로[西田芳弘]는 냉전 후 국제사회와 문화와의 관련성을 보면 문화교류의 촉진, 문화의 차이를 배경으로 한 분쟁의 다발, 문화에 의한 경계선에 대한 인식, 지역통합에 있어 문화의 위치부여, 사람의 교류로 인한 문화마찰과 다문화사회, 문화의 획일화에 대한 반발 등의 문제가 발생할 수 있다고 했다.

이러한 현상들을 극복하기 위해서는 국제적인 문화교류의 기회를 확대하는 것이 중요하다고 지적한 후, 그 의의를 ① 상호이해, 상호공감의 촉진에 의해 공존, 공생, 원활한 국제관계, 평화와 안전보장에 공헌하는 것, ② 자신의 사회를 활성화하여 자신의 문화를 한층 연마하여 풍요롭게 하는 것, ③ 이문화와의 만남, 접촉에 의해 새로운 자극이나 창조를 기대하는 것 등의 세 가지로 정리했다.[42] 다양한 이문화와의 만남이야말로 국제사회에 풍요로움을 가져오게 하는 기본이라는 견해를 피력한 것이다.

곤도가 일본적 가치를 외교정책에 반영하는 것을 강조했다면 니시다는 '문명의 충돌'이 상징하듯 냉전 후 발생하기 쉬운 문화마찰의 해소와 원활한 국제관계의 구축을 위해서는 문화에 대한 인식이나 교류의 확대가 불가피하다는 생각이다. 문화를 통한 국제사회의 협력관계 구축을 중시한 것이다. 냉전 후 국제관계에 문화외교의 중요성을 재삼 강조했다는 점에서는 양자의 문제의식에 공통점이 있고, 실제 일본의 외교정책을 보면 두 사람의 논점이 거의 그대로 반영되었다고 해도 과언이 아니다. 1970~80년대를 통해 문화외교의 성과를 확인한 일본정부는 1980년대를 마무리하는 단계에서 '세계에 공헌하는 일본'의 이념을 향후의 외교정책으로 설정했다.

3개의 핵심정책을 축으로 하는 '국제협력구상'[43]의 발표는 국제관계에서 일본의 '적극적 역할론'을 실천하는 액션 플랜이었다. 이를 문화적인 관점에서 보면 일본의 풍요로움과 활력, 일본의 사고방식이나 시스템 등을 세계에 발신해 감으로써 세계평화와 번영을 위한 국제협력에 보다 적극적으로 대응한다는 미래의 비전이기도 했다. 국제문화교류를 강화하려는 정부의 의지는 비군사적 경제대국을 실현한 '평화국가'의 이미지에도 부합할 뿐만 아니라 냉전 후의 새로운 국제질서의 구축에 유효하게 기능하는 힘이 된다는 판단도 작용했다. 다케시타(竹下登, 1924~2000, 제74대 총리대신) 총리는 취임 후 첫 소신표명연설에서 다음과 같이 언급했다.[44]

일본의 진정한 국제화를 위해서는 국가와 국가의 외교관계 뿐만 아니라 다양한 레벨에서 국제교류를 추진하는 것이 중요하다. 각 지방에서 다양한 분야의 사람들이 직접 외국과 교류하는 등의 시민외교라는 것도 활성화될 필요성이 있다고 생각한다. 또 각국과의 교류는 정치나 경제 분야뿐만 아니라 사회, 문화 등 모든 면에서 심화시켜가는 것이 중요하고 이런 부분에서의 외교를 강력히 추진할 생각이다.

이 연설에서 주목해야 할 부분은 다방면에 걸쳐 국제교류를 강력히 추진한다는 것과 일본사회의 진정한 국제화를 위해서는 '시민외교'의 활성화를 촉진할 필요가 있다는 점이다. "일본인 개개인의 일상생활에 뿌리를 둔 지역레벨에서 국제화를 추진"[45]하는 것이 '시민외교'라는 논리는 국민 각자가 문화교류의 중요성을 인식하여 '친선대사'로서 자신의 역할을 자각해야 하는 시대가 도래했다는 의미이다. 외국과의 문화교류 주체가 국민으로 이동하게 되면 국민의 의식수준이나 행동양식이 정책의 방향성 못지않게 중요해 진다. 국민이 자신의 생각과 행동양식을 국가의 정책에 아이덴티파이시키지 않으면 그 효과가 반감되기 때문이다.

'시민외교'의 강조

민간국제교류의 원점이기도 한 '시민외교'의 중요성을 정부레벨에서 적극적으로 제창하기 시작한 것은 국제화의 진전에 의한 결과이기도 했지만 일본사회도 그 중요성을 인식하기 시작했다. 1988년도에 실시한 '외교에 관한 여론조사'에 의하면 "우리나라가 외국과 문화교류를 행하는 것에 어떻게 생각합니까"라는 질문에 47.8%라는 압도적인 지지로 "외교상의 가장 중요정책으로 적극적으로 추진해야만 한다"는 답이었다. 일본정부가 문화교류에 있어 국민들의 의식변화나 국내의 홍보 강화에 본격적으로 착수하기 시작한 것도 이 무렵부터이다. 1988년도 판『외교청서』는 그 부분과 연결하여 국민들에게 다음과 같은 협력을 요청했다.[46]

제 외국의 대일이해와 똑같이 우리나라의 대외이해도 향상시킬 필요가 있다. 제 외국의 정치 경제사정뿐만 아니라 역사, 문화, 가치체계, 걸어온 길, 그런 것을 일본인이 충분히 알지 못하면 우리는 독단적인 대외관에 빠질 위험이 있다. 또 상호이해는 그 과정을 통해 국민 간에 국제사회에서 원만하게 공존해 가는 가운데 필요로 하는 의식이나 행동패턴의 변혁을 초래함에 있어서도 중요한 의미를 갖는다.

일본사회가 문화외교의 중요성을 진지하게 인식하기 시작한 지금 이야말로 일본인이 독단적인 대외관에 빠질 수 있는 가능성을 사전에 차단해야 하고 동시에 외국에 대한 바른 이해를 통해 국제사회에서 공존할 수 있는 가치관을 일본사회에 확립시켜야 한다는 취지였다. 세계적인 시야에서 국제질서의 담당자로서 정치·경제·문화적인 방면에서 주체적인 공헌을 외쳐왔던 일본정부였지만, 자국민이 국제인다운 행동패턴을 몸에 익혀 국제사회에 열린 일본을 만드는 것 역시 긴요한 과제였다.

그 배경에는 일본인의 자기본위적인 행동양식이 야기한 국제적인 비난이 급증했다는 상황과도 무관하지 않았다. 일본정부가 "우리나라의 제도, 습관이나 일본인의 의식은 급속히 변화하는 현실에 충분히 대응하지 못하고 있고 그 갭이 증대하면 할수록 제 외국과의 마찰이 증대"[47]한다는 우려감을 표명한 것이 이를 반증하고 있다. 일본에서 통용되는 '일본의 상식'을 세계의 보편적 상식인양 착각하며 행동하는 일본인이 여전히 다수였기 때문이다. 문제의 심각성을 확인한 정부는 외무성을 앞세워 일본사회의 여론 환기에 나섰다.

우선 외무성은 보도활동에 대한 협력,[48] 국내홍보(국제정세 및 일본의 외교정책에 대한 국민의 이해증진을 목적으로 하는 국내홍보·계몽활동),[49] '지방의 국제화'지원(자매도시제휴수의 증가, 지방의 각종 국제교류행사의 증가, 민간의 국제교류단체 활동의 활성화 지원),[50] 해외홍보활동(자국의 실정과 정책을 제 외국에 널리 알려 자국에 관한 바른 인식과 이해를 촉진) 등을 강화하기로 했다. 국내계몽과 해외홍보활동, 그리고 정보발신능력 강화는 이미 1980년대 문화외교의 중요과제로 추진해온 이력이 있었기에 그 연장선상에서 일본사회의 계몽과 상호이해의 촉진을 도모하겠다는 의지였다. 국제사회의 대일관심의 고조, 구미제국과의 경제마찰의 격화, 국제적 지위에 부합하는 '적극 과감한 외교' 전개의 필요성 등으로 인해 홍보활동이나 정보발신능력을 한층 중시하는 스텐스를 취하지 않을 수 없는 배경도 간과할 수 없었다.

이를 위해 오피니언 리더나 보도관계자의 초빙을 비롯해, 강연회와 심포지엄의 개최(특히 미국에서는 재외공관에 의한 '강연·스피치 1,000회 캠페인'을 실시), 주요언론에 기고 등과 같은 활동을 광범위하게 전개했다. 해외에 진출하는 기업의 경우는 '좋은 기업시민(Good Corporate Citizen)'으로서 현지 지역사회와의 융화를 꾀하여 기업이미지를 향상시켜가는 노력도 아끼지 않았다.[51] 일본에 대한 이미지가 민간의 활동(예를 들면 지역사회와 직접 접촉을 갖고 있는 일본계기업이나 재류일본인의 행동 등)에 의해 크게 좌우된다는[52] 인식하에 '관민연계의 강화'라는 이념을 전면에 내세운 것이다.[53] 각계각층의 지식이나 경험을 총동원하는 국제교류 정책이었다.

2) 문화외교의 글로벌 체제의 강화

국제문화교류의 이념을 열린 국가 구현, 일본에 대한 세계 각국의 관심고조에 대한 대응, 평화롭고 안정된 국제관계의 구축 등에 기여하는 것으로 설정한 일본정부는 국제문화교류의 효과적이고 효율적이면서 동시에 종합적으로 실시한다는 관점에서 실시체제와 운영에 대한 총체적 검토를 시작했다. 국제문화교류의 방향성에 대해 범사회적인 중지를 모으기 위해서였다.

총무청이 행정감찰결과로 본 『국제문화교류의 현상과 과제』를 발간(1991)하여 국제문화교류전반에 걸쳐 문제점과 향후의 방향성을 권고한 것을 비롯해, 가이후 총리를 회장으로 하는 '국제교류기금을 육성하는 회의' 발족(1988), 관민협동으로 시작된 '국제문화교류에 관한 좌담회'(좌장 : 히라이와 가이시[平岩外四], 도쿄전력회장)의 구성(1988), 그리고 그 활동결과의 총리보고 등은 대표적인 움직임이었다. 이 가운데 국제문화교류의 전체적인 구상을 밝힌 것은 다케시타[竹下登] 총리의 제안에 의해 정리된 '간담회'의 보고서(〈표 7-3〉 참조)였다.

보고서는 우선 국제사회에서 보다 공헌을 요구받고 있는 일본의 긴급한 국가적 과제는 국제문화교류의 강화라고 지적한 뒤, 구체적으로는 국제교류기금의 활동기반 강화와 정부예산의 확충에 특별한 배려가 필요하다는 점을 언급했다. 보고를 받은 정부는 1989년 6월 내각에 '국제문화교류추진회의'를 설치하여 정부기관을 횡단하는 폭넓은 견지에서 종합적으로 문화교류를 추진하겠다는 방침을 세웠다. 그리고 9월에는 동 '회의'가 '국제문화교류 행동 계획'을 책정하여(〈표 7-4〉 참조),

1989년부터 94년에 걸쳐 5년간 국제문화교류 강화를 위해 일본이 취해야 할 시책방향을 발표했다.

〈표7-3〉 '국제문화교류에 관한 간담회'의 최종보고서(골자)

1. 국제문화교류의 이념 · 목적으로서 다음의 4개의 사항을 규정

① 안전보장에 불가결한 국제문화교류
인적교류나 지적교류를 추진하여 상호이해와 신뢰관계를 확고히 함으로써 평화롭고 안정된 국제환경의 구축에 기여한다.

② 세계 문화의 발전에 공헌하는 국제문화교류
다양한 문화의 접촉과 상호자극을 촉진함으로써 일층 풍요로운 문화를 창조하고, 국제적인 발전에도 기여한다.

③ 대일관심의 고조에 대응하는 국제문화교류
세계 각국에서 급격히 고조되고 있는 극히 다양한 대일관심에 적극적으로 대응한다.

④ 일본사회의 국제화를 위한 국제문화교류
이문화와의 접촉기회를 늘려 우리나라의 국제화를 진전시키고 국제적으로 열린 풍요로운 문화를 가진 국가로 발전시킨다.

2. 국제문화교류의 기본적 요소로서 다음의 두 가지를 지적

① 담당자와 그 역할
국제문화교류의 발본적 증강을 꾀하기 위해서는 그 담당자인 개인, 민간단체, 기업, 정부, 지자체 등 각 레벨에서의 전 국민적인 대응이 불가결하다. 따라서 이들 각 레벨 사이에 적절한 역할분담을 고려하여 여러 활동의 협력, 연계관계를 증진하여, 일본전체로서 효율적이고 효과적인 교류를 진행하는 것이 필요하다.

② 자금 확보와 인재 육성
우리나라의 국제문화교류기관은 다른 선진국의 동 기관에 비해 극히 약체이고 발본적인 강화가 필요하다. 국제문화교류관련예산의 충실은 긴급한 과제이고 국제사회에서 우리나라의 생존과 발전에 결정적으로 관계되는 예산이기에 특별한 배려를 기울여야 한다. 또 민간자금의 일층의 활용도 바람직하고 세제상의 우대조치도 바람직하다. 인재의 요청이나 배려 등에 보다 더 배려해야 한다.

3. 향후 추진해야 할 중요 시책으로서 이하를 제언

① 분야별 정책
  • 일본어교육에 대한 협력
  • 일본연구에 대한 협력
  • 예술문화교류의 충실과 기반 강화
  • 문화유산보존협력의 충실과 기반 강화
  • 시청각매체 등을 활용한 일본에 관한 정보제공
  • 학술교류의 충실 및 기반 강화
  • 지적교류의 강화
  • 국제이해 교육의 추진

② 지역별 · 국가별 문화교류정책
지역별, 국가별로 세심한 배려를 하면서 그 특성에 부합하는 적극적인 문화교류사업을 추진해가는 것이 중요하다. 또 지역연구체제의 강화가 필요하다.

③ 국제교류기금의 활동기반의 강화
중장기적 시야에서 자금, 직원, 해외거점의 확충, 민간이나 지자체와의 연계가 필요하다. 향후는 세계적인 일본어교육네트워크의 구축, '현대일본문화연구센터'의 개설, 국제적 대형문화행사의 개최, 제3국 간 교류

지원, 문화유산의 보존 등에 대한 협력 등의 중요 사업의 확충이 필요하다.
④ 국제문화교류 추진체제의 강화
　정부, 민간, 지자체 등을 포함한 기능적인 합동연락회의를 조속히 설치하여 정부·민간의 협조체제를 확립한다.

4. 향후의 추진방법으로서 정부가 국제문화교류 행동 계획을 책정함과 동시에 임시각료레벨에서 의견교환을 해 갈 것을 강하게 희망한다.

출처 : 『外交靑書』, 外務省, 1989, 114~118면.

〈표 7-4〉 국제문화교류 행동 계획(골자)

1. 분야별 기본정책
① 일본어교육에 대한 협력
② 해외의 일본연구자에 대한 현대일본관계 정보·자료의 공급추진이나 일본연구 거점기관에 대한 중점적 원조 등, 각국의 일본연구기관의 활동 기반의 강화 및 일본연구자의 저변 확대에 투자하는 시책을 추진
③ 예술문화교류의 충실과 기반 강화
④ 문화유산보존협력의 충실과 기반 강화
⑤ 시청각매체 등의 활동에 의한 정보제공
⑥ 학술교류의 충실과 기반 강화
⑦ 지적교류의 추진
⑧ 국제이해 교육의 추진

2. 지역별·국가별 문화교류기본 시책
① 지역별·국가별 문화교류시책(아시아 지역, 북미 지역, 서구 지역, 대양주 지역, 소련·동구 지역, 중남미 지역, 중근동·아프리카 지역)
② 지역연구체제의 정비

3. 국제교류기금에 관한 시책
① 활동기반의 강화
② 사업의 확충

출처 : 「5. 國際文化交流行動計画(骨子)」(資料編), 『外交靑書』, 外務省, 1990에서 발췌작성.

　'행동 계획'이 정리한 국제교류의 이념은 ① 상호이해와 신뢰관계를 확고하게 함으로써 평화롭고 안정된 국제관계의 구축에 기여한다, ② 다양한 문화의 상호이해와 상호자극을 촉진함으로써 보다 풍요로운 문화의 창조와 세계 문화의 향상에 기여한다, ③ 급격히 고조되고 있는 다양한 대일관심에 적극적으로 대응한다, ④ 이문화와의 접촉기회를 늘려 우리나라의 국제화를 진행시키고 국제적으로 열린 보다 풍요로운 문화를 가진 국가로 발전시킨다는 것 등이었다.

또 이 '행동 계획'은 일본어교육이나 해외의 일본연구에 대한 협력, 예술문화교류의 충실과 기반 강화, 문화유산보존협력의 충실과 기반 강화, 시청각매체 등의 활용에 의한 정보제공, 지적교류의 추진 등, 8개의 분야에 대한 기본시책을 거론하며 지역별 국가별로 세심한 배려를 하면서 사업을 실시할 것을 제언했다. 특히 국제문화교류의 중핵적 기관으로 설립된 국제교류기금의 활동기반 강화와 사업의 확충이 반드시 필요하다는 지적[54]과 함께 그 역할 강화에 대해서도 총무성이 주요 선진국과의 비교를 통해 예산이나 체제의 근본적인 쇄신이 필요[55]하다는 것을 강조했다.

'행동 계획'은 일본정부의 기본적인 생각을 담고 있었다. 정책적 측면에서는 모두 기존의 정책을 중심으로 일부 새로운 안을 첨가한 것에 지나지 않았지만 그 발전적 강화가 대부분의 정책에 강조되고 있었다는 점과, 다양한 형태로 진행되고 있는 국제문화교류도 정부나 민간의 역할분담을 명확히 하여 역할주체가 각자의 활동을 강화하면서 상호협력이나 연계의 중요성을 강조했다는 점이다. 또 교류 확대에 즈음하여 지역별 국가별로 세심한 배려를 권고했고, 각 교류 분야의 체제와 기반의 정비, 문화의 쌍방통행의 강화, 영상을 통한 영향력의 극대화도 강조했다. 향후 일본의 국제문화교류가 보다 전략적이며 효과적으로 전개될 것임을 암시한 것이다.

문화교류체제의 확대

정부의 행동방침은 문화교류체제의 확대와 정비로부터 시작되었다. 일본어교육의 보급 강화와 일본문화 소개를 위한 '일본어국제센터'(1989)가 국제교류기금의 부속기관으로 설립되었고, 국내에서의 국제교류 활성화를 위한 '국제교류 상담실'(1989)도 설치했다. 해외의 일본어학습 열기의 고조와 활발한 일본연구 붐에 대응하기 위해 시드니, 자카르타, 방콕(1990), 로스앤젤레스(1991) 등에 '해외일본어센터'를 개설했고, 일미친선교류사업의 추가출자도 이루어졌다(1990). 아시아·태평양 지역의 문화외교를 촉진시키기 위한 '국제교류기금 ASEAN문화센터'(1990)와 대미지적교류 강화를 위한 '국제교류기금 일미센터'(1991)도 개설했다.

국제교류기금의 위상 강화를 통해 국제사회의 대일관심의 고조에 적절히 신속하게 대응하겠다는 정부의 의지가 반영된 결과였다. 또 세계문화유산의 보호·보존을 위한 국제협력·지원체제의 일환으로 유네스코에 '문화유산보존 일본신탁기금'(1989)을 설치했으며[56] 세계문화유산보호에 관한 조약(1992)[57]도 체결하여 인류공통의 문화유산의 보존에도 노력했다. 지역별 국가별로 전략적인 대응이 가능한 체제 구축을 미래의 국가 전략으로 정비해 '문화강국'으로서의 국제적 지위 격상을 도모하겠다는 강한 의지를 피력했다.

국제교류기금이 정리한 「국제문화교류실시체제의 강화와 기반정비」라는 보고서(1993.11)도 이와 관련하여 ① 새로운 국제 건설에 일본의 적극적 참가, ② 국내의 이문화 이해의 촉진, ③ 친선교류에서 과제지향교류로, ④ 일본의 문화적 국제공헌, ⑤ 다양한 담당자의 국제문화교류의 참여 등을 향후의 방향성으로 명기했다. 전략적 대응을 강화하기 위해서라도 조직과 재원의 확충에 의한 국제문화교류실시체제의 강화, 국제문화교류기금의 일본어·일본연구·지적교류실시체제의 강화, 예술문화·문화유산·시청각매체·스포츠교류체제의 강화, 국제문화교류백서의 발행이나 기금에 의한 민간단체의 지원·협력방안 등이 정비되어야 한다는 주장이었다.[58]

보고서의 제언은 냉전 후 신 국제질서의 구축에 즈음하여 일본의 적극적인 국제사회 참여를 전제로 일본의 대외문화발신 능력의 강화, 문화를 통한 국제공헌의 확대, 문화교류의 새로운 패러다임 도입, 지역사회의 국제화 확대, 국제공동연구의 촉진 등을 체계적으로 실현할 수 있는 이념과 글로벌체제의 확립을 강조했다고 볼 수 있다. 일본의 문화외교에 요청된 이런 논점들은 1990년대 일본의 문화외교를 지탱하는 실질적인 내용들이기도 했다. 그리고 이를 보다 구체화한 것이 바로 제2차 '국제문화교류에 관한 간담회(좌장 : 아리마 아키토(有馬朗人, 물리학자))'의 최종보고서(1994.6)였다.

전회(前回)와 같이 총리의 요청을 받아 해외시찰과 각계각층의 의견을 반영하여 작성했지만 초점은 "최근 수년간의 국제환경과 국내정세의 커다란 변동에 따라 일본의 국제문화교류의 중요성과 긴급성이 현저하게" 높아진 상황에 어떻게 대응할 것인가에 맞추어져 있었다. 즉 "새로운 시대에 대응"하기 위해 ① 국제환경의 커다란 변화[59]를 직시할 것, ② 문화교류를 통해 신시대의 국제질서구축에 한층 공헌할 수 있는 일본이 될 것, ③ 일본인과 일본사회의 국제화를 실현하여 국민 한 사람 한 사람의 참가가 가능한 국제교류를 추진할 것 등을 요청했다(〈표 7-5〉 참조).

이를 위해서는 실시체제와 기반의 강화가 필요하다고 하면서, ① 민간과 지방의 활력을 살리는 교류─국민 개개인이 담당자(관련 분야의 기

〈표 7-5〉 제2차 '국제문화교류에 관한 간담회' 보고서(골자)

새로운 시대에의 대응
① 국제환경의 커다란 변화를 직시
② 문화교류를 통해 신시대의 국제질서 구축에 한층 공헌할 수 있는 일본이 될 것
③ 일본인과 일본사회의 국제화를 실현하여 국민 개개인의 참가가 가능한 국제교류를 추진할 것

국제문화교류의 비약적 추진을 위한 '실시체제와 기반의 강화'
① 민간과 지방의 활력을 살리는 교류—국민 한 사람 한 사람이 담당자
② 국제문화교류예산의 대폭적인 확충
③ 국제문화교류의 규제완화

새로운 시대가 요구하고 있는 국제문화교류활동
① 아시아·태평양 지역의 미래를 만들 수 있는 교류
② 미래지향적 교류의 추진
③ 대외적인 문화, 학술활동의 활발화
④ 일본이해의 비약적 증진
⑤ 국제문화교류를 통한 국제공헌
⑥ 세계의 풍요로운 문화발전에 기여

출처 : 「新しい時代の国際文化交流」, 国際文化交流に関する歓談会, 1994.6, 2~16면에서 발췌작성.

업, 개인의 기부에 대한 세제상의 우대조치, 민간조직의 국제교류활동의 촉진을 꾀하기 위한 정부와 정부관련 기관에 의한 지원 강화, 국제교류의 새로운 담당자를 일층 강화하기 위한 적극적인 지원방책을 강구, 민간의 국제문화교류에 종사할 수 있는 인재를 육성), ② 국제문화교류예산의 대폭적인 확충(국제교류기금에 민간으로부터의 출연금제도의 도입을 꾀하는 등의 방책을 검토, 문화면에서 국제협력을 강화하기 위해 일본의 ODA를 문화교류에 직극적으로 활용), ③ 국제문화교류의 규제완화(사증취득 등 입국절차의 간소화, 신원보증인제도운용의 개선, 심사체제와 관련된 기관의 정비, 해외의 교류단체가 일본에서 활동할 경우 법인격 취득의 어려움 개선) 등의 시책을 주문했다.

그리고 마지막으로 "새로운 시대가 요구하고 있는 국제문화교류활동"으로서, ① 아시아·태평양 지역의 미래를 만들 수 있는 교류, ② 미래지향적 교류의 추진, ③ 대외적인 문화, 학술활동의 활발화, ④ 일본이해의 비약적 증진, ⑤ 국제문화교류를 통한 국제공헌, ⑥ 세계의 풍

요로운 문화발전에 기여, 등의 방향성을 제시했다.[60] 국내외의 상황이 크게 변하고 각 분야에서 제도의 개혁이 요구되고 있는 작금이야말로 국제문화교류의 체제 정비나 교류기반의 강화를 과감히 추진하여 "매력 있는 교류 상대"로 거듭나야 한다는 것이었다.

이 같은 제언을 접한 정부는 신속하게 후속조치를 취했다. 우선 국제교류기금의 인원과 예산 부분에서 문화교류실시체제의 확충을 천명했다. 일본의 국제교류기금의 규모가 영국의 브리티시 카운실(British Council)이나 서독의 게테 인스티튜트(Goethe-Institut)에 비해 예산·직원 총수·해외사무소의 수 등, 모든 면에서 여전히 격차가 컸기 때문이다(〈표7-6·7〉 참조). 교류기금을 이들 기관에 최저한 필적할 수 있는 기관으로 재정비함과 동시에 기금을 통해 제국과의 전략적인 교류 강화를 위한 사업도 구체화하기 시작했다. 1990년대 국제문화교류의 이념이나 방향성, 그리고 이를 실천하기 위한 체제의 정비가 사실상 완비되었다는 것을 의미했다.

글로벌 문화외교체제의 정비를 통한 일본의 '대국화' 의지는 '문화대국'의 형태로 서서히 열매를 맺기 시작했다. 특히 1990년대 들어 역점을 기울인 시민외교의 강화는 2000년대 일본정부가 추진한 "국민과 함께 있는 외교"[61]노선의 설정, 그리고 "문화가치입국"[62]과 "외교에 있어 민력(People's power)"의 영향력을 증대시켜 이를 바탕으로 "언력(Word power)의 원천으로서의 문화의 '품격(Decency)'"[63]을 높이려는 기반이 되기도 했다. '시민외교'의 이념을 '올 재팬' 체제로 상황에 맞게 세심하게 대응하고 실천해온 결과임은 두말할 나위도 없다.

<표 7-6> 주요문화교류기관 국제비교(1989년도)

	일본 국제교류기금	서독 게테 인스티튜트	영국 브리티시 카운실
총예산	120억 4,500만 엔	232억 9,920만 엔	705억 1,200만 엔
배율	-	1.9	5.9
직원총수	177인	3,026인	4,710인
배율	-	17.1	26.6
해외사무소	12개소	152개소	145개소
배율	-	12.7	12.1

출처 : 『国際交流基金'90』, 国際交流基金, 1990, 38면.

<표 7-7> 1990년대 국제교류기금의 예산추이(단위 : 백만 엔)

	1990	1991	1992	1993	1994	1995	1996	1997	1998	1999
보조금	7,050	9,080	9,857	12,089	12,944	14,004	14,972	16,076	15,163	15,087
운용익	3,920	6,883	6,882	6,380	5,812	5,646	4,791	4,501	4,208	3,832
합계	10,970	15,963	16,739	18,469	18,756	19,650	19,763	20,577	19,371	18,919

출처 : 国際交流基金, 『国際交流基金30年の歩み』, 中央公論事業出版, 2006, 308면.
* 1990년대는 1970, 80년대에 비해 예산이 급증했다. 이 가운데에서도 1989년은 전년에 비해 23.84%, 1990년은 15.66%, 1991년은 45.05%의 증액이 이루어졌다. 1980년대 말부터 예산의 대폭적인 증액을 통해 문화외교를 강화한 것이다.

3. 글로벌 문화외교의 추이

1) 동아시아로의 '정서적 회귀' 움직임

이데올로기를 대신하는 문화의 시대를 맞이하여 문화교류와 협력 강화를 위한 체제 만들기가 내외에 착착 진행되고 있는 가운데 일본사회에서는 아시아중시론이 고개를 들기 시작했다. 진보적 사학자인 와

다 하루키(和田春樹, 1938~, 도쿄대 명예교수)는 냉전 후의 세계질서의 변화를 논하는 가운데 일본이 지향해야 할 진로는 "일미관계를 확고히 유지"하면서 "동북아시아와의 결합"을 꾀하는 것이고, 그것이 실현되면 "동북아를 넘어 동남아시아나 유럽, 미국과도 사이좋게 지낼 수 있다"는 논리를 전개했다.[64]

포스트냉전시대의 지역과 세계를 생각할 경우 일미관계를 축으로 동북아시아공동체를 지향하는 것이 바람직하다는 견해이다. 이와 함께 가토 준페이[加藤淳平]는 아시아와의 문화적 일체성을 강조하면서 다음과 같이 언급했다.[65]

동아시아와 동남아시아와는 일본이 앞으로 살아가야 할, 아시아·태평양 지역의 서측의 일익을 담당하는 중요한 지역이다. 일본과의 사이에는 이미 긴밀한 경제관계가 형성되어 있고, 사람의 왕래도 빈번하지만, 그에 맞는 문화적인 관계는 성립되어 있지 않다. 이 지역의 문화에 대한 일본 측의 관심도 지식도 아직 부족하다.

공통의 기층문화와 문화적 일체성을 보유하고 있는 아시아 지역과의 문화교류 강화는 당면한 일본의 과제라는 것이다. 냉전의 종언을 전후로 '동아시아'가 일본사회에 클로즈업되었다는 사실은 "일본 그 자체의 글로벌한 영향력의 변화" 요컨대 "국제사회를 여건으로 대응할 것이 아니라 일본을 여건으로 국제사회를 이미지화하는 운영과 이념, 구상의 발신"[66]이 필요하다는 인식에 촉발된 것이다.

그동안 일본은 국제질서나 환경의 변화에 대응하고 지원하는 자세로 대아시아관계를 유지해 왔지만 이제부터는 세계경제의 중심지로 부상하고 있는 아시아의 변화를 주도하고 선도하는 입장에서 동아시아 외교를 전개해야 한다는 논리이다. 그것은 이 지역이 세계경제에 미치는 영향력에서도 그러하지만 역사적으로도 인식의 갭이 상존하고 있는 데다 냉전의 상징적 지역이기도 한 '동북아시아'와의 관계를 근본적으로 재검토하지 않으면 중국의 영향력 확대가 현실화되고 있는 상황에서 일본의 입지가 축소될 수도 있다는 사실을 일본사회가 자각했다는 것을 의미했다.

식자층을 중심으로 '탈구입아(脱欧入亜)'를 모색하는 흐름에는 국민 여론도 비교적 긍정적이었다. 1990년 10월에 내각부가 실시한 '외교에 관한 여론조사'에 의하면 "문화교류를 추진하는 과정에서 어느 지역의 국가들에 중점을 두어야 한다고 생각합니까. 2개까지 선택해 주세요"라는 질문에, 동아시아(한국·중국)가 41.2%, 동남아시아·남아시아(인도네시아, 인도, 방글라데시 등)가 18.2%로, 다른 지역에 비해 압도적으로 아시아와의 교류 확대를 요구했다. 아시아에 대한 관계 강화를 촉진하는 내적 지지기반도 어느 정도 확보된 상황이었다.

'평화우호 교류 계획'

냉전 후의 일본의 대외관·국가관을 둘러싼 국내의 다양한 논의는 '경제대국'에서 '문화대국'으로 거듭나려는 일본정부의 외교노선을 지지하는 동력이 되었다. 그러나 '탈구입아(脱欧入亜)'의 연착륙을 위해서는 한·중을 핵으로 하는 아시아와의 역사인식을 축소시키는 것이 급선무였다. 일본정부는 '고노담화(河野談話)'(1993.8)를 통해 정면 돌파를 선택했다. 당시 동북아의 주요현안으로 부상한 일본군위안부문제에 대해 일본군의 관여를 인정하면서 일본은 "이러한 역사의 진실을 회피"하지 않고 "역사의 교훈으로 직시"하여 "역사연구, 역사교육을 통해 이 문제를 영원히 기억하고 똑같은 과오를 결코 되풀이하지 않는다"는 "굳은 결의"를 표명했다.[67] 한·중과의 관계개선과 국제사회의 시선을 의식한 일본정부의 승부수였다.

'군의 관여'를 명시하는 대신 일본정부의 책임을 피해가는 방법으로 위안부문제를 정리했지만 한국 등의 평가는 긍정적이었다. 이 '담화'를 통해 동북아제국과의 정서적 괴리감의 극복에 일정부분 성공했다는 자신감을 회복한 일본은 동아시아 지역에 대한 문화외교를 강화하기 위한 본격적인 계획을 수립했다. 그 대표적인 사업이 바로 '평화우호 교류 계획'이었다(〈표7-8〉 참조). 이 사업의 추진목적은 "일본의 침략행위와 식민지지배가 아시아근린제국의 많은 사람들에게 참을 수 없는 고통과 슬픔을 안겨다 준 것에 대한 깊은 반성 위에 부전의 결의와 세계평화의 창조에 진력"[68]하면서 아시아제국과의 상호이해를 한층 증진시키기 위함이었다.

1995년부터 10년간 총 예산 1,000억 엔을 투입하여 ① 역사도서·자료의 수집, 연구자에 대한 지원 등을 행하는 역사연구지원사업, ② 지적교류나 청소년교류 등을 통해 각계각층과 대화와 상호이해를 촉진하는 교류사업을 양대 축으로 구상했다는 점에서 이 '계획'은 시대사적으로 적지 않은 의미가 있었다. 그동안 일본이 방치해온 역사문제와 역사연구사업에 늦게나마 눈을 뜨기 시작했다[69]는 점, '55년 체제'의 붕괴와 전후 50주년을 맞이하여 아시아와의 역사인식을 공유할 수 있

〈표 7-8〉 평화우호 교류 계획 관계사업의 예산추이(단위 : 백만 엔)

사업명 \ 연도	1995	1996	1997	1998	1999	2000	2001	2002	2003	2004	계
1. 역사연구 지원사업	1,050	989	1,043	873	873	789	787	736	625	464	8,230
내무성	1,039	969	1,021	854	855	784	783	732	620	460	8,117
내각부	-	11	12	10	10	-	-	-	-	-	43
내각관방	11	9	10	9	9	6	5	5	5	5	70
2. 교류사업	7,118	7,586	7,979	6,776	6,624	6,915	6,871	9,117	8,611	8,190	75,856
외무성	1,973	2,136	2,217	1,895	1,812	1,861	1,911	1,725	1,151	726	17,407
문부과학성, 문화청	5,035	5,348	5,659	4,777	4,704	4,947	4,824	7,383	7,394	7,407	57,478
내각부	110	102	103	103	107	107	136	69	66	66	969
3. 아시아 역사자료센터 관련사업	-	-	-	-	-	332	818	732	803	799	3,484
내각관방	-	-	-	-	-	2	1	1	1	1	6
내각부	-	-	-	-	-	102	606	517	550	549	2,324
방위청	-	-	-	-	-	95	78	81	123	123	500
외무성	-	-	-	-	-	133	133	133	129	126	654
합계	8,168	8,575	9,022	7,648	7,497	8,036	8,476	10,645	10,039	9,462	87,569
누계	8,168	16,743	25,765	33,413	40,910	48,946	57,422	68,068	78,107	87,569	-

자료출 : 「平和友好交流計画－10年間の活動報告」, 內閣官房副長官補室, 2005. 4. 12, 3면.

는 제 일보를 내디뎠다는 상징성, 그리고 일본이 아시아의 '신뢰'받을 수 있는 리더로 거듭날 수 있는 가능적 계기를 확보했다는 점 등을 내포하고 있었기 때문이다.

이 '계획'의 추진에는 '동아시아 공동체'를 목표로 한다는 관점에서 몇 가지의 배경이 있었다. 우선 ① 역사・문화적으로는 국내외의 정치상황의 변화에 따라 아시아제국과의 역사인식의 공유가 필요했고, 이를 통해 상호신뢰의 토대를 구축하여 미래지향적인 비전을 제시해야만 했고, ② 경제적으로는 1989년 11월에 현대사상 처음으로 아시아・

태평양 지역과 일본과의 무역이 유럽공동체와의 무역을 상회하여,[70] 아시아나 일본 모두 경쟁과 협력을 통해 공영을 추구해야 하는 새로운 관계설정이 요구되었고, ③ 정치적으로는 깊어지는 미일동맹 강화와 일본의 군사대국화에 대한 아시아제국의 우려해소, 그리고 갈수록 강화되고 있는 중국의 아시아영향력 확대에 대한 적극적 대응의 필요성 등이 있었다.

요컨대 아시아의 경계 심리를 야기시키지 않는 범위에서 아시아의 주도권을 행사하는 전략을 구상하고 있었기에 역사문화 분야의 교류 강화가 필요했고, 이는 동아시아의 이해를 구할 수 있는 유효한 수단이었던 것이다. 1980년대 들어 경제·정치·문화적 측면에서 일본과 아시아와의 관계가 전례 없이 깊어졌음에도 역사인식의 갭이 양자의 관계진전을 저해하고 있었음을 고려하면 일본정부의 전향적인 자세는 긍정적인 측면이 있었다. 재일사학자 강상중(姜尚中, 1950~, 전 도쿄대 교수)이 지적하고 있듯이 "최근 100년간 일본은 자신의 근린제국 안에서 독립적인 국가를 상정한 국가의 모습을 한 번도 그려본 적"[71]이 없었기에 역사인식을 해소하려는 일본의 노력은 아시아로의 '정서적 회귀'를 예고하는 자기변화의 시그널이기도 했기 때문이다. 특히 일본의 새로운 움직임은 근대의 아시아에 있어서 후발제국주의 '일본'의 잔재 청산과 전후의 "'탈아'의 후유증의 시대"[72]에 작별을 고하며, 소위 '탈구입아(脫歐入亞)'의 길을 본격적으로 모색하는 전기를 만들었다는 측면에서도 환영할만한 것이었다.

결국 이 '계획'은 10년간 60여 개의 사업이 추진되었고, 누적예산은 876억에 머물렀지만 한·중·대만을 비롯해 동남아시아, 몽골, 필리핀,

호주, 뉴질랜드와 네덜란드, 영국, 캐나다, 미국 등을 대상으로 ① 역사 연구 분야의 연구자교류, 지적교류, 유학생교류, 청소년교류, 풀뿌리·지역교류 등 각계각층의 교류사업, ② 관계 법인의 역사자료의 수립, 목록의 작성, 아시아역사자료센터의 데이터베이스구축 등의 문헌관련사업, ③ 역사연구 분야의 관련제국 연구자에 대한 펠로십, 공동연구나 역사편찬·출판 등의 사업을 추진하여 상당한 성과를 거두었다.

이에 대해 일본정부는 "일본과 아시아제국에 뿌린 평화우호의 씨앗은 향후 우리나라를 포함한 각국과의 끊임없는 노력에 의해 보다 크게 성장할 것으로 기대된다"[73]고 평가했다. 역사를 매개로 한 공동연구와 인적교류의 활성화가 상호이해에 실질적인 도움이 되었다는 인식이다. 일본정부가 평가하듯 아시아 각국에 뿌려진 "평화우호의 씨앗"이 그 후 '평화우호의 줄기'로 성장했는지 여부는 좀 더 시간이 필요해 보이나 적어도 동북아관계가 일본의 자평과는 다른 방향으로 흘러가고 있다는 느낌을 지울 수 없다. 진정성을 확인할 수 없기 때문이다.[74]

'아시아센터'의 설치

'계획'을 통해 구체화되기 시작한 일본의 아시아에 대한 인식재고는 1995년 '아시아센터'와 '아시아역사문화자료센터'의 설치에 의해 보다 진전되었다. 국제교류기금 내에 창설한 '아시아센터'는 1990년에 설립된 '아세안문화센터'를 확충한 것으로, 아시아제국과의 상호이해와 문화협력관계를 강화하기 위한 목적이었다. 아세안문화센터는 일본정부의 대아세안 '창조적 파트너십'의 제창과 '마음과 마음이 통하는 상호이해의 촉진' 노력의 성과로서 탄생했다. 1986년 2월 아세안외상확대회의에 참가한 아베(安倍晋太郎, 1923~1991) 외상은 마닐라에서 행한 연설 가운데 "일본과 ASEAN제국과의 단절 없는 대화"를 강조하면서 교류심화에 관한 의지를 명확히 했다.[75]

아시아가 역사적 전환기에 서있는 지금이야말로 넓은 분야에서 대화와 교류가 필요하다는 인식이었지만, 그해 12월 다케시타(竹下) 총리는 마닐라에서 열린 '일본·ASEAN수뇌회의'의 모두연설에서, 일본·아세안 간 교류의 양면통행을 강조하면서 ASEAN 문화의 일본소개 등을 목적으로 하는 센터의 설치와 ASEAN의 문화인, 지식인의 일본초대 등의 내용을 담은 '일본·ASEAN종합 교류 계획'을 제창했다.[76] 지리적·역사적으로 밀접하게 연결된 '자연의 맹우(盟友)' ASEAN의 문화를 일본사회가 언제나 가까이서 접촉하여 ASEAN문화를 심화시키는 거점으로서 활용하겠다는 의지였다. 그것을 가능하게 하는 문화적 기반도 충족되어 있었다.

ASEAN문화센터가 설립된 1990년은 아시아문화의 전환기였다. 1985년 프라자합의는 일본의 엔고(円高) 현상을 초래했고, 이 결과는 일본으로 하여금 공업생산의 장을 아시아로 옮기게 만드는 중요한 계기로 작용했다. 일본의 기술과 자본이 집중적으로 투자되면서 동남아시아의 경제 역시 급격히 발전했다. 동남아의 경제성장은 중산층의 성장으로 이어지면서 문화를 향수하는 층이 확대되기 시작했고, 이는 필연적으로 문화 활동의 활성화를 초래했다.[77] 동 센터는 아시아의 문화예술을 소개하는 최초의 공적기관이라는 성격으로 출발했지만 그 이면에는 아시아의 새로운 질서구축 의지와 일본문화의 확산기반 형성이라는 배경이 존재했다.

센터의 활동은 활발하게 전개되었다. 특히 국제교류기금 창립 20주년과 ASEAN 결성 25주년을 맞이하여 1992년에 개최된 '동남아시아 축제 92'는 일본사회의 주목을 받았다. 전람회, 공연, 심포지엄, 영화, 포럼, 콩쿠르, 스포츠 등의 분야를 중심으로 도쿄도[東京都], 오사카부[大阪府]와 시, 히로시마현[広島県]과 시, 후쿠오카[福岡]시의 지자체와 NHK 등의 협력을 얻어 일본의 동남아시아문화교류사상 전례 없는 내용과 규모로 진행되었다. 일본사회가 동남아시아의 전통문화와 현대문화, 그리고 동남아시아의 모습을 지근에서 이해할 수 있는 귀중한 행사였다. 일본의 대중문화가 이미 동남아시아에서 절대적인 지위를 구가하고 있는 가운데 동남아시아의 참모습이 일본사회에 널리 소개됨으로써 아시아문화의 다양성을 확인한 것이다.

동남아의 재발견을 확인한 일본은 동 센터의 '아시아센터'로의 확대 재편을 통해 그 의미를 동아시아 전체로 확산시키려 했다. 그 흐름을 주도한 것은 전술한 '국제교류에 관한 간담회'였다. '간담회'는 아시아·태평양 지역이 "밖으로 열린 공동체"로 발전해가기 위해서는 일본의 역할이 필요하며 이를 위해서는 무엇보다도 "민간이나 지방의 조직이 아시아·태평양 지역과의 교류와 협력의 네트워크를 확충"[78]하는 것이라고 했다. '미래지향'이라는 전제하에 정부뿐만 아니라 민간이나 지방조직이 교류활성화를 위한 시스템을 서둘러 구축해야 한다는 주문이었다. 1991년 총무청의 행정감찰결과도 '간담회'의 제언과 비슷한 결론을 내렸다.

우선 총무청은 ASEAN센터가 그 기능을 제대로 발휘하기 위해서는 지방공공단체 등과의 사업연계, 공동전시 등을 추진하는 것이 유효하지만 연계처가 특정한 곳에 한정되어 있어 실시체제가 불충분하다고 지적하면서, 이를 시정하기 위해 외무성은 국제교류기금에 대해 ASEAN문화센터의 의미부여와 역할을 제도상으로 명확히 하고, 연계를 할 경우도 지방공공단체의 범위를 확대하도록 지도할 필요가 있다고 권고했다.[79] 민간·지방과의 연계·협력을 강화하는 형태로 ASEAN센터의 재편을 요구한 것이다.

그리고 1995년 10월, ① 아시아 지역 내 각층과의 대화와 교류를 통해 상호이해를 촉진할 것, ② 아시아 지역이 공통으로 안고 있는 문제를 해결하기 위해 국경을 초월한 협동 작업을 추진할 것 등을 주요목적으로 하는 '아시아센터(Japan Foundation Asia Center)'가 출발했다. 이 목적을 실현하기 위해 아시아센터는 ① 아시아 지역의 지적교류추진, ② 아시아 각국의 문화진흥지원, ③ 일본의 아시아이해 촉진 등의 영역에 사업을 집중시키기로 했다.

종래의 ASEAN문화센터가 일본에 ASEAN문화를 소개하는 것에 중점을 두었다면 아시아센터는 지적교류와 쌍방향적 교류 강화, 역내의 상호이해의 촉진과 공통과제해결을 위한 협동 작업이 강조되었다. 교류의 관점에서 보면 진일보한 구상이었다. 실제 사업도 동아시아의 공동체가치관의 양성에 도움이 되는 프로그램을 비롯해, 다국적 문화미션의 개최, 동북아시아의 상호신뢰양성을 위한 프로그램의 개발, 아시아연구를 축으로 한 아시아역내교류사업, 아시아 각국의 문화진흥지원, 영화·미술·무대예술 교류사업의 확충과 만화전의 개최 등에 주력하며 설립취지에 충실하려 했다.

소위 공통의 기층문화 기반을 보유하고 있는 아시아 지역과의 교류 확대에 동 센터가 주체적인 역할을 담당함으로써 "동아시아, 동남아시아에서 남아시아까지를 포함한 광대한 지역과의 문화적·지적교류를 추진하는 선도"[80] 기관으로의 도약이 기대된 것이다. 이들 핵심 사업 외에 일반인을 대상으로 '각국을 알자 시리즈'나 '문학시리즈'라는 강좌를 매주 개최하였고, '유교' '아시아의 기독교' '이슬람·다이내미즘' '동아시아의 20세기' '문명의 충돌―1850년대의 중국과 인도' 등과 같은 특별교류전도 기획[81]하여 일본사회의 아시아이해를 촉진시키는 등, 아시아와 쌍방향의 교류 강화에 진력했다.

이 가운데에서도 6개국 공동으로 제작된 '리어'는 동 센터의 대표적인 사업으로 주목받았다. 1995년 가을부터 구상하여 일본, 중국, 인도네시아, 태국, 싱가포르, 말레이시아 등의 캐스트들이 모여 2년간의 제작기간을 거쳐 아시아적인 양식미로 재구축한 이 작품은 해외관계자로부터 커다란 관심을 불러일으켜, 일본과 동남아시아 호주공연에 이어 유럽공연도 실현되었다. 아시아에서의 공동제작(collaboration)의 성과와 가능성을 유럽에까지 발신한 것이다.

이 프로젝트의 일원으로 참가한 동 센터의 무대예술전문위원 하타유키[畠由紀]는 "〈리어〉가 참으로 '세계연극'에 접근했다고 한다면 그것은 6개국의 양식이 하나의 작품이 된 것이 아니라 그것이 아시아라는 틀을 넘어 보는 사람에게 힘을 줄 수 있기 때문이라고 믿고 싶다"[82]고 술회했다. 작품의 완성도를 중시하면서도 이민족 간에 감동을 공유하고 환희를 만끽할 수 있는 유효한 수단으로서 문화적 대화가 얼마나 귀중한 것인가를 확인하는 발언이다.

아시아와의 문화적 대화를 촉진하는 중추적 기관으로서의 역할을 다한 동 센터의 성과를 교류기금은 "일본이 아시아의 일원으로서 다른 아시아인들과 진정으로 일체감을 갖게 되어 일본인이 진정 아시아에 속해 있다고 하는 공동체의식을 자각하게 되었다"[83]고 자평했다. 현실의 상황은 이런 평가를 납득시킬 수 있는 흐름은 아니었지만 동 센터의 활동을 통해 일본사회가 동아시아를 동시대적인 관점에서 바라보고 아시아 문화의 다양성과 훌륭함을 느끼고 친근감과 경의를 표하는 계기가 된 것은 부정하기 어려울 듯하다.

'아시아역사자료센터'의 설립

'평화우호 교류 계획'의 또 하나의 핵심 사업으로 주목받은 것이 있다면 바로 '아시아역사자료센터'의 설립이다. 동 센터는 전후 50주년의 기념과 일본의 역사인식의 반성 위에 미래지향적인 관계를 구축한다는 의미로 출발했다. 1994년 당시 총리였던 무라야마(村山富市, 1924~, 제81대 총리대신)는 '담화'(1994.8.31)를 통해, "우리나라가 과거의 한 시기에 행한 행위는 (…중략…) 아시아 근린제국의 사람들에게 지금까지도 치유하기 어려운 상처를 남겼다"고 언급하면서 이를 해소하기 위해서라도 "그 필요성이 지적되어 온 아시아역사자료센터의 설립에 대해 검토"해야 한다고 했다.[84] 전후 50주년을 1년 남긴 시점에서 진보세력을 대변해온 정통야당 출신 수상의 성명이었기에 일본정부의 '진정성'이 배어져 있는 듯했다.

총리 담화 후 정부는 내각관방장관하에 각계의 전문가 15명으로 구성한 '유식자회의'에 검토를 위임했다. '회의'는 9회의 모임과 국내외의 의견청취, 참고시설의 현지조사 등을 거쳐 1995년 6월에 센터의 설립

의의, 기본적 성격과 방향성 등을 담은 최종보고서를 제출했다〈표7-9〉
참조). 보고서를 접한 정부는 구체적인 검토에 착수하여 우선 1999년
11월에 '아시아역사자료'를 인터넷을 통해 제공하는 내각의 결정[85]을
했고 2년간의 준비기간을 거쳐 국립공문서관의 조직으로 2001년 11월
에 개설했다. 그 후 동 센터는 정부의 방침에 따라 외무성의 외교사료
관, 방위연구소도서관 등과 연계하여 국내외에 자료공개를 했고, 개관
후 2년간 홈페이지에 접속한 건수가 국내외를 합해 382,016명을 기록
할 정도로 순조롭게 출발했다.

특히 2004년 2월에 러일전쟁자료가 공개되었을 때는 『아사히신
문』이 「살아있는 역사를 보며」라는 보도(2004.2.14, 석간)를 하면서 한 달
간 138,245명이 접속하는 등,[86] 생생한 역사를 '네트로 읽을 수 있다'는
이유로 국내외적으로 커다란 반향을 불러일으키기도 했다. 그 연장선
상에서 최근에는 최첨단 기술을 활용하여 '언제든지' '어디서나' '누구

〈표7-9〉 아시아역사자료센터의 설립에 대해

설립의의	전후 50년을 계기로 우리 일본인이 세대의 차이나 위상, 입장의 차이를 넘어 근현대의 일본과 아시아의 관계를 응시하는 자세를 세계를 향해 나타내 보여야 한다. 본 구상은 아시아제 지역의 사람들과 역사인식을 둘러싼 대화를 심화시켜 다가오는 21세기의 일본과 세계와의 공생의 기반을 구축함에 있어 극히 중요한 의의를 갖고 있다.
기본적 성격	센터는 일본과 아시아근린제국과의 사이에 근현대사에 관한 자료 및 자료정보를 폭넓게, 치우침 없이 수집하여 이것을 내외의 연구자를 비롯해 널리 일반에 제공하는 것을 기본적인 목적으로 하는 시설이다. 이 목적과 더불어 일본 및 아시아제국의 관계자, 시설, 기관 등의 허브센터로서의 역할을 다하여 국내뿐만 아니라 국제적으로도 일본·아시아관계의 근현대사에 관한 자료 및 자료정보를 발신하는 것이 바람직하다.
사업의 기본적 방향성	① 일본과 아시아근린제국과의 근현대에 관련하는 사료, 문헌·도서 등의 자료수집, 보존, 정리, 검색 및 이용에 관한 사업 ② 상기자료에 관한 정보의 수집 및 제공에 관한 사업 ③ 국내외의 관계기관·시설과의 협력, 정보교환의 교류사업

출처 : 「"アジア歴史資料センターの設立について"アジア歴史資料センター(가칭)의 설립검토를 위한 유식자
회의(1995.6.30)」, 『新たな時代の外交と国際交流の新たな役割』, 国際交流研究会, 2003.4에서 발췌작성.

라도 '무료'로 자료를 열람·인쇄하고 화상데이터의 다운로드도 가능한 디지털 아카이브 시스템을 도입했고 향후 민간자료의 공개도 전향적으로 검토하겠다는 입장을 견지하고 있다.

2) '일·ASEAN 다국적 문화미션'

일본의 아시아에 대한 문화외교는 '평화우호 교류 계획'의 진전을 발판으로 보다 확대되어 갔다. 1997년 1월, 하시모토(橋本竜太郎, 1937~2006, 제82~83대 총리대신) 총리는 싱가포르에서 행한 연설에서 문화교류의 민간레벨의 대응과 연계 강화, 차세대를 담당하는 청소년끼리의 교류를 비롯한 인적교류의 확충, 그리고 다양한 문화인의 공생을 꾀하는 다국 간의 문화협정을 실현하기 위한, 이른바 '일·ASEAN 다국적 문화미션(Multinational Cultural Mission)'을, 그리고 12월에는 '일·ASEAN 종합인재 육성 프로그램(Japan-Asean Program for Comprehensive Human Resources Development)'(〈표 7-10〉 참조)을 각각 제안하며 아시아·태평양 지역의 공동체의식의 양성을 촉구했다.

이 사업들은 1977년에 추진된 ASEAN공업프로젝트(Asean Industrial Projects)와 1987년에 추진된 ASEAN·일본개발펀드(Asean-Japan Development Fund)의 연장선상에서 실시되었다. 그 배경에는 아시아의 경제 위기에 즈음하여 "위기 그것도 문화적·정신적인 동시에 윤리적인 특질을 내포하고 있다. 중대한 위기가 있었기에 우리자신들의 심원한 가치와 숭고한 포부에 자성적인 고찰을 할 수 있었다"[87]는 인식이 작용하

경위	1997년 12월 일 · 아세안 수뇌회의에서 하시모토 총리가 제안
목적	경제의 지속적 발전을 위해 필요한 인재를 육성
내용	이하의 내용을 중심으로 5년간 2만 명의 인재를 육성하기 위해 JICA전문가 파견과 연수, AOTS연수, 유학생차관 등을 활용한 인재 육성을 한다. ① 정치적 사회적 리더 ② 경제, 사회운영에 관한 행정관, 지방행정관(금융정책, 중소기업 육성, 무역진흥, 환경행정 등) ③ 민간실무자, 기술자(중소기업의 중간관리자 기술자 등)
실적	• JICA에 의해 정책어드바이저를 태국과 인도네시아공업성(省) 등에 파견, 아세안금융 · 정책지원세미나를 일본에서 실시 • 연수 분야는 자본시장 정비지원, 금융경제정책, 공해대책융자, 중소기업금융, 세무행정연수, 후진 지역 개발촉진정책, 시장경제 운영관리 등을 실시 • 각 스킴별 실적은 JICA연수원수용 1,607명, JICA현지국내연수 9,227명, 청년초빙 802명, AOTS 2,678명, 해외연수 6,217명, 유학생차관 194명

출처 : 외무성 홈페이지(http://www.mofa.go.jp/mofaj/area/asean/j_asean/ja_skj_04.html#06).

고 있었다. '다국적 문화미션' 프로그램은 ASEAN 각국의 동의를 얻어 싱가포르에서 개최된 제1회 회의에서(관민대표 2명씩 참가) 행동지침 제1부(Action Agenda 1)를 작성한 후, 이듬해 도쿄에서 개최된 제2회 회의에서 행동지침 제2부(Action Agenda 2)가 최종적으로 작성되면서 전체적인 윤곽이 드러났다.

구체적으로는 ① 문화적 · 지적 대화, ② 문화적 전통의 계승, ③ 문화에 관한 이해 촉진과 지식의 개발, ④ 미디어와 정보의 보급, ⑤ 그 외의 과제를 중심으로 일본과 ASEAN 간의 대등한 관계에서의 파트너십(Equal Partnership), 다국 간의 틀에 의한 문화교류 · 문화협력의 촉진, 민간 활동과의 연계 등의 기본 이념도 설정했다. 일본과 ASEAN의 상호이해를 심화시켜 장기적인 관점에서 다음세대에도 우호협력관계의 기반조성에 공헌할 수 있는 과제들이었다.

이 회의의 일본 측 대표자로 참석하여 조정 역할을 담당한 아오키(青木保, 1938~, 오사카대 명예교수)는 ASEAN 9개국과 일본이 다국 간의 교류,

그것도 대등한 관계에서 참가하는 시도는 이번이 처음이고 일본에 의한 문화교류·문화협력의 적극적인 제안으로서 획기적인 사업이라고 술회하고 있다.[88] 일본과 ASEAN의 귀중한 문화네트워크의 토대구축이 될 수 있는 '미션'의 제안은 양자의 관계가 새로운 세기를 향해 한층 성숙한 관계로 진입하고 있음을 대내외적으로 어필한 사례였다. 또 1998년 5월에는 오부치(1937~2000, 제84대 총리대신) 외무상이 싱가포르에서 행한 정책연설에서 아시아의 지적지도자, 연구자의 참가를 통해 인간의 안전보장을 중심테마로 한 '아시아의 내일을 창조하는 지적대화(Intellectual Dialogue on Building Asia's Tomorrow)'를 제창하며 동아시아의 지적상호협력을 촉구하기도 했다.

아시아의 중층적 자화상

잇따른 제안을 통해 동남아시아외교를 강화하려는 일본의 의도는 아시아와의 일체감 조성에 노력하고 있다는 모습을 각인시키려는 것이었다. 아시아의 미래와 일본의 역할을 둘러싸고 경제협력뿐만 아니라 문화교류와 문화협력의 중요성을 수시로 강조함으로써 경제, 문화적 영향력 확대는 물론이고 당시 일본이 추구한 경제협력구상(EPA : Economic Partnership Agreement)의 실현을 위한 지지기반 구축에도 상당한 공헌을 했다. 특히 1970년대 초부터 분출하기 시작한 반일감정이 불과 30년도 지나지 않아 동남아시아에서 가장 '신뢰'받는 국가로 변신하는데 공헌했을 뿐만 아니라 동남아시아와 전례 없는 밀월관계를 구축하는데도 기여했다(〈표 7-11〉 참조).

필리핀의 소설가 호세(Francisco Sionil Jose)가 동남아시아가 일본을

	인도네시아	말레이시아	필리핀	싱가폴	태국	베트남
일본은 '신뢰할 수 있다' '신뢰할 수 있는 편이다'	86%	85%	81%	81%	62%	72%
일본과는 '우호관계에 있다' '우호관계에 있는 편이다'	92%	93%	90%	96%	89%	93%
일본은 아시아의 일원으로서 아시아의 발전을 위해 적극적 역할을 '다하고 있다'	85%	79%	90%	80%	69%	80%

출처 : 일본외무성 홈페이지(http://www.mofa.go.jp/mofaj/area/asean/yoron.html).

'Big Brother'로 받아들이고 싶어도 일본의 역사인식의 부재와 일본의 잔학행위를 기억하고 있는 많은 사람들 때문에 어려운 것이 현실[89]이라고 지적했던 바를 상기해 보면 격세지감을 느끼게 하는 흐름이다. 일본정부의 아시아 중시 움직임에는 분명 평가할 부분이 있다. 아시아도 자국의 발전과 번영을 위해 일본이 현재 이상의 역할을 담당해주기를 희망했고, 그런 기대감에 부응하려는 일본 측의 의욕도 높은 편이었다. 일본이 문화적 대화를 촉진함으로써 아시아와의 새로운 관계구축을 모색하겠다는 의지는 아시아가치의 창출이라는 관점에서도 환영할 만한 자기변화였다. 그럼에도 일본에 대한 아시아의 경계 심리(특히 동북아)는 사라지지 않고 있다.

일본정부는 아시아로의 회귀를 촉진하는 다양한 시스템의 구축과 양국 간 다각적인 제안을 통해 '우리는 역사인식을 포함해 아시아에 대해 최대한 성의 있는 노력을 하고 있다'고 강변하고 싶을지도 모른다. 그러나 지배계급에 의한 팽창주의와 그것을 견제하는 능력을 상실해버린 일본사회의 현실을 보면 그러한 노력이나 주장이 때로는 공허하게 보일뿐이다. 한편으로는 화해의 메시지를 발신하면서 다른 한편으로는 접점이 보이지 않는 역사관을 노정하고 있는 것이 일본의 얼굴이다. 아시아인들은 일본이 근대문명의 후진 지역인 아시아를 전전은 근대문명과 군사력으로, 전후는 침략적인 통상에 의한 경제력으로 아시아 지배를 강화해 왔다고 기억하고 있다.

일본을 자국의 발전모델로 삼으며 끊임없이 '일본배우기'를 외치면서도 마음속에 응어리 진 역사의 상흔을 쉽게 지울 수 없는 것이 아시아의 자화상이다. 내셔널리즘과 근대화가 혼재한, 그 중층적 자화상 자체가 일본과의 관련성 속에서 형성된 것이고 당분간 그런 흐름은 멈추지 않을 것이다. 그 과정에서 싫든 좋든 일본과 불가분의 관계를 맺고 있는 아시아가 문화적 이니셔티브를 쥐고 있는 일본의 공세에 흡인되고 있는 것도 부인하기 어렵다. 일본이 외치고 있는 공통의 가치관 추구가 일본적 가치의 아시아 침투를 통한 문화적 지배의 강화를 의미하는, 이른바 문화패권주의 사상이 아니라는 사실을 일본이 부정할 수 있는 근거도 실은 빈약하다.

1970년대 후반 일본정부는 후쿠다독트린을 통해 '마음과 마음이 통하는' 대아시아외교 이념을 천명했고, 1990년대에는 아시아를 중시하는 자세와 함께 역사문제에 대한 전향적인 입장도 표명했다. 일본의 자기변화는 공감을 불러일으켜야 마땅하지만 아시아의 대일인식은 여전히 '흐림'의 상태를 벗어나지 못하고 있다. 그 이유를 일본사회는 아직도 모르는 듯하다. 일본이 진정으로 아시아로의 복귀를 원한다면 아시아인의 마음을 움직이는 노력을 언설이 아닌 행동으로 보여야 한다. 그런 실천적인 노력을 게을리 한 채 경제협력과 문화적 가치 이입만을 추구한다면 새로운 역사의 비극을 스스로 잉태해 가는 우를 또다시 범하게 될지도 모른다.

3) 대미문화외교의 강화

일본의 대외문화교류 상대로 가장 중요한 지위를 점하고 있는 나라는 당연히 미국이다. 국제교류기금의 국가별 실적 순위를 보더라도 미국은 항상 1위를 차지하고 있을 만큼 중시하고 있다. 통상국가라는 경제적 측면과 동북아시아의 지정학적 관점에서 본 정치·군사적 측면과 일본의 문명발전사라고 하는 사회·문화적 측면, 어느 면에서 보더라도 정성을 다해야 할 상대였다. 전후 일본사회의 대미인식(친근감을 느낀다)이 굴곡 없이 70~80%대를 유지하고 있을 만큼 일본사회는 이 사실을 '상식'으로 받아들이고 있다.

일본의 대미최우선노선은 냉전의 종언으로 인한 세계질서의 재편과 일미구조협의에 상징되는 경제마찰 시에도 흔들림이 없었다. 1991년 당시 태국대사였던 오카자키(岡崎久彦, 1930~)는 "근대일본 외교의 최선의 선택은 앵글로 아메리칸 세계와 상호이익을 조정하면서 공존해가는 정책을 견지만 하면 일본국민의 안전과 번영과 자유를 가장 무난히 확보해 갈 수 있었다"[90]고 하면서 일미동맹의 견지가 얼마나 중요한 것인가를 역사성을 갖고 지적한바 있다.

냉전 후의 경제문제를 중심으로 양국의 관계악화를 우려하는 일부 식자층의 충고나 우익에 의한 탈미노선의 주장이 이어져도 현실의 양국관계는 굳건했다. 동맹관계의 기조를 무너뜨리지 않는다는 기본적인 인식을 공유하고 있는 이상 일본정부도 새로운 국제질서의 구축을 지향함에 있어 "확고한 일미 간의 협력관계가 기축이 되지 않으면 안 된다"[91]는 원칙을 고수하지 않을 이유가 없었다. 당시 나카야마(中山太

郎, 1924~) 외무대신의 연설은 냉전 후 양국관계의 전망을 간단명료하게 규정했다.[92]

> 일미 양국의 협력이 필요한 문세는 지금 세계적 규모로 확대하고 있고 한편으로 일미관계가 국제정세에 미치는 영향도 점점 커지고 있다. 그런 의미에서 미국과 양국 간의 주요문제에 관한 정책협조를 추진함과 동시에 지구적 규모의 문제에 관한 공동 작업을 강화해 가는 것이 중요하다.

이 연설에서 주목하고 싶은 것은 "지구적 규모의 문제에 관한 공동 작업을 강화"한다는 의지이다. 전후의 양국관계는 세계에서도 '가장 중요한 2국 관계'였지만 앞으로는 '가장 중요한 글로벌 관계'로 보다 격상시켜 세계문제에 대응하는 일본의 입장을 재정립하겠다는 전략이다. 일본의 대미문화교류정책도 그 연장선상에서 보다 질적인 변화를 도모했다. 1990년 6월에 일미안전보장 30주년 기념으로 방미한 아베[安部晋太郎] 외상은 양국이 "세계적인 과제에 대해 커다란 책임을 분담하는 파트너"로서 협력할 필요가 있다고 강조한 뒤, 세계적인 시야에 선 교류가 가능하도록 일미친선교류기금의 창설을 제안했다. 이 취지는 사토[佐藤栄作] 수상이 과거에 행한 '태평양시대'의 비전과 상통하는 부분이 있었지만 21년이 지난 시점에서 좀 더 구체화되어 나타난 것이다.[93]

'일미센터'의 개설
일본정부의 의지는 다음 달 가이후(海部俊樹, 1931~, 제76 · 77대 내각총리대신) 총리에 의한 '일미커뮤니케이션 개선구상'의 제안으로 실행에 옮겨졌다. 일미구조협의의 경험을 통해 일본정부는 양국 간의 상호이해를 개선하기 위한 조치가 시급하다는 것을 절감했기 때문이다. 기관의 최종적인 명칭을 '국제교류기금 일미센터(The Japan Foundation Center for Global Partnership)'로 결정한 양국은 1990년 12월에 센터 설립 준비실을 개설하였고, 그 후 2차례의 심포지엄('새로운 시대의 일미교류의 과제와 전망'과 '일미의 커뮤니케이션 개선을 목표로 하여')을 거쳐 1991년 4월과 5월 일본과 뉴욕에 센터를 개설했다.

동 센터 설립을 위한 신속한 움직임은 정치, 경제뿐만 아니라 문화적인 측면에서도 글로벌 파트너십을 구축하려는 움직임이 본격화되었다는 것을 의미했다. 국제적 책임을 분담하는 형태로 세계에 공헌하는 것이 기본적인 이념이었기에 설립의 목적도 "일미 양국의 공동에 의한 세계 공헌"과 "일미관계의 긴밀화"에 초점을 맞추었고, 사업내용도 '글로벌파트너십 추진을 위한 지적교류' '지역레벨, 시민레벨에서의 상호이해의 추진'영역에 중심을 두었다.[94] 센터 설립에 대해 미국 측에서는 센터의 활동이 정부의 선전장이 되지는 않을까라는 우려도 있었지만 기본적으로는 양국 간의 현안을 반영하여 일본 측의 제도의 정비, 인재의 육성, 일미를 중심으로 한 네트워크 형성, 그리고 사업의 평가시스템 구축 등을 기대했다.

센터 설립 이후에는 양국 교류에 쌍방향적인 흐름이 형성되어 지역, 시민레벨에서 양국 간 직접적인 접촉이나 상호이해와 교류를 촉진하는 사업들이 기획되었고 동시에 센터의 중요한 지원 대상이 되기도 했다.[95] 특히 일본의 지역레벨의 국제화와 미국과의 교류활동 조사 개시, 미국의 일본어교육에 중점을 둔 JALEX 프로그램 개시(1992), 일미 양국의 의원교류 및 정치지도자교류에 관한 조사 개시(1993), 일본에서의 미국연구의 실태조사 개시(1995), NPO펠로십 프로그램 개시(1998), 지역 시민교류 분야의 우선사업 공표(1999) 등은, 양국의 상호이해를 촉진하여 교류활성화의 움직임을 범사회적으로 확대시킨 대표적인 사업들이었다〈표7-12〉참조).

이러한 과제에 대응하기 위한 연구·회의 프로젝트로서 2002년까

〈표7-12〉일미센터 10년의 발자취

년	월	일미센터의 주요 행사내용
1990	6	아베[安部晋太郎] 외상이 설립구상 표명
	12	일미센터 설립 준비실 개설
1991	4	일미센터 설립
	5	뉴욕일미센터 설립
	7	조성사업 공모 개시
1992	5	오키나와반환 20주년 기념세미나
	8	일본의 지역레벨의 국제화와 미국과의 교류활동조사 개시
		미국과학자 펠로십 프로그램 개시, JALEX 프로그램 개시, 미국의회도서관과 공동으로 일본정보자료센터 개설
1993	7	일미 양국의 의원교류 및 정치지도자교류에 관한 조사 개시
		영문뉴스레터 창간, 미국의회도서관]DC, 도쿄수집사무소 개설
1995	4	일본의 미국연구의 실태조사 개시
	7	아베펠로십 프로그램 심포지엄 '전후 50년의 일미관계와 정책연구의 검증'
1997		지적교류사업, 지역·시민교류사업의 프로그램레뷰 개시
1998	11	지적교류 분야의 우선과제 '세계경제의 발전과 새로운 질서의 형성' 공표
		NPO펠로십 프로그램 개시, JALEX 프로그램평가
1999	8	지적교류 분야의 우선과제 '시빌 서시어티' 공표
	12	지역·시민교류사업의 우선사업공표
		아베펠로십 프로그램 평가
2000	3	미국의회도서관]DC, 사업종료
		일본의 미국이해교육의 상황조사 개시, NPO펠로십 프로그램 공모 개시

출처: 『国際交流基金日米センター2000年度年報』, 国際交流基金, 49면.

지 307건의 지원이 이루어졌다. 분야별 내역은 경제·무역 및 안전보장 분야가 가장 많았지만, 1999년 이후에는 양국의 고령화사회 현상을 반영하여 의료·고령화의 분야도 중요과제로 부각되면서 적극적인 지원이 이루어졌다.[96] 그 결과가 양국의 학술세계에 커다란 성과로 축적되어 갔음은 두말할 나위도 없다. 일미센터의 활동경과를 보면 당초의 우려를 불식하고 출발 당시의 목표였던 "일본의 새로운 형태의 국제교류촉진 기관을 추구한다는 중요한 사명을 위한 기반" 확립에 성공했다고 할 수 있다.

동 센터의 소장도 설립 10년을 맞이한 시점에서 "일본에 있어서도 새로운 지적교류, 시민교류의 촉진기관으로서의 역할을 다해왔다"[97]고 자평하고 있듯이, 양국의 각종 교류사업의 활성화에 커다란 기여를 했다. 센터의 설립과 함께 구체화된 '지적교류사업'[98]을 비롯해 '지역·시민교류사업' '펠로십 사업'과 같은 핵심 사업을 축으로 설립취지에 충실한 결과이다. 결국 동 센터는 양국관계가 흔들릴 수 있는 상황에서 출발하여 궁극적으로는 양국관계를 정서적으로 심화시키는 역할(가치관의 공유와 인적·조직적 네트워크의 구축 등)을 수행하면서 오늘에 이르고 있다.

일·미 글로벌 협력체제의 강화

일미센터를 중심으로 하는 교류 이외에도 양국 간에는 글로벌 협력에 입각한 교류가 1990년대 들어 활발하게 전개되었다. 일미포괄경제협의의 주요 사항 가운데 하나로 1993년부터 시작된 'Common Agenda'[99]는 지구적 규모의 협력을 위한 공통과제의 발굴과 양국의 협력기반의 저변 확대라는 관점에서 주목을 받았다. 환경, 마약, 의약, 인구, 에이즈, 어린이의 건강 등과 같은 과제와 그 문제의 그 해결을 위한 기술혁신, 인적교류 등에 양국이 공동으로 대응할 수 있는 체제를 구축함으로써, 아시아·태평양·아프리카를 중심으로 급성회백수염(急性灰白髓炎) 근절을 위한 협력이나 도상국의 여성지원(WID : Women in Development, 여성의 경제적 사회적 상황의 개선을 지원하는 것) 등과 같은 글로벌 협력과제를 성공적으로 수행할 수 있었다.

또 1994년에는 미국의 행정관이 일본에서의 연수를 통해 일본의 정치·경제·문화에 정통한 지일가(知日家)를 미국정부 내에 육성하는 것을 목표로 한 '멘스필드 연수 계획(Mansfield Fellowships Programs)'도 개설되었다(95년부터 실시). 21세기를 향해 새로운 일미관계의 구축을 기대하며 시작된 동 '계획'은 "장기적인 시야에서는 적극적인 교류가 아시아·태평양 제국의 참된 사회를 형성하기 위해 가장 확실한 방법"[100]이라는 생각을 갖고 있던 주일 미국대사 마이크 멘스필드(Michael Joseph Mike Mansfield, 1903~2001)의 이름을 딴 것으로, 과거에 전례가 없었던 정부 간 교류 프로그램이었다.

미 연방정부의 각 분야에서 선발된 행정전문가가 1년간 일본어와 일본문화에 대한 지식을 습득한 후 일본의 파견기관에서 1년간 연수를 마친 후 양국의 신뢰할 수 있는 협력 강화 방안을 모색하는 주역(미 행정부의 각 기관에서 일본에 관한 전문성과 네트워크를 구축할 수 있는 인재)이 되는 과정은 양국관계나 글로벌 파트너로서 새로운 동맹관계를 모색하기 시작한 시점에서 매우 획기적인 프로그램이었다. 동 '계획'의 후원자도 미 국무부와 일본정부를 비롯해 도요타와 양국의 대기업이 주류를 이룸으로써 효과의 극대화를 꾀했다.

이 외에도 1996년에는 다양한 일본문화를 종합적으로 소개하는 SUN&STAR'96(미국) 페스티벌의 개최를 지원하거나 1998년에는 오키나와[沖繩]의 고교생을 미국에 1년간 홈스테이 파견하는 등, 경제마찰의 해소와 미국경제의 호조, 안보동맹의 강화, 문화교류의 질적 변화에 힘입어 전체적으로 양국관계는 새로운 질서구축을 향해 순항 중이었다. 그 결과 양국은 글로벌화가 진전하는 가운데 "정책레벨의 긴밀한 대화와 조정에서 시민레벨의 교류까지 파트너십의 확대 강화가 확실히 전전"[101]된 시대를 맞이하는 데 성공했다.

일본정부도 "일미관계를 지탱하는 것은 양 국민 한 사람 한 사람이고 각 국민들이 서로 이해를 심화시켜 강한 유대감을 형성해 가는 것이 중요한 양국관계의 발전에 불가결하다"[102]는 인식하에 장기적인 관점에서 교류의 저변 확대를 꾀하는 등 미래지향적인 관계구축에 전력을 기울였다. 전후 대미관계를 일본외교의 최우선과제로 대응해온 일본이 대미 문화외교에 한층 공을 들인 것은 미국과의 문화적 연대감을 강화하지 않으면 아시아와의 관계는 물론이고, 일본의 경제안정과 성장, 국제사회의 리더십 발휘와 영향력 행사도 불가능하다는 것을 일미구조협의를 통해 절감했기 때문이다.

전후 일관된 일본의 대미종속외교에 대해서는 일부논자들이나 국제사회로부터의 비판도 많았지만 대미관계를 중시하는 외교노선을 견지함으로써 국제사회에서 일본의 입장을 강화해 왔고 그 연장선상에서 오늘날 미국과 '일체화'관계를 유지하고 있다. 대일압박에 대한 무의미한 저항보다는 역으로 문화외교의 강화를 통해 미래지향적인 관계구축을 모색하는 일본의 자세는 우리에게 시사하는 바가 적지 않다. 전후 일본사회의 흐름을 보면 오늘날처럼 내부의 통합과 팽창주의 움직임이 두드러진 시기는 없었지만 세계의 반응은 비교적 느슨한 편이다. 외부로부터의 대일비판이 그렇게 강하지 않다는 것을 의미한다. 문화외교의 효과는 결코 단기간에 나타나지 않는다. 인내심을 갖고 치밀하게 장기적인 관점에서 진행할 때 비로소 그 효과를 거둘 수 있다.

4) EC통합과 대 EU문화교류 강화

국제교류기금의 대외교류 실태를 보면 북미 지역이 압도적인 우위를 차지하고 있고 그 다음이 서구 지역과 동남아시아, 동아시아, 중남미 순으로 되어 있다. 이 경향은 1980년대까지는 거의 변화가 없었으나 1990년대가 되면 북미 지역이 차지하고 있던 압도적 우위가 무너지고 북미, 서구, 동남아시아가 어느 정도 균형을 유지하는 형태로 교류가 진행된다. 이 가운데에서 특이한 점은 서구와의 교류가 확대되었다는 점이다. 1980년대 전체교류실적 가운데 평균 15.2%였던 것이 1990년대가 되면 17.7%로 상승했다. 동시기 북미 지역과의 실적이 평균 27.2%에서 16.3%로 급감[103]한 것에 비하면 이례적이다. 1990년대의 교류실적은 서구 지역이 제1위가 된 것이다.

1990년대 들어(특히 전반기에 비약적으로 증가했다)서구와의 교류가 증가한 것은 서구가 일본과의 문화교류에서 새로운 의미를 갖기 시작했기 때문이다. 그 배경에는 1980년대 중반 무렵부터 본격적으로 시작된

EC의 시장통합 노력과 그에 의한 새로운 유럽공동체의 국제적 영향력 확대에 대한 일본의 대응능력 강화라는 요인이 작용했다. EC의 통합은 미국, 러시아, 아시아 등이 "저항 불가능한 새로운 무기(자동차나 코카콜라와 영화, 컴퓨터, 항공기, TV)로 공격해 오는"[104] 현실에 대항하기 위한 차원에서도 필요하다는 인식이 팽배했지만, 일본의 입장에서는 통합 EC의 정치·경제·문화적 영향력, 그리고 EC에 의한 대일무역수지불균형과 대일관심의 증대 등을 고려하면 문화교류 강화를 꾀하지 않을 수 없는 흐름이었다.

특히 무역불균형의 문제만 하더라도 일본정부는 "많은 원인은 일본시장이 개방적이지 않다는 것이 아니라 오히려 일본시장이 활기 있는 시장임에도 불구하고 EC 측이 너무 무관심하고 정당한 시장평가를 해오지 않았다는 것에 원인이 있다"[105]고 인식하고 있었다. 따라서 상대의 오해나 편견을 해소하기 위해서라도 대 EC문화외교를 강화해야 할 시대적 필요성이 있었다. 실제 일본정부는 1987년 7월 '단일구주의정서'[106]가 발효되고 나서는 균형 잡힌 일·미·구의 3극 협력체제를 구축하기 위해 적극적으로 움직였다.

당시 다케시타(竹下) 총리는 1988년 1월에 행한 시정연설을 통해 서구제국과의 협조는 "우리나라 외교의 중요한 기둥"이라고 하면서 "나는 서구제국의 대일관심이 고조되고 있는 지금이야말로 정치·경제·문화 등 모든 방면에서 일·구 협력 관계에 일층의 두터움과 폭을 넓힐 수 있도록 노력할"[107] 것이라고 선언했다. 유럽공동체와의 협력 강화에 착수할 적절한 시기가 도래했다는 인식이었다.

그로부터 4개월 후 런던을 방문한 자리에서는 "문화교류 면은 일·

구 관계에 두터움과 폭을 가져오고 정치·경제 분야에 결코 뒤처지지 않으며, 오히려 그 이상으로 중요하다"고 언급하면서 "구주와 일본의 문화교류가 새로운 동서의 '마음의 길'을 열어 21세기를 향한 신시대의 문화 창조에 크게 기여할 수 있다"[108]는 입장을 표명했다. 인구 3억 2천 만의 기대한 통합시상의 화려한 등장을 목전에 두고 '일·구 신시대의 개막'을 알리는 외교적 노력을 전개하기 시작한 것이다.

문화 '소개'에서 '교류'로

1980년대 들어 다소 정체기미를 보이고 있던 서구와의 문화교류가 활기를 띠기 시작한 것도 이 무렵부터이다. 그 연장선상에서 일본정부는 1991년 7월 '헤이그 공동선언'을 통해 유럽공동체와 "지식을 증대하여 쌍방 국민 간의 이해를 증진시키기 위해 학술, 문화 및 청소년교류 계획을 확충할 것"[109]을 합의했다. 문화교류 확대를 통해 양자가 직접적인 대화를 강화한다는 결의로서 소위 유럽공동체와 "경제면뿐만 아니라 정치면, 문화면을 포함한 폭넓은 분야에서 포괄적, 전면적인 관계 강화"[110]의 기반을 확보한 것이다.

이는 요셉 크루이너(Josef kreiner) 교수가 지적하고 있듯이 유럽과의 대화를 적극적으로 추진하기 보다는 미국의 중개역에 의지해온 일본의 태도와, 마찬가지로 진지하게 일본을 상대하지 않았던 유럽의 태도[111]에 근본적인 변화가 일어났다는 것을 의미했다. 시대의 변화와 자기인식의 결과가 서로 상대를 구하기 시작한 것이다. 일본의 인식 변화와 문화외교의 강화의지는 '일·구문화교류 강화사업'(표 〈7-13〉 참조)을 통해 탄력을 받기 시작했다. 1993년도부터 '특별사업'으로 시작

프로그램 명칭	내용
주 일본어교육전문가파견	구주 각국의 일본어교육에 협력하기 위해 일본어교육전문가 또는 청년일본어교사 파견을 요청하는 기관에 부응하여 파견한다.
일본연구기관 조성	각국에서 중핵적인 역할을 담당하는 일본연구기관에 대해 공동연구, 세미나 개최, 도서출판, 연구자 육성 등에 관한 경비를 포괄적으로 조성하여 해당국에 일본연구의 진흥을 꾀한다.
일본연구조직 강화지원	국경이나 학문 분야를 초월한 일본연구자·연구기관과의 연계, 상호협력을 추진하고, 학회의 조직화를 지원한다.
지적지도자교류	지도적 역할을 담당하는 학자·연구자 등의 지식인을 파견·초빙한다.
일·구국제회의 조성	일본 및 구주의 비영리단체에 의한 세미나와 심포지엄 개최경비의 일부를 조성한다.
지역·민초교류파견	지역이나 민초레벨에서의 일·구 교류를 촉진하기 위해 각 분야에서 활약하는 지역사회의 리더나 그룹을 파견·초빙한다.
특별펠로십	일·구공동의 관심사에 대해 연구를 행하는 일본의 젊은 연구전문가를 구소련과 동구권에 파견함과 동시에 민주와·개방화에 따른 제 문제에 대해 연구하는 동 지역의 젊은 전문가를 초빙한다.
대구주 지역 도서원조	구주의 학술연구·교육기관, 공동도서관 등에 일본관계의 도서를 기증한다.

처 : 「日欧文化交流強化事業」, http://www.jpf.go.jp/j/about/outline/result/ar/2003/img/ar2003-02-03-14.pdf.

된 이 사업은 지금까지의 실적을 감안하여 ① 일·구의 대화와 교류를 촉진하여 보다 긴밀한 일·구 관계를 구축하여 세계적인 규모에 의거하는 협력을 추진할 것, ② 구소련, 동국제국의 민주화·개방화를 지원하는 것 등을 목적으로 출발했다.

1993년의 유럽연합조약(EU창실)에 이어 EC와 동구제국과의 사이에 진행되고 있던 확대된 유럽통합 움직임에 적절히 대응하면서 동시에 '이행기'에 처해있는 동구제국과의 문화교류도 강화하겠다는 포석이었다. 그로 인해 교류의 기본적인 틀을 '일본어보급·일본연구지원사업' '지적교류사업' '시민교류사업' '민주화·개방화지원교류사업' 등의 분야로 제한했다. 또 교류의 내용도 폭을 넓혀 기존의 전통문화의 소개라는 다소 정형화된 패턴을 벗어나 전통문화에서 현대문화에 이르기까지 다양한 영역에서 실질적인 교류가 가능한 여건을 조정해 갔다.

그 가운데 주목할 것은 일미센터의 설립을 전후로 새로운 교류형태로 떠오른 '지적교류사업'의 활발화와 유럽 각국에서 종합적인 '대형문화행사'의 개최였다(〈표 7-14〉 참조). 지적지도자교류와 세미나·심포

〈표7-14〉 1990년대 일본의 서구·동구이 주요한 문회교류행사

연도	주된 교류내용
1990	• 프랑크푸르트 북페어(일본넌)에 참가 • 동구영화제 개최(일본 국내) • 소련일본주간에 협력 • 이탈리아, 독일의 '구체전(具体展)' 개최 • 체코슬로바키아 일본문화주간 • 폴란드, 불가리아 일본문화주간
1991	• 부다페스트주재원사무소 개설 • '재팬 페스티벌 1991 in UK'에 참가·협력 • 모스크바 일본주간 • 폴란드일본문화주간
1992	• 러시아극동일본주간의 실시 • 불가리아일본문화주간
1993	• 일·구문화교류 강화사업 실시 • 베를린예술제 참가 • 파리일본제, 모스크바일본주간, 안드와프'93(구주문화수도) • 일본·포르투갈 우호 450주년기념사업 • 일본과 유럽 1543~1929전(베를린)
1994	• '아비뇽연극제-일본특집(프랑스) • '모모야마[桃山]-일본미술의 황금시대'(스페인) • 일본3대 고전연극 '뇌[能]. 가부키[歌舞伎] 분라쿠[文楽]' 공연의 4개국 순방 개최
1995	• '이탈리아의 일본'
1996	• 런던 일본어센터의 개설 • 일본불교미술의 보고(프랑스) 개최
1997	• 파리일본문화관개관 • '프랑스의 일본넌(日本年)' • '북구영화제 97' 개최(일본 국내)
1998	• '세계 속의 일본연극'(독일) 개최 • '조몬[縄文]전' 개최(프랑스) • '일본문화제 98'(러시아)
1999	• 구주연합·국제교류기금심포지엄 '구주와 일본-자화상과 상호이해' 개최 • 독일의 '일본년(日本年)'참가

출처 : 『外交靑書』, 1991~2000 및 『国際交流基金年報』, 1991~2000에서 발췌작성.

지엄 개최 · 조성을 축으로 하는 교류가 활발하게 전개된 것은 소위 가치관의 '공유'를 꾀하면서, 한편으로는 그동안 일본 측이 주장해 온 서구사회의 일본에 대한 '오해'와 '편견'을 해소하기 위한 노력이 작용하고 있었다.[112] 후자의 경우는 현대일본문화의 다양성과 일본대중문화의 경쟁력을 유럽사회에 피로할 수 있는 절호의 장이기도 하여 일본으로서도 전략적 교류사업으로 상당한 공을 들였다.

일본의 대EU 문화교류가 종래의 일본문화의 '소개'에서 진정한 '교류'로, 또 '엘리트끼리'의 교류에서 '대중적인 확대'[113]로, 교류의 질적인 방향전환과 대중화를 꾀했다는 것을 의미했다. 경제력을 등에 업은 일본의 문화력이 서구와의 문화교류활성화를 촉진하여 근대문명의 발상지인 서구사회에 일본문화가 소프트랜딩할 수 있는 기반양성을 가능하게 했다는 것이다. 긴 안목에서 보면 일본적 가치 · 문화의 서구사회로의 확산 움직임이 본격화되었다는 것이고 궁극적으로는 문화대국화를 향해 허들을 넘어가는 과정이었다고 할 수 있다.

동구권과의 교류 강화

한편 1990년대에는 동구권과의 문화교류협력도 강화되었다. 동구권의 민주화와 시장경제체제로의 이행에 즈음하여 동구사회가 처한 개혁도상의 어려움에 대해서는 서방세계가 즉각 지원하는 체제를 구축했다. 경제적 안정 없이 개혁은 성취되지 않는다는 인식하에 동구지원관계국회의(G-24)를 창설하여 지원에 착수한 것이다. 일본도 동구권의 변화는 세계질서를 변혁하는 계기가 된다는 점에서 'G-24'의 틀 안에서 독자적인 지원체제를 갖고 재빠르게 대응했다.[114] 동구사회의 경제성장과 안정에 기여함으로써 관계개선은 물론이고 문화교류·협력을 강화해가는 프로세스였다.

　전후 일본의 다양한 경험과 기술협력, 경제협력이 본격적으로 시작되었다는 것을 의미했다. 우선 1990년 1월, 가이후[海部] 총리는 베를린에시의 연설을 통해 폴란드, 헝가리에 총액 19억 5천만 달러의 지원책을 밝히면서 다른 동구제국에도 개혁이 진행될 경우에는 적극적으로 대응한다는 뜻을 전달했다.[115] 또 불가리아 루마니아를 비롯한 동구제국에 대한 자금협력과 기술협력 방침을 표명한 뒤, 앞으로는 전후부흥의 경험을 살린 산업정책의 노하우 이전이나 환경 분야의 자급협력 등에 중점을 두겠다는 방침도 밝혔다.[116]

　특히 1992년 10월 '구소련지원도쿄회의'에서는 국제사회의 새로운 멤버가 된 12개국의 대표를 초대하여 '의미 있는 공헌'을 약속하면서 종래의 일·미·구의 협력체제하에 인도적 원조나 개혁노력의 지원에 적절한 역할 의지를 피력했고, 러시아와의 '도쿄선언'(1993.10)을 통해서는 개혁노선을 존중하면서 모든 협력방침을 아끼지 않겠다고 선언했다. 동구권외교가 활기를 띠기 시작하면서 문화교류도 그 연장선상에서 확대되어 갔다.

　그 변화는 문화교류실적이 증명했다. 동구권 사업은 1980년대의 전체 교류실적 가운데 평균 2.2%에 지나지 않았지만 1990년대에 들어서는 평균 5.1%까지 치솟았다. 이 수치는 동시기 중남미의 교류실적과 거의 동등한 규모였다. 동구권의 변화에 즈음하여 일본이 얼마나 적극적으로 대응했는가를 알 수 있는 대목이다. 교류사업 분야도 동구권 전체에서 일본어·일본연구관련 사업이 4할 이상을 차지했고 나머지

6할 가운데 약 반이 인물교류사업이었다.[117] 이런 흐름은 1990년대 후반까지 이어졌다. 특히 1998년 4월부터 1년에 걸쳐 러시아에서 개최된 '일본문화제 98'은 동구 지역에 일찍이 없었던 대규모의 일본관련 문화행사로 주목받았다.

이 행사는 러시아에 일본문화의 진수를 알리는 의미 있는 장이었고, 이 문화제에서 많은 관객들의 인기를 모은 〈산카이주쿠(山海塾)〉(1975년에 설립된 무용극) 공연 같은 경우는 국제교류기금 주최로 동구제국을 순회하며 각국에서 커다란 호평을 받았다고 한다. 이렇게 1990년대 들어 본격적으로 시작된 글로벌 문화외교의 강화는 신생유럽을 향해서도 저력을 발휘했다. 물론 문화적인 측면에서 일·미뿐만 아니라 일·구 간에도 글로벌과제에 대한 협력은 필요하다는 것을 일본이 인식하고 있었기에 전가의 보도로서 위력을 과시해온 경제·문화외교가 적절히 기능할 가능성은 충분히 있었지만 일본은 선제적으로 EU와의 관계 강화에 나선 것이다.

포스트냉전이 요구하고 있는 시대적 요청과 그에 대한 일본의 노력은 서구의 대일인식개선의 형태로 돌아왔다. 1990년대 후반이 되면 일본과 유럽의 관계도 전례 없이 양호했다. 1996년에는 일본외교에서 '구주의 계절'이라고 언급될 만큼 유럽의 수뇌들이 잇따라 일본을 방문하여 관계 강화에 주력했다. 역사 속에 잠복해 있던 유럽의 대아시아 인식의 일면, 요컨대 '이국적 정서가 풍부하게 발달한 문화'[118]를 갖고 있던 아시아의 존재를 아시아의 근대문명을 선도하며 전후 세계경제의 중핵적 국가로 부상한 일본을 통해 확인이라도 하듯 유럽의 일본관심은 강하게 표출되었다. 유럽을 핵으로 정치·경제·군사적인 지배네트워크를 추구해온 기존의 가치관이 더 이상 불가능해졌다는 것을 스스로 자인하는 움직임이기도 했다.

　유럽의 적극적인 대일구애에 고무된 일본은 유럽을 글로벌 파트너로 위치지어 국제사회가 안고 있는 다양한 문제 해결을 위한 상호협력체제 구축에도 주력했다. EU의 핵심 국가인 영·불·독과는 각각 '신일·영 행동 계획' '21세기를 향한 일·불 협력 20의 조치' '일·독파트너십을 위한 행동 계획' 등을 책정하여 "글로벌한 이익과 시야를 공유하는 파트너로서"의 관계개선 구축에도 노력했다.[119] 이 과정에서 일본은 정치·경제적 측면에서 국제사회가 안고 있는 글로벌과제에 대한 공동대응 이외에, 사회·문화적 측면에도 지적교류와 문화교류를 통한 가치관의 공유와 일본에 대한 불신해소에 공을 들여 문화외교적으로 상당한 성과를 거두었다.

　국민여론도 우호적이었다. 1998년도에 실시한 '외교에 관한 여론조사'에 의하면 "제 외국과의 문화교류를 추진할 때 어느 지역의 국가들에 중점을 두어야 한다고 생각합니까"라는 질문에 서구·동구와의 교류 강화(CIS제국을 포함해 17.8%)가, 동아시아(55.0%), 동남아시아·남아시아(26.0%)에 이어 높은 수치를 기록했다. 서구와 동구를 나누어 생각하면 북미와 대양주에도 미치지 않는 수치이지만 대륙별로 보면 중요성은 양 지역을 능가하고 있었다.

　냉전 후 일본이 일·미·구의 협력 강화를 외친 것은 기본적으로는 자유민주주의와 시장경제라는 공통의 가치를 공유하고 있는 데다 세계 GNP의 약 7할을 차지하고 있는 일·미·구의 책임과 역할을 의식했기 때문이다. 그러나 한편으로는 일본의 문화적 진출이 비교적 취약했던 유럽사회가 일국을 초월한 정치·경제 통합을 추진하고 있는 시점에 편승하여 과감한 문화교류·협력체제를 구축함으로써 비로소 문화대국화를 향한 글로벌 환경을 조성하는 데 성공했다는 점은 의미 깊다. 이는 1990년대 일본의 문화외교에 있어 하나의 커다란 성과로 평가하지 않을 수 없다.

5) 문화대국화의 지향과 교류저변의 확충

1990년대 들어 일본은 글로벌체제의 확립과 '지적교류'와 같은 새로운 교류형태의 발굴을 통해 지역별로 전략적인 문화외교를 전개함으로써 "제2의 언어로서의 문화의 역할"[120]과 그것이 가져오는 시너지 효과를 극대화할 수 있는 여건을 마련했다. 1990년대 일본외교가 제창한 '글로벌한 협력' '지역협력' '2국 간 관계'의 이념을 문화외교에도 동일하게 적용하여 성과를 축적해 갔기 때문이다. 특히 2국 간 교류는 일본의 문화외교가 중시한 노선이기도 하여 각종 국제회의나 수뇌회담 등을 통해 항상 강조하는 입장을 취해 왔다.

국제적인 상호신뢰의 기본에는 "2국 간 교류를 통해 상대에 대한 이해가 불가결"하고 또 "제 외국의 대외관이 현대일본을 적확하게 파악하고 있지 않은 측면이 때때로"[121] 나타나고 있는 현실을 고려하면 2국 간 교류를 중시하지 않을 수 없었던 것이 일본정부의 입장이었다. 따라서 일본정부는 문화의 상호소개, 일본어교육·일본연구지원·인물교류, 양국의 과학기술정책의 소개, 공동연구과제의 선정이나 협력

촉진 등을 중심으로 2국 간 교류에 진력해 왔다.

1980년대 후반부터 대규모의 종합적인 일본문화 해외소개 이벤트가 빈번하게 이루어진 것(〈표 7-15〉 참조)을 비롯해, 일본문화의 세계화를 위한 거점연구기관의 설립, 일본어국제센터와 간사이국제센터[關西國際センター], 해외의 일본어센터 설립을 통한 적극적인 일본어·일본문화 보급정책의 실시, 일미센터의 설립과 같은 지적교류의 강화, JET 프로그램을 축으로 하는 인물교류의 지속적 증가(〈표 7-16〉 참조), 개발도상국에 대한 문화진흥협력, 과학기술협력협정의 체결, 국제과학기술센터의 발족(일·미·EU·러시아에 의해 1994년 3월에 발족) 등은 일본이 전략적으로 추진한 2국 간·다국 간 문화외교의 성과이자 문화대국화를 향한 기반 강화의 과정이기도 했다.

이 가운데서도 일본이 자랑하고 있는 JET 프로그램(Japan Exchange and Teaching Programme : 해외청년을 일본의 지방자치단체에 초빙하여 중고교의 외국어지도나 국제교류활동에 종사하게 하는 사업)[122]에는 1987년 제도 발족 이래 1999년까지 총 2만 6천여 명이 참가하여 지역레벨에서의 국제교류에 크게 공헌하고 있다. 이 사업은 처음부터 구미제국의 참가자가 압도적으로 많은 반면 아시아의 참가자는 극단적으로 적다는 특징이 있다(〈표 7-17〉 참조). 일본사회의 서구지향적인 국제화를 꾀하고자 하

〈표 7-15〉 주요 문화소개 건수(대형문화행사)

	1988	1989	1990.8 ~91.7	1991.8 ~92.12	1993	1994	1995
해외에서의 일본문화소개	8	11	11	15	12	4	9
외국문화의 일본소개		4	8	9	17	11	7

출처 : 『外交靑書』, 外務省, 1989~1996에서 발췌작성.

<표 7-16> JET 프로그램에 의한 연도별 초빙자 수와 누계

① 연도별 참가자 수(단위 : 명)

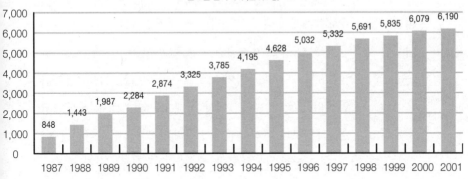

② 연도별 누계(단위 : 명)

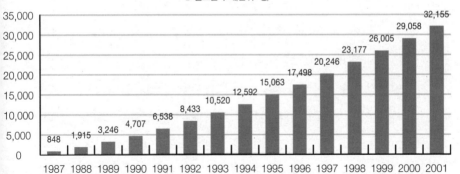

출처 : 『外交靑書』, 外務省, 2002, 186면.

<표 7-17> JET 프로그램에 의한 국별 초청자 수 합계(1987~96)

	미국	영국	호주	뉴질랜드	캐나다	프랑스	중국	한국
합계(명)	16,097	5,418	1,896	1,281	4,686	171	95	83

출처 : 「JETプログラムによる国別招致者数」(資料編), 『外交靑書』, 外務省, 1997에서 작성.

는 정책적인 배려가 엿보이는 부분이다.

미래를 담당할 젊은이의 교류도 적극적으로 추진했다. 외무성이 21세기의 세계를 담당할 우수한 청년을 세계 각국에서 초빙하여 일본의 젊은이들과 글로벌과제에 대한 토론의 장을 제공한다는 목적으로 1994년부터 시작한 '글로벌 유스 익스체인지 프로그램(Global Youth Exchange Program)'은 언어나 문화의 벽을 넘어 외국젊은이의 일본이해와 일본젊은이의 국제인식의 심화라는 측면에서 국제교류의 새로운 시도로서 주목받았다. 또 외무성과 아시아센터가 주체가 되어 '평화와 우정'이라는 슬로건 아래 동남아시아제국의 학생을 공모하여 1년간 일본어 예비교육을 마치게 한 뒤 일본의 대학원에 유학시키는 '아시아 유스 펠로십(Asia Youth Fellowship)'제도의 도입 등은 동남아시아의 인재 육성에 대한 공헌과 대일이해 및 관계증진의 토대구축에 기여한다는 점에서 주목할 만한 국제교류의 한 형태였다.

일본정부가 적극적인 지원(교사의 파견, 연수, 교재·기자재지원 등)을 아끼지 않았던 해외의 일본어보급 정책도 매년 성과를 축적해 갔다. 1979년 12만여 명, 1988년 73만여 명에 지나지 않았던 일본어학습자수가 1998년에는 115개국에서 210만 명을 돌파할 만큼 빠른 속도로 증가했다(〈표 7-18〉 참조). 1985년 "동서문화의 영향하에 축적한 고도의 문화적·문명적 소산을 일본어를 통해 국제사회에 환원시켜가는 것도 세계 속의 일본의 책임"[123]이라는 인식하에 일본어보급의 발본적인 대책을 강구하고 나서 불과 12~3년 만에 달성한 수치였다. 이러한 현상은 일본에 대한 관심증대뿐만 아니라 이문화 이해와 문화교류의 출발이라는 점에서 의미 있는 흐름이었다.

특히 1993~98년도 사이에는 1979
년도에 비해 기관 수는 9.5배, 교사
수는 6.7배, 학습자 수는 16.5배나 급
증했다. 1990년대 들어 각국에서 일
본어에 대한 관심이 얼마나 고조되고
있었는가를 증명하는 추세이다. 기
관 수의 약 4할, 교사 수의 약 5할, 학
습자 수의 약 7할(국가별 학습자 수 1위
한국, 2위 호주, 3위 중국)이 동아시아에
집중되어 있다[124]는 점에서 지역적
한계는 존재하고 있으나 문화적 요인
이나 일본과의 관계를 고려하면 당연
한 현상이라 할 수 있다. 하지만 일본
어의 학습목적이 일본문화에 대한 이
해, 일본어에 대한 흥미, 일본어를 이
용한 커뮤니케이션 등에 공통하고 있
다는 점에서 지역적 한계를 극복할
가능성은 농후하다.

〈표 7-18〉 해외 일본어보급 현황

① 기관 수

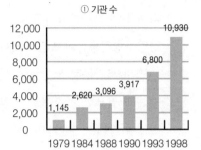

② 교사 수(단위 : 명)

③ 학습자 수(단위 : 천 명)

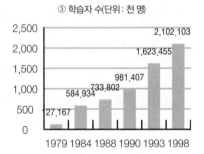

출처 : 「1998年海外日本語教育機関調査」, 国際交
流基金, 2000, 1면.

세계각지의 문화재 보존과 각국의
문화진흥에 대한 협력도 경제협력과
의 연계하에 착실히 추진했다. 1989년 유네스코문화유산보존 일본신탁
기금을 설립하여 캄보디아와 중국 등 아시아 지역을 중심으로 유적보존
협력에 공헌한 실적을 바탕으로 1993년도부터는 유네스코무형문화재

보존·진흥신탁기금을 거출하여 무용, 음악, 칠기, 도예 등 주로 아시아의 무형의 전통문화재의 보존에 힘을 기울였고, 1995년에는 아시아·태평양무형전통문화보존 국제회의를 도쿄에서 개최하기도 했다.

또 1975년부터 도상국이 문화활동이나 교육활동의 진흥, 문화재의 보존에 필요한 기자재를 구입할 때 자금을 제공하는 문화무상협력도 지역을 확대(기존의 아시아, 대양주, 중근동, 아프리카에 이어 1991년부터 동구권에 대한 지원도 시작)하여 실시하는 등, 2002년까지 총 지원건수 1,174건, 금액으로 481억 8천 5백만 엔을 지원했다. 그 과정에서 전후부흥과 문화유산보호를 결합하는 새로운 아이디어를 주도적으로 국제사회에 제시하면서 상당한 주목을 받았다.

대표적인 사례가 캄보디아와 아프가니스탄에 대한 협력방식이었다. 내전이 계속된 이들 나라에 대해 전후부흥지원의 일환으로서 유적의 보존·진흥 프로젝트를 전개하여, 이른바 문화협력을 통해 평화정착에 기여하는 국제공헌 모델을 피로했다. 이 모델은 국제사회에서 높은 평가를 받아 1993년에는 유적보존협력활동의 역할분담을 조정하는 '국제조정위원회(ICC)'가 설립되었을 때 일본은 구종주국 프랑스와 함께 공동의장국의 지위를 획득했고, 1998년 교토에서 개최된 세계유산위원회에서는 세계유산보호의 중요성을 재확인하며 일본의 독자적인 공헌방식을 어필하기도 했다.

'국민교류'화의 확대

국민각층이 다양한 분야에서 국제교류에 참가하는 소위 국제교류의 '국민교류'화 현상도 정부와의 연계·협력이나 지원아래 폭넓게 이루어졌다. NGO / NPO를 비롯해 지자체가 지원하는 민간단체 등이 1970년대 후반기부터 1990년대 전반기 무렵까지 약 20여 년간 급속히 확산되면서 국제교류의 범 일본화 현상이 나타나기 시작했다(전체의 약 6할이 1986년 이후 설립). 법인의 형태를 취하지 않은 임의단체가 증가한 것도(전체의 약 70%를 차지, 임의단체의 약 반 이상이 1990년 이후에 설립) 이 무렵부터이다〈표 7-19〉 참조). 국제교류활동에 자발적으로 참여하는 국민들

〈표 7-19〉 국제교류단체의 현황

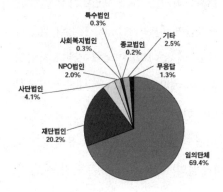

조직형태	단체 수
임의단체	1765
재단법인	513
사단법인	104
NPO법인	50
사회복지법인	7
특수법인	7
종교법인	4
기타	63

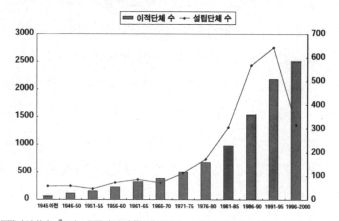

출처 : 国際交流基金, 『日本の国際交流活動団体の現状』, 国際交流活動団体調査, 2000, 8・11면.

이 급증하면서 지역이나 민간의 또 다른 활력소가 되었다는 것을 의미했다(1990년대 후반기부터 신규 설립단체가 급락한 것은 일본사회의 경제적인 불황에 따른 위축과 관련성이 없지 않다).

지역사회의 국제화인식도 전향적으로 움직여 내각부가 1999년도에 실시한 '외교에 관한 여론조사'에 의하면 "일본의 경제나 문화나 사회생활 등의 국제화가 진전하는 것에 대해 어떻게 생각"하느냐라는 질문에 "바람직하다"고 답한 비율이 80.3%에 달했다. "바람직하다"의 이유도 "일본의 산업이나 경제에 좋은 영향을 미친다"가 48.6%로 가장 높았고, 다음으로 "일본의 문화를 보다 풍요롭게 한다"(33.0%), "지역의 활성화 등 사회에 좋은 영향을 미친다"(16.2%)의 순이었다. 국제교류가 지역의 활성화와 일본문화의 풍요로움 추구에 매우 유효하다는 사실을 일본사회가 폭넓게 인식하고 있었음을 의미한다.

교류의 형태도 일본인들은 청소년의 교류, 스포츠교류, 유학생교류, 시민단체, 지자체 등에 의한 지역레벨의 교류, 지적교류, 학자, 예술가, 문화인 등의 교류가 중요하다고 생각하고 있었다('외교에 관한 여론조사' 1996년도 조사). 실제 민간단체들이 국제교류활동에 있어 가장 중요하다고 생각하는 점도 "외국·외국인과의 상호이해의 촉진·심화"가 압도적으로 많았고, "국민이나 주민의 국제화의식의 양성·함양"이 8.5%로 그 뒤를 이었다(〈표 7-20〉 참조). 이에 따라 교류사업의 형태도 "교육·연수, 강연, 강좌·교실"이 71.7%, "교류회·홈스테이"가 68.1%로 주류를 이루었고, 교류내용은 주로 일본의 생활문화나 일본어·외국어 교육이 대세였다(〈표 7-21〉 참조). 지자체의 지원 역시 여기에 중점을 두고 있었다(〈표 7-22〉 참조).

<表 7-20> 민간단체들이 국제교류 활동에 있어 가장 중요하다고 생각하는 점

외국・외국인과의 상호이해의 촉진・심화	56.3%
국민이나 주민의 국제화의식의 양성・함양	8.5%
국제사회에 대한 공헌	8.3%
지역의 활성화	7.5%
평화를 위한 공헌	7.3%
공정한 사회 만들기	1.3%
시민사회의 구축	1.0%
기타	6.5%

출처 : 国際交流基金, 『国際交流活動団体に関する調査』, 報告書概要, 2005. 3, 5면.

<표 7-21> 국제교류단체의 사업내용

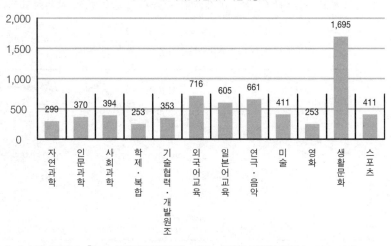

출처 : 国際交流基金, 『日本の国際交流活動団体の現状』, 国際交流活動団体調査, 2000, 12면.

<표 7-22> 지방자치체의 국제교류사업 활동보조금지원대상의 일례(하코다테 시의 경우)

분류	사업내용
I	세미나, 포럼, 강연회 등의 개최사업
II	교류단체 등의 해외파견사업(청소년교류, 스포츠교류 등)
III	시민을 대상으로 한 외국어・외국문화강좌의 개최사업
IV	외국인을 수용하는 각종의 교류사업

민간단체나 지자체가 추진하는 교류의 형태나 내용이 다양성과 창의성을 결여한 채 기본적으로 일체화·획일화된 형태를 띠고 있었다는 점은 과제로 지적하지 않을 수 없지만, 지역사회의 국제교류활동의 확산은 국민의 의식변화에 기인한바가 컸다. 1970년대 후반 무렵부터는 물질적인 풍요로움에서 마음의 풍요로움이나 여유 있는 생활을 추구하는 움직임, 그리고 사회에 대한 공헌을 추구하는 의식이 내부에서 성장하고 있었다〈표 7-23〉참조). 소위 일본인·일본사회가 마음의 풍요로움을 바탕으로 국가나 사회에 공헌하고자 하는 가치관을 형성하기 시작했고, 이러한 현상이 국제화의 흐름과 맞물리면서 국제교류에

〈표 7-23〉 높아지는 사회공헌이나 마음의 풍요로움을 추구하는 비율

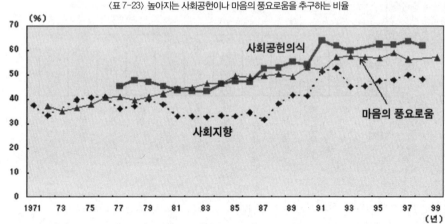

출처: 「第3節 高まるボランティア意識の背景とその国際比較」, 『国民生活白書』, 経済企画庁, 2000.
* 본 표는 제1장에서도 인용하였음.

■ 사회공헌의식은 "당신은 평소 사회의 일원으로서 무언가 사회를 위해 도움이 되고 싶다고 생각합니까, 아니면 그다지 그런 것은 생각해 보지 않았습니까"라는 질문에 "생각하고 있다"고 답한 사람의 비율.
▲ 마음의 풍요로움은 "향후의 생활 방식으로서 다음의 2개의 생각 중 당신은 어느 쪽에 가깝다고 생각합니까"라는 질문에 "금후의 생활로서 물질적으로 어느 정도 풍요로워졌기 때문에 이제부터는 마음의 풍요로움이나 여유 있는 생활에 중점을 두고 싶다"고 답한 비율.
◆ 사회지향은 국민은 "국가나 사회에 보다 더 관심을 가져야 한다"는 의견과 "개인생활의 충실을 보다 더 중시해야 한다"는 의견 중, 당신의 생각은 어느 쪽에 가까운가라는 질문에 전자를 답한 비율.

자발적으로 참여할 수 있는 동기를 부여했다. 사회의식의 변화와 일본 사회의 국제화의 진전이 국제교류의 활성화를 초래한 것이다.

4. 글로벌 문화외교의 성과

1980년대 들어 일본외교는 세계 GNP의 1할이 넘는 경제력을 보유하고 있는 국제 지위를 반영하여 그 존재감에 어울리는 '국제협력구상'을 추진했다. 일본정부가 가장 중요한 국제공헌으로 생각하고 있던 '정부개발원조(ODA)의 확충'을 중심으로 '평화를 위한 협력'과 '국제문화교류의 강화'를 통해 '세계에 공헌하는 일본' 상을 만들고자 했다. 그리고 이 '구상'은 냉전체제의 붕괴와 일본정부의 '적극적 역할론'에 의해 한층 탄력을 받는 듯했다. 그러나 기대감은 일본외교의 '패배'로 평가된 걸프전쟁을 계기로 무너지게 된다.

국제분쟁의 해결과 같은 중요한 외교문제를 군사력을 행사하지 않고 경제·기술협력(재정적, 인도적 지원을 포함하여)만으로 대응하기에는 너무나 한계가 많았기 때문이다. 게다가 구미와의 경제마찰 격화로 인한 국제사회의 대일 비판도 이전과는 현저히 다른 형태로 나타나 일본의 외교노선이 어떠한 형태로든 재정립되지 않으면 안 되는 상황이었다. 종래의 국제공헌 방식의 한계와 대일비판의 질적 변화가 초래한 외교적 과제는 결코 가볍지 않았다.

우선 정치적 측면에서는 ① 안전보장에 대한 국제적 책임, ② 국제사회의 일치된 행동과 지원체제의 효율적이고 스피드한 대응체제 구축, ③ 국제사회로부터의 회의적 시각(일본의 입장에서 보면 국제사회로부터의 '오해')을 해소하면서 새로운 국가이미지를 발신하는 과제가, 또 경세적 측면에서는 ① '국민적 정책목표'로 받아들이지 않을 수 없었던 대외불균형의 문제 해소, ② 일본의 경제시스템에 내재하고 있는 '일본의 역사나 문화에 근거한 문제'(예를 들면 정책결정이나 생산구조, 노사문화나 일본인의 노동윤리를 비롯해 기업과 기업, 기업과 소비자, 정부와 기업, 인간관계를 포함한 모든 관계성의 문화에 이르기까지 일본경제의 국제경쟁력이 어떻게 형성되었는가)를 어떤 식으로 세계에 이해시킬 것인가라는 과제가 각각 부각되었다.

요컨대 걸프전이나 미일구조협의, 일본사회의 국제화론 등이 대변하듯 제외국의 일본에 대한 압력이나 편견, 실망이나 기대감에 진지하게 대응하면서 한편으로 일본인의 의식이나 일본사회의 제도, 시스템을 한층 국제화시키는 것, 이것이 바로 1990년대에 요구된 1980년대의 메시지였다. 이러한 과제는 1990년대 문화외교의 방향성에 커다란 영향을 미치면서 그 기본적 이념도 일본사회 자신이 어떻게 국제사회와 조화로운 존재가 되는가에 초점을 맞추어갔다.

1991년도 판 『외교청서』가 일본인의 의식이 "이질적인 문화나 가치관에 대한 관용의 정신"을 가져야 한다는 것과, 일본사회의 제도나 관행에 대해 "국제사회 속의 보편성을 가진 것으로 만들어 가는 것이 중요"하다고 강조[125]한 것은 일본인·일본사회가 국제사회와 조화로운 존재가 되기 위해서는 당면한 과제가 무엇인가를 간단명료하게 지적한 것이다. 가치관이나 관행과 같은 일본의 '상식'이 더 이상 국제사회에서 통용되지 않는다면 국제사회와 인식의 갭을 줄이는 노력을 기울이는 것은 당연한 일이다.

1989년 10월, 내각부가 실시한 '외교에 관한 여론조사'에 의하면 "일반적으로 일본은 자신의 나라의 의견이나 입장을 외국에 정확히 전달하거나 이해시키고 있다고 생각합니까"라는 질문에 "그렇게 생각하지 않는다"가 58.1%였다. 그 이유로서 51.2%가 "제외국의 대일인식에는 오해나 이해가 불충분한 면이 있기 때문"이라고 했고, 26.6%가 "제외국의 대일비판에 관한 반론은 불충분한 면이 있기 때문"이라고 답했다. 외부의 비판이나 편견에 대한 적극적인 대응이 필요하다는 인식이 일본사회에 팽배해 있었음을 의미한다.

또 "국제화에 대한 생각"을 묻는 질문에는 43.1%가 "국제화를 추진하는 것은 대국이 된 일본의 국제적 책임이다"고 대답했고, 40.3%가 "일본의 중장기적인 번영을 확보하기 위해서는 필요한 과정이다"는 인식을 갖고 있었다. 그리고 "일본이 특히 어느 분야에서 일층의 국제화를 꾀해야 한다고 생각합니까"라는 질문에는 "국제협력면"(32.1%), "경제면"(24.8%), "문화면"(15.1%), "의식면"(8.9%), "사회면"(8.3%)의 순으로 나타났다. 의식·사회면에서의 국제화를 특히 강조하고 있는 정부나 외부로부터의 주문에 대해 일본인 자신은 아직 충분히 인식하지 못하고 있었지만 국제화를 한층 추진해야 한다는 사실에는 대부분 동의를 표하고 있었다.

요컨대 일본사회는 외부로부터의 불신을 해소하고, 동시에 일본에 대한 국제사회의 우호적인 여론을 조성하고, 나아가 내부의 국제화를 추진하는 것이 당면의 과제라는 사실을 인식하고 있었다. 여기에 새로운 국제질서에의 적극적 참여와 글로벌영향력 확보, 세계의 성장센터로 부상한 동아시아의 위상재고와 일본의 역할 강화, 기업활동의 국제화와 무역마찰의 최소화, 일본문화의 세계화와 일본적 가치의 확산 등도 일본외교가 인지해야 할 과제였다.

이는 일본정부로 하여금 세계에 공헌할 수 있는 외교정책을 명확히 제시하게 하는 한편 사회 문화적으로도 일본에 대한 이해를 심화시킬 수 있는 다양한 정책적 수단과 시스템을 적극적으로 개발·강화해야 한다는 당위성을 갖게 만들었다. 국제문화교류 강화를 '국제협력구상'의 3대 핵심 중의 하나로 결정한 것이나 '국제문화교류 행동 계획'의 발표 등은 국내외의 여건을 종합적으로 반영한 결과이다. 그로 인해 1990년대 일본의 문화외교는 '잃어버린 10년'이라는 경제·사회적 혼미에도 불구하고 전례 없는 기세로 추진되었고 성과 역시 적지 않았다. 요약해 보면,

첫째, 문화의 다양성에 대해 일본사회가 눈을 뜨기 시작했다. 외무성관료로서 오랜 기간 국제문화교류를 담당해온 가토 준페이[加藤淳平]는 일본의 문화교류가 추구했었던 방향성이었음에도 불구하고 실현하지 못한 것으로서 ① 구미의 문화가 지배적인 지위를 유지하고 있는 현대세계에 일본문화의 발신력을 높이는 것, ② 일본인 자신이 구미의 문화뿐만 아니라 세계의 다양한 문화에 눈을 뜨는 것[126]이라고 했다. 구미문화에 대한 발신력 강화와 세계의 다양한 문화와의 교류 확대가 충분히 실현되지 못했다는 것이다. 그 이유를 일본사회의 구미에 대한 문화적 콤플렉스와 그 이외의 문화에 대한 차별적 의식이 병존하고 있

었기 때문이라고 했다.

그런데 1990년대가 되면 이 두 가지의 이유가 소멸한 것은 아니었지만, 두 개의 방향성은 긍정적인 형태로 가시화되기 시작했다. 유럽과는 '일·구문화교류 강화사업'을 통해 '소개'에서 '교류'로, '엘리트'끼리의 교류에서 '대중적'인 교류로 질적 전환이 이루어졌고, 아시아와는 '평화우호 교류 계획'이라는 역사인식의 공유를 바탕으로 상호이해의 촉진을 위한 다양한 정책들이 본격적으로 가동되기 시작했다. 그동안 일본사회가 스스로 만들어온 대외교류의 차별성을 극복하면서 명실공히 '세계'와의 정서적 거리감의 축소에 나설 수 있는 내적기반을 조성한 것이다.

둘째, 문화교류 강화를 매개로 한 아시아로의 회귀움직임이 본격화되었다는 측면이다. 근대 이후 일본은 '탈아입구(脱亜入欧)'사상으로 근대화에 성공했고 그 후에는 '열서제아(劣西制亜)'의식이 만연하여 정서적으로 항상 아시아와 동떨어져 있었다. 특히 문화적 유대감은 근대 이전에는 면면히 흐르기도 했지만 근대 이후에는 완전히 단절되어 일본열도의 문화적 가치는 서구를 축으로 한 '구미문화권'에 '표류'하는 국면이 계속되었다. 일본의 고대문화에 중요한 영향을 미쳤고 1990년대까지만 하더라도 일본과 가장 근접한 경제·문화적 역량을 보유하고 있는 한국문화가 일본에 널리 어필되지 않았다는 것이 이를 상징적으로 반영하고 있다.

그러나 아시아의 비약적인 경제성장과 무한한 잠재력은 일본으로 하여금 아시아를 중시하는 '탈구입아(脱欧入亜)'의 기운을 감돌게 만들었다. 지리, 종교, 민족, 인종 등 모든 문화적 기반이 아시아에 귀속되어 있는 만큼 일본의 아시아회귀 움직임 자체가 이상한 것이지만 일본 스스로가 움직이지 않으면 안 될 만큼 아시아의 변화가 눈부시게 진행되었다. 일본과 아시아의 정서적 괴리감에 결정적인 기여를 한 일본의 역사인식을 아시아와 공유한다는 것을 전제로 문화교류를 강화하여 그 기반 위에 아시아로의 회귀수순을 밟은 전략은 그 순수성의 의문에도 불구하고 선언적인 의미는 있었고 결과적으로는 아시아와의 폭넓은 교류를 가능하게 만들었다.

셋째, 문화외교의 강화와 문화대국화를 향한 글로벌체제의 확립이다. 국제교류기금의 예산이 대폭 증액된 것을 비롯해, 일본어국제센터, 아세안문화센터, 국제교류상담실, 일미센터, 아시아센터, 간사이 関西국제센터, 그리고 해외의 일본문화회관 등이 잇따라 개설되었다. 문화교류를 강화할 국내외의 거점을 확충함으로써 지역별·전략적 문화교류가 가능해졌고 문화교류의 내용도 질과 양 모두 비약적으로 성장할 수 있는 기반을 구축했다. 특히 아시아·태평양 지역에 대한 문화교류 강화에 즈음하여 미래지향적인 문화교류에 중점을 둔 정책구상을 과감하게 실천함으로써 문화교류의 국제적 규모의 협력체제의 구축과 문화교류를 통해 국제공헌의 이미지를 국제사회에 각인시킨 점 등은 주목할 가치가 있다.

넷째, 문화외교의 글로벌체제의 정비와 역사인식의 '청산'을 계기로 일본적 가치의 발신력을 강화하려는 움직임이 본격화되었다. 일본인으로서의 아이덴티티를 확립하여 일본의 독자적인 발상을 세계에 확산시키려는 움직임이 1990년대 들어 특히 두드러졌다. 국제일본문화연구센터에 의한 국제공동연구의 활발화, 문화교류 형태의 방향전환

(일본문화의 '소개'에서 진정한 '교류'의 추진), 전후부흥과 문화재보존을 결합한 새로운 국제공헌의 모델제시, 지구적 규모의 현안에 공동으로 대응할 수 있는 과제 발굴과 시스템 구축 등, 지적교류의 강화와 새로운 문화협력모델을 제시함으로써 문화교류를 매개로 한 국제적 지위향상을 착실히 달성해갔다.

특히 2국 간·다국 간 교류협력 강화를 통해 일본문화를 종합적으로 소개할 수 있는 대규모의 이벤트를 각국에서 개최했고, 과학기술 분야나 환경 등 국제적 이슈를 선점하는 전략을 과감히 추진하여 일본의 영향력 확대를 구체적으로 실현해 갔다. 이 과정에서 일본문화의 우수성 전파, 일본의 선진기술이나 인재파견, 해외의 제 기관과의 연대 강화, 인재 육성과 인적네트워크 강화, 가치의 전파와 공유, 다양한 정보발신, 해외의 비즈니스 환경개선 시도 등과 같은 보이지 않은 효과를 거두기도 했다.

다섯째, 국민여론의 적극적인 정책반영과 정책에 대한 대국민이해와 지지획득이라는 순환과정이 무리 없이 작동되면서 범사회적으로 문화외교의 효율성과 체계성을 높일 수 있는 시스템의 구축에 성공했다. 문화교류의 중요성을 적극적으로 국민에 이해시키는 노력을 통해 일본사회의 국제교류의식을 고조시키고 그 과정에서 형성된 여론을 다시 정책에 반영하는 형태가 1990년대에 완전히 일본사회에 정착했다. 사상의 일체화를 국가통합의 원리로 작동시켜온 역사적 이력이 대외정책에도 유감없이 발휘되어 항상 올 재팬 체제의 유지를 가능하게 한 것이다.

정부의 문화외교의 방향성과 지방자치제나 민간단체의 교류내용이

거의 일치하고 있었고, 지구환경문제 등 지구적 규모의 문제해결과 관련된 공헌이 여론의 다수를 차지하면,[127] 그것이 머지않아 정책에 반영되는 현상이 이어졌다. 매년 실시되는 '외교에 관한 여론조사'의 동향을 보면 그 실체를 쉽게 파악할 수 있다. 국민적 합의가 외교력의 중요한 요소임을 감안한다면 이념의 일체화가 갖고 있는 양면성에도 불구하고 그 효율성 역시 무시할 수 없을 듯하다.

이렇게 1990년대는 경제력을 바탕으로 1980년대부터 본격화한 일본의 '대국화' 의지가 문화교류의 확대와 문화외교의 성과에 힘입어 '문화대국'의 형태로 서서히 열매를 맺어간 시대였다. 대외적으로는 광범한 분야에서 일본의 공헌을 요구하는 국제사회의 압력에 문화외교정책을 적절히 편승시켜 대응하는 전략을 구사함으로써 국제적 위상과 영향력 확대를 자연스럽게 축적해온 결과이고, 내부적으로는 글로벌화의 진전이 정부 이외의 주체들로 하여금 '국민외교'화의 흐름을 적극적으로 반영하게 하면서 일본문화의 재평가와 발신노력을 강화한 결과이다.

5. 맺음말 – 21세기 문화외교에 남긴 과제

냉전의 붕괴와 국제협력체제의 강화라는 새로운 국제질서의 형성은 전후 경제외교를 축으로 '평화국가'를 지향해온 일본의 외교에 있어 국제적 영향력을 확대할 수 있는 절호의 기회였다. 동구권의 민주화와 경제개발에 대한 국제적인 협력과 지원이 필요했고, 경제활동의 지구화와 글로벌 과제에 대한 공동대응이 필요했으며, 국지적 분쟁이나 대량파괴무기의 확산에 대한 국제적인 협조노선이 필요했기 때문이다. 이러한 상황은 그동안 군사적 공헌 대신에 경제력으로 국제협조노선을 취해온 일본의 외교노선이 한층 효율적으로 기능할 수 있는 여건이었다.

대내적으로도 외교력을 뒷받침할 수 있는 사회·문화적 여건이 무르익고 있었다. 경제력을 바탕으로 한 대국화의식의 팽배와 그로 인한 일본사회의 우경화 흐름이 고조되었고, 국제관계를 규정하는 이슈로 문화가 부각되면서 일본사회 역시 문화력의 발신 강화를 통해 글로벌리더십을 구현해야 한다는 여론이 형성되기 시작했다. 일본의 외교적 역량을 극대화하기 위한 국내외의 여건이 조성되자 일본정부는 외교의 '적극적 역할론'을 강조하면서 문화외교를 강화하기 위한 체제 정비와 공격적인 정책들을 쏟아내기 시작했다.

문화외교의 추진에 있어 지역별 국가별 대응 전략을 차별화하면서 효과의 극대화를 지향했고, 이를 실현하기 위한 체제의 확대와 효율성 제고에 주력했으며, 일본사회의 국제화·개방화의 진전을 통해 문화의 다양성을 이해하고 상호신뢰를 촉진하기 위한 기반도 강화했다. 이 과정에서 구미문화에 대한 일본사회의 자신감도 회복되었고, 아시아 문화에 대한 정서적 괴리감의 극복 현상도 조금씩 나타났다. 특히 역사인식의 반성과 공유를 통한 아시아로의 정서적 회귀 움직임은 냉전의 종언과 함께 '탈구입아(脱欧入亜)'의 새로운 일본상을 국제사회에 피로하는 듯했다.

국제질서의 재편과정에서 추진된 일본의 문화교류정책은 이렇게 나름대로 적지 않은 성과를 올렸다고 할 수 있다. 그럼에도 일본의 문화외교는 21세기를 향한 과제 찾기에 주력했다. 우선 일본정부는 1990년대의 성과를 발판으로 각국의 특성이나 일본과의 관계를 충분히 고려하여 세밀한 2국 간 문화교류 뿐만 아니라 종래의 틀을 깨뜨리는 다국 간 협의에 의한 문화교류 강화의 필요성을 제기했다. 뿐만 아니라 국민 각계각층에서 일본의 국제화가 눈부시게 진전되고 있는 현실을 반영하여 지자체, 민간단체, 기업, 비정부조직(NGO / NPO) 등과의 연계를 강화하여 국제교류의 효과를 보다 극대화할 수 있는 방안을 마련해야 한다고 역설했다.[128]

민간에서의 제언도 잇따랐다. 전술한 가토(加藤淳平)는 향후 일본이 추구해야 할 문화 전략으로서, 일본사회의 구미컴플렉스 극복과 아시아에 대한 인식제고, 일본전통문화의 재발견과 일본문화에 대한 자신감 회복, 이를 바탕으로 '차별형 교류'가 아닌 '성실형 교류'의 강화 등을 제안했고, 내용적인 측면에서도 유학생에 대한 적극적인 수용정책과 일본어교육의 강화, 일본연구진흥과 학술교류·지적교류의 강화, 그리고 예술교류, 청소년교류, 스포츠교류, 문화협력의 강화 등을 주문했다.[129] 정부의 문화교류정책이 지향하는 방침과 사실상 일치하는 것이었다.

관민이 공통적으로 제기한 이러한 과제들은 실제 2000년대 일본의 문화외교의 방향성을 규정하는 것이자 전략적으로 추진된 중요한 정책이었다. 요컨대 일본이 보유하고 있는 문화적 자산을 국제교류를 통해 상호신뢰 구축의 토대로 삼고 나아가 일본적 가치의 확산을 통해 일본의 국제적 지위와 영향력을 제고하는 방향으로 활용하겠다는 것이 2000년대에 던진 1990년대 문화외교의 과제였다. 그리고 이 과제들은 2000년대 일본외교가 주창한 '인간의 안전보장'과 '가치외교'를 지탱하는 이념적 기반이 되었을 뿐만 아니라 이와 연계하여 문화외교의 새로운 시대적 이념으로 부상한 '홍보문화외교(public diplomacy)'의 기반을 강화하는 토대가 되기도 했다.

'잃어버린 10년'이라는 말이 대변하듯 1990년대는 일본경제가 장기간 혼미한 상태에 빠지며 국제사회로부터 '일본의 시대는 끝났다'는 평가 속에 일본사회 전체가 각 분야에서 혁신의 방향성을 모색할 때였다. 경제구조의 패러다임 전환과 글로벌 가치관의 급변, 국제질서의 구조적 변화와 글로벌이슈의 다발 등 일본을 둘러싼 국내외의 환경이 결코 녹록한 것은 아니었지만, 오히려 적극적인 문화외교를 통해 일본적 가치의 세계화를 기도하는 노력을 경주했다.

일본의 대외 전략을 보면 군사적 제약에도 불구하고 탄력적이고 효율적이며, 무리하지 않으면서도 치밀하고, 명분보다는 실리를 우선하며, 단기적이라기보다는 장기적 관점에서 추진한다는 특징이 있다. 일관성과 전략 부재를 질타하는 견해도 존재하지만 아시아와 구미의 대일관이나 요구사항이 근본적으로 다르다는 점을 고려하면 일본외교는 의외로 전략적이라는 느낌을 지울 수 없다. 일본의 문화외교 역시 비판과 자기검증을 거쳐 보다 성숙한 단계로 진입하고 있음을 주시할 필요가 있다. 가토 준페이[加藤淳平]가 언급한 다음의 문장[130]은 문화외교의 실무자의 차원이 아닌 문화외교 그 자체의 본질과 연계하여 음미할 필요가 있다.

문화교류의 실무는 이해(利害)나 체면, 인내심이 뒤섞이는 가운데 현실의 제약을 받으면서도 한걸음 한 걸음 나아가는 것입니다. 이념에 따라 이치를 앞세우면 당연히 그렇게 된다는 것을 알면서도 이념은 일단 뒤로하고 뜻을 접어 타협하지 않으면 안 되는 것도 있습니다. 후회막급의 심정이 한두 번이 아니었습니다. 특별한 애착이 있는 일인 만큼 유감스러운 마음은 깊이 묻혀버립니다.

문화외교가 얼마나 어려운 도정(道程)인가를 가늠케 하는 대목이다. 그만큼 문화외교는 드러내지 않으면서 효과를 추구해야 하고, 현실의 제약을 뛰어넘어 장기적 관점에서 투자해야 하며, 실리를 포기하면서 상대의 입장을 존중해야 하고, 일방통행이 아닌 교류의 원칙에 충실해야 한다. 이에 대한 국민들의 지지와 협력 또한 절대적이다. 그래서 전략이 중요한 것이지 나의 이익의 극대화를 위해 전략이 필요한 것은 아니다. 문화외교를 스포츠에 비유하자면 마라톤이다. 완주를 하더라도 환영받지 못하지만 중도에 포기하기는 쉽다. 그렇지만 환영받을 수 있는 마라토너가 되기 위한 노력은 멈추지 말아야 한다. 그것이 문화외교의 사명임을 우리가 잊어서는 안 된다.

○ 주_제7장

1 예를 들면 새뮤얼 헌팅턴은 종래 진행해온 민주화의 물결이 불가역적으로 세계로 확산되었다고 하면서 민주주의의 보급에 의해 폭력으로부터 해방된 세계가 실현된다고 했다. サミュエル ハンチントン, 坪郷実 外訳,『第3の波』, 三峰書房, 1995 참조.

2 이 변화의 후속조치도 이어졌다. 미소수뇌회담을 통한 전략병기감축교섭(START)의 기본 합의 달성(90년), 구주통상전력(CFE)조약의 서명(90년), 바르샤바조약기구(WPO)의 해체(91년), NATO의 역할재검토 등의 후속조치가 잇따라 단행됨으로써 동서냉전체제는 사실상 해체수순을 밟게 되었다.

3 일본국제정치학회는 학술잡지『국제정치(国際政治)』제100호 기념 특별호를 통해 '냉전과 그 후'의 주제로 냉전 후의 국제정치 시스템의 변화를 분석했다. 이 가운데 渡辺昭夫,「冷戦とその後・序論」; 山本吉宣,「冷戦と国際政治理論」 등은 냉전 후의 세계의 움직임에 대한 논자들의 견해를 참고할 수 있는 논문이다. 日本国際政治学会 編,『国際政治』第100号, 1992. 8.

4 姜尚中,「日本のアジア, アジアのアジア」,『歴史の共有 アジアと日本』, 明石書店, 1997, 100면.

5 サミュエル ハンチントン, 鈴木主税 訳,『文明の衝突』, 集英社, 1998 참조.

6 猪口孝,『世界変動の見方』, ちくま新書, 1994 참조.

7 「第1章 変化する国際情勢と日本の外交 第1節 変化の基調」,『外交青書』, 外務省, 1991 참조.

8 포스트냉전시대의 안전보장 개념은 소위 '협조적안전보장'이나 '통합안전보장'의 관념으로 변했지만 징객적인 면에 있어서도 'multi-track diplomacy'가 새로운 의미와 채널을 가져왔다고 한다. 蔡東杰,「ポスト冷戦期の東アジア安全統治メカニズムの発展」,『問題と研究』第38巻 2号, 2009. 이러한 관념적, 정책적 변화는 일본의 외교노선과도 일치하는 바가 많았다. 또 냉전 후의 안전보장 개념의 변용에 대해서는 李貞玉,「安全保障概念の変容」,『現代社会文化研究』No. 25, 2002. 11 등을 참조.

9 「第118回国会における海部内閣総理大臣施政方針演説(1990. 3. 2)」(資料編),『外交青書』, 1990, 289면.

10 猪口孝,『現代日本外交』, 筑摩書房, 1993, 71면.

11 『外交青書』, 1992, 18면.

12 内閣府政府広報室,「外交に関する世論調査(調査時期 平成2年10月4日～平成2年10月14日)」, http://www8.cao.go.jp/survey/h02/H02-10-02-14.html.

13 アルビン トフラー,『パワーシフト』, フジテレビ出版, 1990 참조.

14 『外交青書』, 1990, 56~57면.

15 일본정부 내에서는 일본의 군사참가를 둘러싸고 두 그룹으로 나누어져 있었다. 자민당총무회장이었던 오자와小沢一郞가 이끄는 진영은 헌법과 자위대법의 '확대'해석에 의해 비전투활동을 하는 다국적군에 자위대를 참가시키는 계획을 추진했다. 이 진영에는 방위청의 전 장관과 자민당의 방위위원회의 멤버가 주축을 이루고 있었다. 그들은 반 이라크전쟁에 참가함으로써 미국정부를 만족시키는 것이 중요하였고, 동시에 강력한 방위력이 필요하다는 생각을 갖고 있었다. 또 한 진영은 가이후[海部俊樹] 수상이 이끄는 진영으로 많은 경제관료와 대기업의 지도자들, 그리고 중요한 국민의 3분의 2 이상의 지지를 받고 있었다. 이 진영은 미국이나 걸프협력회의, 그리고 요르단, 터키 등 걸프전쟁으로 크게 피해를 입은 나라들에 자금원조, 그리고 이라크로부터의 피난민지원, 요르단 이집트로부터 자국으로 돌아가려는 아시아피난민의 구제, 오염된 걸프 지역의 부흥원조 등과 같은 비군사적인 공헌을 하려고 했다. 양 진영의 경쟁결과 1990년 가을국회에서 국련협력안이 부결되어 전자의 진영은 패배했다. 그리고 비군사적공헌을 하는 것이 공약으로 채택되었다. 猪口孝, 『現代日本外交』, 72면.

16 후나바시[船橋]는 그 배경을 모두 종래의 '반공'이라든가 '소련의 위협'이라는 이데올로기적, 지정학적인 '점착제'가 급속히 용해되는 가운데 보다 커다란 표현의 장을 만들어낼 수 있는 일본의 새로운 자신, 자기주장이 아직 충분히 나타나지 않았기 때문에 그 원인은 바로 미국에 있다고 하는 굴절된 심층심리를 드러내게 되었다고 한다. 船橋洋一,『日本の対外構想』, 岩波新書, 1993, 122면.

17 당시 일본정부는 「정부성명(1991.4.24)」을 통해 "이번 조치는 정식 정전이 성립하여 걸프해역에 평화가 회복된 상황아래 우리나라가 선박 항해의 안전을 확보하기 위해 해상에 떠돌아다니는 기뢰를 제거하는 것이고 무력사용의 목적을 갖고 있는 것은 아니며, 이것은 헌법이 금지하는 해외 파병에 해당하는 것도 아니다. 역사의 깊은 반성에 입각하여 맹세한 '국권의 발동인 전쟁과 무력에 의한 위협 또는 무력의 행사는 국제분쟁을 해결하는 수단으로서는 영구히 포기한다'는 평화국가의 이념을 장래에 걸쳐 견지하겠다는 결의에 변함은 없다"는 것을 내외에 선언한 뒤 군함[掃海艇의 파견을 단행했다. 「資料編」,『外交青書』, 1991, 478면. 하지만 이런 성명은 어디까지나 명분에 지나지 않았다.

18 猪口孝,『現代日本外交』, 71면.

19 안전보장에 대한 국제적인 책임분담의 문제, 그를 위한 헌법 개정의 추진은 일본의 보수지배계급에게는 숙원의 과제였다. 미국의 압력에 의해 그것을 추진하기에는 일본의 프라이드는 차치하고라도 무엇보다도 전후의 평화적인 질서를 무너뜨리는 것에 거부감을 갖고 있는 국민을 설득할 재료로서는 부족한 부분이 있었다. 그러나 북한의 핵 의혹이나 미사일 발사는 일본사회의 여론을 크게 바꾸어놓은 결정적인 계기가 되었다. 헌법 개정에 대한 일본사회의 전향적인 움직임이나 국제적인 안전보장활동에

일본의 참가가 여론의 반대로부터 벗어나기 시작한 것도 바로 이 무렵부터이다.

20 『外交青書』, 1991, 51면.

21 일본의 공헌에 대한 국제사회의 반응은 "too little, too late"로 비유되었다. 宮家邦彦, 「日本の中東政策はどうやって決まるのか」, 『中東協力センターニュース』, 2012.2・3, 101면.

22 1988년 5월 정부는 '경제운영 5개년 계획'을 발표하면서 일본이 해결해야 할 당면과제로서 ① 대외 불균형의 시정과 세계에 대한 공헌, ② 풍요로움을 실감할 수 있는 국민생활의 실현, ③ 지역경제 사회의 균형 있는 발전 등을 거론하며 이들 과제를 동시에 해결하는 방책으로서 경제구조조정을 강력히 추진하여, 내수주도형의 경제구조로의 전환과 그 정착을 꾀하려고 했다. 경제구조조정의 중심을 이루는 것으로서 특히 규제완화를 강력히 추진할 것과 모든 과제에 대해 '세계와 함께 살아가는 일본'이라는 시점에서 정책운영을 하겠다는 결의를 표명했다. 『外交青書』, 1988, 93면.

23 『経済白書』, 経済企画庁, 1989, 225면.

24 ダニエル バースタイン, 鈴木主税 訳, 『YEN』, 草思社, 1989 참조.

25 George Friedman, 古賀林幸 訳, 『The coming war with Japan』, 徳間書店, 1991 참조.

26 무역마찰은 미일의 경쟁력의 우열이라는 사태에 직면하여 이를 해결함에 있어 자유무역원리가 아니라 강력한 미국의 정치력을 이용한 일본에 대한 압력(소위 자주규제)이 양국 간의 교섭을 통해 실현되고 그것이 미국의 선거철마다 되풀이되는 현상을 의미한다. 関下稔, 「ポスト冷戦時代のアメリカ経済の特徴とその含－グローバリズム再考」, 『立命館国際研究』 13-3, 2001.3, 120면.

27 伊波美智子, 「日米構造協議と流通制度改革の方向」, 『琉球大学経済研究』 第41号, 1991.3, 107면.

28 「日米構造問題協議最終報告」, 日米関係資料集(財)通商産業調査会, 1990, 1945～97, 1186～1198면.

29 『通商白書』, 経済企画庁, 1990, 279～281면.

30 内閣府政府広報室, 「外交に関する世論調査(調査時期 平成3年10月17日～平成3年10月27日)」, http://www8.cao.go.jp/survey/h03/H03-10-03-12.html.

31 『外交青書』, 1991, 264～265면.

32 『外交青書』, 1991, 265면.

33 地主敏樹, 「日米経済システムの比較と情報技術革命」, 同志社大学アメリカ研究所 編, 『現代国際経済研究』, 晃洋書房, 2000, 60면.

34 예를 들면 '일본이질론'의 영향을 받은 클린턴 정권은 대등한 미일교섭보다도 오히려 대장성을 두드리는 편이 유효하다고 판단했다. 1990년대 미국의 일본에 대한 금융개혁의 문제가 바로 그 전형이었다고 한다. 中尾茂夫, 「冷戦後の世界をどう認識すべきか」, 『経済科学研究所紀要』 第36号, 2006, 115면.

35 『外交青書』, 1990, 186면.

36 「ジョージア日米協会主催晩餐会における海部内閣総理大臣演説(1990.7.12, アトランタ)」(資料編),『外交青書』, 1990 참조.

37 加藤淳平,『文化の戦略』, 中公新書, 1996, ii면.

38 平野健一郎,「国際関係を文化で見る」,『早稲田政治経済学誌』No.370, 2008.1, 3면.

39 近藤誠一,「文化と外交」,『国際問題』No.600, 2011.4, 8면.

40 곤도에 의하면 인간을 자연의 일부로 보고 자연과의 공생을 받아들이고 사물을 흑백으로 양분시키지 않고 애매하게 받아들이는 것이 일본의 전통사상이라고 한다.

41 국제관계에 '문화'의 요소를 중시하려는 연구동향에 대해서는 조윤영,「문화적 접근을 통한 국제관계연구」(『国際政治論叢』第44輯 1号, 2004)나, 平野健一郎,「国際関係を文化で見る」 등을 참고하기 바란다. 특히 히라노는 오랜 기간 국제관계론의 관점에서 문화를 파악 해온 연구자로서 주목할 수 있다.

42 西田芳弘,「国際関係における文化の要素」,『レファレンス』No.648, 2005.6, 47면.

43 '대국'으로서 '세계에 공헌하는 일본' 만들기를 실현하기 위해 '국제평화유지를 위한 협력 강화' '개발도상국에 대한 정부개발원조의 확충·강화' '국제문화교류의 강화'라는 3가지의 핵심사안을 축으로 하는 '국제협력구상'을 말한다. 그리고 이 '구상'의 이면에는 ASEAN제국과의 관계 강화를 기대하는 의지가 강하게 내재되어 있다. 金敬黙,「援助における開発と環境規範の対立」,『アジア太平洋レビュー』第1号, アジア太平洋研究センター, 2004, 28면 참조.

44 「第111回国会における竹下内閣総理大臣所信表明演説(1987.11.27)」,『外交青書』, 1988, 298면.

45 「第112回国会における竹下内閣総理大臣施政方針演説(1988.1.25)」,『外交青書』, 1988, 303면.

46 『外交青書』, 1988, 155면.

47 『外交青書』, 1989, 131면.

48 외무성은 국내홍보기관 및 재경특파원 등 외국보도 기관에 대해 외무대신 이하 간부들이 일본의 외교정책, 국제정세에 관한 정보를 제공함과 동시에 총리와 외무대신의 외국방문에 즈음해서는 동 기자단, 방문처 및 제3국의 보도관계자에 대한 설명, 내외기자회견 등을 실시하고 있다.

49 예를 들면 일본외무성은 일본사회의 국제화의 촉진과 국민에 대한 계몽활동을 적극적으로 추진해 왔다. 국내에서는 1986년 2월에 외무성 내에 설치한 '국제화상담센터'가 지방자치체나 민간국제교류단체 등이 요청하는 국제교류, 국제화에 관한 상담에 대응하거나, '1일 외무성'(외무대신이나 외무성간부가 출장하여 행하는 것), '미니외무성'(외무성간부가 출장하여 행하는 것), '국제화 상담캐러밴' 등을 국내 각 도시에서 개최하거나, 국제교류단체가 추진하는 국제화추진 심포지엄에 대한 협력을 통해 지방의 국제화를 지원하고, 출판물의 간행, 각종 강연회의 실시 등을 통해 일본이 국제사회에 처해있는 상황에 대해 널리 계몽활동을 해 왔다. 또 해외홍보에 관한 관민합동회의, 국제심포지엄 등을 도쿄에서 개최하여 진출기업에 의한 현지사회와의 융화활동의 중요성에 대해 진출기업 본사의 의식계몽활동도 해 왔다.『外交青書』, 1989, 132면.

50 일본사회가 외부로부터의 이질적인 것에 대해서도 편안한 마음으로 받아들이고 배워야 할 것은 적극적으로 받아들이는 자세는 의식적인 면에서 국제화의 추진에 매우 중요한 행동양식이다. 그런 의미에서 '지방의 국제화' 기운은 환영할 만한 것이고 외무성으로서도 이들의 활동에 각종의 지원, 협력을 적극적으로 해왔다. 또 1988년에 방일외국인은 196만 명으로 1978년의 84만 명에 비해 2배 이상 증가세를 보이고 있어 국가의 제도나 습관, 일본인의 의식이 보다 더 국제화되어야 할 필요성이 있었다. 이러한 흐름을 반영하여 정부에서는 지방의 국제화를 적극적으로 지원하겠다는 방침을 정한 것이다.

51 『外交靑書』, 1988, 157면.

52 당시 일본정부는 일본기업의 해외진출이 급증하고 있는 가운데 특히 생산거점이 건설된 지역은 현지에서의 고용창출, 기술 이전을 촉진하여 현지사회로부터 환영받고 있는 반면, 진출 지역에서 폐쇄적인 일본인사회를 형성하여 일본의 생활습관에 의거하여 행동함으로써 현지사회의 생활습관, 상관행 등에 대한 배려를 결여하는 등, 현지사회와의 마찰이 급증하고 있음을 우려했다. 해외에서의 일본인사회의 영향력이 커짐에 따라 일본인이 현지사회와 융화해가는 노력이 갈수록 중요해졌다는 것을 일본사회에 계몽시킬 방침을 정했다. 『外交靑書』, 1989年度版, 外務省, 128~129면.

53 이 방침은 그 후 점점 강화되어 2011년에는 '시민외교관 : 공생과 연대를 위해－우리나라의 해외 봉사사업'이라는 정책 발표와 제도적인 재검토를 통해 '얼굴이 보이는 원조'에 박차를 가했다. 이를 위해 일본정부는 NGO와의 연계 강화에 노력하는 자세를 유지하고 있다. 『外交靑書』, 2012, 249면. 전모에 대해서는 「第4章 國民と共にある外交」 참조.

54 『外交靑書』, 1990, 130면.

55 總務省行政監察局 編, 『国際文化交流の現状と課題』, 大蔵省印刷局, 1991, 145~149면 참조.

56 이 신탁기금은 중요한 역사적 건물이나 고고학적 유적 등의 유형문화유산의 보존을 목적으로 하고 있다. 일본은 2005년 말까지 합계 4,866만 달러를 거출하여 25개국의 32개 유적에 대해 보존·수복사업을 실시해 왔다고 한다.

57 세계유산소약은 정식명칭을 '세계의 문화유산 및 자연유산의 보호에 관한 조약으로 하여, 문화유산이나 자연유산을 인류전체를 위한 세계유산으로서 손상, 파괴 등의 위협으로부터 보호하고 보존하기 위해 국제적인 협력 및 원조 체제를 확립할 것을 목적으로 한 조약이다. 1972년 유네스코 총회에서 채택되어 체결 국가는 2005년 12월 현재 181개국에 이르고 있다. 外務省 http://www.mofa.go.jp/mofaj/gaiko/culture/kyoryoku/isan/index.html 참조.

58 「国際文化交流実施体制の強化と基盤整備」, 『国際交流基金30年の歩み』, 国際交流基金, 2006, 354~356면.

59 국제환경의 변화에 대응해야 할 제 요인으로서 ① '서측'에 속하는 제국과 지금까지 이상으로 건설적인 관계를 유지하기 위해서는 각별한 노력을 할 필요가 있다, ② 이데올로기에 의거하는 대립을 대신하여 민족이나 문화의 차이에 근거한 문제가 현

재화하고 있는 지금, 서로의 문화를 이해하고 존중하는 국제이해 촉진 활동은 향후 세계의 공존을 위해 지금보다 더 강하게 요구되고 있다, ③ 경제관계의 진전에 따른 문화 이해나 인적연결을 강력히 촉진하지 않는 한 우호적인 대외관계를 장기적으로 발전시키는 것은 곤란하다, ④ 동서대립의 종언과 상호의존관계의 심화와 함께 환경문제, 난민문제 등 지구적이라고 할 수 있는 과제가 심각해지고 있다, ⑤ 새롭고 긴급한 내외의 과제를 해결하기 위해 일본은 세계규모의 문화교류에 보다 진지하고 철저한 태도로 대응해가야만 한다는 것 등을 거론하고 있다.「新しい時代の国際文化交流」, 国際文化交流に関する懇談会, 1994.6, 2면.

60 船橋洋一,『日本の対外構想』, 2~16면.

61 「第4章 国民と共にある外交」,『外交青書』, 2012 참조.

62 '문화가치입국'이라는 것은 개별 상업이익을 추구하는 것이 아니라 일본적 가치, 정신, 라이프스타일에 대한 국제이해를 촉진하는 것으로 국제사회에서 일본에 대한 호의적인 여론을 양성할 수 있는 것이라고 한다.「外務省における広報文化外交の取組」, 外務省広報文化外交戦略課, 2013.2.20, 7면.

63 『新たな時代の外交と国際交流の新たな役割』, 国際交流研究会, 2003.4, 7~10면.

64 和田春樹,「世界体制の変容と日本」,『日本通史 第21巻-現代2』, 岩波書店, 1995, 281면.

65 加藤淳平,『文化の戦略』, 中公新書, 1996, 179면.

66 「新しい時代の国際文化交流」, 163면.

67 「慰安婦関係調査結果発表に関する河野内閣官房長官談話」, http://www.mofa.go.jp/mofaj/area/taisen/kono.html, 1993.8.4.

68 「'平和友好交流計画'の概要」, 日本外務省, http://www.mofa.go.jp/mofaj/area/taisen/heiwa_g.html

69 「内閣総理大臣の談話」(1994.8.31)」(資料編),『外交青書』, 1995 참조.
이 담화 가운데 '평화우호 교류 계획'의 기본적인 이념이 표명되어 있다. 담화에 의하면 종군위안부문제에 대한 일본정부의 사죄표명은 인식재고가 보이고 재 사할린 '한국인' 영주귀국문제도 적극적으로 대응해간다는 입장이다. 또 대만주민에 대한 미불급여나 군사우편저금 등 오랜 기간 미제로 남아있던 소위 확정채무문제에 대해서도 성의를 갖고 대응하겠다는 입장을 밝히고 있다.

70 フリードマン バートゥ,『嫌われる日本人』, 日本放送出版協会, 1994, 13면.
이러한 결과는 후리드만도 지적하고 있듯이 아시아를 견인하는 일본의 입장은 강화되겠지만 한편으로 아시아와 일본 사이에 새로운 복잡한 관계가 발생할 수 있다는 것을 의미한다. 일본이 「아시아・태평양 지역의 미래를 만드는 교류」를 제창한 것은 이 지역의 복잡한 관계발생의 가능성을 미연에 방지하기 위한 것이고 그런 의미에서도 문화교류의 강화는 시대가 요청하는 과제였다.

71 姜尚中,「日本のアジア, アジアのアジア」, 102면.

72 지명관 교수는 일본의 전후 50년이라고 하는 것은 탈아의 후유증의 시대였다고 한

다. 그 이유를 일본이 아시아와의 국교정상화에 소극적이었던 것에서 찾고 있다. 즉, ① 아시아가 정치적으로 불안정하였다는 것, ② 아시아가 빈곤하였다는 것, ③ 냉전의 멘텔러티라고 하는 것 등의 이유로 일본은 아시아를 버린 '기아(棄亜)'의 시대를 보냈다고 한다. 池明観,「日韓関係」,『歴史の共有 アジアと日本』, 明石書店, 1997, 39~40면.

73 「平和友好交流計画－10年間の活動報告」, 内閣官房副長官補室, 2005.4.12, 5~6면.

74 이러한 움직임은 일본정부의 대 아시아 역사인식의 근본적인 변화라고 하기 보다는 '55년 체제'의 붕괴와 전후 50년이라는 시대사적 의미가 가져다 준 일시적인 '기억상실증'에 지나지 않았다. 당시 무라야마 총리가 내각탄생의 역사적 의의를 "이제까지의 길을 걸어온 3당파가 오랫동안 이어진 55년 체제에 종지부를 찍고 1년간의 연립정권을 검증하는 가운데 보다 국민의 의사를 반영하고 보다 안정된 정권을 지향하여 서로 자기변혁을 이룬다는 결의하에 결집한 것이 본 내각이다"라고 했다. 무라야마의 언급에서도 확인할 수 있듯이 자민당의 붕괴 이후 보수주도세력과는 그다지 연이 없었던 인물이 잇따라 수상에 취임하여 일본정계의 개혁을 요구하는 국민의 여론에 편승하는 발언을 토로함으로써 그것이 비록 일시적이었기는 하나 국내외에 신선하게 비춰진 측면이 있었다. 요컨대 일본정부의 아시아역사문제에 대한 접근은 일본의 변화를 촉구하는 국내외의 여론에 일보 후퇴한 결과로서, 그 진의에 대해서는 여전히 아시아로부터 신뢰를 받고 있지 못하다.

75 「ASEAN拡大外相会議における安倍外務大臣演説(1986.6.26, マニラ)」(資料編),『外交青書』, 1987 참조.

76 日本・ASEAN首脳会議における竹下内閣総理大臣冒頭発言,「日本とASEAN－平和と繁栄へのニュー・パートナーシップ(1987.12.15於マニラ)」(資料編),『外交青書』, 1988 참조.

77 『国際交流基金30年の歩み』, 258면.

78 「新しい時代の国際文化交流」, 国際文化交流に関する歓談会, 1994.6, 8면.

79 総務省行政監察局 編,『国際文化交流の現状と課題』, 208면.

80 加藤淳平,『文化の戦略』, 180면.

81 『国際交流基金30年の歩み』, 70면.

82 畠由紀,「六ヶ国コラボレーション〈リア〉のその後, アジアからヨーロッパへ」,『国際交流』85号, 国際交流基金, 1999, 100면.

83 『国際交流基金30年の歩み』, 278면.

84 「内閣総理大臣の談話(1994.8.31)」,『外交青書』, 1995, 169~170면.

85 당시 정부는 내각의 결정을 이행하면서 제 사업전체를 '아시아역사자료정비사업'으로 규정하여 정부가 일체가 되어 본 사업을 유기적이고 일체적으로 추진하기로 하고 그 일환으로서 센터를 개설한다고 언급했다. 그리고 센터의 개설은 일본과 아시아근린제국과의 사이에 역사와 관련해 국가가 보유하고 있는 자료에 대해 국민 및 관계 제 국민의 이용을 용이하게 하여 이들 제국과의 상호이해의 촉진에 기여하는 것을 목적으로 한다고 강조했다. 「アジア歴史資料整備事業の推進について(閣議決定)」,

http://www.zephyr.dti.ne.jp/~kj8899/asia.his.html, 1999.11.30.

86　「アジア歴史資料センター ホームページ アクセス状況」, http://www.archives.go.jp/inform
　　ation/pdf/report15_shiryo3.pdf#search='アジア歴史資料センター' 참조.

87　「日本・ASEAN多国籍文化ミッション」(提言),『国際交流』80号, 国際交流基金, 1998, 80면.

88　青木保,「フォローアップとしての東京会議の実現を」,『国際交流』80号, 国際交流基金, 1998,
　　80면.

89　F. ショニール ホセ,「日本と21世紀のアジア」,『国際交流』77号, 国際交流基金, 1977, 64면.

90　岡崎久彦 外,『日米同盟と日本の戦略』, PHP, 1991, 33~34면.

91　「第118回国会における海部内閣総理大臣施政方針演説(1990.3.2)」,『外交青書』, 1990, 291면.

92　「第118回国会における中山外務大臣の外交演説(1990.3.2)」,『外交青書』, 1990, 297~298면.

93　『国際交流基金30年の歩み』, 49면.

94　구체적으로는 새로운 국제질서, 세계경제, 군축, 환경과 경제발전, 난민문제 등 선
　　진공업국이 각각 국내에서 안고 있는 공통과제 등에 중점을 두기로 했다.『国際交流
　　基金'92』, 国際交流基金, 1992, 93면.

95　『国際交流基金30年の歩み』, 72면. 또 일미센터는 설립 이래 활동의 기본방침, 중요과제,
　　우선순위, 그리고 양국이 해야 할 글로벌한 역할에 대한 조언을 듣는 장으로서 양국의
　　식자들로 구성된 '일미센터 평의회'를 설치하여 연 2회 정기적으로 회의를 개최하고
　　있다.『国際交流基金日米センター2000年度年報』, 国際交流基金, 2002, 46면 참조.

96　『国際交流基金30年の歩み』, 73면.

97　『国際交流基金日米センター2000年度年報』, 3면.

98　'지적교류'는 국제교류기금이 1990년대 들어 국제문화교류를 강화해 가는 가운데
　　새로운 사업구상으로 등장한 개념이다. 이에 대해 국제교류기금은 '세계의 지역에
　　공통하는 과제에 대한 이해를 심화시키는 것, 그들 공통과제를 해결하기 위해 다양
　　한 분야의 지적리더가 국경을 초월하여 협력하고 공동으로 대응하는 대화나 연구'
　　등으로 규정하고 있다. 국제교류기금 홈페이지(http://www.jpf.go.jp/j/intel/exchan
　　ge/index.html) 참조.
　　이 개념이 구체적으로 사용되기 시작한 시점은 '일미센터'가 출발할 무렵부터이다.
　　이른바 미일 양국이 다양한 분야에서, 예를 들면 안전보장, 환경문제, 감염증문제 등
　　인류가 안고 있는 공통의 과제를 해결하기 위한 구체적인 실천방안으로서 추진된 교
　　류사업의 일환이었다. 그 후 지적교류는 유럽이나 한국 등으로 지역적 범위를 넓혀
　　가기 시작했고, 오늘날 국제교류의 중요한 사업 중의 하나로 자리매김하고 있다.

99　일미 양국은 1993년에 발족한 '지구적 전망에 입각한 협력을 위한 공통과제'의 틀 안
　　에서 '보건과 인간개발의 촉진', '인류사회의 안정에 대한 도전에의 대응', '지구환경
　　의 보호', '과학기술의 진보'라는 4개의 핵심 주제하에 18개 분야에서 다양한 프로젝
　　트를 1990년대에 추진했다. 모두 지적교류의 일환이었다.

100　외무성 홈페이지(http://www.mofa.go.jp/mofaj/press/release/21/4/1190508_1096.html).

101 『国際交流基金年報1998年度事業報告』, 国際交流基金, 2002, 24면.

102 『外交青書』, 1998, 13면.

103 북미 지역과의 교류실적이 줄어든 것은 그 중요성이 엷어졌기 때문이 아니다. '일미센터'처럼 발상전환을 통한 교류협력의 전략적 접근과 한정된 예산 속에서 새로운 지역이나 사업(특히 동구지역과의 교류협력의 급증)이 발생했기 때문에 예산의 편성과정에서 나타난 결과이다.

104 Gerard Caron, 「ヨーロッパが探し求める'ヨーロッパ'とは」, 『国際交流』74号, 国際交流基金, 1997, 52면.

105 『外交青書』, 1991, 282~283면.

106 이 조약은 1992년 말까지 재(財)・인(人)・서비스, 자본의 자유로운 이동을 확보하여 역내에 국경이 없는 영역을 완성할 것을 목표로 하고 있다.

107 「第112回国会における竹下内閣総理大臣施政方針演説(1988.1.25)」, 『外交青書』, 1988, 304면.

108 「ロンドン市長主催午餐会における竹下内閣総理大臣スピーチ'日欧新時代の開幕'(1988.5.4於ロンドン)」, 『外交青書』, 1988, 349면.

109 「日本国と欧州共同体及びその加盟国との関係に関するヘーグにおける共同宣言(1991.7.18)」(仮訳), 『外交青書』, 1991, 464면.

110 「第122回国会における宮沢内閣総理大臣所信表明演説(1991.11.8)」, 『外交青書』, 1992, 351면.

111 Josef kreiner, 「日欧の相互認識を考える」, 『国際交流』85号, 国際交流基金, 1999, 84면. 또 유럽의 경우는 일본이 거품경제의 붕괴로 고통 받고 있을 때 지금이야말로 일본과 협력하여 직면하고 있는 사회 경제나 가치관의 제 문제에 공동으로 대응할 수 있는 시기가 아닌가라는 인식이 확산되었다고 한다.

112 예를 들면 1987년에 개소된 국제일본문화연구센터의 외국인연구원초빙실적을 보면 과거 20년간 4명 이상의 연구원을 초빙한 국가는 14개국이다. 그 안에서 유럽에서 초빙된 연구원은 러시아 11명을 포함해 64명이다. 이는 미국 57명보다 많고, 중국 64명과 같은 수치이다. 일본사회가 구미와의 지적교류에 상당히 주력했음을 알 수 있는 일례이다. 이에 관한 통계는 동 센터의 내부자료에서 확인했다.

113 이소무라(磯村尚德)는 역사적으로 보면 미국과는 직접적으로 대중레벨에서의 교류가 주류였고, 교류의 양도 많았지만 유럽과는 교류의 양은 적은 반면 질은 높았다고 한다. 바꾸어 말하면 엘리트 중심의 교류에 집중하여 대중교류는 등한시했다는 것이다. 「日仏交流新時代, 私はこう創りたい」, 『国際交流』76号, 国際交流基金, 1997, 92면.

114 『外交青書』, 1991, 274면.

115 『外交青書』, 1990, 205면.

116 『外交青書』, 1992, 275면.

117 『国際交流基金年報 1998年度事業報告』, 国際交流基金, 2000, 39면.

118 松井透, 「'七つの海'の支配と大英帝国の文化」, 『国際交流』74号, 国際交流基金, 1997, 3면.

119 「新日英行動計画－世界に拡がる特別なパートナーシップ(1996.9.2, 東京)」(資料編), 『外交青書』, 1997, 302~306면 참조.

120 「21世紀を最高に生きるために」, 『国際交流』74号, 国際交流基金, 1997, 3면.

121 『外交青書』, 1997, 157면.

122 이 프로그램은 외국어교육의 충실과 지역사회의 국제교류의 진전을 목적으로 지자체가 총무성, 문부과학성, 외무성 및 재단법인자치체국제화협회(CLAIR)의 협력하에 실시한 제도이다.

123 「海外における日本語普及の抜本的対応策について」(答申), 『国際交流基金30年の歩み』, 348면.

124 海外の日本語教育の現状－日本語教育機関調査・1998年』(概要版), 国際交流基金日本語国際センター, 2000.3, 6~10면.

125 『外交青書』, 1991, 185면.

126 加藤淳平, 『文化の戦略』, iii면.

127 특히 이 부분은 일미센터 등에 의한 문화교류 강화를 통해 적극적으로 반영되어 갔다.

128 『外交青書』, 2000, 170면.

129 加藤淳平, 「第5章 文化の戦略を考える」, 『文化の戦略』 참조.

130 加藤淳平, 『文化の戦略』, iv면.

일본적 가치의 세계화 전략과 문화외교

들어가면서

20세기를 마감하는 시점에서 일본은 자국의 역사상 가장 높은 수준의 번영을 달성하며 선진민주주의국가로서의 지위를 구축했다. 이를 일본정부는 시장경제나 자유민주주의, GATT나 WTO와 같은 보편적인 기치나 국제시스템하에서 불철주야 노력한 '일본국민의 각고정려(刻苦精勵)'의 결과라고 자평했다. 20세기 일본의 성공이 국제사회의 보편적 가치의 공유와 일본정신의 우수성에 기인하고 있다는 인식은 일본적 가치의 대외지향성이라는 관점에서 보면 21세기의 일본외교가 국제사회에서 자국의 프레젠스를 어떠한 방향으로 추구할 것인가를 예고하는 것이었다.

21세기의 국제사회는 20세기 말에 시작된 정보통신혁명과 글로벌

스텐더드의 확산, 군사기술의 고도화에 의한 대량살상무기의 확산, 초국적 형태로 전개되는 환경문제의 대두, 각국의 국내와 국제적으로 심화되고 있는 양극화문제 등, 각종의 글로벌과제에 대한 국제적 협력체제구축을 통해 인류가 직면하고 있는 제 문제를 해결하면서 국제사회의 평화와 번영을 추구해야 하는 시대로 전환했다. 21세기의 가치와 제도를 창출하고 실천해가야 한다는 것이다.

이는 주요선진국뿐만 아니라 각국의 국제사회에 대한 인식이나 공헌의 방식이 20세기와는 다른 형태로 나타나야 한다는 의미였고 한편으로는 주요선진국이 21세기의 국제질서의 구축에 자국의 영향력을 새롭게 정립할 수 있는 기회이기도 했다. 일본 역시 국제사회의 안정과 평화, 경제발전에 기여할 성숙한 선진민주주의 국가로서 21세기의 국제 시스템이나 룰(rule)의 창설 및 강화에 적극 참여하여 리더십을 발휘하겠다는 의지를 명확히 했다.

신세기의 일본외교의 핵심이자 국제협조의 이념으로 '인간의 안전보장'을 중시한 것을 비롯해, 인류의 중대한 위협으로 떠오른 환경문제의 해결을 위한 '교토의정서' 체결, 자위대의 국제적인 협력활동과 외교노력의 일체화, ODA를 평화와 인간의 안전보장 이념과 결부시켜 새로운 국제공헌을 강조하는 외교노선 추구, '보편적 가치'의 확산을 통해 '가치'나 '이익'을 공유하겠다는 '일본외교의 신기축' 구상, 일본어와 일본문화를 전달하기 위한 '일본문화발신 프로그램' 등은, 신세기 일본외교의 이니셔티브를 강화하기 위한 대표적인 외교정책이었다.

이를 위해 일본정부는 외교 이념과 체제의 재편을 통해 국제질서의 재구축에 주도적인 역할을 할 수 있는 역량을 범국가적 차원에서 결집해갔고, 그 과정에서 일본적 가치의 세계화를 위한 문화외교의 강화를 21세기의 외교로 규정하기 시작했다. 이에 본 장에서는 '신생일본'의 외교노선의 형성배경과 실천과정, 그 속에서 일본의 외교노선과 국제 조류를 반영하여 새롭게 정의되기 시작한 문화외교의 이념과 추진체제의 구축, 실제적인 문화외교의 추이와 실태, 그리고 그 성과와 시대적 의미 등을 종합적으로 분석하고자 한다.

1. '신생일본'의 외교노선

1) '신생일본'의 외교 이념

1996년 10월 20일, 일본에서는 3년 3개월 만에 총선거가 실시되었다. 이 선거는 '소선거 비례대표 병립제'에 의한 최초의 선거였기에 국민들의 관심을 끌기에 충분했으나 선거결과는 몇 가지 중요한 특징을 드러냈다. 우선 투표율이 총선거로서는 60%에 미치지 못하는 전후최저를 기록했고, 개표 속보를 방영한 5개 방송국의 TV시청률도 프로야구의 일본시리즈를 방영한 한 방송국의 시청률보다 낮았을 정도로 외면을 받았다. 두 번째는, 우여곡절을 거듭하면서도 완고하게 보수기반을 지키고 있던 자민당이 예상외로 당세를 신장시킨 반면, 자민당을 탈당한 신생당(新生黨)이나 개혁 세력으로 자부하고 있던 신진당(新進黨)

등은 오히려 세력을 상실하며 고전했다.

세 번째는, 전후 일본의 정계에서 항상 한 축을 담당해 왔던 구사회당의 괴멸적 붕괴이다. 그동안 사회당은 동서냉전체제의 붕괴 이후 대중들의 지지를 회복하기 위한 자기변신을 거듭했으나, 지지기반의 확대는커녕 오히려 지지 세력마저 이탈하는 수모를 겪을 정도로 대중들로부터 철저히 외면 받아왔다. 그것이 선거를 통해 확인되었다는 사실이다. 네 번째는, 정치에 대해 '강한 힘'을 국민들이 요구했다는 점이다. 자민당의 의석 확대는 정치적 안정을 추구하는 국민들의 여망이라고 많은 평론가들은 언급했지만, 국민들이 요구하고 있는 것은 안정이 아니라 관료들이 주도하는 행정력에 뒤지지 않는 강한 정치를 요구했다는 것이다.[1]

그랬다. 이 선거는 개혁세력에 대한 국민들의 적극적인 지지철회와 전통야당의 명맥을 유지해 왔던 사회당의 몰락, 탤런트 출신이나 관료 출신자들에 대한 지지거부, 그리고 자민당의 재부상과 강한 정치력의 회복이라는 다소 의외의 성향을 국민들이 표명했다. 1980년대 후반부터 정치혐오를 부축이며 국민들의 지탄의 대상이었던 자민당의 재부상은, 자민당의 자기개혁 노력의 결과라는 부분도 있지만, 실은 일본의 혼미를 극복할 수 있는 정치주체로서 전후 일본의 부흥을 주도해 왔던 자민당을 일본국민들이 다시 한번 선택했다는 것이다. 이것은 자민당 이외에는 일본을 이끌어갈 현실적인 대안세력이 없다는 사실을 일본인들이 체험했음을 의미한다.

요컨대, 자민당의 재신임과 강한 정치력의 요구는 안정적인 세력을 바탕으로 역동적이고 개혁적이며 미래지향적인 일본을 건설할 수 있는 강력한 지도자가 등장하여 현재의 일본을 바꾸어 놓기를 일본사회가 간절히 바라고 있었다는 의미이다. 카리스마적인 지도자를 그다지 선호하지 않는 일본인들의 관습에서 보면 이러한 결과는 분명 하나의 커다란 변화라고 할 수 있다. 그만큼 일본사회는 경제침체와 사회불안, 그리고 거듭되는 정치적 혼미에 종지부를 찍기를 원했고, 일본인들의 미래에 대한 불안 심리도 어느 정도 제거해 줄 수 있는 정치지도자의 출현을 기대하고 있었다. 이런 국민들의 기대심리를 충족시킬 수 있는 인물로 급부상한 자가 바로 고이즈미 준이치로(小泉純一郎, 1942~, 제87~89대 총리대신)였다.

그는 당시 당 총재선거를 "자민당의 변화 여부를 여론이 주목하고 있다. 이번 총재선거는 자민당 내의 싸움이 아니다. 여론을 상대로 한 싸움이다"라고 규정하여 국민을 상대로 정치개혁을 외쳤다. 그의 개혁논리에 일본사회가 주목하자 "파벌의 논리로 총리·총재를 결정하던 시대는 끝났다. 새로운 시대의 바람이 불고 있다"고 하면서, 일본사회의 변화에 대한 욕구를 뜨겁게 달구었다. 국민의 성원을 바탕으로 총재선거에 압승하고 총리에 지명된 그는 "구조개혁 없이는 일본의 재생과 발전은 없다"는 신념으로 개혁드라이브를 걸기 시작했다.

경제, 재정, 행정, 사회, 정치 분야에서 각종의 구조개혁을 단행하면서 그 목표는 '강한 일본'의 건설에 있다고 주장했다. 강력한 리더십을 발휘할 수 있는 정치시스템을 구축하기 위한 '수상 직선제' 도입, 서방 선진국과 국제사회에서 동등한 영향력을 행사할 수 있는 군사력의 확보, 동맹국(미국)과의 안정보장 확보를 위한 '집단 자위권'의 실질적인 행사, 그리고 이러한 과제들을 실현하기 위한 헌법개정이 필요하다는 입장을 견지했다. 2013년 아베신조의 우경화가 국제사회의 비판을 받았지만 고이즈미는 사실상 전후세대의 보수우경화를 주도해온 인물이었다.

아시아 국가들이 주목하고 있는 역사인식에 대해서는 "정치가로서 가장 중요한 것이지만, 국제사회에서 고립되는 일이 절대 있어서는 안 된다"고 하면서도 한국과 중국 등이 제기한 우익행보에 대해서는 "서로의 입장을 이해하는 자세가 중요하다"는 말로 대신할 뿐, 진지한 반성을 바탕으로 성실하게 상대방의 이해를 구하고자 하는 노력은 기울이지 않았다. 오히려 자신과 일본의 입장을 끊임없이 상대에게 이해시키는 방법으로 관계개선을 시도하겠다는 의도만을 관철했다. 이러한 그의 외교 전략은 국내의 높은 인기에 힘입어 예상외의 '성과'를 얻기도 했다.

이에 비해 대미(対美)관계는 "미국은 내 마음의 고향"이라는 자신의 철학을 반영하듯 "가장 중요한 것이 일미 우호관계 유지"라고 하면서, 미국과의 관계에 최대의 노력을 기울이겠다는 방침을 일관되게 유지했다. 때문에 동맹국을 중시하는 정책을 표방한 미국의 부시 정권과는 '찰떡궁합'을 이루며 각 분야에서 미국과의 '일체화'노선을 추구해 갔고, 그 결과는 동북아에서 일본의 지위를 상대적으로 강화시키는 형태로 나타났다. 요컨대 미국과의 강력한 동맹관계구축을 바탕으로 아시아제국에는 일본의 입장을 관철(대화와 설득으로) 시키려는 것이 그의 외교방침이었다. 고이즈미의 외교철학은 21세기 일본의 외교노선과도 일치하는 것이었다.

외교 이념으로서 '인간의 안전보장'

외무성이 학계의 전문가들에게 의뢰하여 작성한 21세기 일본외교의 과제에 의하면 향후 일본의 외교는 "기본적 가치관을 공유하는 가장 중요한 파트너인 미국과의 협조관계를 기축으로 하면서 아시아·태평양 제국과의 관계발전과 지역협력의 추진에 노력하는 것이 제 일의적으로 중요하다"[2]는 것이었다. 미국과의 확고한 동맹관계를 바탕으로 아시아의 일원으로서 짊어져야 할 '특별한' 이해와 책무를 수행하는 선견성과 전략성이 요구된다는 것이다. 대미동맹 강화를 전제로 하는 일본외교의 기축에는 변함이 없지만 포스트냉전시대의 혼미한 국제정세 속에서 새로운 질서의 구축에 일본이 얼마나 독자성(자력)을 발휘할 수 있는가의 문제였다.

따라서 일본외교는 내정의 일체화를 외교와 밀접하게 연결하는 외교의 '종합력'을 강화하고, 외교를 지탱하는 '국가의 힘'(기술력, 구상력, 국가의 책임 등)과 외교를 전개하는 국제적인 대응 '틀'(세계의 번영과 안전을 위한)을 강화하는 이른바 21세기 외교의 3대과제를 인식할 필요가 있고, 이 과제를 실천하기 위한 외교수단(발언권 확보, 전략적인 ODA정책, 국제사회에서 발언권을 획보할 수 있는 인재 육성, 전략적인 홍보, 외교의 기반과 체제 정비)을 보다 강화해야 한다고 보고서는 제언했다. 패전 이후 일본의 경제력과 기술력을 바탕으로 국제사회의 지위변화를 추구해온 20세기의 외교로부터 일보 진전하여 "세계 전체의 안정과 번영의 기반이되는 국제질서의 구축"을 일본이 선도하는 외교정책으로 전환해야 한다는 주장이었다.

경제계도 뒤를 이었다. 재단법인 경제동우회는 신세기를 맞이하여 국제협조주의를 기축으로 하되 "일본 스스로가 주체적 건설적으로 세계의 제 문제에 대응해 가는 적극적 외교와 안전보장정책의 전개가 강하게 요청된다"고 하면서, 일본이 향후 추진해야 할 주체적인 외교과제로서 ① 아시아의 지역적 파트너십 구축, 신뢰양성과 역사적 관계의 객관적 조사·연구 작업의 추진, ② 주체적인 외교 전개를 뒷받침할 수 있는 정보수집·분석기능의 강화, ③ 긴급사태에 즉각 대응할 수 있는 법적인 틀과 체제 정비, ④ 일미동맹의 진정한 파트너로서의 자기개혁과 체제 정비, ⑤ 일본외교의 목표와 원칙에 따른 효과적인 경제협력, ⑥ 국제적 신질서형성과정에 적극적 참여, ⑦ 2005년 헌법개정을 향한 논의의 촉진 등을 지적했다.[3]

일미동맹과 동아시아와의 관계 강화, 국제사회의 신질서구축에 적극적인 참여, 그 과정에서 외교력의 주체성 발휘, 외교정책의 효과적인 경제협력방안 모색 등의 과제를 헌법개정을 위한 국내여론 환기와 함께 핵심적인 과제로 언급한 것이다. 독자성이나 주체성의 문제는 1980년대부터 주창한 것으로서 특별한 것은 아니었으나 신세기에 다시 한번 강조된 것은 패전국에서 경제대국으로 자기변화를 이루어가는 과정에서 일본의 국제적 지위를 찾아가는 것이 아니라 새로운 국제질서의 프레임 구축에 일본이 주도적인 역할을 한다는 의미였다. 국제사회에서 국가의 존재감을 규정하는 요인이 다양화되어 가는 환경 속에서 '일(日)'의 이미지와 역량을 극대화하여 상대적 지위변화를 보다 공고히 하겠다는 의도였다.

식자층의 입장도 그러했지만 소위 일본외교의 주도력 강화는 21세기 일본외교의 새로운 어젠다였다고 해도 과언이 아니었고 그 출발은

1990년대 말이었다. 1998년 12월 오부치(小渕恵三, 1937~2000, 제84대 총리대신) 수상은 베트남의 하노이에서 행한 대아시아외교방침 연설을 통해 "인간의 존엄에 입각한 평화와 번영의 세기"를 아시아에 구축하기 위해서는 3대 분야의 노력이 필요하다고 강조하면서 그 하나로 "인간의 안전보장을 중시하는 것"[4]이라고 언급했다. 인간의 생존, 생활, 존엄을 위협하는 모든 종류의 위협을 포괄적으로 파악하여 이에 대응하는 체제를 강화하는 것이 장기적인 관점에서 경제발전을 보장할 수 있다는 것이다.

이것을 '인간의 안전보장(human security)' 개념으로 정의한 일본은 이를 제도적으로 실현하기 위해 유엔에 '인간의 안전보장기금'을 설치할 것을 제안하며 5억 엔의 자금을 거출했다(1999년 3월. 그 후 일본은 2009년까지 동 기금에 총 390억 엔을 거출하여 유엔에 설치된 신탁기금 가운데 최대 규모의 기금 중의 하나[5]로 자리매김했다). 아시아의 경제 위기와 인간의 삶을 위협하는 각종 요인에 적극적인 대응을 하겠다는 의지였다. 초국가적인 과제에 대처하기 위해서는 국가가 그 국경과 국민을 지킨다는 전통적인 '국가의 안전보장' 의식만으로는 어렵다는 것이다. 이 철학은 일본의 새로운 외교 이념으로 자리잡기 시작했다.

2000년 9월, 모리(森喜朗, 1937~, 제85·86대 총리대신) 수상은 유엔총회의 연설에서 당면한 일본외교의 방향성으로 "국제사회가 직면하고 있는 과제에 대응할 때 인간을 중심으로 생각하는 시점의 중요성"[6]을 제시했다. 분쟁이나 빈곤, 감염증이나 환경파괴 등 인간의 삶을 위협하는 다양한 과제에 즈음하여 인간 한 사람 한 사람의 존재를 중시하는 이른바 '인간의 안전보장'을 일본외교의 핵으로 하여, 21세기를 인간

중심의 세기로 만드는데 전력을 다하겠다는 것이었다. 2000년 유엔총회 당시 코피 아난 사무총장은 "공포로부터의 자유와 결핍으로부터의 자유"를 키워드로 제시했고, 일본은 인간의 생명과 존엄을 중시하는 이념을 피력함으로써 신세기 유엔의 이념과 일체화하는 방향으로 21세기의 외교노선을 천명했다.

이어 모리 수상은 2001년 1월 국회시정연설을 통해 세계의 경제사회시스템의 변화는 "일본의 발전시스템에 대한 위기가 아니라 새로운 찬스로 받아들여 개혁에 의해 일본다움을 살린 새로운 발전 도정을 만들어 세계인들이 일본에서 꿈을 실현하고 싶어 하는 국가를 만들고 싶다"고 밝히면서, 이를 위해 "기존의 시책의 발상을 초월하여 과거와의 결별에 의한 개혁"을 단행하여 21세기를 "희망의 세기" "인간의 세기" "신뢰의 세기" "지구의 세기"로 만들어 갈 것[7]을 제창했다. 국제정세의 변화를 일본의 위기가 아닌 새로운 기회로 받아들여 '신생일본'을 건설하자는 것이다.

추상적인 언설로 비쳐질 수 있지만 주목해야 할 것은 희망, 인간, 신뢰, 지구라는 가치를 중시함으로써 인간의 삶과 직결된 국정철학을 대내외에 제시했다는 점이다. 바꾸어 말하면 21세기의 '신생일본'이 국제협조의 이념으로서 추구해야 할 핵심 가치는 다름 아닌 '사람'과 '안전'이라는 것이다. 이는 일본이 안전의 문제를 국가로부터 인간 개인에 착목하기 시작했다는 것을 의미했다. 이에 일본은 ① 국내외에 인간의 안전보장의 개념을 보급하고, ② 현장에서 인간의 안전보장의 실현[8]에 주력하는 대응방침을 천명했다.

그 배경에는 혁명적인 IT문화의 확산과 글로벌화의 가속화, 정치적 해방과 민주화, 경제성장의 고도화 등이 초래하는 부정적 측면이 작용하고 있었다. 혁신이나 성장, 민주나 자유, 국제화의 진전과 글로컬 문화의 창출 등은 인류에게 새로운 가능성을 제공하며 문명의 발전을 기약하기도 하지만 한편으로는 승자와 패자라는 양극화 구도를 심화시켜 국제질서를 불안정하게 하고, 그로 인해 국제사회의 평화와 안전은 물론이고 인간의 안전 그 자체를 보장받을 수 없는 상황으로 몰아가고 있다는 것이다. 9·11동시다발테러는 이를 상징적으로 보여준 사건이기도 했다.

인간의 삶이 불안하다는 것은 일본사회도 예외가 아니었다. 모리 수상에 이어 '신세기유신'을 표방하며 등장한 고이즈미는 '노력이 보상받고 재도전할 수 있는 사회' '민간과 지방의 지혜가 활력과 풍요로움을 낳는 사회' '사람을 감싸 안고 안전하고 안심하게 살 수 있는 사회' '아름다운 환경에 싸여 쾌적하게 생활할 수 있는 사회' '아이들의 꿈과 희망을 키워주는 사회'를 21세기 일본사회가 나아가야 할 '5대 개혁과제'[9]로 제시하는 국정철학을 밝혔다. 인간의 삶을 위협하는 불안정한 요인들을 제거하여 한때 세계가 주목했던 '세계최고의 안전국가 일본'을 부활시키자는 주장이다.

요컨대 '안전'이라는 가치를 국가가 아닌 개인의 문제로 인식한다면 "인간의 생존, 생활, 존엄에 대한 위협으로부터 각 개인을 지키고 각자가 갖고 있는 풍부한 가능성을 실현시키기 위해 한 사람 한 사람의 시점을 중시하는 대응을 강화"해 가는 것은 당연하고, 이를 "냉전 후 글로벌화로 상징되는 국제사회에서 다양화하는 인간에 대한 위협에 대처"[10]하는 가치로 확산시켜가는 것은 21세기 일본이 책임과 리더십을 발휘해 실천해야 할 외교적 과제로서 손색이 없다는 것이다. '인간의 안전'을 중시하는 이념의 제창은 지구적 규모로 발생하는 다양한 위협이나 과제에 국제사회가 공동으로 대응해야 한다는 논리적 정당성이 있었기에 일본정부는 바로 이점을 외교정책에 반영하여 독자적인 외교노선을 추구하려 했다.

'인간의 안전보장' 이념의 구현

외무성은 21세기 국제사회의 새로운 변화로서 ① 보편적 가치와 그에 의거하는 제 제도의 확대가 일층 강화되고 있고, ② 과학기술의 진보와 그에 따른 인류의 활동이 초래하는 글로벌문제에 대한 대응이 갈수록 요구되고 있으며, ③ 보편적 가치의 침투와 글로벌 대응을 필요로 하는 국제문제의 출현으로 인해 국제사회의 긴밀한 협조체제가 보다 고조되고 있다는 판단하에, 대량살상무기의 확산, 분쟁의 해방과 평화유지 활동, IT혁명과 글로벌라이제이션의 대응, 개발도상국에 대한 경제지원, 지구규모의 제 문제에 대한 국제사회의 협조 등[11]을 당면한 일본의 외교과제로 책정했다.

국제사회의 새로운 질서구축에 즈음하여 주요선진국으로서 인류의 보편적 가치를 위협하는 각종의 국제문제에 적극 개입하여 리더십을 발휘하겠다는 의지였다. 유엔도 일본의 뒤를 잇는 형국이었다. 유엔사무총장의 자문기관인 '하이레벨 위원회(High-level Panel)'가 2004년 12월에 공표한 「보다 안전한 세계, 우리들이 공유하는 책임(A More Secure World, Our Shared Responsibility)」이라는 보고서에 의하면, 현재 국제사회가 당면한 문제는 ① 빈곤・감염증・환경악화, ② 국가 간 분쟁, ③ 국내분쟁, ④ 대량파괴무기(핵, 생물, 화학병기), ⑤ 테러, ⑥ 국제조직범죄 등이라고 언급했다.[12] 이러한 요인들은 세계의 시스템이 국가 간 관계에서 국경을 초월한 인간의 관계로 변하고 있다는 사실을 반영한 결과로서, 이를 해결하는 것도 집단안전보장과 예방이라는 관점에서 접근해야 한다는 논지였다.

보고서의 문제의식은 '인간의 안전보장'을 21세기 국제협조의 외교 이념으로 제시한 일본의 입장을 강화하는 것이었다. 일본은 "인간 한 사람 한 사람에 초점을 맞추어 국가·국제사회에 의한 보호는 물론이고 각국, 국제기관, NGO, 시민사회가 협력하여 사람들이 자력으로 살아갈 수 있도록 인간사회의 능력을 강화해 가는 것이 필요"[13]하다는 입장을 견지해 왔고, 이와 관련된 다수의 정책들을 추진하고 있었기 때문이다. 실제 2001년 9·11테러를 비롯해 세계 각지에서 다발한 테러문제, 이라크의 대량살상무기와 북한의 핵개발과 미사일위협, 빈곤과 개발을 비롯한 환경 문제, 세계경제의 불안과 지역 통합의 강화 등은 각국의 협조노선을 전례 없이 강화시키는 계기를 만들었고 '신생일본'의 외교노선은 국제정세에 힘입어 탄력을 붙이기 시작했다.

1999년 유엔에 '인간의 안전보장기금'과 '인간의 안전보장위원회'[14] 설치(2001)를 비롯해, 분쟁 지역의 항구적인 해결을 지향하는 '평화의 정착'[15]이라는 외교 이념의 제창(2002), 안전보장이라는 관점에서 일본과 ASEAN의 협력을 강화한 '다섯개의 구상' 계획의 구체화(2002), 아시아의 대량파괴무기의 확산방지를 위한 '아시아불확산협의(ASTOP)' 개최(2003), 이스라엘과 팔레스타인의 평화조성을 위한 '신뢰양성회의' 개최(2003), '개발' '평화정착' '인간의 안전보장'과 관련된 대규모 국제회의의 잇따른 개최(2003), '인간의 안전보장위원회'의 최종보고서 제출 (2003), 중동의 평화정착을 위한 '일·아랍 대화포럼'과 '이슬람세계와의 문명 간 대화 세미나'(2004) 개최, 지구 환경문제의 중요성을 제창한 '3R 이니셔티브' 행동 계획(2004, Reduce, Reuse, Recycle)과 교토의정서의 발효(2005) 등은 새로운 국제질서의 형성과정에서 일본의 외교 이념을 관철시킨 대표적인 사례들이었다.

국제협조의 이념으로 '인간의 안전보장'을 중시한 외교노선은 일본 외교의 핵인 ODA정책에도 적극 반영되었다. 2003년에 개정된 ODA대강(大綱)에 의하면 ODA추진을 위한 기본방침으로서 ① 개발도상국의 자조노력 지원, ② 인간의 안전보장의 시점, ③ 공평성의 확보, ④ 우리나라의 경험과 지견의 활용, ⑤ 국제사회의 협조와 연계로 설정했다.[16] 국제환경의 변화에 의거하여 11년 만에 개정된 ODA대강의 기본 방침의 하나로 '인간의 안전보장'의 시점이 강조된 것은 "인간의 생존·생활·존엄에 대한 광범하고 심각한 위협으로부터 인간을 지키고 사람들의 풍요로운 가능성을 실현하기"[17] 위해서였다. 이 같은 생각이 적극적으로 반영된 시책이 바로 '민초·인간의 안전보장 무상(草の根·人間の安全保障無償)'지원 정책이었다.

동 정책은 인간의 보호와 능력 강화를 목적으로 교육, 보건의료, 환경, 젠더, 평화의 정착과 국가 건설 등의 분야에 구체적인 프로젝트를 지원하는 것이다. 이 과정에서 NGO와의 파트너십을 구축하여 NGO가 보유하고 있는 인재나 노하우를 활용하는 '연계'정책을 모색하는 한편, NGO의 활동에 대해서도 ODA를 통한 '지원'정책을 강화하면서 냉전 후 국제사회의 평화와 발전에 공헌하는 국가이미지를 강조했다. 또 내부적으로는 국민 전체의 관심과 참여의식을 높여(ODA참가주체의 다양화) ODA의 투명성과 효율성, 기동성과 전략성을 추구했다. 소위 '인간의 안전보장' 이념을 ODA정책에 접목하여 범국가적 차원에서 발신할 수 있는 일체성(一体性)을 확보한 것이다(가치발신체제의 일체성과 일관성 유지 는 일본의 문화외교의 모토이기도 했다).

2) 일본외교의 신기축으로서 '자유와 번영의 호'

'인간의 안전보장' 이념은 각종 국제회의에서 주목받기 시작했다. 아시아·태평양 경제사회위원회(ESCAP) 총회의 '상해선언'(2004.4), 제2 회 아시아·태평양 HIV / AIDS각료회의의 각료공동선언(2004.6), 제12 회 APEC수뇌회의(2004.11), OECD각료이사회 각료선언(2005.5), APEC각 료 공동선언 및 수뇌선언(2005.11) 등을 비롯해, 2005년 9월에 개최된 유 엔총회수뇌회의의 '성과문서'에 처음으로 '인간의 안전보장'이 강조[18] 되는 등, 새로운 이념을 구현하기 위한 일본외교의 역할은 상당부분 성과를 거두었다.

이에 힘입어 2005년 일본정부는 당면의 중점외교정책으로 ① 안전 보장의 확보와 일본인 안전대책을 통한 '국민을 지키는 일본외교', ② 새로운 국제질서의 구축을 향한 '선두에 서는 일본외교', ③ 전략적인 정보발신에 의한 '주장하는 일본외교', ④ 정보수집이나 ODA, 문화를 활용한 '저력있는 일본외교'를 중점적인 목표로 설정했다.[19] ODA만하 더라도 2005년부터 3년간 아프리카 지원을 두 배로 늘리고, 5년간

ODA사업량의 100억 달러 증액[20]을 제시하는 등, 외교상의 정책목적과의 정합성(整合性)을 유지하면서 지구적 과제나 국제공헌에 적극적으로 대응해 갔다. 국제협조를 바탕으로 21세기의 현안대처에 외교적 주도력을 강화하겠다는 의지였다.

그 배경에는 동북아의 지정학적 불안요인의 증대와 중동정세의 지속적인 불안, 에너지자원의 안정적인 확보, AI와 같은 세계적인 감염증 확산, 개도국의 경제지원 등의 문제가 있었고, 다른 한편으로는 세계인구의 약 40%를 차지하고 있는 중국과 인도의 급부상이라는 현실이 있었다. 동아시아에서 발생하고 있는 '구조적인 변화'에 직면하여 일본정부가 고려해야 할 사안은 글로벌 외교노선의 설정과 중·인 양국이 보유하고 있는 잠재력을 동아시아는 물론이고 세계의 안정과 번영에 기여할 수 있는 형태로 유도하는 것이었다. 소위 아시아·태평양 지역에서 평화와 안정된 지역질서의 추구에 일본이 독자적인 외교력을 발휘할 수 있는가의 과제였다.

'가치외교'의 제창

국제협조의 이념으로 인간의 안전보장의 중시, 이를 바탕으로 외교수단으로서 ODA의 전략성 강화, 가치확산을 통한 외교적 영향력 확대의 프로세스는 '21세기 아시아의 시대'를 선도하겠다는 의지의 반영이자 국제정세의 구조적 변화 속에서 일본외교의 주도적 영향력을 강화하기 위한 전략이었다. 전후 '평화협력국가'로서 주요선진국의 일각을 차지한 일본이 21세기의 국제적 책무를 다하면서 미·영이나 중·러와 다른 국제적 지위를 획득하고 일본의 안정과 번영을 담보하기 위해서라도 독자적인 국제협력의 이념과 가치발신의 외교노선은 필요했다. 이와 관련하여 「외무성국제문제조사연구·제언사업 보고서」는 다음과 같이 언급했다.[21]

일본은 이미 반사신경만으로 시련을 넘기기에는 대국이 되어 버렸다. 그 존재는 일본인이 자각하는 것 보다 훨씬 크고 일본이 움직이면 많은 나라가 영향을 받지 않을 수 없는 상황이 되었다. 따라서 향후의 일본은 착지점을 모색하는 외교가 아니라 국익을 상정하면서 지역의 발전에 기여하는 안정된 자유로운 지역질서, 나아가 국제질서의 구축을 짊어지는 책임을 지고 있다고 해야 한다. 그러나 상황에 곧 반응하는 것이 아니라 적극적으로 대응해 가려면 나아갈 방향을 확인하는 '나침판'이 필요하다. 그것은 일본이 많은 외교적 옵션 가운데 특정의 방침을 선택할 때의 가치기준이기도 하다.

보고서를 통해 주목하고 싶은 것은 일본의 외교가 추종이나 결과에 따른 반응에 의존하던 시대로부터 국제사회에 영향을 미치고 질서의 구축을 짊어지는 책임 있는 노선을 제시하는 '나침판'이 되어야 한다는 주장이다. 요컨대 지정학적 관점에서 중국의 부상으로 인한 정치·경제적 측면에서의 일본의 상대적 지위저하에도 불구하고 전후 일본이 세계에 어필해온 포텐셜 에너지를 발판삼아 새로운 국제협력방안을 모색한다는 것이고 그 이념으로서 '가치의 영역'을 주목한다는 발상이다. 구체적으로는 '국제질서' '지역질서' '전통적 안전보장' '일미관계' '개발협력' '환경' '자원에너지' '과학기술' 등의 분야에서 공통의 이익과 가치를 추구한다는 것이다.

이에 화답이라도 하듯 아소타로[麻生太郞] 외무대신은 '가치외교'를 주창하기 시작했다. 그는 "민주주의, 자유, 인권, 법의 지배, 그리고 시장경제. 그러한 보편적 가치를 외교를 추진함에 있어 대단히 중시"해야 하는 것, 그것이 바로 "가치외교"라고 하면서 "유라시아 대륙의 외연에서 싱장해온 신흥 민주주의 국가들을 띠[帶]처럼 연결하여 '자유와 번영의 호(弧)(arc of freedom and prosperity)'"를 만들자고 했다.[22] 일미동맹의 강화와 유엔을 통한 국제협조노선의 확대, 동북아 제국과의 관계 강화라는 기존의 외교노선에 보편적 가치를 바탕으로 자유와 번영을 추구하는 이념을 새롭게 가미함으로써 일본외교의 신기축(新機軸)으로 추진하겠다는 의도이다.

아소 외상이 언급한 '가치'들은 실은 특별한 것이 아니라 역사를 돌이켜 보면 일본이 전통적으로 인식하고 실천해온 것들이자 1990년대부터는 일본이 국제사회에서도 묵묵히 발신하고 실천해온 외교적 자산이고, 특히 인간의 자유나 기본적 인권 보장, 그리고 시장경제의 확립 등은 정치적 안정과 경제번영을 기약할 수 있는 토대라는 것이다. 그 실체를 일본은 전후의 60년을 통해 국제사회에 증명해 보였기에 일본은 이러한 가치들을 세계의 '보편적 가치'로 확산시킬 수 있는 충분한 '자격'이 있고, 이를 외교력으로 결집시켜 국제사회의 번영에 독자적으로 공헌할 수 있는 국가가 되어야 한다는 논리이다. 일본의 식자층도 보편적 가치를 일본의 전통적 가치관이나 사회경제시스템과 결부시켜 외교자산으로 활용할 것을 적극적으로 제언했다.[23]

일본은 근대화의 과정에서 단순히 구미제국의 사회·경제제도를 배워

이것을 도입한 것은 아니다. 일본의 근대화를 지탱한 것은 근대화 이전에 일본사회가 배양해온 높은 식자율, 물건 만들기를 중시하는 가치관, 상당한 정도까지 발달한 시장경제와 기업가정신 등, 일본의 전통적 가치관과 사회 시스템이다. 이것이 일본의 근대화를 떠받쳤다고 하는 의미에서 일본의 근대화는 내발적이었다. 일본이 보편적 가치의 공유를 향해 국제사회에 공헌해 갈 즈음에는 이러한 보편적 가치관을 갖고 있는 일본의 전통적 가치관, 문화, 사회경제시스템을 외교자산으로 활용해가는 것이 바람직하다.

일본의 근대화를 가능하게 한 내발적 요인으로서 일본고유의 가치관과 경험을 제 외국에 확산시켜 국제사회의 보편적 가치로 공유하게 하는 외교적 노력을 강화해야 한다는 주장이다. 일본의 문화나 가치관을 통한 국제공헌은 이미 아시아의 경제개발에 커다란 경험이 되었을 뿐만 아니라 중요한 외교자산으로 가치를 발휘해 왔다. 그 이력을 감안하면 보편적 가치의 구현은 일본의 내셔널 이미지의 체인지와 주요 선진국의 일원으로서의 외교적 영향력 강화에도 실질적인 수단이 될수 있고, 또 국민적 지지를 바탕으로 한 외교력을 강화하기 위해서라도 일본고유의 경험을 제검토하고 이를 외교의 새로운 이념으로 규정하는 것은 매우 중요했다. 이와 관련하여 일본정부는 다음과 같은 인식을 갖고 있었다.[24]

'자유와 번영의 호' 형성에 즈음하여서는 일본과 가치관 및 전략적 이익을 공유하는 동맹국인 미국의 협력은 물론 가치관을 공유하는 호주, 인도, G8, EU, NATO 등과의 관계 강화는 불가결하고 향후 긴밀하게 협력해 간다. 동쪽에 일본, 미국, 호주, 중앙에 인도, 서쪽에 EU와 NATO가 있고 그로부터 유라시아대륙을 따라 뻗어가는 것이 '자유와 번영의 호'의 기본적인 모습이다. 또 보편적 가치를 기초로 하는 풍요롭고 안정된 사회의 형성이라고 하는 '자유와 번영의 호'라는 기본적인 생각은 이들 지역에 머무르지 않고 중국이나 중남미 및 아프리카에도 공유되어야만 한다.

일본정부의 인식을 보면 우선 가치를 공유하고 있는 기존의 동맹국들과의 관계를 보다 강화하면서 국제질서의 새로운 축으로 부상하기 시작한 EU 등과는 협력적 실천이 가능한 이념을 발신하고, 인도 · 중국이나 도상국들에게는 보편적 가치의 확산을 통해 정치적 안정과 경제번영에 기여하는 국가가 되겠다는 구상이다. 국제사회에 대한 협력노선의 강화, 그 과정에서 외교적인 리더십의 발휘, 일본의 안정보장 구축을 위한 연대감 강화, 개도국의 경제발전에 기여하는 선진대국의 이미지 확산, 신흥강대국의 등장으로 인한 다극화시대의 역할 강화 등을 고려한 다목적 포석이 '가치외교'(《표 8-1》 참조)를 주창한 배경이었던 셈이다. ODA의 전략적이고 효과적인 실시를 위한 종합적인 검토와 체제 정비가 이루어진 것도 바로 이 무렵부터이다.

'가치외교'의 구체화

일본정부는 '가치외교'가 지향하는 지역성을 북구제국에서 발트제국, 중 · 동구, 중앙아시아 · 유카사스(흑해와 카스피해에 둘러싸인 유카사스 산맥과 그것을 에워싸는 면적 약 44만㎢의 지역), 중동, 인도 · 아대륙, 그리고 동남아시아를 통해 동북아시아로 이어지는 지역으로 규정했다.[25] 이

〈표 8-1〉 가치외교 구도

① 가치외교
보편적 가치(자유, 민주주의, 기본적 인권, 법의 지배, 시장경제)에 의거한 '가치외교'

'경제적 번영과 민주주의를 통해 평화와 행복을'
• 한 사람 한 사람의 인간이 개인으로서 평화와 행복한 생활을 보내기 위해서는 정치적 안정이나 경제적 번영에 더해 민주주의, 법의 지배라는 제도하에서 자유나 기본적 인권이 보장되는 것이 불가결.
• '자유로운 국민'만이 비로소 정치적인 안정과 경제적인 번영을 영속적으로 달성할 수 있다. →아시아에서 가장 빨리 근대화하고 가장 오래된 민주정치국가로서 백 년 이상의 경험에 의거한 지혜

② '자유와 번영의 호'의 형성
유라시아대륙을 따라 자유의 지평을 넓혀 보편적 가치를 기초로 하는 풍요롭고 안정된 지역을 형성

• 동쪽의 미국·호주·인도, 서쪽의 EU·NATO 등과 긴밀히 협력
• 가치관의 이입이나 체제의 변경을 요구하지 않고 각국의 문화나 역사, 발전단계의 차이를 배려

출처 : 외무성 홈페이지(http://www.mofa.go.jp/mofaj/gaiko/free_pros/pdfs/shiryo_01.pdf).

들 지역에 보편적 가치를 기초로 하는 풍요롭고 안정된 '자유와 번영의 호(弧)'를 형성하겠다는 것이다. 이 외교노선은 우선 아시아·태평양 지역을 통해 구체화되기 시작했다.

그 배경에는 인도를 세외한 호(弧)의 동쪽에는 ASEAN이 있고, 아시아에서도 자유와 번영을 '공통이익'과 '공통가치'로 인식하는 나라가 늘고 있으며, 중동 지역에서 발생하고 있는 민주화운동 등도 일본의 '가치외교'를 구현할 수 있는 절호의 장이라는 인식이 있었다.[26] 호(弧)에 속하는 국가나 지역이 시간이 흐를수록 자유와 번영의 미래를 위해 분투하고 있다는 현실을 반영하여 그러한 각고의 노력을 한층 강화할 것을 촉구함과 동시에 일본은 훌륭한 동반자로서 제국의 자기변화 과

'자유와 번영의 호' 구상도

정에 협력할 수 있다는 전략적 판단이 존재했다. 요컨대 그 어느 지역보다도 '가치외교'의 이념이나 배경을 사실상 집약하고 있는 곳이나 다름없었기 때문이다.

아태 지역을 "보편적 가치를 공유하고 상호이해에 의거하여 장기적인 안정성과 예측가능성이 확보되는 지역으로 인도"하겠다는 일본정부는 이를 실천하기 위한 기본방침으로 ① 일미안보체제의 견지를 통해 불안정화의 움직임을 지속적으로 억제하고, ② 2국 간 다자 간 외교를 통해 지역의 잠재력을 최대한 발휘하여 보편적 가치의 정착을 촉진하고, ③ 전후 일관되게 '평화국가'를 추구해온 '선구자'로서 이 지역의 평화 정착과 거버넌스(governance)의 강화, 경제협력과 가치의 공유에 입각한 아시아의 발전 후원 등27으로 설정했다. 외교수단으로는 대화와 협의, 그리고 ODA의 효과적 지원이나 문화교류의 활성화였다. 일본이 '홍보문화외교'와 ODA를 전략적으로 강화하기 시작한 것도 다름 아닌 '가치외교'를 구현하기 위한 방편이었다.

G2로 발돋움하고 있는 중국과는 '전략적 호혜관계'의 진전을 위한 양국 간의 대화채널을 보다 강화하고, 급격한 발전상을 보이고 있는 인도와는 양국 간 정치·안전보장, 경제, 인적·문화·학술교류 등의 광범한 분야에서 관계 강화를 시도한 '신 차원의 일·인 전략적 글로벌 파트너십의 로드맵에 관한 공동성명'을 발표했다. 여기에 일·ASEAN 포괄적경제연계협정교섭의 타결과 ASEAN의 통합에 대한 일층의 지원약속 등은 대아시아 가치외교를 강화한 대표적인 사례였다. 금융 위

기에 직면해서는 중·소국이나 신흥국지원을 위해 IMF에 1천억 달러 상당의 융자를 표명하고, 아시아에 대해서는 '열린 성장센터'로서 세계경제에 공헌할 수 있도록 성장력 강화와 내수 확대를 위해 1조 5천억 엔을 거출하겠다는 약속도 했다.

아프리카에 대한 지원도 강화했다. 아프리카는 빈곤과 전쟁, 각종 질병 등에 허덕이면서도 경제의 고성장이 지속되고 있는 지역으로서 일본은 '경제성장의 가속화' '인간의 안전보장의 확립' '환경기후 변동 문제의 대처'를 핵심으로 적극적인 지원에 나섰다. 2012년까지 아프리카ODA와 아프리카 민간투자의 배증을 발표했고, 아프리카에 대한 개발지원을 천명한 정치적 문서로 '요코하마[橫浜]선언'을 채택하는 등, 관계 강화에 각별한 노력을 기울였다. 특히 아프리카의 질병이나 감염대책을 위한 연구·의료활동에 공적을 남긴 인물을 표창하기 위해 신설한 노구치 히데요 아프리카상[野口英世アフリカ賞][28]의 제1회 수상자로 케냐의 밀리암 웨러(Miriam K. Were, 1940~)를 공동 수상자로 선정하는 등, [29] '일본의 경험과 영지(英知)'를 활용한 '적극적·주체적인 외교'를 다각도로 전개해 갔다.

외교의 지평도 확대되어 갔다. 아베 수상이 일본 총리로서는 처음으로 NATO본부를 방문하고 NATO사무총장이 일본을 방문하여 협력관계를 논의하였고, 중·동구권에는 V4(체코, 헝가리, 폴란드, 슬로바키아) + 1회의에 참석하여 민주화와 시장경제를 구현하기 위한 대화와 협력관계 강화를 기도했다. 중앙아시아·유카사스제국과는 잇따른 방일과 수뇌회의에 이어 'GUAM(그루지아, 우크라이나, 아제르바이젠, 몰디바) + 일본'회의가 개최되었으며, 남아시아와의 관계에서는 남아시아 지역연합(SAARC)수뇌회의[30]에 일본이 처음 옵저버로 참석하여(2007.4) 민주화와 평화구축, 역내연계촉진과 인적교류 촉진 등의 방침을 밝히고 협력관계를 강화했다.[31] 보편적 가치를 공유하는 이른바 '공명(共鳴)외교'의 구현에 박차를 가했다.

이렇듯 '신생일본'의 외교는 국제정세의 급변과 상대적 지위 약화라는 외적인 변화에 직면하여 주요선진국으로서의 국제적 책무, 일본의 안전과 경제번영의 기반확보, 그리고 국제공헌을 통한 일본의 역할과 지위 강화를 위한 주도적인 외교노선의 설정과 구현에 몰입했다. 군사력에 의한 국제공헌이 제약된 상황에서 경제력과 국제적 지위에 걸맞은 독자적인 역할을 모색하기 위한 불가결한 선택이었지만 그 이면에는 두 가지의 의도가 내포되어 있었다. 하나는 일본적 가치를 적극적으로 발신한다는 것이고, 다른 하나는 가치를 공유하는 국가들과 굳건한 협력관계를 구축하여 다극화하는 국제질서의 재편과정에서 존재감을 높이겠다는 것이다.

일본이 국제적 책무와 협력 이념으로 제창한 '인간의 안전보장'의 중시가 후진국의 경제개발이나 인도적 지원에 초점이 맞추어져 있었으나, 그 과정에서 보편적 가치의 실천을 통해 오늘날의 대국으로 부상했다는 자부심을 일본적 가치의 우수성을 증명하는 형태로 확산하겠다는 의지도 한편으로는 강했다. 일본의 경험이나 가치관, 시스템 등을 외교자산으로 활용해야 한다는 주장이 관민일체화의 형태로 주창된 사실이 이를 증명하고 있다. 또 '경제적인 번영과 민주주의를 통해 평화와 행복'의 가치를 공유하는 노력은 중·러·인도와 같은 21세기의 신흥대국의 등장[32]에 즈음하여 국가의 안보나 경제협력이라는 관점에서도 매우 중요했다. 요컨대 21세기 일본외교는 ODA와 문화교류의 전략적 강화를 통해 일본적 가치의 세계화에 방점을 찍는 또 하나의 외교노선을 준비하고 있었다.

2. '신생일본'의 문화외교의 이념과 체제

1) '홍보문화외교'의 강화와 '보편적 가치'의 발신체제 구축

전후 일본의 문화외교는 시대적 상황에 따라 변화를 거듭해 갔지만 그 기조는 분명했다. 국제교류·협력을 통해 '상호이해'를 도모하고 문화적 다양성을 인정하면서 궁극적으로는 일본문화의 우수성을 전파하는 것이었다. 그 과정에서 "각 지역의 대일관심의 정도, 관심의 대상, 이해의 정도 등에 따라 홍보하는 내용이나 효과적인 매체를 검토하여 세밀한 홍보사업을 전개"[33]하여 일본이해를 증진시키고 일본문화를 확산시키는 노력을 끊임없이 기울여 왔다. 외부환경의 변화를 예의주시하면서 교류협력의 강화→일본에 대한 이해 증진→일본적 가치의 확산이라는 프로세스였다.

그러나 냉전 후 국제질서의 변용과 국제사회의 상호의존의 심화, 국력을 규정하는 요인과 국제관계의 주체(NGO 등)의 다양화, 경제 분야의 글로벌화의 진전과 그에 대한 리스크의 연쇄반응, 글로벌 가치 확산에 대한 반발 심리의 증대, 문화적 영향력 확대를 위한 각국의 도전과 응전 등은 문화외교의 이력과 흐름에 보다 전략적 대응을 요구하기 시작했다. 국제사회의 새로운 조류에 대응할 수 있는 외교 이념과 체제의 정비가 정립되어야 한다는 의미였다. 외무성의 체질과 조직개편은 이를 상징하는 조치였다.

일본정부는 1999년 7월에 성립한 '중앙성청개혁기본법'에 의거하여 2001년 1월에 1부(府) 12성청(省庁)의 신체제를 발족시켰다. 외무성도 그 과정에서 '선택과 집중'을 통한 전략적 외교를 추진한다는 명분으로 조직의 획기적인 변화를 시도했다. 우선 2000년도에는 세밀한 지역외교와 대미외교를 강화하기 위한 아메리카심의관과 세계무역기관분쟁처리실 신설, 외무성과 재외공관의 인원증원(55명) 등을 통해 외교정책과 실시체제의 강화를 위한 조치들을 단행했다(체제적인 측면에서는 정원과 기구의 확충, 위기관리체제와 해외일본인 안전대책의 강화를 포함한 재외공관의 기능 강화, 본국과 재외공관의 정보 통신 및 연락망의 정비 등).

2001년도에는 문화교류부의 문화 제1과, 문화 제2과의 명칭을 정책과(政策課), 인물교류과로 변경하여 문화외교정책을 특화할 수 있는 방안을 강구했고, 2002년도에는 '투명성' '스피드' '효율성'을 축으로 하는 이른바 '열린 외무성을 위한 10의 개혁'안을 제시하여 외무성의 체질개선(의식·제도의 개혁)과 체제(조직·기구의 개혁)의 정비를 구체화했다. 외무성의 체질을 근본적으로 변화시켜 글로벌화의 진전과 국제사회의 상호의존관계의 심화에 능동적이고 전략적으로 대응할 수 있는 체제(정보의 수집·분석체제의 강화, 예산·기구·인원의 확충, 정보화의 추진과 정보통신기술의 발달에 의한 성과의 활용, 긴급사태의 대응체제 강화, 정보공개, 일본기업의 해외에서의 활동지원 강화, 해외일본인사회와의 협력 강화 등)를 정비하기 위한 것이었다.

이 과정에서 일본정부가 중시한 외교노선은 '문명 간의 대화'를 강조한 당시 유엔의 방침을 반영하듯 '문명·문화와의 대화'였고, 국제교류의 관점에서는 "외국의 국민들이 일본의 일반사정이나 일본정부의 정책을 바르게 이해하고 이를 통해 신뢰와 호감"[34]을 갖게 만드는 것이었다. 이름하여 '글로벌 플레이어(global player)'로서 "구상하고, 제안하고, 행동하는"[35] 노력을 통해 일본문화나 정책에 우호적인 국제여론을 조성하여 일본의 국익을 실현하고, 그 실천방안으로 정부 이외의 다양한 교류단체들(NGO, 민간기업, 국제공무원, 기타 각종 교류단체)과의 협력을 통해 해외홍보[36]와 문화교류를 결합한 '홍보문화외교(public diplomacy)'[37]를 강화하겠다는 전략이다.

일본에서는 'public diplomacy'를 '홍보문화외교'[38]로 번역하여 사용하고 있고, 그 의미에 대해서는 대체로 "국제사회에서 자국의 존재감을 높이고 자국의 이미지를 향상시켜 자국에 대한 이해를 심화시키고 종래처럼 상대국정부를 대상으로 하는 것이 아니라 국민들에게 직접 대응하는 외교활동"으로 인식하고 있다. '일본'이라는 국가의 홍보와 매력적인 '일본문화'를 발신한다는 의미이다. 이를 실천하기 위한 구체적인 수단으로는 ① 정부홍보를 중심으로 한 대외발신의 강화, ② 국제방송 강화, ③ 국제문화교류를 중심으로 한 외국과의 교류 강화, ④ 해외의 일본연구, 지일파 육성의 강화, ⑤ 관광촉진 등을 주요내용으로 하고 있다.[39]

요컨대 정부를 대상으로 하는 기존의 틀을 벗어나 국제사회 전체나 특정국의 국민들을 직접적인 대상으로 자국의 소프트파워(문화나 가치관)를 활용하여 상호이해의 심화와 이미지 제고를 기도하며 자국에게 유리한 국제환경을 만들어 가는 교류(외교)활동의 총체를 의미한다. 이 경우 교류 상대의 주요 대상인 '국민'은 정부요인이나 각계각층의 오피니언 리더를 비롯해 미래의 주역인 청소년에 이르기까지 광범위하고, 그들의 국제사회에 대한 인식 역시 과거와는 달리 다양한 정보루트에 의거하여 형성되고 있기에 문화외교의 방식도 변화할 수밖에 없다. 이는 교류의 주체나 수단 역시 다양화될 수밖에 없다는 것이고 국제화의 심화는 국제관계에서 그런 흐름을 강화할 수밖에 없었다. 일본외무성의 입장도 이와 다르지 않았다.[40]

국가 간의 교류의 증대나 상호의존의 심화, 국경의 개방이나 규제완화에 의한 사람·재화·서비스의 자유로운 이동이라는 현상으로 대표되는 글로벌화가 진전하는 현재의 세계에서는 국제관계에 영향을 미치는 주체는 국가뿐만 아니라 국제기관, 비정부조직(NGO), 다국적 기업 등 다양화하고 있고 그러한 국제관계의 주체의 다양화에 따라 국제관계 자체가 다양화하고 복잡해지고 있다.

국제화의 심화로 인해 국제관계에 영향을 미치는 주체가 갈수록 다양화되고 있다는 인식이다. 실제 외무성이 전력을 기울여 추진한 '10의 개혁'과제 중에 NGO와의 연계 강화가 적시된 것이나, NGO담당 대사를 설치(2002.11)하여 외무성을 대표하는 형태로 NGO와의 대화나 협력기회를 확대해 간 것 등은 국제관계의 다양화를 반영한 조치였다.

정부의 역할과는 일선을 그을 수 있는 NGO만이 가능한 활동을 할 수 있었기 때문이다.

NGO는 자신들의 지원을 가장 필요로 하는 사람들에게 최소한의 규모로 최대한의 효과를 올릴 수 있는 장점을 보유하고 있을 뿐만 아니라 중립성을 확보하고 있다는 점에서 그들의 역할증대는 중요했다. 양자의 연계가 강화되면 "NGO의 기본적 성격인 비정부성, 비영리성, 자발성, 자립성 등의 특질이 손상될 우려"[41]도 있었지만, 일본의 경우는 외무성과 NGO와의 '대화' '연계' '지원'이라는 시스템을 통해 파트너십을 구축하여 부작용을 최소화하기 위한 장치도 마련하고 있었다(〈표 8-2〉 참조).

NGO와의 협력관계 구축에 공을 들인 이외에도 'e-외무성구축기본

〈표 8-2〉 외무성과 NGO와의 파트너십 구축

대화
주된 대응
• NGO / 외무성 정기협의회(1996년 개시)
• NGO와 재외공관과의 정기협의회
• GII / IDI에 관한 외무성 / NGO간담회(1994년 개시)
• NGO / JICA협의회(1998년 개시)
• NGO / JBIC협의회(2001년 개시)

↓

외무성과 NGO와의 파트너십

연계	지원
주된 대응	**주된 대응**
• 외무성 / NGO 공동평가(1997년 개시)	• NGO사업보조금(1989년 개시)
• 재팬 플랫폼의 설치(2000년 8월)	• NGO활동환경 정비 지원사업(1999년 개시)
	• 일본 NGO지원 무상자금협력(2002년 개시)
	• 민초기술협력(JICA사업, 2002년 개시)

출처 :『外交靑書』, 外務省, 2004, 208면.
GII : '인구 · AIDS에 관한 지구규모문제(Global Issues Initiative on Population and AIDS)'의 약칭.
IDI : '오키나와감염증대책 이니시어티브(Okinawa Infectious Diseases initiative)'의 약칭.

구상'을 통한 정보서비스의 IT화 추진, 국내외의 각계 오피니언 리더와의 연계 강화, 지적교류 강화를 위한 국제교류기금의 역할 강조, 일본의 대외이미지 향상과 일본문화의 매력을 최대한 활용하기 위한 '홍보문화교류부'의 신설, 일본의 소프트파워를 한마디로 대변한 'Japan's gross national cool'[42]의 외교자원화 발상 등이 구체화되었다. 글로벌화의 진전에 따른 외교활동의 다변화 의지로, 소위 '홍보문화외교'를 강화하기 위한 대표적인 조치들이었다.

이 중에서도 홍보문화외교 중시라는 발상전환의 산물로서 탄생한 '홍보문화교류부'는 일본의 매력발신과 상호이해의 촉진을 유기적으로 결합하는 체제를 구축하기 위해서였다. 이 부서는 홍보문화외교의 일체화를 위한 문화외교체제의 재편(2012)을 통해(〈표 8-3〉 참조) 폐지될 때까지 일본의 프레젠스를 높이기 위한 호의적인 대일여론 조성과 지일파 육성, 일본의 문화와 정책에 관한 국제사회의 이해촉진을 위해 진력했다. 특히 2001년 중앙성청의 개정에 의해 문화청과의 역할분담(문화청은 국제문화교류 일반을 담당, 외무성은 외교적으로 투자할 가치가 있는 문화교류로 특화)[43]이 정해진 이후에는 전략적인 문화외교에 전력을 기울이며 성과를 축적해 갔다.

홍보문화외교의 강화는 국민 참여를 활성화시켜 저변으로부터의 지혜를 활용하면서 한편으로는 향후의 외교활동을 다양한 주체들과의 연계를 통해 그들의 국제사회에서의 역할과 영향력 확대를 측면에서 지원하겠다는 포석이지만 그 이면에는 현실적 · 정서적 판단이 작용했다. 현실적으로는 글로벌화의 진전에 따라 "국제사회가 국민의 생활에 미치는 영향이 갈수록 강화되고 있고, 국민 한 사람 한 사람이 국제정

연도	명칭	취지	기능의 변화
1951	정보문화국 설치	다국간 혹은 특정 2국간의 동향에 대해 신속하고 정확한 정보제공	4과체제로 편성, 국내외 홍보, 문화교류와 문화협정 체결 주도
1964	문화사업부 신설	문화교류관계를 전담하는 부서로서 문화외교를 강화	정보문화국에서 독립
1984	문화교류부 신설	일본문화의 세계화를 위한 정책의 기획·입안	정보문화국 폐지, 보도, 국내외홍보, 문화교류의 기능분화
2004	홍보문화교류부 신설	'public diplomacy'의 중시, 일본의 매력발신과 상호이해의 촉진을 유기적으로 결합	대외홍보와 문화교류 부분을 재통합
2012	외무보도관·홍보문화조직으로 재편. 홍보문화외교전략과 신설	문화교류의 전략적·유기적 결합을 통해 'public diplomacy' 추진체제의 일체화 확립	홍보 정보발신의 강화와 국제교류에 의한 일본이해의 증진에 관한 기본적인 방침의 기획, 정책 실시

세나 일본과 국제사회와의 관계에 깊은 관심"[44]을 표명하는 시대적 상황을 직시할 필요가 있었고, 정서적으로는 정부 이외의 주체가 문화외교활동을 강화함으로써 일본인의 정서나 일본의 문화적 가치(배려심(思いやり)·협력정신(助け合い) 등)를 최대한 어필하는 형태로 상대방의 마음을 사로잡겠다는 의도가 있었다.

국민전체의 역량을 결집하는 외교체제의 정비는 민간식자층에 의한 정책 이념의 제언과 맞물려 추진되었다. 대표적인 사례가 국제교류기금의 의뢰를 받아 작성된 「새로운 시대의 외교와 국제교류의 새로운 역할」(좌장 : 야마사키 마사카즈, 동아대학장(東亜大学長))이라는 보고서였다. 이 보고서는 "민주주의, 법의 지배, 기본적 인권, 시장경제, 환경보호, 등의 가치관이 점차 사람들에 의해 공유되고 있고, 각국에서 이러한 공통가치를 짊어지고 스스로의 도의성을 설득적으로 제시하는 것이 유효한 외교활동을 행함에 있어 갈수록 중요해지고 있다"[45]는 시대성을 배경으로 출발했다. 비서구사회에서 유일하게 근대화에 성공한 이력과 아시아에 위치한 주요선진국의 일원이라는 지정학적 특성을 살려 가치관을 공유하는 세계여론의 형성이나 룰 만들기에 일본이 적극적으로 관여함으로써 독자적인 공헌방안을 모색한다는 것이었다.

보고서는 우선 국제환경의 변화에 따른 일본의 과제로서 ① '세계여론(global opinion)'의 형성과 규범으로서의 도의성, ② 외교에서의 민력(people's power)의 영향력 증대, ③ 소프트파워를 규정하는 한 요소인 '언력(word power)'의 원천으로서 문화의 '품격(decency)', ④ 문명 간 대화의 강화와 다문화공생사회의 실현 등에 일본이 적극적으로 대응하고 선도해 가는 역량 강화를 강조했다. 실천방안으로서는 ① 국민레벨에서의 외교추진과 '홍보문화외교'의 강화, ② 일본의 내셔널 이미지의 재고와 일본의 발신능력 강화, ③ 보편적 가치의 공유와 문화적 다양성의 실현에 공헌하는 방안 등을 확립해야 한다고 주창했다. 특히 보편적 가치의 발신이라는 점에서는 근대화에 성공한 일본의 경험과 독자성을 강조하기도 했다. '가치외교'를 주창한 일본정부의 입장을 뒷받침하는 것이었다.

국제교류를 주도하고 있는 국제교류기금에 대해서는 '홍보문화외교(public diplomacy)'를 담당하는 중간기관과 일본문화의 해외발신을 담당하는 중핵적 조직으로서의 역할을 강조하면서, 구체적으로는 ① 현대일본문화의 매력을 종합적으로 제시, ② 인재개발사업의 강화, ③ IT기술을 구사한 정보발신능력의 향상을 위한 체제 정비, ④ 중간조직으로서의 메리트와 해외사업소망을 활용한 다양한 네트워크형성, ⑤ 동북아시아 지역과 커뮤니티형성을 위한 새로운 체제 정비, ⑥ 문화 분야의 국제공헌을 위한 체제 강화, ⑦ 종합적인 사업실시체제의 정비,

⑧ 정보를 기축으로 한 종합조정기능의 강화, ⑨ 직원의 전문성향상과 조직의 활성화, ⑩ 세심하고 효과적인 사업을 실시하기 위한 조사기능의 강화, ⑪ 대미·대중을 중심으로 한 지역 전략의 강화 등이 필요하다고 제언했다.

또 새로운 시대의 외교를 보다 효율적으로 추진하기 위해서는 외무성과 국제교류기금의 역할분담(〈표 8-4〉 참조)이 중요하다고 하면서, ① 외무성과 국제교류기금에 의한 올 재팬적 입장에서의 협력, ② 암즈렝스(Arm's Length) 조직으로서의 국제교류기금, ③ 정부홍보와 국제교류의 구분, ④ 청소년교류와 국제교류기금의 역할, ⑤ 재외공관과의 연계 등의 문제에 적절한 역할분담을 역설했다. 효과적인 국제교류정책의 추진과 국제교류기금의 독립성확보 등 국제환경의 변화를 반영한 문화외교체제의 새로운 정비와 정책적 방향성을 중심으로 한 제언이었으나 전체적으로는 특화된 지역 전략의 중요성, IT기술을 접목한 정보·문화발신 능력의 강화, 현대일본문화의 매력강조와 외교자원화 의지, 홍보문화외교 강화를 통한 국제여론의 선도와 영향력 확대 등을 강조했다.

〈표 8-4〉 문화외교체제의 효과적인 추진을 위한 역할 분담

외무성	• 홍보문화교류정책의 기획·입안 • 정책홍보, 일본사정 소개, 초빙사업, 재외공관문화사업, 국제문화협력, 국제교류기금의 감독 및 활용
국제교류기금	• 전 세계에 걸쳐 종합적으로 국제문화교류사업을 실시하는 일본 유일의 조직 • 주요업무는 해외에서의 일본어보급, 문화예술교류, 일본연구·지적교류 등
문화청	• 문화예술진흥이나 교육계몽 등과 관련한 일반적인 국제문화교류활동

보고서는 외무성의 개혁노선과 거의 일치하고 있을 뿐만 아니라 21세기 일본의 문화외교의 방향성을 사실상 규정했다고 해도 과언이 아니지만 여기서 한 가지 주목할 것은 '홍보문화외교'의 강화에 방점을 찍고 있었다는 점이다. 보고서는 '홍보문화외교'의 개념을 "종래의 정책홍보로는 커버할 수 없는 광범한 층을 대상으로 하고 그 형태도 홍보뿐만 아니라 인적·지적 네트워크의 구축을 목표로 하는 인물교류나 과제해결형의 대화·공동연구 등 다양한 형태를 포함"[46]하는 것으로 정의한 뒤, 이 같은 관점에서 사업을 추진하기 위해서는 정부와 민간단체, 공적지식인(public intellectuals)과 대중을 중개하는 기능을 강화해야 한다고 했다.

공적지식인은 넓게는 의사소통자(communicator)로서 "지식을 지니고 있을 뿐만 아니라 참여, 상호교류, 비평, 통합 등을 통해 한 세대의 사상들을 형성시키는 사람들"[47]이다. 그들은 전문적인 영역을 벗어나 대중들이 관심을 표명하는 다양한 주제들을 통해 대중과의 소통을 강화해가는 특성을 갖고 있어 성향과 사안에 따라 객관성과 보편성을 유지하기 어렵다는 부정적 측면(여론이나 이미지 조작이 가능하다는 것)이 있다. 따라서 연계에 신중을 기해야 하지만 그들을 통해 정책적 홍보를 강화할 수 있다는 장점을 선택한 것이다. 이른바 국내외의 문화인이나 지식인들과의 광범한 네트워크구축을 통해 장기적인 관점에서 일본문화의 해외발신과 국제여론의 형성과정에 관여함으로써 일본의 내셔널 이미지를 변화시켜 간다는 취지이다.

2) '일본브랜드'의 발신 강화와 내셔널 이미지 체인지

일본의 내셔널 이미지 체인지를 위한 외교 전략은 「문화외교 추진에 관한 간담회」(좌장 : 아오키 다모츠, 정책연구대학원 교수) 보고서를 통해서도 강조되었다. 보고서는 1980년대부터 이어진 민간전문가들로 구성된 자문회의[48]의 연장선상에서 작성되었으나, 여기서 주목할 것은 보고서의 제목이 '문화교류의 추진'이 아닌 '문화외교의 추진'으로 명명되었다는 것과 동아시아와의 연대감 강화를 위해 매력적인 일본의 사상과 문화를 어떻게 효과적으로 발신할 것인가에 대한 구체적 방안이 문화외교의 5대 주요테마 가운데 하나로 강구되었다는 점이다(〈표 8-5〉 참조).

문화교류나 지적교류의 강화에 대해서도 그것은 "일본외교에 '폭과 깊이'를 제공하는 것"이라고 하면서, 이제까지 추진해온 문화교류를 일본외교의 핵심적인 동력으로 추진하여 일본문화에 대한 세계의 공

〈표 8-5〉 문화외교의 주요테마

일본의 문화 · 사상의 매력의 발신 일본문화에 대한 세계의 공감, 특히 동아시아 지역의 연대감을 높이기 위해 일본문화를 어떻게 효과적으로 소개할 것인가에 대한 논의
문화외교의 구상력의 원천으로서의 지적교류 · 지역연구 국제여론에 대한 영향력 확보를 위한 지적교류, 지역연구의 중요성에 대한 논의
문화 · 스포츠협력의 효과적 활용 도상국의 국가 건설, 전쟁 후의 부흥에 있어 문화 · 스포츠교류의 의의 및 문화발신의 발판으로서의 효과적인 활용에 대한 논의
문명 간 대화 다양한 문명의 존중, 수용의 세기로 세계를 인도하기 위해 문명 간 대화의 중요성에 대한 논의
민간이나 지방과의 연계 민간베이스, 지역레벨에서의 교류, 협력을 촉진하여 이와 연계하고 일본전체가 문화외교에 대응하는 것의 중요성에 대한 논의

출처 : 「文化外交の推進に関する懇談会」, 2004. 12.

감과 우호적인 국제여론의 조성에 직접 관여하겠다는 의지를 피력했다. 국력을 가늠하는 다양한 요소 가운데 일본은 경제력을 앞세운 외교노선을 중시해 왔지만, 경제성장이 여의치 않다는 현실과 국력을 지탱하는 요인의 다변화를 감안하여 경제력을 바탕으로 국제적 지위향상을 도모하던 과거의 시대상과 사실상 결별을 고하고 '연대와 공감'을 강조하는 문화외교의 전략화를 통해 국가이미지를 새롭게 창출해야 한다는 논리였다.

문화교류에서 문화외교로의 발상전환과 추진 전략은 「'문화교류의 평화국가' 일본의 창조」(문화외교의 추진에 관한 간담회 보고서, 2005.7)를 통해 체계화되어 갔다. 내각총리대신이 직접 주재하고 외무성의 협력과 국제교류단체 관계자들의 자문을 얻어 정리된 동 보고서는 문화외교를 "문화교류의 자립성과 다양성을 존중하면서 열린 국익의 실현을 위해 다양한 교류를 촉진하는 것"[49]으로 정의한 뒤, 그 의미에 대해서는 '시민 레벨에서의 이해촉진'과 '쌍방향 교류'를 언급했다. 다양한 레벨에서의 문화교류를 통해 일본이해를 촉진시키는 것이야말로 외교적 분쟁이나 과제에 대응하기 위한 효과적이고 현실적인 수단이라는 것이다.

이러한 인식은 21세기의 문화외교의 목적으로 이어졌다. 구체적으로는 ① 자국에 대한 이해촉진과 이미지 향상, ② 분쟁회피를 위한 다른 문화·문명 간 상호이해와 신뢰의 함양, ③ 전 인류에 공통의 가치나 이념의 육성에 공헌하는 것[50]으로 정한 뒤, 이를 위해서는 일본국민의 문화외교에 대한 인식제고와 관민을 불문코 문화교류의 다양한 담당자가 연계할 필요가 있다는 것이다. 문화외교의 효과를 극대화하기 위해 나라 전체가 명확한 이념과 방법론을 확립해 대응해야 한다는 취지이다. 이 과정에서 동아시아와의 연대감 강화(공통의 가치관 형성을 통해 지역으로서의 일체감 양성)를 위한 문화외교의 적극적 전개가 대 아시아외교의 핵으로 부상했다.

이를 뒷받침하는 이념으로 문화발신을 통한 '21세기형 쿨'의 제시, 문화 창조를 위한 장(場)의 육성으로 이어지는 '창조적 수용', 공생을 존중하는 마음을 보편적인 일본의 메시지로서 세계에 전달하여 '다양한 문화나 가치와의 가교'로서 공헌하는 것 등을 문화외교의 3대 이념으로 설정했고, 그것을 구현하기 위한 행동방침으로 일본어의 보급이나 일본의 애니메세대 육성, 레지던스형 교류추진, 지적교류의 추진, 문명 간 대화의 촉진, 문화재 국제협력 컨소시엄구축 등을 제시했다(〈표 8 -6〉 참조). 이른바 '발신' '수용' '공생'의 이념을 바탕으로 일본문화의 특색을 살리면서 이념을 효과적으로 실현시키기 위한 구제적인 대응과제를 명시한 것이다.

문화외교의 강화 배경에는 일본외교의 주도적인 역할 확대라는 포석이 있었지만 한편으로는 '잃어버린 10년'으로 대변되는 일본의 경제력 저하와도 관련성이 있었다. 경제동우회의 대표간사 기타시로(北城

〈표 8-6〉 문화외교의 3대 기본 이념과 행동지침

발신 : 문화발신을 통한 '21세기 형 쿨'의 제시
일본어의 보급과 일본어교육의 추진, 지적 · 문화적 자산으로서의 콘텐츠의 진흥과 발신, 정보발신 기능의 충실, 대외적인 메시지의 발신기능 · 홍보활동의 충실, 국제교류장면에 있어서 체험적인 일본문화발신.
수용 : 문화창조의 장의 육성으로 이어지는 '창조적 수용'
유학생의 적극적인 수용, 레지던스형 프로그램의 추진, 인재교류 · 지적교류의 추진.
공생 : '다양한 문화나 가치와의 가교'로서 공헌
문명 간 대화의 촉진, 일본의 국제협력의 기본 이념의 발신, 스포츠교류 추진을 위한 네트워크 정비, 문화재 국제협력 컨소시엄의 구축.

출처 : 文化外交の推進に関する懇談会報告書, 「'文化交流の平和国家'日本の創造を」에서 발췌작성.

恪太郎, 1944~)는 국제사회에서 일본의 존재감 강화와 일본의 발전을 위해서는 "높은 부가가치를 갖는 '일본브랜드'를 만들어 세계를 향해 발신해가는 것이 필요"하고, 그것은 "민간의 노력뿐만 아니라 소프트파워를 중시하는 외교 전략의 일환으로서 중시해야 할 과제"[51]라고 언급했다. 이를 위해서는 관민이 적극적인 파트너십을 구축해 자국의 브랜드를 어필하는 노력을 지속적으로 기울여야 하고, 이것은 단순히 기업이나 개인의 이익을 위해서라 아니라 "나라 전체의 풍요로움에 대한 공헌이나 매력의 발신으로 이어진다고 하는 명확한 철학"의 문제라고 주장했다.

국제사회에서 일본제품에 대한 신뢰성을 부가가치가 높은 '일본브랜드'로 재창조하여 외교자원으로 활용하는 한편, 이를 국가번영의 토대로 삼아야 한다는 논리이다. 일본외교의 신기축으로서 '가치외교'의 구현이 일본외교의 방향성으로 설정되던 시기와 때를 같이했다. 범국가적인 시야에서 일본의 매력을 창출하여 국내외를 일체화하는 효과적인 문화교류를 전략적(해외 각 지역이나 주요국의 실정을 면밀히 분석하여 효과적인 대응책을 마련한다)으로 추진하기 위한 관민의 노력은 「일본의 발신능력 강화를 위한 5개의 제언」(외무대신 직속의 해외교류심의회, 2007.6)과 「일본문화에 관심을 높이기 위한 문화발신의 대응에 대해」(문화청장 직속의 문화발신 전략에 관한 간담회, 2009.3)라는 보고서를 통해 다양한 정책적 제안으로 진전되었다.

우선 「5개의 제언」은 일본 팝 컬처(pop culture)의 세계적인 인기를 활용한 일본어·일본문화의 발신능력 강화로서 ① 일본문화 볼런티어 제도(현지의 젊은이들을 대상으로 일본청년들이 일본의 팝 컬처를 포함한 일본문화를 소개하고 일본어교육 등을 행하면서 현지인의 '일본' 접촉의 기회를 늘이는 것을 목적으로 함)의 신설과 ② 일본어교육거점을 100개 이상으로 늘려 일본문화에 대한 '접촉의 장'을 신규로 전개할 것을 제안했다. 이어 외국의 유식자층에 대한 대일관심의 향상을 위해 ③ IT·미디어를 통한 정책 메시지의 외국어발신 강화, ④ 지적교류와 지일파 육성을 통해 일본의 유식자의 소리를 세계에 반영하는 체제구축, ⑤ 젊은 지도자(일본전문가에 한정하지 않음)에 대한 대일이해촉진 프로그램 도입 등의 정책을 제안했다.[52]

국제문화교류에서 '공공외교'와 소프트파워의 중요성이 점차 증대되고 있는 흐름을 반영하여 일본의 문화나 사회의 매력(소프트파워)을 적극적이고 효과적(일방적인 전파가 아니라 상대가 공감할 수 있는 메시지의 발신을 의미한다)으로 상대국의 오피니언 리더들과 국민들에게 전달하여 일본에 대한 '이해'와 '존경심'을 갖게 만들 뿐만 아니라 장기적인 관점에서 문화적 영향력을 확대해 가겠다는 것이다. 이 과정에서 정부와 국내외의 공적지식인과의 연계 강화, 민간기업의 지원과 역할 강화, 관민일체화와 활동주체의 연계에 의한 시너지효과 창출, 현지의 관계기관과의 협력을 통한 발신능력의 현지화추진, 장기투자에 의한 해외의 지일파 양성, 일본사회의 일본문화 재발견과 해외의 일본문화 체험의 기회 확대 등을 강조하고 있다.

한편 「문화발신의 대응」 보고서는 제 외국의 일본문화에 대한 인식이 하이 컬처에 이르지 못하고 만화, 애니메이션, 게임, 대중음악, 패션, 디자인, 식문화 등 일상적인 생활에 머물러 있어 일본문화 전체에 대한 깊은 이해가 부족하다는 전제하에 출발했다. 보고서에 의하면 현재 세계

속의 일본문화(현대문화)는 "예로부터 뛰어난 전통문화의 축적에 의해 성립하는 연속성을 갖고 있는 존재임에도 자칫하면 단편적·부분적으로 밖에 세계에 알려지지 않고 있는 현상"이 있어, 이를 타파하기 위해서라도 "전통을 보유하고 있는 독창적인 문화를 널리 세계에 발신"할 필요가 있고, "나라 전체가 전략적으로 문화발신을 추진함과 동시에 문화발신을 강화하기 위한 기반정비"[53]를 서둘러야 한다고 했다.

따라서 우선 국가가 해야 할 역할로서 ① 문화발신기획의 메뉴화, ② 미디어 예술 분야의 국제적 지위 확립, ③ 일본문화의 정보발신과 이해의 촉진, ④ 문화예술창조도시의 추진, ⑤ 문화재 및 주변 환경의 종합적인 보존과 활용, ⑥ 문화발신의 공헌에 대한 표창 등을 주문했다. 또 문화발신을 위한 기반정비로서는 ① 세계에 문화발신을 하기 위한 중점적인 대응체제 추진, ② 국내의 일본문화 소개의 충실·강화, ③ 일본문화를 세계에 발신하기 위한 국내체제의 정비 등을 주문했다⟨표 8-7⟩ 참조). 문화발신 강화를 위한 체제 정비를 통해 "역사 속에 축적되어 온 증층(重層)적인 문화"가 일본문화의 "총체"로서 보다 널리 세계에 전파되어 "일본문화의 영속적인 관심이나 이해, 그리고 동경"심을 국제사회로부터 획득하기 위함이었다.

자민당도 이러한 흐름에 동참했다. 외교력 강화에 관한 특명위원회가 정리한 「액션플랜 10」에 의하면, ① 외교의 요체는 인재, 장래의 외교의 초석이 되는 인재를 육성, ② 금후 10년 간 외교체제실시를 발본적으로 강화, ③ '일본의 얼굴' 최후의 '방패'인 재외공관의 충실·강화, ④ 기동적외교의 전개를 위해 편리성이 높은 항공기를 도입·활용, ⑤ 의원외교의 전략성을 높여 종합적인 외교력을 강화, ⑥ 올 재팬으로

세계에 문화발신을 하기 위한 중점적인 대응체제의 추진
발신의 대상 및 내용의 중점화와 발신방책, 외국에서 발신거점을 활용한 문화발신, 일본에 대한 관심을 높이기 위한 중점적인 문화발신, 일본문화의 발신에 공헌한 외국인의 표창 등
'국내의 일본문화 소개의 충실 · 강화'를 위한 대응 체제
다언어에 의한 일본문화소개의 충실, 국제페스티벌이나 문화예술에 관한 국제회의 개최, 유학생 지원의 충실, 일본인 자신의 일본문화 이해의 촉진 등
일본문화를 세계에 발신하기 위한 국내체제의 정비
일본문화의 정보거점의 정비, 일본어교육의 지원, 문화예술창조도시의 대응 촉진, 전통적인 거리의 보존을 비롯한 문화재 보호의 추진, 관계성청의 연계와 관민의 상호협력 등

출처 : 「日本文化への理解と関心を高めるための文化発信の取組について」에서 발췌작성.

기업 · 지방지원을 실시, ⑦ NGO를 비롯한 외교플레이어와의 연계 강화, ⑧ 세계를 주도하는 국가로서 ODA를 질 · 양 모두 확충, ⑨ '돌리고, 올리고, 세지 않는' 정부주체의 정보체제를 구축, ⑩ '아름다운 나라 일본'의 발신력 강화[54] 등을 일본의 종합적인 외교력을 높이기 위한 불가결한 요소라고 언급했다.

민간위원회가 제시한 보고서가 일본문화발신을 위한 전략적 방안이 주류를 이루고 있다면 자민당의 보고서는 체제의 정비를 통한 종합적인 외교력 향상에 초점을 맞추고 있다. 문화외교 강화를 위한 역할분담(이 역시 정 · 관 · 민 일체화를 의미한다)이 체계적으로 이루어지고 있음을 의미하지만 경제계도 동일한 주장을 펼치며 나름대로의 역할을 모색했다. 공익사단법인 경제동우회는 최근 국제사회에서 일본의 존재감이 다소 엷어지고 있는 현상이 우려스럽지만 다행스럽게도 일본에 대한 호감도는 높은 만큼, 소프트파워를 활용한 문화외교의 영역에서는 '홍보문화외교'를 강화해야 한다고 하면서 다음과 같은 전략이 필요하다고 했다.

① 국제TV방송의 확충, ② 인터넷상의 외국어에 의한 대외정보발신

강화, ③ 일본어와 일본문화의 보급을 위한 해외거점수의 확충, ④ 해외일본인 커뮤니티와의 연계 강화, ⑤ 해외의 일본연구, 지일파 육성의 강화와 네트워크화, ⑥ 관광촉진, 유학생의 증가와 일본기업에 의한 인재등용 등의 정책추진이 필요하다고 역설했다.[55] 일본사회의 가치관이나 평화국가의 이미지를 꾸준히 발신하여 국제사회에서 일본의 영향력 확대를 추구하는 노력이야말로 정치, 경제, 군사 등 분야를 불문코 국제적인 유사(有事)사태가 발생했을 때 일본의 발언력과 영향력을 담보할 수 있다는 논리이다. 일본외무성의 '홍보문화외교'에 대한 인식과 완벽하게 일치하고 있다.

식자층에 의한 지원사격도 이어졌다. 와타나베 히로타카(渡邊啓貴, 1954~, 도쿄외대 교수)는 해외에서 주목받고 있는 '쿨 재팬(Cool Japan)' 현상이 '진정한 일본문화'가 아니라는 일부의 비판을 문화절대주의 혹은 문화활동 원리주의로 간주한 뒤, 논란은 있지만 일본의 팝 컬처가 종합적인 일본문화 이해를 촉진시키고 있는 것은 사실이고 그로 인해 일본문화의 다양성과 역사적 깊이가 국제사회에서 시민권을 획득하고 있는 것은 분명하다고 했다.[56] 팝 컬처가 일본문화의 총체가 아니라는 것과 상업적 전략에 대한 비판은 수용하면서도 그것이 일본문화의 종합적 이해와 영향력 확대의 토양이 된다는 점을 강조한 것이다.

실제 팝 컬처가 갖고 있는 호소력과 이에 대한 국제사회의 호응을 십분 활용하여 일본의 정보를 전달하고 홍보문화 활동에 이용함으로써 효과적인 외교성과를 추구하고자 하는 논리는 2000년대 들어 상당한 설득력을 갖고 정치권에서까지 주창되기 시작했다 — 아소타로(麻生太郎)의 '문화외교의 신발상'[57]은 대표적인 사례이다. 이런 상황을 고려하면 소프트파워의 문화외교화가 일본외교의 저변을 이루고 있는 것은 분명하고, 나아가 대외경제 전략의 일환으로서도 문화외교를 보다 더 강화해야 한다는 논리에 힘이 실리는 것은 당연하다. 경제외교가 일본인과 일본기업의 이익을 극대화하기 위한 제도적 환경을 만들어가는 것이라면 문화외교는 그것을 가능하게 하는 정서적 환경을 만들어 가는 것이기 때문이다.

와타나베가 ① 문화사업을 실시하기 위한 활동의 유효한 결합, ② 지적교류와 일본어보급의 충분한 위치부여(일본으로부터의 교육체제 지원과 현지정부의 일본어교육 활성화를 위한 교섭을 일체화시키는 활동), ③ 일본의 외교 전략과 식견을 해외에 전달함에 있어 주체성과 보편성이 있는 발언, ④ 전략적인 우선순위와 예산의 중점배분의 재검토 등[58]이 반드시 필요하다고 주장한 것은 시대적 흐름을 반영한 것이지만 경제적 실익을 극대화하기 위한 기반정비라는 측면이 있기 때문이다. 소위 '쿨 재팬(Cool Japan)'을 대표하는 팝 컬처를 적극적인 문화외교의 수단으로 활용하는 것이 대외경제 전략에도 유효하고 홍보문화외교를 강화해야 하는 시대성과도 일치한다는 것이다.

3) '쿨 재팬(Cool Japan)'의 '문화가치 입국' 구현

'쿨 재팬(Cool Japan)'은 일본의 '문화산업'[59]의 방향성으로도 설정되었다. 문화산업에 대한 일본사회의 움직임은 민간기업이 이전부터 관심을 갖고 추진하고 있었기에 새로운 것은 아니다. 하지만 경제산업성

이 일본의 문화(= 매력)를 경쟁력의 원천으로 하겠다는 의지를 밝힘으로써 21세기의 전략산업으로 부상하기 시작했다. 요컨대 전통문화나 혁신적 과학기술에서부터 현대의 팝 컬처나 '귀여운(かわいい) 문화'에 이르기까지 일본문화의 장점을 재인식하여 전체로서 '일본성'을 느낄 수 있는 새로운 가치를 창조, 발신하여 커다란 무브먼트를 불러일으킨다는 것이다.[60]

소프트파워로서 문화산업이 일본산업 전체의 해외전개에 있어 실질적인 힘이 된다는 전제하에 개별상품에 국한할 것이 아니라 일본의 라이프스타일에 대한 동경심을 갖게 하여 궁극적으로는 '일본브랜드'를 세계 속에 확산시킨다는 취지이다. 그 배경에는 국내적으로는 산업규모가 정체기미를 보이고 있고, 한류의 인기가 아시아 시장에 선행하면서 일본의 자동차·가전 등의 시장에 영향을 미치기 시작했으며, 일본의 문화산업이 일본경제에서 차지하는 비율이 약 7% 수준에 머물러 있어 이를 타파할 필요가 있고, 일본의 제조업은 일본의 문화를 경쟁력 강화에 접목시키는 노력을 게을리 하여 콘텐츠의 인기가 비즈니스로 이어지고 있지 않다는 점[61] 등의 요인이 작용했다.

게다가 문화산업화라는 개념에는 탈공업화라는 의미와 함께 새로운 일본문화의 수출산업으로 발전할 수 있다는 것과 일본의 아이덴티티로서 일본경제의 국제화를 지원하고 나아가 외교·방어상의 플러스효과를 기대할 수 있다[62]는 명분도 있었다. 따라서 향후 일본은 일본문화의 포텐셜을 비즈니스화 시켜 산업의 파급효과를 도모하는 노력을 해야 하고 이를 통해 문화산업을 자동차 일렉트로닉스산업에 비견할 수 있는 글로벌산업으로 육성시켜야 한다는 것이다. 그 이면에는 한국이 콘텐츠와 상품을 팩키지화 시켜 전략적으로 새로운 시장을 개척하고 있는 사실에 위기감을 느끼면서 이에 대한 공격적 대응이 필요하다는 인식도 내포되어 있었다.

문화산업의 발신, 유통, 창조를 위한 일본정부의 노력은 특정부서에 국한되지 않았다. 국토교통성이 주도한 'Visit Japan Campaign'과 글로벌 관광 전략(2002),⁶³ 경제산업성이 야심적으로 추진한 '신일본양식(Japanesque Modern)브랜드'추진(2005, 전통과 첨단기술을 결합하여 일본다움을 강조하는 새로운 일본의 양식 발견),⁶⁴ 일본인의 감성을 활용한 물건 만들기와 서비스활동을 추진할 때 취해야 할 내용을 담은 '감성가치 창조 이니셔티브'(2007) 등은 종래의 제조업에 가치관을 접목시켜 감동이나 공감을 불러일으키는 것을 산업정책으로 설정해 갔다.

또 '국제만화상'(2007) 창설과 '애니메문화대사'사업(2008)을 비롯해 일본패션 세계화 전략의 일환으로 시작된 외무성의 '팝 컬처 발신대사'(2009), 일본소비자의 뛰어난 감성에 의해 성장한 소프트파워를 일본 특유의 브랜드가치로 승화시키겠다는 지적재산 전략본부(본부장 총리내각대신)의 '일본브랜드 전략'(2009),⁶⁵ 새로운 '문화예술입국'실현을 위한 문화청의 '문화예술에 의한 건강한 일본부활 플랜'(2010), 그리고 이상의 각부서가 총동원되어 파리에서 개최한 세계최대급의 일본팝컬처이벤트 'JAPAN EXPO 2010' 등은 세계가 공명할 수 있는 일본의 소프트파워의 발신 강화를 위해 범정부적 차원에서 추진된 대표적인 정책들이다.

창조적인 문화홍보외교의 추진

이 같은 흐름은 외무성의 홍보문화교류부가 주도한 홍보문화외교의 제도적 방침에 관한 유식자 간담회 최종보고서인 『3·11 이후의 홍보문화외교』(2012.7)와 '홍보문화외교전략과'[66]에서 작성한 정책보고서 『외무성의 홍보문화외교의 대응』(2013.2.20), 그리고 외무성의 문화외교체제의 재정비(2012, 〈표 8-8〉 참조)를 통해 집대성되었다. 양보고서는 공히 일본이 문화대국으로서 국제적인 존경과 평가를 받기 위해서는 국제사회의 일본에 대한 높은 신뢰나 호감도를 활용하여 보다 전략적으로 대외발신능력을 강화할 필요가 있다는 목적하에 작성되었다.

우선 전자는 홍보문화외교를 강화해야 하는 시대적인 배경을 4가지로 정리한 뒤, 향후의 추진 전략으로서 ① 홍보문화외교를 일본외교 속에 명확히 위치지우고, ② 쌍방향성과 협동성을 중시하는 자세를 견지하고, ③ IT나 SNS를 포함해 이노베이션을 촉진하는 시스템 구축, ④ 홍보문화외교를 담당할 인적·조직적 능력의 향상과 영향력 있는 네트워크 강화, ⑤ 성과의 측정과 사업내용에 대한 설명 책임 등을 제시했다. 이를 추진하기 위한 제도적 장치(〈표 8-9〉 참조)로서는 추진체제의 강화, 효과적인 목적달성을 위한 사업영역의 설계, 이노베이션 지향의 조직문화의 형성, 홍보문화외교를 담당하는 인재 육성, 능동적 평가제도의 도입 등을 제언했다.[67]

한국과 중국을 비롯해 '공공외교'를 둘러싼 각국의 경쟁이 갈수록 치열해지는 가운데 일본의 기본적 국력의 상대적 저하 가능성을 사전에 차단하고 일본의 소프트파워를 보편적 가치로 확산시키기 위해서라도 국내외의 인적·제도적 자원을 결합하고 유기적으로 활용하여 국

<표 8-8> 외무성의 문화외교체제의 재편(2012년), '외무보도관·홍보문화조직'

홍보문화외교전략과	국내외의 홍보, 보도관계자에 대한 정보발신, 문화 분야의 대일이해의 증진에 관한 기본적인 방침의 기획, 책정, 실시
국내공보실	일본의 외교정책 등에 대한 국내홍보
IT홍보실	외무성 홈페이지나 SNS 등 인터넷을 통한 일본의 외교정책 등에 관한 정보발신
공청(広聴)실	외교정책이나 외무성의 업무에 관해 국민들로부터 널리 의견을 듣는 활동
보도과	국내의 보도관계자에 정보발신
문화교류·해외홍보과	문화교류에 관한 외교정책 국제교류기금과의 연계에 의한 해외에서의 일본어보급사업 일본사정외교정책에 대한 해외홍보
국제교류협력실	유네스코, 국련(国連)대학에 관한 외교정책
인물교류실	인물교류사업의 촉진(국비유학생, JET 프로그램, 스포츠교류 등)
국제보도관실	일본의 외교정책 및 일본의 실상 등에 대해 외국의 보도관계자에게 정보발신

출처 : 외무성 홈페이지(http://www.mofa.go.jp/mofaj/annai/honsho/sosiki/gaimu.html).

<표 8-9> 홍보문화외교추진을 위한 제도적 장치 정비 제언

추진체제의 강화	• 외무성이 대사관의 제안을 받아 2~3년 단위로 국가별 전략을 책정 • 재외공관, 홍보문화센터, 국제교류기금이 계획단계에서 역할 조정 분담 • 국제교류기금의 고유한 성격을 유지 발전
효과적인 목적달성을 위한 사업영역의 설계	• 국내외의 다양한 주체와의 파트너십 강화 • 대학이나 NGO와의 연계 강화를 통해 민간의 노하우를 활용 • 홍보문화외교에 있어 관련기관의 연계를 통해 쌍방향성을 중시 • 대외정책과의 관련성 강화 • 대일인식을 실천적으로 파악하기 위한 노력 강화 • 상호이해나 연대감을 양성하여 문화를 통한 국제공헌 전개
이노베이션 지향의 조직문화 형성	• 홍보문화외교에 있어 이노베이션을 촉진하는 시스템구축 • IT나 SNS의 적극적인 활용 • 인물교류사업의 팔로우 업 강화
홍보문화외교를 담당하는 인재 육성	• 재외공관장의 역할 강화 • 홍보전문관(広報専門官)제도의 활성화 • 지역별로 홍보문화외교를 총괄할 광역담당관 설치 • 홍보문화외교담당자에 대한 연구 프로그램의 충실
능동적인 평가제도 구축	• 홍보문화외교의 성과를 알기 쉽게 국민에게 제시 • 다음의 행동으로 이어질 수 있는 성과평가의 실시 • 성과평가를 위한 예산과 인원의 확보

출처 : 「3·11後の広報文化外交」, 外務省, 2007, 8~17면에서 발췌작성.

민의 총의를 바탕으로 한 창조적인 홍보문화외교를 추진해야 한다는 것이다. 이 같은 의지는 '쿨 재팬 플러스(Cool Japan plus)'를 통한 '문화가 치입국'의 추진으로 이어졌다(〈표 8-10〉 참조).

〈표 8-10〉 '문화가치입국' 구현을 위한 구체적인 시책

• 재외공관의 체제 강화(현지의 일본계기관, 단체 ─ JICA, JETRO, 국제교류기금, JNTO, 일본상공회의소 등 ─ 와 재팬 체제의 연대를 포함)
• 일본어교육에 보다 더 충실
• 발신사업(종이 · 영상 · 웹 매체), 재외공관 및 국제교류기금에 의한 홍보사업, 초빙사업 확충
• 시민사회와의 연대 강화(전문가, 유식자의 전략적인 해외파견, 쿨 재팬 현지지원 테스크포스의 강화 등)
• 과거의 유학생이나 JET 등 친일적 외국인을 활용한 발신의 강화
• 일본음식의 보급을 통한 일본의 매력의 발신(무형문화유산의 등록 추진 등을 포함)
• ASEAN제국을 대상으로 한 문화예술 분야에서 인재 육성지원

출처 : 『外務省における広報文化外交の取組』, 外務省広報文化外交戦略課, 2013. 2. 20, 7면.

일본사회가 '쿨 재팬(Cool Japan)'의 상업적 이익을 추구하는 것이 아니라 "일본적인 가치 · 정신(精神)성 · 라이프스타일에 대한 국제이해를 촉진"하여 일본에 대한 호의적인 국제여론을 만들고, 이를 바탕으로 "일본기업의 보다 나은 해외진출을 향한 환경정비 · 경쟁력"[68]을 강화하겠다는 의도였다. 외교에서 정부 이외의 액터가 국제질서나 여론의 형성에 미치는 영향이 갈수록 커져가는 현실을 감안하면 일본의 프레젠스 제고방안을 범국가적 차원에서 강구하는 것은 어쩌면 당연한 것인지도 모른다.

또 과학기술이나 경제적인 가치에 문화적인 가치를 더해 일본의 국익과 브랜드가치를 높여 일본경제에 새로운 활력을 불어넣겠다는 의도 역시 일본만이 추구하고 있는 전략은 아니다. 그러나 한 가지 분명한 것은 고도경제성장기에 국제사회에서 통용된 일본에 대한 부정적 이미지('경제동물' '상인국가'와 같은)를 일소하고 새로운 국가상을 확립하

겠다는 강한 의지가 문화외교의 이념과 체제를 떠받치고 있다는 사실이다. 요컨대 일본문화의 우수성 재평가(일본적인 가치 = 소프트파워로서 적극적으로 활용) → 일본문화(기술력·경제가치와 결합한)로서의 발신능력 강화 → 호의적인 국제여론 조성 → 내셔널 이미지 체인지 → 일본경제의 새로운 활력 창조라는 프로세스를 통해 '문화가치입국' '문화산업대국'화를 기도하고 있다는 것이다.

이렇게 2000년대는 일본 팝 컬처의 인기에 편승한 '쿨 재팬(Cool Japan)'의 영향력 확대를 통해 내셔널 이미지를 체인지하려는 관민일체화(전략적인 연계성)의 움직임이 그 어느 때보다 강하게 나타난 시대였다. 발신, 수용, 공생을 문화교류의 핵심적인 가치로 설정하면서도 실천적 과제는 항상 '일본브랜드'의 '발신' 강화에 초점이 맞추어져 있었다. 이를 위해 문화외교의 이념과 체제의 강화, ODA효과의 극대화를 위한 전략적 추진체제의 강화, 일본문화의 재발견과 소프트파워로서의 외교자원화 전략, 동원 가능한 모든 자원을 활용한 실천적 비전과 액션 플랜의 제시, 그에 대한 시대적 의미부여와 국제사회에서의 존재감 향상 등을 일관되게 추구했다.

문화교류와 경제협력(ODA)을 양대 축으로 가치외교를 구현하는 독자적인 외교노선은 문화가치입국을 지향하는 동력이었지만 이 과정에서 일본의 경제력 저하를 반영이라도 하듯 소프트파워를 '산업'으로 규정하여 21세기의 신 성장동력으로 발전시키고 국가브랜드 제고의 원천으로 삼으려는 의지도 부각되었고, 전통이나 외래문화를 계승, 수용, 발전시켜 새로운 문화를 창조해가는 일본인의 정신성이나 라이프 스타일을 전파하여 국제사회의 존경심을 사려는 의욕도 드러냈다. 부국강병의 근대화를 통해 동아시아의 패권국가로 부상한 이래 일본적 가치의 세계화 전략은 시대적 상황에 따라 '색상'의 변화도 있었고 허들도 적지 않았지만 제국일본의 '대외문화공작' 전략이 그러했듯이 일본문화외교의 DNA로서의 속성에는 결코 변함이 없었다.

3. '신생일본'의 문화외교 추이

1) 아시아문화외교 – 멀티트랙 전략

1990년대 들어 일본사회는 아시아를 중시하는 외교정책을 통해 아시아로의 리턴을 외치기 시작했다. 정치적으로는 ASEAN + 1(일본)을 추진하여 다목적인 관점에서 영향력행사를 도모했고, 경제적으로는 아시아경제공동체 구상이나 경제협력의 강화 그리고 아시아의 금융통화 위기에 대한 적극적인 지원 등을 통해 근대 이후 아시아에서 공고하게 구축해온 '지도'적 지위를 21세기에도 이어가려 했다. 일본사회의 '탈구미입아론(脱欧米入亜論)'은 일본의 입장에서 보면 아시아의 경제성장과 정치안보적 측면에서의 역할 확대 등을 고려한 지극히 당연한 흐름이었지만 일본의 대아시아접근노력이 아시아제국의 마음을 사로잡는데 성공했을까는 별개의 문제이다.

1990년대 중반에 실시된 「일본과 아시아의 인식 차」라는 조사보고에 의하면 일본사회는 일본과 아시아와의 경제적 결합이 강화되고 있다는 사실에 근거하여 일본의 아시아에서의 지위를 긍정적으로 보고있으나 아시아제국이 느끼는 심리적 거리감은 경제적 거리감에 비해여전히 크다는 결과가 나왔다. 일본과 아시아의 인식차가 현저함에도불구하고 일본의 벡터(vector)는 경제적 거리만을 축소하는 방향으로움직일 뿐 심리적 거리감을 축소하는 방향으로는 향해져 있지 않고,이 점은 오히려 구미제국이 경제적 심리적으로 아시아에 근접해 있다고 했다. 요컨대 일본이 아시아의 일원으로 인정받고 있다고 생각하는것은 일본의 착각이라는 것이다.[69]

그동안 일본은 아시아에 있어서 지역협력을 중층적으로 발전시켜가는 것이 궁극적으로는 지역의 상호의존관계의 심화와 신뢰양성의기반이 된다는 전제하에 최대한 협력하고 참여하고 공헌한다는 자세를 취했고 동시에 '후쿠다독트린'을 포함한 정서적 거리감을 좁히기 위한 노력을 경주해 왔다. 그 연장선상에서 1990년대 들어서는 국제문화교류에 있어 아시아·태평양 지역을 중시하는 정책추진을 비롯해 무라야마담화를 통한 역사인식의 표명과 아시아역사자료센터의 설립, 아시아센터의 설립과 이를 토대로 아시아제국과의 '마음과 마음이 통하는 상호이해의 촉진' 등, 일본의 대아시아 외교와 문화교류정책을전례없이 강화하기도 했다.

그럼에도 일본은 정서적 거리감의 축소나 '지도'국에 걸맞은 리더십을 발휘하지 못하고 있다. 아시아의 '지도'국인 일본이 아시아의 일원으로 인정받지 못하는 현실은 복합적인 요인들이 내재되어 있기 때문이지만 일본외교의 인식에도 적지 않은 문제점이 있다. 일본의 대아시아 인식은 ① 경제적 잠재력에도 불구하고 분쟁이나 금융 위기와 같은 정치 경제적 불안요인의 잠재, ② 중국의 영향력 확대와 인도의 존재감 고조, ③ 한반도와 대만해협, 인도와 파키스탄의 관계 등 국가·지역 간의 긴장, 동남아에 있어 테러·해적행위와 같은 '국경을 초월한 문제' 의 심각화, ④ ASEAN + 3이나 FTA / EPA라고 하는 지역협력의 추진 등[70]으로 설정되어 있다. 아시아와의 인식의 갭을 해소하기 위한 정책적 방향성이 결여되어 있다.

일본의 아시아외교의 기본인식에서 알 수 있듯이 아시아의 상황을 보면 일본의 외교 전략이 결코 쉽지 않은 것은 사실이다. 국가의 존재감이나 영향력이 정치·경제·군사적으로 다른 데다 국가와 지역 간의 이해 또한 첨예하게 대립하고 있고 그 대립의 한 축을 일본이 짊어지고 있기 때문이다. 이러한 한계는 일본의 대아시아외교 방침에 그대로 반영되어 나타났다. 일본은 ① 이 지역에 안정된 국제관계의 구축을 위해 불안 정화의 움직임에 대한 억지력을 확보하면서 대화를 통해 문제를 해결하고, ② 역내의 제국과 경제 분야를 중심으로 다양한 분야에서의 지역협력을 적극적으로 추진하여 이 지역의 근대화를 주도하고, ③ 그런 외교 활동과 병행하여 필요에 따라 역외의 주요국과의 대화협력을 계속 강화해 간다는 방침[71]이 그것이다.

일본의 안전보장을 전제로 국제협력질서의 구축을 최우선시 하면서 한편으로는 경제협력관계를 강화하여 아시아의 근대화를 주도하는 지도국으로서의 지위는 유지하는 형태로 대아시아 외교 전략을 구사하겠다는 것이다. 아시아는 일본, NIEs, 동남아시아, 중국 등으로 이어지는 경제성장의 역사를 보유하고 있는 데다 세계인구의 약 60%를 차지하고 있어 향후의 경제성장 가능성이 매우 높고, 정치적 안정과 경제협력도 시차는 있지만 원활히 이루어지고 있어 정서적 유대감만 강화된다면 세계의 중심지로 거듭날 수 있는 지역이다. 따라서 일본의 외교 전략이 설득력이 있어 보이지만 일본의 외교가 1990년대에 일본 사회에 남긴 교훈은 아시아와의 정서적 거리감을 좁혀 아시아의 일원으로서 존중받는 것이 급선무라는 것이었다.

대한문화교류 – 교류 확대와 교류형태의 '국제화'

아시아제국과의 인식의 갭은 2000년대 일본이 대아시아문화외교를 강화하는 배경이 되었다. 우선 일본의 '극히 중요한 이웃'인 한국과는 월드컵의 성공적인 공최를 계기로 정서 공유를 위한 광범위한 교류가 이루어졌다. 1999년에 발족한 '일한문화교류회의'의 잇따른 성과(2004년 제2기 활동 개시, 2010년 제3기 활동 개시)를 비롯해, '일한국민교류년'(2002) 제정을 통한 각종 기념사업의 전개(750여 건의 기념행사 개최), 청소년교류와 스포츠교류 강화를 위한 '일한공동 미래프로젝트'(2002)의 실시, 양국의 역사를 공동으로 연구하기 위한 '일한역사가회의' 발족(2001), 국교정상화 40주년을 기념한 '일한우정의 해 2005' 제정과 '일한교류축제'(2005)[72] 등이 개최되었다. 일방통행식 교류가 아니라 청소년교류와 역사인식의 공유, 그리고 양국민의 상호이해의 확대와 우호증진을 도모하는 행사들이 폭넓게 전개되었다.

다층적·다방면으로 활성화된 교류 확대는 양국국민의 정서적 괴리감을 좁히고 일일생활권의 시대를 맞이하면서 새로운 국면으로 접어들기 시작했다. 일본정부는 한국인에 대한 영구적인 비자면제제도를 도입하여(2006.3) 국교정상화 40주년을 전후로 형성된 양국의 우호적인 분위기를 정착시키려 노력했고, 이를 뒷받침하는 정서도 한류 붐에 편승하여 양국사회에 확산되었다. 이는 양국의 교류형태에도 상당한 영향을 미쳐, 양국의 미래를 짊어질 청소년교류를 보다 확대하고 세계 속의 한일관계 구축을 위한 다양한 프로그램을 추진하는 동력으로 작용했다. '21세기 동아시아 청소년 대교류 계획'(2007)을 비롯해, '일한신시대 공동 프로젝트'(2008), 기후변동과 환경문제에 공동으로 대응하기 위한 '일한 그린 파트너십 구상'(2010) 등은 한일교류의 의미가 국제적 시야에서 접근하는 방향으로 변화되었다는 것을 의미했다.

또 양국의 문화재반환과 관련하여 '북관대첩비(北関大捷碑)'의 한국반환(2005, 한국에서 북한으로 이송), 도쿄대학이 보유하고 있던『조선왕조실록』의 서울대 반환(2006), 한일합방 100년을 맞이하여『조선왕조의궤(儀軌)』의 반환 표명(2010)과 한반도관련도서의 반환을 목적으로 하는 '일한도서협정' 서명(2010), 여기에 재 사할린 한국인 지원과 한반도 출신자의 유골반환지원과 같은 인도적인 협력방침도 구체화되면서 양국의 문화교류는 새로운 한일관계의 구축에 기여하는 방향으로 나아갔다. 특히 2000년대 들어 일본에서 불기 시작한 한류는 영토문제와 역사인식으로 인한 정치적 갈등에도 불구하고 양국 국민들의 정서적 괴리감의 축소에 기여하면서(일본사회의 대한이미지 개선에 크게 기여) 문화교류를 확대시키는 첨병이 되기도 했다.

그 결과 양국 간에는 국교정상화 당시 연간 만 명에 불과했던 왕래가 2010년에는 약 546만 명이 왕래하는 시대로 진입했고, 김포와 하네다는 하루 최대 12편의 항공운항이 가능한 관계로 발전했다. 경제 분야는 무역규모(2012년 단계)에서 한국은 일본의 제3위(한국에 있어 일본은 제2위)의 국가로 자리매김하며 상생을 위한 긴밀한 협력관계로 발전해 가고 있다. 한일문화교류의 물꼬를 튼 1980년대 이래 각계각층의 문화교류의 다변화가 이루어진 1990년대를 거쳐, 2000년대는 문화교류의 비약적인 양적증대와 질적 발전에 힘입어 글로벌협력관계로 진입할 수 있는 전기를 마련한 시기라고 할 수 있다. 주요선진국처럼 쌍방향성과 지적교류의 확대와 같은 교류의 고도화 현상이 강화되기 시작했다는 사실이 이를 반증하고 있다.

개개인의 접촉에 의해 사유양식을 이해하고 그 양식을 길러낸 사회문화를 이해하는 프로세스를 통해 상호이해와 관계개선의 토대를 구축해가는 과정을 문화교류의 취지로 이해한다면 양국의 문화교류는 분명 발전적인 형태로 진행되고 있다. 거듭되는 한일관계의 갈등이 양국의 교류 확대에 다소간의 부침을 초래했고 앞으로도 그 영향으로부터 자유로울 수는 없겠지만 기본적으로 교류는 심화될 것으로 보인다. 나아가 교류형태도 거시적으로 보면 상호이해의 심화나 관계개선의 차원을 넘어 유기적인 협력하에 점차 국제사회에 공헌하는 방향으로 진전될 전망이다. 양국사회의 상호인식이 성숙한 상태로 진입하고 있기 때문이기도 하지만 양국의 경제력이나 문화력을 감안하면 당연히 나아가야 할 흐름이기 때문이다.

대중문화교류 — '공통의 이익' 확대를 위한 기반 강화

한편 '일본의 가장 중요한 2국 관계'의 하나로 부상한 중국과는 1998년 장쩌민[江沢民] 국가 주석이 일본을 방문했을 때 선언한 '평화와 발전

을 위한 우호협력 파트너십의 구축에 관한 일중공동선언'을 계기로 전기를 마련하게 된다. 이 선언을 통해 양국은 국제사회에 공동으로 협력하여 공헌하는 관계로 발전해 갈 것을 천명함과 동시에 지적교류 강화를 포함한 우호협력관계의 증진을 위한 기본적인 틀을 마련했다. 이어 2000년에 장 주석이 발표한 '중요 강화(重要講話)'를 통해 21세기를 향한 양국의 우호협력관계의 중요성을 재삼 강조하면서, 양국관계는 국교정상화 30주년(2002)을 목전에 두고 그동안의 경제협력과 문화교류 확대에 힘입어 '세계 속의 안정과 번영에 기여'하는 단계로 한층 발전할 수 있는 여건을 구축해 갔다.

'이익공유형'의 관계추진을 위한 양국의 움직임은 '일중안보대화'(2004)를 포함한 정부 간의 각종 협의 채널을 강화하는 방향으로 나아갔고, 그 기조하에 '신일중우호 21세기위원회'의 발족(양국의 지식인들이 일중관계를 다각도로 검토하여 양국정부에 제언·보고),[73] 대중경제협력의 방향성 개선(일본의 이익을 반영하는 형태로 전환했다. 예를 들면 환경보전등과 같은 지구규모 문제 해결, 개혁개방지원, 내륙부의 빈곤대책, 상호이해의 증진에 기여하는 인재 육성 등에 초점을 맞추었다. 이는 21세기 일본의 외교방침과 직결되는 전략적 대응이라고 할 수 있다), 2003년 중국의 SARS발생에 따른 긴급무상지원과 국제긴급원조전문가팀파견(총액 17억 6천만 엔 지원) 등이 이루어지면서 경제관계나 인적교류가 한층 폭넓게 전개되었다.

양국의 상호의존의 심화는 2005년 9월에 행한 후진타오(胡錦濤, 1942~) 주석의 연설에 그대로 반영되어 나타났다. 그는 "중일관계를 건전하면서 안정적, 전향적으로 발전시켜 중일 양국 인민의 자손대대의 우호를 지속시켜 간다"[74]는 방침을 천명하면서 양국관계의 기조가 매우 견조함을 대내외에 과시했다. 자손대대로의 일중우호가 양국의 근본적인 이익에 부합한다는 인식공유는 2국 간의 관계를 넘어 지역·국제사회 전반에 대한 이익 확대와 문제해결을 위한 협력체제의 구축으로 발전해 갔다. 미래의 폭넓은 협력방침을 담은 '일중공동작업 계획'(2005)[75]의 추진을 비롯해, '신일중우호 21세기위원회'의 3차회의 보고서 채택(2005)을 통한 교류 확대의지 표명,[76] 일중환경보호협력 강화를 위한 공동성명 채택(2007), 일본외무성에 의한 초빙·파견사업의 확대, 중국 내의 대일 감정을 개선시키기 위한 '대일이해촉진' 프로그램[77] 등이 실시되었다. 양국의 상호인식이 전향적으로 변화고 있는 현실을 반영하여 교류 확대를 통한 협력 강화의 기반을 다진 것이다.

또 동아시아의 미래를 함께 창조한다는 목적하에 출발한 '일중교류센터'(2006)[78]의 설립, 역사에 대한 객관적인 인식을 심화시키기 위한 '일중역사공동연구'(2006)의 개시, 중국의 19개 도시와의 상호방문을 핵으로 하는 '3만 명 교류사업'(2007)의 실시, '21세기 동아시아청소년 대 교류 계획'(2007)과 '일중문화·스포츠교류년'(2007)의 추진(양국에서 연간 300건이 넘는 기념사업을 실시), 동지나해를 '평화·협력·우호의 바다'로 만들기 위한 합의(2008)와 '일중청소년 우호교류년'의 제정(2008), 매년 700명 규모의 중국의 차세대를 짊어질 미디어 분야의 젊은 관계자와 연구자 초청사업의 합의(2009), '일중영상교류사업'(2010) 등이 광범위하게 추진되었다.

여기에 '일중우호교류회'와 같은 민간차원에서 폭넓게 전개되고 있는 각종 교류단체의 활동(주로 유학생지원을 통한 인재 육성, 미디어관계자의 초청을 통한 우호적인 여론조성, 각종 세미나 개최와 시찰연수, 조사연구, 양국민의 역사인식의 갭 완화를 위한 활동지원 등)은 전략적 교류라는 특성에도 불구하고 양국의 정서적 공감대의 형성에 적지 않은 공헌을 하고 있다. 특히 범국가적 차원에서 전개되고 있는 대규모의 '일중우호'단체[79]들의 활동은 양국관계의 개선을 위한 고위레벨에서의 적극적인 활동으로서 대중외교의 일익을 담당하고 있다.

양국의 우호관계의 흐름을 가늠하는 자매도시의 규모도 353건(2013년 9월 현재)으로 미국에 이어 제2위를 기록하면서(최초의 자매도시는 1973년 고베시와 텐진시의 제휴) 지역차원에서의 교류도 지속적으로 확산되고 있고, 일본에서의 국별 유학생 수 제1위(2011년 단계에서 87,533명), 중국에서의 일본어학습자 수 100만 명 돌파(2012년 단계에서 1,046,490명으로 제1위), 세계적인 일본연구거점기관인 국제일본문화연구센터의 중국인 학자 초빙자 수 제1위 등, 양국정부의 전향적인 자세로 교류가 전방위에 걸쳐 확산되는 흐름이다.

그 결과 양국 간에는 청소년교류의 촉진, 지적교류의 강화, 교육 분야의 협력 촉진, 자국의 문화발신체제의 강화와 상호이해의 심화, 오피니언리더의 초청 확대와 인적 교류네트워크 강화, 우호협력과 상호발전을 위한 지역 간의 교류활성화, 민간의 연계를 통한 교류기반의 저변 확대 등이 자연스럽게 이루어졌고 전체적으로는 경제·인적교류의 급증으로 이어졌다. 역사인식·영토문제를 둘러싼 갈등과 다양한 형태로 발생하고 있는 '차이나리스크'에도 불구하고 인적교류는 2010년에 514만 명에 달하며 한일의 인적교류에 육박했고(2000년에 259만 명이었던 것에 비하면 10년간 약 2배 이상 증가했고, 국교정상화 당시는 연간 1만 명에도 미치지 못했다), 동년 7월부터는 인적교류 확대를 고착화하기 위한 조치로서 중국인에 대한 관광비자발급을 중국전토로 확대 실시하며 장기적 관점에서 교류활성화의 기반을 다지고 있다.

경제 분야도 2001년 '대중 경제협력 계획'의 공표와 일본의 경제협력(〈표 8-11〉 참조)을 비롯해 양국 간 하이레벨의 경제대화와 교류협력이 추진되는 가운데 2000년대 들어 무역규모가 지속적으로 증가〈표 8-12〉 참조)하면서 2010년에는 총액으로 3천억 달러를 돌파하는 관계로 발전했다. 일본의 무역총액에서 중국이 차지하는 비율이 20.6%에 달할 정도로(2011년 단계에서, 무역규모로 보면 1972년 국교정상화 당시 무역총액이 11억 달러였던 것이 40년간 300배 이상 급증했다고 볼 수 있다) 상호의존성이 심화되

〈표 8-11〉 일본의 대중 ODA실적(단위 : 억 엔)

연도	유상자금협력	무상자금협력	기술협력
1991	1,296.07	66.52	68.55
1992	1,373.28	82.37	75.27
1993	1,387.43	98.23	76.51
1994	1,403.42	77.99	79.57
1995	1,414.29	4.81	73.74
1996	1,705.11	20.67	98.90
1997	2,029.06	68.86	103.82
1998	2,065.83	76.05	98.13
1999	1,926.37	59.10	73.14
2000	2,143.99	47.80	81.97
2001	1,613.66	63.33	77.77
2002	1,212.14	67.88	62.37
2003	966.92	51.50	61.80
2004	858.75	41.10	59.23
2005	-	14.40	52.05
합계	31,330.56	1,471.71	1,557.63

출처 : 『外交青書』, 外務省, 2007, 31면.

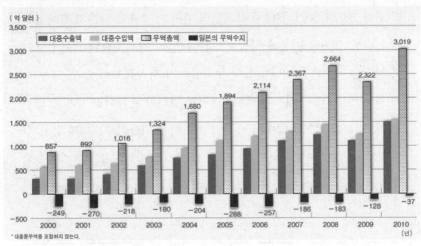

출처 : 『外交青書』, 2011年度版, 外務省, 40면.

고 있고,[80] 이런 흐름은 당분간 강화될 전망이다.

중국과의 문화교류 확대는 일중관계라는 측면에서 보면 '대국적인 관점'에 입각하여 미래지향적인 관계구축을 위한 범국민적 차원에서 상호이해를 촉진하는 과정이고, 국제적인 시야에서 보면 경제력을 등에 업은 협력관계 구축을 통해 영향력을 한층 배가시키고자 하는 전략적 접근이며, 문화적인 관점에서 보면 일본적 가치의 확산을 통해 근대 이후 구축된 문화적 우월성을 앞으로도 견지하겠다는 의도이다. 소위 일본의 문화력을 앞세워 정서적 유대감을 강화하는 노력을 경주하면서 정치경제적으로 양국의 관계를 '전략적 호혜관계'로 격상시켜 국제사회에서 공통의 이익을 추구하는 외교적 기반을 주도적으로 강화해 가겠다는 것이다.

그러나 한편으로 개방·개혁을 통해 자본주의시장경제를 발전시켜온 중국경제가 2010년 명목 GDP규모에서 일본을 제치고 세계 제2위의 경제대국으로 부상하면서 양국의 경제·문화교류에도 적지 않은 변화가 초래될 전망이다. 경제력을 등에 업은 중국의 문화외교가 본격적으로 전개되고 이 과정에서 문화외교를 둘러싼 주도권싸움이 양국의 역사인식·영토문제와 맞물리면서 대립각을 에스컬레이트시킨다면 의외의 긴장관계도 배제할 수 없다.

소위 G2로 부상한 중국이 정치·경제력에 문화력까지 겸비한다면 한국을 포함해 동북아의 문화지형, 나아가 동아시아의 문화지형에 지각변동이 일어날 가능성이 농후하다는 것이다. 동북아의 문화수준의 제고와 긴장완화를 위해서라도 한중일 3국의 문화적 갈등을 해소할 수 있는 토대구축이 필요하고, 경제적으로는 '세계의 공장'에서 '세계의 시장'으로 탈바꿈한 중국의 경제상황을 반영하여 새로운 패러다임을 모색해야 한다. 3국의 경제·문화교류가 경쟁과 협조의 중층적 관계로 발전할 수 있는 방향성을 모색하면서 국제사회에 공헌하는 방향으로 나아가야 하기 때문이다.

대아세안문화교류 – '전략적 파트너십' 구축기반 강화

일본의 ASEAN에 대한 협력은 1997년에 발생한 통화·금융 위기를 계기로 보다 강화되었다. 통화 위기 당시 일본의 적극적인 지원에 힘입어 경제회복의 발판을 마련한 ASEAN에 대해 일본은 21세기를 향한 새로운 파트너십구축에 나섰다. 2000년 11월에 일·ASEAN 수뇌회의에 참석한 모리 수상은 오부치 수상이 1998년에 제안한 '일·ASEAN헌인회의'의 성과를 평가하면서 '일・ASEAN 뉴 파트너십'[81]의 중요성을 강조했다. 일본과 ASEAN이 공동으로 국제질서의 구축에 적극적으로 관여한다는 관점에서 IT 분야와 WTO・국제연합의 개혁을 위한 협력 방안과 양국관계를 강화하기 위한 인적교류(21세기를 짊어질 청소년의 교류가 중요하다는 인식하에 ASEAN제국의 고교생을 일본에 초청하는 새로운 유학생 프로그램의 실시)활성화방안을 제시했다.

대 ASEAN관계 강화는 21세기 일본의 외교력증대를 국제협력을 통해 실천하겠다는 의지를 반영한 것으로서, 여기에는 아세안의 경제성장에 의한 상호의존의 심화(〈표 8-13〉 참조)와 중국에 대한 견제, 일본의 외교 이념으로서 설정된 '인간의 안전보장'의 실천이 가능한 지역적 특징 등이 복합적으로 작용했다. 그 연장선상에서 한중과 협력하여 'e-ASEAN 구상'(정보화된 세계경제에 아세안의 경쟁력 강화를 위한 구상)을 표방하고, IT 분야의 협력을 위한 '동아시아 산학관회의' 개최(2001), 경제협력 강화를 위한 '일・ASEAN 포괄적 경제연계구상'의 제창(2002), 양국의 미래를 위한 '5개의 구상'(2002),[82] ASEAN의 정치적・경제적 안정을 바탕으로 동아시아의 평화와 번영에 기여하겠다는 '일본・ASEAN 행동 계획'(2003) 선언[83] 등이 잇따랐다.

경제적 관점에서 ASEAN과 한중일과의 관계가 심화되고 있는 가운데 ASEAN과 일본의 관계는 각종 기록이 증명하고 있듯이 그 어느 국가나 지역보다도 상호의존도가 높은 상태를 유지해 왔다. ASEAN의 무역상대로서 일본은 미국의 뒤를 이었고 투자는 일본이 1위 자리를 굳건히 지키고 있으며, ODA제공은 다른 국가를 압도하고 있는 상황이었다(2003년 기준).[84] ASEAN에 있어 일본은 최대의 무역상대국・투자국

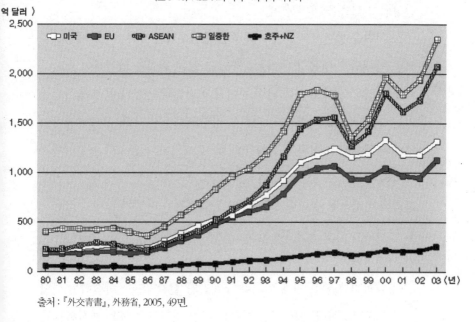

출처: 『外交靑書』, 外務省, 2005, 49면.

이자 ODA제공국이었고, 그런 배경이 한국, 중국과는 달리 대일인식의 결정적인 차이를 보이는 요인이기도 하다.

　ODA의 실적뿐만 아니다. 일본경제의 국제지배력이 확대되기 시작한 1980년대 중반 무렵부터 대규모의 일본계기업이 동남아에 진출하여 각 지역의 공업화에 기여하면서 고용을 창출하고 소득을 증대시켜 동남아의 사회·경제개발에 기여했다[85]는 사실도 중요하다. 일본계기업들은 엔고탈출의 일환으로 동남아에 진출했으나 동남아는 일본계기업이 자국의 경제발전에 기여한 것으로 평가하고 있는 것이다. 경제적 관점에서 동남아의 중요성을 일찍부터 인식한 일본이 전후 국제사회에 복귀할 당시부터 ASEAN의 경제성장에 나름대로의 역할을 하면서 상호신뢰 관계 구축에 공을 들여온 노력이 동남아제국으로부터 인정받고 있음을 의미한다.

그 이력을 발판으로 2000년대 중반 무렵부터는 ASEAN공동체형성을 위한 역내의 지역통합이 가속화[86]되고 있는 현실을 반영하여 ASEAN 외교를 양국 간의 관계를 넘어 동아시아 전체의 안정과 번영에 직결시키는 '전략적 파트너십'을 강화하는 방향으로 나아갔다. ASEAN제국이 역내의 경제발전과 결속 강화를 위해 제 지역과의 관계개선에 나서기 시작하자 일본도 ASEAN과의 협력관계 구축을 통한 공동대응방안을 강화하기 시작한 것이다. ASEAN의 통합지원과 지역의 과제에 공동으로 대처하기 위한 '일·ASEAN통합기금(JAIF)'(2006)의 창설은 그 대표적인 사례이다.

이 기금의 설립을 위해 일본은 구체적인 실천방안을 마련하는 한편 AI대책과 환경협력, 해상안전 확보를 위한 지원확약 등을 제시하면서, 경제협력뿐만 아니라 환경, 안전 분야에서도 양자의 관계를 '전략적'인 관계로 발전시켜 갔다. 베트남, 브루나이, 인도네시아, 태국, 필리핀, 싱가포르, 라오스, 미얀마 등과 경제연계협정(EPA)이 개시, 체결, 발효되면서 "가장 중요한 무역·투자파트너"로서의 관계를 재삼 확인했고, 이와 관련된 일본의 경제지원도 한층 강화되었다.

문화교류도 활발하게 이루어졌다. 'J-ASEAN POPs' 공연(말레이시아, 인도네시아, 태국, 일본)(2003), '베트남 문화교류미션 파견'(2005), 일본과 태국의 수교 120주년을 기념하는 다양한 교류행사(2007, 양국 간에 약 340건의 교류행사가 이루어졌다), 싱가포르와의 사이에 '재팬 크리에이티브센터' 개설을 통한 일본정보의 발신력 강화(2007), 일본·인도네시아 국교 수립 50주년 기념행사(2008), 베트남 일본문화교류센터 개설(2008),

동남아 6개국과의 '일·메콩교류년'(2009, 대상국은 캄보디아, 태국, 베트남, 미얀마, 라오스)[87] 등의 행사가 이루어졌다.

　ASEAN과의 문화교류는 한국이나 중국에 비해 내용이 다소 빈약한 것이 사실이다. 1990년대 이후 일본이 주력하고 있는 지적교류 측면에서도 주목할 만한 교류가 이루어지고 있지도 않다. 국가별 대응에 전략적 차이는 존재하지만 전체적으로 보면 여전히 일본문화의 소개와 대일이미지개선, ASEAN문화의 일본소개, 그리고 일본의 경제지원·협력이 중심이고 이에 따른 인적지원, 문화재보존사업, 교육기자재 제공이나 관련시설 정비, 청소년초청사업 등이 부차적으로 활발히 이루어지고 있을 뿐이다. 표면적으로는 양자가 원조국과 피원조국이라는 관계를 벗어나 대등한 입장에서 지역전체의 안전과 발전을 위한 전략적 관계로 변모하고 있지만 문화적 측면에서 대등한 교류가 이루어지기에는 ASEAN과의 격차가 크기 때문이다.

2) 대미문화외교 - '안정과 번영'을 위한 지적교류의 확대

　전후 미일관계에 균열이 없었던 것은 아니지만 기본적인 인식에 있어 일본외교의 '기축'은 미국이다. 미국과의 '동맹'없이는 일본이 국제사회에서 독자적인 안전을 보장하지 못한다는 사실에 반론을 제기할 일본인은 거의 없다. 미국이 일본에게 얼마나 중요한 우방인가를 한마디로 함축하는 사실이다. 지정학적 측면이나 정치·군사적 측면, 경제·문화적 측면 등 그 어느 분야를 거론하더라도 양국관계의 우호·

협력적인 흐름을 변화시킬 만한 요인이 당분간은 발생할 가능성이 없다. 대미문화교류도 그 전제하에서 전략적으로 전개되고 있다.

전전에 태어나 전쟁을 체험하고 미국의 지배하에서 역사의 진실을 알고 미국유학을 통해 실체적 파워를 확인했다는 테라사와 요시오(寺沢芳男, 1931~, 경제기획청장관 역임, 실업가)는 경제력을 바탕으로 더 이상 미국에 배울 것이 없다는 일본사회의 일부여론을 비판하면서 일본사회를 보다 좋은 나라로 만들기 위해서는 미국에서 얻어야 할 힌트가 많고 그것을 발견해야 하기에 미국은 충분히 일본의 연구대상이 된다는 주장을 한바 있다.[88] 그의 지적은 일본 내에서 이론을 남길 여지는 있으나 실은 일본사회가 근대 이후 지녀온 일관된 대미관의 실체이고, 실제로도 근대 이후 일본이 대외문화교류에 있어 가장 중시했던 국가는 다름아닌 미국이었다.[89]

적대국에서 최고의 동맹국으로 전환한 전후만 하더라도 1952년부터 전개된 재팬 소사이어티(JS, 1907년에 창립된 전미최대의 일미교류단체)와 도쿄의 미일협회의 활동 개시(콘서트나 지적교류의 추진), 풀브라이트제도에 의한 양국의 교환유학생제도의 실시, 록펠러 3세의 자금지원을 받아 설립된 국제문화회관의 활동, 1955년에 설립된 '재단법인 일본생산성본부'의 대미연수활동, 미국대학의 일본연구의 활성화, 1961년에 시작된 일미문화교육교류회의(CULCON), 1970년대 일미우호교류기금의 설립과 쇼와천황의 미국방문(75), 1980년대 JET 프로그램의 미국중시, 그리고 가장 주목할 만한 국제교류기금에 의한 일미센터의 설립(1991) 등은 전후 제도적 장치를 통해 양국의 관계를 민간교류차원에서 한층 성숙한 단계로 발전시킨 대표적인 예들이다.

특히 미일구조협의라는 경제마찰에도 불구하고 "학술이나 문화의 교류, 그리고 양국의 NPO, 비영리섹터가 공통의 목적하에 대응하는 시민레벨에서의 활동을 포함하여 대단히 폭넓고 깊이를 겸비한 관계"[90]를 형성하고 있다. 그렇게 진행된 양국의 관계는 2004년이 되면 화친조약 이후 150주년을 맞이하면서 '세계에서 가장 중요한 2국 관계'로 발전하기에 이른다. 정치·안보·경제에 이어 문화교류·협력 분야에서도 글로벌협력체제를 구축하여 세계에서 특별한 관계를 유지하고 있다. 그 역할을 담당하고 있는 대표적 기관이 바로 국제교류기금 일미센터(CGP)이다.

1991년에 설립된 동 센터는 '일미관계의 긴밀화'와 '일미 양국의 공동에 의한 세계에의 공헌'을 목적으로 공동프로젝트지원을 위한 각종 공모사업조성, 연구의 진전이나 인재 육성을 위한 펠로십, 개인이나 볼런티어지원사업, 일미의 장래를 짊어질 인재 육성과 관련된 사업 등을 추진하고 있다. 이들 제사업은 표면적으로는 공공적이고 정책지향적인 사업으로 구성되어 있는 듯하지만 내면적으로는 양국의 현재와 미래의 지일·지미파 육성, 미래의 정치지도자가 될 인물교류, 양국의 지역 간 교류활성화, 공동연구를 통한 지적교류의 강화 등, 장기적 관점에서 양국의 우호협력 기반을 공고히 할 수 있는 목적과 직결되어 있다〈표 8-44·15〉참조).

요컨대 양국의 각종 현안을 비롯해 세계가 공통으로 직면하고 있는 글로벌과제에 적극 대응하는 주도력을 발휘하면서 한편으로는 민간 레벨에서 폭넓은 교류·협력을 촉진하고 관계심화를 기도하는 핵심 기관으로 자리매김하고 있다. 자유민주주의와 시장경제, 인권이나 법

<表 8-14> 2000년대 일미센터의 주요사업

사업명	개시연도
일본계미국인과의 교류사업	2000
일미청년정치지도자교류	2001
맨스필드재단과의 공동 개최사업	2005
미국 젊은 지도자 네트워크 프로그램	2006
미국유력싱크탱크지원	2008
미국저널리즘전공대학생 초빙 프로그램	2009
미국아시아연구전문가초빙사업	2011
그 외의 인물교류사업	

출처 : 국제교류기금일미센터 홈페이지에서 발췌작성.

<표 8-15> 2000년대 일미센터의 주요활동 보고서 일람

주요활동과제명	연도
프로젝트평가의 실제와 과제를 생각한다	2000
일미환경포럼보고서	2000
That's Bizarre! ~ 일미개성과 볼런티어 / NPO철저비교	2000
일본계인 커뮤니티로부터 본 현대미국사회와 시민활동	2004
재고 : 일본과 일미동맹	2004
일미교류150주년 기념심포지엄 보고서 '일미관계의 궤적과 전망'	2004
아시아계미국인의 다양성 : 연대를 향해	2004
일본계미국인리더십 심포지엄 '다문화공생실현의 길－소수자의 시점에서' 보고서	2005
펠로십 실무가 기획보고서	2005
'일미방위협력의 변용과 비전통적 안전보장' 보고서	2005
일본계미국인리더십 심포지엄 '예술에서 비즈니스까지－다양한 직업을 통한 일본계미국인의 공헌' 보고서	2006
'일미의 산업 전략과 국제경쟁력' 보고서	2006
'허리케인 · 카트리나 재해부흥협력을 위한 일미대화 프로젝트' 보고서	2007
일본계미국인리더십 심포지엄 '기로에 선 일본계 미국인－과거 · 현재 · 미래를 이어' 보고서	2007
공개심포지엄 '지구온난화와 우리들의 미래－CO_2삭감을 향한 일미의 공헌 : 신전략과 차세대기술' 보고서	2008
일본계미국인리더십 심포지엄 '새로운 연대의 구축－'변혁'하는 일본계미국인과 일본과의 관계' 보고서	2009

출처 : 국제교류기금일미센터 홈페이지에서 발췌작성.

과 같은 보편적 가치를 공유하면서도 제도나 가치관 같은 문화적 관점에서는 매우 이질적인 양국이 이문화의 교류·협력을 통해 국제사회에 기여할 수 있는 실천적 방안을 공동으로 모색하는 시스템을 구축한 것은 다른 국가들에게도 좋은 협력모델이 될 것이다.

21세기의 문화교류에서 중요시해야 할 것은 문화적 배경이 서로 다른 지역이나 사람들이 교류·협력이라는 수단을 통해 공통의 가치를 생산하고 발신하는 창조적인 국제교류환경을 어떻게 만들어 갈 수 있느냐는 것이다. 일미센터의 설립과 역할수행은 바로 이점에서 어느 정도 성과를 거두었고 시대적 의미도 부여할 수 있을듯하다. 일미센터와 함께 양국의 관계심화에 기여한 또 하나의 기관이 있다. 통칭 CULCON으로 불리고 있는 '일미문화교육교류회의(The United States : Japan Conference on Cultural and Educational Interchange)'이다.

CULCON은 1961년 이케다 수상과 케네디 대통령의 합의에 의해 설립된 것으로 목적은 "양국 간의 문화·교육교류에 관한 제 문제를 토의하고, 문화·교육 분야의 교류증진과 상호이해의 향상"을 위한다는 취지였다(2007년부터 CULCON의 일본 측 사무국은 일미센터로 이관되었다). 설립 이후 CULCON은 그동안의 교류 확대에도 불구하고 양국의 문화적 차이에만 주력한 나머지 문화의 공통점을 발견하려는 노력이 부족했다는 반성하에 1991년에 개최된 도쿄회의에서 「보다 강력한 CULCON을 향해(Towards Strong CULCON)」라는 선언문을 채택하게 된다.

이 선언은 CULCON의 임무를 ① 일미 간의 문화교육 관계를 주의 깊게 지켜볼 것, ② 적절한 행동을 촉진하기 위한 지도력을 발휘할 것 등으로 요약했다.[91] 기존의 제 사업을 모니터링하여 우선순위(priority)를 명확히 하면서 새로운 이니셔티브를 촉진할 필요가 있다는 것이었다. 프로그램 및 동향에 관한 리포트작성과 현황보고 등을 통해 양국 간의 활동이 필요하다고 인정되는 경우에는 지도력을 발휘해야 한다는 논리를 주장하며 CULCON의 역할 강화를 주문한 것이다. 그 배경에는 문화적 차이로 인한 상호이해의 갭이 양국의 우호협력 기반을 저해하는 요인이라는 사실을 미일구조협의를 통해 확인함으로써 커뮤니케이션 강화가 필요하다는 인식을 공유했기 때문이다.

이후 CULCON은 "Japan-U.S. Exchanges : Trends, Opportunities and Barriers(상호이해를 넘어)"(1992)라는 특별보고서를 작성하여 역할 강화에 나서는 한편, 「텔레비전 보도에서 보는 일미커뮤니케이션 스타일 비교」(1993), 「일미커뮤니케이션 : 원활한 교류를 위해」(1997), 「일미문화관계의 구조적 및 그 외의 장애요인」(1997) 등, 양국의 커뮤니케이션 강화를 위한 각종 보고서를 작성하여 실천을 위한 교류협력방안을 강구하기 시작했다. 2000년대 들어서는 학부학생교류, 교육 분야의 공동비교연구, 디지털문화교류, 도서관교류, 차세대글로벌리더 육성 등과 같은 프로그램을 새롭게 활성화하여 중장기적인 관점에서 미래의 인재양성과 상호이해의 심화, 그리고 공통의 가치관 추구를 위한 기반 강화를 도모했다.

양국의 문화교류의 전략성 강화는 상호이해를 심화시키는 긍정적인 결과로 이어졌다. 미국에서 실시한 대일여론조사에 의하면 일본에 대한 신뢰도나 양국관계에 대해 미국사회의 반응은 매우 긍정적이었고, 오피니언리더들의 대일인식이나 신뢰도 역시 높은 것으로 나타났다(〈표 8-16〉 참조). 일반인들을 대상으로 한 일본의 이미지(복수대답)도 '풍

〈표 8-16〉 일본은 미국의 신뢰할 수 있는 우방인가 아닌가(신뢰할 수 있다고 답한 비율)

출처 : 「米国における対日世論調査(結果概要)」, 외무성 홈페이지(http://www.mofa.go.jp/mofaj/press/release/24/5/0522_0ml), 外務省広報文化交流部総合計画課, 2012.5.22.

조사결과를 보면 지식인들의 대일신뢰도는 1990년대 후반 80%를 돌파한 이래 현재는 90% 선까지 도달해 있고, 일반인들의 경우 1990년대 후반부터 상승하기 시작하여 현재 80% 중반 돌파를 모색하고 있다. 미국사회의 일본에 대한 신뢰도가 지식인들의 경우는 매우 높은 편이고 일반인들에 의한 신뢰도 역시 높아지는 추세이다.

부한 전통과 문화를 가진 나라'(97%), '경제력·기술력이 높은 나라'(91%), '애니메이션, 패션, 요리 등 새로운 문화를 발신하는 나라'(90%), '자연이 아름다운 나라'(88%) 등의 순으로 인식되고 있다. 전체적으로 보면 일본에 대한 미국사회의 평가와 신뢰도가 상당히 우호적이라는 것을 확인할 수 있다. 일미센터나 CULCON을 활용한 지적교류의 강화를 비롯해 중장기적 관점에서 민간레벨의 대미문화교류를 지속적·전략적으로 추진해온 결과이다.

2008년 7월에 일본이 독도에 대한 '영토교육문제'를 제기했을 때 한국 측은 일본의 침략주의 근성이 재발했다고 흥분했지만 미국정부는 바로 중립적인 입장을 표명했다. 그리고 미국의 지명위원회(The U.S. Board Geographic Names)는 독도를 한국영토로 표기하는 것을 포기하고 '주권미지정(undesignated sovereignty)' 지역으로 간주한 뒤, 표기순번도 '다케시마(竹島)'의 뒤로 하는 이례적인 조치를 취했다. 백이 흑으로 바뀐 것이다. 일본이 오랜 기간 노력해온 문화외교의 '승리'였다. 이것이 바로 국제사회의 현실이지만 한국사회의 반응은 '한결' 같았다.

대통령은 격노했고, 매스컴은 정부의 외교라인을 질책하는 논조를 되풀이했다. 국민은 흥분했고 정치인들의 '애국'적 발언도 그칠 줄 몰랐다. 시간이 지나고 정권이 바뀌어도 한국사회의 행동양식에는 어떠한 변화도 없었다. 일부 지식인들에 의한 자기반성이나 대응책을 제시하는 움직임도 있었지만 그 역시 언제나처럼 메아리에 지나지 않았다. 마치 과거의 흑백필름영화를 되풀이 감상하고 있는 듯한 형국이었다. 당해서 흥분하기 보다는 사전에 예방하는 것이 외교력이다. 그런 힘을 발휘하지 못한 자신을 탓하고 반성하는 움직임은 여전히 먼 나라의 얘기였다. 한국사회가 문화외교의 중요성을 인식하고 사회의 중지를 모으지 않으면 대통령의 '격노'나 국민들의 '울분'은 선진국의 조롱거리가 될 뿐이다.

3) 대EU문화외교-'기본적 가치를 공유하는 글로벌 파트너십' 구축

1990년대 일본의 문화외교의 특징 가운데 하나는 대유럽문화교류를 강화했다는 점이다. 1993년부터 특별사업으로 시작한 '일·구문화교류 강화사업'을 계기로 세계적 시야에서 EU와 교류협력을 도모하는 전기를 마련했다. 이후 양국의 문화교류는 동구권에 대한 지원과 협력을 겸하면서 지적교류와 대형문화사업을 축으로 활발하게 전개되었다. 그 연장선 상에서 2000년대에 들어서면 양국의 관계는 경제 분야를 넘어 정치·문화적 대화를 보다 강화하는 방향으로 나아가기 시작했다. 2001년부터 시작되는 향후 10년을 '일·구협력의 10년'으로 선언하면서 뉴밀레니엄의 파트너십을 강화하려는 노력을 보인 것이 대표적인 사례이다.

이 선언을 통해 일본은 ① 다양성아래에서 공통의 가치 실현, ② 일·구(歐) 정치협력의 강화, ③ 글로벌화의 메리트 공유[92] 등을 양국이 추구해야 할 핵심적인 사안으로 간주하여 뉴 밀레니엄에 어울리는 새로운 협력시대의 구축을 강조했다. 이어 향후의 구체적인 실천방안을 담은 '일·EU협력을 위한 행동 계획'(2001)[93]을 통해 ① 평화와 안전의 촉진, ② 경제·무역관계의 강화, ③ 지구규모의 문제 및 사회적 과제에 대한 도전, ④ 인적·문화적 교류의 촉진 등을 향후 10년간 추진할 중점적인 행동지침으로 확정했다. 상호존중의 정신에 의거하여 문화적 다양성을 배려한다는 기존의 방침을 바탕으로 일·EU의 미래지향적인 어젠다를 책정한 것이다.

그 배경에는 유럽과 아시아·태평양 지역의 급변하는 정세와 글로벌시대의 협력 강화라는 명분이 있었다. 하지만 그 이면에는 서로 보편적 가치를 공유하고 있다는 전제에도 불구하고 일본의 대유럽관계가 일·미관계나 미·유럽관계에 비해 연대감이 떨어지고 경제 분야를 포함해 글로벌화의 진전에 따른 상호의존이 갈수록 심화되고 있다는 것, 그리고 안보라는 관점에서 글로벌파트너로서의 협력이 보다 강화되어야 한다는 현실적인 판단이 작용했다.

EU와의 대화채널의 다양화와 '행동 계획'을 통한 대EU교류촉진 노력은 EU뿐만 아니라 각국과의 2국 간 관계를 강화하는 형태로 병행하여 추진했다. '일·네덜란드 교류 400주년 기념행사'(2000, 양국에서 약 700건의 교류행사가 개최)를 비롯해, 독일과의 글로벌 협력관계 증진을 위한 '21세기의 일독관계, 7개의 협력 축' 협의(2000), 일본문화소개를 목적으로 영국에서 1년간에 걸쳐 개최된 'Japan 2001'(2001), 일・EU 간 쌍방향투자촉진의 합의(2003), 'JIKI—일본의 자기 1610~1760'전 개최(2004, 이탈리아, 프랑스, 벨기에), EU25개국을 대상으로 한 '日・EU 시민교류년'(2005), '일본의 지각(知覚)'전(2005, 오스트리아, 스페인) 등을 개최하면서 서유럽제국을 중심으로 일본문화의 적극적인 소개와 양국 간 문화교류활성화를 도모했다.

이러한 흐름은 2000년대 중반 이후 보다 강화되어 갔다. 중・동구제국 10개국이 새로운 회원국(2004)으로 합류한데 이어 불가리아와 루마니아도 가맹(2007)하면서 EU회원국은 총 27개국으로 확대되었기 때문이다. 이에 따라 인구는 일본의 약 4배에 해당하고, 국내총생산은 일본의 3배가 넘는 약 13조 5천억 달러를 기록하며[94] 국제사회에 대한 영향력도 한층 제고되기 시작했다(〈표 8-17〉 참조).

회원국 증가를 통한 유럽의 통합기운이 갈수록 고조되자 일본 역시 적극적인 대EU외교를 전개했다. 2006년 4월 도쿄에서 개최된 일・EU 정기수뇌회의에서 일본은 ① 눈에 보이는 협력, ② 전략적 대화의 강화, ③ 인적교류의 촉진 등을 제안하며 EU와의 협력 강화를 도모했다. 세계적인 금융 위기와 테러, 대량파괴무기 등 글로벌이슈에 대한 효과적인 공동대응기반을 확보함으로써 기본적 가치를 공유하는 전략적 파트너십을 보다 공고히 하겠다는 의미였다.

일・EU의 상호협력기운이 고조되면서 문화교류도 활발하게 이루어졌다. 천황부부와 황태자, 그리고 황실관계자들의 잇따른 유럽방문[95]에 이어, 일・영, 일・불, 일・네덜란드 외교관계 수립 150주년(2009)을

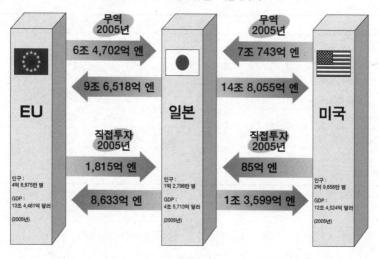

	인구(2005)	GDP(2005)
EU27개국	4억 8,875만 명	13조 4,461억 달러
일본	1억 2,796만 명	4조 5,713억 달러
미국	2억 9,656만 명	12조 4,524억 달러

출처:『外交青書』, 外務省, 2007, 77면.

기념한 다양한 교류행사의 집중적 개최, '이탈리아의 봄·2007'의 일본
개최, '일본·다뉴브 교류년 2009'(오스트리아, 헝가리, 불가리아, 루마니아)
와 '일·독 교류150주년'(2011) 개최 등은 주요 양국관계를 포함해 일·
EU의 긴밀한 우호협력관계를 조성하는 기반으로 작용하며 EU의 대일
관심을 높여갔다.

EU주요국도 정치·외교 분야 보다는 일본문화·예능이나 일본의 과
학·기술, 일본의 역사와 경제 등에 깊은 관심을 표명하며(〈표 8-18〉 참조)
교류 확대를 꾀하고 있어 양자의 문화교류는 실질적인 '교류'성과를 공
유하며 확대일로를 더듬고 있다. 특히 프랑스 등에서는 일본의 팝 컬처

〈표 8-18〉 "일본에 관해 좀 더 알고 싶은 분야는 어느 것입니까"(단위 : %)

	전체	영국	독일	프랑스	이탈리아
일본의 정치·외교	21	15	20	33	18
일본경제	30	18	22	40	41
일본의 역사	34	28	31	47	29
일본문화·예능	40	32	33	56	40
현대일본의 문화	24	5	16	52	23
일본의 과학·기술	36	31	44	37	34
일본요리	20	10	15	33	23
기타	9	19	9	7	6

출처 : 「EU(欧州連合)4ヶ国における対日世論調査」, 外務省広報文化交流部, 2007.6, 2면.

에 대한 관심이 그 어느 나라보다도 높아 19세기의 자포니즘(Japonism)이 증명하듯 21세기에도 유럽의 일본문화 확산지로 주목받고 있다. 프랑스에서 시작되어 유럽최대의 일본문화와 엔터테인먼트 제전으로 자리 잡은 'JAPAN EXPO'(2001년 첫해에는 입장객 수가 3,200여 명에 불과했지만 2013년에는 20만 명을 돌파하는 매머드제전으로 팽창했다)의 성공은 유럽의 문화선진국을 대상으로 일본문화의 발신능력을 강화함으로써 일본문화에 대한 서구사회의 종합적인 이해력을 높이는 데 커다란 기여를 하고 있다. 문화교류의 관점에서 보면 프랑스는 EU의 대표적인 친일국인 것이다.

일본의 대 EU문화교류는, EU와의 관계를 강화하는 포괄적인 틀(2011년 단계에서 EU는 일본의 무역상대국으로서 세계 제3위의 지위를 갖고 있다. 따라서 일본은 비즈니스환경 개선, 글로벌이슈에 대한 공동대응의 강화, 문화교류의 확대 등을 추구하고 있다)을 바탕으로, 2국 간 관계를 강화하는 멀티트랙 전략을 구사하고 있다. 이를 통해 일본은 오랫동안 '기본적 가치를 공유'해온 구우(旧友)와의 상호의존도를 높여가는 한편 "국제사회의 안정과 번영을 향해 주도적인 역할을 하는 파트너"[96]라는 인식을 공유하고 있다. 전통적으로 상호인식이 양호했던 양자의 관계가 문명 간 대화채널의 다양화를 통해 전략적인 글로벌 파트너로서의 입지를 굳혀가고 있다.

4) ODA의 전략성 강화

일본의 ODA[97]는 문화교류와 함께 일본의 외교 이념과 정책을 구현하는 쌍두마차로 간주되고 있다. 특히 2000년대 들어서는 일본정부가 주창한 '인간의 안전보장'이나 '가치외교'의 이념을 구현하기 위한 실질적인 수단으로 활용되었다. 국제사회의 평화와 안정을 위한 군사적 행동이나 공헌이 사실상 불가능한 상황에서 대외원조는 일본의 국제공헌과 안전보장에 기여할 수 있는 핵심적인 정책이었고 동시에 개도국과 일본의 상호경제발전에 기여할 수 있는 수단이었다. 1970년대 이후 동아시아의 발전과정과 일본의 경제성장과의 관계가 대표적인 사례이지만 이와 관련하여 재단법인 경제동우회는 다음과 같은 견해를 피력한바 있다.[98]

> 동아시아제국의 성공요인으로서는 동아시아제국 스스로의 적절한 발전전략과 노력에 의한 바가 크지만 일본의 경제발전의 지원과 협력에 중점을 둔 정책도 일조했음에 틀림없다. 이 일본의 정책은 관민의 종합사업으로서 도상국지원·협력으로, 원조라기보다 국제협력으로 표현하는 편이 보다 실태에 가깝다.

동아시아의 경제발전의 이면에는 일본의 "관민의 종합사업"으로서의 "국제협력"이 있었고 이것이 '동아시아의 기적'을 이루는데 중요한 역할을 했다는 인식이다. 이른바 대외원조의 기본적인 성격은 일방적인 시혜가 아니라 지구시민의 파트너로서 선진국이 도상국의 자조노력에 협력하고 지원하는 '국제협력'이 되어야 하고, 이것은 관민의 종합적인 사업으로서 최종적으로는 도상국이 원조를 필요로 하지 않고 자립하여 '졸업'하는 것을 지원하는 것으로 인식해야 한다는 것이다. ODA가 지원이 아닌 '국제협력'이라는 성격을 명확히 하고, 관민일체화라는 전략적인 형태의 발신체제를 구축하여 일본의 독자적인 국제공헌의 가치를 확립하자는 주장이다.

그것을 받치는 이념이 바로 '인간의 안전보장'이었다. 이것의 정책적 전개는 경제개발지원을 위한 베이스이기도 하지만 한편으로는 개발지원을 통해 '인간의 안전보장'을 향상시키는 상호조화적인 발전을 추구해야 한다는 것이다.[99] 소위 '일본형 모델'을 구축하기 위한 움직임이 구체화되었다는 의미이다. 2000년대 들어 재정적 부담으로 인한 ODA예산의 감소, 투명성과 효율성을 요구하는 국내의 여론, 그리고 전략성을 추구하고자 하는 정부의 의지가 맞물리면서 ODA의 변화를 도모한 것이다. 일본의 '종합 외교 전략'의 일환으로서 새로운 모델을 확립하고 발신하여 일본의 안전과 번영을 '전략적 시점'에서 확보해야 한다는 논리였다.

정부의 기본방침도 이와 다르지 않았다. 우선 2003년 ODA대강을 개정한 데 이어 '원조효과를 위한 우리나라의 행동 계획'(2005.2) 수립, ODA정책과 관련하여 내각총리대신이 주재하는 '해외경제협력회의'

(2006.4)와 외무성국제협력국(2006.8)의 설치 등을 통해 ODA정책의 PDCA (Plan → Do → Check → Act)의 체제를 제도화하는 한편, 추진과정도 국민참여와 경제계 · 관계성청 · 실시기관과의 협력체제를 강화하는 방향으로 나아갔다. ODA정책에 대한 국내의 비판여론의 의식과 일본정부의 국제협력방침의 전략성 강화(매년 지역, 분야 · 과제마다 원조방침을 책정)에 의한 조치로서, 외교정책 전체의 방향성과 ODA예산의 감소를 고려하면서 동시에 효과를 극대화(= 일본의 국익)할 수 있는 체제로 추진하겠다는 의도였다〈표 8-19〉 참조).

구체적인 정책방향으로는 ODA대강(2003)을 통해 "교육, 보건, 의료, 복지, 수(水) · 위생, 농업" 등의 분야를 중심으로 개도국의 자조노력과 민주화, 그리고 평화의 정착에 기여하겠다는 의지를 국제사회에 피력한바 있듯이, ODA의 기본방침과 연계하여 ① 환경 · 기후변동에 대응,

〈표 8-19〉 ODA의 형태

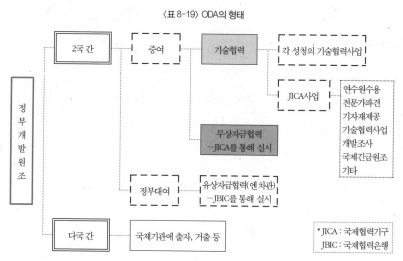

출처 : 국토교통성 홈페이지(http://www.mlit.go.jp/sogoseisaku/kotsu/oda/), '경제협력'.

② 개발도상국의 경제성장과 일본의 경제적 번영의 실현, ③ 민주화정착과 시장경제화의 지원, ④ 평화의 구축(테러와의 싸움), ⑤ 인간의 안전보장의 확립 등의 과제에 중점적인 지원을 결정했다.[100] 일본의 외교이념이나 정책을 구현하기 위한 실질적인 수단이라는 것을 확인하는 사안들이었다. 실제 동아시아의 경우에도 아세안(〈표 8-20〉 참조)의 후발 지역인 메콩강유역의 국가(미얀마, 라오스, 태국, 베트남, 캄보디아 등)들이나, 인도나 스리랑카와 같은 남아시아 지역이 '전략적 글로벌 파트너십'에 의거하여 '인간의 안전보장'(〈표 8-21〉 참조)을 확립하기 위한 중점지원 지역으로 떠올랐다.

남아시아 협력

남아시아[101]는 세계인구의 1/5에 해당하는 13억의 인구에 뛰어난 문명의 발상지라는 전통을 보유하고 있으면서도 세계에서 가장 빈곤한 지역 중의 하나이다. 남아시아의 맹주로 자리잡은 인도의 고성장과 광대한 시장성이 세계의 주목을 받고 있기는 하지만 여전히 정치적 불안과 절대빈곤에 허덕이고 있는 지역이다. 그러나 1980년대 중반 남아시아 지역연합(SAARC)이 발족한데 이어 1990년대 들어 지역의 무역활성화를 목적으로 한 남아시아자유무역 지역협정(SAPTA)이 체결되면서 지역의 통합과 경제 활성화를 위한 개방화가 진행되었고 상황은 달라지기 시작했다.

이 무렵부터 일본은 '일본·SAARC특별기금'을 설치하여 협력 강화를 시도했고, 그 후 인도의 급성장을 비롯해 이 지역의 경제성장이 7%를 상회하자 본격적인 대응에 착수했다. 2000년대 중반 일본의 수상과

〈표 8-20〉 일본의 아세안 ODA지원 마스터플랜

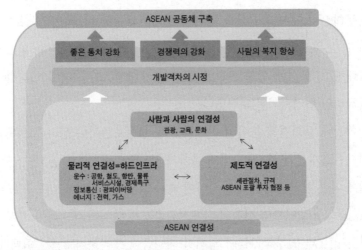

출처 : 『政府(開発援助(ODA)白書』, 外務省, 2011, 19면.

* 일본은 ASEAN 지역의 연결성 강화를 통해 개발격차를 시정하고 그 연장선상에서 ASEAN공동체구축에 초점을 맞추고 있다. 즉 도상국의 지속적인 경제성장을 위해서는 무역·투자 등의 민간 활동의 활성화가 중요하다는 인식하에, 도상국의 하드·소프트 분야 양면의 인프라 정비와 함께 무역·투자에 관한 제 제도의 정비나 인재 육성지원, 지적재산보호나 경제정책 등의 분야에 정부의 기구제도의 정비 및 능력향상, 도시환경의 악화나 감염증대책 등, 성장의 장애를 극복하기 위한 지원에 노력하고 있다.

〈표 8-21〉 '인간의 안전보장'의 생각

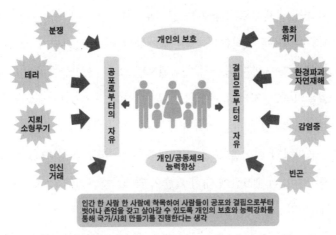

출처 : 『政府開発援助(ODA)白書』, 外務省, 2012, 8면.

외무대신이 잇따라 각국을 방문하여 수뇌외교를 전개하면서 보건·의료, 교육, 농업 등의 기초생활 분야(BHN : Basic Human Needs)의 원조를 확대했고, 동시에 인구·에이즈문제와 젠더평등의 시점에 입각하여 적극적인 협력의지를 피력했다.

여기에 사회경제 분야의 인프라구축, 삼림보존이나 상하수도 등의 거주환경개선, 홍수 등의 방재 분야의 지원[102] 등, ODA대강의 기본방침에 따른 협력을 통해 남아시아에 대한 일본의 영향력 확대를 도모했다. 특히 2008년부터 시작된 국제·금융경제 위기에 직면하여 파키스탄을 비롯한 일부국가들이 경제적 어려움에 봉착하자 2년간 최대 10억 달러의 지원을 실시하여 경제개혁의 추진과 성장지원, 그리고 이 지역의 빈곤퇴치, 환경기후문제, 사회경제인프라구축 등에 진력했다. 그 결과 2010년도에는 2국 간 ODA총액 가운데 20.9%가 남아시아에 배분되기도 했다(〈표 8-22〉 참조).

남아시아나 아세안에 대한 지원 강화는 일본의 ODA지원에서 아시아의 비중을 전체적으로 높이는 결과로 나타났다. 대 아시아 ODA는 1970년에 94.4%에 달하다가 1980년대 들어 다소 완화되기 시작하여 2006년에는 47.6%까지 축소되기도 했지만 그 후 다시 상승하여 현재까지도 일본의 ODA지원의 중심을 이루고 있다(『정부개발원조(ODA)백서』, 2011년도 판에 의하면 2010년 단계에서 아시아에 대한 비중이 53.1%에 달하고 있다 (50면)). 구체적인 실적을 보면 ODA지출총액에서 2국 간 ODA가 약 73억 4천만 달러, 국제기관에 대한 거출이 약 36억 8,400만 달러로 전체로서는 약 110억 2천만 달러를 상회했다(2010년 단계, 〈표 8-23〉 참조).

예산총액으로는 2000년대 들어 일본의 ODA예산의 감소와 미국의

〈표 8-22〉 일본의 남아시아 지역에 대한 2국 간 ODA실적 지출순액베이스(단위 : 백만 달러)

		2001	2002	2003	2004	2005	2006	2007	2008	2009	2010	누계
ODA	증여 무상자금협력	298.97 (15.7)	355.15 (20.7)	222.81 (13.1)	386.49 (8.9)	291.42 (4.5)	449.53 (9.6)	289.10 (8.5)	1,022.20 (21.4)	246.40 (10.4)	339.61 (9.8)	10,615.40
	국제기관을 통한 증여	- -	- -	- -	- -	- -	32.86 (8.7)	30.82 (7.8)	40.80 (5.6)	58.20 (7.0)	110.21 (8.7)	272.89
	기술협력	120.89 (4.3)	120.42 (4.5)	126.42 (4.6)	123.22 (4.4)	123.65 (4.7)	114.20 (4.4)	113.79 (4.4)	103.69 (3.5)	130.69 (4.2)	167.02 (4.8)	3,095.13
	증여계	419.86 (8.9)	475.57 (10.9)	349.23 (7.9)	509.71 (7.1)	415.07 (4.5)	563.73 (7.4)	402.89 (6.7)	1,125.89 (14.5)	377.09 (6.9)	506.63 (7.3)	13,710.53
	정부대부 등	736.98 (27.1)	683.28 (29.5)	613.61 (32.4)	-167.03	146.58 (12.1)	-46.07	-141.21	-289.38	466.09 (68.2)	1,025.53 (259.8)	16,096.32
정부개발원조계 (ODA계)		1,156.87 (15.5)	1,158.87 (17.3)	962.86 (15.2)	342.67 (5.8)	561.66 (5.4)	517.65 (7.1)	261.66 (4.5)	836.53 (12.6)	843.18 (13.7)	1,532.15 (20.9)	29,806.95

출처 : 『政府開発援助(ODA)国別データブック 2011』, 外務省, 121면.
* ( )은 각 형태별 전 세계합계(동구와 졸업국을 제외)에서 차지하는 남아시아 지역의 비율(%).

〈표 8-23〉 주요 DAC가맹국의 정부개발원조실적의 추이

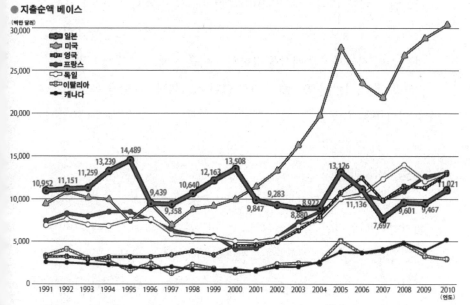

● 지출순액 베이스

출처 : 『政府開発援助(ODA)白書』, 外務省, 2011, 51면.
* 위 표를 보면 2000년대 들어 ODA예산의 감소로 인해 미국과의 격차가 현저해진 것을 비롯해 영국, 독일, 프랑스 등에도 뒤처지기 시작하여 2010년 단계에서는 제5위에 머물러 있다.

제8장 일본적 가치의 세계화 전략과 문화외교　547

예산급증으로 인해 미국과의 격차가 현저해지면서 2010년 단계에서는 영국, 독일, 프랑스에 이어 제5위에 머물러 있다. 2국 간 ODA지원을 지역별로 보더라도 여전히 아시아가 전체의 반 정도를 차지하고 있고, 무상자금협력도 약 34억 6천만 달러로 ODA전체실적의 31.4%를 차지하고 있다(참고로 2국 간의 ODA와 국제기관을 통한 ODA의 구성 비율을 보면 전체의 약 66.6%대 33.4%의 비율을 보이고 있다).

아시아에 대한 비중이 큰 것은 일본이 아시아에 위치하고 있다는 지역적인 측면도 무시할 수 없지만 세계인구의 6할을 보유하고 있을 뿐만 아니라 아시아의 경제발전이 일본의 경제성장과 지역의 평화와 안정에 직결된다는 인식 때문이다. 따라서 일본은 각국의 경제상황을 고려하면서 지역 내의 인프라 정비나 격차해소, 경제사회기반의 강화, 인재 육성, 환경보전 등의 과제에 중점적이고 전략적인 지원을 꾀하면서 아시아 지역과의 연계성을 강화하고 이를 통해 지역 전체의 경제성장과 보편적 가치의 공유에 의거한 열린 지역협력·통합을 목표로 하고 있다.[103]

중앙아시아 협력

선진국의 일원으로서 아시아의 도상국에 대해 '인간의 안전보장'에 의거하여 다원적인 지원을 실시하여 빈곤해소와 경제성장에 기여했다는 일본의 이력은 국제사회의 신뢰로 이어졌다는 자부심을 갖게 만들었다. 소위 일본정부가 주장하고 있는 "일본에 대한 신뢰를 강화하는 ODA"의 국제협력 이념이다. 그 이념은 지역적 확장을 통해 보다 강화되어 갔다. 그중의 하나가 중앙아시아와 유카사스 지역이다. 이 지역은 소련붕괴 후 독립한 국가들이 주류를 이루었고 아시아와 유럽, 러시아와 중동을 잇는 지정학적 중요성에 풍부한 에너지자원을 보유하고 있었으나 자립적인 경제발전 기반이 취약하여 외부의 지원과 협력이 필요한 상황이었다.

1990년대 들어 일본은 각종 지원을 추진하며 관계개선을 도모했지만 미국을 비롯한 선진국의 지원이 강화되자 일본도 장기적인 관점에서 '전략적 외교'를 구상하기 시작했다. 1990년대 후반부터 '유라시아외교'를 제창하며 경제협력에 대한 정책협의와 ODA의 효율적 지원을 통한 영향력 확대를 본격화하기 시작했다. 이 지역 수뇌들의 잇따른 대일방문과 일본의 경제협력종합조사단의 파견도 이루어졌다. 양국의 관계가 전향적으로 발전하는 가운데 2004년 가와구치(川口順子, 1941~) 외무대신이 중앙아시아 4개국을 방문한 자리에서 관련제국의 동의를 거쳐 '중앙아시아 + 일본'이라는 대화의 장을 주창하면서 '2국 간 관계의 증진·긴밀화' '중앙아시아 전체와의 대화의 추진'을 핵으로 하는 대 중앙아시아정책을 발표했다.

이어 2006년에는 도쿄에서 개최된 제2회 '중앙아시아 + 일본'회의에서 정치대화, 지역 내 협력, 비즈니스진흥, 지적대화, 문화교류·인적교류 등의 5개 분야를 핵심으로 하는 '행동 계획'을 채택하여 일본의 적극적인 지원을 대내외에 천명했다. 특히 '행동 계획'을 통해 지역 내 상호협력을 강조하면서 구체적으로는 테러·마약대책, 대인지뢰제거, 빈곤삭감, 보건의료, 환경보호, 방재, 에너지·수자원, 무역·투자, 수송 등[104]의 문제에 협력을 강화하기로 했다. 그 연장선상에서 일본은 '가치외교'의 구현이라는 관점에서 "'보편적 가치'에 의거한 파트너십"

을 대 중앙아시아외교의 3대 지침[105] 중의 하나로 설정하여 지역협력과 가치공유에 주력했다.

이른바 "이 지역의 보편적 가치(인권, 민주주의, 시장경제, 법의 지배)를 공유할 수 있는 체제를 구축해 가는 것이 동 지역의 장기적 안정 및 지속적 발전에 중요하다"[106]는 인식하에, 엔 차관, 무상자금협력, 기술협력 등을 강화해 갔다. 이를 통해 시장경제를 위한 인재 육성, 사회섹터의 재구축지원, 경제발전을 위한 인프라정비 등에 중점적인 지원을 했고, 2009년부터는 무상자금의 지원액도 급증하며 양국의 관계는 빠른 속도로 깊어지고 있다〈표 8-24〉 참조).

〈표 8-24〉 일본의 중앙아시아·유카사스 지역에 대한 2국 간 ODA실적 지출순액베이스(단위 : 백만 달러)

		2001	2002	2003	2004	2005	2006	2007	2008	2009	2010	누계
O D A	증여	무상자금 협력	44.75 (2.3)	73.65 (4.3)	42.27 (2.5)	20.21 (0.5)	46.67 (0.7)	25.52 (0.5)	26.20 (0.8)	23.07 (0.5)	55.07 (2.3)	82.39 (2.4)	651.31
		국제기관을 통한 증여	-	-	-	-	-	0.08 (0.02)	0.08 (0.02)	1.46 (0.2)	8.58 (1.0)	9.45 (0.7)	19.65
		기술협력	34.59 (1.2)	31.90 (1.2)	36.05 (1.3)	49.65 (1.8)	34.87 (1.3)	32.29 (1.2)	33.81 (1.3)	33.44 (1.1)	38.17 (1.2)	39.87 (1.1)	530.29
		증여계	79.34 (1.7)	105.55 (2.4)	78.32 (1.8)	69.86 (1.0)	81.54 (0.9)	57.81 (0.8)	60.01 (1.0)	56.51 (0.7)	93.24 (1.7)	122.26 (1.8)	1,181.60
	정부대부 등		161.32 (5.9)	182.98 (7.9)	267.23 (14.1)	221.04 -	91.02 (7.5)	34.90 -	168.15 -	107.29 -	119.32 (17.5)	24.23 (6.1)	2,114.65
정부개발원조계 (ODA계)			240.66 (3.2)	288.54 (4.3)	345.55 (5.5)	290.91 (4.9)	172.57 (1.7)	92.73 (1.3)	228.17 (3.9)	163.78 (2.5)	212.56 (3.4)	146.48 (2.0)	3296.28

출처 : 『政府開発援助(ODA)国別データブック 2011』, 外務省, 194면.
* ( )은 각 형태별 전 세계합계(동구와 졸업국을 제외)에서 차지하는 중앙아시아유카사스 지역의 비율(%).
* 종래 국제기관을 통한 증여는 2006년부터 거출 등에 제공하는 국가가 명확한 경우에는 각 피원조국에 대한 원조로서 무상자금협력에 산정하는 것으로 개정.
* 사사오입으로 인해 합계가 일치하지 않는 것이 있다.

아프리카 협력

중앙아시아에 이어 일본의 ODA외교가 주목한 또 하나의 지역이 바로 아프리카이다. 아프리카는 2000년대 일본의 외교 이념의 기반이 된 '인간의 안전보장'을 구현할 수 있는 가장 대표적인 지역이자 국제사회의 협력과 지원을 절실하게 필요로 하는 지역이고, 동시에 풍부한 천연자원과 뛰어난 자연환경에 둘러싸여 미래의 경제부흥을 기약할 수 있는 지역이다. 이에 일본은 '아프리카의 자조노력'과 '국제사회의 협력'을 기본원칙으로 1993년에 개시된 아프리카개발회의(TICAD : Tokyo International Conference on African Development)를 통해 국제사회에서 아프리카개발협력의 리더십을 발휘하며 적극적인 지원방안을 모색해 갔다.

TICAD를 통해 경제협력의 추진, 인적교류와 상호이해의 증진, 아프리카개발에 대한 국내외의 여론 환기, 등을 주도해온 일본은 2001년 일본 수상으로는 처음으로 모리 수상이 아프리카(남아공, 케냐, 나이제리아)제국을 방문하여 "아프리카문제의 해결 없이 21세기의 세계의 평화와 번영은 없다"는 기본인식을 표명하며 본격적인 아프리카협력 방안을 발표했다. 일본의 대외무역에서 아프리카가 차지하는 수출, 수입 비중이 각각 1.1%, 1.3%에 불과한 시기였지만 국제사회의 중요한 어젠다로 등장한 아프리카문제를 선도하기 위한 조치였다.

TICAD 10주년에 이른 2003년에는 아프리카지원의 3대 이념으로서 '평화의 정착' '경제성장을 통한 빈곤삭감' '인간중심의 개발'을 설정하고 횡단적인 어프로치로서는 '인간의 안전보장'의 확보 및 '남남협력' (특히 아시아 / 아프리카협력)을 명확히 했다. 그 연장선상에서 2005년에는 '아프리카의 해[年]'를 정해 향후 3년간 ODA의 배증과 2008년 TICADIV

의 일본 개최를 선언했고, 동년 7월에는 일본과 아프리카개발은행 그룹과의 '아프리카의 민간섹터 개발을 위한 공동 이니셔티브(EPSA For Africa)'를 비롯한 각종 지원책을 발표했다.[107]

인구의 약 반이 절대 빈곤층이고 과반의 국가가 후발개발도상국(LDCs : Least Developed Countries)이며 각종 질병과 내란에 시달리고 있는 지역임을 고려하여 '국제사회의 책임 있는 일원'으로서 적극적인 대응을 강조해 갔다. 그 과정에서 일본은 협력안건의 발굴과 실시의 각 단계별로 세심한 배려와 효과의 극대화를 위해 아프리카와 역사적 관계가 깊은 유럽이나 국제기관과의 연대를 모색했다. TICAD 15주년을 맞이한 2008년 5월에는 아프리카의 전향적인 변화를 환영하고 적극적으로 지원한다는 방침하에 '성장의 가속화' '인간의 안전보장의 확립' 그리고 '환경·기후변동문제의 대응'을 중점사항으로 하는 아프리카의 개발 방향성에 대한 지원책을 제시했다.

구체적으로는 2012년까지 아프리카ODA의 배증, 5년간 최대 40억 달러의 엔 차관 공여, 아프리카에 대한 무상자금·기술협력배증, 아프리카 민간투자의 배증지원을 표명하는 한편, ① 인프라, ② 무역투자·관광, ③ 농업·농촌개발, ④ 커뮤니티개발, ⑤ 교육, ⑥ 보건, ⑦ 평화의 정착, 굿 거버넌스, ⑧ 환경·기후변동문제의 대응, ⑨ 파트너십의 확대 등의 공약이었다. 당시 세계적인 금융 위기에도 불구하고 2009년 G20 금융서밋에서 지원의 조기집행을 천명하는 등,[108] 아시아에서의 경험에 의거하여 역내무역의 활성화나 광역인프라정비에 의한 기반 향상이 경제성장의 키가 된다는 사실을 강조하며 아프리카에 대한 지원의사를 해마다 강화해 가고 있다.

중남미 협력

중남미 지역도 중시되었다. 이 지역은 일본의 ODA가 추구하는 빈곤문제나 경제성장, 테러나 마약 등과 같은 지구적 규모의 문제에 대처하는 이념을 구현할 수 있는 또 하나의 대표적인 지역이다. 풍부한 천연자원을 보유하고 있으면서도 정치적·사회적 불안을 해소하지 못한 채 혼미를 거듭하다 1990년대 들어 정치적 안정과 경제자유화정책에 힘입어 서서히 대륙으로서의 경제적 존재감을 드러내기 시작했다. 그 과정에서 북미자유무역협정(NAFTA), 남미남부공동시장(MERCOSUR), 안데스공동체(CAN), 카리브공동체(CARICOM), 중미통합기구(SICA) 등 다국간 경제통합이 활발히 진행되는 한편 2국 간·지역 간 자유무역협정(FTA)이 그 어느 지역보다 활성화되어 일본으로서도 전략적 대응이 필요한 상황이었다.

이에 일본은 이 지역에 일본인 이주자들이 많다는 특성(전 세계 일본계의 6할에 해당하는 150만 명이 중남미에 거주하고 있다고 한다)에 힘입어 전통적으로 우호관계 유지에 힘쓰는 한편, 1990년대 후반에는 천황을 비롯한 일가가 잇따라 방문하면서 돈독한 관계를 어필하기도 했다. 이로인해 1990년대 중남미에 대한 일본의 ODA비중은 10% 전후를 기록했고, 2001년에는 2국 간 순지출액베이스로 9.9%에 달할 만큼 적극적인 지원협력을 아끼지 않았다. 2000년대 들어 지역의 통합이 가속화되고 있는 상황에서도 일본은 각종 통합기구와 긴밀한 협력관계를 유지하면서 이 지역에 대한 영향력 확대의 기반을 공고히 구축해 가고 있다(〈표 8-25〉 참조).

특히 일본이 주력하고 있는 자원·에너지의 공급확보에 직접 관련

〈표 8-25〉 일본의 중남미 지역에 대한 2국 간 ODA실적 지출순액베이스(단위: 백만 달러)

		2001	2002	2003	2004	2005	2006	2007	2008	2009	2010	누계
O D A	증여	무상자금협력	269.63 (14.2)	204.36 (11.9)	139.23 (8.2)	765.53 (17.7)	563.24 (8.6)	329.28 (7.1)	154.02 (4.5)	185.93 (3.9)	124.39 (5.2)	291.43 (8.4)	6,087.25
		국제기관을 통한 증여	- -	- -	- -	-	3.59 (1.0)	4.82 (1.2)	8.90 (1.2)	14.33 (1.7)	60.07 (4.7)	91.71
		기술협력	302.95 (10.7)	268.88 (10.1)	248.53 (9.0)	215.28 (7.7)	218.64 (8.3)	198.87 (7.6)	188.98 (7.4)	182.67 (6.1)	213.49 (6.8)	241.47 (6.9)	6,865.17
		증여계	572.58 (12.1)	473.24 (16.8)	387.76 (8.7)	980.81 (13.8)	781.88 (8.5)	528.15 (6.9)	343.00 (5.7)	368.60 (4.7)	337.88 (6.2)	532.90 (7.7)	12,952.43
	정부대부 등		165.62 (6.1)	119.15 (5.1)	76.13 (4.0)	-671.51 -	-373.35 -	-96.79 -	-117.41 -	-99.11 -	-195.29 -	-876.48 -	2,421.55
정부개발원조계 (ODA계)			738.17 (9.9)	592.40 (8.9)	463.87 (7.3)	309.28 (5.2)	408.51 (3.9)	431.39 (5.9)	225.60 (3.9)	269.45 (4.0)	142.61 (2.3)	-343.55	15,373.94

출처: 『政府開発援助(ODA)国別データブック 2011』, 外務省, 708면.
* ( )은 각 형태별 전 세계합계(동구와 졸업국을 제외)에서 차지하는 중남미 지역의 비율(%).

된 사업지원에 충실하는 한편, 민주화와 경제개혁에 대한 지원, 지역 내의 격차해소를 위한 기초인프라 정비, 중소기업 육성, 농업발전과 농촌의 근대화, 빈곤의 해소와 보건·의료, 직업훈련, 자연환경 보존, 각종 공해대책 등, 경제개발과 사회안정에 대한 기본적인 지원방침을 정해 적극적인 협력을 아끼지 않았다. 그 연장선상에서 멕시코, 칠레, 페루 등과 경제연계협정(EPA)의 체결에 성공하며 경제교류활성화의 기반을 다져가고 있다.

또 최근에는 멕시코, 브라질, 칠레, 아르헨티나 등과 연계하여 중남 미 지역의 다른 도상국들에 대한 공동지원 체제를 마련하는 등, 국제사 회에서 '공익(共益)'을 말할 수 있는 파트너'로서의 연계를 강화하는 움직 임도 가속화되고 있다. 장기간의 경제협력을 통해 경제자립에 성공한 '졸업국'들과 파트너십을 구축하여 지역에서의 영향력을 지속적으로 확보해 가는 전략을 구사하고 있는 것으로 보인다. 일본의 외교 이념과

결합한 ODA의 적극적인 활용법이 일본의 국제적 역할을 강화하면서
동시에 국제사회에서의 지위제고에 기여하고 있는 형국이다.

5) 국제교류기금의 지적교류 강화

일본의 국제교류기금은 전 세계를 대상으로 일본연구·지적교류,
일본어교육, 문화예술교류를 비롯해 종합적인 국제문화교류사업을
전개하고 있는 유일한 조직이다. 우리에게 『로마인 이야기』로 잘 알려
진 여류작가 시오노 나나미(塩野七生, 1939~)는 국제교류기금 설립 40주
년 기념심포지엄에서 문화교류는 정치·경제·기술·종교 등의 교류
와 비교하면 쉽게 교류가 이루어질 수 있는 분야라고 하면서 그 이유
를 교류를 저해하는 특별한 장애요인이 없기 때문이라고 했다. 요컨대
"그 문화가 좋은지 싫은지 혹은 관심이 있는지 없는지"만의 문제이기
에 국제교류기금이 40년의 역사를 통해 상당한 성과를 올릴 수 있었
다[109]고 한다(〈표 8-26·27〉 참조). 문화교류의 특성을 언급한 시오노의

〈표 8-26〉 국제교류기금 40주년 주요 발자취

연도	주요사업	연도	주요사업
1972	국제교류기금 발족	1993	일구(歐)문화교류사업 강화사업 개시
1973	국제교류기금상 창설, 국제교류기금펠로십 개시	1997	파리일본문화회관 개설, 간사이[關西]국제센터 개설
1984	일본어능력시험 개시	2003	중동교류 강화사업 개시
1989	일본어국제센터 개설	2006	일중교류센터 개설
1990	아세안센터 개설(1995년 아시아센터로 개조)	2010	JF일본어교육스텐다드 2010 발표
1991	일미센터 개설, 아베펠로십 개시	2012	창립 40주년

문화예술교류	**인물교류** : 일본문화소개를 위한 전문가파견사업, 문화스포츠 분야의 해외지원사업, 해외의 문화인을 일본에 초빙하는 사업
	시민 · 청소년교류 : 시민청소년의 교류, 교원 · 교육관계자의 교류, 이문화 이해의 촉진, 가이코 다카시(開高健)기념 아시아작가강연회사업
	조형미술 : 국제미술전참가, 해외전시회, 국내전시회, 정보교류, 베네치아비엔날레, 요코하마토리엔날레
	무대예술 : 해외공연, 국내공연, 정보교류
	영상 · 출판교류 : 출판 분야의 지원, 영상 분야의 지원, 해외의 일본영화제 · 국내의 영화제, 영상 · 출판에 대한 정보교류
일본어교육	**조사연구정보사업** : 국 · 지역별 정보, 해외일본어교육기관조사, 논문집 · 보고서, 일본어교육통신, 연구회, 일본어국제센터도서관
	파견사업 : 현장의 목소리 리포트, 활동보고회
	교재개발 : 모두의 교재사이트, 일본어웹판, 일본어로 CARE-NAVI, 애니메이션 · 만화의 일본어, 스시테스트
	일본어능력시험
	조성지원사업
	JF일본어네트워크
	JF일본어교육스텐더드
일본연구 지적교류	**일본연구** : 일본연구펠로십, 일본연구기관조사, 일본연구순회세미나, 일본연구조사, 펠로세미나 · 심포지엄 등
	지적교류사업 : 주최 · 공최사업, 지적교류회의 조성, 일중한문화교류포럼
	출판물
	일미센터 : 일미문화교육회의
	청소년교류교실 : KAKEHASHI 프로젝트, 연대 강화 프로젝트
출판간행물	**JF정기간행물, 해외사업소간행물, 전시카탈로그, 영화카탈로그, 일본어교육, 일본연구 · 지적교류, 그 외 간행물**

출처 : 국제교류기금 홈페이지에서 발췌작성.

　지적은 단순한 듯하지만 명쾌한 논리이다.

　구사카 기민도(日下公人) 역시 비슷한 견해를 제기한 바 있다. 그는 일본인들이 좋아하는 문화(만화, 게임, 음악, 식문화, 애니메이션, TV 등등)들이 바로 경쟁력 있는 수출상품으로 부상했다고 하면서 "문화는 인간의 정서적인 만족"[110]이라고 언급한 바 있다. 그는 어떤 문화를 좋아하고 이해하는 사람이 등장하면 그 문화는 이미 수출산업이 된다는, 이른바 '문화산업론'을 제창한 대표적인 인물이지만, 실제 정서적으로 공감할 수 있는 요소만 있다면 언어나 종교, 민족이나 국경을 넘어 스펀지처럼 흡수해 갈수 있는 것이 바로 문화이고 문화교류가 갖고 있는 매력이다.

한류의 국제화가 증명하듯 문화교류의 국경이 사라지고 이념이 그다지 중시되지 않는 오늘날 문화에 대한 인식도 하나의 정보라는 측면이 강하고, 이는 정보통신문화의 발달로 인해 쉽게 공유되는 상황이다. 따라서 이념과 체제가 달라도 공유할 수 있는 요인만 있다면 '교류'는 쉽게 이루어지는 것이 사실이다. 게다가 가치의 발신은 문화의 확장성을 동반하면서 문화적 영향력의 확대로 이어지기에 각국은 국제사회에서 공유할 수 있는 가치발신에 주력하기 위해 자국의 소프트파워를 개발하고 강화하는 형태로 문화교류를 추진하고 있다.

하지만 상대국과의 상호이해를 증진시키며 문화나 가치의 확산을 꾀하기 위해서는 역시 '지적교류'를 강화하는 것이 중요하다. 지적교류는 1991년 일미센터를 개설하기 전후부터 일본정부가 주목하기 시작한 것으로 개념은 "세계의 지역에 공통하는 과제에 대한 이해를 심화시키는 것, 그들 공통과제를 해결하기 위해 다양한 분야의 지적리더가 국경을 초월하여 협력하고 공동으로 대응하는 대화나 연구"[111]로 규정하고 있다.

주요선진국과의 관계에서 새로운 교류형태로 출발한 지적교류는 인류가 안고 있는 글로벌이슈에 공동으로 대응하는 체제를 구축하여 장기적으로 국제문화교류·협력의 기반을 강화하겠다는 취지이다. 2000년대 들어 한국을 포함해 여타 지역으로 지적교류가 확산되는 가운데 이 분야의 교류 확대를 강조한 것은 이른바 "다층적·다각적 국제상호이해를 추진하여 세계의 발전과 안정을 위한 지적공헌을 한다"[112]는 의지가 강했기 때문이다. 국제사회가 공유할 수 있는 보편적 가치를 일본적 가치와의 연계를 통해 발신하는 체제를 구축함으로써 글로벌 시야에서 국제사회에 공헌하는 형태로 일본의 국익을 고려한다는 의미였다.

지적교류 강화는 우선 ODA대상국을 상대로 구체화되기 시작했다. ODA대상국과의 관계 강화를 기도했다는 사실은 외교정책의 전체적인 방향성을 고려하면서 전략적인 시너지효과를 극대화하겠다는 의도였다. 그 와중에 2000년대 중반 이후의 실적을 보면 중국, 인도를 비롯해 중동이나 동구권 지역을 대상으로 지적교류가 강화되고 있음을 확인할 수 있다〈표 8-28〉 참조). 실제 자금배분적인 측면을 보더라도 지역의 거점국가들과의 지적교류가 활발히 이루어지고 있음을 알 수 있다〈표 8-29〉 참조).

이들 지역은 전반적으로 일본과의 인적네트워크가 취약했던 곳이라는 공통점과 각국이 안고 있는 다양한 과제에 대한 공동대응을 통해 지역의 발전과 안정에 기여한다는 목적이 전제되었다. 그러나 상호이해와 상호신뢰의 토대구축을 위해 미래를 짊어질 차세대 리더들과의 교류를 강화했다는 점에서 2000년대 일본의 지적교류의 또 다른 의도를 발견할 수 있다. 이 점은 글로벌과제의 발굴이나 공동대응사업에 초점이 맞추어져 있던 북미와의 지적교류와 비교하면 질적 차이를 느낄 수 있는 부분이다.

특히 각종 지적교류사업을 통해 확인할 수 있듯이 미래의 인재 육성

〈표 8-28〉 2000년대 국제교류기금이 추진한 주요 지적교류 내용

지적교류명	내용	개시연도
아시아차세대리더펠로십	아시아의 차세대리더를 육성하여 아시아 지역에 공통하는 과제의 해결에 기여하는 한편, 일본과 아시아제국과의 지적대화네트워크의 구축에 기여	1995년 개시, 2006년 사업 종료
아시아리더십펠로 프로그램 (Asia Leadership Fellow Program)	공익재단법인 국제문화회관과 공동으로 각 분야에서 활약하는 아시아제국의 유능한 지적리더들을 초청하여 문제의식과 가치관을 공유하는 장을 마련	1996. 매년 5 ~8명 초청
일중한차세대리더포럼	3개국의 차세대리더 각6명(정·관·재·학·미디어·NPO)이 모여 3개국을 순회하면서 상호이해와 네트워크를 구축	2002
중동그룹초빙 프로그램	중동, 북아프리카 출신의 연구자나 실무자를 초빙하여 양국 혹은 국제적인 공통과제에 대한 연수실시. 일본과의 인적네트워크가 비교적 취약한 지역에 차세대 지일파를 양성하여 관계개선을 꾀하겠다는 의도	2004
지적교류펠로십 프로그램	동구, 중동, 아프리카 지역의 학자·연구자·저널리스트·정부기관관계자·NGO 등 차세대리더들을 초청하여 일본에 관한 연구조사를 지원하는 한편, 그들과의 네트워크구축을 통해 양국의 공통의 과제에 대한 공동대응과 관계 강화, 지일파양성 등의 목적을 갖고 실시	2005
21세기 동아시아 청소년 대교류 계획 (Japan-East Asia Network of Exchange for Students and Youths)	동아시아의 차세대리더들을 초청하여 일본의 사회문화를 이해하는 기회를 제공하는 한편 대화나 경험의 공유를 통해 상호이해와 연대의 심화, 젊은 세대 간의 긴밀한 네트워크화와 공통의 아이덴티티 형성을 위한 프로그램.	2007. 5년간 매년 6천 명의 청소년을 초청
인터컬처럴시티 / 다문화공생에 관한 사업	글로벌화의 진행에 따른 커뮤니티변화 속에서 인간의 연대감 강화와 커뮤니티의 활성화를 통한 새로운 미래개척에 기여한다는 의지를 갖고 실시	2009

출처 : 국제교류기금 홈페이지에서 발췌작성.

과 지적리더들과의 공동작업을 통해 국제사회에서 발생하고 있는 각종 현안에 공동으로 대응할 수 있는 네트워크 강화에 주력하고 있다는 점, 그들로 하여금 일본연구와 지역연구·조사에 전념할 수 있도록 적극적으로 협력하고 지원하는 체계를 갖춤으로써 지적교류 기반을 강화하고 확대해 갔다는 점 등은 시사하는 바가 적지 않다. 요컨대 "외교정책을 반영한 사업실시"[113]라는 원칙에 따라 문화외교를 강화하는 전략을 추구함으로써 장기적 관점에서 상대국과의 신뢰를 구축해 간

국명	계(백만 엔)	문화예술교류	일본어교육	일본연구	지적교류	재외사업	기타
한국	337	25.7	27.1	15.5	4.6	23.2	3.9
중국	855	23.7	16.1	27.3	**28.9**	3.3	0.7
인도네시아	349	25.0	49.3	7.6	2.4	4.2	1.5
태국	228	21.5	37.3	4.3	**8.1**	27.2	1.6
필리핀	128	30.2	36.6	13.7	**7.3**	9.7	2.5
말레이시아	227	15.6	55.5	8.1	1.7	17.1	2.0
인도	251	42.9	26.2	9.6	**5.9**	15.0	0.4
호주	243	12.8	35.9	7.1	2.2	38.2	3.8
캐나다	168	14.7	17.0	27.7	2.7	32.8	5.1
미국	1,027	12.5	3.9	9.6	**64.0**	9.4	0.6
멕시코	58	33.2	13.0	14.7	0.0	33.2	5.9
브라질	277	37.6	9.6	5.2	1.6	44.4	1.6
이탈리아	217	41.0	10.4	4.5	0.0	40.4	3.7
영국	200	19.2	15.9	12.0	1.9	49.8	1.1
독일	271	22.2	18.4	10.6	4.9	36.5	7.3
프랑스	241	28.4	2.9	2.7	1.0	31.9	3.1
헝가리	79	11.3	44.6	11.0	1.7	28.9	3.0
러시아	166	21.9	45.6	25.0	**5.3**	2.2	0.1
이집트	108	18.4	41.1	10.9	**12.9**	15.0	1.8

출처 : 이면우, 「일본의 공공외교 추진체계—캐나다, 노르웨이와의 비교적 관점에서」, 『제10차 한국학술연구원 코리아 포럼—한국의 공공외교 활성화 방안』, 2009.4.29, 6면.
* 굵은 글씨로 표한 것은 비중이 가장 높은 사업 분야를 지칭함.

다는 것이다. 이 과정에서 각국의 '공적지식인(public intellectual)'과의 연대를 통해 국제공헌의 메시지를 전하면서 일본적 가치의 효과적인 발신시스템을 구축해 갔다.

일본정부가 주력하고 있는 유학생정책(〈표 8-30〉 참조)과 해외의 일본어보급(〈표 8-31〉 참조) 노력도 착실히 성과를 거두었다. 유학생 수는 1980년대 중반부터 증가추세를 형성한 후 1990년대 말부터 급증하기 시작해 2003년에 정부가 목표로 한 10만 명을 돌파했다. 중국유학생이

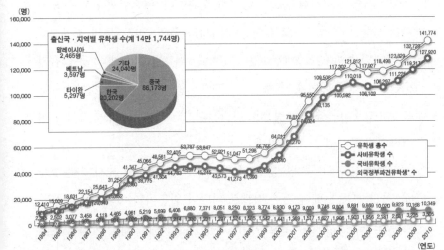

〈표 8-30〉 유학생의 추이 및 출신국 / 지역별 유학생 수

* 외국정부파견유학생이란 외국정부의 경비부담으로 일본에 파견된 유학생, 외무성이 실시하는 인재교육지원무상(JDS)사업으로 일본에 파견된 유학생 및 일한공동이공계학부유학생 중 한국정부부담의 유학생을 말한다.

出典 : (独) 日本学生支援機構

출처 : 『外交青書』, 外務省, 2011, 218면.
* 참고로 1980년대 일본정부가 추진한 '유학생 10만 명 계획'은 2003년도에 실현되었다. 국가별 출신 수는 중국, 한국, 대만 순으로 상위를 형성하고 있다.

〈표 8-31〉 해외 일본어보급 현황 및 일본어학습의 목적

	1998년	2003년	2006년	2009년	2012년	증가율 (2009년 대비)
학습자 수	2,102,103	2,356,745	2,979,820	3,651,232	3,985,669	9.1%
기관 수	10,930	12,222	13,639	14,925	16,046	7.5%
교사 수	27,611	33,124	44,321	49,830	63,805	28.0%

순위	학습목적	비율
1	일본어 그 자체의 흥미	62.2%
2	일본어로 커뮤니케이션	55.5%
3	만화, 애니메이션, J-Pop 등이 좋아서	54.0%
4	역사, 문학 등에 관심이 있어서	49.7%
5	장래의 취직을 위해	42.3%

출처 : 「2012年度日本語教育機関調査結果概要概抜粋」, 國際交流基金, 2013. 12. 10, 3~4면.

전체의 60%를 차지할 정도로 급증한 결과이다. 일본어학습자 수도 가파른 상승세를 유지하고 있다. 국제교류기금의 2012년도의 조사결과에 의하면(교류기금은 2000년대 들어 3년마다 조사를 실시하고 있다) 총 학습자 수는 2009년도 대비 9.1%, (2003년도 대비 40.8%), 교사 수는 28.0%(2003년도 대비 51.9%)나 증가한 것으로 나타났다. 2000년대 들어 증가세가 현저하다는 특징을 보이고 있다.

과거 33년간의 증가율을 보면 학습자 수는 31.3배. 교사 수는 15.6배, 기관 수는 14배 증가한 것으로 나타나 일본어의 해외보급이 상당한 속도로 진척되고 있음을 알 수 있다. 학습자의 증가율 측면에서 보면 중국, 태국, 말레이시아, 필리핀, 인도네시아 등이 비약적인 증가세를 보이고 있는 반면 한국은 -12.8%의 감소세를 보이며 학습자 수에서 3위로 밀려났다(〈표 8-32〉 참조). 중국의 비약적인 증가는 일본의 팝 컬처의 인기에 편승한 젊은이들이 경제적·실리적 이익을 추구하는 심

〈표 8-32〉 일본어학습자 수 상위 10개국의 학습자 수의 추이

순위	국가	2012년	2009년	증감율(%)
1	중국	1,046,490	827,171	26.5
2	인도네시아	872,406	716,353	21.8
3	한국	840,187	964,014	**-12.8**
4	호주	296,672	275,710	7.6
5	대만	232,967	247,641	-5.9
6	미국	155,939	141,244	10.4
7	태국	129,616	78,802	64.5
8	베트남	46,762	44,272	5.6
9	말레이시아	33,077	22,856	44.7
10	필리핀	32,418	32,418	45.0

출처 : 「2012年 海外日本語教育機関調査」(速報値発表), 国際交流基金, 2013.7.8.

리가 작용했고 동남아제국의 경우는 고교생들을 중심으로 외국어교육의 선택과목 확대가 영향을 미쳤다고 한다. 특히 애니메이션과 만화는 각국 청소년들의 일본어학습 동기에 중요한 영향[114]을 미친 것으로 나타났다.

일본의 영향력과 일본어의 국제적 지위 확대를 재삼 확인한 국제교류기금은 일본어교육의 보다 효과적인 추진을 위해 2012년부터 5개년에 걸친 중기중점방침을 설정했다. 그 내용은 ① 일본어 국제화를 한층 더 추진하기 위한 기반·환경의 정비, ② 국가, 지역마다 일본어교육·일본어학습 환경에 따른 효과적·효율적인 일본어보급을 위한 대응, ③ 일본정부의 방침, 외교정책에 의거하여 새로운 요청·니즈에 대응한 사업, 일본과 대상국·지역과의 관계를 강화하는 사업에 적극적으로 대응[115]한다는 것 등이다. 각국의 일본어교육의 현지화를 지원하면서 새로운 니즈나 정책에 적절하게 대응하여, 이를 일본정부의 정책이나 외교방침을 반영하는 형태로 실시한다는 것이다. 일본어보급이 일본의 외교정책과 철저하게 연동되고 있음을 의미한다.

6) 지역사회의 내향적 국제화 추구

지역의 국제화와 지역사회에서의 국제문화교류가 가장 활발했던 시기가 1980~90년대였다고 한다면 2000년대는 '다문화공생'을 추구하는 흐름이 각 지역에서 그 어느 때보다 활발하게 전개된 시대였다. 그동안 지역사회의 국제화라고 하면 '국제교류'와 '국제협력'이 주된 이념이었지만 여기에 '다문화공생'이라는 새로운 키워드가 등장하면서 국제화에 대한 인식에 변화가 발생한 것이다. 그 배경에는 지구촌의 글로벌화에 따른 인구이동이라는 외생적 변수가 근저에 있지만 일본사회의 인구구성의 변화라는 내적변수도 복합적으로 작용했다.

2010년 일본인구는 1억 2,806만 명이었지만 2060년이면 8,674만 명으로 줄어들고, 65세 이상의 고령인구는 3,464만 명으로 전체인구의 39.9%에 달해, 2.3명에 한 사람이 노년인구가 되는 초고령사회를 맞이하게 된다. 이는 생산연령인구(15세~64세)의 감소를 초래해 2010년에 생산연령인구 2.8인이 고령자 1인을 부양했던 현실이 2060년이 되면 1.3인이 고령자 1인을 부양해야 하는 상황으로 변하게 된다.[116] 빠른 속도로 진행되는 일본사회의 인구구성의 불균형 현상은 향후 일본이 현재와 같은 경제력을 유지하기 위해서는 특단의 조치가 필요하다는 것을 의미한다.

이에 일본정부는 1990년에 재류자격의 개편을 통해 일본계 3세까지 취업 가능한 지위를 부여하여 외국인의 재류자격을 확대하는 한편, 2009년에는 외국인에 대해서도 일본인과 동등한 행정서비스를 제공하는 법을 개정하는 등(〈표 8-33〉 참조) 단순외국인 노동자에 대해서는 배타적이지만 인구구조의 변화에 대한 다각도의 대응책을 강구하고 있다. 다소 유연한 외국인 수용정책과 문화교류 활성화로 인해 외국인의 내일(來日) 수도 증가했고(〈표 8-34〉 참조), 재류외국인 수도 2013년 1월 시점에서 200만 명(203만 8천여 명)을 돌파하며 전체인구의 1.6%를 차지하기에 이르렀다.[117] 지역사회의 외국인거주자의 급증은 일본사회의 개방화·국제화를 가늠하는 바로미터이기도 하지만 한편으로는

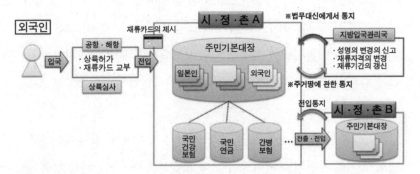

〈표 8-33〉 외국인주민 기본법의 구도

출처 : 「外国人住民に係る住民基本台帳制度について」, 총무성 홈페이지(http://www.soumu.go.jp/
main_sosiki/jichi_gyousei/c-gyousei/zairyu.html).

〈표 8-34〉 외국인 입국자 수의 추이

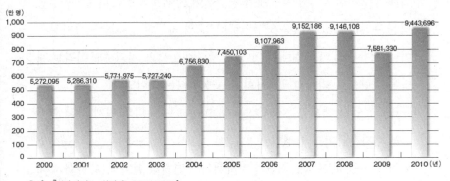

출처 : 『外交青書』, 外務省, 2012, 251면.

이문화끼리의 갈등이나 행정적인 부분 등을 포함해 다양한 문제를 야
기시키면서 지자체로 하여금 다문화공생의 가치구현이라는 과제를
안겨주었다.

이로 인해 단일민족으로서의 국가적 정체성이 그 어느 나라보다도
강한 일본에서 그것도 위로부터의 운동이나 정부에 의한 정책적 추진
이 아닌 "시민사회나 지방자치단체 차원에서 다문화공생을 위한 활동

과 제도적 정비"[118]가 자발적으로 추진되기 시작했다. 그런 대표적인 사례로 오사카시와 히로시마시가 주목받고 있으나,[119] 이 같은 변화는 1980년대 일본사회의 폐쇄적인 국제화인식의 실태를 상기하면 놀라운 일이 아닐 수 없다. 저변에서부터의 인식변화는 중앙정부를 움직이기 시작했다.

일본정부는 "향후 일본은 인구감소시대를 맞이하여, 또 경제의 글로벌화에 의해 사람의 국제이동이 보다 활발하게 이루어진다는 것을 감안하면 외국인주민에 관한 과제는 가까운 장래에 전국의 지자체에 공통의 과제"[120]가 될 것이라고 예상하면서, 이에 선제적으로 대응하기 위해서라도 범국가적 차원에서 종합적이고 체계적으로 다문화공생정책을 추진할 필요가 있음을 천명했다. 소위 외국인 문제를 '노동자정책'이나 '재류관리'의 관점에서 벗어나 '생활자'로서의 '지역주민'이라는 개념을 바탕으로 '다문화공생사회'를 구현한다는 의미였다.

구체적인 정책으로는 NPO(Nonprofit Organization)와의 연계 강화를 비롯해, 3자간담회의 활성화(행정담당자, 자치회간부, 외국인주민), 다문화소셜워커의 양성, 외국인주민과 지자체와의 연락망 설치, 일본사회에 대한 학습기회 제공, 관민협력체제의 구축을 통한 지역사회의 역할 강조 등의 정책을 실천하기 시작했다.[121] 일본정부의 '생활자로서의 외국인'이라는 관점은 외국인정책의 분기점이 되었다고 해도 과언이 아니다. 그 연장선상에서 정부는 지자체와 연계하여 '생활자로서의 외국인'에 대한 종합적인 대응책을 발표했다.

그 배경은 "우리나라도 일본에서 일하고 또 생활하는 외국인에 대해 처우, 생활환경에 대해 일정의 책임을 져야 하고 사회의 일원으로서 일본인과 동등하게 공공서비스를 향유하고 생활할 수 있는 환경을 정비"[122]해야 한다는 것이었다. 핵심적인 정책으로는 외국인이 살기 좋은 지역사회 만들기, 외국인자녀들의 교육충실, 외국인의 노동환경정비의 개선, 사회보장의 가입촉진, 외국인의 재류관리제도의 개정 등에 초점을 맞추었다. 법과 제도의 정비는 물론이고 직업과 교육, 주민으로서의 생활여건 등 모든 면에서 '일본인'으로서의 생활을 보장한다는 것이다.

다문화공생을 실현해 가는 주체로서는 국가, 현(県), 기업, 시·군, NPO, 봉사단체, 지역주민 등이지만 그들은 대외적으로 보면 바로 '홍보문화외교'의 주체들이라는 점에서 외국인정주민과의 가치공유 노력은 지역사회의 내향적 국제화를 의미하는 것이었다. 일본의 지역사회의 국제화가 새로운 국면으로 접어들고 있는 가운데 국제교류기금은 유럽의 선진제도를 도입하여 다문화공생도시의 국제적 네트워크화를 시도했다. 이른바 일본의 인구감소와 글로벌화를 배경으로 추진된 'ICC'사업이다.

ICC(Intercultural City) 프로그램은 "이주자(migrant)와 소수자(minority)에 의해 초래된 문화적 다양성을 위협이 아니라 오히려 호기로 받아들여 도시의 활력이나 혁신, 창조, 성장의 원천으로 하는 새로운 도시정책"[123]으로 유럽의 '구주평의회'[124]가 추진한 사업이다. 이를 국제교류기금이 2009년부터 구주평의회와 협력하여 유럽과 일본의 제 도시에 선진적인 다문화공생의 가치를 전파하기 위해 도입했다. 당시 일본은 이 제도를 도입하면서 한국의 서울과의 연계도 추진했다. 소위 도시 간의 네트워크 강화를 통해 기존의 '일구(日欧)' '일한(日韓)'이라는 틀을 넘어 '아시아—구주(欧州)'라는 관점에서 다문화공생의 이념을 확산시킨다는 취지였다.

1990년대 초 '국격(国格)'을 강조하는 흐름[125]이 일본사회에 조성된 이후 국제화의 진전과 함께 지역사회를 중심으로 단일민족국가관에서 다문화공생의 가치를 실천하고자 하는 자기인식의 변화가 나타나기 시작했지만 확실한 외국인수용정책이 부족했던 일본에서 늦게나마 ICC의 도입은 의미가 있었다. 외국인주민수용의 단계별 모델이라는 관점에서 보면 ① 무정책(non-policy) ② 게스트 워커정책(guest worker policy) ③ 동화정책(assimilation policy) ④ 다문화정책(multicultural policy)의 발전단계를 거쳐 궁극적으로 도달한 것이 바로 ⑤ 인터컬처럴 정책(intercultural policy)이기 때문이다.[126] 국제교류기금도 이와 관련하여 다음과 같이 언급했다.[127]

국제사회에서는 이미 글로벌인재의 획득경쟁이 시작되고 있다. 경쟁을 돌파하기 위해서는 유능한 외국인이 살고 싶다고 생각하는 매력적인 지역 만들기나 제도적인 환경정비가 필요하다. 법무성의 입관국이 앞서 도입한 고도인재수용을 위한 포인트제나 환경정비도 그 하나이지만 글로벌 인재 수용의 키는 지역사회가 쥐고 있다고 생각해야 한다.

요컨대 일본사회의 인구감소 현상을 해소하고 경제 활력을 유지하기 위한 방안은 인재를 폭넓게 확보하는 것이고 이를 위해서는 지역의 글로벌화가 필요하고 그것을 추진하는 주체도 다름 아닌 지역사회가 되어야 하며, 정부는 이에 대한 지원을 아끼지 않겠다는 것이다. 이 프로그램에 적극적으로 참여하고 있는 도시가 야마하·혼다·스즈키 등의 국제적인 기업을 보유하고 있는 인구 80여만의 하마마츠(浜松)시[128]이다. 악기산업이 번성한 지역으로도 유명하지만 현재 이 지역의 외국인 인구는 2만 5천여 명으로 지역의 제조업발전에 크게 기여하고 있다.

지역사회가 정부의 방침에 따라 수동적으로 움직이는 것이 아니라 '국제도시'로서의 지역의 힘을 높여가는 독자적인 대응을 통해 지역과 국가의 경제발전에 기여할 수 있는 정책이 바로 ICC의 특징이다. 1990년대 후반 무렵부터 일본경제의 침체로 인해 국제교류를 추진하는 민간의 움직임이 다소 정체되어 가는 상황에서 지역사회를 축으로 하는 새로운 형태의 국제교류(= 국제도시 만들기) 움직임이 전개되고 있음은 바람직한 현상이라고 할 수 있다. 일본사회의 내향적 국제화를 강화하기 위해 도입한 ICC정책은 향후 국제교류의 차원을 한 단계 격상시킬 수 있는 가능성을 내포하고 있지만 이와 함께 기존의 JET 프로그램도 주목하지 않을 수 없다.

일본이 세계적으로 자랑하고 있는 JET(The Japan Exchange and Teaching Programme, 지역사회의 외국어교육과 국제교류촉진을 위한 외국인청년초청사업) 프로그램은 2011년에 창설 25주년을 맞이하여 누적참여자 5만 5천 명(62개국)을 초월하는 실적을 거두었다(〈표 8-35〉 참조). 일본정부는 이 프로그램이 일본사회의 외국어교육의 활성화에 기여하고, 지역레벨에서의 국제교류와 국제화를 촉진할 뿐만 아니라 프로그램 참여자의 상당수가 지일·친일가로 각국에서 활약하고 있어 일본의 매우 중요한 인적·외교적 자원이라는 인식을 갖고 있다.

〈표 8-35〉 JET참여자의 연도별 및 누적참여 현황

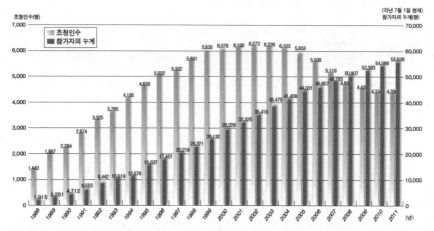

출처: 『外交靑書』, 外務省, 2012, 240면.

　　본 사업이 시작된 1987년 첫해에는 4개국(미국, 영국, 호주, 뉴질랜드)에

서 848명이 참여했으나 27회째인 2013년에는 40개국에서 4,372명이 참

여하여 지역사회의 국제교류에 진력하고 있다. JET 프로그램의 경우

출발 당시부터 전체적으로 영어권에서의 참여가 압도적으로 높았다

는 것이 특징이었으나 최근에는 아프리카에 대한 문화외교 강화의 일

환으로 남아공이나 자메이카 등으로부터 상당수의 인원을 초청하여

외국어교육에 적극적으로 활용하고 있다〈표 8-36〉 참조).

　　그 이유는 지역사회의 영어교육 강화라는 일차적인 목적이 있기도

하지만 주목할 만한 경제성장을 이어가고 있는 이 지역의 미래를 선점

하기 위한 장기적인 관점에서 친일가 양성이라고 볼 수 있고, 외교정

책으로 보면 소위 '자유와 번영의 호'를 구현하기 위한 하나의 실천적

수단이라고 할 수 있다. 실제 지역사회에서는 본 사업에 대한 기대감

과 성과가 높은 것으로 나타났다. 영어를 모국어로 사용하는 보조교사

〈표 8-36〉 2013년도 JET참여자의 주요국 현황 2013년 7월 1일 현재

	ALT (외국어지도조수)	CIR (국제교류원)	SEA (비즈니스국제교류원)	총계
미국	2,268	91	0	2,359
영국	375	13	0	388
호주	278	22	0	300
뉴질랜드	241	14	0	255
캐나다	467	17	0	484
아일랜드	94	5	0	99
남아공	100	0	0	100
싱가포르	48	4	0	52
자메이카	68	0	0	68
중국	8	68	1	77
한국	2	56	8	66
독일	2	14	0	16
프랑스	4	14	0	18

출처 : JET 홈페이지(http://www.jetprogramme.org/j/introduction/statistics.html#stats)에서 발췌작성.

가 지역사회의 제 활동에 적극적으로 참여함으로써 외국어에 부담을 느끼고 있는 청소년들에게 외국어표현의 거부감을 상쇄해 주면서 어릴 때부터 외국문화의 접촉을 자연스럽게 하는 장으로 활용되고 있기 때문이다.

또 자국의 문화를 전달하고 이해의 폭을 넓혀가는 기회를 제공할 뿐만 아니라 활동과정에서의 경험과 노하우를 모국에 돌아가서 전달하는 메신저 역할을 함으로써 이문화 간 상호이해의 심화에 실질적으로 기여하고 있다는 점에서 외부로부터의 평가도 높은 편이다. 25주년 기념행사에 참여한 각국 관계자들의 발언내용을 참고로 보면 이경수주일공사가 JET 프로그램을 "민초레벨의 외교창구로서 양국국민의 마음을 이어가는 중요한 가교"로 평가했고, 미국법인 일본국제교류센터사

무국장 제임스는 "세계에서 가장 성공한 민간외교 프로그램"으로, 초기 본 프로그램에 직접 참여한 바 있는 영국인 앵거스(런던대학 아시아아프리카학원 일본연구소장)는 "국제교류면에서는 분명히 커다란 성과"를 거둔 사업으로 각각 평가하고 있다.[129]

저자도 이 프로그램을 외국어교육의 활성화와 다문화공생사회의 구현이라는 관점에서 성공적인 사례로 인식하고 있고 한국의 지자체 등에서 도입할 것을 제언하고 있으며 일본 국내외의 평가 역시 전반적으로 긍정적이다. 오늘날 주요국들은 소프트파워의 '공공외교'화를 강조하며 자국의 문화나 가치발신에 주력하고 있다. JET 프로그램은 언어를 매개로 하여 지역사회의 국제화, 국제교류, 상호이해, 가치발신 등의 효과를 동시에 충족시켜주는 전형적인 사례로 주목할 수 있다.

4. '신생일본'의 문화외교의 특징

문화외교를 강화하려는 각국의 움직임이 갈수록 치열해지고 있는 가운데 한중일 3국도 범국가적 차원에서 대응강도를 높여가고 있다. 하지만 3국의 경우는 예산이나 체제 그리고 이념적인 부분에서 상당한 차이를 보이고 있는 것이 사실이다. 중국의 경우는 경제발전을 중심으로 한 '현대화 건설'에서 문화와 문화산업을 중시하기 시작한 '문화 건설'의 이념으로 국가의 정책적 방향성이 움직이기 시작했지만 국제교류가 자국문화 전파에 중점을 두고 있다는 점에서 국제문화교류의 관점에서 보면 '개화기'에 해당된다고 볼 수 있다.

이에 비해 한국의 경우는 자국문화의 소개나 전파를 중심으로 한 국제교류에서 상호교류의 강화와 글로벌과제를 시야에 넣은 교류 이념을 제시하기 시작했다는 점에서 '성장기'에 해당하며, 일본의 경우는 가치창출과 공유를 통한 국제사회에 대한 공헌을 중시하는 이념을 설정하고 기업이나 지자체, NGO 등을 통한 민간차원의 교류를 확대하기 시작했다는 점에서 '성숙기'에 접어들었다고 할 수 있다. 미국, 영국, 독일 등의 문화교류정책에 비하면 예산이나 추진체계 등에서 아직 성숙한 단계에 이르렀다고 보기는 어렵지만 한국이나 중국의 국제문화교류정책이 안고 있는 과제들을 고려하면 일본은 상당부분 앞서있다는 평가를 내릴 수 있다.

실제 일본은 1990년대 이후 국제사회의 글로벌화에 편승하여 2국간 문화교류나 다자 간 문화교류 강화를 위한 체제구축(아시아센터, 일미센터, 일중교류센터)을 꾸준히 추진해 왔고, 내용적인 측면에서도 글로벌 이슈의 발굴과 공동연구의 기반구축, 그리고 그 성과를 국제사회와 함께 공유하는 노력을 통해 일본적 가치의 확산에 주력하기 시작했다. 문화교류를 경제협력·지원과 연계하여 전략적이고 효과적으로 추진하기 위한 노력도 지속적으로 강구하며 유연성을 발휘했고, 국제적인 문화유산을 보존하고 복구하는 국제협력사업도 오래전부터 추진하여 상당한 성과를 올렸다.

문화교류정책의 수립이나 추진과정에서도 유식자의 종합적인 검토나 제언을 적극적으로 반영하고 비영리단체와의 연계도 강화하면서 항상 관민일체화를 추구했고, 정부의 각 부처나 기관에 의한 역할분담이나 시대적 상황과 이념을 반영하는 체제도 시의 적절하게 재정비하며 문화외교의 기반을 다져갔다. 문화교류의 방향성도 미래의 세대에 과감히 투자하는 전략을 고수하며 친일·지일파양성을 도모했고, 지적교류 강화를 통해 장기적인 관점에서 상호이해의 증진과 가치의 공유에 기여하는 정책을 지역을 확대해 가며 강화했다.

ODA라는 경제협력카드를 통해 개발도상국의 인재 육성이나 사회발전에 기여할 수 있는 교류정책을 지속적으로 추진하여 일본의 영향력을 확대해가는 정책을 일관되게 추진함으로써 의도를 명확히 드러내지 않으면서도 일본적 가치나 제도의 이입에 성공하는 성과를 거두었다. 또 일본에 대한 국제적 비난이 고조되면 비판적 대응보다는 문화교류정책을 강화함으로써 오히려 '공격'적인 대응을 통해 관계개선을 추구하는 전략을 구사하기도 했다. 종합적으로 보면 경제대국의 지위를 활용하여 국제사회에 공헌하는 방안을 모색하면서 동시에 일본의 영향력 극대화를 강구한 것이 바로 일본의 문화교류정책이었다. 이상에 의거하여 2000년대 일본의 문화외교에 나타난 특징(성과를 포함하여)을 살펴보면 다음과 같이 요약할 수 있다.

첫째, '다층적'이고 '개방적'인 형태로 추진된 일본의 외교와 궤를 같이 하고 있다. '다층적'이라는 것은 지역서 다국 간 대화의 틀을 기능적으로 연계하면서 다양한 분야에서 지역협력을 축적해 간다는 것이고, '개방적'이라는 것은 네트워크가 지역전체에 널리 개방된다는 것으로서 주체는 국가 이외에 민간기업이나 NGO 유식자 등 폭넓은 시민도 그 일부로 포함된다는 의미이다.[130] 동아시아나 EU문화외교에 구사하고 있는 멀티트랙 전략은 바로 그 전형이라고 할 수 있다. 지역을 전체적인 틀로 하면서 국가별 특성을 감안한 양국 간의 문화교류를 강화하고 그 과정에서 일본문화의 우수성 전파나 일본적 가치의 이입에 주력한다는 것이다.

둘째, 문화외교에 전체적으로 지적교류를 강화하는 방향으로 나아갔다. 그동안 일본과의 지적네트워크가 부족했거나 전략적 대응이 필요한 지역·국가들을 상대로 펠로십제도를 통한 일본연구와 지역연구지원, 국제사회에서 발생하고 있는 각종 현안에 대응하기 위한 공동연구 확대, 가치관의 차이극복과 상호이해의 증진을 위한 차세대 리더들과의 지적교류 등이 집중적으로 이루어졌다. 그 흐름에도 특징이 있어 아시아, 동구, 중동, 아프리카 지역을 대상으로 한 지적교류는 각국의 오피니언 리더나 차세대 리더들을 대상으로 양국의 현안에 기여하거나 향후의 친일파양성이라는 취지하에 추진된 반면, 유럽이나 북미의 경우는 글로벌과제에 대한 공동연구를 통해 국제사회에 일본의 영향력증대를 꾀하는 방식으로 추진되었다. 이 과정에서 일본이 지향하는 '가치외교'의 이념이 적절히 반영되어 갔다.

셋째, ODA를 문화외교와 연계하여 적극적으로 활용하는 전략을 일관되게 구사하고 있다. ODA는 '다층적'인 일본의 외교 전략을 구체적으로 실천함에 있어 매우 유효한 수단으로 자리 잡은 지 오래다. ODA는 문화외교와 관련성이 없을 듯하지만, 경제협력이나 지원과정에서 이루어지는 인적교류, 제도나 가치관 이입, 일본의 경제성장의 경험전수 등, 일본의 입장에서 보면 상대국과의 장기적 관점에서 전략적인 관계를 구축할 수 있는 수단이고 상대국의 입장에서 보면 선진문화를 자연스럽게 수용할 수 있는 기회이기도 하다. 일본의 ODA가 관민일체화의 방침하에 민간의 협력을 강화하고 있는 것도 그들이 일본문화 전파의 첨병 역할을 수행하기 때문이다. 그 과정에서 축적된 상호신뢰의 기반이 훗날 양국의 관계발전과 경제적 이익에 부합하는 결과로 나타났음을 전후 일본은 다양한 형태로 경험했다.

넷째, 2국 간 교류를 전략적으로 강화하고 있다. 일본의 외교·안보의 '기축'인 미국과는 글로벌이슈에 대한 공동대응에 초점을 맞춘 지적교류를 강화했고, 기본적 가치를 공유하고 있는 '글로벌 파트너' EU와는 글로벌 협력관계 구축에 주력하면서 한편으로는 선진문화에 대한 일본문화의 우수성을 전파하는데 초점을 맞추었다. 또 '일본의 가장 중요한 2국' 관계로 부상한 중국과는 공통의 이익 확대를 위한 기반 강화 차원의 문화교류를 추진했고, '극히 중요한 이웃'인 한국과는 상호이해를 넘어 국제적 시야에서 공동으로 공헌할 수 있는 방향으로 교류의 질적 변화를 추구했으며, '전략적 파트너'로 자리매김한 아세안과는 경제개발과 인간의 안전보장에 대한 지원이라는 관점에서 문화교류를 확대했다. 지역이나 개별국가에 대한 전략적 대응을 통해 국제문화교류의 기본 이념을 훼손시키지 않으면서 일본적 가치의 극대화와 국제사회에 공헌하는 교류를 추진하고 있다.

다섯째, 외교나 교류의 전환점에 해당되는 해에 관민이 연계하는 대규모의 기념사업을 전개하여 일본에 대한 이해도나 대일홍보를 강화하는 전략을 구사했다. '우정의 해' '～주년 기념' 등의 명분으로 각계각층의 다양한 교류행사를 집중적으로 추진하여 '홍보문화외교'를 강화하고 민간의 활력을 적극적으로 활용했다. 이는 대외적으로는 문화교류의 주도권을 일본이 장악하면서 문화교류의 국제적인 네트워크 구축과 상호이해의 증진, 일본문화의 해외 전파를 촉진하는 효과가 있고, 대내적으로는 국민들의 문화교류에 대한 참여의식과 국제협력에 대한 관심 고조, 일본사회의 개방화와 일본인의 대외인식 개선 등의 효과를 기대할 수 있었다. 일본문화외교의 DNA라고 할 수 있는 '올 재팬' 체제의 기반을 강화하는 전략이기도 하다.

여섯째, 소위 '올 재팬'의 종합적인 외교력 강화라는 차원에서 외무성과 지방·지역, 그리고 NGO 등과의 파트너십이 갈수록 강화되고 있다. 이를 위해 외무성은 ① 지방의 매력을 세계에 발신, ② 지방의 국제화지원, ③ 국제교류에 관한 광범위한 정보제공[131] 등에 중점을 두면서 지자체와의 연계를 강화하고 있다. 또 NGO와는 정기적인 회합('NGO·외무성정기협의회')을 통해 사업능력의 전문성을 강화하면서 국제교류의 효율성(2011년 단계에서 국제교류에 관여하고 있는 NGO는 약 400여 개로 알려져 있다)을 극대화하는 방향으로 외교력을 결집해 가고 있다. 특히 정부·NGO·경제계가 협력하여 대규모의 자연재해나 지역분쟁에 효과적으로 대응하기 위해 설립된 '재팬 플랫폼(JPF)'(2000)은 국내외에서 다양한 인도적 활동에 주력함으로써 '인간의 안전보장' 이념의 구현에 실질적인 공헌을 하고 있다.

일곱째, 장기적인 관점에서 청소년교류사업을 강화했다. 청소년교류는 1959년 '해외청년파견'과 1962년 '해외청년초빙'이 본격적으로 시작된 이래 줄곧 국제교류의 중점사안으로 추진해온 사업이지만 2000년대 들어서는 미래의 친일파양성이라는 명확한 목적하에 고교생과 대학생을 중심으로 단기연수나 교류형태의 프로그램을 대폭 강화했다.[132] 후진국의 청소년들에게는 일본의 선진문화(산업·문화)의 이해와 전파를 통해 차세대의 지도자 육성에 기여하고, 선진국의 청소년들에게는 상호이해의 기회를 넓혀 미래의 우호적인 대일여론조성을 주도하는 인재로 성장하는데 투자하겠다는 취지이다. 경제성장을 비롯해 안보나 환경, 안전, 위생 등 모든 분야에서 글로벌 협력을 통해 자국의 발전을 도모해야 하는 시대적 상황을 고려하면 청소년 단계에서 국제적인 시야와 국제협력의 정신을 겸비한 인재양성에 초점을 맞추는 전략은 국제교류의 명분과 실리를 모두 확보할 수 있다는 점에서 그 의미는 적지 않다고 본다.

여덟째, 미디어를 통한 홍보외교의 강화이다. 일본의 외교정책이나 이념에 대해 국내는 물론이고 국제사회로부터의 협력과 지지(= 양호한 대일인식의 확산)를 얻기 위해 국내외의 미디어를 통한 '전략적이고 효과적인 대외발신' 능력을 강화했다. 해외미디어에 대한 각종 정보제공이나 취재협력은 물론이고 외무성 관료나 관련 분야의 관계자(유식자를 포함)를 해외에 파견하거나 초빙하여 일본정부의 입장이나 생각을 적극적으로 전달하며 이해를 구했다. 국내를 향해서는 '국민의 이해와 지지를 얻는 일본외교'라는 취지하에 ① 국민과 대화하는 홍보(외무대신을 비롯해 외무성 관계자가 국민과 직접대화), ② 심포지엄이나 세미나 그리고 2트랙 회의(정부나 민간레벨에서의 대화 혹은 정부와 민간이 혼재하는 대화), ③ 인터넷을 포함한 각종 미디어홍보(외무성 홈페이지 활성화 및 종합적인 IT홍보), ④ 공청회활동 등 다양한 홍보활동을 전개했다. 일본의 외교정책이나 이념을 국내외를 향해 전략적으로 광범위하게 홍보하는 노력을 지속적으로 전개하여 외교성과의 극대화를 추구하는 전략이다.

이상 2000년대 나타난 일본의 문화외교의 특징을 정리해 보았다. 전체적으로 보면 관민일체화라는 기본 이념을 토대로 전략적이면서 미래지향적이고, 효율성을 추구하면서 시대성을 적절히 반영한 탄력적인 대응을 하고 있음을 확인할 수 있다. 국제사회의 여론도 우호적이다.

EU4개국(영·독·불·이)의 여론조사(2007)[133]에 의하면 "풍요로운 전통·문화를 가진 나라" "경제력이 있는 나라" "기술력이 있는 나라"라는 인식은 평균 8 이상(10점 만점)의 높은 결과가 나왔다. 또 "자연이 아름다운 나라" "성장력이 있는 나라" "생활수준이 높은 나라"도 평균 7 이상의 결과를 보인 반면 "군사적인 나라" "경계를 요하는 나라"라는 이미지는 평균 5 이하의 낮은 수치를 보였다. 특히 "일본은 신뢰할 수 있는가"라는 질문에는 86%가 "신뢰할 수 있다"는 인식을 갖고 있었으나 "신뢰할 수 없다"는 불과 9%에 지나지 않았다.

인도의 경우는 80% 이상이 일본과의 관계를 양호하다고 생각하고 있고, 71%가 신뢰할 수 있는 우방으로 생각하고 있으며, '일본국'의 이미지로서는 "선진기술을 보유한 나라" "평화를 사랑하는 나라" "경제력이 있는 나라"가, '일본인'에 대해서는 "근면" "친근감" "능률적인 경영관행·예의바름"이 각각 상위를 차지했다.[134] 호주의 경우도 '일본국'의 이미지로는 "전통과 문화의 향기가 높은 나라" "경제력과 선진테크노러지의 나라" "평화애호국"이, '일본인'에 대해서는 "예의바름" "근면" "전통적·교양이 있다"가 각각 상위를 차지했다.[135]

ASEAN의 주요 6개국의 경우는 90% 이상이 일본과는 우호적이며 신뢰할 수 있는 우방이라는 인식을 갖고 있고, 러시아는 70% 이상이 대일관계를 양호하다고 생각하고 있으며, 남미의 대표적인 친일국인 브라질은 74%가 우호적이라는 반응을 보이고 있다.[136] 중국의 대일여론이 "좋다" 9.6%, "나쁘다" 90.1%, 한국의 대일인식이 "좋은 편이다" 12.3%, "나쁜 편이다" 76.6% 인 것에 비하면[137] 한일, 중일 간의 영토 분쟁을 감안하더라도 지나치게 인식의 차가 크다는 인상을 지울 수 없다.

아프리카 지역도 예외가 아니다. 아프리카경제를 견인하고 있는 남아공의 경우는 일본인에 대해 "근면"이 62%, "창조성이 있다"가 44%, "전통문화를 중시한다"가 29%로 상위를 차지하고 있고, 일본에 대한 "신뢰"도 역시 71%의 고수치를 기록하고 있을 만큼 대일 인식이 양호하다.[138] 지역을 불문코 일본·일본인에 대한 국제사회의 인식은 대체로 비슷한 형태로 우호적인 경향을 보이고 있다. 국제문화교류를 통해 친일적인 여론을 조성하여 국제사회에서 영향력을 확대하겠다는 일본의 의지는 향후 보다 강화될 것으로 보인다. '홍보문화외교'를 강화하겠다는 의지가 이를 대변하고 있지만, 몇 가지 문제점도 지적하지 않을 수 없다.

우선 일본의 국제교류가 여전히 정부주도색을 강하게 드러내고 있다. 미국과의 획일적인 비교는 어렵지만 "모든 국면에서 '국제'를 의식하지 않고 '교류'를 확대해 갈 수 있는 민간의 커다란 이점"이 존재한다는 것과 "민간 활동에 따라 문화도 교류해 가는 것"이 미국의 국제교류의 "기본적인 모습"[139]이라는 사실을 감안하면 일본은 지나치게 정부주도의 관민일체화체제를 고집하고 있다. 국제교류를 문화 '외교'라는 관점에서 출발한 역사성을 갖고 있고 그 역사성에 의거하여 '외교'의 효과를 극대화하기 위한 방안을 항상 최우선적으로 고려한 태생적 한계 때문인지도 모른다.

그로 인해 정부주도의 '올 재팬' 체제를 전제로 한 일방향성에 매몰되어 문화교류정책을 이데올로기에 예속시키는 자승자박의 오류를 범하고 있고, 창조적이고 공유할 수 있는 가치추구보다는 일본적 가치를 우선시하는 전략으로부터 벗어나지 못하고 있다. 일본의 국제문화교류가 '수용'이나 '공생'보다는 '발신'이 강조되고 있는 것도 바로 이 때문이다. 이 점은 비난할 수는 없으면서도 우호적으로만 응시할 수 없는 부분이기에 재고될 필요가 있다.

둘째, 국제문화교류에 '수용' '개방'의 관점을 강화할 필요가 있다. 일본사회는 외래문화의 수용을 통해 창조적인 일본문화를 구축해 왔다는 자부심을 갖고 있다. 그러나 일본사회의 개방이라는 관점에서 보면 폐쇄성을 떠올리지 않을 수 없다. 외국인노동자의 비율이 OECD역내에서 가장 낮다[140]는 점이 상징하고 있듯이 일본적 가치의 세계화는 전력을 기울이면서 개방과 수용에는 선택적 제한이 존재한다는 점이다. 노동인구의 부족과 글로벌시대의 이동성을 고려하면 일본사회의 개방화는 더 이상 선택의 문제가 아니다.

게이단렌[経団連]도 글로벌경쟁의 격화, 인구감소사회에 대한 대응, 지역경제사회의 재생이라는 과제에 직면해 있는 일본이 규제개혁과 민간개방의 끈을 늦추는 것은 장래 일본의 발전을 부정하는 것이 될지도 모른다[141]는 우려를 표명하고 있다. 국제교류활성화를 통해 지역의 국제화를 지향하겠다는 정부의 의지는 분명해 보이지만 외국인에 대한 개방과 그들 문화의 수용(특히 아시아계)에는 여전히 소극적이라는 인상을 지울 수 없다. 일본적 가치로의 동화를 요구하기 보다는 다양한 이문화와의 공생을 통해 창조력과 혁신을 추구하는 다문화공생도시(Intercultural cities)로 지역사회를 활성화시킬 수 있는 노력을 범국가적 차원에서 실천해 가야 한다.

셋째, 일본의 문화외교를 지탱하는 한 축인 ODA가 여전히 일본의 '이익'과 직결되어 있다. 일본의 ODA는 이전부터 높은 차관비율, 경제인프라 중심, 동아시아 중시라는 특징을 갖고 있었다. DAC의 ODA분류는 사회인프라(교육, 의료, 인구, 위생)와 경제인프라(운수, 통신, 에너지)로 나누어져 있지만 일본의 경우 경제인프라에 집중되어 있어[142] 주로 사회인프라에 중점을 두고 있는 선진국과 대비되기도 한다. 2000년대 들어 '인간의 안전보장'의 시점에서 사회인프라를 중시하는 방침을 설정하고, 추진과정의 투명성 확보와 효과의 극대화를 위해 민간과의 연대나 활력을 강화하고, 가능하면 지원국의 요청을 최대한 반영하는 형태로 개선되고 있다는 점은 평가할 만하다.

그러나 ODA대강(2003)이 명시하고 있듯이 '개발도상국의 경제성장과 일본의 경제적 번영의 실현'이라는 방침에 방점을 찍고 있는 한, 상대국의 입장에서 보면 일본의 경제·문화적 예속으로부터 결코 자유로울 수 없다는 문제점이 있다. 개도국의 경제발전에 기여하는 형태를 취하면서 동시에 일본경제와 관련기업이 상호발전을 도모하는 방향으로 나아가겠다는 의지를 보다 강화한 것이다. 투명성과 효율성을 요구하는 국내의 여론과 일본의 경제사정 및 재정적 어려움을 종합적으로 감안한 조치이지만, 유상원조에 근거한 경제인프라에 중점을 두고 일본기업의 이익을 극대화하겠다는 전략은 내부적으로는 정경유착의 폐해를 낳을 수 있고 외부적으로는 일본의 국익을 전제로 한 지원이라는 비판[143]을 초래할 수밖에 없을 것이다.

5. 맺음말 – 문화외교의 의미를 음미하는 여유

전후부흥의 영광을 뒤로한 채 '잃어버린 10년'을 거치면서 일본사회는 다양한 위기에 직면해 있다. 정부의 부채비율 증가에 의한 재정압박, 저금리 흐름의 고착화, 급속한 고령화와 복지비용의 증대, 국내의 이념 갈등의 심화로 인한 정책적 합의의 어려움, 신규고용 부재의 경제구조, 니트(not in education, employment or training)족을 포함한 비노동인구의 증가 등과 같은 요인들이 일본을 압박하고 있다. 일본이 안고 있는 위기적 요인들은 쉽게 해결될 수 있는 사안이 아니지만 문제는 이런 요인들이 점차 주요국의 공통적인 현상으로 확산되고 있다는 사실이다.

생활문화의 일본화 현상이 세계 각국에서 소리 없이 진행되고 있다는 점도 부정하기 어렵고 일본이 안고 있는 제 요인들 또한 세계화의 양상을 띠기 시작했다는 사실도 부정하기 어려울 듯하다. 일본의 생활문화와 사회 현상의 세계화 경향에 비해 일본의 외교는 군사적 개입의 한계와 대미추종주의외교로 국제적 영향력을 확보하는데 상당한 어려움을 겪어 왔다. 경제력 대비 외교력의 취약함을 노정(露呈)한 일본은 경제외교와 문화외교로 커버하면서 이를 축으로 국제적 지위제고를 도모하는데 주력했다.

그에 대한 성과를 간단히 논할 수는 없으나 최근에는 일본이 주도하는 외교 이념이 점차 주요국의 지지를 획득하면서 외교 분야에서도 가치의 공유 = 일본화(Japanization) 현상이 조금씩 힘을 얻고 있는 것이 사실이다. '인간의 안전보장'을 중시하는 외교 이념 같은 것이 대표적인 사례이다. 일본외교가 주창하는 '가치외교'와 문화외교가 지향하는 '일본적 가치'의 세계화 기도가 향후 어느 정도까지 성공할지는 단언하기 어렵다.

그러나 한 가지 분명한 것은 주요선진국과 마찬가지로 일본적 가치의 세계화 의지를 결코 포기하지 않는다는 사실이고, 그 방향성은 '세계전체를 조망하는 시점'에서 '국익을 증진'할 수 있는 '전략적인 외교를 전개'한다는 것에 집약되어 있다는 점이다. 이를 위해 일본은 일미동맹의 강화, 근린제국과의 협력관계의 중시, 일본경제재생을 위한 경제외교의 강화를 일본외교의 3대 핵심 과제[144]로 설정하여 추진하고 있다. 확고한 안보를 바탕으로 일본의 경제성장을 지속화할 수 있는 외교력을 발휘하고 한편으로는 주요국과의 협력관계를 강화하여 국제사회의 책임 있는 국가로서의 역할을 수행하겠다는 것이다. 일본의 존재감 향상과 국제공헌을 통한 영향력 증대, 그리고 이를 실현하기 위한 일본적 가치의 세계화 전략을 멈추지 않겠다는 의지이다.

전후 일본외교가 추구해온 기본철학으로서 일본외교의 출발이자 도달점이기도 한 방향성을 비판적으로만 바라볼 수는 없다. 일본만이 추구하는 전략이 아닐 뿐더러 그 과정에서 축적되는 보이지 않는 무엇인가(= 가치)가 있기 때문이다. 상호협력을 강화해야 한다는 당위성에도 불구하고 갈등의 끝을 쉽사리 찾을 수 없는 한국과 중국을 제외하면 일본에 대한 국제사회의 여론은 상당히 우호적이다. 그것은 어떤 특정한 요인에 의해 한 순간에 형성된 결과가 아닌 장기간에 걸쳐 축적된 신뢰의 산물이다. 후쿠시마원전에 대한 세계적인 불안에도 불구하고 IOC위원회는 일본의 올림픽 개최에 압도적인 지지를 보냈고 군사대국화와 동북아의 영토분쟁을 촉발하는 일본의 공세에도 서구사회나 아시아의 반응은 비교적 차분한 편이다.

현재 일본은 경제력의 후퇴로 인한 영향력 감소우려에 스스로 민감하게 반응하며 퇴행적인 정치행보를 이어가는 우를 범하고 있다. 가치외교를 주창하면서 역사적 진실이라는 가치는 부정하는 자기모순에 빠져 있기도 하다. 외부로부터의 비판을 자기검증과 발전의 계기로 삼았던 여유는 사라지고 초조함이 앞서는 행동양식(ODA의 예산삭감도 그 일환이다)으로 국제사회의 우려를 낳고 있다. 이에 대한 비판은 쉽게 할 수 있다. 하지만 표면적으로 드러나지 않는 대일관이 국제사회에 존재하고 있는 것은 아닌지, 그것이 바로 장기적 관점에서 전략적으로 추진해온 문화외교의 성과는 아닌지 한번쯤 음미해 보는 여유 역시 우리에게도 없는 듯하다.

흐르는 개울가에서 손빨래를 해야 하는 환경 속에 사는 여인에게 빨래판을 건네주는 배려심은 필요하지만 전기세탁기를 제공하겠다는 과욕은 금물이다. 문화외교는 감동이나 정서를 공유하는 과정이지 나를 내세우는 것이 아니다. 문화외교가 국격을 제고하는데 얼마나 중요한 것인지, 가치공유를 극대화하기 위해 무엇을 고려하고 어떻게 실천해가야 하는지, 그에 대한 해답을 그 사회가 진지하게 고민할 때 비로소 문화외교의 참된 의미와 국가의 품격이 보장된다. 국제사회의 우호적인 대일여론의 형성에는 일본사회의 진지한 고민이 일정부분 반영되었다는 것을 의미한다. 이점은 한국사회가 또 다른 관점에서 객관적으로 이해해야 할 부분이다.

1   堺屋太一, 『明日を読む』, 朝日新聞社, 1997, 104~108면.

2   「チャレンジ2001－21世紀に向けた日本外交の課題」, http://www.mofa.go.jp/mofaj/gaik
    o/teigen/teigen.html, 外務省, 1999.

3   「平和と繁栄の21世紀を目指して－新時代にふさわしい積極的な外交と安全保障政策の展開
    を」, 社団法人経済同友会, 2001.4.25 참조.

4   小渕総理大臣演説, 「アジアの明るい未来の創造に向けて(1998.12.16)」(資料編), 『外交青書』,
    外務省, 1999 참조.

5   「人間の安全保障基金－21世紀を人間中心の世紀とするために」, 外務省国際協力局地球規模
    課題総括課, 2009.8, 7면.

6   森総理大臣演説, 「国連ミレニアム・サミットにおける森総理演説」, http://www.mofa.go.jp/
    mofaj/press/enzetsu/12/ems_0907.html, 2000.9.7.

7   「第151回国会における森総理大臣施政方針演説」, http://www.kantei.go.jp/jp/morisouri
    /mori_speech/2001/0131syosin.html, 2001.1.31

8   「人間の安全保障基金－21世紀を人間中心の世紀とするために」, 4면.

9   「第153回国会における小泉総理大臣所信表明演説」, http://www.kantei.go.jp/jp/koizumi
    speech/2001/0927syosin.html, 2001.9.27.

10 「人間の安全保障国際シンポジウムにおける小泉総理大臣挨拶」, http://www.mofa.go.jp/mo
    faj/gaiko/hs/terro_koizumi.html, 2001.12.15.

11 「第1章 総括」, 『外交青書』, 2001 참조.

12 「ハイレベル委員会報告書－より安全な世界, 我々が共有する責任」, http://www.mofa.go.jp
    /mofaj/gaiko/un_kaikaku/hl_hokokusho.html, 2004.12 참조.

13 UN High-level Panel on Threats, Challenges and Change Report, "A More Secure Worl
    d, Our Shared Responsibility", http://www.cfr.org/conflict-assessment/un-high-level-p
    anel-threats-challenges-change-report-more-secure-world-our-shared-responsibility/p3
    0076, December 2, 2004 참조.

14 일본정부가 주도한 '인간의 안전보장위원회'가 주로 개발이나 인도적 지원에 역점
    이 두어져 있다면, 캐나다정부에 의해 설치된 '개입과 국가주의에 관한 국제위원회

(ICISS)'의 경우는 '보호하는 책임(Responsibility to Protect)'이라는 논리를 통해 군사력 행사를 동반하는 인도적 개입의 조건에 중점을 두고 있다. 細谷雄一,「国際秩序の展望－'共通の利益と価値'は可能か」,『将来の国際情勢と日本の外交－20年程度未来のシナリオ・プランニング』, 財団法人日本国際問題研究所, 2011.3, 15～16면.

15 일본정부는 이를 구체화하기 위해 '평화를 위한 등록(Register for Peace)' 프로그램을 실시했다. 이 프로그램은 2002년 5월에 가와구치 외무대신이 아프가니스탄을 방문했을 때 피력한 것으로 평화적인 생활을 하겠다는 제대 병사를 대상으로 직업훈련이나 고용촉진 등의 사회복귀지원을 행하는 소위 평화구축을 위한 프로그램이다.

16 「政府開発援助大綱の改定について(閣議決定)」, http://www.mofa.go.jp/mofaj/gaiko/oda/seisaku/taikou/taiko_030829.html, 2003.8.29 참조.

17 『外交青書』, 2004, 26면.

18 『外交青書』, 2006, 182～183면.

19 『外交青書』, 2006, 7면.

20 『外交青書』, 2007, 147면.

21 2010年度外務省国際問題調査研究・提言事業報告書,「将来の国際情勢と日本の外交－20年程度未来のシナリオ・プランニング」, 財団法人日本国際問題研究所, 2011.3, 3면.

22 麻生太郎日本国際問題研究所セミナー講演,「"自由と繁栄の弧"をつくる」, http://www.mofa.go.jp/mofaj/press/enzetsu/18/easo_1130.html, 2006.11.30 참조.

23 国際交流研究会,『新たな時代の外交と国際交流の新たな役割－世界世論形成へ日本の本格的な参画を目指して』, 国際交流基金, 2003.4, 20면.

24 『外交青書』, 2007, 3면.

25 『外交青書』, 2007, 2면.

26 山内昌之,「将来の国際情勢と日本外交－展望と提言」,『将来の国際情勢と日本の外交－20年程度未来のシナリオ・プランニング』, 117면.

27 『外交青書』, 2007, 10～11면.

28 '노구치 히데요 아프리카상'은 2006년 5월 가나공화국에서 개최된 수뇌회담에서 일본의 고이즈미 수상이 제창하여 설립된 상이다. 아프리카의 감염대책이나 질병퇴치에 기여한 인물을 표창하는 것으로 노벨평화상에 필적하는 상으로 발전시킬 것을 목적으로 창설되었으며, 5년마다 개최되는 아프리카개발회의(TICAD) 때 수상하기로 했다. 제1회 수상은 2008년 일본에서 개최된 제4회 아프리카개발회의 때 천황부부가 임석한 가운데 거행되었다. 内閣府 野口英世アフリカ賞担当室, http://www.cao.go.jp/noguchisho/keii/gaiyo.html 참조.

29 『外交青書』, 2009, 6면.

30 가맹국은 인도, 파키스탄, 방글라데시, 스리랑카, 네팔, 부탄, 몰디브, 아프가니스탄 등으로 남아시아 제 국민의 복지의 증진, 경제사회개발 및 문화협력 등을 목적으로 한 지역협력체이다.

31 『外交靑書』, 2008, 3면.

32 호소야[細谷雄一]는 중국의 태두로 인해 새로운 곤란이나 마찰을 경험하고 있는 나라는 일본만이 아니라 미국, 호주, 한국, 아세안 등도 세력을 확장하는 중국과의 사이에 많은 마찰을 안고 있다고 한다. 이들 제국은 일본과 기본적인 가치를 공유하고 있고, 금후 가치를 기반으로 한 협력관계를 보다 강화하게 될 것으로 예측하고 있다. 細谷雄一, 「国際秩序の展望－'共通の利益と価値'は可能か」, 『将来の国際情勢と日本の外交－20年程度未来のシナリオ・プランニング』, 19면.

33 『外交靑書』, 2001, 133~134면.

34 『外交靑書』, 2004, 237면.

35 「チャレンジ2001－21世紀に向けた日本外交の課題」 참조.

36 일본의 외무성이 주도하는 대외 홍보내용은 일반적인 일본소개에 머무르지 않고 일본경제 재생의 제 정책, 환경문제, 대량파괴무기 확산, 빈곤, 국제범죄조직 등 글로벌문제에 대한 일본의 공헌을 어필하는 것, 일본에 대한 바른 이해를 조성하기 위해 해외청소년층을 대상으로 한 홍보, 각 지역의 실정에 맞는 홍보(예를 들면, 주요국의 대일여론조사・분석, 그 결과에 따라 지역 국별로 강연회 등 각종 홍보사업 실시, 요인이 외국을 방문할 경우 내외보도기관에 정보제공, 일본에 대한 오해나 편견에 의거한 보도에 대해서는 반론요청 등), 각국에서 여론을 형성하는 오피니언 리더들의 초청, 강연회 등의 강사로 일본의 유식자들을 해외에 파견하여 일본사정 등을 소개, 일본의 외교정책이나 일본사정을 소개하기 위한 각종 인쇄물과 영상제작 배포, 새로운 홍보매체의 적극적 활용, 재외공관을 활용한 다국어 정보발신, 위성을 활용한 아시아・태평양 지역에 홍보방송 상영 등이다. 매우 광범위한 내용들로 보이지만 핵심은 국제사회에 공헌하는 일본의 이미지와 올바른 대일이미지 구축을 위한 활동이 주류를 이루고 있다.

37 일본외무성은 'public diplomacy'를 '홍보문화외교'로 칭하고 있으며, 개념은 '국민전체가 실시(관민의 연계)'하는 것으로, 대상은 '외국의 국민이나 여론에 직접 대응'하는 것으로 정의하고 있다. 특히 일본정부는 'public diplomacy'를 정치・안전보장, 경제, 2국 간・다국 간 외교 등 모든 외교의 기본으로 간주하고 있다. 「外務省における広報文化外交の取り組み」, 外務省広報文化外交戦略課, 2013.2, 2~3면.

38 이에 대해 이면우는 "일본의 공공외교는 '일본'이라는 자국에 대한 홍보와 자국의 '문화'를 해외국가와의 교류 속에서 널리 알리는 행위로 인식하고 있"기 때문에 "번역상의 괴리"가 존재 한다고 언급하고 있다. 비교적 정확한 지적이지만 '번역상의 괴리'라고 하기 보다는 공공외교 자체가 다양한 국가들이 다양한 방식으로 추진하고 있다는 점을 고려할 필요가 있고, 일본의 경우는 'public diplomacy'의 개념을 교류의 주체나 수단의 문제 등을 포함하여 최대한 광의적으로 해석하고 있다고 해야 할 것이다. 이면우, 「일본의 공공외교 추진체계－캐나다, 노르웨이와의 비교적 관점에서」, 『제10차 한국학술연구원 코리아 포럼 한국의 공공외교 활성화 방안』, 2009.4.29. 인용부분은 3면.

39 星山隆,「日本外交とパブリック・ディプロマシー―ソフトパワーの活用と対外発信の強化に向けて」,『Institute for International Policy Studies』, 財団法人世界平和研究所, 2008.6, 3면.

40 『外交青書』, 2002, 2면.

41 福田綾子,「日本の国際協力におけるNGOと政府開発援助機関の協働の現状と課題―パートナーシップからの考察」,『21世紀社会デザイン研究』No.6, 2007, 144면.

42 Douglas McGray, "Japan's gross national cool", *Foreign Policy*, No.130, May・June, 2002.

43 주로 홍보문화교류정책의 기획 입안, 정책홍보, 일본사정 소개, 각종 초빙사업, 유학생관련사업, 재외공관문화사업, 국제문화협력, 국제교류기금(기금이 추진하는 제사업을 포함)의 감독 활용 등이 주요업무로 정착되었다.

44 『外交青書』, 2004, 228면.

45 国際交流研究会,『新たな時代の外交と国際交流の新たな役割―世界世論形成へ日本の本格的な参画を目指して』, 国際交流基金, 2003.4, 7면.

46 国際交流研究会,『新たな時代の外交と国際交流の新たな役割―世界世論形成へ日本の本格的な参画を目指して』, 25면.

47 Kevin Ward, "'Public intellectuals', geography, its representations and its publics", *Geoforum* 38, 2007, p.1060. 한편 앨런(Alan Lightman)은 공적지식인의 정의를 "특정 분야(언어학, 생물학, 역사학, 경제학, 문예비평 등)에서 훈련받은 전문가이고 대학의 교수로 재직하고 있는 사람이다. 이들이 동료 교수들이 아닌 좀 더 넓은 청중들에게 강의하거나 책을 쓰면 이들은 공적지식인이 된다"고 하면서 세 가지의 레벨로 공적지식인을 구분하고 있다. 레벨 1의 공적지식인들은 전문 분야에 대해서만 대중들에게 강의하거나 책을 쓰는 사람들이고, 레벨 2는 전문 분야에 대해 대중들에게 책을 쓰면서 동시에 전문지식이 우리가 사는 좀 더 넓은 세계와 어떤 연관이 있는지에 관한 숙고를 통해 가교 역할을 하는 사람들, 즉 자신의 전문지식을 우리를 둘러싼 사회적 문화적 정치적인 세계와 연결시키는 것이고, 레벨 3은 자신들 전문 분야를 완전히 떠난 사람들로서 모든 문제에 평을 하고 개인의 좀 더 넓은 의미를 창출하며 다른 방법으로는 불가능한 연결을 이루어준다고 한다. Lightman, A. nd, "The role of the public intellectual", http://www.web.mit.edu/comm-forum/papers/lightman.html.

48 구체적으로는 '경제일변도로 '얼굴이 보이지 않는 일본'으로부터의 탈각'(1986~89), '냉전 후의 새로운 시대의 교류모색'(1993~94), '21세기 일본의 구상'(1999), '21세기 일본외교의 기본 전략'(2002), '금후의 국제문화교류의 추진에 대해'(2003), '관광입국간담회보고서'(2003), '중동문화교류대화미션 "보고와 제언"'(2003) 등이 있다.

49 文化外交の推進に関する懇談会報告書,「'文化交流の平和国家'日本の創造を」, 2005.7, 2면.

50 「'文化交流の平和国家'日本の創造を」, 2면.

51 北城恪太郎,「官民のパートナーシップで"日本ブランド"の発信を」,『外交青書』, 2006, 'コラム・トピック一覧' 참조.

52 海外交流審議会,「日本の発信力強化のための5つの提言」, 2007.6, 2면.

53 文化発信戦略に関する懇談会,「日本文化への理解と関心を高めるための文化発信の取組について」, 2009.3, 2면.

54 外交力強化に関する特命委員会,『外交力強化へのアクション・プラン─主張する外交を積極的に推進するために』, 自民党政務調査会, 2007.9, 3~6면.

55 『世界構造の変化と日本外交次元への進化─日本力を発揚する主体的総合外交戦略』, 公益社団法人経済同友会, 2011.2, 34~36면.

56 渡邊啓貴,「文化が外交と経済に重要な役割を果たすとき─日本の発信のための土壌づくりを」,『nippon.com』, 2012.2.21 참조.

57 麻生太郎,「文化外交の新発想」, http://www.mofa.go.jp/mofaj/press/enzetsu/18/pdfs/easo_0428.pdf, 2006.4.28.

58 渡邊啓貴,「文化が外交と経済に重要な役割を果たすとき─日本の発信のための土壌づくりを」참조.

59 문화산업화란 '생활의 즐거움이나 삶의 보람을 추구하는 동기에 대한 상품이나 서비스'와 같은 '경제행위'를 의미하는 것으로 이해할 수 있다. 日下公人,『新・文化産業論』, PHP文庫, 1987, 62면.

60 「'文化産業'立国に向けて─文化産業を21世紀のリーディング産業に」, 経済産業省, 2010.10, 22면.

61 「'文化産業'立国に向けて─文化産業を21世紀のリーディング産業に」, 3면.

62 日下公人,『新・文化産業論』, 65면.

63 국토교통성은 2003년부터 2007년까지 5년간을 '방일 투어리즘 확대 전략 기간'으로 정해 연평균 90%의 증가를 목표로 하는 등 관민합동의 글로벌 관광 전략을 통해 관광산업을 21세기의 리딩 산업으로 육성하려는 의지를 보이고 있다.「グローバル観光戦略」, 国土交通省, 2002.12 참조. 이는 일본의 소프트파워의 발신능력 강화 전략과 직결되는 사례이다.

64 신일본양식이란 전통의 지혜나 기술을 중시하면서 항상 새로운 기술이나 문화를 만들어내는 '장인의 마음', 책임과 개성을 중시하고 기품과 기개가 있는 삶을 추구하는 '행동의 마음', 이질적인 생각이나 새로운 것을 존중하면서 자기를 확립하고 다양성과 조화를 존중하는 '접대의 마음'으로 정의하고 있다.「新日本様式ブランド推進懇談会」, 経済産業省, 2005.7 참조.

65 「日本ブランド戦略─ソフトパワー産業を成長の原動力に」, 知的財産戦略本部, 2009.3 참조.

66 '홍보문화외교전략과'는 2012년 홍보문화외교 강화를 위한 체제개편을 통해 신설된 부서로서 외무 보도관・홍보문화조직의 종합조정을 행하는 총괄부서이자 내각관방장관주재하의 '국제홍보 강화 연락회의'의 사무국으로서 국제적인 정보발신 강화를 위한 기획・입안・조정 등을 담당하고 있을 뿐만 아니라 외무장관을 본부장으로 하는 'Public Diplomacy 전략본부'를 설치하여 관할하는 등, 현재 일본의 문화외

교를 사실상 진두지휘하고 있는 핵심 부서이다.

67 広報文化外交の制度的あり方に関する有識者懇談会最終報告書,「3・11後の広報文化外交」, 外務省, 2007.7 참조.

68 文化審議会文化政策部会用資料,『外務省における広報文化外交の取組』, 外務省広報文化外交戦略課, 2013.2.20, 7면.

69 林薫子,「アジアと日本のパーセプション・ギャップ」,『Business & Economic Review』8月号, 1996 참조.

70 『外交青書』, 2003, 14면.

71 『外交青書』, 2003, 14면.

72 한국명으로는 '한일축제한마당'이라고 한다. 2007년도 행사에서는 양국의 민속예능단체가 약 60여 개 참석하였고, 조선통신사 400주년을 기념하여 재현행렬퍼레이드도 실현되어, 전체적으로 약 7만 5천여 관객을 모았다고 한다.『外交青書』, 2008, 21면.

73 '일중우호 21세기위원회'는 1984년에 발족했지만 2001년에 구 위원회의 임기가 종료된 것을 기점으로 새로운 위원들로 구성하여 '신일중우호 21세기위원회'로 재발족했다.

74 『外交青書』, 2006, 35면.

75 이 계획은 ① 모든 레벨에서의 교류・대화의 촉진, ② 일중 간의 공통이익의 확대, ③ 일중 간 현안의 신속한 처리・해결, 등을 위해 양국이 포괄적이고 구체적인 협력을 정한 것이다.

76 주된 내용은 ① 일중국교정상화 35주년을 기념하여 일중문화・스포츠교류년의 설정, ② 일중공통의 사회문제(고령화, 복지, 환경, 에너지)에 관한 심포지엄 개최, ③ 청소년교류의 촉진, ④ 일중교류기금구상의 조기실현을 위한 노력 등이었다.『外交青書』, 2006, 37면.

77 주된 프로그램은 일본을 소개하는 웹페이지 개설, 중국기자들에 의한 경제협력 사이트관찰 투어, 보도관계자의 초청, 영향력 있는 방송관계자의 초청과 일본관련 방송의 제작지원, 일본어교육기자재 무상지원, 오피니언리더의 초빙, 재외공관 홈페이지의 중국어 정보제공, 중국 내의 학생, 지식인, 미디어관계자 등을 대상으로 한 일본홍보(정책이나 일반사정), 중국어에 의한 인쇄물의 배포 등이 광범위하게 추진되었다.

78 주요사업은 중국의 고교생의 초청, 일중시민교류네트워크의 확충, 중국 지방도시에서 '접촉의 장' 설치 운영 등이다.

79 예를 들면 일본국제무역촉진협회(日本国際貿易促進協会), 일본중국우호협회(日本中国友好協会), 일중우호의원연맹(日中友好議員連盟), 일중협회(日中協会), 일중경제협회(日中経済協会), 일중문화교류협회(日中文化交流協会), 일중우호회관(日中友好会館) 등 다수가 있다. 모두 정재계의 원로들이 주도하는 단체로서 양국의 관계에 상당한 영향력을 행사하고 있다.

80 「中国の経済情勢と日中経済関係」, http://www.mofa.go.jp/mofaj/files/000007735.pdf, 外

務省中国・モンゴル第二課, 2013.7 참조.

81 구체적인 내용으로는 ① 대등한 파트너십, 오너십 및 상호존중, ② 비전2020 하노이 행동 계획에 의거한 아세안제국의 국내개혁, ③ '일본의 제3의 개국' 중시, ④ '아세안 내의 격차시정'을 공통의 목적으로 할 것, ⑤ '의지 있는 자끼리의 연대' 중시 등의 5개의 원칙에 의거하여 양국 간의 파트너십을 구축하겠다는 의지를 표명했다. 『外交青書』, 2001, 50면.

82 구체적으로는 ① 교육・인재 육성 분야에서의 협력, ② 일본아세안교류년 2003, ③ 일・ASEAN포괄적 연계구상, ④ 동아시아개발 이니셔티브, ⑤ '국경을 초월한 문제'를 포함한 안전보장면에서의 일・ASEAN의 협력 강화 등이었다. 『外交青書』, 2003, 38~39면.

83 구체적으로는 ① 포괄적인 경제연계・금융통화협력의 강화, ② 경제발전 및 번영을 위한 기초의 강화, ③ 정치 및 안전보장면에서의 협력・파트너십의 강화, ④ 인재 육성, 교류, 사회문화협력의 촉진, ⑤ 동아시아협력의 심화, ⑥ 지구환경문제의 대처 협력 등의 실천사항을 포함하고 있다. 『外交青書』, 2003, 38면.

84 『外交青書』, 2005, 50면.

85 渡辺利夫 外, 『どうするどうなる日本の活路』, 海竜社, 2009, 122면.

86 2003년 아세안 수뇌회의에서 각국 간에 서명된 '제2 아세안 협화선언'에서 아세안 안전보장공동체, 아세안경제공동체, 그리고 아세안사회・문화공동체가 아세안공동체구상의 핵으로 제시되면서 이듬해 수뇌회의에서는 그 실현을 위한 로드맵('Vientiene Action Programme')이 채택되었다.

87 2009년 '일・매콩 교류년' 실시를 계기로 메콩 지역으로부터 5년간 1만 명의 청소년을 초청한다는 계획을 발표했다. 『外交青書』, 2008, 37면.

88 寺沢芳男 「アメリカとわたし Vol.1－'敵国'から'憧れのアメリカ'へ」, http://www.jpf.go.jp/cgp/info/article/america001.html, 2005.8 참조.

89 오슬린(Michael Auslin, 미국의 싱크탱크인 AEI 일본연구부장)은 양국의 관계가 1900년 전후에는 사춘기였으나 그 이후에는 어린 시절의 가벼운 만남이나 발견에서 졸업하여 완성된 문화교류 시스템을 구축해 갔고 이는 세계 어디에도 그 유례를 찾아보기 어려운 사례였다고 한다. 특히 일본의 미국에 대한 관심이 높아 예를 들면 1911년에 발간된 『신일본』이라는 정기 간행지 제1호는 300면에 이르는 미국특집을 편성하여 미국인의 기질에서부터 모던한 키친의 비밀까지 미국인의 모든 생활상을 소개했을 정도로 일본의 대미관심과 양국의 관계는 깊었다고 한다. 日米交流150周年記念シンポジウム報告書, 「日米関係の軌跡と展望」, 国際交流基金, 2004, 12~14면.

90 日米交流150周年記念シンポジウム報告書, 「日米関係の軌跡と展望」, 4면.

91 「より強力なカルコンに向けて(仮訳) (Towards Strong CULCON)」, http://www.jpf.go.jp/culcon/relate/powerful.html, 1991.3.

92 河野外務大臣演説, 「日欧協力の新次元－ミレニアム・パートナーシップを求めて」, http://w

ww.mofa.go.jp/mofaj/press/enzetsu/12/ekn_0113.html, 2000.1.13.

93 일·EU관계를 규정하는 기본문서로서는 1991년 '일·EC공동선언'이 있었고, 그 뒤를 이어 2001년에 발표된 '일·EU협력을 위한 행동 계획'이 있다. 이 '계획'은 일본과 EU관계에 새로운 추진력이 필요하다는 인식하에 미래의 어젠다를 채택하여 2010년에 종료하는 것으로 했다. 이후 일·EU는 국제정세의 급변과 일·EU관계 전반을 규율하는 새로운 틀을 책정하기 위한 협의를 개시했다. 2011년 5월, 일·EU정기수뇌회의에서 정치, 글로벌 그 외의 분야별 협력을 포괄적인 대상으로 하여 구속력을 보유하는 협정, 이른바 '일·EU정치협정' 및 일·EU경제연계협정('日EU·EPA')에 대한 협의 개시 합의에 의거하여 현재 관련협의를 진행 중이다. 「日EU協力のための行動計画」, 外務省, 2012.12 및 「日EU関係」, 外務省, 2013.3 참조.

94 『外交青書』, 2007, 74면.

95 2000년대 천황부부의 유럽방문은 2000년 네덜란드, 스웨덴, 2007년 스웨덴, 에스토니아, 라트비아, 리투아니아, 영국 등의 방문이 이루어졌고, 황태자를 비롯한 황실 관계자의 유럽방문도 해마다 이루어졌다. 황실을 통한 문화외교가 매우 활발하게 진행되고 있음을 의미한다. 일본궁내청의 홈페이지 참조(http://www.kunaicho.go.jp/about/gokomu/shinzen/gaikoku/gaikoku.html).

96 『外交青書』, 2010, 75면.

97 일본의 ODA는 1955년에 시작되어 현재에 이르고 있다. 그동안 미얀마, 필리핀, 인도네시아, 베트남의 4개국에 대한 배상, 한일기본조약, 청구권·경제협력협정, 중국과의 국교정상화, 오일쇼크, ODA의 중기목표, 마르크스의혹, 냉전종언에 의한 러시아·동구지원, 걸프전쟁, 캄보디아 PKO, 대중 ODA비판, 인간의 안전보장, 아프리카지원 등 여러 차례의 커다란 전환점이 있었다. 高塚年明, 「国会から見た経済協力·ODA(7)－日韓基本条約, 請求権·経済協力協定を中心に(その1)」, 『立法と調査』 No.279, 2008.4, 90면.

98 「今後の日本の国際協力について－日本型モデルの提示を」, (社)経済同友会, 2006.2, 1면.

99 「今後の日本の国際協力について－日本型モデルの提示を」, 3~4면.

100 『外交青書』, 2008, 8면.

101 주요국가로는 방글라데시, 부탄, 인도, 몰디브, 네팔, 파키스탄, 스리랑카 등이다.

102 『政府開発援助(ODA)国別データブック 2006』, 外務省, 125면.

103 「東アジア地域 보도자료」, 『政府開発援助(ODA)国別データブック 2012』 1면, http://www.mofa.go.jp/mofaj/gaiko/oda/shiryo/kuni/12_databook/pdfs/01-00.pdf.

104 『政府開発援助(ODA)国別データブック 2006』, 197면.

105 3대지침은 "'지역'을 '광역'으로 본다" "'열린지역협력'을 후원한다" "'보편적 가치'의 공유에 의거하는 파트너십" 등이다.

106 『政府開発援助(ODA)国別データブック 2011』, 193면.

107 『政府開発援助(ODA)国別データブック 2007』, 399면.

108 『政府開発援助(ODA)国別データブック 2009』, 385면.

109 「国際交流基金40周年記念シンポジウム報告書」, 国際交流基金, 2012.11.9, 3면.

110 日下公人, 『新·文化産業論』, 70면.

111 국제교류기금 홈페이지(http://www.jpf.go.jp/j/intel/exchange/index.html) 참조.

112 국제교류기금 홈페이지(http://www.jpf.go.jp/j/intel/exchange/index.html), 일본연구·지적교류.

113 「平成19年度項目別業務実績報告書」, 独立行政法人国際交流基金, 2007, 21면.

114 애니메이션과 만화가 청소년들에게 미친 동기를 보면 "애니메로 일본어는 귀엽다고 생각했다. 애니메에 나오는 일본어를 알고 싶다고 생각했다" "수업에서 배운 언어와 문법을 애니메에서 보고 듣고 알게되어 기뻤다" "애니메와 만화를 보고 일본에 흥미를 느끼고 일본에 가고싶다는 생각이 들었다" "교과서에는 없는 말의 의미를 알고 싶었다" 등의 의견이 주류를 이루고 있다. 「日本語教育通信」, 国際交流基金, 2011.1 참조.

115 国際交流基金「海外日本語事業中期重点方針(平成24〜28)」, https://www.jpf.go.jp/j/japanese/dl/jp_121106.pdf 참조.

116 「日本の将来推計人口」, 国立社会保証·人口問題研究所, 2012.1, 1〜3면.

117 報道発表資料, 「平成24年末現在における在留外国人数について(速報値)」, 法務省入国管理局, 2013.3.18.

118 정미애, 「일본의 단일민족국가관에서 다문화공생으로의 인식변화와 다문화공생의 거버넌스」, 『한국정치학회보』 제45집 제4호, 한국정치학회, 2011 참조.

119 이에 관한 연구보고는 최병두, 「일본 '다문화공생' 정책과 지역사회의 지원활동」, 『국토지리학회』 제44권 2호, 2010 참조.

120 「多文化共生の推進に関する研究会報告書」, 総務省, 2006.3, 2면.

121 「多文化共生の推進に関する研究会報告書」 참조.

122 「'生活者としての外国人'に関する総合的対応策」, 外国人労働者問題関係省庁連絡会議, 2006.12.25, 1면.

123 山脇啓造, 「インターカルチュラル·シティ—欧州都市の新潮流」, 『自治体国際化フォーラム』, 2012.1, 42면.

124 구주평의회는 EU가맹국 27개국 외 남동구제국이나 러시아를 포함해 47개국이 가맹한 범 구주기관이다.

125 당시 미야자와(宮沢喜一, 1919〜2007)가 수상에 취임한 이후 일본의 경제력에 부합하는 국가의 품격을 고려해야 한다는 발언이 이어졌고 일부 식자층이 일본의 품격을 논하기 시작하면서(예를 들면 大河原良雄, 『日本の品格』, 光文社, 1990) '품격'이 시대적 키워드로 부상하기 시작했다.

126 山脇啓造, 「インターカルチュラル·シティ—欧州都市の新潮流」, 42〜43면.

127 「平成24年度 評価調査報告書インターカルチュラル·シティ(多文化共生都市)事業」, 国際交

流基金, 2012.10, 6면.

128 하마마츠[浜松]시 이외에도 도쿄의 신주쿠[新宿]와 오태[太田]구도 적극적으로 참여
　　하고 있다. 이들 지역은 공히 외국인거주자가 많다는 특징이 있는 지역이기도 하다.

129 「JETプログラム25周年記念シンポジウム」, http://www.mofa.go.jp/mofaj/gaiko/culture/
　　hito/sei/jet/25th_anni_giron.html, 外務省, 2011.10 참조.

130 『外交青書』, 2012, 20면.

131 『外交青書』, 2012, 249면.

132 예를 들면 2007년에 개시한 '21세기 동아시아 청소년 대교류 계획(JENESYS)'의 경우
　　는 5년간 5만 4천 명을 넘는 청소년교류가 이루어졌다. 그 연장선상에서 2013년 1월
　　에는 후속사업으로서 'JENESYS 2.0'을 실시하여 3만 명 규모의 청소년교류사업을 실
　　시하기로 결정했다. 『外交青書』, 2013, 3면.

133 「EU(欧州連合)4ヶ国における対日世論調査(英国, ドイツ, フランス, イタリア)」, 外務省広報
　　文化交流部, 2007.6 참조.

134 「インドにおける対日世論調査結果概要(調査期間 : 2013.2.16～3.17)」, www.mofa.go.jp/
　　mofaj/files/000006647.pdf, Center for Media Studies 참조.

135 「豪州における対日世論調査(概要)」, http://www.mofa.go.jp/mofaj/area/australia/yoron
　　05/gaiyo.html, 外務省, 2006.6.

136 平林博, 「世論調査に見る日本の国際的評価」, 日本国際フォーラム, 2011.8.15 참조.

137 한국의 경우는 2013년 5월에 발표한 한국리서치와 여론종합연구소(일본)의 공동여
　　론조사결과('第1回日韓共同世論調査日韓世論比較分析結果')에 의한 것이고, 중국의 경
　　우는 동년 8월에 발표한 여론종합연구소(일본)와 중국일보사가 공동으로 실시한
　　여론조사결과이다.

138 外務省報道発表, 「南アフリカにおける対日世論調査(結果概要)」, http://www.mofa.go.jp/
　　mofaj/press/release/23/6/0609_01.html, 2011.6.9 참조.

139 「要先進諸国における国際交流機関調査報告書」, 国際交流基金, 2003, 24면.

140 「OECD対日経済審査報告書について」, 内閣府国際経済担当参事官室, 2006.7.19, 3면.

141 「規制改革・民間開放の推進による経済社会の活性化を目指して」, (社)日本経済団体連合会,
　　2011.11.21 참조.

142 那須祐輔, 「日本の対アジアODAの諸問題」, 『経済政策研究』第2号, 2006.3, 34면.

143 2010년도 6월에 발표한 OECD보고서는 일본의 ODA지원이 자국의 제품이나 서비스
　　의 매출과 연결시키려고 한다는 점을 비난한 바 있다. 이 점은 이전부터 언급된 사
　　안이지만 여전히 일본은 이러한 비난으로부터 자유롭지 못한 지원을 하고 있다. 「海
　　外から批判を浴びる日本のODA削減」, 『Japan Real Time』, 2010.6.18 참조.

144 『外交青書』, 2013, 6면.

제9장
금후의 전망과 한국의 문화외교에의 제언

들어가면서

21세기는 문화의 시대라고 하지만, 국제사회에서 일본 문화의 영향력과 지배력의 실태를 보면 우리의 상상력을 초월할 때가 있다. 대중문화를 중심으로 아시아제국에서 확산일로를 더듬고 있는 문화적 영향력은 일본발 아시아문화의 창출을 가능하게 할 정도이다. 아시아 각국의 청소년층을 중심으로 형성되어 있는 광범한 일본문화 마니아층과 그들을 축으로 하는 소비문화의 영향력 확대[1]는 향후 아시아 각국이 자국의 문화적 아이덴티티를 회복하기 위해서는 상당한 시간과 대가를 치러야 할지 모르는 상황이다.

그뿐이 아니다. 현재 일본은 자신들의 강점이라고 하는 첨단기술, 환경, 높은 신뢰성, 문화를 비롯해 라이프스타일의 매력으로 일컬어지고 있는 소공간 활용, 약간의 사치, 청결함, 패션 등을 발신하며 세계의 '일본화'를 꿈꾸고 있다. 일본의 야망은 화혼한재(和魂漢才)・화혼양재(和魂洋才)로 형성된 일본문화를 화혼화재(和魂和才)로 승화시켜가는 도정(道程)이라고 할 수 있지만, 그 과정에서 보여준 일본인들의 '문화적 관용성'[2]이 이제는 '일본화'의 토대가 되었다는 인식이다. 현재 일본이 강력하게 추진하고 있는 '아시아 경제・환경공동체' 구상이나 '아시아 콘텐츠 공동체' 구상 같은 것이 바로 이 '문화적 관용성'에 기인하고 있다는 것이 일본 측의 입장이다.

일본의 콘텐츠시장의 전망이 그다지 밝지 않음[3]에도 불구하고 일본이 국가적 차원에서 콘텐츠산업의 육성에 나서기 시작한 것은 아시아에서 폭발적으로 증가하고 있는 중산층의 문화욕구를 수용하고 이를 통해 아시아 소비시장의 활성화와 일본의 신 성장 동력을 확보하겠다는 전략이다. 아시아의 중산층의 급증은 필연적으로 '정보의 대폭발'을 초래하게 되지만, 이의 획득은 쉽지 않다는 것이 아시아제국의 현실적인 문제이다. 일본은 크리에이터와 소비자가 미디어에 의해 전달되는 콘텐츠에 의해 상호가치기반을 공유하고, 인간적 공감을 축으로 한 재능의 교류를 가능하게 하는 사회 환경[4]을 만드는데 공헌해야 한다는 의지를 갖고 있다.

거기에는 관민일체화에 의한 다양한 정책들을 끊임없이 쏟아내는 환경조성이 궁극적으로는 일본의 장점을 확산시켜가는 토대가 된다는 생각이 베어져 있다. 이렇듯 일본의 문화정책・외교・산업은 언제나 '공감'할 수 있는 가치의 발신을 중시한다는 것과 이를 범국가적인 차원에서 추진한다는 특징을 갖고 있다. 본 장에서는 전후 일본의 문화외교의 도정이 우리에게 시사하는 점이 무엇인지를 요약한 후, 이를 토대로 한일 양국이 반목과 국지적 경쟁의 시대로부터 창조적이고 글로벌 협력시대로 전환할 수 있는 가치발신과 시스템의 구축이 가능한지, 그 연장선상에서 한국은 동아시아와 글로벌시대를 선도해 갈 수 있는 문화외교력을 발휘해 갈 수 있는지, 이를 위한 과제는 무엇인지 등을 종합적으로 검토해 보고자 한다.

1. 일본의 문화외교가 시사하는 것

패전 이후 일본의 문화외교의 흐름을 보면 도입기(1950~60년대)로부터 성장기(1970~80년대), 성숙기(1990~2000년대)를 거쳐 최근에는 전략기(2010~)에 접어들고 있음을 확인할 수 있다. 그 과정에서 일본은 기본적으로 자유와 평등에 의거한 민주주의 가치구현과 수출 및 성장을 통한 경제성장이라는 전략을 바탕으로 국제사회에 공헌할 수 있는 평화국가, 문화국가의 건설을 추구했다. 그 전략화 된 이념은 국제사회에 복귀하는 과정에서 문화교류·협력의 활성화를 통해 단계적으로 실천되어 갔지만, 범국가적 차원에서 국제문화교류의 중요성을 인식하고 본격적인 대응체제를 구축하기 시작한 것은 문화외교의 성장기에 접어든 1970년대부터이다.

이 무렵 일본은 GNP 제2위의 경제대국의 지위에 걸맞은 공헌을 요구하는 국제사회의 요청에 직면하여 "해외의 여론에 대해 평화국가를 지향하는 우리나라에 대한 바른 이해를 얻기 위한 방책"[5]으로서, 또 "이데올로기나 국정의 차이에도 불구하고 모든 나라와 상호이해를 심화시키고 우호관계의 증진[6]을 꾀할 필요가 있다는 인식하에 문화교류정책의 근본적인 변화를 모색하기 시작했다. 일본사회의 자기인식은 체제의 정비로 이어져, 소위 영국의 문화정책인 '암즈 렝스(arms length)' 원칙에 근거한 국제교류기금이 탄생하게 된다.

일본의 국제문화교류사의 분기점이 된 '기금'의 창설을 통해 국제사회에 공헌하는 경제선진국 일본의 이미지제고에 박차를 가하면서, 한편으로는 '명예있는 지위를 구축'하고 '호혜와 호양(互讓)의 정신'을 강조하는 '프론티어 외교'노선이 주창된다. 이러한 방향성은 고도경제성장에 취해있던 일본·일본인의 행동양식을 돌이켜보고, 새로운 국민의식의 자각하에 문화교류를 추진하겠다는 의지의 발로였다. 일본이 아세안을 비롯해 '마음과 마음이 통하는' 관계구축에 진력하고, 정부의 시책에 부응하는 다양한 국제문화교류단체[7]가 잇따라 설립된 것도 바로 이 무렵부터이다.

이후 1980년대에 접어들면 무역마찰의 격화를 반영하여 "해외홍보활동을 통해 제 외국에 대해 정확한 정보를 제공하여 우리나라에 대한 바른 인식 및 이해를 심화"[8]시켜간다는 결의하에 '홍보활동 및 문화교류사업'이 일본외교의 '불가결한 요소'로 자리잡게 된다. 이즈음 일본의 문화교류는 서브컬처를 중심으로 한 '트랜스내셔널 재팬' 현상을 배경으로 국제사회로부터 '얼굴이 보이지 않는 나라'라는 부정적인 이미지를 일소하고 일본문화의 '세계화'에 매진하는 정책을 강력히 추진했다.

일본문화연구의 세계적인 발신거점으로서 국제일본문화연구센터가 설립된 것을 비롯해, 유학생 10만 명 유치 전략과 국제문화교류 행동 계획의 발표 등은 소위 '국제국가'로서의 일본의 지위와 역할 강화에 포커스를 맞춘 전략적 접근이었다.

각종의 문화정책·사업·교류는 국내외를 불문코 활기를 띠기 시작했고, 생활의 질을 높이는 문화의 창조와 그와 관련한 일본사회의 범사회적인 활동도 활발히 전개되었다.[9] 특히 이 무렵부터 시작된 '문화의 힘으로 일본사회를 활기차게 하자'는 구호는 일본사회의 보이지 않는 시대적구호로서 국민들의 지지를 획득해 갔고, 일본의 문화정책도 각 성청의 유기적인 협력에 의거하여 탄생하는 종합정책으로서의 특징을 띠고 일본사회의 저변에 침투해 갔다. 일본사회의 근본적인 인식변화와 '올 재팬' 체제의 구축을 통해 국제공헌의 방법론을 모색하면서 한편으로는 일본의 입장을 적극적으로 대변하는 문화교류정책을 추진하기 시작한 것이다.

이를 발판으로 1990년대에는 일본사회의 제도와 관행을 국제사회에 '보편성'을 띤 것으로 조화롭게 연착륙시키기 위해 각 분야에 걸쳐 '국제화의 일층의 추진'과 '국제문화교류의 강화'가 중요하다는 인식을 일본사회가 폭넓게 공유하기 시작했다.[10] 아시아와의 연대감 강화를 위한 '평화우호 교류 계획'의 추진, 미국과의 '일미센터'의 설립, 그리고 유럽과의 교류 확대를 강화하는 대외사업들이 국민들의 지지하에 적극적으로 전개되고, 일본외교가 주창한 '글로벌 협력' '지역협력' '2국 간 협력' 등의 이념이 문화교류정책에 효과적으로 반영되어 추진되었다. 일본의 '국격' 향상을 도모하는 노력이 범사회적으로 이루어졌다는 의미이다.

문화외교의 '사활적 중요성' 인식

글로벌 문화외교의 추진과 성과는 2000년대 들어 일본대중문화의 파워에도 힘입어 GNP가 아닌 GNC(Japan's Gross National Cool)로서 국내외의 주목을 받기 시작했고, 일본사회도 소프트파워로서 일본문화의 세계로의 발신을 효율적으로 추진하기 위한 '올 재팬' 체제의 공고화(〈표 9-1〉 참조), 그리고 '현대문화'의 외교자원화[11]와 문화산업화의 발상 등이 확산되기 시작했다. 그 배경에는 '외교공간'(국가나 정부에 한정하지 않는 다양한 대상)으로서의 확산의지, 다양한 현대일본(일상생활에서 전통예술까지 다양한 현대일본의 문화를 적확하게 발신하여 매력적인 일본문화를 전달)문화의 발신, 상호이해를 위한 대화와 교류의 장으로서 '공공공간

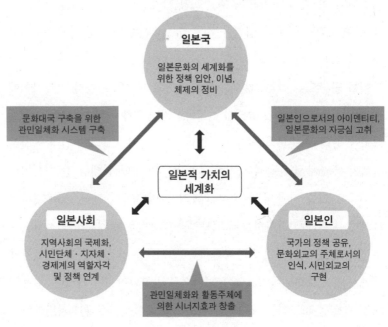

〈표 9-1〉 문화외교 추진의 일체화구도

(公共空間)'(이문화, 문명 간의 대화의 장)의 창조[12]라는, 문화외교의 '사활적 (死活的) 중요성'이 작용하고 있었다. 21세기의 국격(国格)은 문화력과 직결된다는 인식과 문화력을 보유하지 않으면 '일본주식회사'에 지나지 않으며, 그래서는 국제사회로부터 '존경받는 나라'는 요원하다는 교훈이 일본의 지배층으로 하여금 문화외교에 대한 인식을 다시 한번 가다듬게 만든 것이다.

이처럼 일본은 문화교류 강화(〈표9-2〉 참조)를 통해 국제사회에서 일본의 지위변화와 일본이해를 높여갔고, 이를 촉진시키는 노력이야말로 "정치·안전보장·대외경제관계·경제협력이라는 외교적 과제에 대응하기 위한 효과적이고 현실적인 외교수단"[13]이라는 전제하에 전략적 대응을 일관성 있게 추진해 왔다. 이를 위해 일본문화의 우수성 재평가와 발신능력의 강화, 소프트파워의 산업화, 국가의 브랜드가치의 제고 등과 같은 노력을 꾸준히 추진했다. 그 결과 일본은 국제사회

〈표9-2〉 국제문화교류의 시대별 특징

시기	문화교류의 시대적 이념	국제문화교류의 흐름	문화교류 주도세력
1950~60년대	전후부흥을 통한 국제사회의 복귀, 평화국가, 경제성장 지상주의 가치관, 국제사회의 대일인식 개선	일본문화의 소개 및 서구문화의 수입, 국제문화의 상호이해, 동아시아에 대한 지원 협력	정부, 관변단체
1970~80년대	일본·일본인·일본사회의 국제화, 국제국가 일본의 역할, 일본인으로서의 아이덴티티 확립, 일본문화 재평가, '국제협력구상' 강화 및 선진·문화대국의 지향	일본문화의 국제화 및 문화의 다양성 이해, 지역교류의 활성화 및 국민교류 추진, 아시아제국과의 경제협력 강화 및 교류 활성화	정부·기업, 정부·기업이 후원하는 민간·관변단체
1990~2000년대	열린 지역주의, 글로벌 리더십, 글로벌시대 일본문화의 세계화, 다문화공생사회의 구현, '홍보문화외교'의 구현과 '글로벌 플레이어(Global Player)'로서의 역할모색, 문화·문명 간 대화, '가치외교'의 구현	국제간 문화교류·협력개발, 구미 지역과의 교류활성화, 시민외교의 강화, 국경을 초월한 지역문화 네트워크화, 지적교류의 추진, 글로벌협력과제의 공동 발굴, 소프트파워의 산업화, ODA의 전략성 강화	NGO·NPO, 민간기업, 오피니언 리더, 지방자치단체의 역할증대

복귀 → 평화국가 → 고도경제성장 → 경제선진국 → 경제대국 → 국
제국가 → 문화대국의 이미지 구축에 성공하며 국제공헌의 강조와 우
호적인 대일여론을 조성했고(〈표 9-3〉 참조), 최근에는 '문화산업입국'
을 외치며 내셔널 이미지 체인지에 주력하고 있다.

〈표 9-3〉 국제사회에서의 일본의 지위변화

2013년 6월 지적재산 전략본부는 『지적재산 추진 계획 2013』의 발
표를 통해 향후 일본산업의 경쟁력 강화와 국민생활의 향상을 위한 리
더십 발휘를 선언하면서 구체적으로는 '지(知)'를 활용한 '오픈 이노베
이션' 전략추진을 표명했다. 세계 속에 흩어져 있는 각종의 '지(知)'가
네트워크를 매개로 누구나 쉽게 억세스할 수 있는 환경을 활용하여 이
노베이션을 전제로 '오픈'되고 '글로벌'한 산업·비즈니스모델을 구축,
발신, 공유하는 노력을 함으로써 일본기업의 선진적인 지적재산 전략
의 실천을 지원하는 전략을 국가적 차원에서 추진하겠다는 것이다.[14]
지적 툴을 구사하여 일본경제의 과거의 영광을 다시 한번 국제사회에
부각시키겠다는 의도이다.

전후 일본이 문화외교의 중요성을 인식하고 그에 대한 적극적 대응
을 강구한 이래 문화내셔널리즘과 문화권력을 강화했다는 대내외의
비판으로부터 자유로울 수는 없을 것이다. 하지만 시대적 상황을 반영
한 문화교류정책의 수립과 적절한 역할분담(〈표 9-4〉 참조), 장기적 관

문화청	예술정책, 언어정책, 종교정책, 문화재보존, 국내외문화 전파(일반적인 국제문화교류활동 포함)
경제산업성 (문화정보관련산업과)	콘텐츠산업 인재 발굴·육성, 일본브랜드 전략 전개지원사업, 지적재산관련정책 추진
외무성	문화외교·홍보외교의 기획 및 추진, 독립행정법인 국제교류기금(국제문화교류의 거점) 감독·활용
총무성	ICT산업, 방송정책, 지자체의 문화정책

점에서 일본문화의 매력 전파, 문화교류를 통한 국제공헌의 명확한 이념 제시와 실천 등의 성과 또한 간과할 수 없다. 여기에 문화산업의 원천으로서 역사적으로 배양해온 '토양[15]'을 바탕으로 저변에서의 발신능력 강화, 문화교류의 활성화와 효율성제고를 위한 민간차원의 치열한 내부경쟁력 확보, 공고한 문화산업기반의 구축, 국민들의 생활문화수준 제고, '생활문화'[16]의 세계화 등의 시너지효과까지 가미되면서 일본의 문화외교는 '일본브랜드' 가치의 극대화에 기여하고 있다.

2. 한국의 문화외교의 추이

1) 한국의 문화정책·교류의 회고

현재 일본은 재미있고 아름답고 매력적인 일본문화의 글로벌화에 고무되어 '세계의 일본화'[17]를 외치며 일본문화에 대한 '동경'심을 국제사회에 조성하는 한편, 21세기의 국력으로 문화력(전통문화＋현대문화)의 중요성을 재인식하기 위한 국민적 에너지를 결집하고 있다. 이 점은 우리에게 시사하는 바가 적지 않지만 우리 역시 문화외교를 등한 시했던 것은 아니다. 일본에 비해 문제의식이나 추진시스템의 정비가 늦었던 것은 사실이나 문화외교라고 하는 것이 "특정한 이론적 기반에 서 생성된 것이라기보다는 각국이 문화를 대외적으로 활용할 때 어떠 한 역사적 맥락에 놓여 있었는가와 더 관계가 깊다"[18]는 지적을 고려 하면 한국은 대내외적으로 어떠한 상황 속에서 문화외교를 추진해 왔 는가를 이해하는 것이 필요할 것이다.

문화를 외교적 수단으로 사용할 경우 국가의 정책이나 지향하는 가 치관, 문화나 문화교류에 대한 국민들의 이해도, 그리고 국제관 같은 것은 중요하지만 그중에서도 우선 정책적인 부분이 전제되어야 한다. 문광부가 발간한 정책자료집에 의하면 해방 이후 한국의 문화정책은 크게 3기로 구분되어 있다. 이 기간 동안 정부는 정책 이념의 변화와 시 대적 상황을 고려한 체제 정비, 광범위한 문화정책을 통한 국민들의 문 화수준 제고와 문화복지의 추구, 그리고 문화교류 활성화를 위한 다양 한 노력을 기울여 왔다(표9-5〉 참조). 최근에는 K-Pop을 기폭제로 하는 문화콘텐츠 분야의 성공을 계기로 국무총리를 위원장으로 하는 '콘텐 츠산업진흥위원회'를 구성하여 국가적인 지원체계를 마련하는 등 콘 텐츠산업을 새로운 성장 동력으로 육성하여 국가브랜드가치를 제고하 겠다는 의지도 피력하고 있다.

해방 이후 그 어느 때보다 문화산업과 문화외교에 대한 관심이 고조 되고 있는 작금이지만, 외교사의 관점에서 보면 문화외교를 국가적 차 원에서 인식하기 시작한 것은 최근의 일이다. 우리나라의 외교는 지난

〈표 9-5〉 시기별 문화행정 변화

구분	시기	이념	특징	주요정책 예
1기	제1~4공화국	반공, 민족문화창달, 자주적 민족문화	정책관심의 미비, 공보행정, 규제·통제중심, 전통문화 및 문화유산의 보전·계승강조, 문화통제 및 국민홍보용 문화사업	국민체육진흥법(62) 문화공보부 발족(68) 문화예술진흥법(72) 문화의 날 행사 시작(73) 문예중흥 5개년 계획(73) 관광기본법 제정(75)
2기	제5~6공화국	문화민족주의, 문화입국, 문화주의	문화의 주체성강조, 문화투자 확대, 지방문화의 융성, 문화복지 지향, 문화격차해소 및 향수권 강조, 국제문화교류의 양적 확대 및 다변화	문화부문 중장기 계획 수립 외국영화사 직배 허용(86) 유선방송관리법 제정(86) 관광진흥법 제정(86) 문화발전 10개년 계획(90) 다양한 문화향수권 신장사업 추진
3기	문민정부~이명박정부	세계화·민주화, 창의적 문화국가, 자율·참여·분권	우리문화의 세계화강조, 문화산업 육성, 국가발전의 성장동력으로 문화산업 육성, 문화예산 1%달성, 민간자율성 강화, 수요자 중심의 문화정책	문화 창달 5개년 계획(93) 삶의 질 세계화를 위한 문화복지 기본구상(94) 문화비전 2007 발표(97) 일본대중문화 단계적 개방(98) 문화산업진흥기본법 제정(99) 한국문화관광정책연구원 발족(02) 창의한국 발표(03) 문화예술교육 활성화 종합 계획 수립(04) C-KOREA 2010(05) 문화기술대학원개원(05) 코리아센터 설립(05)

출처 : 『품격 있는 문화국가 대한민국(2008. 2~2013. 2) ― 정책자료집 1 총괄』, 문화체육관광부, 2013, 11~13면에서 발췌작성.

60여 년간 항상 한반도를 중심으로 전개되었고, 북한문제의 인질에서 벗어나지 못하고 있으며, 이런 상황은 한반도에 평화가 정착될 때까지는 크게 개선될 여지가 없다[19]고 한다. 우리 외교의 태생적 한계는 외교 정책에도 그대로 반영되어 적어도 1980년대까지는 주로 정무와 안보 분야가 외교의 중심일 수밖에 없었고, 그 후 경제와 통상 분야가 가미되면서 정무·경제를 축으로 하는 외교가 전개되었다. 이후 문화의 중요성이 부각되면서 2000년대 들어 정무·경제·문화가 한국외교의 3대축으로 자리 잡게 된다.[20] 21세기의 길목에서 비로소 문화외교를 인식하기 시작한 것이다.

그러나 문화외교의 전개내용을 보면 해방 이후 1960년대까지는 당시의 정치, 사회적 혼란을 극복하고 역사적 정통성 확보라는 관점에서 대외홍보에 치중하는 전략을 구사했고, 1970년대는 한국의 경제개발과 관련된 개발철학과 문화적 전통성을 국제교류의 형태로 발전시키고자 했으며, 1980년대는 아시안게임과 서울올림픽을 계기로 한국의 국제적 위상을 강화하려는 움직임을 보였다. 그러다 1990년대가 되면 일본의 국제문화교류 시스템을 벤치마킹하여 '한국국제교류재단'을 설립하는 등 국제문화교류에 대한 인식변화와 체제의 재정비를 시도했다(〈표 9-6〉 참조).

그럼에도 1990년대까지의 문화외교의 형태는 한국문화의 고유성이

〈표 9-6〉 문화외교의 추이

시기	시대적 가치	체제의 변화
1960년대	문화선전, 해외홍보	문화부, 문화공보부로 변경(68)
1970년대	한국의 문화전통과 개발철학의 홍보	문화공보부산하 한국홍보협회 설립(72) 외무부 정보문화국내 홍보문화과, 공보과, 문화교류과 설치(78)
1980년대	한국의 국제적 위상 강화를 위한 국제문화교류의 활성화	문화부와 공보처로 분리(89)
1990년대	국민의 문화 향수권과 참여권 신장 및 삶의 질 추구	외무부 산하 한국국제교류재단 설치(91) 문화부, 문화체육부로 변경(93) 후 문화관광부로 변경(98) 국정홍보처 신설(99), 외교통상부 문화협력국이 문화외교국으로 개편(99)
2000년대	국가이미지제고, 한류의 위상 강화	문화체육관광부로 변경(08) 국가브랜드위원회 설치(09)

출처 : 신종호, 「한국의 문화외교 강화를 위한 추진 전략 및 지역별 차별화 방안」, 외교통상부, 2009.12.18에서 발췌작성.

나 우수성 등을 대외적으로 부각시키는데 관심과 정책을 집중했다. 한국적 가치나 문화의 일방적인 홍보에만 주력하다 보니 상호이해의 증진이나 민간교류의 활성화, 시대적 가치발신 같은 전략은 그다지 중시되지 않았다. 특히 IMF체제하에서는 한국경제의 국제신인도 제고를 위한 해외홍보에 진력해야 한다는 논리[21]와 맞물리면서 체계적이고 종합적인 문화외교정책은 불가능했다. 1990년대 들어 세계화를 위한 문화외교의 전략적 접근 등이 일부 연구자[22]들에 의해 제기되기도 했지만, 이에 대한 정부의 인식이나 사회적 관심은 여전히 과거의 관행에서 크게 벗어나지 못했다.

문화외교의 정체성 극복

한국문화외교의 정체(停滯)성이 극복되기 시작한 것은 2000년대 들어서이다. 이때부터 한국정부는 문화외교를 "정부기구 혹은 정부기구로부터 위임받은 기관이, 다른 나라의 정부와 국민을 대상으로, 예술·지식·정보·언어 및 제도 등을 수단으로 하여 상호이해를 증진함으로써, 자국의 국가이미지 제고 등 연성권력을 높이기 위한 제반 활동"으로 정의했고, 목적과 기능에 대해서도 "국가 전략 목표 실현, 전통적 의미(정치·안보, 경제·통상 영역)의 외교 강화, 타국 내 혹은 국제무대에서 자국의 영향력 증대, 국가 간 대화 촉진을 통해 각국 국민들의 상호이해 증진과 평화애호 증진에 기여"하는 것으로 설정하며 늦게나마 그 중요성을 인식하기 시작했다.[23]

모든 외교는 전략적 목표달성이나 국익을 전제로 하고 문화외교 역시 기본적으로 그 틀을 벗어날 수 없지만, 문화외교는 기존의 전통외교라 할 수 있는 정무·경제외교와는 달리 장기간에 걸친 신뢰관계의 구축을 가능하게 한다. 또 이문화 사이에 마음의 교통을 가능하게 하며, 나아가 지역의 평화와 안정은 물론 인류의 번영에도 기여할 수 있는 핵심적인 외교수단이기도 하다. 문화를 통한 국격(国格) 제고가 21세기의 시대적 과제로 부상한 오늘날 문화외교는 전통외교의 보완적 차원이 아닌 국민의 행동양식이나 가치·제도를 포함한 문화의 집합체적 성격을 띠고 전개되는 '외교 중의 외교'로 인식되고 있다.

한국과 같은 신흥 경제 강국이나 주요선진국 모두 범국가적인 체제와 역량을 결집해 문화외교에 진력하고 있고, 그로인한 각국 간의 경쟁·교류·협력관계의 구축은 국제사회의 안정과 긴장완화에 소리 없이 기여하는 수단이 되고 있다는 점에서도 그러하다. 특히 한국의 경우는 2000년대 들어 한류의 성공에 힘입어 국격을 강조하고 국가브랜드를 제고하는 정책을 추진하는 과정에서 문화교류의 효율성을 극대화하기 위한 이념이나 체제의 개편도 이루어졌고, 기업의 적극적인 동참을 비롯한 각계각층의 인식도 전향적으로 형성되기 시작했다. 2009년 1월에 대통령직속기구로 설립된 '국가브랜드위원회'는 바로 그런 흐름의 결정체라고 할 수 있다.

요컨대 국가의 체제나 정치 이념을 홍보하기 위한 정무외교나 수출촉진과 경제성장을 위한 경제외교의 단계를 넘어 IT강국이나 한류의 영향에 힘입은 문화외교가 21세기의 외교로 강조되기 시작한 것이다. 소프트파워의 중요성이 증대되면서 문화가 곧 국력과 국가의 이미지를 좌우한다는 기본적인 인식이 작용한 데다 국제사회에 있어 한국의 위상 강화와 글로벌시대의 도래, 그리고 다문화사회의 확산이라는 외적환경의 변화가 세계 속의 한국을 지향하는 내적욕구와 맞물리면서 문화외교에 대한 한국사회의 관심을 증폭시킨 것이다. 이런 흐름은 앞으로도 강화될 전망이다. 문화외교를 주제로 한 한국국제교류재단의 잇따른 심포지엄 개최가 이를 반증하고 있다.

한국정부의 문화외교에 대한 강한 의지에도 불구하고 현장의 평가는 아직 회의적이라는 시각이 우세하다. 한국의 문화외교가 국제적인 존경을 획득함은 물론 국가이미지 제고와 국가경쟁력 강화에 기여하고 있는지에 대한 확신이 없기 때문이다. 문화외교의 중요성에 대한 국가리더십 차원에서의 인식 부족, 문화외교 추진체계와 인원 및 예산상의 열악한 상황 등이 여전히 해결되지 않았기 때문이다.[24] 추진체계와 예산의 문제는 단기간에 해결할 수 있는 문제는 아니기에 여기에만 국한시키기는 어렵지만 그럼에도 한국의 문화외교는 몇 가지 중요한 과제를 남기고 있다.

문화외교를 뒷받침할 수 있는 일관된 대(大) 전략의 부족, 인력과 예산부족으로 인한 업무관련의 전문성확보의 어려움, 관련법률의 부족으로 인한 체계적이고 지속적인 업무수행의 어려움, 문화외교수행을 위한 컨트롤타워의 부재, 민간참여의 미흡과 문화외교의 지역별 편중현상,[25] 여기에 국민들의 인식 부재까지 넘어야 할 허들이 한두 가지가 아니다. 정책의 일관성과 예산·인력의 부재, 업무의 전문성확보 미흡 등의 과제는 비단 문화외교 뿐만 아니라 다른 정책적인 부분에서도 항상 접하는 내용이고 쉽게 해결될 수 있는 성질의 것도 아니다. 그럼에도 한국을 선양(宣揚)하고자 하는 구호적인 부분은 언제나 선행하고 있다는 점이다.

독일의 문화외교가 지역적 특성이나 역사적인 배경 때문이기도 하겠지만 그 지향점이 "문화대화를 통한 유럽통합에 쏠려있다"는 지적은 음미해볼 필요가 있다. 요컨대 "'제국 지향적'이거나 '국격 제고'보다는, 일차적으로 이질 문화 간 대화와 소통, 공존에 초점"[26]을 두고 있다는 점이다. 굳이 독일의 예를 들지 않더라도 이념적인 측면에서도 재고해야 할 점이 없지 않다. 문화외교에 대한 인식과 그에 대한 체제 정비의 역사가 길지 않다는 점은 변명과 비판이 동시에 가능한 부분이기도 하나, 이러한 과제들은 한국의 문화외교가 지향해야 할 가치나 기본적인 방향성 그리고 정비해야 할 체제가 무엇인가를 제시했다는 점에서 새겨두어야 할 부분이다.

2) 문화교류·정책의 '공공외교'화 체제 구축

각국이 문화외교를 추진함에 있어 우선 취해야 할 조치는 상대국과의 협정이나 실천 체제의 정비이다. 대표적으로는 문화협정(Cultural Agreements)이라는 것이 있다. 2013년 4월 시점에서 우리나라와 문화협정을 체결한 국가는 101개국이며 협정이 발효된 국가는 95개국이다. 문화협정은 대만과 최초의 협정을 체결한 뒤 일본, 말레이시아, 프랑스 등으로 이어졌지만, 대만과의 협정이 폐기되었음을 감안하면 사실상 일본과의 협정체결이 최초가 되는 셈이다.

문화협정이 체결되면 '문화공동위원회'를 구성하여(2013년 4월 현재 37개국과 운영) 협정의 핵심 내용인 교육·학술 분야 협력, 문화·예술교류, 체육청소년교류, 미디어 간 교류, 과학·기술 분야 협력(상대국에 따라 예외적으로 포함)을 축으로 2~3년 단위로 교류협력에 관한 사항을 규정하여 실시하게 된다. 이 과정에서 중요한 것은 교류사업을 주관하는 기관이다. 미국이나 프랑스의 경우는 정부주도형으로, 영국이나 일본은 '암즈 렝스(arm's length)' 원칙을 준수하고 있다.

문화에 대한 자부심이 그 어느 나라보다도 강한 프랑스의 경우 최근에는 민간의 참여를 강화하고 있는 추세이지만 정부주도라는 기본 틀은 바꾸지 않고 있어 정부색이 가장 강하다고 볼 수 있다. 이 점은 일본도 예외가 아니지만 형식적으로는 영국의 문화정책을 참고하여 반관반민의 형태로 문화외교를 전개하고 있다. 대표적으로는 외무성관할로 출발하여 현재 독립행정법인인 국제교류기금이 있다. 동 기금은 일본문화외교의 핵심 기관으로 설립 된지 40주년을 경과했다. 그동안의 성과로 인해 세계적으로도 널리 알려져 있으나, 기본적으로는 외무성의 정책방향을 대행하는 실천기관이라는 점에서 독립기관이라고 하기는 어렵고, 정부의 정책 추진형태나 이념 또한 언제나 '올 재팬' 체제를 지향하고 있다.

한국 역시 이를 벤치마킹하여 설립한 한국국제교류재단이 문화외교의 주도기관으로 위치하고 있으나 문화외교의 이념이나 방향성은 일본과 비슷한 흐름을 보이고 있다. 현재 한국의 문화정책의 기조는 "경제·사회구조, 정치·행정 환경의 변화"가 "국민의 생활양식인 문화를 변화시키고 이는 결국 문화정책의 변화"로 이어진다는 논리에 입각하고 있다. 구체적으로는 "우리나라의 대외적 위상 강화, 국가경제의 성장과 소득불균형 심화, 저출산 고령사회로의 급격한 진입, 가치체계와 소비문화 변화로 인한 새로운 라이프스타일의 추구, 다문화사회에서 소통과 통합의 문제, 환경보전과 녹색성장의 추구 등 대내외적·환경적 변화에 능동적으로 대응하고 그 해결책"[27]을 찾아가는 과정 속에서 문화정책이 추구되고 있다.

그러나 정보통신혁명의 시대를 맞이하여 각국의 문화외교의 형태도 상당한 변화를 보이고 있다. 디지털시대의 흐름을 적극적으로 반영하고 있기 때문이다. 현장에서 본 주요국의 문화정책이나 외교의 흐름 역시 "대체로 인터넷 및 오디오비주얼의 중요성 인식, 문화외교의 브랜드화, 문화의 다양성에 따른 대화와 교류 강화 등의 특징"[28]을 나타내고 있다. 각국 모두 문화외교를 둘러싼 새로운 환경을 고려하면서 글로벌추진체제에 적극적이고 한국 역시 예외는 아니다.

오히려 한국의 문화외교는 기존의 한계를 벗어나 IT강국의 이미지와 시대적 상황을 활용해 문화외교의 발상전환을 꾀할 수 있는 기회를 맞이하고 있고, 이를 반영하듯 문화외교 강화를 위한 전략적 접근이 잇따라 제시되고 있다. 외교통상부가 발간한 『문화외교 매뉴얼』(2010)에 의하면 문화외교를 둘러싼 환경변화의 요인으로 소프트파워의 중요성 증대, 인터넷 등 새로운 미디어 기술의 비약적 발달과 다양화, 문화외교 수행주체의 다양화와 다변화, 국가브랜드 이미지 외교의 중요성 증대, 경제적 가치 증가[29] 등을 들고 있다.

이는 곧 문화외교를 강화해야 하는 필연적 이유이기도 하다. 그중에서도 우리나라의 소프트파워의 제고를 문화외교의 궁극적인 목표라고 하면서 이를 위한 4대 중점 분야와 9개 실천과제를 선정했다〈표 9-7〉 참조). 비전의 제시와 추진 전략은 이를 실천할 수 있는 체제의 정비와

비전	목표	추진 전략	분야	과제명
배려하고 사랑받는 대한민국	OECD 평균수준의 국가브랜드 파워 달성	국가브랜드 실체 개선	국제사회 역할 확대	글로벌 코리아(ODA, PKO, 재외공관 국가브랜드 거점화)
				해외봉사단 통합브랜딩
				중장기 자문단 파견
			매력적인 문화관광	해외박물관 한국실 설치(문화부, 국제교류재단)
				해외도서관 한국자료 보급(문화부, 국제교류재단)
		이미지제고 커뮤니케이션 강화	네트워크 강화	재외동포통합네트워크
				한국 바로알리기(교과부, 국제교류재단)
				해외주요인사초청(국제교류재단)
			글로벌 이벤트 활용	'테마형' 문화외교산업

출처 : 외교통상부, 『문화외교메뉴얼』, 2010.2, 19면.

시스템의 구축에 의해 성패를 가늠하지만, 문화외교의 아날로그화를 벗어나 '이미지제고 커뮤니케이션 강화'와 같은 새로운 수단을 강구하고 있다는 점은 의미가 있다.

이른바 문화정책의 기본원칙으로서의 '문화의 공공성 확보'와 '문화정책 운영의 효율성 제고'를 전제로 '품격 있는 문화국가 대한민국'을 건설하겠다는 것이 정부의 입장이다(〈표 9-8〉 참조). 정부의 계획은 문화수요층의 다양한 니즈에 부응하고, 선택과 집중을 통해 지원대상의 자생적 경쟁력을 강화시키고, 실용성과 효율성을 중시하는 문화행정을 전개한다는 것이다. 또 문화와 기술의 융합을 통해 새로운 가치창출과 삶의 질을 제고하고, 그동안 문화교류의 한계점으로 지적되어 온 쌍방향 교류의 활성화를 통해 글로벌 코리아의 이미지를 제고하여, 궁극적으로는 세계경제의 위기 속에서 새로운 도약의 계기(Momentum)를 확보한다는 취지이다.

문화비전	품격 있는 문화국가 대한민국	
	▲	▲
4대 목표	멋있는 한국인 창조적 문화 예술의 나라	잘 사는 한국인 콘텐츠산업으로 부유한 나라
	정겨운 한국인 세계인이 다시 찾는 관광의 나라	신나는 한국인 어디서나 스포츠를 즐기는 나라
추진 전략	• 수요자 중심의 정책 추진 • 선택과 집중의 지원 체계 • 실용과 효율의 문화행정	• 상생하는 문화와 산업 • 소통과 개방의 전략 • 문화를 통한 녹색성장

출처 : 『품격 있는 문화국가 대한민국(2008.2~2013.2)-정책자료집 1 총괄』, 18면.

법과 제도적 장치의 동반이 향후 본 '비전'의 성공여부를 가늠할 것이다. 하지만 일단 정책적 관점에서 보면 추진 전략이 비교적 시대적 흐름을 정확히 반영하고 있고, 목표의 성격도 품격과 일치하는 구조를 갖고 있는 등, 현재 한국의 경제 · 문화적 역량을 고려해도 동 비전의 추진에 그다지 장애 요인은 없을 듯하다. 국가의 품격을 높이기 위한 다양한 문화정책의 제시는 정권의 국정목표나 국민의 동의를 바탕으로 한 문화국가 창출의 도정이라는 점에서 일견 국내에만 국한되는 것처럼 보이지만, 실은 국민의 적극적인 참여와 연동할 때 정책의 시너지효과를 극대화할 수 있다. 이른바 '국민문화외교'의 중요성이다.

국민의 '공공외교관'화

최근 주요국은 '공공외교(Public Diplomacy)'의 중요성을 강조[30]하고 있다. '공공외교'라는 용어는 미국에서 1965년도에 최초로 언급된[31] 것으로 알려져 있으나 냉전 후 미 · 영이 이라크전쟁에서 손상된 이미지를 회복하기 위한 외교정책의 일환으로서 일부외교관이나 연구소의 식자층들이 본격적으로 사용하면서 주목받기 시작했다. 그 배경에는 "미묘하고 복잡한 세계화, 선제적 군사개입, 시공간의 격차를 해소하는 정보통신기술, 국가가 주도하는 공공외교정책 및 담론에 반기를 드는 전지구적인 비국가행위자(테러조직 네트워크나 블로거)의 부상"[32]이라는 흐름이 태동하여 외교정책에 새로운 발상전환이 필요했다는 요인도 저류에 있었다.

국가의 외교수단과 국제사회의 여론주도층의 다변화, 정보통신혁명과 국민들의 정보취득 수단의 다양화, 국민여론을 중시하는 외교정책 수행 의지의 증대, 국제문화교류의 저변 확대 등 외교환경을 둘러싼 국내외의 시대적 조류가 크게 변하고 있는 현실을 반영했다는 의미이다. 외교정책적인 관점에서 공공외교를 강화해야 할 시대성은 존재했으나 개념적으로는 학계의 합리적인 검증절차를 거쳐 사용된 것은 아니었다. 따라서 학술적 정의가 명확한 것은 아니지만 연구자들은 나름대로 개념적 정의를 내리고 있다.

우선 공공외교는 전통외교와는 다르다는 점이 강조되고 있다. 전통외교가 "국가나 그 밖의 국제 행위자의 대표자들 사이의 관계"라고 한다면 공공외교는 "다른 사회의 일반대중 및 비공식적인 특정집단, 기구, 개인을 대상"[33]으로 하는, 이른바 외교활동의 대상이 근본적으로 바뀌었다는 주장이다. 이와 관련하여 투흐(Tuch H. N.)는 "정부가 자국의 사상과 이상, 제도와 문화 및 자국의 목적과 현행 정책을 이해시키기 위하여 제외국의 국민들과 의사소통하는 과정"[34]으로 규정하고 있고, 폴 샤프(Paul Sharp)는 "자국을 정치적으로 대변하는 사람들의 이익과 가치를 증진시키기 위해 타국 국민들과 직접적인 관계를 추구하는 과정"³⁵으로 규정했다.

양자의 정의를 간략하면 '타국의 대중을 향한 직접적인 커뮤니케이션 활동'이라는 것이다. 이 경우 외교활동의 주체는 국가나 정부라는 뉘앙스가 강하다. 또 기타노[北野充]는 "자국의 대외적인 이익과 목적의 달성에 진력함으로써 자국의 프레젠스를 높이고 이미지를 향상시켜 자국에 대한 이익을 강화할 수 있도록 해외의 개인이나 조직과의 관계를 구축하여 대화를 하고 정보를 발신하여 교류하는 등의 형태에 관여하는 활동"[36]으로 정의했고, 유현석은 "정부 대 정부의 관계에 초점을 맞추고 주로 대사나 외교사절들이 국가 간의 관계를 조정, 관리해 나가는 전통적 외교에서 벗어나 상대국가의 국민들을 포함한 광범위한 비정부 행위자들을 상대로 자국의 이해를 알리고 설득하며 여론 형성에 영향력을 행사하기 위한 다양한 활동"[37]으로 정의했다.

공공외교의 일반적인 정의로 이해할 수 있으나 낸시 스노우(Nancy Snow)는 좀 더 진전된 주장을 펼치고 있다. 그는 전통적인 공공외교가 "자국의 외교정책을 지원하기 위해 타국의 대중들에게 정보를 전달하고 감화하며 포용하려는 노력" 이른바 정부에 의해 주도되는 G2P(Government-to-public)였다고 한다면, 최근의 공공외교는 "양국정부는 물론 각 개인 및 많은 단체들이 상대국의 대외정책 결정에 직접적인 영향을 주는 그 나라 대중들의 태도 및 여론에 직간접적으로 영향을 미치는"[38] P2P로 전환된 것으로 정의했다. 외교의 대상은 물론이고 활동의 주체 역시 다변화했다는 의미이다. 외교의 목적, 주체나 대상을 포함해 외교의 필요조건들이 변했다는 현실을 적절히 반영한 논의로서 저자는 공공외교에 가장 근접한 개념이라 생각한다.

그러나 이 과정에서 주목해야 할 것은 상대국의 대중들에게 우호적으로 접근할 수 있는 요소가 무엇인가라는 점이다. 여기서 소프트파워의 중시, 소위 가치나 제도, 규범이나 도덕성, 신뢰성이나 정당성 등과 같은 문화적 요인들이 군사력이나 정치력을 대신하는 외교수단으로 부각되고 있다. 문화의 외교화 전략은 최근에 형성된 흐름은 아니다. 조셉 나이(Joseph S. Nye, Jr.)에 의하면 한 국가의 소프트파워는 주로 3가지 자원에 의존한다고 한다. 상대방에게 매력적인 공간에 존재하는 문화, 자국과 타국이 모범으로 삼을 만한 정치적 가치, 그리고 정당해 보이고 도덕적 권위를 갖춘 외교정책[39]이다. 아울러 그 전략은 프랑스, 이탈리아, 독일 같은 국가들이 이미 오래전부터 실시하고 있으며 뒤를 이어 미국이나 영국 등이 따르고 있다고 한다.

소프트파워를 외교자원으로 활용하여 국가에 대한 긍정적인 이미지를 확산시켜가는 전략은 19세기 말 제국주의 국가들에 의해 도입된 것으로서, 바꾸어 말하면 공공외교는 한 국가의 소프트파워를 증진시키는 수단으로서 비교적 오랜 역사성을 가지고 있다는 것이 나이의 견해이다. 이렇게 보면 공공외교에 대한 정의나 목적은 분명해 진다. 요컨대 다양한 주체들이 자국의 소프트파워를 활용하여 국제사회 전체나 특정국의 국민들을 직접적인 대상으로 상호이해의 심화와 이미지 제고를 기도하고 나아가 자국에게 유리한 국제환경을 만들어 가는 교류(외교)활동의 총체(〈표 9-9〉 참조)라고 할 수 있다. 낸시 스노우가 지적한 P2P의 구도인 것이다.

이렇듯 공공외교는 자국의 소프트파워를 강화할 수 있는 하나의 유력한 도구이고 이를 위한 노력은 어떤 외교적 결과를 획득하기 위한

〈표 9-9〉 '공공외교'의 구도

발신주체	발신내용	발신대상	기대효과
정부/지자체 NGO/NPO 민간기업 민간재단 언론계/시민 외	소프트파워 (문화/가치관)	국제사회 또는 특정국의 시민 (오피니언리더/ 정부요인/시민 단체/청소년 등 광범위한 대상)	상호이해 심화, 자국의 이미지 제고, 우호적인 여론조성, 영향 력의 확대

여론형성에 유효하다는 점에서 21세기의 외교노선으로 주목받고 있지만, 학문적으로는 "해외국민들을 유인하고 설득하는 데 필요한 이론적인 근거와 수단이 결핍되어 있다는 점에서 종종 비판을 받고"[40]있는 것이 현실이기도 하다. 그런 의미에서 공공외교는 태동기이면서 다학문적(multidisciplinary)이라고 할 수 있으나 미국이나 일본의 사례를 보듯 주요국의 외교 전략이 자국에게 유리한 환경조성을 위한 수단으로 상대국 국민에게 직접 다가갈 수 있는 전략적 선택을 강화하고 있는 추세를 고려하면 국제정치구조의 한 부분으로 자리잡은 공공외교에 대한 각국의 노력은 향후 배가 될 것으로 보인다.

한국 역시 예외는 아니다. 외교부는 2010년을 공공외교의 원년으로 선포한 뒤 문화예술·지식·미디어·정책홍보 등 다양한 방법으로 우리의 매력을 세계에 알려 외국 국민의 이해와 공감을 증진시키기 위한 노력을 기울이고 있다. 한류의 외교자원화를 포함해 공공외교의 원천이라고 할 수 있는 소프트파워를 적극 활용하여 국민과 함께 '세계가 신뢰하는 매력한국'의 비전을 실현[41]하자는 것이다. 외교부는 공공외교를 "국가 이익을 증진시키기 위해 외국 일반 국민들을 직접 상대하여 그들의 마음을 사는 활동"[42]으로 정의한 뒤, 이를 실천하기 위한 방안으로 2012년 8월에 공공외교 활성화를 위한 국민 공모를 실시한 데이어, 이듬해 2월에는 '국민 모두가 공공외교관'이라는 프로젝트를 통해 국민들의 적극적인 참여를 유도했다.

이 프로젝트는 개인 또는 팀을 구성하여 창의적인 공공외교사업을 기획하여 실행하면 정부는 필요한 예산을 지원한다는 취지이다. 민간의 국제화·정보화역량을 활용하여 우리나라를 보다 친근하게 외국에 알리겠다는 의도이다. 그 연장선상에서 2013년 7월에는 '공공외교'의 새로운 브랜드로서 '너do 나do 공공외교ー세계인의 마음을 사로잡다'를 발표하여 본격적인 홍보를 전개했다. 국민모두가 참여한다는 '너도 나도'에 실천적 의미의 영어 'do'를 조합하여 공공외교의 목표이자 결과가 '세계인의 마음을 사로잡는 일'이라는 것을 강조한 것이다.[43] 문화외교의 방향성이 상대국의 정부나 여론주도층에서 국민 속으로 이행하고 교류주체 역시 민간이 주역이 되고 있는 시대임을 감안하면 '국민외교'시대를 구현하기 위한 정부의 적극적인 대응은 바람직하다고 할 수 있다.

국민의 '외교관'화가 공공외교 활성화를 위한 내적기반의 전제조건이라면 외적기반을 확보하기 위한 여건마련도 중요하다. 공공외교가 상대국의 시민사회를 대상으로 하는 외교 전략이기 때문이다. 이와 관련해 숙고해야 할 부분은 정부와 시민사회와의 네트워크화를 어떻게 구축해 가느냐이다. 시민사회의 움직임이 정부의 정책이나 대외이미지에 미치는 영향력은 환경이나 인권문제를 포함해 글로벌현안과 관련한 각국 시민단체의 활동을 보면 갈수록 더 커질 전망이다. 시민사회와 직접적인 대화 창구를 마련하여 일방적 설득이 아닌 상호이해를 위한 접근을 시도하고, 시민사회의 요구를 정책에 반영하는 수요중심의 외교정책을 수립하고, 시민사회와 협력하여 현안해결을 위한 협력기반을 조성하는 등 네트워크의 구축과 활성화가 무엇보다도 국내외적으로 필요한 이유이다.

'글로벌 코리아'의 전략에서도 확인할 수 있듯이 정부도 이에 대한 중요성을 인식하고 대응책을 서두르고 있으나 아직은 제한적이라는 느낌이 든다. 특히 "현실공간의 공식·비공식 외교채널에 의존하는 전통적인 외교정보와 지식의 처리과정은 인터넷과 사이버공간의 등장과 함께 새롭게 재구성"[44]되고 있다. 이런 현실을 고려하면 네트워크를 활용하거나 웹페이지를 이용하는 사이버외교(cyber diplomacy)의 중요성은 재론을 요하지 않을 것이다. 이 과정에서 생산·활용되는 지식이 단순히 양적인 정보처리가 아닌 질적인 정보처리, 즉 가치와 신념체계의 형성에 영향을 미치는 상징적 지식이라는 것이고 이를 전 세계에 전파할 수 있는 인터넷의 등장은 공공외교의 새로운 지평을 열어놓았다[45]고 해도 과언이 아니다.

정부나 특정세력에 의한 정보독점시대의 소멸, 시민사회의 성숙과 정보통신문화의 발달, 정부정책의 투명성 강화, 외교정책에 대한 국민적 관심의 증대, 국가의 품격제고와 소프트파워의 경쟁력 강화, 외교공간에 대한 확장의지 등은 향후 공공외교를 강화하는 배경으로 작용할 것이다. 이 과정에서 각국은 나이(Joseph S. Nye, Jr.)가 언급한 '스마트파워'를 등에 업은 공공외교의 구현에 총력을 기울일 것이다. 한국이 경제력에 이어 문화력을 바탕으로 한 선진문화·국제국가로 도약하기 위해서는 공공외교를 부각시킬 수밖에 없으나, 국민의 '공공외교관'

화를 외치면 외칠수록 국민들의 의식수준이나 문화외교에 대한 인식은 중요성을 더해가게 된다. 소프트파워에 대한 범국가적인 차원에서의 재인식이 필요한 시점이다.

3. 한국의 문화외교에의 제언

1) 한일문화교류의 회고와 패러다임 전환

경제·문화교류를 통해 긴 호흡으로 양국 간 관계개선을 도모하는 전략은 전후 동아시아에 대한 일본정부의 일관된 전략이었고 이는 한국에도 예외 없이 적용되었다. 한일 문화교류는 양국 간의 역사적 배경으로 인해 다른 동아시아제국에 비해 다소 늦은 시점에 시작되었다. 문화교류는 처음부터 일본이 주도했으나 출발은 일단 1965년 국교정상화 이후라고 볼 수 있다. 당시 문화재반환과 문화재를 둘러싼 연구편의 제공을 중심으로 한 '문화재 및 문화협력'에 관한 협정이 한일문화교류의 '원년'[46]이라고 할 수 있다. 이 무렵에는 정치적 상황이나 역사적 배경, 여기에 양국의 국민감정이나 정서 등으로 인해 문화교류가 활성화 될 수 있는 상황은 아니었다.

그러나 한국의 경제개발과 일본의 핵심 수출시장으로서의 지위변화 등에 따라 일본의 경제협력·기술협력에 의한 인적교류(연수교육, 전문가 파견, 의료협력)가 활기를 띠기 시작하고, 일본정부가 학술·교육 분야의 교류를 정책적으로 강화하고 나서부터는 나름대로 의미 있는 교류가 시작되었다. 대표적인 사례가 아시아의 경제발전에 기여할 수 있는 인재 육성에 공헌한다는 목적하에 동아시아를 주 대상으로 한 '국제문화교육교류'사업이다. 이 사업은 한국과의 교류형태에도 상당한 영향을 미쳐, 한국인국비유학생초빙(1965년부터)이 활성화되었고, 한국의 각 교육기관에 일본어교육 활성화를 위한 교재지원이 본격적으로 이루어지는 계기가 되었다.

그 연장선상에서 일본정부는 국제교류기금의 창설을 계기로 당시 주한일본대사관 공보관실을 공보문화원으로 승격시켜 한국과의 교육교류(일본어보급과 일본문화소개를 위한 지원)를 전담케 했다. 교육 분야를 통해 교류의 발판을 다진 양국은 1970년대의 잇따른 정치·경제적 갈등에도 불구하고 1980년대 들어 국제정세의 변화에 힘입어, 한미일 3각 동맹체제의 구축, 경제협력의 필요성, 한국정부의 문화민족주의 정책의 재고, 한국사회의 민주화의 진전과 스포츠오락문화의 발전, 대규모의 스포츠제전 개최, 일본정부의 적극적인 대한문화교류의지와 한국의 대중문화시장 개방, 일본사회의 국제화진전 등을 배경으로 학술, 교육, 스포츠교류, 청소년교류, 자치단체 간의 교류가 활발하게 전개되기 시작했다.

'선린우호협력관계' 증진이라는 명분하에 일본정부의 적극적인 민간교류활성화 의지가 폭넓게 반영되면서 교류영역의 확대와 쌍방향 교류가 전개되기 시작한 것이다. 특히 1980년대에는 일본의 공업생산기지의 동아시아로의 이전 확대로 인한 협력 강화, 동남아시아의 급속한 경제성장에 의한 문화교류 확대, 그리고 동아시아의 문화향수(享受)층의 증대에 대한 적극적 대응, 등의 필요성도 제기되어 일본사회의 '문화적 영향력'의 확대와 '아시아'는 불가분의 관계를 띠기 시작했고, 그 중심에 한국(한국 역시 문화계를 중심으로 한 물밑에서의 교류의 확대, 국내외의 정세변화에 의한 대일관계의 재정립 필요성 등이 제기되기 시작한다)이 위치하면서 일본의 적극적인 문화교류대상 지역이 되었다.

그러나 양국의 문화교류가 본격적으로 시작된 것은 1990년대부터이다. 국제사회의 글로벌화가 본격화되고 정치경제적인 측면에서 양국 간의 협력관계가 강화되면서 그 과정에서 발생하는 인식의 갭이 문화교류의 중요성을 부각시킨 것이다. 이 부분에 대해서는 한국과는 달리 전후국제사회의 복귀와 함께 일본사회가 매우 적극적으로 대응해왔으나, 1990년대 들어서는 국제정세의 변화를 반영하여 이전과는 다른 문명·교류관이 일본사회에 형성되기 시작했다. 일본을 인류사의 중심에 위치지어 새로운 세계사창조의 지도적 이념을 제시해 간다는 명분하에 일본문화를 강자의 보편적 이념으로 확산시켜가려는 소위 '일본문명론'이 태동한 것이다.

그 내용의 핵심은 "일본과 서양 사이의 문명진화의 역사적 패턴을 상대화하여 양자 간의 우열을 부정하는 것에서 일보 진전하여 세계에 발신할 수 있는 일본특유의 문명패턴을 제시"[47]한다는 것이다. 일본문화의 외향적 성향의 두각은 문화적 측면에서는 아시아를 포함한 세계 각지에서의 미국문화의 헤게모니 약화와 아시아문화의 글로컬리즘을 선도해온 일본문화의 자신감을 반영한 것이고, 국제관계학적인 측면에서는 동북아의 급변과 냉전 후의 세계질서의 변화에 주도적 역할을 다하겠다는 의지의 발로였다. 이 같은 흐름을 반영하여 일본사회는 금후 지향해야 할 진로로서 '일미관계를 굳건히 유지'하면서, '동북아시아와의 결합'을 꾀하고자 하는 방향성[48]을 설정하는 한편 '아시아로의 회귀'론이나 문화대국으로의 외교노선 강화 등의 논의를 본격화하기 시작했다.

동아시아와의 지적교류 강화를 위한 '아시아센터'의 설립을 비롯해 '아세안문화기금'의 창설이나 '일본·아세안 종합 교류 계획'[49]의 실천 등은 동아시아와의 문화교류를 새롭게 설정해야 한다는 정부의 의지를 반영한 것이었다. 그 연장선상에서 일본정부는 '새로운 시대에의 대응' 전략으로 ① 국제환경의 커다란 변화를 직시할 것, ② 문화교류를 통해 신시대의 국제질서구축에 한층 더 공헌 할 수 있는 일본이 될 것, ③ 일본인과 일본사회의 국제화를 실현하여 국민 한 사람 한 사람의 참가가 가능한 국제교류를 추진할 것[50] 등을 제창하며 다양한 문화외교정책들을 쏟아내기 시작했다.

이 과정에서 일본정부는 아시아·태평양 지역의 미래를 구축하는 교류추진과 문화교류의 활성화를 통한 국제공헌의 중요성[51]을 확인하고, 한국과는 미래지향적인 한일관계의 방향성과 역할을 강조한 '일한 신시대 3원칙'[52]을 통해 '성신(誠信)'의 교류협력을 강화하기 시작했다. 요컨대 "민간이나 지방의 조직이 아시아·태평양 지역과의 교류와 협력의 네트워크를 확충"[53]하여 이 지역의 열린 공동체의 구축에 공헌하자는 논리가 탄력을 받기 시작한 것이다. 한국 역시 올림픽 이후 정부의 문화정책에 대한 인식 강화와 체제의 정비, 일본의 성공모델에 대한 경제계의 관심, 한국사회의 국제화와 문화수준의 제고, 그리고

학계의 일본문화론 양산 등의 환경이 조성되면서 일본에 대한 관심이
증폭되어 갔다.

한일상호인식의 변화와 신시대 선언

시대적 흐름을 반영한 양국정부의 문화교류 확대 의지가 실천적인
형태로 나타나고 여기에 동북아를 둘러싼 국제정세의 급변과 정보통
신문화의 발달, 양국사회의 상호인식 개선 등이 어우러지면서 한일문
화교류는 1990년대 들어 정치 분야를 제외한 거의 모든 분야에서 교류
확대를 실현하게 된다. 그 결과 한국사회의 대일인식도 점차 긍정적인
방향[54]으로 흐르고, 일본문화에 대한 기본인식도 "'일본'문화에서 일
본'문화'"[55]로 보편성을 띠게 된다. 그 연장선에서 1998년에 발표된 '한
일 신시대 선언'은 양국의 변화된 상황을 상징하는 정치적 이벤트였고,
이를 계기로 한국사회의 미디어나 국민여론도 전향적인 대일관[56]을
형성하기 시작했다.

일본사회에서도 월드컵 공동 개최를 전후로 다시 한국문화 붐이 일
어나기 시작한다. 배경은 한국의 식문화 붐이었다. 그러나 이때의 붐
은 과거의 소개수준의 단계로부터 진일보하여 식문화의 과학적 분
석[57]을 동반하며 소위 '한국바로알기' = 친한정서로 확산되기 시작했
다. 그 실체를 확인한 것이 NHK발 〈겨울연가〉 열풍이었다. 〈겨울연
가〉 열풍에 대해서는 다양한 각도에서의 분석이 이루어졌지만[58] 한국
의 한 언론에서는 〈겨울연가〉를 중심으로 불기 시작한 한국대중문화
에 대한 관심의 증폭을 "17세기 조선통신사 이후 최대의 '韓流'"(『조선일
보』, 2004.11.9)로 정의하며 커다란 관심을 표명한 바 있다. 일본에서 '한

류'라는 단어가 '한국류' '한국식'이라는 의미로 바뀌어 정착[59]되기 시작한 시기가 바로 이 무렵부터이다.

일본사회의 〈겨울연가〉 열풍의 이면에는 1990년대 일본사회의 아시아문화에 대한 관심 증대(아시아적 정체성을 의식한 것이 아니라 '상품'으로서 아시아를 소비하기 시작했다는 의미)와 중년여성들의 소비문화 붐[60]이 원인(遠因)으로 작용하고 있지만, 중요한 것은 한류가 그 원인을 발판으로 일본사회의 서구일변도의 문화지향성을 아시아로 회귀시키는 결정적인 역할을 다했다는 것이다. 이는 일본의 근현대문화사의 관점에서 보면 최초의 사례라고 할 수 있다. 그 결과 역사인식을 둘러싼 한일 양국의 정서가 여전히 평행선임에도 불구하고 한일 문화교류는 시간이 흐를수록 활기를 띠었고, 양국민의 정서변화와 상호이해의 폭을 넓히기 위해서는 '욘사마' 효과가 증명하듯이 문화교류의 활성화 이외에는 대안이 없음을 확인시켜 주었다.

이런 가치관의 변화에 힘입어 양국은 청소년교류를 축으로 한 '한일 공동 미래프로젝트'(2002)와 '한일중 영리더즈 교류 프로그램'(2003)의 가동, 월드컵공최의 성공과 민간레벨의 자발적인 교류활성화를 도모하기 위한 '한일국민교류의 해'(2002), 국교정상화 40주년을 기념하기 위한 '한일 우정의 해'(2005), 관광교류 확대와 지역관광의 활성화를 도모하기 위한 '한일 관광교류의 해'(2008)와 '한중일 관광교류협력'(2008)의 합의, 등을 통해 청소년·민간·지역 차원에서의 교류활성화의 기틀을 다져갔다. 여기에 '한일 관광진흥 협의회'의 지속적인 활동과 각 지역에서 독자성을 띠고 다양한 테마로 전개되고 있는 '한일문화교류축제' 등과 같은 이벤트의 확산이 이어지면서, 관민 공히 한일 간의 관광·문화·지역의 개념을 '교류협력'이라는 전제하에 새롭게 인식하며 교류의 저변 확대를 모색하고 있다.

특히 2005년은 한국의 경우 한일수교 40주년, 해방 60주년, 을사보호조약 100주년이기도 하여 양국정부는 미래를 향해 함께 나아가는 한일신시대를 기약하며 의욕적으로 교류 확대를 추진했다. 이 과정에서 일본은 한일문화교류를 주도[61]하는 전략적 대응을 통해 다방면에서 상당한 성과[62]를 거두었고(특히 언론계의 교류 강화는 일본의 전략적 대응이 빛을 발한 분야이다), 한국 또한 일본에서의 문화적 존재감을 조금씩 높여갔다. 이런 성과에 힘입어 양국의 문화교류 확대는 교류의 양적 급증과 질적 변화를 바탕으로 체제의 동질성을 넘어 가치관의 공유를 향해 나아가는, 이른바 '창조적인 한일관계'로 도약할 수 있는 전기를 맞이하고 있다.

한일 양국은 국교정상화 이후 약 40년 만에 하루 1만 명이 왕래하는 시대를 맞이하며 일일생활권을 형성하고 있다. 현재 각계각층에서 진행되고 있는 한일 교류 확대와 우호협력관계의 증진을 위한 다양한 시도와 성과는 양국을 넘어 향후 동북아의 번영과 평화에 기여하는 토대가 될 전망이다. 양국의 관계는 앞으로도 역사나 영토문제 등으로 일시적인 충격은 예상되지만, 기본적으로 민간교류의 활성화를 포함해 교류·협력관계의 강화 → 동북아의 번영, 평화, 안정에 기여 → 동아시아문화공동체 구축에 공헌, 등으로 이어지는 프로세스와 가치관은 크게 훼손되지 않을 것이다.

이를 위해서도 양국정부는 그동안의 축적된 교류성과를 바탕으로 다양한 제도적 지원과 시스템의 구축을 통해 동아시아를 통합할 수 있

는 이슈의 지속적인 제기에 노력하고, 민간이나 지역레벨에서는 교류
확대를 통한 상호이해의 증진과 문화융합·생성의 토대를 마련하고,
지적교류를 통해서는 동아시아를 지향하는 가치발신에 주력하는 체
제로 전환해야 한다. 한일 양국은 국교정상화 이후 10여 년 마다 이슈
의 변화를 경험해 왔다. 정치 → 경제 → 역사 → 문화의 시대를 거쳐
삶의 질과 가치를 추구하는 시대로 옮겨가고 있다. 시대가 요구하는
흐름을 양국사회가 21세기의 역사적 사명으로 인식하고 실천하는 것
은 한일문화교류의 새로운 과제이자 동아시아의 문화수준제고에 기
여하는 지름길이라고 생각한다.

한일문화교류의 패러다임 변화 — '한일연구센터'의 설립

한국이 문화대국으로 국제사회에서 인정받기 위해서는 일본과의
경쟁은 필연적이지만 동시에 공고한 협력관계의 구축을 통한 문화교
류의 새로운 '공간'을 창출하여 동북아의 평화와 번영에 공동으로 기여
하는 의지를 실천하는 노력도 필요하다. 문화적 자존심이나 경제적 우
월주의, 배타적이고 국수주의적 역사관 등으로 갈등관계를 조장하는
움직임은 양국의 국제적 지위와 역할을 고려하면 너무나 무의미한 일
이다. 문화외교를 21세기 외교의 핵으로 추진하고 있는 양국의 국가
전략과도 배치되는 것이고, 동북아의 평화와 안정에도 역행하는 일이
기 때문이다.

전후 일본은 경제성장과 함께 체계적으로 추진한 문화외교의 성과
와 대중문화의 영향력을 바탕으로 아시아에서 강력한 문화적 지배력
을 구축하였고, 그런 흐름을 범국가적 차원에서 세계화시키려는 의

도[63]를 분명히 드러내고 있다. 그럼에도 불구하고 한류의 확산에 대해서는 어떤 입장을 취할지 아직 그 본색을 드러내고 있지는 않다. 일부 극우세력들에 의한 혐한류 움직임이 한국의 매스컴을 '흥분'시키고 있으나 크게 우려할 단계는 아니다. 그들의 행위는 자신감 상실과 미래에 대한 불안 심리, 그리고 천박한 민족우월주의가 결합한 극단적인 행동양식이다. 도미야마[富山一朗]가 이들을 '증오의 공동체'[64]로 규정하고 있듯이 그들의 움직임이 확산되면 될수록 국내외에서 지탄의 목소리도 그만큼 높아질 것이다.

다시 말해 한류가 그다지 파괴력을 갖고 있지 않기에 한국문화에 대한 본격적인 견제가 아직은 필요치 않다는 의미이다.[65] 이 부분은 향후 한국문화의 대일영향력이 강화되거나, 그에 반해 일본문화의 한국 진출이 경위야 어떻든 예상 밖의 형태로 흘러가면 일본사회의 자폐적 근대의 가치를 건드리는 단초를 제공하면서, 보수주류들로 하여금 반격에 나서게 하는 명분을 제공하게 될지도 모른다. 한일문화교류의 활성화와 이를 바탕으로 한 한일 양국민의 우호적인 정서형성을 확고히 하기 위해서는 이런 움직임을 극복하고자 하는 일본사회의 노력, 이른바 일본정치권의 겸허한 역사인식과 보수매파들에 대한 일본사회 내의 양심적 견제세력의 형성, 그리고 국민들의 진지한 자기성찰 등이 전제되어야 한다.[66]

아시아의 근대문명을 선도해 왔다는 우월적 지위를 스스로 청산하지 못하고, 문화적 다양성을 존중하면서 공존·공영의 가치발신을 게을리 한다면 '매력적인 나라'는 가능할지언정 일본이 그토록 원하는 '존경받는 나라' '신뢰받는 나라'는 요원할 것이다. 한국사회도 상대의 마음을 움직일 수 있는 여유를 갖고, 이를 통해 품격 높은 한류를 발신하는 내적기반을 마련하고, 나아가 '아시아 아이덴티티'의 창출에 기여하는 모범적인 문화발신국으로 거듭나야 한다. 이런 흐름을 발전적으로 승화시키기 위해서는 우선 양국의 위정자를 비롯해 지식인과 시민단체, 그리고 경제계와 문화계의 고뇌와 발상전환이 필요하다.

한국이나 일본이 정책적 구호가 아닌 실천적 형태로서의 '문화교류의 평화국가'로 거듭나기 위해서는 무엇보다도 '공공의 가치'를 공동으로 추구할 수 있는 협력관계의 구축과 다방면에서 상생모델의 개발에 최선을 다하는 공감대가 양국의 리딩그룹에 형성되어야 한다. 특히 한일문화교류의 사각지대라고 해도 과언이 아닌 양국의 지식인들에 의한 지적교류·협력이 활성화되고, 그 과정에서 형성된 지적자산을 서로 공유해 가는 노력을 끊임없이 기울여야 한다. 금기영역 없이 모든 분야에서 이 과정을 제대로 거쳐야만 한일문화교류의 진정한 의미를 확인할 수 있을 것이다.

그동안 일본과의 지적교류를 강화하기에는 보이지 않는 장벽이 높았던 것이 사실이다. 그러나 이제는 상황이 달라졌다. 한국사회의 대일관의 성숙, 한국학계의 일본연구의 저변확충, 한국의 국제적 지위향상, 동북아공동체구상의 논의 확대, 여기에 일본사회의 대한인식의 개선, 경제·민간 분야의 협력 필요성, 국제사회에서 공동대응을 필요로하는 이슈의 증대 등, 대내외적으로 한일 양국이 적극적으로 협력할 수 있는(해야만 하는) 여건이 갖추어졌고 상황이 도래했다. 이 같은 상황을 양국의 미래를 위해 투자할 수 있는 발전적인 방향으로 승화시킬 필요가 있다.

이에 저자는 양국의 교류협력의 방향성과 이슈제시, 미래가치발신 등 종합적이고 획기적인 협력방안을 총괄할 수 있는 중추적 기관으로서 '한일연구센터'를 설립할 것을 제안한다. 일본은 이미 1990년대부터 '아시아센터'와 '일미센터' 등을 운영하면서 아시아·태평양 지역과의 지적교류 강화에 진력해 왔다. 대미무역마찰의 격화를 계기로 전략적 대미교류(커뮤니케이션 강화)의 일환으로서 설립된 '일미센터'의 경우는 '일미관계의 긴밀화'와 '일미 양국의 공동에 의한 세계의 공헌'이라는 목적하에 양국의 이해에 부합하는 전략적 연대감을 지속적으로 강화해 갔다.

정부차원에서 '글로벌 파트너십 추진을 위한 지적교류'나 '지역레벨·민초레벨에서의 상호이해의 추진'을 적극적으로 추진하여 새로운 국제교류기관으로서 양국의 협력과 국제적 책임 공유를 바탕으로 확고한 협력 관계를 구축하겠다는 의도를 분명히 했다. 일미센터의 설립은 정부의 선전기관이 될 수 있다는 일부의 비판적 시각이 미국 측에서 제기되어 우려를 낳기도 했지만, 센터 설립 이후 양국은 각종 현안을 '세계적 시야에 입각하여 협력하는 성과를 올렸다. 동시에 민간에서도 인재의 육성과 일미를 중심으로 한 각종 네트워크 확충 등이 자연스럽게 이루어졌다.

이로 인해 양국관계는 기존의 '가장 중요한 2국 관계'에서 '가장 중요한 글로벌 관계'로 격상됨과 동시에 지역레벨에서의 국제화, 미국의 일본어교육의 강화, 일미 정치교류의 확대 등, 동 센터는 양국의 교류 활성화를 범사회적으로 확산시켜가는 토대가 되었다. 특히 글로벌 과제에 대한 공동연구를 통해 경제·무역 분야, 안전보장 분야, 의료·

고령화 분야에서 학술적 성과도 축적했다. 결국 일미센터는 "일본의 새로운 지적교류, 민초교류의 촉진기관으로서의 역할을 다했다"[67]는 자평처럼 당초의 우려를 불식하고 양국의 가치관의 공유와 인적·조직적 네트워크의 확충에 성공함으로써 일미 간의 지적교류를 새로운 차원에서 활성화시켜 갔다.

일미센터가 추진한 각종 현안과 결과의 축적은 한일연구센터의 성공적 모델이 될 수 있을 것이다. 센터의 설립을 통해 우선 제도적 측면에서는 양국의 지적재산권을 보호하기 위한 공동협력방안의 노력, 양국 간 혹은 지역 간 문화교류활성화를 위한 제도적 방안 제시, 양국과

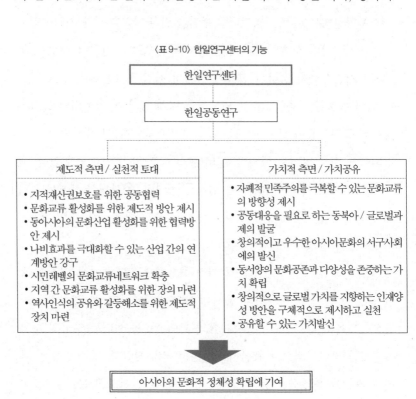

〈표 9-10〉 한일연구센터의 기능

한일연구센터

한일공동연구

제도적 측면 / 실천적 토대	가치적 측면 / 가치공유
• 지적재산권보호를 위한 공동협력 • 문화교류 활성화를 위한 제도적 방안 제시 • 동아시아의 문화산업 활성화를 위한 협력방안 제시 • 나비효과를 극대화할 수 있는 산업 간의 연계방안 강구 • 시민레벨의 문화교류네트워크 확충 • 지역 간 문화교류 활성화를 위한 장의 마련 • 역사인식의 공유와 갈등해소를 위한 제도적 장치 마련	• 자폐적 민족주의를 극복할 수 있는 문화교류의 방향성 제시 • 공동대응을 필요로 하는 동북아 / 글로벌과제의 발굴 • 창의적이고 우수한 아시아문화의 서구사회에의 발신 • 동서양의 문화공존과 다양성을 존중하는 가치 확립 • 창의적으로 글로벌 가치를 지향하는 인재양성 방안을 구체적으로 제시하고 실천 • 공유할 수 있는 가치발신

아시아의 문화적 정체성 확립에 기여

동아시아의 문화산업을 활성화시키기 위한 협력시스템의 구축, 나비효과를 극대화할 수 있는 산업 간의 연계방안 강구, 시민레벨에서의 각종 문화적 네트워크 확충, 지역 간 문화교류활성화와 이를 공유할 수 있는 장(場)의 지속적인 확보 방안 등을 강구해야 한다.

또 가치발신의 측면에서는, 자폐적 민족주의를 극복할 수 있는 문화교류의 효과적인 방향성 제시, 공동대응을 필요로 하는 글로벌과제의 발굴, 창의적이고 우수한 아시아문화의 서구사회로의 발신노력 강화, 동서양의 문화공존과 문화적 다양성을 존중하는 가치 확립, 창의적이고 글로벌 가치를 지향하는 인재양성 등의 방안을 구체적으로 제시하고 실천하여 그 결과를 아시아제국과 공유해 가는 역할을 성심(誠心)으로 다해야 한다. 이른바 실천적 협력 토대구축→공유할 수 있는 가치발신→아시아의 문화적 정체성 확립에 기여하는 구도의 확립이다.

실천적 동반자 관계로

일국주의의 입장에서는 실현 불가능한 이 같은 과제들이 한일연구센터를 통해 단계적으로 추진된다면 일미센터가 기존의 일미관계를 재정립하는 계기로 작용했듯이 한일 양국의 관계를 동아시아, 나아가 태평양시대를 선도하는 가장 중요한 동반자관계로 격상시킬 수 있다. 한일교류의 패러다임의 전환을 통해 구호가 아닌 실천적 동반자 관계를 확립함으로써 양국의 지식인들은 대내외적으로 아시아의 평화와 안정 그리고 공영과 공생에 기여 할 수 있는 미래 가치를 발신하는 환경을 만들어가고, 이를 바탕으로 민간레벨에서는 정서와 가치를 공유할 수 있는 개방화된 사회시스템과 네트워크의 조성에 진력하는 토대를 마련해 간다는 것이다.

한일교류·협력을 바탕으로 한 동아시아의 문화적 상생(cultural convi-viality)과 정체성을 확립해 가는 노력은 일본의 동아시아의 정서적 접근을 용이하게 하는 상생모델(win-win model)이 될 것이다. 근대 이후 일본은 탈아입구(脱亜入欧)와 열서제아(劣西制亜)의 모습으로 탈 아시아를 일관되게 추구하며 아시아인들의 심기를 불편하게 했던 전력이 있어, 작금의 동아시아 공동체구상의 실현을 어렵게 하는 측면이 있다. 특히 1977년의 후쿠다(福田赳夫) 수상이 천명한 '외교 3원칙'이나, 1995년 '무라야마 담화' 등이 아시아의 마음을 움직이는데 실패함으로써 일본이 주도하는 '동아시아론'이 환영받지 못하고 있다. 이로 인해 일본은 경제협력과 문화교류 확대를 축으로 하는 EPA 전략을 통해 진전된 형태의 동아시아공동체구상[68]을 하고 있지만, 이 또한 진정성에 대해서는 논란의 여지가 많은 것이 사실이다.

일본에 대한 아시아의 냉소적 기억의 축적은 일본이 아시아인들의 마음을 움직이기가 그만큼 어려워졌다는 것을 의미한다. 아시아에서 가장 먼저 '근대화'된 일본은 '문맹사회'에 불과했던 아시아제국에 대해 끊임없이 '맹주'로서의 패권의식과 역할론(지도·계몽)의 환상에 사로잡혀 폐쇄적인 우월의식을 버리지 못하고, 결국은 아시아제국에 엄청난 고통을 안겨주었다. 서구제국에 대해 품고 있던 일본적 마조히즘의 열등감이 상대적으로 아시아제국에 대한 우월감과 공격성으로 나타난 것이다.

이런 일본인들의 의식구조를 미나미 히로시[南博]는 "일본적 새디즘"[69]으로 명명한 바 있지만, 이 과정에서 일본인들의 행동양식으로 표출된 열서우아(劣西優亞) 의식과 전후의 열미우아(劣米優亞) 의식이 일본사회를 지배하고 있었음을 아시아는 기억하고 있다. 따라서 일본은 한일연구센터와 같은 새로운 형태의 교류협력기관을 통해 경제실익을 위해서가 아닌 정서적인 측면에서 '아시아로의 회귀'를 실현하겠다는 확고한 의지를 표명해야 한다.

목적지향적 일본문화의 전파나 국가의 품격향상 노력도 중요하지만 아시아의 구원(舊怨)을 해소하고 미래의 문명사회를 건설하기 위한 실질적 '역할'을 새롭게 설정하는 것도 중요하다. 한국 또한 성숙한 자세로 일본의 '역할'이 아시아인의 마음을 움직일 수 있는 방향으로 나아갈 수 있도록 유도하고 협력하는 동반자 '역할'을 다해야 한다. 양국의 충실한 상호보완적 '역할' 수행은 중국을 움직이게 하면서 궁극적으로는 동아시아의 문화적 정체성(cultural identity)을 확립해 가는 과정이 될 것이다.

2) 문화교류·정책이 지향해야 할 가치-동아시아를 중심으로

외무차관을 지낸 신각수는 중견국가로 성장한 한국이 국제사회에서 추구해야 할 외교적 방향성으로서 '가교외교'를 제창한바 있다. 전통적으로 중견국가들이 각 대륙에서 가교 역할(bridging role)을 수행하여 외교적 입지를 강화해 왔다는 이력을 들어 한국 역시 후발주자이지만 중간적 위치를 잘 살려 외교의 새로운 패러다임을 모색해야 한다는 것이다. 그런 역할 가운데 하나로서 동아시아에서, 이른바 2개 강국인 중국·일본과 ASEAN 간의 교량 역할을 담당함으로써 다른 지역에 비해 크게 뒤지는 동아시아의 지역협력을 위한 외교적 역량을 발휘해야 한다는 주장이다.

특히 문명의 충돌이 국제사회의 불안정요인으로 거론되고 있는 현실에서 한국이 가지고 있는 문화적 측면에서의 가교적 위치와 종교적 포용성은 중요한 가치를 가진다고 한다. 요컨대 하드파워의 상대적 열세를 극복할 수 있는 소프트파워를 앞세워 우리능력에 맞는 역할을 강화함으로써 지정학적 한계를 극복할 수 있는 외교영향력을 확보하자는 논리이다.[70] 외교는 현실의 직시로부터 방향성이 모색되듯이 현장에서의 오랜 경험이 가교외교를 주창한 배경이라고 보지만, 그의 주장을 일정 부분 반영할 경우 한국은 이미 그 가능성을 확보했다고 볼 수 있다. 바로 한류 붐이다.

동아시아의 한류 붐의 배경을 국제관계학적 관점에서 고려하면 동아시아 지역의 문화적 정체성의 혼돈상태에서 발생한[71] 것이라는 견해가 있다. 경제성장에 따른 문화욕구를 충족시키지 못하는 중국의 사회주의 이데올로기의 한계와 홍콩발 문화적 모델의 쇠퇴, 여기에 일본문화의 추종에 대한 저항심리[72] 등이 복합적으로 작용하면서 생긴 문화적 공백을 한류가 메차기 시작했다는 것이다. 동아시아의 정치·경제·문화적 역학관계의 변화와 일류가 이미 동아시아 문화계를 지배했던 경험을 상기하면 한류의 부각은 그리 놀라운 일은 아니지만 한 가지 분명한 것은 한류가 동아시아의 문화적 정체성의 혼미를 극복하고 이를 통합할 수 있는 하나의 대안적 역할 내지는 동아시아의 문화적 정체성의 확립에 기여할 수 있는 가능성을 제시했다는 사실이다.

요컨대 한류가 새롭게 부여받은 시대적 역할에 주목하고 그 잠재적 가능성을 극대화하기 위한 방법론, 예를 들면 각국과의 지적교류의 전략적 확대와 문화수용의 실체적 주체인 민초레벨에서의 문화융합 등과 같은 노력들이 체계적이고 유기적인 형태로 한류에 실려 확산될 수 있다면 상황은 달라질 수 있다는 것이다. 이를 실현하기 위해서라도 향후의 문화연구는 "아시아라는 경계성에서 초국적 단위로 접근하여 아래로부터의 역동성을 설명하기 위한"[73] 노력을 기울일 필요가 있다.

이와 관련된 일련의 제언들이 최근 한일 양국에서 잇따라 제기되고 있는[74] 가운데 김영덕은 문화교류의 확대로 인한 트랜스내셔널 현상을 감안하여 한일 양국의 문화교류 확대가 '국가성'을 넘어 '하이브리드형 문화'나 '아시아 지향문화' 또는 양자의 문화 융화로 촉발되는 새로운 문화등장 등, 다양한 문화의 생성을 초래할 수 있을 것으로 전망했다.[75] 문화교류를 문화생산자나 문화내용이 아닌 최종적인 목적지인 시민이나 수용자 입장에서 접점을 모색, 풀뿌리 차원에서 네트워크를 강화하여 아시아가 공유할 수 있는 문화를 발신하자는 주장이다. 이와 관련하여 윤선희는 공동체성이 가장 희박한 아시아의 정체성을 희미하게나마 아래로부터 표상하는 것으로서 한류를 위시한 미디어교류와 수용을 강조하면서 국제적 단위에서 정체성의 문제[76]를 제기하고 있다.

동아시아의 이질성 극복을 위한 3단계 발전론

한일문화교류의 확대를 통해 아시아의 문화를 주목하고 그 정체성을 추구하고자 하는 움직임이나, 미디어와 문화콘텐츠의 활용을 중심으로 한 사회문화적 협력 강화를 통해 동북아시대를 열어가자는 주장[77] 등은 패권적 지역주의를 청산하고 협력과 경쟁을 바탕으로 하는 동아시아의 새로운 지역주의를 예고하는 전조라고 할 수 있다. 이점에서 기시모토[岸本健夫]의 논점은 실천적이다. 그는 동아시아에 공통하는 적극적인 아이덴티티가 부족하다는 전제하에, 아이덴티티를 긍정적인 가치를 지닌 것으로 해석하여 이를 인간관계의 시스템, 즉 사회시스템의 확립에서 구할 필요가 있다고 했다.[78] 그 중심은 독일과 프랑스가 EU공동체의 핵심인 것처럼 한국과 일본이어야 하고 실제 그런 가능성을 확인한 것이 월드컵공최였다고 한다.

따라서 체제의 동질성을 확보하고 있는 한일(+ 대만)이 동아시아 지역에서 이러한 시스템의 확립을 선도한 뒤 중국을 비롯한 아세안의 성장을 촉진시키는 3단계의 방향성이 동아시아의 이질성을 극복하고 새로운 질서를 구축할 수 있는 지름길이라는 주장이다. 저자는 김·윤의 방향성과 기시모토의 방법론에 동의를 표하고 있다. 현재 한일 양국은 수치상의 국민소득의 격차에도 불구하고 사회문화적 관점에서 보면 생활수준의 격차가 거의 없고 문화의 우열(優劣)적 사고로부터도 비교적 자유로우며 미래가치를 공유할 수 있는 정서적 유대감도 조금씩 두터워지고 있다.

경제·사회문화라는 측면에서는 기업문화가 유사하고 제조업의 융성을 뒷받침하는 노동윤리가 근접해 있으며, 미래산업에서 시너지효과를 발휘할 수 있는 기술력도 축적하고 있다. 한일국교정상화 이후 정치·경제 분야의 마찰에 이어 역사인식과 영토문제를 둘러싼 반목이 거듭되고 있지만 각 방면에서 문화교류의 확대는 시간이 흐를수록 가치 공유의 기반 조성에 기여하고 있고, 수출과 성장이라는 동일한 경제구조하에서 표면적으로는 치열한 경쟁구도가 전개되고 있으나 내부적으로는 협력하지 않으면 안 된다는 공감대 또한 강하게 형성되어 있다.

수세기 동안 이어져온 상대적 문화우월주의는 불과 20여 년 사이에 붕괴의 조짐을 보이고 있고, 서로가 상대를 이해하고 배우려는 자세가 지금처럼 강하게 표출된 적이 일찍이 없었을 정도로 양국의 관계는 미래를 향하고 있다. 양국지식인들에 의한 '한일병합조약무효'라는 공동성명의 발표는 그런 흐름을 상징하는 일례이다. 전후사를 되돌아보면 한일 양국의 고도경제성장 이후 형성된 경쟁과 협력구도는 양국뿐만 아니라 동아시아의 경제성장과 사회발전, 그리고 동아시아의 문화와 생활수준의 제고에 크게 기여하는 형태로 발전해 왔다. 1980년대 초 동남아시아의 'Look East'정책은 대표적인 사례이고 그런 역사는 앞으로도 상당기간 지속될 가능성이 높다.

여기에 중국이 문화·제도적인 측면에서 미래의 동질성을 확보하기 시작한다면 아시아의 문화적 정체성 = 아시아 아이덴티티의 확립은 그 시기를 앞당기게 될 것이다. 전후 동아시아는 일본을 필두로 한 경제 '기적'에도 불구하고 역사·문화·지리·종교·인종 등이 다양하여 동일한 가치관을 공유하기가 쉽지 않은 지역이다. 게다가 동아시아의 각 지역에서는 문화적 다양성과 정체성을 인정받으려는 움직임도 확산되고 있다. 이를 리처드 엥겔하르트(Richard Engelhardt)는 세계화의 물결 속에 자칫 잃어버릴 수도 있는 자신들의 고유한 문화를 지키려는 '정체성의 정치(identity politics)'[79]로 표현하고 있다.

그러나 이러한 움직임은 동아시아의 교류활성화를 촉진시키는 요인이 될 수 있다. 문화 간의 대화를 통한 상호이해 없이 문화적 다양성을 인정받기는 어렵기 때문이다. 그만큼 교류기반이 확대되고 있다는 의미이다. 실제 빔스텍(BIMSTEC)[80]의 문화산업협력체제의 구축은 그 가능성을 확인하고 있는 사례로서, 향후 이 지역의 문화산업 발전을 위한 협력적사고 형성에 크게 기여 할 것으로 보인다.

유네스코도 2005년에 채택한 '문화표현의 다양성'을 통해, 문화 활동, 상품 및 서비스 등은 경제적 속성과 문화적 속성을 공유하고 있으며, 정체성, 가치, 의미를 전달하고 있기에 상업적 가치로만 단순히 취급해서는 안 된다는 정의하에 국제적 차원에서의 협력과 대화를 촉진하고 있다. 문화가 "단순한 소비자 상품이 아니라 개인과 공동체가 가지는 정체성의 표현"[81]이라는 사실을 뒷받침 하는 것이다. 따라서 한일 양국의 지적교류는 실질적인 협력과 대화를 통해 정체성의 문제들을 적극적으로 제기하고 이를 다시 지역 협력체와 공유할 수 있는 환경을 조성하는 형태로 아시아 아이덴티티의 창출을 위한 기반다지기에 진력해야 한다.

그동안 한국사회는 일찍부터 동아시아공동체론을 주도해 오면서 일본의 경제협력(+ 문화교류 강화)을 축으로 한 기능적 접근법과는 달리 문화나 사상의 동질성을 강조하는 담론이 주류를 이루었다. 이어령과 정재서가 제기한 한중일 문화유전자지도의 제작과 이를 통한 동아시아문화의 공유기반 확인 작업[82] 등은 마치 한국의 동아시아담론의 귀착지인 것처럼 보인다. 전통문화의 토대발굴과 창조적 활용을 통해 동아시아문화의 정체성과 세계문화의 다양성을 확보하고자 하는 의도는 동아시아의 사상적 지형을 고려하면 일견 설득력이 있어 보이기 때문이다.

하지만 한 걸음 더 나아가기 위해서는 '문화의 근대성(cultural modernity)'[83] 속에서 미래의 가치를 발굴해 내는 문제의식, 요컨대 동아시아 문화 전반의 근대성 확보를 위한 거시적 관점에서의 논의와 이를 구체화할 수 있는 협력체제의 구축이 필요하다. 그런 노력이 바로 아시아인의 삶의 가치를 제고하는 실질적인 방안이자 도달해야 할 공동체상임을 인식해야 한다. 그렇지 않으면 초국가적인 관점에서 공통의 '위협'에 대처하고, 일국주의를 초월한 공동의 '이익'과 '목적'을 추구하고, 문화시민으로서 공유할 수 있는 '가치'를 만들어 실천하고, 궁극적으로는 세계의 문명사에 공헌할 수 있는 아시아 아이덴티티의 확립을 주도해 갈 수 없다.

그 명제를 실천하기 위한 노력은 경시한 채 한국의 가치 전파나 상업적 이익만을 추구하게 된다면 동아시아에 존재하는 문화적 다양성을 훼손시킬 뿐만 아니라 자칫하면 1990년대 일본의 국민감정으로서 '내셔널리즘'[84]의 분출과 같은 현상을 각국에서 유발할 수도 있다. 이를 사전에 방지하기 위해서라도 문화 간 대화를 강화하고 실천할 수 있는 협력시스템을 구축하여 동아시아의 문화공동체를 구현하는데 앞장서야 한다. 정치·군사적 측면에서 중일의 패권적 다툼이 아직 문화적 영역으로까지 확대되고 있지는 않다. 현대의 문화적 영향력에 있어 한일과 중국 사이에 현저한 차가 존재하는 데다 국제사회의 인식 역시 아직은 낮기 때문이다.

이는 중국의 문화적 영향력 확대로 인한 긴장과 갈등보다는 교류와 협력관계를 강화하는 요인이 되고 있다. 향후 3국의 경제·문화교류 영역은 정치지형의 변화나 역사인식의 충돌로 인한 일시적 부침은 발생하더라도 지속적 발전이 근본적으로 훼손될 가능성은 크지 않다. 자국의 문화산업을 발전시키기 위한 3국 정부의 노력이 강화되고 있는 지금이야말로 3국은 미래의 동북아의 안정과 번영을 위한 문화교류·협력관계의 구축에 모든 지혜를 동원해야 한다. 그 책무를 소홀히 하면 동북아의 평화와 번영은 물론이고, 동아시아의 번영 또한 순탄하지 않을 것임을, 한중일 3국의 지정학적, 정치적, 경제적, 문화적 측면과 영향력이 증명하고 있다.

3) 문화외교 강화를 위한 제언

흔히 외교는 국익(National interests)을 유일의 전제로 한다고 하지만 사실 국익이라고 하는 것은 시대적 상황이나 당해의 국가가 처해져 있는 국제적 상황에 따라 성질을 달리하는 것이 일반적이다. 따라서 무엇을 국익으로 정의할지, 그 국익을 위해 외교를 얼마나 효율적으로 추진해야 할지는 국제환경이나 정세의 변화에 따라 유동적일 수밖에 없다. 그러나 한 가지 분명한 것은 오늘날 국익의 정의는 본질적·보편적인 물질적 요인(군사력이나 경제력)에 의해서만 결정되는 것이 아니라 사회문화적으로 구축된 것을 중시해야 한다는 점이다.

환언하면 국익은 각국이 스스로 그 환경을 어떻게 이미지지우고 정의하는가에 따라 달라질 수 있다는 것이고 이는 곧 아이덴티티의 문제와 깊은 관련성을 갖고 있다는 의미이기도 하다. 오가 도오루(大賀哲)는 이점을 고려하여 국익을 물질적인 이익뿐만 아니라 '이익·규범·아이덴티티'라고 하는 3자가 유기적으로 결합하는 총체라고 정의했다. 군사력이나 부(富)라고 하는 물질적인 양(量)을 나타내는 '이익'과, 사회 속의 룰을 표시하는 '규범', 그리고 귀속의식으로서의 '아이덴티티'가 '국익'이라는 행동양식을 규정하는 요인이라는 것이다. 물질적 요인 이외에 규범이나 아이덴티티가 국익이나 국가행동의 원천이 될 수 있다는 주장이다.[85]

이익을 추구하기 위해서는 협력을 강화해야 하고, 규범을 공유하기 위해서는 상식과 보편적 가치를 지향해야 하며, 아이덴티티를 중시하기 위해서는 연대성(특히 지역 내에서)을 강화해야 한다. 이는 지역화·지구화시대가 빠른 속도로 진행되고 있는 오늘날 국제사회가 요구하고 있는 시대적 가치이자 실체적인 흐름이기도 하다. 동시에 국제사회에서 국익을 추구하는 가치나 행동양식이 변하지 않으면 무원고립(無援孤立)을 자초한다는 것을 경고하는 메시지이기도 하다. 그렇게 보면 '변화'를 국제사회에서 추구하고 실행하는 방법과 과정을 어떻게 준비하느냐가 당면의 현안으로 떠오르게 된다. 문화외교를 중시해야 하는 이유가 바로 여기에 있다.

한국의 문화외교의 흐름을 통해 향후 지향해야 할 가치와 시스템 구축의 방향성을 간략히 정리해 보았지만, 우리가 이런 변화를 얼마나 치밀하게 준비하고 실천해 왔는가에 대해서는 의문을 갖지 않을 수 없다. 그동안 연구자들이 주요선진국의 문화외교가 우리에게 시사하고 있는 점을 분석한 내용도 크게 다르지 않다. 종합적으로 보면 ① 문화외교와 관련된 법률 제정과 제도화를 통해 재정지원과 감시·감독체제를 명확히 규정하고 있다는 점, ② 정부의 지원은 받되 정부에 의존하지 않는다는 인상을 대내외에 부각시켜 문화외교 전체의 신뢰도를 높여야 한다는 점, ③ 문화외교를 새로운 국가전략의 핵심 축으로 설정하고 문화외교를 담당할 수 있는 구성원의 전문성과 역량을 제고시켜야 한다는 점, ④ 문화를 매개로 하여 지방자치단체나 비정부기구와 같은 민간영역의 문화외교에 대한 적극적인 참여방안을 마련해야 한다는 점[86] 등이다.

각국의 문화정책이나 연구자의 시점에서도 규범이나 아이덴티티의 문제가 그다지 언급되어 있지 않다. 이는 문화외교를 중시해야 한다는 한국사회의 인식에서도 예외가 아니다. 외무부관계자들은 한결같이 국가브랜드가치 제고, 문화콘텐츠 진흥, 쌍방향 교류 증진, 민간역량 강화, 문화외교체제 정비 등을 향후 문화외교의 과제로 지적[87]하고 있다. 이러한 점들은 자국의 가치발신이나 국제적 위상 강화에 초점을 맞추는 전략이라는 비판으로부터 자유로울 수 없게 만든다. 따라서 문화외교의 선진국뿐만 아니라 우리 역시 보완을 요하는 과제들이지만 주로 체제나 제도의 정비와 관련된 부분이기에 장기적 관점에서 차분하게 접근하는 자세가 필요하다.

하지만 이와 함께 문화외교의 이념이나 지향해야 할 가치, 추진 주체들의 의식과 같은 근본적인 부분도 주목해야만 한다. 요컨대 문화외교의 추진 전략이나 체제, 그리고 제도의 정비과정에서 한국의 전통적 가치나 한국인의 사유양식, 여기에 국제적으로 공유할 수 있는 규범이나 역내의 일원으로서의 아이덴티티의 문제 등이 정책과 조화롭게 접목되어 실천되어져야 한다는 것이다. 일본이나 동아시아에 대한 한국의 문화교류정책의 패러다임 전환이 필요하다고 주장한 연유이기도 하다. 이 같은 관점에서 저자는 한국문화외교의 발전을 위한 제언을 다음과 같이 정리해 보고자 한다.

첫째, 정부의 글로벌 가치 창출과 발신역량의 강화이다. 구체적으로는,
• 교류형태의 폭과 내용을 보다 다양화·전문화해야 한다. 현재 한국국제교류재단의 주요사업을 보면 해외한국학진흥, 문화교류, 공공외교, 출판·영상 분야를 중심으로 총 15개의 핵심 사업을 추진하고 있다. 종합적으로 분류하면 학술교육교류, 인물초빙, 청소년교류, 전통예술교류, 자매도시교류, 국제문화유산보존, 도서출판지원, 국제방송 등으로 요약할 수 있다. 시대적 상황에 맞게 교류형태의 변화를 추구하면서(예를 들면 'KF Global e-School사업') 전략적 목표달성과 상호이해를 도모하고 있다. 앞으로는 글로벌과제의 발굴과 대응을 위한 시스템의 구축, 주요국이나 이념과 체제를 달리하는 국가와 민간차원에서의 전략적 커뮤니케이션 강화를 위한 체제구축, 개도국의 경제성장과 문화수준제고를 위한 문화협력지원사업 등에 주력해야 한다. 특히 현재 취약함을 드러내고 있는 청소년교류는 장기적인 관점에서 보다 강화되어야 한다.
• 양국·다국 간 지적교류·협력체제의 구축을 서둘러야 한다. 국가 간의 교류 확대는 예상외의 문제들을 양산하기도 하지만 새로운 과제를 항상 제시하게 만든다. 그동안 우리정부는 경제력에 걸맞은 공헌을 요구하는 국제사회로부터의 기대에 제대로 부응하지 못했다. 향후

에는 관민협동의 형태로 최소한 주요국과의 양국 간 혹은 다국 간의 지적교류협력을 강화할 수 있는 체제를 구축하여, 상대국과의 주요현안에 신속히 대응하거나 지구규모의 현안발굴과 공동대응에 적극적인 역할을 다하고, 동시에 국민교류의 활성화와 상호이해의 기반 강화에 기여하는 국가로 거듭나야 한다.

김우상 국제교류재단이사장은 한국이 추구해야 할 외교정책으로서 한미군사동맹, 한중경제협력과 함께 다자외교에서 중견국으로서의 리더십 발휘라고 언급한 바 있다.[88] 기후변화나 녹색성장, 인권, 개도국의 지속가능한 발전, PKO 등에서 지역별 미들파워국들과의 연대를 강화하면서 리더십을 발휘해야 한다는 것이다. 이를 실현하기 위해서는 가치발신과 지적교류 확대가 필수적이다. 문화선진국은 우리가 주창해서 얻어지는 것이 아니라 국제사회가 인정해야 현실화된다. 문화적 잠재력과 가치창조의 리더십을 발휘할 수 있는 역량은 충분한 만큼 이를 제외국과 함께 국제사회의 미래의 자산으로 발전시켜 가는 노력을 경주해야 한다.

• 소프트파워를 강화하여 '공공외교'를 활성화하는 방안을 범국가적 차원에서 추진해야 한다. 일본의 사례에서 확인할 수 있듯이 그들은 자신들의 전통문화를 재발견하고 그에 새로운 가치를 부여하여 '홍보문화외교(public diplomacy)'라는 미명하에 세계에 발신해 가는 노력을 잠시도 멈추지 않고 있다. 그들은 하이브리드차의 연비를 강조하기 이전에 자연친화적인 일본인의 사유양식이 하이브리드차를 만든 배경이라는 점을 강조한다. 전통의 계승이나 창조성, 라이프스타일과 같은 생활 속의 문화를 국제사회에 전파하고, 경제와 기술의 가치에 문화의

가치를 접목하고 발신하여 내셔널 이미지 제고와 산업의 발전을 도모하는 전략이다.

소프트파워가 산업이나 국격(国格)에 미치는 영향은 갈수록 커지고 있고 이를 외교의 수단으로 활용하려는 각국의 노력도 치열해지고 있다. 한국이 보유하고 있는 소프트파워의 자원[89]을 재평가하여 공공외교를 활성화하고 이를 토대로 국제사회가 공감할 수 있는 가치관의 형성에 기여하는 형태의 문화적 영향력을 키워가야 한다. 이는 자국문화의 일방적 전파가 아니라 공공외교가 추구하는 취지에 부합하는 외교적 자산을 확보하자는 의미이다. 소위 한국의 전통적 가치나 문화적 자산 재평가 → 외교적 수단을 통한 전략적 발신 강화 → 국제사회에서의 공감대 형성에 기여하는 문화적 영향력 확대 → 산업으로의 파급효과 등의 프로세스를 기대한다는 것이다.

• 초국(超国)적 가치를 중시하는 정책 입안과 발신체제의 구축에 노력해야 한다. 한 · 중 · 일 3국에 공통하는 현상은 내셔널리즘에 쉽게 매몰되는 국민감정과 국민아이덴티티를 정치화하는 국가의 통치 이념이다. 한국의 경우는 중국과 일본의 침략과 식민지지배의 영향으로 인한 피해의식에 분단의 고통이라는 아픔마저 가미되면서 우리 스스로 그 굴레로부터 벗어나야 한다는 생각이 강하지 못했다. 그 한계는 각종 정책에서 한국의 '세계화'에 초점을 맞추는 전략은 너무나 당연시한 반면, 외래문화의 수용을 통해 새로운 가치를 창출하는 노력은 경시하는 경향을 낳았다.

반만년의 역사를 자랑하며 문화의 수용과 전파를 담당해온 동북아의 핵심국이면서도, 예를 들면 중국의 인(仁)이나 일본의 화(和)와 같은 사상에 한국의 흥(興)이나 인(忍)과 같은 사상을 결합하여 새로운 글로 컬 가치를 창출하고 발신한다는 발상은 여전히 취약하다. 국제정치가 '힘의 체계'에서 '가치의 체계'로 이행하고 있다. 언어와 문화의 벽을 초월하는 혁신적인 가치창출이 기업의 생존을 가늠하는 시대에 자국의 이데올로기와 문화적 가치에 고집하는 사유양식은 상호의존성이나 국제공헌을 보편적 가치로 하는 글로벌시대의 행동양식과는 분명 배치되는 것이다.

자신의 행동양식을 어떠한 가치에 의거하여 의미지울 것인가를 국제사회에서 보다 중시해야 하는 시대가 되었다. 이제는 동북아, 동아시아, 나아가 인류에 기여하고 공헌하는 가치발신에 주력하는 문화를 한국인과 한국사회의 사유양식으로 승화시켜 은근과 끈기의 반만년 역사가 뿜어내는 문화의 향기가 얼마나 고귀한 것인가를 세계인이 공감하게 만들어야 한다. 소위 한국사회의 내재적 국제화 구현 → 글로컬가치 추구 → 글로벌정책 입안 → 글로벌실천체제 구축 → 국제사회의 공감획득 → 신뢰하는 문화국가 대한민국 건설이라는 프로세스를 확립시켜야 한다.

둘째, 민간외교의 활성화이다. 이를 위해서는 다음과 같은 구체적인 노력이 필요하다.

• 우선 민간외교의 담당자로서 NGO 및 시민과 기업, 지방정부의 참여의식이 제고되어야 한다. 시민을 축으로 한 민간외교의 의의와 중요성은 공공외교가 제창되고 있는 작금의 상황을 고려하면 아무리 강조되어도 모자람이 없다. 상부(중앙정부)가 주도하고 하부(민간)가 추종,

의지하는 형태로서는 문화외교의 참된 의미를 살릴 수 없다. '민간의 의지와 역할 강화⇄정부의 지원'이라는 구도가 정착되어야 한다. 따라서 민간외교의 주체로서의 자기인식, NGO / NPO의 기능과 발전, 교류주체의 국내외 네트워크의 형성, 기업의 해외진출에 따른 사회공헌의 강화, 지방정부의 개방화와 각종 민간단체와의 연계협력체제의 구축, 민간의 제반 움직임에 대한 정부의 적극적인 지원의지 등이 정책과 제도적 정비를 통해 강화되어야 한다.

• 문화외교수단을 다양화해야 한다. 21세기의 정보통신혁명은 국가의 개입을 상대적으로 축소시키면서 문화교류·외교 주체의 다양화를 초래하는 주역으로 떠오르고 있다. 사이버공간이 국제문화교류의 새로운 공간으로 창출되고 여기서 형성된 가치가 리얼타임으로 세계에 확산되어 간다. 한류의 확산이 미디어문화의 발전에 기인한 바 크듯이, 각종 정보는 발신자의 의사와 관계없이 자의적 평가와 확대재생산을 가능하게 한다. 향후 민간외교가 활성화되면 쌍방향 교류는 물론이고 필연적으로 커뮤니케이션의 수단도 중요해진다. 따라서 교류주체의 커뮤니케이션 능력 강화와 연계시스템 구축을 통해 정보문화교류를 활성화시키고 나아가 국제적인 이슈나 과제에 적극적으로 대응하고 참여할 수 있는 기반을 조성해 가야 한다.

• 지방정부의 국제적 기능과 독자적인 역할을 확장해야 한다. 지방정부가 국제교류·협력사업에 적극성을 띄기 위해서는 의식의 변화와 정책의 일관성, 예산의 확보, 그리고 중앙정부와 지방정부끼리의 연계성이 전제되어야 하지만, 한국의 경우는 이 분야가 모두 취약하다. 중앙정부의 문화정책은 권력에 따라 일관성을 상실하고, 지방정부

의 정책은 다문화시대를 비웃기라도 하듯 폐쇄적이다. 이벤트성사업에 대한 열정은 너나할 것 없이 강해도 장기적 관점에서 지역과 국가의 발전을 위한 국제문화권이나 경제권을 형성하겠다는 의지나 철학은 여전히 빈곤하다. 철학 부재의 정책이 공감을 부르지 못한다는 사실을 우리는 무수히 경험해 왔다. 일본의 지방정부가 1980년대부터 국제교류의 주체로 부상하면서 시대성을 반영한 다양한 정책을 구현하여 커다란 성과를 도출했음을 상기하면 양국의 경제력을 감안하더라도 문화교류주체로서의 인식의 차는 크다.

• 이상을 바탕으로 '동아시아 공공외교공동체' 구상을 주창하고 선도해가야 한다. 현재 한 · 중 · 일 3국은 공히 공공외교의 중요성을 역설하며 정책역량을 결집시키고 있다. 상대방의 국민들과 직접적인 교감을 강화할 수 있는 유효한 수단이자 국익을 전제로 하는 전문외교관들의 외교영역과는 다른 형태의 외교적 성과를 기대할 수 있기 때문이다. 중국이 전통문화를 자랑하고 일본이 근 · 현대문화의 우수성을 강조한다면 한국은 문화적 전파와 창조를 통해 동북아의 가교와 균형자 역할을 담당해 왔다는 역사성을 보유하고 있다.

여기에 한일의 경제력과 문화적 근접성이 중국의 경제성장과 문화수준의 제고와 맞물리면서 미래의 협력관계구축을 위한 현실적 여건도 성숙해지고, 이를 뒷받침하는 경제 분야에서의 공동체구상도 현실화되고 있다. 영토문제나 역사인식을 둘러싼 3국의 갈등이 정치적으로 첨예화되면서 이와 관련된 근본적인 해결책 또한 현실적으로 제시되기 어려운 것이 사실이지만, 그것이 파국으로 치닫지 않는 한 3국의 동반성장과 커뮤니티구상을 가로막는 결정적인 장애요인이 되지는 않을 것이다.

정치적으로 3국의 정세는 향후 그 어느 때보다 긴장이 고조될 가능성이 높아 보이지만 3국의 경제력과 문화적 영향력은 이미 동아시아를 넘어 세계를 향해 확산되는 추세이고 그 흐름은 상당기간 지속될 것으로 보인다. 이는 동시에 3국의 극적인 변화를 촉진시키는 요인이 될 수도 있기에 과도기적 상황에서 3국의 정치적 갈등이 고조되는 상황에 위축될 것이 아니라 동아시아의 미래를 담보하기 위해서도 유연한 자세와 장기적 안목으로 마음이 통하는 민간차원의 외교공동체 구축을 주도해 가야 한다.

셋째, 문화교류의 지역적 편중과 차별인식을 극복해야 한다. 구체적으로는,

• 문화교류의 대상 지역을 보다 다변화하는 노력을 해야 한다. 전술한 김우상 이사장이 "선진국에 편중된 한국국제교류재단의 예산 비중을 줄이고 이를 중견국(middle power)의 한국 관련 학술·문화사업으로 돌릴 예정"[90]이라고 언급한 바 있듯이, 한국의 문화외교는 지역적 편중 현상을 여전히 해소하지 못하고 있다. 제한된 예산 속에서 주요국과의 교류 강화는 전략적 선택이기에 어쩔 수 없는 측면이 있지만, 지역의 거점국가라든가 아세안, 남아시아제국, 그리고 중동이나 유럽의 동구권, 아프리카 등과의 교류를 보다 다양하게 확대하지 않으면 안 된다.

2013년도 국제교류재단의 예산편성을 보면 재외동포교류지원(19.3%), 교수직 및 강좌운영(11.6%), 문화예술교류협력(10.9%), 정책연구 및 민

간단체 지원(8.5%), 펠로십 및 장학제도(7.1%), 초청 및 파견(6.4%) 등의 순으로 되어 있다.[91] 의지와 기획력만 뒷받침된다면 각각의 사업 속에서 지역적 편중 현상을 해소시킬 수 있는 방안은 충분히 있을 것으로 판단된다.

• 문화적 · 사상적 기반을 일정부분 공유하고 있는 아시아 지역과의 교류를 확대 · 강화해야 한다. 국제사회의 한류콘텐츠에 대한 평가를 보면 미주와 유럽은 K-Pop이, 아시아는 드라마가 강세를 보이고 있는 것으로 나타났다.[92] 한국드라마가 아시아에서 핵심 콘텐츠로 인식되고 있는 것은 가족드라마와 같은 문화적 유사성을 보유하고 있기 때문이다. 게다가 아시아는 모든 분야에서 한국과는 밀접한 관련성을 갖고 있어 이 지역과의 문화적 · 지적교류 강화는 선택이 아닌 필수라는 사실을 인식할 필요가 있다.

일본은 전후 국제사회에 복귀할 무렵부터 아세안에 대한 경제지원과 협력을 통해 매우 전략적으로 이 지역과의 관계개선에 진력해 왔다. 전후 경제 · 문화적 발전 이력에는 차이를 보이고 있어도 가치관이나 정서적 측면에서는 공유할 수 있는 부분이 많음에도 한국은 아시아에 대한 문화교류 확대를 한류의 전파에만 주력할 뿐 그들의 문화를 수용하면서 함께 발전하고 공생하는 진정한 동반자라는 인식은 심어주지 못하고 있다.

• 문화교류에 있어 차별적 시선을 반드시 극복해야 한다. 아시아의 근대화 산업화의 모델이 구미였다는 점에서 구미의 문화는 선진문화, 그 이외의 문화는 후진문화라는 선입견이 은연중에 문화교류에도 그대로 반영되고 있는 것은 아닌지 되돌아보아야 한다. 한국에 거주하는

외국인이 전체인구의 3%에 육박하고 있고 그 대부분이 아시아계이지만 그들에 대한 한국사회의 시선은 매우 배타적이다. 그렇다 보니 국민적 관심을 유도할 만한 문화교류는 좀처럼 이루어지지 않고 있는 것이 현실이다.

경제활동과 관련된 시선에서 상대를 응시하는 문화교류나 우리 문화의 우수성 전파에만 치중하는 교류를 하게 되면 교류의 진정성을 잃어버릴 뿐만 아니라 스스로를 폐색적 공간에 가두어버리는 우를 범하게 된다. 문화 그 자체의 고유성을 인정하고 상호이해의 폭을 넓혀가는 노력에 충실하게 되면 항상 새로운 '발견'을 하게 되고, 그 발견을 통해 '감동'을 공유하게 되며, 궁극적으로는 상호신뢰를 축적하면서 우리 자신의 품격을 높이게 된다.

넷째, 한국인 · 한국사회의 의식개혁과 선진화이다. 한국인들의 사유양식과 행동양식이 변해야 한다. 구체적으로는,

• 문화외교 = 국민외교라는 의식의 자각과 함양이 필요하다. 문화교류의 본질적 의미나 중요성, 한국인으로서의 자긍심이나 품격, 문화교류를 통한 국제사회와의 소통 강화나 이미지 제고 등과 같은 문제의식은 상실한 채, 부적절한 언행이나 한탕주의로 이미지를 극단적으로 훼손시키는 행위가 더 이상 빈발되어서는 안 된다. 국내외에서 자행되는 국민 개개인의 행동양식이 이미 개인의 인격이 아닌 국격에 반영되는 시대임을 우리 스스로 자각하지 못하면 경제력을 바탕으로 한 국제사회에서의 위상제고는 아무런 의미가 없으며 경제력과 국가브랜드 파워와의 격차(코리아 디스카운트 현상)를 해소시키기도 어려워진다. 소

프트파워란 개인의 행동양식을 전제로 하는 가치라는 사실을 국민 각자가 깨우치며 실천할 때 비로소 성숙한 세계국가(Global Korea)의 실현이 가능할 것이다.

• 개인차원에서의 '국제협력'이나 '민간외교'를 중시하고 실천하는 노력이 필요하다. 국제교류의 관점에서 보면 특정 지역에서 국제공헌이나 교류와 관련된 개인의 활동이 그 지역이나 국가에 미치는 이미지로서의 영향력이 상당히 크다는 것을 우리는 스포츠나 예술, 의료나 자원봉사 등의 분야에서 다양한 사례를 통해 확인하고 있다. 기아, 교육, 의료 등의 문제로 고통 받고 있는 지역의 청소년들이나 주민들에 대한 한국인과 현지인의 일대일 지원방안의 활성화 등은 성과의 문제가 아닌 작은 것에서부터 교류의 싹을 터간다는 의식의 문제로서 그 의미를 부여해야 한다. 요컨대 국제교류·협력은 바로 개인의 작은 나눔과 실천, 사랑과 우정, 열정과 창의로부터 출발한다는 인식이 한국인의 사유양식으로 체현되어야 한다. 이는 정부가 추진하고 있는 국민 모두가 참여하는 공공외교의 시대를 구현하는 지름길이기도 하기 때문이다.

• 부패사회의 이미지를 불식시켜야 한다. 홍콩의 정치경제리스크컨설턴시(Political and Economic Risk Consultancy)가 보도(2013.7)한 부패국가 지수를 보면 한국이 아시아 선진국 중에서 가장 부패한 국가로 나타났다. 일본, 호주, 홍콩 등에 비해 두세 배 이상 부패했고, 말레이시아나 태국보다도 못한 것으로 드러났다. 이 결과의 충격적인 사실은 "부패에 둔감한 한국의 도덕관이 '국경을 넘어선 부패'에도 기여를 하고 있다는 점"이고 "한국 부패의 뿌리는 정치·경제 피라미드의 최 상

층부까지 뻗어 있다"[93]는 지적이다. 국제투명성기구(TI)에서 발표한 부패지수 역시 주요선진국과는 현저한 차를 보이고 있고 OECD국가의 평균보다도 못한 수치이다.[94] GNI 4만 달러 달성과 선진일류국가 건설을 외치는 정부의 의지를 비웃는 결과이다.

부패가 구조화된 사회시스템은 총요소생산성(Total Factor Productivity : 노동, 자본 등 물적 생산요소 투입에 의해 설명되지 않는 생산 부분을 의미)에도 깊은 영향을 미치며 궁극적으로는 경제의 내연성장(Intensive Growth)을 어렵게 할뿐만 아니라 소프트파워의 빈약함을 그대로 드러낸다는 점에서 심각성을 더하고 있다. 의식수준의 후진성과 부패가 구조화되어 있는 국가라는 낙인이 외부의 데이터를 통해 국제사회에서 당연시 되는 상황이 이어지면 문화외교에서 가장 중요한 신뢰관계의 구축이나 가치발신과 같은 창의적이고 주도적인 문화교류는 매우 어려워진다. 국민의 '공공외교관'화가 강조되면 될수록 이 부분이 보다 더 부각된다는 사실을 잊어서는 안 된다.

4. 맺음말 – '가치입국'의 구현

일본의 문화외교의 궁극적인 목표는 일본문화의 세계화이다. 이를 실천하기 위한 방편으로서 교류주체의 버라이어티 강화, 교류내용의 국제간 공동개발사업의 강화, 교류시스템의 국제간 협력 강화 등을 꾀하고 있다. 문화교류영역의 네트워크화와 정보문화교류의 활성화노력은 이문화에 대한 상호이해의 수준을 넘어 다양한 이문화와의 공존·공생의 논리로 확대되고 있고, 나아가 문화적 가치의 공유를 통해 국제사회의 평화와 안정을 꾀하고자 하는 움직임으로까지 발전되고 있다. 나가사키[長崎]와 히로시마[広島]에서 전개하고 있는 각종 '평화사업' 같은 것이 대표적인 케이스이고, 경제력이나 기술력을 이용하여 인류의 귀중한 문화유산을 보호함으로써 세계평화에 공헌하자는 히라야마 이쿠오[平山郁夫]의 주장 등이 그런 논리에 속한다. 순수함이 결여되어 있음에도 국제사회에 던지는 메시지는 강렬하다.

오늘날의 일본은 냉전의 붕괴, 민족대립, 지역분쟁, 경제교류의 확대라는 국제정세의 급변과 국제사회의 적극적인 공헌요구(일본의 경제 대국화에 따른 문화적 공헌요구의 증대), 보수지배층의 일본적 가치의 확산 의지, 그리고 일본사회와 일본인의 국제화와 다문화사회의 진전 등에 따라 필연적으로 문화교류를 증대시켜 갈 수밖에 없는 상황에 처해 있다. 따라서 향후 일본의 문화정책이나 문화교류의 방향성도 표면적으로는 여전히 세계의 안정과 인류의 평화를 위한 국제공헌이라는 대의명분을 전면에 내세우며 대응해 갈 태세이지만, 그 이면에는 일본문화의 '세계화'라는 전략적인 야망이 꿈틀거리고 있음을 간과해서는 안 될 듯하다.

정부의 적극적인 문화외교정책과 문화기반 육성정책, 기업의 해외진출에 따른 기업의 자발적인 문화정책, 지방자치단체의 교류활성화와 그에 연계하여 움직이는 지역민의 문화의식 제고, 일본사회의 개방화와 국제화의 진전에 의한 인적교류의 확대, 이런 다양한 요인들이 일본의 문화대국화의 실현에 소리 없이 공헌하게 될 것이다. 문화산업이 갖고 있는 경제성과 그 영향력의 강도를 고려하면 일본의 문화팽창주의는 우리에게 다소 부담스러운 현실이 아닐 수 없고, 동시에 우리에게 많은 과제를 던지고 있다고 해도 과언이 아니다. 문화교류를 문화적 영향력의 확대라는 차원에서 주도적으로 추진하게 되면 반드시 저항에 부딪치게 된다. 문화의 비교우위를 이용한 일방통행식 교류의 시대가 이미 종언을 고했기 때문이다.

전후 일본의 문화교류정책은 우리에게 시사하는 바도 많지만 과제도 적지 않게 노출했다. 그 과제는 바로 우리의 문화외교정책에 반면교사의 역할을 하면서 새로운 기회와 방향성을 제공하는 요인이었다. 하지만 우리는 그 기회를 제대로 살리지 못했다. 문화정책 그 자체가 한국문화의 발신에만 지나치게 포커스를 맞춘 나머지 상호이해나 공감대 형성을 통한 인류의 삶의 질 제고, 문화교류·협력을 통한 세계의 평화와 안정 그리고 역내의 문화수준 제고에 기여하는 등과 같은 가치발신에는 소홀했기 때문이다. 우리의 문화외교 역시 그 한계를 극복하지 못했다.

소프트파워와 문화외교 강화를 통해 국가의 브랜드가치나 경쟁력을 높이겠다는 각국의 움직임은 주요선진국을 필두로 갈수록 강도를 더해가고 있다. 그 치열함은 우리에게 경쟁력을 강화시킬 수 있는 새로운 동력이 될 수가 있다. 반도체나 전자산업, 그리고 한류는 그 실체를 확인시켜준 대표적인 사례들이다. 이를 반영하듯 문화정책·외교에 대한 국민적 관심도 점차 고조되고 있고 정부나 지자체 역시 국민의 역량 결집을 통해 국제사회의 기대에 부응하면서 국제적 지위 향상이나 역할 증대를 위한 노력을 경주하고 있다.

반만년의 역사를 자랑하는 한민족이 부정부패를 일소하고 문화력을 바탕으로 21세기를 리드하는 뉴 코리아로 거듭나기 위해서는 고대와 근대문명을 선도하며 우리를 지배해 왔고 여전히 세계를 주도하는 군사력과 경제력, 문화력을 겸비하고 있는 이웃의 초강대국들의 견제와 경쟁을 뚫어야 한다. 한반도를 둘러싼 국제정세는 언제나 그렇듯 긴장감의 연속이지만 어려운 상황일수록 한국인의 포텐셜 에너지는 언제나 저력을 발휘해 왔다. 국력을 결집하고 한국적 가치의 장점을 극대화시켜 창의적인 미래가치의 발신에 노력하는 자세를 멈추지 않는다면 국제사회로부터 존경받는 문화대국 · 가치입국 코리아의 실현도 멀지 않을 것이다. 가치창출의 교류와 가치발신의 외교에 주목하고 실천하는 주체로 스스로의 변신을 도모해야 하는 이유가 바로 여기에 있다.

○ 주_제9장

1   아시아 각국에 일본문화가 적극적으로 전파되어 간 배경에는 다음의 몇 가지 요인을 생각해 볼 수 있다. 우선 ① 아시아 각국의 경제력의 증대로 인해 외래문화를 수용할 수 있는 인프라구축이 이루어졌으며, 이는 당연히 문화적 욕구의 충만으로 이어졌다는 것, ② 국민들의 문화적 욕구의 팽창에 비해 이를 충족시킬 수 있는 자국의 문화산업이 정체되어 있다는 것, ③ 일본문화를 쉽게 받아들이고 공유할 수 있는 문화적 토양이 형성되어 있다는 것, ④ 아시아제국의 문화정책이 비교적 유연했다는 것, ⑤ 정보기술문화의 발달 등을 들 수 있다.

2   일본의 지배계급은 일본문화를 형성해온 '문화적 관용성'이야말로 일본이 콘텐츠산업에 있어서 글로벌한 어텐션을 획득하는 기초가 된다는 인식을 갖고 있다. 「アジア・コンテンツ・イニシアティブ」, 2008.7, 経済産業省, 3면.

3   일본의 콘텐츠시장이 퇴보기미를 보이는 주된 요인으로는 인구구조의 변화, 특히 기존 미디어에 익숙한 인구의 감소, 다양한 콘텐츠를 다양한 미디어로 다양한 가치관에 따라서 즐기는 인구의 증가와 같은 질적 변화이다. 이 변화가 콘텐츠소비의 분산을 일으키고 네트워크에서 가벼운 콘텐츠소비의 증가로 이어지며 이것이 메가히트의 감소, 콘텐츠의 저단가화로 이어지고 있다고 한다. 고정민 외, 『한국문화산업교류재단 한류총서 Ⅳ─한류 포에버 일본편』, 한국문화산업교류재단, 2012, 139면.

4   「アジア・コンテンツ・イニシアティブ」, 4~7면.

5   『わが外交の近況』, 外務省, 1971, 86면.

6   『わが外交の近況』, 1971, 78면.

7   예를 들면 '사람을 통한 국제협력'을 표방한 국제협력 사업단, 일본국제교류센터, 도요타재단, 국제협력추진협회 등은 정부의 의지를 반영한 대표적인 단체로서 이들 단체는 제국의 관민의 교류와 협력에 중점을 두는 활동을 전개했다.

8   『わが外交の近況』, 1981年度版, 外務省, 49면.

9   70년대 중반부터 고도경제성장이 가져온 정신문화와 지역의 황폐화에 대한 반발심리로서 경제적 가치보다는 정신적 가치를 중시하는 문화적 욕구가 고조되고 동시에 지역에 있어서도 지역의 개성을 발견하여 '지방시대'를 열어가고자 하는 움직임이 새로운 문화정책과 결합하게 된다. 이 무렵부터 일본사회에서는 정부의 통합적 문화정책뿐만 아니라 각종의 지역문화정책이나 예술문화의 공공정책 등이 활발

히 이루어지게 된다. 구체적으로는 根木昭,『日本の文化政策』, 勁草書房, 2001; 馬場憲一,『地域文化行政の新視点』雄山閣出版株式会社, 1998; 後藤和子,『芸術文化の公共政策』, 勁草書房, 1998 등 참조.

10 국민들의 여론도 이를 뒷받침하기 시작한다. 1989년 10월, 내각부홍보실이 조사한 여론조사에 의하면, '국제화에 대한 생각'을 묻는 질문에 43.1%가 '국제화를 추진하는 것은 대국이 된 일본의 국제적 책무'라고 답하였고, 40.3%가 '일본의 중장기적 번영을 확보하기 위해서는 필요한 과정'이라고 답하고 있다. 또 '일본은 특히 어느 분야에서 한층 더 국제화를 꾀해야 한다고 생각합니까'라는 질문에는 '경제'(24.8%), '문화'(15.1%), '의식'(8.9%), '사회'(8.3%)면의 순으로 답하고 있다. 의식·사회면에서의 국제화가 특히 필요하다는 정부나 외부로부터의 주문을 일본인들은 확실히 인식하고 있지는 않지만 국제화를 강화해야 한다는 사실에는 대체로 동의하고 있었다.

11 일본의 전 외무대신 아소타로가 2006년 4월 '문화외교의 신발상'이라는 타이틀로 행한 연설을 보면 문화외교에 필요한 것으로서 ① 현대문화의 판매, ② 민간부문과 외무성의 호혜관계의 수립, ③ 올 재팬 체제의 확립 등을 언급하고 있다. 문화를 일본 외교의 핵심으로 파악하는 한편, 문화의 상품화와 발신능력의 강화를 강조하고 있다. 麻生太郎,「文化外交の新発想」, http://www.mofa.go.jp/mofaj/press/enzetsu/18/pdfs/easo_0428.pdf, 2006.4.28.

12 「'文化交流の平和国家'日本の創造を」,文化外交の推進に関する懇談会報告書, 2005.7.

13 「'文化交流の平和国家'日本の創造を」2005.7.

14 知的財産戦略本部,『知的財産推進計画2013』, 2013.6.25, 2~3면.

15 일본은 근세 이전부터 내외에 다양한 문화를 순수하고 관용적으로 받아들여 세련시켜온 심미안과 표현력이 정교한 공업제품을 비롯해 다양한 제품 서비스를 낳아, 현재는 팝 컬처로서 개화했다고 한다. 그리고 그 배경에는 생활양식, 풍속, 습관, 전통문화, 예능, 공예 등 역사적으로 양성해온 토양이 존재한다고 한다.「日本文化産業戦略」, アジア・ゲートウエイ戦略会議, 2007.5.16, 1면.

16 그 선두에 일본의 식문화와 패션문화가 자리 잡고 있다.

17 구사카 기민도(日下公人)는 일본문화의 창의력과 도의력이 서구제국에 비해 높다는 인식하에 21세기의 세계는 일본화한다고 주장하고 있다. 日下公人,『21世紀, 世界は日本化する』, PHP研究所, 2000 참조.

18 홍기원,「문화정책의 관점에서 문화외교의 논쟁적 요소들에 대한 고찰」,『예술경영연구』제18집, 2011, 77면.

19 신각수,「架橋外交 構想—韓国多者外交의 새로운 패러다임을 찾아서」,『국제관계연구』제15집 1호, 2010, 294면.

20 외교통상부,『문화외교메뉴얼』, 2010.2, 8면.

21 김세중·고대원,「IMF체제하의 한국의 문화외교」,『문화정책논총』제9집-02, 1998, 'IV. IMF구제금융체제하의 문화외교와 그 중단기적목표' 참조.

22 대표적으로는 김문환, 「한국문화의 국제화 전략」, 『철학과 현실』 Vol. 20, 1994; 김철수 외, 「세계화를 위한 문화외교적 접근 전략 개발방안 연구」, 한국문화정책 개발원, 1996 참조.

23 외교통상부, 『문화외교메뉴얼』, 10면.

24 신종호, 「한국의 문화외교 강화를 위한 제도화 방안」, 『정책연구』, 2011 가을, 37면.

25 신종호, 「한국의 문화외교 강화를 위한 제도화 방안」, 51~53면.

26 박병석, 「독일의 문화외교」, 『FES-Information-Series』, 2010-01, 2면. 구체적으로는 「독일 문화외교의 발전과 특징」, 『한독사회과학논총』 제20권 1호, 2010.3 참조.

27 『품격 있는 문화국가 대한민국(2008.2~2013.2)−정책자료집 1 총괄』, 문화체육관광부, 2013, 16면.

28 배재현, 「세계와 소통하는 문화외교」, 『문화예술을 통한 21세기 문화외교의 새로운 지평』, 한국문화예술경영학회 포럼, 2008, 27면.

29 외교통상부, 『문화외교메뉴얼』, 16면.

30 각국의 공공외교의 강화 움직임은 얀 멜리센, 『신공공외교』(김기정 감수, 박선영 외역, 인간사랑, 2008)를 참조. 그리고 이와 관련한 논문으로는 김기정, 「한국 공공외교의 현황과 과제」 및 이면우 「일본의 공공외교 추진체계−캐나다, 노르웨이와의 비교적 관점에서」(『제10차 한국학술연구원 코리아 포럼−한국의 공공외교 활성화 방안』, 2009.4.29)에 일부 소개되어 있음.

31 공공외교란 용어는 1960년대 중반 플래처스쿨의 학장이자 전직 미국외교관이었던 에드먼드 길리언이 처음 제시한 것으로 알려져 있다, 그 후 공공외교는 미국과 밀접한 관련성이 있었고 내용은 주로 미국의 생활방식을 타국의 대중에게 알리는 것이었다. 얀 멜리센, 『신공공외교』, 35면.

32 낸시 스노우·필립 M. 테일러, 최진우 감수, 이병철 외역, 『21세기 공공외교 핸드북』, 인간사랑, 2013, 14면.

33 얀 멜리센, 「신공공외교−이론과 실제」, 『신공공외교』, 36면.

34 Hans N. Tuch, *Communicating with the world : U.S. public diplomacy overseas*, New York : St. Martin's Press, 1990, p.3.

35 폴 샤프, 「혁명정권, 비합법적 정권 그리고 공공외교의 기술」, 『신공공외교』, 189면.

36 北野充, 「パブリック·ディプロマシーとは何か」, 金子將史·北野充 編, 『パブリック·ディプロマシー−−'世論時代'の外交戦略』, PHP研究所, 2007, 20~21면.

37 유현석, 「소프트파워를 통한 외교력 강화 전략」, 『제10차 한국학술연구원 코리아 포럼 한국의 공공외교 활성화 방안』, 2009.4.29, 2면.

38 낸시 스노우·필립 M. 테일러, 『21세기 공공외교 핸드북』, 30~31면.

39 조셉 나이, 「공공외교와 소프트파워」, 제프리 코원 외, 최영종 감수, 『새 시대의 공공외교』, 인간사랑, 2013, 171면.

40 Zhong. X, & Lu. J.(in press), "Public diplomacy meets social media : A study of the U. S., Embassy's blogs and micro-blogs", *Public Relations Review*, Vol.39, Issue 5, 2013.12.

41 외교통상부, 『뉴스레터』 제405호, 2013.2.28 참조.

42 외교통상부, 『뉴스레터』 제388호, 2011.8.31 참조.

43 외교통상부 보도자료(2013.7.10).

44 김상배, 「IT시대의 디지털외교」, 『21세기 한국 메가트렌드 시리즈』 II, 한국정보통신 연구원, 2005.2, 85면.

45 김상배, 「IT시대의 디지털외교」, 86면에서 재인용.

46 金惠媛・横山睦美, 「『外交青書』からみる日韓文化交流の歩み」, 『山口県立大学大学院論集』 第9号, 2008.3, 19면.

47 岩淵功一, 『トランスナショナル・ジャパン』, 岩波書店, 2001, 79면.

48 和田春樹, 「世界体制の変容と日本」, 『日本通史 第21巻−現代2』, 岩波書店, 1995, 281면.

49 日本・ASEAN首脳会議における竹下内閣総理大臣冒頭発言, 「日本とASEAN−平和と繁栄へのニュー・パートナーシップ(1987.12.15於マニラ)」(資料編), 『外交青書』, 外務省, 1988 참조.

50 「新しい時代の国際文化交流」, 国際文化交流に関する歓談会, 1994.6, 2∼16면.
89년 5월 일본정부는 '국제교류문화에 관한 간담회(国際文化交流に関する懇談会)'의 최종보고를 받아, 9월 '국제문화교류행동계획(国際文化交流行動計画)'을 발표했다. 이 '계획'은 8개 분야로 나누어 기본정책을 확정하여, 지역별, 국가별로 세심한 배려를 하면서 사업을 추진하기로 했고(「第2章 第5節 国際社会と日本 第2項 国際文化交流・協力の強化」, 『外交青書』, 外務省, 1990 참조), 이를 계기로 '간담회'는 정기적으로 국제문화교류의 방향성과 정책을 제안했다.

51 90년대 들어 일본정부는 국제정세의 변화에 즈음하여 일본의 외교방향성으로서 '국제협력구상(国際協力構想)'을 구체화하는데, 그 내용은 '평화를 위한 협력' '정부개발원조(ODA)의 확충' '국제문화교류의 강화'를 3대축으로 하고 있다. 요컨대 '국제문화교류 강화'가 일본외교의 핵심 과제로 떠오른 것이다.

52 '일한신시대의 삼원칙'은 1990년 5월 노태우 대통령의 방일에 즈음하여 구상되어 1991년 1월 가이후(海部) 수상의 방한 때 의견 일치를 보게 된다. 연속적인 수뇌회담을 통해 미래지향적인 한일관계의 방향성을 나타낸 것으로서 구체적으로는 ① 한일 양국의 파트너십 강화를 위한 교류, 협력, 상호 이해를 증진할 것, ② 아시아・태평양의 평화와 화해, 번영과 개방을 위해 공헌할 것, ③ 글로벌한 제 문제의 해결을 협력하여 추진할 것 등의 3원칙이다. 이에 따라 양국정부는 청소년교류 강화, 양국민의 이해를 심화시키기 위한 21세기 성신(誠信)교류사업을 추진, 지역 간의 교류 강화를 위한 한일자치체교류촉진회의 등을 추진했다. 「第4章 各地域 の情勢と日本との関係 第1節 アジア・太平洋 第2項 朝鮮半島」, 『外交青書』, 1991 참조(http://www.mofa.go.jp/mofaj/gaiko/bluebook/1991/h03-4-1.htm#a2).

53 「新しい時代の国際文化交流」, 国際文化交流に関する歓談会, 1994.6, 8면.

54 이 부분에 대해서는 졸고, 『리액션의 예술 일본대중문화』, 새움, 2001, 58~60면 참조.
55 노재현, 「한일문화교류 촉진을 위한 제언」, 『한일문화교류증진을 위한 정책보고서』, 2009.12, 33면.
56 이 과정에 대해서는 板倉聖惠, 「한일교류와 커뮤니케이션 양태변화 연구-김대중정부의 대일 문화정책을 중심으로」, 성균관대 언론정보대학원 석사논문, 1999 참조.
57 방문진, 「지속가능한 한류를 위해, 한 단계 품격 높은 한류를 위해」, 『한일문화교류증진을 위한 정책보고서』, 2009.12, 44면.
58 일본사회의 〈겨울연가〉 열풍에 대해서는 다양한 각도에서 많은 연구들이 이루어졌지만, 그중에서 일본문화의 원형질이라고 할 만한 몇 개의 개념을 통해 일본문화론의 관점에서 고찰한 박규태의 「한류담론과 일본문화」, (『일본학연구』 제24집, 2009.2) 가 매우 시사적이다.
59 権容奭, 『「韓流」と「日流」』, NHKブックス, 2010, 79면.
60 양인실, 「일본의 '욘사마 열풍'을 어떻게 볼 것인가」, 『여성과 사회』 No.16, 2005 참조. ( )부분 인용은 204면.
61 일본의 문화력 확대는 정부의 '지도관리'하에 지식인과 문화예술인 그룹, 그리고 정부의 적극적 지원을 등에 업은 시민단체 등에 의해 주도되고 있다. 한일 양국의 정부 간 합의에 의해 추진되고 있는 문화교류의 내용도 내부를 들여다보면 대부분 일본 측의 주도하에 실행되고 있다.
62 일본문화의 영향력 확대에 발 벗고 나선 일본정부의 움직임이 갈수록 강화되고 있는 가운데 싫든 좋든 한국사회에서 대일인식에 대해 '객관적 시각'을 요구하는 목소리는 높아지고 있다. 이런 현상은 일본문화의 한국에서의 연착륙을 가능하게 하는 보이지 않은 '지원군'으로서의 역할을 하고 있다. 이에 비해 한국문화의 대일상륙은 일본인들의 '소박한' 시민정서에 의거하여 다소의 붐을 불러일으키는 데는 성공하였지만(특정 스타에 의거한 신드롬은 예외로 생각해야 한다), 일본사회의 국수주의의 벽을 넘어 한국문화의 강한 영향력 확대로까지 이어지기는 쉽지 않을 듯하다.
63 이 부분에 대해서는 졸고, 『일본적 가치로 본 현대일본』(J&C, 2004, 제5장 14절) 참조.
64 도미야마富山一朗는 지금 일본에서 일어나는 현상 가운데 심각한 것은 사이버공간을 매개로 한 배외주의적 내셔널리즘이고 거기에는 불안정해진 삶이 있다고 한다. 즉 포스트모더니즘의 과정에서 단편화되고 고립화되어 있는 사람을 잇는 매개자로서 인터넷이 등장한 것이고 이 매개된 집합성은 '재일 조선인의 특권을 허락하지 않는 시민의 모임(在特会)'처럼 무엇인가 공통의 의사나 우익적인 사상적 배경에 의한 것이 아니라 배격해야 할 적을 찾아내는 것에 의해 연결되는 증오의 공동체라는 것이다. 이 증오의 공동체에는 대학을 중심으로 하는 공적 지식인에 대한 격렬한 반발이 존재하고, 이러한 측면에는 고바야시 요시노리의 만화에서도 간취할 수 있듯이 대중문화에 의해 매개된 배외주의적 내셔널리즘에도 공통하고 있다고 한다. 富山一朗, 「공적지식인과 연결을 위한 지(知)-생성의 과정을 공유한다는 것」, 『東方学志』

제156집, 2011.12, 121~122면.

65 일부 뉴커머한국인들이나 극우세력들에 의한 '혐한론'을 한국사회가 확대 해석할
필요는 없다고 본다. 그들은 어떤 사상에 의거하고 있다기보다는 집단의 정체성을
확인하기 어려운 '증오의 공동체'와 같은 조직체이고, 이들의 행동양식은 반드시 일
본사회에서 지탄의 대상이 될 것이다.

66 이에 대해서는 졸고, 「한일문화교류의 의의와 전망」, 『日本学報』 제64집, 한국일본
학회, 2005 참조.

67 『国際交流基金日米センター2000年度年報』, 国際交流基金, 2002, 3면.

68 일본의 EPA 전략에 대해서는 졸고, 「일본의 '동아시아 경제권'구상에 관한 소고」, 『일
본학보』 제69집, 2006.11 참조.

69 南博, 『日本的自我』, 岩波新書, 1983.

70 신각수, 「架橋外交 構想－韓国多者外交의 새로운 패러다임을 찾아서」, 296~298면.

71 김윤호 외, 「IT혁신과 한류 열풍」, 『한국해양정보통신학회논문지』 제9권 4호, 2005,
700면.

72 이와부치[岩淵功一]는 과거의 식민지 한국 대만이 일본의 포퓰러문화 수입에 관해
규제를 완화했다고 하더라도 그것이 일본의 과거의 침략행위를 망각하거나 역사적
으로 구축되어 온 문화적인 권력관계가 문제시되지 않는 것은 아니라는 지적을 하
고 있다. 岩淵功一, 『トランスナショナル・ジャパン』, 岩波書店, 2001, 55면.

73 윤선희, 「아시아공동체의 문화정체성」, 『한국언론정보학보』 통권46호, 2009, 43면.

74 한일 양국에서 다양한 제언들이 쏟아지고 있지만 이 가운데 규슈대학의 아시아종
합정책센터, 동국대 일본학연구소, 중국사회과학원 일본연구소 등이 협력하여 동
아시아의 새로운 지역공통 아이덴티티를 형성하기 위한 실증적 검토를 추진한 것
등은 주목할 만하다. 坪田邦夫, 「동아시아(일중한)의 새로운 지역공통 아이덴티티
의 형성에 관한 실증적 종합연구 구상」, 『日本学』 제25집, 2006 참조.

75 김영덕, 「한일문화교류 신시대, 과제와 전망」, 『한일문화교류증진을 위한 정책보고
서』, 2009.12, 12면.

76 윤선희, 「아시아공동체의 문화정체성」 참조.

77 최혜실, 「동북아시대 구현을 위한 사회문화적 협력－미디어와 문화콘텐츠의 활용
을 중심으로」, 『구보학보』 제1집, 2006 참조. 실천방안의 구체적인 주제로서 ① 순
수예술과 문화산업의 소통을 통한 교류영역의 다양화와 확산, ② 국가(정치), 예술
(문화), 산업(경제)을 융합한 교류, ③ 창의성(creativity) 수출로서 국가적 특수성과
세계적 보편성의 조화 등을 거론하고 있다(226~229면).

78 岸本健夫, 「"東アジアのRegionalism"への新しい視覚」, 『政策科学』 10-2, 2003.1. 2면.

79 Richard Englehardt, "Cultural Liberty and Freedom of Expression : Lessons from Asian
Experience", *International Forum on Cultural Rights and Diversity*, 한국문화관광연구원,
2007, p.55.

80 BIMSTEC = Bay of Bengal Initiative for Multi-Sectoral, Technical and Economic Cooperation, comprising Bangladesh, Bhutan, India, Myanmar, Nepal, Sri Lanka and Thailand.

Richard Englehardt, "Cultural Liberty and Freedom of Expression : Lessons from Asian Experience", p.63. 각국의 문화부장관들은 2006년 5월에 'Paro Initiative'라는 문화산업증진 협력을 위한 선언을 채택했다.

81 Yvonne Donders "Cultural Diversity and Human Rights:Towards a Right to Culral Identity?", *International Forum on Cultural Rights and Diversity*, p.124.

82 이어령, 『한·중·일 문화읽기 코드를 펴내며』, 종이나라, 2006; 정재서, 「동아시아로 가는 길-한중일 문화유전자 지도 제작의 의미와 방안」, 『중국어문학지』 제31집, 2009 참조. 또 김형국·김석근, 「동북아문화공동체 형성을 위한 여건과 전망-문화적 동질성과 다양성 그리고 정체성」,(『세계 지역연구논총』 제23집 1호, 2005) 등도 문화적 동질성을 바탕으로 동북아문화공동체논의를 발전시키자는 제안을 하고 있다. 그런데 이들 논문의 특징은 간단히 언급하자면 문화나 사상의 동질성이 과거에 존재했기에 이를 토대로 향후의 문화적 정체성을 만들어 가자는 것인데, 아쉬운 것은 향후 구체적으로 실현가능한 방향성과 방법론을 제시하고 있지 않다는 것이다.

83 Iris Jana Magdowski "Culture Diversity : Tradition and the Challenge Facing Political Europe-Germany for Example", *International Forum on Cultural Rights and Diversity*, p.179 에서 재인용.

84 90년대 일본의 내셔널리즘의 특징은 국가이데올로기로서의 내셔널리즘의 급격한 후퇴와 이를 대신하여 사회 현상으로서 혹은 국민감정의 분출로서의 내셔널리즘이라는 특징으로 나타났다. 이 경우 사회 현상 국민감정의 키워드는 '불안화' '보수화'이다. 경제성장과 사회 안정이 어느 정도 실현된 이후에 나타나는 질서붕괴에 직면하여 강자의 논리가 사회전체를 지배해가는 현상이라는 것이다. 天児慧, 「ナショナリズム, リージョナリズム, グローバリズム」, 『東洋政治思想史』 제5권 1호, 2005, 216면. 이러한 현상은 앞으로 동아시아에서 얼마든지 발생할 수 있다. 요컨대 동아시아 각국이 경제성장을 이룩한 사회적 가치나 시스템이 붕괴되고 그 과정에서 이문화에 의한 억압상태가 지속 된다면, 이를 거부하면서 자신들의 문화적 정체성을 확보하려는 움직임이 분출할 수 있고, 이러한 흐름이 대세를 이루게 되면 바로 저변으로부터 내셔널리즘을 자극하는 현상이 된다는 것이다.

85 大賀哲, 「日本外交とアイデンティティー'アジア太平洋'から'東アジア'へ」, 『社会科学研究』 54-2, 東京大学, 2003.3, 127~131면.

86 신종호, 「한국의 문화외교 강화를 위한 제도화 방안」, 46~47면.

87 조대식, 「소프트파워시대의 한국 공공외교와 문화외교」, 『국제문제연구』 제9권 제3호, 국제안보전략연구소, 2009 가을, 8면.

88 「김우상 국제교류재단 이사장, 하버드대 강연」, http://blog.ohmynews.com/ptkyo o/rmfdurrl/179403, 2012.11.16.

89 유현석은 한국의 소프트파워로서 그동안 논의되어 온 요소들, 이른바 성공적인 경제발전, 민주주의와 민주화, 개발경험, 정보화, 한류 등이 한국의 소프트파워라고 규정하기는 어렵다고 하면서 국제사회에 대한 공헌과 기여를 할 수 있는 소프트파워, 요컨대 ① 국제화되고 지구적 관심사를 가지고 있는 인적자원의 개발, ② 국제사회에 기여하는 국가 브랜드 프로그램 개발, ③ 국제적 협력 이니셔티브의 개발 등을 통해 이를 공공외교와 결합시키는 전략을 구사해야 한다고 주장했다. 전자의 내용들이 유교수가 지적한 것처럼 '내가 무엇인가를 성취했다'는 것에 집중되어 있다면, 후자의 내용 역시 국제사회에 대한 공헌이라는 관점만이 강조되어 있다. 한국의 문화가 갖고 있는 고유한 가치와 같은 것들을 소프트파워의 자원으로 인식하는 부분은 부족하다. 유현석, 「소프트파워를 통한 외교력 강화 전략」 참조.

90 「김우상 국제교류재단 이사장, 하버드대 강연」, 2012.11.16 참조.

91 「2013년도 예산안 부처별 분석 II−외교통상통일위・국방위」, 국회예산정책처, 2012.10, 76면.

92 「해외 한류 조사 결과 보고−아시아, 미주, 유럽 지역 대상」, 문화체육관광부・(재)한국문화산업교류재단, 2012.12., 5면.

93 「한국은 아시아 선진국 중 최악 부패국가」, 『세계일보』(인터넷판), 2013.7.15.

94 「총요소생산성(TFP) 영향 요인의 국제비교−총요소생산성 향상을 통한 창조경제의 구현」, 현대경제연구원, 2013.5.21, 12면.

제10장

'한류'의 재인식

가치지향의 문화외교의 시점

들어가면서

한국의 문화정책은 1980년대의 민주화 이후 정책방향의 재고(再考)와 국내외 사회 환경의 급변을 계기로 본격적인 궤도에 오르게 된다. 이 무렵부터 정부는 문화·콘텐츠산업의 발전과 국제화를 위한 국가적 차원에서의 지원체제를 서둘러 산업으로서의 한류의 성장가능성에 초점을 맞추기 시작했다. 1999년의 '문화산업진흥기본법'을 필두로 관련 법안의 잇따른 제정과 기관의 설립을 통한 지원책 강화 등은 한류 붐의 조성과 정착에 크게 기여했다. 그 결과 한류는 서구와 일본의 공고한 지배하에 놓여있던 아시아대중문화 지형에 새로운 일각을 구축하는데 성공했다.

그 연장선상에서 작금의 한류는 포퓰러문화(Popular culture)의 영역을 초월한 생활문화 전반에 걸친 파급효과를 기대하며 K-Drama, K-Pop, K-Food, K-Fashion 등으로 세분화되어 가는 한편, 'IT한류' '자동차 한류' 등과 같이 한국을 대표하는 제품과 결합하여 한국제품 전반에 걸쳐 적용하는 흐름을 보이고 있다. 이미 한국의 경제 · 사회 · 문화를 아우르는 단어로 정착한 한류는 국제사회에서도 영향력을 증대시키고 있다. 싸이를 비롯한 K-Pop과 기타 대중문화의 유럽 진출로 한국의 국가 브랜드 가치가 4.4% 상승하였고, 이로 인해 파생된 국가 브랜드 자산 창출액이 6,656억 원에 달한다는 KOTRA의 보고서[1]는 한류의 현주소를 대변하고 있다.

'Made in Korea'의 글로벌 확장력은 '한류의 종언'[2]이라는 외국 언론의 잇따른 보도에도 불구하고 다양한 문화 분야에서 강도를 더해가고 있다. 국제사회와 정서를 공유하는 상황을 만들어 가는 한류의 저력은 한국인의 창의성이나 진취적 기상, 열정과 의지, 그리고 문화적 전통성이나 경제력 등을 감안하면 그리 놀라울 일은 아니나, 한류의 역사를 고려하면 빠른 속도임은 부인하기 어렵다. 한류의 성장세가 한류의 발전이나 영향력 확대와 반드시 일치할지는 좀 더 지켜봐야 하지만 장르의 다원화가 초래하는 문화발신력이 강화되고 있는 것만은 분명하다. 소위 '한류가 열어가는 새로운 대한민국' 건설이 눈앞에 현실화되고 있다는 것이다.

그럼에도 한류는 국내외적으로 전환기적 상황에 처해 있다고 해도 과언이 아니다. 논자나 논점에 따라 정도의 차이는 있을 수 있으나 위기와 기회를 동시에 안고 있기 때문이다. 이에 대한 대응책은 다양하겠지만 본 장에서는 한류의 상업적 가치나 파급효과와 같은 부분은 배제하고 '문화교류'와 '가치발신'이라는 관점에서 한류 10년을 회고하고 향후 10년의 방향성에 대한 검토를 해보고자 한다. 특히 아시아중산층의 폭발적 증가와 이에 근거한 각국의 문화내셔널리즘의 표출가능성을 극복하면서 아시아의 문화정체성[3]에 기여할 수 있는 한류가 될 수 있는가, 이를 실현하기 위해 지향해야 할 가치는 무엇인가 등의 과제를 중점적으로 분석하고자 한다.

1. 동아시아 '한류'의 현재

전후 동아시아의 경제성장은 1960년대 일본을 필두로 1970년대 NICs, 1980년대 동남아시아, 1990년대 중국 등으로 이어졌다. 1960년대 일본의 고도경제성장은 개인의 사생활행복주의를 만연시키며 일본사회의 보수화를 촉진시키는 기반이 되었지만, 동아시아제국의 경우는 경제성장이 사회의 민주화를 촉진시키는 방향으로 나아갔다. 때문에 동아시아제국의 문화발전은 다소 정체될 수밖에 없었고, 그 공간을 미국과 일본의 대중문화가 잠식하기 시작하면서 적어도 1970년대까지는 미국을 축으로 하는 서구의 문화가, 1980년대 이후에는 일본대중문화가 아시아의 문화시장을 지배했다.

그러나 1990년대가 되면 정보통신문화의 발달과 자유화·국제화로 인한 의식·제도적인 측면에서의 트랜스내셔널(Transnational) 현상의 태동, 지역과 지역을 통합하는 커뮤니케이션문화의 비약적인 발전, 거대기업·자본에 의한 소비시장의 지속적인 창출의지와 실현, 소프트파워를 중시하는 선진국의 문화발신능력의 강화 등이 시대적 흐름으로 정착하면서 동아시아의 문화지형에 변화의 바람이 불기 시작한다. 특히 이러한 상황을 범국가적 차원에서 미래의 성장 동력으로 흡수하여 문화강국으로 발돋움하려는 한국 등의 공격적인 문화정책이 실행되고 그에 따른 효과가 가시화되면서 동아시아의 문화지형이 재편되기 시작했다는 것이다.

문화콘텐츠의 생산능력은 경제성장이나 소득의 증대만큼 쉽게 이루어지지 않으나 수요욕구는 그에 비례하여 확산되고 잠재적 수요층 또한 끊임없이 나타나기 마련이다. 따라서 외부로부터의 문화수혈은 필연적일 수밖에 없다. 요컨대 동아시아의 문화와 그 소비환경이 시대적 요인과 각국의 정치·경제·사회 환경의 변화로 인해 새로운 국면으로 접어들고 있었다는 사실이다. 이는 21세기의 동아시아의 문화정체성을 확립하기 위한 과도기적 상황으로 해석할 수 있으나, 그런 전환기적 상황이 한류의 태동과 깊은 관련성이 있었다는 것이 중요하다.

1) 중화권의 '한류'

1990년대 후반부터 중국·대만을 비롯해 일부 동남아시아국가에서 불기 시작한 '한류'란 한국의 문화 내지는 문화상품을 선호하는 사회현상으로 간략히 정의할 수 있겠으나 그 현상[4]의 배경에는 여러 요인들이 있다. 한국문화산업교류재단이 발간한『한류 포에버 중국·대만편』에 의하면 우선 중화권에서의 한류 현상에 대해 한국 대중문화의 질적 우수성, 서구문화에 대한 배타성 및 반일감정에 기인한 상대적 친밀감, 유교문화권이라는 문화적 동질성, 서구문화 수용의 매개체로서의 한국문화 수용 용이성, 여기에 중국의 사회, 경제적 변화요인[5] 등을 거론하고 있다. 문화적 유사성과 한국대중문화의 비교우위라는 관점에서 설명하고 있다. 논점의 차이는 크게 다르지 않지만 저자는 다음과 같이 그 배경을 정리하고자 한다.

기본적으로는 ① 중국과 동남아시아 국가들의 경제성장과 그에 따른 대중소비사회의 형성, ② 그 연장선상에서 1990년대 중반 이후 동아시아에서 확산되기 시작한 미디어문화의 발달과 그로 인한 시장의 동시성 강화,[6] ③ 세계의 어떤 지역보다도 높은 동아시아 지역의 드라마 인기,[7] ④ 가요와 드라마를 축으로 한 한국대중문화의 발신능력 강화(질적 수준의 제고와 아시아적 가치의 발신), ⑤ 콘텐츠시장에서 수요와 공급의 불균형 현상 등을 고려할 수 있다. 요약하자면 아시아의 대중문화세계의 리더 역할을 담당해 왔던 일본과 홍콩대중문화(일본의 트렌디 드라마와 홍콩누아르코드의 쇠퇴)의 영향력 감소와 때를 맞추어 등장한 한국의 아이돌가요와 드라마의 신선한 자극(가족공동체가치관, 순수하고 열정적인 사랑코드)이 중화권의 새로운 문화수요층의 욕구를 충족시키는 데 성공하면서 한류 붐이 점화되었다는 것이다.

중화권의 한류 붐은 크게 청소년층을 축으로 하는 한국가요와 중장년의 여성층까지 흡수한 한국드라마라고 하는 2원적구조로 진행되었다. 가요의 경우는 1980년대 조용필을 비롯한 일부가수들의 인기와

1990년대 서태지의 등장을 계기(90년대 중반에 형성된 장르의 다양성에도 불구하고 정치적 요인과 미국·일본의 표절문화의 범람으로 인해 정체성을 확보하지는 못했다)로 랩과 댄스뮤직이 발전하면서 새로운 전기를 맞이하게 된다. 그들이 대중들에게 펼쳐 보인 대담한 패션, 화려한 댄스, 음악적 센스, 매력적 용모 등은 기존의 A-Pop이나 J-Pop에서 경험하지 못한, 마치 시대를 선도하는 아이콘으로 인식되며 국내를 넘어 해외의 주목을 받기 시작했다.

1998년 H.O.T의 중국에서의 음반발매와 이듬해 클론의 공연, 그리고 2000년 2월 H.O.T의 성공적인 공연은 중국사회에 '한류'를 회자시키는 전기를 만들었고, N.R.G, 베이비복스로 이어지는 지지기반의 확대는 중국을 넘어 동아시아 청소년층을 중심으로 수요층을 급속히 확산시켜 갔다. 그 결과 2011년에는 중국최대의 포털사이트 바이두(百度)의 한일 음악 순위를 보면 10위 내에 K-Pop이 7곡이나 차지하고 있을 만큼(2월) 확고한 지위를 구축했고 급기야는 대중문화의 선진국이었던 일본에까지 영향력을 행사하기 시작했다. 가수 비와 같이 중국을 발판으로 범 아시아적 팬덤(Fandom) 현상을 주도해 가는 슈퍼뮤지션들의 지속적인 등장이 K-Pop의 역사형성과 한국대중가요의 글로벌화[8]를 주도하며 한류의 한 축을 담당하고 있다.

또 다른 축인 드라마의 경우는 일본의 트렌디드라마(trendy drama)를 모방하면서도 가족애와 같은 한국적 가치를 중시하는 구성을 바탕으로 문화적 유사성이라는 정서적 기반 위에 전통적 가치를 온존하고 있던 동아시아의 시청자들에게 커다란 공감을 얻었다. 1997년 홍콩을 기점으로 중국·대만 등에서 선풍을 불러일으킨 〈사랑이 뭐길래〉와 〈별은 내 가슴에〉를 필두로 2001년 대만에서의 〈가을동화〉의 빅히트에 이르기까지 한국드라마는 일순간에 중화권의 대중들을 사로잡았다. 그 여세를 몰아 2002년에는 중국의 지상파, 케이블, 위성을 포함한 TV 에서의 한국드라마 방영이 67작품 · 316회를 기록[9]하며 동시기의 일본 드라마(23작품 · 61회)를 압도해 갔다.

비윤리적인 신의 범람으로 일본의 드라마가 외면을 받기 시작할 무렵 그들은 자신들의 정서와 일치하는 메시지를 한국의 드라마를 통해 발견한 것이다. 그 여파는 동북아를 넘어 베트남, 싱가포르, 인도네시아 등 동남아시아로 확대되어 갔고, 급기야는 〈겨울연가〉를 축으로 일본시장마저 개척하면서 동아시아에서의 한류지형이 구체화되기 시작했다. 〈겨울연가〉의 폭발적 인기 이후 한류의 지속성이 의심받기도 했지만 이어진 〈대장금〉의 빅히트는 그동안 한국드라마에 대해 갖고 있던 편견(여배우가 반드시 죽는다, 눈물이 많다, 내용이 천편일률적이다 등)마저 불식시키고 남성시청자들까지 끌어들이며 한류의 외연을 넓히는 효과[10]를 거두었다.

이후 사극제작은 국내외의 시장을 염두에 둔 한류드라마의 새로운 트렌드로 자리 잡으며 막대한 제작비를 투입하게 되지만 〈태왕사신기〉를 제외하고는 그다지 효과를 보지 못한 채 그 열기가 식어가고 있다. 〈대장금〉과 같이 아시아인의 공감을 살 수 있는 요인(예를 들면 식문화, 궁중, 여성의 강인함과 같은 요소)들이 부족했기 때문이다. 그러나 2014년 〈별에서 온 그대〉가 중국사회에 다시 한번 열풍을 몰고 왔던 것처럼 한국드라마의 성공적인 연착륙은 서구나 일본의 문화적 콘텐츠에 매몰되어 있던 아시아인의 전통적 상상력을 소생시키며 아시아의 문화적 정체성을 깨우치는데 공헌했다는 점에서 그 의미는 결코 적지 않을 것이다〈〈표 10-1〉 참조).

가요·드라마·영화 이외에도 의류제품 브랜드와 화장품 액세서리 등이 현재 최고의 인기품목으로 자리 잡고 있으며, 한류의 저변 확대를 주도하는 SNS도 확산되고 있다. 세계시장의 강자로 군림하고 있는 온라인게임, 모바일콘텐츠 등의 분야는 선진국이 주목하는 IT기술의

〈표 10-1〉 중화권에서의 한류

한류의 태동기	1992.8	한·중 수교
	1993	드라마 〈질투〉 방영
	1997.6	CCTV 〈사랑이 뭐길래〉 방영
	1998	드라마 〈별은 내 가슴에〉 방영
한류장르의 확산	1998.5	H.O.T 〈행복〉 음반 발매
	1999.11	클론, 한국가수 최초의 유료공연
	1999	중국청년보 '한류' 처음 언급
	2000	H.O.T, N.R.G, 안재욱, 베이비복스 공연
	2001	영화 〈엽기적인 그녀〉 상영
한류 활황기	2001~2005	방송콘텐츠 수출 지속성장
	2004	드라마 〈인어아가씨〉, 장나라 가수데뷔, 이수영, 세븐, 비 중국진출, 영화상영작 증가
	2005	드라마 〈대장금〉 50%의 경이적 시청률, 1년간 한국드라마 20여 편 방영
중국의 견제	2005	청룽 "한류에 항거하라", "한류 만드는 매체는 매국노", "한류는 문화침략"
	2006	국가주도 한류규제 본격화, 한국산 드라마 수입제한(년 4편 이내), 해외음반 수입제재 및 체육관 콘서트 규제
변화·모색	2006	가요계현지화, 슈퍼주니어 중국인 맴버 영입시작
	2007	미나 등 중국거주 현지화 전략
	2009~	에프엑스, 미쓰에이 등 중국겨냥 그룹활동
	2010	중국식 리메이크 봇물

출처 : 『경향신문』, 2012.8.23.

발달과 인프라구축을 바탕으로 최고의 경쟁력을 확보하며 중화권을 포함한 동아시아 미래의 한국문화·상품의 잠재고객을 흡인해 가고 있다. 특히 한류의 히든카드로 부각되고 있는 온라인게임은 주된 수출 지역이었던 중국 등 아시아 지역 이외에도 미국 및 유럽 등지로도 활발한 수출이 이루어져 2008년에는 수출총액 10억 달러를 넘는 쾌거를 이루었고, 모바일 분야는 2009년 이후 매년 15% 이상의 성장률을 기대하며 새로운 시장창출의 돌파구로 기대되고 있다.[11]

국제사회에서 게임시장을 선도해 왔던 일본이 중국(2010년 중국수출액은 약 6억 달러, 게임 수출 총액에서 중국 수출이 차지하는 비중은 34.8%로 가장 큼)[12]에 이어 한국게임수출 시장 제2위국으로 부상했다는 것도 한국 게임 산업의 경쟁력과 성장성을 담보하는 것으로 시사하는 바가 크다. 중화권을 포함한 동아시아의 한류 붐은 콘텐츠의 다양화를 발판으로 2010년을 전후로 해서는 정보통신문화의 동시성 강화에 힘입어 중동과 아프리카 그리고 북남미와 유럽에까지 확산되기 시작했다. K-Pop과 게임이 유럽에서까지 주목받는 예상외의 현상이 나타나자 일각에서는 조심스럽게 한류의 세계화 가능성을 언급하는 움직임마저 대두되고 있다.

2) 동남아의 '한류'

동북아시아에 있어 '한류'라는 명칭은 이미 보편적으로 사용되고 있지만 동남아시아에서는 자국의 변역어로 사용되고 있다고 한다. 예를 들면 태국에서는 'Khluen Kaoli(한국의 물결)' 'Krasae Khwarm Niyom Kaoli(한국열광)' 'Kaoli Fewoe(한국휘바)' 'K-POP'(태국에서는 한국음악뿐만 아니라 한국문화나 한국스타일 등을 폭넓게 의미하는 용어로 사용) 등으로 표현되고 있고, 베트남에서는 '한국조류(韓国潮流)'라는 새로운 용어로 사용되고 있다.[13] 2000년대 중후반부터 한류에 대한 동남아 지역의 관심이 베트남에서 타 지역으로 확산되면서 전반적으로 한국에 대한 국가이미지도 향상되고 있는 것으로 나타났다.

아시아의 한류콘텐츠 소비동향을 국가별로 분석한 결과를 보면 한국의 드라마, 영화, 가요 등을 가장 많이 소비하고 있는 나라는 베트남이다.[14] 베트남은 일본이 이미 문화적 지배력을 형성하고 있던 다른 동남아제국과는 달리 비슷한 환경에서 일본과 승부할 수 있는 여건이어서 한국정부나 기업이 적극적으로 진출할 수 있는 여지가 많았다.[15] 경제 사회적인 측면에서도 베트남은 1986년에 시작된 도이모이(Doi Moi) 혁명 이후 경제성장과정에서 외국문화의 유입이 본격화되어, 1990년대 초반에는 중국과 이탈리아의 드라마가, 중반 무렵에는 홍콩영화의 인기와 함께 미국대중문화의 확산으로 카우보이에 대한 인기몰이가 시작되었다.

그러나 한국정부가 전쟁에 대한 보상차원으로 드라마를 무상제공하면서 상황이 급변했다. 1998년에 방영된 〈의가형제〉와 〈아들과 딸〉, 1999년에 방영된 〈모델〉 등이 크게 히트하며 한류의 확산을 예고했다.[16] 이후 한국정부와 기업의 적극적인 지원하에 한국드라마는 베트남 방송계를 장악하기 시작했고 현재까지도 베트남에서 가장 인기 있는 콘텐츠로 주목받고 있다. 베트남에서 드라마의 인기요소는 문화와 역사적인 요소의 다양성이나 슬픈 연애스토리이고, 주 시청 층은 청소년과 여대생, 주부들이다. 그들의 정서를 사로잡은 것이 바로 중국·한국드라마라는 것이다(한국드라마가 남성들에게는 그다지 관심을 끌지 못하고 있는데 이는 한국드라마에 사회적 내용이 별로 없기 때문이라고 한다. 시사하는 바가 큰 지적이다).[17]

싱가포르도 예외는 아니다. 드라마의 경우는 아름다운 자연과 4계절, 사극의 매력과 과감한 해외로케이션 영상 등이 어필했고(하지만 그도 2004~5년의 피크를 거쳐 최근에는 하락세를 면치 못하고 있다), 음악은 가창력과 댄스에서 느껴지는 에너지와 외모, 그리고 호소력 있는 노래가 젊은층을 사로잡았다고 한다.[18] 또 〈가을동화〉〈겨울연가〉〈풀하우스〉 등의 드라마와 K-Pop으로 시작된 인도네시아는 현지인으로 구성된 '한사모'(한국을 사랑하는 사람들의 모임, Bandung Korea Community)라는 민간 모임이 결성[19]되어 시민레벨에서 문화교류 확대의 가능성을 보여주고 있고, LG전자가 국민브랜드로 떠오를 만큼 경제적 파급효과까지 누리고 있다.

최근 한류의 주요소비국으로 떠오른 태국도 주목할 필요가 있다. 태국의 경우는 K-Pop과 게임이 인기를 얻고 있다. 태국에서의 한류의 매력은 새롭고 독특함, 세련되고 고급스러움, 매력적인 용모, 유행선도, 흥미로움 등이나 이러한 요인들은 일본이나 중국, 대만이나 유럽, 미주 등지에 비해 상대적으로 높게 나타나고 있다.[20] 태국이 동남아의 거점국가이자 주요관광국이라는 측면을 고려하면 한류콘텐츠에 대한 태국의 긍정적 반응은 동남아 한류확산의 거점 지역으로서의 가능성을 보여주었다는 점에서 고무적이다. 실제 게임의 경우는 동남아 게임

한류의 시발점으로서 괄목할 만한 성과를 거두며 시장의 외연 확대에 기여하고 있다.²¹

현재까지의 각종 조사결과를 보면 동남아의 한류는 중국과 함께 향후의 기대감을 높이고 있는 것이 사실이다〈표 10-2〉 참조). 인터넷이나 SNS를 통해 K-Pop과 TV나 DVD를 통한 드라마의 인기도 아직은 순항 중이다. 한류확산에 따른 문제점에도 불구하고 종합적으로 한류콘텐츠에 대한 관심도 측면에서 보면 드라마와 K-Pop이 돋보이지만 세부적으로는 태국, 베트남, 중국의 경우는 드라마〉영화〉K-Pop〉게임 순으로 나타난 반면 일본은 K-Pop이 가장 높은 지지를 받고 있는 것으로 나타났다.²² 향후 대중문화의 영역을 넘어 한류콘텐츠의 다양화와 문화교류의 저변 확대를 도모한다면 동남아와의 관계에 새로운 전기를 마련할 수 있을 것으로 보인다.

중화권에 이어 동남아시아가 한류형성의 한 축으로 부상하자 정부의 정책적 지원도 강화되기 시작했다. 동남아의 한류확산에 중요한 역

〈표 10-2〉 한류콘텐츠의 동남아 수출액 추이(단위 : 천 달러)

구분	수출액					
	2008년	2009년	2010년	비중(%)	전년대비 증감률(%)	연평균 증감률(%)
중국	410,426.0	579,685.0	747,666.8	24.5	29.0	35.0
일본	242,311.0	661,318.0	800,237.8	26.2	21.0	21.5
동남아	521,282.5	458,424.0	671,905.8	22.0	46.6	13.5
북미	428,980.5	387,505.0	403,937.8	13.2	4.2	▽3.0
유럽	202,327.0	217,449.1	267,680.6	8.8	23.1	15.0
기타	140,635.6	126,367.3	157,551.1	5.2	24.7	5.8
합계	2,245.962.6	2,430.748.4	3,048.979.9	100.0	25.4	16.5

출처 : 한국콘텐츠진흥원, 「2011년 콘텐츠산업 통계」, 2012.3.12, 73면.

할을 하고 있는 영상 분야를 중심으로 해외진출을 활성화하기 위한 방안이 잇따라 강구되었다. 한국방송의 효과적인 수출을 위한 프로그램 제작지원(1999)을 비롯해, 아시아 지역을 주 대상으로 한 국제방송영상 견본시의 개최(2001), 아시아 각국의 방송영상 분야에서 활약할 수 있는 문화전문가 양성 연수사업 개시(2006), 한류에 대한 우호적 환경조성을 위한 국제공동제작사업의 실시(2007) 등이 대표적인 예이다.[23] 특히 공동제작사업의 경우 주요 지원대상국이 주로 동남아시아에 집중되어 있는 것을 보면 이 지역의 경제성장에 의한 문화시장의 중요성을 한국정부가 새롭게 인식했다는 것을 의미한다.

이를 반영하듯 2006년 문화부는 주요업무 계획을 통해 '한류세계화' 전략을 발표(〈표 10-3〉 참조)하면서 동남아시아를 한류의 주요확산 지역으로 설정했다. 한류스타의 이벤트를 매개로 민간기업의 진출을 촉진하면서 한국의 문화를 적극적으로 알리고 그 연장선상에서 한국제품에 대한 구매의욕을 높이겠다는 의도이다. 내용적인 측면에서도 게임, 방송, 음악 등 경쟁력이 있는 분야를 우선적으로 지원하여 한류의 영향력 확대를 극대화하겠다는 방침을 세웠다. 아시아시장의 분야별 콘텐츠시장 규모(〈표 10-4〉 참조)와 향후 중산층의 성장성을 고려하면 시의적절한 전략이다.

일본이 전후 국제사회에 복귀할 무렵부터 이 지역의 중요성을 고려해 오랜 기간 경제·문화외교에 총력을 기울여 온 것을 감안하면, 늦게나마 정부가 동남아시아를 한류 확산의 요충지로 인식했다는 점은 다행이라고 생각한다. 한류를 매개로 한 교류 확대를 시도하겠다는 의지는 동아시아의 정서적 공감대의 형성기반 확보라는 점에서도 중요

<表 10-3> 단계별 한류확산 추진 전략

한류단계	지역	추진 전략	구체사업
심화 지역	일본, 중국, 베트남, 홍콩 등	후속콘텐츠 지속공급 지원, 반 한류정서 완화, 경제효과 극대화 추진 → '한국선호단계' 유도	쌍방교류 확대, 저작권 보호, IT제품 불법복제 실태조사 등
확산 지역	대만, 말레이시아, 인도네시아, 태국 등	민간진출 적극지원으로 한류 붐 확대, 한국문화 바로 알리기 → '한국상품 구매단계' 유도	한류스타 이벤트, 한류 취재지원 등
잠재 지역	중남미, 중동, 중앙아시아, 러시아 등	시장성 부족으로 민간이 진출하기 어려운 지역에 콘텐츠 보급 등 한류 붐 조성 적극추진 → '한국대중문화 유행' 유도	영화·드라마 등 확산 효과가 높은 콘텐츠 진출 지원 등

출처 : 문화부, 「주요업무 계획 2006」, 『아이뉴스24』, 2006.2.13.

<표 10-4> 2006~2015년 아시아 지역 분야별 콘텐츠시장 규모(단위 : 십억 달러)

구분	2006	2007	2008	2009	2010	2011	2012	2013	2014	2015	2011~2015 CAGR(%)
영화	16.5	17.3	17.6	18.1	19.8	21	22.9	25	27	29	8
애니메이션	2.7	2.8	2.7	3	3.9	3.7	4	4.3	4.7	5	5.2
방송	67.2	71.6	74.8	76.1	83.6	88.9	98	107.4	118	127.4	8.5
게임	11.5	14.6	17.4	19.6	22.2	24.4	27.5	31.1	34.9	38.7	11.8
음악	8.5	8.5	8.2	7.7	7.1	6.3	6.2	6.1	6.1	6.1	-3
출판	98.3	102.1	104.3	99.5	100.9	100.8	104.6	108.1	111.4	115.3	2.7
만화	2.7	2.8	2.9	2.8	2.8	2.7	2.8	2.8	2.8	2.8	0.4
광고	101	106.9	109	102.6	109	111.6	122.5	133.5	144.3	154.6	7.2
지식정보	89.6	105.5	119.3	127.4	136.2	143.2	153.1	163.8	173.6	182.7	5.9
캐릭터	11.3	11.6	21.8	19.8	21.8	21.9	24	25.4	26.9	28.4	5.4
전체	310.1	341.1	364.8	371.3	394.8	410.7	442.7	476.1	509	540.7	6.5

출처 : 한국콘텐츠진흥원, 「2011 해외 콘텐츠시장조사(총괄)」, 2011.12, 53면.

하기 때문이다. 동 계획이 2006년부터 다소 침체기미를 보이던 한류를 재점화 시키는데 일정부분은 기여했을 것으로 추측된다. 그럼에도 한 가지 아쉬운 부분은 비록 국내용 업무 계획이라 하더라도 동남아의 문화수준 제고에 기여하는 가치발신과 교류협력 등에 대한 인식 부재는 여전히 극복하지 못했다는 점이다.

동남아 시장에서 한류소비에 대한 경제·문화적 효과와 가치는 동남아의 경제성장과 문화수준 향상에 비례하여 성장할 가능성이 높다. 이에 따라 한국사회의 대응 전략도 유연함과 치밀함을 더해갈 것이다. 그러나 그 이전에 각국에서 공통적으로 지적하고 있는 사항들, 예를 들면 스토리의 천편일률성, 일방향적 교류, 시장 확대를 최우선시 하는 가치관, 현대예술문화교류의 부재, 한국인의 부적절한 행동양식, 한류와 한국에 대한 인식의 차(정치나 역사, 지리 등은 무관심하다), 동남아 문화에 대한 한국사회의 무관심 등은 반드시 개선되지 않으면 안 된다. 감동과 정서를 공유하지 못하는 콘텐츠의 발신은 교류든 무엇이든 결코 성공할 수 없기 때문이다.

3) 일본에서의 '한류'

박경리의 걸작인 『토지』를 보면 일본군 육군소장으로 퇴역한 오가타 겐사쿠가 한국의 '온돌'문화에 대해 이르기를, "희망 없는 인종이야. 비틀어지고 구부러지고 그런 소나무나마 방치한다면 남아나기나 할 것 같으냐? 온돌인가 뭔가 하는 그놈의 야만적인 아궁이가 산을 다 잡아먹고 해마다 홍수, 자멸할 수밖에 없는 백성이다"라고 언급한다. 제국주의자인 겐사쿠의 눈에 비쳐진 한국의 온돌문화는 생각 없고 무식한 백성들이 자연이나 파괴하면서 할 일 없이 온돌에 드러누워 게으름이나 부리는 생활공간, 이른바 야만적인 문화의 상징으로 인식되고 있었다.

그의 온돌문화론에 대해 조카인 오가타 지로는 온돌은 훌륭한 난방 작품이며 이를 만든 조선인들은 문화민족이라고 반론하면서 오히려 일본의 '다다미'문화야말로 비과학적이며 건강에도 유해하고, 주거문화에는 결코 적합하지 않는 문화[24]라고 비판한다. 문화상대주의적 가치관의 중요성을 다시 한 번 확인하는 예이기도 하지만, 그로부터 반세기가 지난 지금 다다미는 한국사회의 일상성을 파고들었고, 온돌은 일본인의 주거문화를 격상시키는 새로운 고급문화로 각광받고 있다. 그것을 가능하게 만든 것은 다름 아닌 문화교류 확대에 의한 상호이해의 증진이었다.

문화는 기본적으로 전파와 동화, 생성과 소멸을 반복하는 속성을 갖고 있으면서도, 그 속성이 시대적 가치와 상황에 따라 형태와 결과를 달리한다는 특성을 내포하고 있다. 그 실체성을 확인할 수 있는 과정이 바로 '교류'라는 것이지만, 교류는 이문화 이해의 출발을 의미하는 것이기에 자기개방을 전제로 하지 않으면 안 된다. 그 과정에서 우리는 교류에 의해 문화요소가 이동되거나 교환되기도 하며 또 변용을 초래한다는 사실을 쉽게 발견하곤 한다. 바로 이 문화교류의 속성과 과정이 가장 짧은 시간에 의미 있고 효과적으로 나타난 사례를 1980년대 이후의 한일문화교류사에서 찾을 수 있고, 그 상징적인 사례가 바로 일본에서의 '한류' 붐이다.

방문진 SBS보도부장은 일본에서의 한류의 출발을 2002년 월드컵을 전후로 한 한국음식 붐을 통해, 일본사회의 한국음식 붐 = 일본인의 한국알기 노력과 한국 재발견 = 한국이라는 국가이미지 개선 = 마음으로 부터의 한국문화수용이라는 등식을 제시하며 한류 붐의 배경을 설명한 바 있다.[25] 음식문화를 통한 이문화의 접촉은 일본사회의 이문화 이해의 일반적인 패턴이고, 그들 중의 일부가 마니아층을 형성하면서 확대재생산에 기여하는 구조를 갖고 있다. 이런 현상은 1970년대 후반부터 일본인들의 소비행동의 변화와 외식(外食)산업을 비롯한 문화적 서비스의 융성에 젖어들기 시작한 "부드러운 개인주의"[26]가 확산되면서 보다 두드러졌다. 일본사회가 한국문화에 관심을 갖기 시작한 시기는 그 연장선상인 1980년대 중반부터이다.

1986년 아시안게임과 1988년 서울올림픽을 전후로 각 방송국이 한국문화소개에 나서면서 주로 한국의 식문화를 집중적으로 소개했고 이를 통해 한국문화의 대중과의 접점을 시도했다. 이 무렵부터 한국의 식문화는 일본사회의 외식산업의 번성을 등에 업고 비빔밥(ビビンパ), 불고기(焼き肉), 냉면(冷麵) 등을 중심으로 주목받기 시작하고, 조용필을 비롯한 일부 대중가수들의 활약이 이어지고, 한국유학생의 급증과 인적교류가 확대되면서 한국문화가 일본대중문화 속에 스며들 수 있는 전기를 마련하게 된다. 한국사회에서 일본과의 문화교류 확대에 대한 사회적 합의가 전혀 이루어지지 않은 상태에서 한일문화교류를 일본이 주도하기 시작한 것이다.

이후 1990년대가 되면 고도정보화·자유화·개방화 등의 시대 흐름에 힘입어 일본문화의 한국 전파가 급속히 이루어지고, 이를 배경으로 일본대중문화의 단계적 개방 및 월드컵공최가 실현되면서 양국의 문화교류는 상호인식의 호전[27]과 함께 새로운 단계로 접어들게 된다. 그 연장선상에서 촉발된 한국의 댄스뮤직과 영화 드라마 열풍 등은 일본사회의 일부계층에서 한국대중문화 몰입 → 한국에 대한 이미지개선

→ 한국문화상품 소비(한국어, 한국관광, 한국음식, 한국사회와 역사 등에 관심 표명) 등의 파급효과를 낳으며, 소위 한류가 대중문화세계에 있어 일본인에 의해 일본인을 위한 일본사회의 새로운 대안문화로 자가발전해 가는 동력이 되었다.

그 과정에서 미디어세계의 포커스를 집중시킨 '욘사마' 현상은 현대 한일문화교류사의 분기점이 되었다. 그 현상의 진원지이자 일본에서의 한류 붐을 주도하고 있는 중년여성들은 한류소비에 그치지 않고 어린자녀들에게까지 긍정적인 한국관형성[28]에 영향을 미치기 시작했고, 청소년층의 한류 붐 조성에 기여한 K-Pop의 인기(동방신기, 슈퍼주니어, 빅뱅, 그리고 보아를 비롯한 걸 그룹의 잇따른 성공)는 일본 청소년층의 한국문화에 대한 인식을 근본적으로 바꾸어 놓으며 한류의 새로운 역사를 만들어가고 있다(특히 K-Pop의 경우는 중요시장이 미국과 함께 세계 음악의 양대 시장으로 일컬어지고 있는 일본이라는 점에서 높은 경쟁력을 엿볼 수 있다(〈표 10-5〉 참조)).

일본에서 한류의 사회적 가치와 한국문화에 대한 부가가치 제고는 그동안의 연구결과[29]가 확인하고 있듯이 어떠한 한국의 수출상품이나 외교적, 정치적 노력보다도 효과가 큰 것으로 나타났다. 일본대중문화의 주류가 여전히 일본, 미국, 유럽문화라는 점을 상기하면 그 효과의 광역적·심층적 침투를 일본인에게 기대하기는 아직 이른 감이 없지 않다. 하지만 한 가지 분명한 것은 일본사회가 한류마니아층을 중심으로 근대 이후 일본인의 문화적 기억에 남아있는 '조선상'[30]의 잔재는 물론이고 전후 지속적으로 잠재화되어 있던 부정적인 이미지를 희석시키며 대한(対韓)이미지를 변화시켜가는 노력을 자발적으로 행하고 있다는 사실이다.

<표 10-5> 한국음악산업의 지역별 수출현황(단위 : 천 달러, %)

구분	2007	2008	2009	비중(%)	전년대비 증감률(%)	연평균 증감률(%)
중국	1,665	1,844	2,369	7.6	28.5	19.3
일본	9,431	11,215	21,638	69.2	92.9	51.5
동남아	2,061	2,569	6,411	20.5	149.6	76.4
북미	306	346	351	1.1	1.4	7.1
유럽	217	296	299	1.0	1.0	17.4
기타	205	198	201	0.6	1.5	△1.0
합계	13,885	16,468	31,269	100.0	89.9	50.1

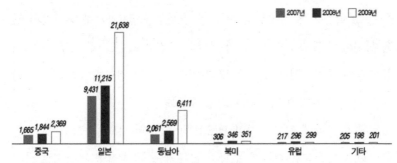

출처 : 한국콘텐츠진흥원, 『2010 음악산업백서』, 2010, 136면.

대중문화소비를 통한 자기인식의 변화는 한일 양국에서 일어나고 있는 공통 현상이고, 이를 증폭시키고 있는 것이 미디어문화의 활성화이다. 미디어차원에서 행해지는 "문화의 월경교통"[31]의 확대는 기존의 개개인의 내·외적 가치관의 변화뿐만 아니라 초국적 가치관의 형성을 촉진시키는 계기로도 작용하고 있다. 미디어세계가 펼치는 한류현상은 이를 상징적으로 보여준 예이다. 그럼에도 최근 양국의 문화교류는 활기를 잃어가고 있다. 역사인식과 영토문제가 촉발하는 한국사회의 반일의식의 분출과 경제대국의 위용 붕괴가 초래한 일본의 자폐

적 민족주의가 뿜어내는 혐한(嫌韓, Anti-Korean sentiment)의 움직임이 일
정부분 악영향을 미치고 있기 때문이다.

언론사에 의한 공동여론조사에 의하면(2013.4) 2011년에 비해 한류
에 대한 일본인의 관심이 드라마의 경우는 38%→31%, 영화는 34%→
24%, 음악은 34%→23%로 하락하면서 한류에 대한 일본사회의 관심
이 떨어지고 있는 것으로 나타났다.[32] 일본에서의 한류 10주년을 기념
하는 행사가 열리는 등(배용준이 대상을 수상, 2013.10) 한류 붐의 지속화에
양국사회가 노력하고 있는 가운데 나타난 결과이다. 드라마와 K-Pop
을 통해 이어온 일본에서의 한류 붐이 새로운 장르의 개척이 쉽지 않
은 상황에서 불과 10여 년 만에 쇠퇴의 조짐을 보이고 있는 것이다. 대
중문화는 부침이라는 속성을 갖고 있어 한류의 영향력약화는 긴장관
계에 의한 결과가 아니더라도 피할 수 없다.

한류의 부침에 일희일비할 필요는 물론 없다. 보다 중요한 것은 양
국사회가 지적교류 확대를 포함한 교류의 질적 발전을 기반으로 타자
(他者)상의 재구축을 시도하는 노력이다. 그 연장선상에서 한류나 문화
교류의 담론도 양국의 문제로서가 아닌 동아시아를 전제로 한 아시아
아이덴티티 창출의 토대나 글로벌 가치 창출의 협력자로서 새롭게 정
립해 갈 필요가 있다. 상호불신에 의한 근시안적 시각으로 미래의 가
치공유기반을 다져가는 역할을 포기하는 우를 범하기 보다는 장기적
인 관점에서 아시아의 미래가치를 제시하는 토대 확립에 주력해야 한
다는 것이다.

2. 한류의 자성과 지향해야 할 가치

1) 한류의 실체와 위상

문화산업의 융성을 통해 세계의 '일본화' 전략을 일찍부터 범국가적 차원에서 추진해온 일본의 경우는 아시아의 트렌드센터인 상하이와 홍콩을 거점으로 글로벌시장을 노크하고 있는 '쿨 코리아(Cool Korea)'의 저력을 예의주시하며 경쟁의식을 높여가고 있다. '한국의 국가브랜드 전략으로부터 일본은 무엇을 배울 것인가'를 분석한 일본외무성은 한국콘텐츠의 해외발신의 성공요인으로서 ① 적극적이고 치밀한 해외비즈니스 전개, ② 보조금이나 인재 육성을 포함한 정부의 지원, ③ 대기업과의 긴밀한 연계 등을 언급하며 한국의 공격적인 문화외교정책을 주목하고 있다.[33]

실제 홍콩의 생활자에게 한국제품에 대한 평가가 일본제품에 대한 평가를 일부 상회하고 있다는 사실[34]에 당혹감을 느낀 일본정부는 '문화'를 축으로 한 글로벌시장의 획득을 위해 관민일체화에 의한 전략 수립과 혁신적인 비즈니스모델 개발에 총력을 기울이고 있다. 일본정부가 "타 국민을 매료시키는 소프트파워를 통한 외교상의 이익"[35]을 추구하기 위한 전략으로 '일본문화산업 전략'(2007.5)과 '문화산업대국 전략'(2010.4) 등을 발표하며 문화산업을 21세기 리딩산업으로 육성시키겠다는 의지를 표명한 것도 한국을 의식한 결과이기도 하다.

문화를 둘러싼 각국의 영향력 확대의지와 그로 인한 국제사회의 경쟁이 갈수록 치열해지는 가운데 일본인·일본사회가 '일본의 매력'을 스스로 재평가하고, 이를 '일본의 경쟁력의 원천'으로 삼아 "자동차· 일렉트로닉스산업 등과 더불어 일본경제의 핵"[36]으로 발전시킨다는 것은 경쟁국과의 비교우위는 물론이고 '쿨 재팬(Cool Japan)'의 경쟁력을 국가적 차원에서 확보해 가겠다는 전략이다. 문화산업의 발전을 통해 일본의 장점이 세계에 확산된다면 관련산업이 다양하게 세계로 뻗어 나갈 수 있고, 그것을 가능하게 하는 포텐셜도 일본문화는 보유하고 있다는 자신감이다.

그 과정에서 일본정부는 비전의 결여, 전략의 부재, 집행의 취약이 라고 하는 기존의 한계가 문화산업의 신장에 장애요인이 되고 있다는 자기반성하에, 의·식·주·관광을 비롯해 국민생활과 관련성이 깊 은 분야에서 새로운 내수창조·고용창출을 도모하고 있다. 또한 해외 에서 인기가 높은 디자인, 콘텐츠, 패션, 식문화, 관광자원 등을 활용한 비즈니스모델을 개발하여, 궁극적으로는 개개의 상품이 아닌 일본의 라이프스타일 전체에 대한 '동경(憧憬)심'을 국제사회에 갖게 하는 것을 목표로 하고 있다.

일본정부의 공격적 대응의 이면에는 팝 컬처의 소프트파워의 확산 을 통해 국제정치나 경제면에서의 일본이해의 증진이라는 효과도 제 고하면서 한편으로는 다양성의 존중, 자연과의 공생, 근면 절약의 '보 편성' = '일본적 가치'를 적극적으로 전파시키고자 하는 의도가 내포되 어 있다. 이를 고려한 정책적 의지와 전략적 접근은 과거에도 그랬듯 이 앞으로도 치밀하게 전개될 것이다. 그러나 전후의 경제력을 바탕으 로 장기적 관점에서 지속적으로 세계 각국에 퍼져나간 일본문화는 이미 1960년대 애니메이션의 인기를 바탕으로 1980년대 아시아를 지배하기 시작했다.

이 무렵 일본의 대중문화는 동아시아의 경제성장으로 인한 각국의 문화욕구 충족을 흡수하면서 아시아의 반일감정의 완화와 일본적 가치의 침투에 상당한 성과를 거두었다. 아시아를 향한 일본문화의 수출과 재패나이제이션 현상에 대해서는 일본사회의 감추어진 의도[37]를 간과할 수 없지만, 주목해야 할 것은 일본의 문화상품에는 아시아인들이 공감하고 흡인할 수 있는 메시지도 있다는 것이다. 이와 관련하여 이와부치[岩淵功一]는 다음과 같이 언급한 바 있다.[38]

> 일본의 포퓰러문화가 동·동남아시아에 일찍이 없었던 확산을 보이고 있는 것은 많은 나라의 지역에서 일정의 근대화가 달성되어 서양 근대 토착화의 시간차가 소멸·감소함에 따라 서양과 비교해 공간적 문화가 가깝다는 인식이 아시아 지역 내에 점차 표면화하고 있을 가능성을 시사한다. 요컨대 서양의 글로벌 자본주의에 뿌리를 둔 근대의 만연에 따라 동·동남아시아 지역의 문화적 거리감이 축소되고 있는 가운데 일본의 미디어상품은 보다 친근감 있는 근대의 모습을 구상(具象)하는 것으로서 긍정적으로 소비되고 있는 것은 아닐까라는 것이다.

그의 지적에서 주목할 것은 일본문화의 트랜스내셔널 현상의 이면에는 서구문화와는 다른 모습으로 연착륙에 성공했다는 것과, 그것을 가능하게 한 요소가 바로 일본문화의 '친근함'이라는 것이다. 동아시아의 자본주의가 정착해가는 과정에서 서양의 관점에서 논의되고 정당화되어온 근대화의 문제가 비 서구사회에서 유일하게 근대화를 이룩한 일본에 의해 부정될 수 있는 정서적 기반을 일본문화의 확산을 통해 아시아에 넓혀갔다는 것이다. 이런 기반형성이 후발주자인 한류의 확산, 특히 한류의 초기 붐 조성에 일정부분 역할을 했음을 부정할 수 없을 듯하다.

정서적 동질감을 확보할 수 있는 문화발신 노력은 아시아의 정체성을 확인하는데 기여할 뿐만 아니라 문명에의 기여와 문화의 생명력을 확보하는 근본이기도 하다. 그런 역할과 의지를 일본은 근대 이후부터 나름대로 '실천'하기 위한 준비를 해 왔다. 과거 제국일본이 본격적인 대외침략과 함께 '일본문화'를 '문화사업' '문화공작' '문화외교'의 관점에서 대외 전파에 몰입하고 있을 때 당시 외교평론가로 활약했던 기요사와 기요시[清沢洌]는, 그 나라의 문화를 평가할 때에는 두 가지의 기준이 있다고 하면서 "첫째는 그것이 어느 정도 세계의 문명에 기여했는가, 두 번째는 그것이 어느 정도 존속력을 보유했는가"[39]가 중요하다고 언급했다.

'문명에의 기여'와 '존속력'의 근거는 바로 공감할 수 있는 가치의 문제이다. 이것이 전제되지 않으면 문화교류의 중요한 목적 중의 하나인 삶의 질의 제고는 요원하다는 발상이다. 실제 일본은 1930년대부터 '문화외교'를 본격화하면서 그 목적을 "일본 및 동방문화의 해외선양을 통해 세계문화의 진전 및 인류복지의 증진에 공헌하는 것을 목적"[40]으로 한다는 사실을 명확히 규정한 후, 전후 국제사회에 성공적인 복귀 이후 오늘날까지도 일관되게 이 부분을 강조하고 있다. 일본적 가치의 보편적 우월성을 국가주도하에 확산시키겠다는 의지를 '공헌'이라는 명분에 침윤시키는 전략을 통해 일본의 문화적 지배력을 확대해 가고 있는 것이다.

자국의 문화적 영향력을 증대시키려면 문화의 전파, 수용, 접촉, 융합, 동화 등의 과정에서 보편적 가치를 공유할 수 있는 메시지를 담고 있는가, 그 가치가 어느 정도의 호소력을 갖고 그 사회에 기여할 수 있는 생명력을 보유하고 있는가 등의 문제가 중요한 요소로 작용하게 된다. 저자 역시 자국문화의 해외확산과정에서 고려해야 할 요인으로 바로 이 부분을 중시하고 있다. 〈겨울연가〉가 일본사회에 미친 파급효과가 한류의 위상 강화에 커다란 공헌을 했다면, 과거 일본드라마 〈오싱〉이 그러했던 것처럼 공유할 수 있는 메시지가 있었기 때문이다. 〈겨울연가〉의 주제라고 할 수 있는 3F&W(첫사랑, 우정, 가족, 그리고 겨울 풍경) 등은 일본인들의 정서에 매우 익숙한 것들이자 대부분의 아시아인들이 공감할 수 있는 가치들이다.

〈겨울연가〉의 메시지는 바로 한류의 존재의미나 방향성을 제시했다고 해도 과언이 아니다. 유튜브를 통해 세계의 젊은이들을 매료시킨 싸이의 〈강남스타일〉이나 K-Pop의 성공을 보고 있으면 한국적 가치나 메시지의 발신능력을 결코 과소평가할 수 없고, 한류의 세계화를 통한 문화산업 대국화에 대한 기대감이나 비전제시 역시 지나치다고 할 수 없다. 1990년대 말 삼성경제연구소가 "현재의 위치에서 우리 게임, 영화, 애니메이션산업은 강자와 연합하는 전략이, 음반산업은 국내시장을 방어하는 전략이 최적인 것으로 판단"되고 향후의 발전을 위해서는 "기획력, 마케팅력, 파이낸싱(financing)능력, 유통력 등 경영적 자산의 경쟁력을 높이는 것이 절실"[41]하다고 언급했을 정도로 한류의 미래가 불투명했던 것이 사실이다.

그럼에도 한류는 장르의 다양화와 한류의 심화·확산 지역의 확대, 한류소비층의 다층화 등을 통해 불과 10여 년 만에 그 존재감을 세계 속에 드러내고 있다. 대중문화산업의 경쟁력이 결코 높지 않은 상황에 서 이룬 쾌거임을 감안하면 한류의 발전 속도(〈표 10-6〉 참조)는 놀라운 사실이 아닐 수 없다. 이른바 "사이버산업의 영향력 + 전략적 문화산 업 + 관련상품의 개발·보급 = 초국가적 문화진출"[42] 구도가 굳어진 것 이다. 이미 밝혀진 바[43]와 같이 한류 붐이 스쳐지나가는 현상에 그치 지 않고 그 결과가 문화콘텐츠와 소비재의 수출증대로 이어지고 동시 에 국가·제품·기업·관광 등의 분야에서 한국·한국인에 대한 이 미지를 크게 개선시키는 효과까지 초래했다는 점을 고려하면 한류 붐 의 시대사적 의미는 결코 작지 않다.

〈표 10-6〉 한류의 지역 / 국별 확산시기

	1985~90	1991~95	1996~2000	2001~05	2006~10	2011~
드라마 / 영화	-	-	중화권	동남아 / 일본	중앙아시아	글로벌화 가능성
가요 / K-Pop	일본(가요)	-	중화권 (K-Pop)	-	일본 / 동남아 (K-Pop)	글로벌화 (K-Pop)
게임	-	-	-	중화권 / 일본	동남아	글로벌화
식문화	일본	-	-	-	동남아 / 중화권	글로벌화 가능성

그동안 한국정부도 문화정책에 대한 인식변화와 한류의 선전(善戰) 을 계기로 문화와 관련 산업의 활성화를 위한 다양한 정책들[44]을 잇따 라 제시하며 한류의 확산에 노력해 왔다. 특히 2000년대 들어 정부는 민간의 관련업계와의 폭넓은 연대[45]를 통해 관민협력체제로 한류의

국제화에 박차를 가하고, 학계는 한류의 지속화[46]와 산업으로서의 경제이익 창출[47]을 위한 다양한 제언들을 쏟아냈다. 관·학·산 모두 한류의 경제·사회·문화적 가치와 의미를 재삼 확인했기 때문이겠지만, 그 이면에는 21세기의 리딩산업의 변화를 반영하고자 하는 정책방향과 문화·문화산업 분야에서 일본의 슈퍼파워를 벤치마킹하려는 의도도 내포되어 있었다.

한류의 파급효과가 예상외의 성과로 나타나자 정부는 2009년 대통령직속의 '국가브랜드 위원회'를 설치하여 국가브랜드가치 15위권을 목표(2013)로 한 다각적인 전략들을 추진하기 시작했다. 동북아의 문화변방국으로서 끊임없이 문화수입국의 위치에 처해 있던 한국이 문화의 생산과 공급자로서의 역량을 발휘하고 조금씩 인정받기 시작하면서 한류의 새로운 도전을 기획한 것이다. 정부의 노력은 향후 한류가 다문화공생이라는 글로벌과제의 구현 속에서 한국적 콘텐츠의 세계화에 의한 경제·사회적 파급효과는 물론이고, 아시아의 미래의 문화공급자로서, 글로컬문화창조의 주체적 존재로서 국제사회에 공헌을 확대해 가는, 이른바 '성숙한 세계국가 실현'을 위한 토대로서 그 존재의미를 재정립하겠다는 것이기도 하다.

어쨌든 대중문화(⟨표 10-7⟩ 참조)를 앞세운 한류는 아시아에서 미국과 일본의 지배하에 있던 문화적 권력구도를 "다층적이고 복합적으로 작동하는 권력구조"[48]로 재편하는 역할을 하는 한편 '일류'의 뒤를 이어 수요자들의 대한이미지를 개선시키고 이를 통해 상품구매의욕을 자극하는 파급효과를 낳았다. 그리고 최근에는 한국인·한국사회의 가치나 문화전반에 걸쳐 소비자들의 관심을 증대시키고 있는 형국이

<표 10-7> 2008~2011년 기준 콘텐츠산업 수출액

구분	수출액(백만 달러)					
	2008년	2009년	2010년	2011년	전년대비 증감률(%) (2010~2011년)	연평균 증감률(%) (2008~2011년)
출판	260.0	250.8	357.9	283.4	-20.8	2.9
만화	4.1	4.2	8.2	17.2	111.1	60.9
음악	16.5	31.3	83.3	196.1	135.5	128.4
게임	1,093.9	1,240.9	1,606.1	2,378.1	48.1	29.5
영화	21.0	14.1	13.6	15.8	16.5	-9.0
애니메이션	80.6	89.7	96.8	115.9	19.7	12.9
방송	171.3	184.6	184.7	222.4	20.4	9.1
광고	14.2	93.2	75.6	102.2	35.3	93.0
캐릭터	228.3	236.5	276.3	392.3	42.0	19.8
지식정보	339.9	348.9	368.2	432.3	17.4	8.3
콘텐츠솔루션	107.7	114.7	118.5	146.3	23.4	10.7
합계	2,337.5	2,608.9	3,189.2	4,302.0	34.9	22.5

출처 : 한국콘텐츠진흥원, 「2011년 기준 국내 콘텐츠산업 통계조사 결과 발표」, 2012.12.11.
* 표는 인용하였으나 인용한 표의 합계에 오류가 있어 저자가 수정하였음.

다. 한류의 등장이 아시아의 문화적 권력구도에 변화를 불러일으킬 수 있다는 기대심리가 확인되고 있는 것은 사실이지만 그럼에도 불구하고 냉정히 생각해 보면 한국사회의 한류에 대한 자의식이 과하다는 느낌도 지울 수 없다.

우선 한류의 실체는 아직까지는 일부의 대중문화에 국한된 현상이고, 그나마 시장에서의 역사가 짧아 실질적으로 뿌리를 내렸다고 단정하기도 어려우며, 산업적 효과를 극대화 시킬만한 내부여건들 또한 성숙하지 못한 상태다. 아시아의 문화수준에서 보면 한국의 경제력만으로도 아시아의 문화시장에 일정부분은 영향력을 행사할 수 있다. 영화나 드라마 가요 분야 등은 탤런트적인 관점에서 보면 이전부터 상당한 경쟁력을 갖고 있었다. 특히 중국과 동남아 일부국의 정치·경제 환경의 변화에 의한 중산층의 급증과 일본문화 확산에 대한 반발심리, 여기에 일본대중문화 속에 결여되어 있는 제 요소[49] 등은 한류의 가능성을 일정부분 예고하고 있었지만, 국내의 인식 부재와 이를 발신할 수 있는 내·외적여건이 형성되지 않았을 뿐이었다.

요컨대 동아시아 각국의 대내외적 조건이 한류의 질적 성장·확산 시기와 때를 같이 했다는 것이다. 이를 '열풍'으로 보도하는 외국의 일부언론의 시각을 여과 없이 증폭시키는 한국 언론의 과민성증후군이 단초를 제공하고, IMF를 전후로 한 한국사회의 정체성 혼미에 대한 탈출원망(願望)과 해방 이후 일방적인 문화수입국으로서, 또 주요경제중심국으로 부상한 한국의 국제적 지위를 타자의 시선을 통해 확인하고자 하는 일종의 보상심리가 발현하고, 위정자들의 업적주의와 전시행정, 시류에 편승하는 일부연구자들의 연구풍토 등이 인터렉티브 현상을 초래하면서 필요 이상의 해석을 하고 있는 듯하다. 심지어 최근에는 「일(日) '쿨 재팬' 내세워 '한류'에 도전」[50]이라는 제목이 언론지면을 장식하고, 일본에서 '한류처(韓流妻)'가 가정을 파괴하는 2차 한류 붐이 조성되고 있다는 보도[51]가 인터넷을 달구고 있을 정도로 선동적 대응이 사라지지 않고 있다.

2) 한류가 지향해야 할 가치

저자는 한류의 실체와 일종의 나비효과를 부정하는 것은 아니다. 최근의 흐름을 보면 한류가 제품이나 기업의 이미지제고와 신규시장의 창출에도 기여하고 있다. 한국수출입은행이 2001년부터 2011년까지 우리나라의 문화상품 수출액과 소비재 수출액으로 구성된 92개국 패널 데이터를 분석한 결과를 보면, 문화상품 100달러 수출 증가 시 소비재 수출이 평균 412달러 증가하는 것으로 나타났다. 지역별로는 아시아 지역에서 음악 수출이 화장품 수출을 견인하고 방송 수출이 IT제품 수출을 견인하며, 중남미 지역에서는 음악 수출이 IT제품 수출을 견인하는 효과가 확인되었다.[52] 패션과 뷰티업종이 K-Pop의 후광을 업은 대표적인 산업으로 간주되고 있듯이 문화상품의 수출이 소비재 수출을 견인(전체적인 탄력도는 가공식품 〉 의류 〉 IT제품 순)하는 무역창출효과가 높다는 것이 증명된 것이다.

그러나 문화와 산업으로서 한류에 대한 높은 기대감에도 불구하고 국제사회에서 한류의 위치는 세계가 주목하고 있는 '쿨 재팬(Cool Japan)'의 성장과정과 영향력에 비하면 가야 할 길이 멀기만 하다. 한류의 확산이 한국제품의 이미지와 구매의욕을 높인 것은 사실이지만 품질이나 가치적인 측면에서의 신뢰도는 주요국에 비해 열세를 면치 못하고 있고 일본과는 상당한 격차를 드러내고 있다(〈표 10-8〉 참조). 아시아에서 'Made in Japan'의 위력이 여전히 견고한 가운데 홍콩, 타이페이, 싱가포르, 서울 등은 일본제품에 대한 지향이 매우 높은 도시로 나타났다. 아시아의 문화산업트렌드를 주도하는 이들 도시들이 'Made in Japan'의 부가가치를 인정하고 있다는 것은 한류의 확산과 산업화 전략이 결코 쉽지 않을 것임을 예고하는 것이다.

향후 한류는 드라마, 음악, 영화, 게임과 같은 일부의 대중문화의 영역에서 탈피하여 한국인의 생활양식이나 한국어, 한국사회가 발신하

<표 10-8> 각국제품의 '신뢰' '선도' 이미지(14개 도시 평균) 2006년 vs 2011년

	신뢰득점 '고품질' '정평이 있다' '가격에 합당하는 가치가 있다' 등의 항목의 합산 점수			선도(鮮度)득점 '활기나 힘을 느낀다' '모양이 좋고 센스가 있다' '시대를 선도하는 느낌' '즐겁다' 등의 항목의 합산 점수		
	2006년	2011년	차	2006년	2011년	차
일본제품	147.4	147.8	0.4	154.5	148.1	-6.4
미국제품	111.3	116.1	4.8	125.8	128.6	2.8
유럽제품	103.4	104.3	0.6	119.9	120.6	0.7
한국제품	77.7	78.9	1.2	126.7	123.7	-3.0
중국제품	65.7	55.9	-9.8	87.5	84.8	-2.7
평균	101.1	100.6	-0.5	122.9	121.2	-1.7

출처 : 博報堂, 『Global HABIT』 Vol. 1, 2012. 2. 10, 3면.

는 메시지 등을 포함하여 한국적 가치나 문화 그 자체에 관심을 갖게 만들고 이를 토대로 문화산업을 창조하고 경제발전에 기여하는 선순환구도를 구축해 가야 한다. 하지만 현실은 그다지 녹록치 않다. 아시아의 문화시장에서 한류와 관련 산업의 블루오션(blue ocean) 전략[53]을 추구하려는 한국사회의 노력과는 별개로 한류 그 차제가 어찌 보면 이제 막 시작단계임에도 불구하고 한류에 대한 아시아 각국의 비판과 충고는 자국의 문화산업을 육성시키려는 정치적 의도와 맞물려 의외로 강도를 더해가고 있는 형국이다.

그 배경에는 문화외적인 요인도 작용하고 있지만 무엇보다도 '배려심'의 부족, 요컨대 상대의 문화와 그 문화의 장점을 열린 마음으로 존중하고 수용하는 친절함과 이를 한류에 담아 재발신하는 노력이 한류의 실질적인 힘을 축적하는 과정이라는 사실을 간과했다는 점이 크다. 정책적 측면에서 한국의 성공이력을 세계에 이해시키고자 하는 의지는 강했어도 한국사회의 세계이해의 열의는 부족했고, 문화적 측면에서 우리문화의 우수성이나 산업적 마인드의 확산은 강했어도 공헌이나 희생정신, 공생을 전제로 하는 교류나 협력적 마인드는 상대적으로 취약했다.

학계 역시 '다이내믹 코리아'[54]의 모델로서 한류에 대한 인식은 강했으나 아시아의 문화정체성에 기여할 수 있는 가치발신의 주체나 상생의 가치를 추구하는 모델로서의 한류의 위상 정립과 같은 문제의식은 빈약했고, 동아시아의 문화산업을 선도해 간다는 자긍심이나 이슈의 제공, 문화의 외교자원화를 통한 국가브랜드 가치의 제고 '등과 같은 철학도 근본적으로 부족했다. 한류의 외화내빈의 실체와 이에 대한 비판적 충고는 한국사회가 철저한 자기반성을 통해 새로운 전략적 대응을 마련해야 한다는 것을 의미한다.[55]

그러나 한국사회는 냉철하고 치밀한 자기검증보다는 여전히 소수의 스타와 관련된 팬덤 현상이나 일부의 제한적인 상품적 가치만을 부각시켜 한류의 실체 확인과 확산을 꾀하려는 우를 범하고 있다. 비록 한국인의 창의력이 돋보인 온라인 게임, 모바일, 인터넷 분야 등은 빠른 시간에 세계적 경쟁력을 확보하였고, 식문화나 패션의 영역에서도 무한한 가능성을 갖고 있으며, 이에 대한 정부의 지원의지도 강한 것이 사실이나, 그나마 콘텐츠 개발능력의 한계와 경쟁구도의 심화로 향후의 전망이 밝지만은 않다. 저자는 한류에 대한 한국사회의 희망적 전망과 흐름이 형성되고 있을 때 이미 한류의 장래가 회의적이라는 시각을 제시한 바 있지만,[56] 경제계도 비슷한 견해를 피력하며 한류의 전도에 우려감을 표하고 있다⟨표 10-9⟩ 참조).

한류의 생산과정에서 발생하고 있는 구조적인 문제(자금, 인력, 창의적

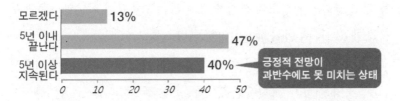

〈표 10-9〉 한류지속여부에 대한 CEO 설문조사

모르겠다 **13%**
5년 이내 끝난다 **47%**
5년 이상 지속된다 **40%** 긍정적 전망이 과반수에도 못 미치는 상태

0   10   20   30   40   50

출처 : 서민수 외, 「신한류 지속발전을 위한 6대 전략」, 삼성경제연구소, 2013.6.19, 3면.
* 삼성경제연구소가 SERICEO 회원 246명을 대상으로 설문조사(5.7~18)한 결과.

인 아이디어, 시스템, 마케팅능력 부재 등), 문화산업계의 도덕적 해이와 자구노력 부족(심각한 표절 문제, 자기 경쟁력 강화와 대외문화협력 전략 및 의지의 부재), 한국사회의 개방화와 국제화수준의 미비(쌍방향 교류의 부재, 교류 내용의 편향성, 아시아인에 대한 한국사회의 차별의식), 문화(가치)발신능력의 강화와 이에 대한 사회적 합의의 부재(국가의 품격에 대한 사회적 인식 부재), 문화력의 중요성을 인식하지 못하는 정치문화의 후진성(폐쇄적 정치문화와 정치인의 편협성) 등, 소위 정책적인 문제 이전에 한류의 영향력 확대를 위한 의식(개인·사회)이나 시스템 같은 가장 기본적인 전제조건이 충족되어 있지 않기 때문이다.

일례로 영화 분야를 보자.[57] 한국영화 〈쉬리〉가 2000년에 일본의 대중시장에서 개봉된 이후 일련의 히트작의 탄생과 〈겨울연가〉의 열풍에 힘입어 2005년에는 한국영화만 61편이 개봉되었다. 한국영화수출의 80%를 일본시장이 차지하게 되면서 일본은 한국영화산업의 국제화를 가늠하는 전초기지가 되었고, 일본에서 히트의 기준이 되는 10억엔 이상의 흥행수입을 올린 영화만도 6편이나 탄생했다. 그러나 이듬해인 2006년에는 대일본수출액수가 전년도에 비해 20%나 급감하고

히트작도 자취를 감추었다. 그 이유를 김형준은 "한류스타들의 인기만을 믿고 영화의 완성도에 신경을 쓰지 않는 영화들이 일본관객들에 불신감"[58]을 심어주었기 때문이라고 했다.

드라마의 경우도 예외가 아니다. 중국의 대표적인 영화방송기획사인 '북경영신달영시예술유한공사(北京栄信達影視芸術有限公司)'는 한국의 영화·드라마의 개편권을 구입하지 않는다고 한다. 그 이유를 "슬픈 신이 지나치게 많고, 처음부터 끝까지 희망이 보이지 않기"[59] 때문이라고 했다. 일부 한류스타의 한탕주의에 대한 중국 내의 비판적 정서가 팽배해 있는 가운데 한류의 한 축인 드라마에 대한 평가마저 부정적인 기류가 강해지고 있다. 베트남에서 한국드라마가 남성들의 관심을 끌지 못하는 이유 역시 인간의 삶이나 사회의 미래에 희망을 주지 못한다는 이미지와 무관하지 않다.

영화와 방송콘텐츠 분야의 부진은 한류의 쇠퇴를 예고하는 전조였지만, 이미 한류는 2005년부터 주춤거리기 시작했다.[60] K-Pop이 부상하지 않았더라면 불과 10년도 그 생명력을 유지하지 못했다는 것이다. 한류를 주도한 콘텐츠가 우리의 문화적 전통을 기반으로 성장한 것이 아닌데다 초음파로 인체의 내부를 들여다보기 전에는 쉽게 드러나지 않는 암적인 요소들(소위 전술한 전제조건들)을 진지하게 검토하고 합리적으로 개선하지 않은 상태에서 경박한 상업적 마인드만 횡횡했기 때문이다(한식의 세계화를 저해하는 핵심적인 요인[61]도 이와 크게 무관하지 않다).

국제사회에서 불신감을 조장하는 한국인들의 행동양식에 대해서는 우리사회 내부에서도 그랬고 국제사회에서도 많은 비판이 가해지고 있지만, 한류 역시 장기적 안목에서 신뢰와 명분을 축적해 상대국과의 우호선린관계를 구축하는 문화교류로 인식하지 않고 단발성 한탕주의를 앞세움으로써 정신과 철학의 빈곤을 노정(露呈)해 버린 것이다. 삼성경제연구소가 신한류의 지속을 위한 6대 전략을 제시하면서 전제조건으로서 '강점의 극대화'와 '걸림돌 제거'를 언급하고 있지만 '걸림돌'이라는 것이 실은 한국인의 사유양식을 반영한 것이나 다를 바 없다 (〈표 10-10〉 참조).

〈표 10-10〉 신한류 지속발전을 위한 6대 전략

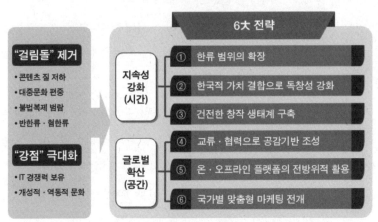

출처 : 서민수 외, 「신한류 지속발전을 위한 6대 전략」, 5면.

교류는 기본적으로 집단과 집단과의 질서 있는 관계행위이다. 니콜슨은 이를 '외교'의 원래의 의미라고 언급한바 있지만,[62] 한국사회는 대외교류(= 문화외교)의 진정한 의미를 아직도 자각하지 못하고 있다. 문화교류 = 국민교류·국민외교라는 사실을 망각한 결과는 우리자신에게 한류의 실체와 그에 실려 전파되고 있는 한국인의 가치관에 자성의 계기를 제공한 것으로 보아야 하고, 한편으로는 한류의 확산에 대한 저항기류가 결코 간단치 않을 것임을 예고하는 시그널로 받아들여야 한다.

상생의 마인드와 창조성을 추구하는 가치발신의 의미를 외면하거나 상호이해의 심화를 도외시하는 교류는 문화의 전파와 문화상품의 상업적 성공을 통해 'C-KOREA'의 위상을 강화해 가고자 하는 21세기 국가정책의 근간을 훼손시키는 행위이자, 글로벌 가치의 확산에 기여할 여지를 스스로 차단하는 것이나 마찬가지다. 특히 국제사회에서 공헌의 사유양식을 중시하고 실천하는 노력을 통해 정서적으로 공유할 수 있는 기반조성에 실패하게 되면 이미 아시아에 구축되어 있는 중화민족주의나 일본의 문화적 지배로부터 한류의 독자적 영역 확대 또한 쉽지 않을 것이다.

최근 일본은 아시아경제·사회의 세이프티 넷을 보다 더 두텁게 하기 위한 노력의 일환으로서 일본의 '안전·안심'의 사고방식과 기술 등을 아시아와 세계에 보급하여 시장의 일체화와 문화적 영향력 확대를 동시에 추구하고 있다.[63] 문화교류의 증진과 이를 통한 국격(国格) 향상, 그리고 아시아 아이덴티티 창출의 가능성을 우리 스스로 만들어가는, 이른바 가치발신 → 정서공유 → 글로컬문화 창출 등의 프로세스에 기여하는 한류가 되어야 한다. 문화 간 대화와, 문화수용자의 입장에서 접점을 모색할 수 있는 네트워크를 구축하여 공유할 수 있는 문화를 창조하고, 동시에 글로컬 문화산업을 발전시키는 역할을 해야 한다. 한류의 확대와 파급효과는 이미 여러 여론조사나 실증적 연구[64]를 통해 검증된 바 있기에 나름대로의 역할을 모색할 여지는 충분하다.

이를 바탕으로 문화교류의 일방성이 초래할 수 있는 정서적 반감의 해소(특히 동남아에 대해)에 진력하고, 각국에서 창조적 재능을 겸비한 글로벌인재의 확보에 힘쓰고, 한류파급을 위한 중점 지역의 전략적 관리와 제휴, 그리고 장기적 관점에서 신뢰관계를 구축할 수 있는 다양한 지원책 등을 모색하여, '일류(日流)'와의 차별성을 강화하는 한류로 거듭나야 한다. 이 과정에서 한국사회는 아시아 각국과의 협력을 통한 제도적 정비(문화시장 확대를 위한 기반조성)에 박차를 가하고, 각국의 소비트렌드의 면밀한 분석을 통해 그들의 니즈를 충족시킬 수 있는 가치나 상품을 상생의 틀 속에서 발신하는 자세를 견지하여, 소위 문화를 통한 라이프스타일이나 가치관의 공유를 꾀하는 신뢰할 수 있는 문화선진국으로 자리매김하여야 한다.

실제 일본은 아시아 각국의 소비패턴을 분석하여 그 패턴과 소득수준이 가까운 나라들을 중심으로 거기서부터 트렌드를 전파하는 전략을 추구하고 있다.[65] 아시아의 중산층의 급증은 한류의 현시점에서 보면 새로운 도약의 기회가 도래하고 있음을 의미한다. 이미 아시아는 과거 세계의 '생산거점'에서 '소비거점' '지식창조거점'으로 탈바꿈해 가고 있다. 물질의 추구가 아닌 지식, 즐거움, 삶의 가치 등을 추구하는 시장으로 재편되고 있다는 것이다. '세계의 성장센터'로 일컬어지고 있는 아시아에서 미지의 광대한 시장을 개척하고 동시에 아시아가 공감할 수 있는 공통의 가치를 구현하는 거점이 되기 위해서는 한류의 한계로 지적되고 있는 제 요소들을 제거하면서 한류의 강점을 극대화시키는 노력이 필요하다.

조셉 나이의 소프트파워론[66]을 굳이 언급하지 않더라도 일찍이 김구선생은 국가의 부력(富力)은 문화이니 문화의 힘으로 진정한 세계의 평화에 기여하는 민족이 되자고 주창했다.[67] 한류는 한국의 문화교류사에 있어 처음으로 그런 가능성을 외부의 자극에 의해 실현할 수 있는 기회를 제공 받았음을 의미한다. 이 절호의 기회를 살리기 위해서라도 농경문화의 전통을 살려 자연친화적인 문화경관을 조성하는 가치라든가, 지역과 계층에 구애받지 않고 모두가 함께 향유할 수 있는 문화민주화(cultural democracy)의 실현, 상호이해와 상호존중의 문화의식이 지역과 이념을 극복하며 화해와 평화에 기여하는 글로컬문화의 창출을 초래할 수 있다는 것, 등과 같은 과제를 제시하고 주도적으로 실천해가는 주체가 되어야 한다.

그런 정서적 기반의 정비와 제도적 토대 위에 한국문화의 장점인 희생과 배려, 온화함과 포용의 정서, 도전과 창의의 정신, 흥과 역동성이 넘치는 놀이문화 등을 지속적으로 뿜어낸다면 한류의 '트랜스내셔널 코리아'의 실현도 불가능하지 않을 것이다. 21세기의 국가의 품격이나 파워는 다름 아닌 문화적 매력이라는 사실을 한국사회가 개개인의 사유양식으로 승화시켜 갈 때 비로소 '쿨 코리아(Cool Korea)'의 생명력과 영향력도 확보될 것이다. 한국정부의 '한국적 콘텐츠의 세계화 실현' 의지를 현실화시키기 위해서라도 상대와의 창조적인 협력관계를 기대할 수 있는 국민 정서를 확립해야 한다. 이 같은 노력은 소프트파워로서 한류를 재평가하는 것이고 '공공외교'의 취지를 극대화할 수 있는 귀중한 문화적 자산으로 귀결될 수 있다.

3. 맺음말―'가치창출'의 한류

최근 '한류 3.0'이라는 말이 회자되고 있듯이 한류의 발전단계를 보면 생성과 성장기를 거쳐 다양성을 추구하는 심화기에 접어들고 있음을 확인할 수 있다. 동아시아의 한류 붐을 주도해온 K-Drama와 K-Pop이 각각 한류 1.0, 2.0이었다면 한국의 식문화(K-Food)를 중심(한식의 세계화 전략으로서, 한식을 단순한 요리가 아니라 종합문화상품[68]으로 개발)으로 한 의·식·주가 한류 3.0이라는 것이다. 최근의 여론조사를 보면 '한식'이 한국의 대표적인 이미지로 부상[69]하고 있어 한류 3.0의 성공가능성을 배제할 수는 없을 듯하다. 드라마나 아이돌 중심의 콘텐츠를 재생산하는 방식을 벗어나 한국의 전통이나 생활문화의 원형을 세계와 공감할 수 있는 콘텐츠로 활용하여 사회적·경제적 부가가치를 높이자는 의미이다(〈표 10-11〉 참조).

실제 한국의 콘텐츠관련산업의 매출은 2012년 기준으로 88조 원에

〈표 10-11〉 한류범위의 확장

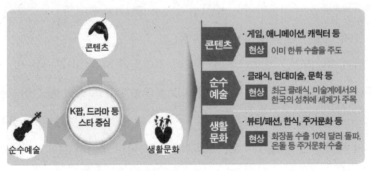

출처 : 서민수 외, 「신한류 지속발전을 위한 6대 전략」, 7면.

이르러 연평균 8.6%, 수출은 48억 달러로 연평균 19.7%, 종사자 규모는 60.5만 명으로 연평균 2.5%의 증가세를 보이고 있다. 특히 디지털 콘텐츠 규모는 2011년 23.6조 원으로 연평균 20.2%의 급성장세를 이어가고 있다.[70] 국내외의 경제적 위기에도 불구하고 콘텐츠산업이 비약적인 발전을 보이자, 정부는 경제구조의 패러다임변화를 명분으로 관련 산업을 발전시키기 위한 원대한 진흥 계획을 발표했다. 이른바 "콘텐츠산업으로 창조경제 견인, 국민소득 3만 불 시대"를 실현하겠다는 비전이다.[71]

그 배경에는 "상상력과 창의력을 기반으로 하는 콘텐츠산업이 일자리 중심의 창조경제 실현의 핵심으로 부상"하고 있다는 인식과 '창의적 콘텐츠'가 초래하는 고부가가치의 창출이 국가브랜드 가치를 제고한다는 인식이 깔려 있다. 이를 위해 정부는 5개의 전략적인 목표하에 2017년까지 시장규모 120조 원, 수출규모 100억 달러, 고용규모 61만 명을 달성하겠다는 계획을 수립했다. 정부의 계획대로라면 한국은 미국, 영국, 일본, 독일, 프랑스 등과 같은 창조산업의 강국으로 자리매김 할 수 있다는 것이다. 쉽지 않은 도정이지만 한국의 게임산업의 경쟁력이 세계 3위 수준이라는 조사결과(영국 국립과학예술재단조사)[72]가 나왔듯이 가능성은 매우 높은 편이다.

21세기는 "국민 개개인의 상상력이 콘텐츠가 되는 시대"라는 박 대통령의 취임사가 대변하듯, 우리의 문화콘텐츠를 지속적으로 발전시켜 창조경제 시대를 선도해 가겠다는 정부의 의지는 분명하다. 문화산업의 특성을 고려하거나 소프트파워가 국력이나 국가의 브랜드가치를 제고하는 현실을 감안하면 당연한 흐름이고, 따라서 정부는 관련 분야를 발전시키기 위한 비전을 제시하고 이를 실천할 수 있는 전략을 세워 목표에 도달하는 과정을 앞으로도 강화해 갈 것이다. 이 부분에서 한국의 정치지도자들이나 정책입안자들의 순발력과 능력은 높이 '평가'할 만하다.

외부적으로도 한국의 "경제적 위상 및 호감도가 높아진 점"은 한국문화에 대한 관심을 높이면서 동남아, 중앙아시아 등 경제 성장에 대한 동경을 가진 지역에서의 한류 확산에 긍정적인 작용을 할 것이고, "아시아 대중문화 시장의 빠른 성장"은 한류콘텐츠에 대한 보다 많은 소비를 견인함과 동시에 다른 대중문화와의 경쟁강도를 낮추며 문화적 접합성을 갖춘 한류 확산에 보다 긍정적인 작용을 할 것으로 기대하고 있다.[73] 한류의 지속적인 성장을 가능하게 하는 외부의 우호적인 요인도 이미 형성되어 있다는 논리이다.

하지만 여기서 우리가 잊어서는 안 되는 것이 있다. 세계 무역규모 제8위에 해당하는 경제 강국으로서의 국제적 지위나 국제공헌의 의미 등을 포함하여 우리의 문화교류·정책이 국제사회에 얼마나 공감할 수 있는 메시지를 발신하고 실천해 갈 수 있는가를 항상 고려해야 한다는 점이다. 정책을 일국주의적 관점이나 경제·산업적인 측면에서만 접근하면 다문화주의나 글로벌시대를 선도할 수 있는 공존·공생·공영의 가치를 정책에 반영하거나 실천할 가능성은 원천적으로 차단되어 버린다. 국내의 정책은 이미 국내에만 국한되는 것이 아니다. 그런 현실을 진지하게 인식하면서 정책에 접근하는 자세가 중요하다는 것을 자각해야 한다.

오늘날 문화콘텐츠는 'one source multi use'형의 고부가가치를 잉태하는 산업으로 발전하고 있다. 하나의 제품이 성공하면 그 후광효과를 이용하여 다양한 형태의 파생상품을 시장에 내 놓을 수가 있고, 시장으로부터 요구받고 있기도 하다. 콘텐츠의 개발단계에서부터 상품성과 가치지향성의 관점이 어우러지지 않으면 시장에서의 성공을 담보할 수 없을 뿐만 아니라 콘텐츠발신을 통한 진정한 의미를 실현시킬 수 없다. 한류가 산업적인 측면을 벗어나 문화창조나 가치창출의 단계로 새롭게 도약해야 하는 이유이기도 하다. 이 명제를 향해 우리 스스로 변하지 않으면 한국사회가 기대하는 '품격 있는 문화국가 대한민국' 건설은 요원할 것이다. 어쩌면 우리는 그 갈림길에서 고뇌하고 있을지도 모르나 정책이나 정권적 차원의 구호가 아닌 국민적 총의로 한류의 역사를 새롭게 만들어 가는 전환점이 되기를 진심으로 기대해 마지않는다.

1 KOTRA 유럽 지역본부・밀라노 무역관, 「유럽한류와 국가브랜드 조사」, 2013.7.8, 3면 참조.

2 『産経新聞』, 2013.7.10. 동 신문은 한국사회의 반일감정의 확산이 일본의 한류 붐을 종언시킨 중요한 요인이라고 언급하고 있다.

3 홍경자는 세계화 시대의 문화정체성의 문제를 "각 사회가 지니는 문화의 외연을 넓히는 동시에 그 동질성을 어떻게 구축해 나갈 것인가"를 상호문화정체성이라는 관점에서 분석하고 있다. 이론의 여지가 없는 지적이다. 홍경자, 「세계화 시대의 문화정체성 문제」, 『해석학연구』 제18집, 2006, 178면. 그러나 이 과정에서 세계화에 저항하는 지역의 문화정체성 강화의 움직임이 이 관점의 외적인 한계라고 지적하고 있지만, 지역의 문화정체성의 논의는 바로 이러한 한계를 극복하기 위한 전제로서 논의되고 있음을 유의할 필요가 있다.

4 기존의 한류에 관한 연구들은 주로 한류 현상에 대한 연구, 한류 현상을 초래한 원인연구, 그리고 한류의 산업적 효과 및 향후의 활용방안 등을 중심으로 이루어졌다. 이에 대해서는 이인구 외, 「중국과 일본에서의 한류 현상에 대한 탐험적 연구」, 『마케팅관리연구』 제12권 1호, 2007.1; 홍성태 외, 「한류가 한국산 제품에 대한 평가 및 구매의도에 미친 영향—일본사례를 중심으로」, 『마케팅관리연구』 제12권 1호, 2007.1; 박상현, 「한류문화산업의 반한류 재발방지에 관한 연구」, 『생산성논집』 제21권 2호, 2007.6; 윤선희 「아시아공동체의 문화정체성」, 『한국언론정보학보』, 통권46호, 2009 등에 소개되어 있다.

5 고정민 외, 『한국문화산업교류재단 한류총서 Ⅲ – 한류 포에버 중국・대만편』, 한국문화산업교류재단, 2009.

6 岩淵功一, 「方法としてのトランス・アジア」, 『越える文化, 交錯する境界』, 山川出版社, 2004. 이와부치는 미디어, 자본, 사람이 일국문화의 틀과 경제를 초월하여 착종(錯綜)하는 가운데 동・동남아시아 지역은 1990년대 중반부터 미디어문화가 활발히 교통하여, 혼합하고, 생성하고, 그리고 소비되는 교차공간으로 등장함으로써 문화시장의 동시성이 강화되었다고 한다(4면).

7 青崎智行, 「東アジア・テレビ交通の中の中国」, 岩淵功一 編, 『越える文化, 交錯する境界』, 山川出版社, 2004. EURODATA TV의 2001년의 데이터에 의하면, 시청률 톱 텐을 차지하는 드라마 영화 등 픽션의 비율은 북미 10%, 유럽 27%인데 비해 아시아에서는 75.7%

라고 한다. 특히 동아시아(중국, 대만, 홍콩, 한국 등)에서는 80%라고 한다(88면).

8　박현주는 한국이라는 로컬 공간에서 대중음악 생산자와 소비자가 보여주는 글로벌 음악의 지역적 변용이라는 문화실천행위 자체는 한국사회와 이데올로기에 대한 도전이나 저항으로 이해할 수 있지만, 그 과정에서 형성된 초국적 한국음악이 결과적으로는 서양 특히 미국의 상업적 대중문화의 지배적 위치에 도전하고 저항하는 방향으로 작용하면서 한편으로 한류 열풍을 발생시켰다고 한다. 요컨대 초국적 특성을 보이며 글로벌화된 로컬음악으로 자리잡은 K-Pop이 동아시아 내 문화교통을 주도하는 새로운 축으로 성장했다는 것이다. 박현주, 「글로벌 대중문화물의 한국적 변용과 탈식민주의적 문화정체성에 대한 연구」, 『언론과 사회』 14권 3호, 2006 가을, 61~62면.

9　青崎智行, 「東アジア・テレビ交通の中の中国」, 90면.

10　심두보, 「한류와 한국드라마, 그리고 여성의 팬덤」, 『방송공학회논문지』 제12권 제5호, 2007, 419면.

11　Kocca 콘텐츠산업정보포탈, 「2009 대한민국 게임백서 요약」, 『산업백서』, 한국콘텐츠 진흥원, 2009 참조.

12　박영일 외, 「국가별 한류콘텐츠 수출동향과 한국 상품 소비인식 분석－중국, 일본, 태국, 베트남 사례 비교」, 『코카포커스』 2012-05호(통권53호), 한국콘텐츠진흥원, 2012.6.8, 5면.

13　李美智, 「韓国政府による対東南アジア韓流振興政策－タイ・ベトナムへのテレビ・ドラマ輸出を中心に」, 『東南アジア研究』 48巻 3号, 2010.12, 266면.

14　박영일 외, 「국가별 한류콘텐츠 수출동향과 한국상품 소비인식－중국, 일본, 태국, 베트남 사례비교」, 18면.

15　李美智, 「韓国政府による対東南アジア韓流振興政策－タイ・ベトナムへのテレビ・ドラマ輸出を中心に」, 278면.

16　李美智, 「韓国政府による対東南アジア韓流振興政策－タイ・ベトナムへのテレビ・ドラマ輸出を中心に」, 280면.

17　국제문화산업교류재단, 「2009 해외한류의 현황과 과제」, 2009.11, 46~48면.

18　국제문화산업교류재단, 「2009 해외한류의 현황과 과제」, 2009.11, 70~72면.

19　「인도네시아서 "한류 효자 노릇"」, 『뉴스메이커』 760호, 2008.1.29 참조.

20　「해외 한류 조사 결과 보고－아시아, 미주, 유럽 지역 대상」, 문화체육관광부・(재)한국문화산업교류재단, 2012.12, 11면.

21　박영일 외, 「국가별 한류콘텐츠 수출동향과 한국 상품 소비인식 분석－중국, 일본, 태국, 베트남 사례 비교」, 9면.

22　박영일 외, 「국가별 한류콘텐츠 수출동향과 한국 상품 소비인식 분석－중국, 일본, 태국, 베트남 사례 비교」, 2면.

23　李美智, 「韓国政府による対東南アジア韓流振興政策－タイ・ベトナムへのテレビ・ドラマ輸出を中心に」, 271~272면.

24 박경리, 『토지』제4부 2권, 나남, 2002, 74면.

25 방문진, 「지속가능한 한류를 위해, 한 단계 품격 높은 한류를 위해」, 『한일문화교류 증진을 위한 정책보고서』, 2009.12, 44면.

26 山崎正和, 『柔らかい個人主義の誕生－消費社会の美学』, 中公文庫, 1987, 48~64면 참조.

27 일본사회의 대한인식을 보면, 한국에 대해 '친근감을 느낀다'가 1989년 40.7%에서 지속적으로 상승하여 2004년에는 59.7%까지 상승했다. 반면 '친근감을 느끼지 않는 다'는 1989년 50.8%에서 1990년대 후반부터 지속적으로 하락하여 2004년에는 39.2% 까지 떨어졌다. 內閣府輿論調査, 「外交に関する世論調査」, 2004.10.

28 채지영 외, 「일본한류소비자 연구」, 한국문화관광정책연구원, 2005.12, 73면.

29 채지영 외, 「일본한류소비자 연구」, 111면.

30 나카네 다카유키[中根隆行]는 청일, 러일 전쟁기에 형성된 '조선상'(게으름[怠惰]・더 러움[汚穢]・정체[停滞]를 핵으로 하는 편견을 띤 문화・인종적 표상)이 오늘날까지 도 그다지 변하지 않고 있음을 지적하면서, 이러한 일본인의 '조선상'의 형성을 일 본인의 자기형성의 패러다임으로 파악하는 문제의식을 제기했다(中根隆行, 『「朝鮮」 表象の文化誌』, 新曜社, 2004 참조). 저자는 일본인들의 기본인식에 자리잡고 있는 이 러한 대한관이 향후에도 소멸하지 않는다면 진정한 문화교류와 이를 통한 균형 잡 힌 대한관의 형성이 일본사회에서 구축되기는 어려울 것으로 전망하고 있다.

31 岩淵功一, 「方法としてのトランス・アジア」, 『越える文化, 交錯する境界』, 山川出版社, 2004, 3면.

32 「『読売新聞』・『한국일보』 공동여론조사」, 『読売新聞』(인터넷판), 2013.4.5.

33 広報文化外交の制度的あり方に関する有識者懇談会第2回, 「日本の目指す国家ブランド戦略 は何か―韓国の事例を踏まえつつ」, 外務省広報文化交流部, 2012.2.9.

34 홍콩의 생활자를 대상으로 조사한 바에 의하면 '시대를 선도해 가는 느낌'에 대해 한 국제품이 57%, 일본제품이 51%, '활기나 파워를 느낀다'는 한국제품이 65%, 일본제품 이 35%로 나타났다. 제품에 대한 홍콩인들의 평가는 한국이 앞서가고 있는 것이다. 「'文化産業'大国に向けて」, 経済産業省, 2010.4.5, 8면.

35 「日本文化産業戦略」, 経済産業省, 2007.5.16, 1면.

36 「'文化産業'大国に向けて」, 経済産業省, 2010.4.5, 3면.

37 예를 들어 일본의 동아시아의 문화수출은 비즈니스 기회라고 하기보다는 그 지역 에서의 일본의 이미지를 향상시켜, 궁극적으로는 일본의 침략의 역사에 대한 후유 증을 완화시키거나 말살시키려는 의도가 있었다고 언급하고 있다. 岩淵功一, 『トラ ンスナショナル・ジャパン』, 岩波書店, 2001, 126면.

38 岩淵功一, 『トランスナショナル・ジャパン』, 57면.

39 清沢洌, 「日本文化の侵略性」, 『改造』12月号, 1935, 294면.

40 財団法人国際文化振興会, 「財団法人国際文化振興会設立経過及び昭和九年事業報告書」, 1935, 17면

41 김휴종, 「한국 대중문화산업발전 전략」, 삼성경제연구소, 1999.12, ii~iii면 요약.

42 李修京,「日本の韓流現象と日韓交流の諸課題」,『東京学芸大学紀要－人文社会科学系Ⅰ』, 2006.1, 89면.

43 이 부분에 대한 연구결과는 이인구 외,「중국과 일본에서의 한류 현상에 대한 탐험적 연구」; 이충배 외,「한류문화 확산에 따른 디지털콘텐츠산업의 수출 확대방안 연구」,『통상정보연구』제8권 2호, 2006.6 등을 참조.

44 1990년대부터 정부는 문화정책에 대한 패러다임변화를 통해 문화산업을 지원하기 위한 정책들을 추진, '문화산업진흥 5개년 계획', '영화산업진흥 종합 계획', '콘텐츠 코리아 비전 21', '문화산업 진흥기본법' 등을 발표하며 문화산업활성화의 기반을 조성했다.

45 '아시아문화산업교류재단'의 구성이나 한국문화콘텐츠진흥원의 해외사무소 설치 추진, 세계 5대 문화산업강국 실현을 위한 문화산업 정책 비전, 한류의 지속적 확산을 위한 대책회의 등은 한류확산을 위한 정부의 의지를 반영한 것이다. 2000년대의 한류정책의 형성에 대해서는 정정숙,「한류에 있어서의 인문학의 활용방안」,『2007년도 인문정책연구 정책보고서』6, 경제・인문사회연구회, 2007.12 참조.

46 이웅규 외,「방한 중국관광객 유치증대를 위한 한류 지속방안연구」,『문화관광연구』제6권 2호, 2004; 박상현,「한류문화산업의 반한류 재발방지에 관한 연구」,『생산성논집』제21권 2호, 2007.6 등이 있다.

47 김윤호 외,「IT혁신과 한류 열풍」,『한국해양정보통신학회논문지』제9권 4호, 2005; 이충배 외,「한류확산에 따른 디지털콘텐츠 산업의 수출 확대방안 연구」,『통상정보연구』제8권 2호, 2006; 전태석,「한류산업에 있어서 해외시장지향성과 사업성과에 관한 연구」,『한국컴퓨터정보학회논문지』제10권 6호, 2005 등 다수가 있다.

48 양은경,「동아시아문화정체성의 형성과 텔레비전의 소비」,『한국방송학보』제20권 3호, 한국방송학회, 2006, 201면.

49 예를 들면 드라마 속의 가족애라든가 대중음악의 댄스뮤직 등은 일본대중문화 속에서는 찾기 어려운 한류의 경쟁력이었고, 이것이 초기 한류 열풍의 커다란 동인이었다. 특히 가족의 붕괴 현상은 1970, 80년대 서구와 일본사회에서 공통으로 나타난 현상으로서 이런 현상이 대중문화 속에 실려 나타남으로써 아시아에 있어서 일종의 반발심리가 형성되고 그 틈새를 한국의 드라마가 침투하며 한국드라마 열풍이 동남아를 중심으로 형성되기 시작한 것이다.

50 『서울경제』(인터넷판), 2010.4.6.

51 『조선일보』(인터넷판), 2010.4.18;『한국일보』(인터넷판), 2010.4.24는 '한류처와 제2의 한류－'바람난' 한류부인 덕에 다시 살아난 열기'라는 제하에 2차 한류의 명암을 분석하고 있지만, 여전히 일본의 일부언론의 보도내용을 자극적인 문구를 동원해 확대 해석하고 알맹이 없는 내용으로 일관하는 보도형태는 한국 언론의 고질병이라고 생각한다.

52 한국수출입은행,「한류수출 파급효과 분석 및 금융지원 방안」, 2012.5, ii면 요약. 문

화상품이 소비재 상품의 선호도를 높이는 과정을 보면, 개별제품의 이미지뿐만 아니라 기존산업의 이미지도 제고시켜 매출의 증대를 초래하고 나아가 신규산업 진출에도 기여하는 것으로 나타났다.

53 대표적인 사례로서 한식의 세계화 전략이 있다. 현재 한식은 다른 분야에 비해 매우 취약한 분야로 간주되고 있다. 일본은 물론이고 태국이나 베트남의 식문화보다도 열세에 처해 있다고 한다. 때문에 정부에서도 한식의 세계화를 위한 본격적인 대응을 시작했지만 한식의 세계화를 저해하는 몇 가지 근본적인 요인이 존재한다고 한다. 관련연구에 의하면 우선 생존을 위한 식당이 너무 많다는 것, 저렴하고 서민적이어야 한다는 고정관념, 강한 냄새, 조리법의 표준화와 과학화 부재, 정부지원 예산의 부재, 세련된 인테리어와 디자인의 식당 분위기 조성 미흡, 가격대비 서비스의 부족, 전략적인 포지셔닝의 부족, 한국인을 주고객으로 하는 마케팅, 대를 잇는 장인 정신의 주방장 부재, 차별받는 국내호텔의 한식당 등의 요인을 언급하고 있다. 향후 한식이 한류의 블루오션이 되기 위해서는 이러한 한계들을 극복해야 한다는 의미이다. 이웅규 외, 「한식의 세계화를 위한 현지화 전략에 관한 사례연구」, 『외식산업경영연구』 Vol.5 No.1, 한국외식산업경영학회, 2009.6, 5~11면.

54 김상배, 「한류의 매력과 동아시아 문화네트워크」, 『세계정치』 제28집 1호, 2007 참조.

55 한류에 대한 실태조사로서 가장 광범위하고 신뢰할 수 있는 보고서는 한국문화관광정책연구원의 책임연구원인 채지영 외 4인의 공동보고서 「일본한류소비자 연구」(한국문화관광정책연구원, 2005.12)이다. 이 보고서에 의하면, 한류는 일본이나 미국을 비롯한 서양의 문화상품을 대치한 것이 아니라 그 틈새시장에서 새로운 선택 대안으로 힘겹게 자리매김하고 있는 중이라고 한다. 따라서 한류에 대한 국내신문들의 과장보도, 자화자찬식 이벤트 등은 한류 문화산업을 위해서나 한일 문화교류를 위해서 도움이 되지 않음을 확인했다고 한다. 그보다는 한류가 일본시장에서 지속적으로 사랑받고 성장하기 위해 한류에 대한 정확하고 객관적인 분석과 그에 대한 가치의 평가가 시급히 필요한 시점이라고 지적했다. 매우 정확한 분석이자 제언이라고 생각한다(110면).

56 졸고, 「한일문화교류의 의의와 전망」, 『日本學報』 제64집, 한국일본학회, 2005, 373면.

57 한국영화의 대일진출의 실적과 성과 등에 대한 구체적인 분석은 이문행, 「한국영화의 특성에 따른 일본수출 성과에 대한 연구」, 『한국언론정보학보』 39호, 2007 참조.

58 김형준, 「한일영화교류증진을 위한 제언」, 『한일문화교류증진을 위한 정책보고서』, 2009.12, 25면.

59 「中国における日本産コンテンツの放映・上映・発売状況データ」, 日本貿易振興貴機構, 2009.7, 13면.

60 그 배경을 정정숙은 ① 콘텐츠산업의 부진, ② 소비자의 호감도 하락, ③ 타국상품과의 경쟁력 심화, ④ 불법복제 및 브랜드의 무단도용 남용, ⑤ 각국의 대응책 강화, ⑥ 일방적인 문화 전파로 인한 반한 정서의 대두 등으로 요약하고 있다. 정정숙, 『한류에 있어서의 인문학의 활용방안』, 5~10면.

61 이웅규 외, 「한식의 세계화를 위한 현지화 전략에 관한 사례연구」 참조. 한류의 세계

화를 저해하는 구조적인 문제도 분명 있지만 그 이전에 기본적인 문제가 있다. 요컨 대 음식을 매개로 하는 사업을 너무 쉽게 생존수단으로 생각하는 경향이 강하다보니 가장 중요한 요소인 경영자의 장인정신과 서비스정신의 부재라는 철학의 빈곤이 해 외에서도 그대로 노정되면서 국가의 이미지를 훼손시키고 있다는 것이다. 이는 국민 개개인의 행동양식이 국가의 품격을 규정한다는 사실과 개개인이 실은 문화교류나 문화외교의 주체라는 사실을 망각하고 있는 데서 빚어지고 있는 현상이다.

62 Harold George Nicolson, *Diplomacy*, Oxford University Press, 1963(斎藤真・深谷満雄 訳, 『外交』, 東京大学出版会, 1965, 9면).

63 「新成長戦略(基本方針)」, 経済産業省, 2009.12.30, 13면.

64 대표적으로는 이인구 외, 「중국과 일본에서의 한류 현상에 대한 탐험적 연구」, 『마 케팅관리연구』 12권 1호, 2007.1; 홍성태 외, 「한류가 한국산 제품에 대한 평가 및 구 매의도에 미친 영향―일본 시장 사례를 중심으로」, 『마케팅관리연구』 12권 1호, 2007.1; 이충배 외, 「한류문화 확산에 따른 디지털 콘텐츠 산업의 수출 확대방안 연 구」, 『통상정보연구』 8권 2호, 2006.6; 이부형, 「HRI연구보고서―한류 현상과 문화 산업화 전략」, 『한국경제주평』, 2004.12; 한국수출입은행, 「한류수출 파급효과 분석 및 금융지원 방안」, 2012.5 등이 있다. 이들의 논문은 한류가 국가이미지 제고나 구 매 의욕 증대, 그리고 새로운 문화수출의 확대 가능성 등을 언급하면서 한류가 미치 는 사회・문화・산업적 측면의 의미를 논하고 있다.

65 「アジア消費トレンドマップ(仮称)の策定について」, 経済産業省, 2009.8.7, 21면.

66 Joseph S. Nye, Jr., *SOFT POWER : The Means Success in World Politics*, Perseus Books Group, 2004 참조. 조셉에 의하면 '소프트파워'라는 것은, 행동원리로 보면 내편으 로 끌어들이는 '매력적인 힘(power of attraction)'이고, 그런 힘을 끄집어내는 관련성 이 높은 것으로서, 제도, 가치관, 문화, 정책 등을 언급하고 있다(p.5~11).

67 김구, 우현민 역, 『백범일지』, 서문당, 1995, 364면.

68 「한식과 한국 음식문화의 세계화―제5편 한국의 음식 및 음식 문화의 글로벌화 추 진 전략」, Agenda Research Group・Agenda.net, 2005; 김경민 외, 「한식 브랜드 개성 의 포지셔닝을 통한 한식세계화 전략―한・중・일・영어권 글로벌 마케팅 접근」, 『식품유통연구』 제27권 3호, 2010.9; 김행란 외, 「한식세계화 추진현황과 연구방향」, 『농업전망 2010(1)―녹색성장과 농업농촌의 새로운 활로』, 한국농촌경제연구원, E04-2010 등 참조.

69 「해외 한류 조사 결과 보고―아시아, 미주, 유럽 지역 대상」 참조.

70 미래창조과학부・문화체육관광부, 「콘텐츠산업 진흥 계획」, 2013.7.4, 3면.

71 미래창조과학부・문화체육관광부, 「콘텐츠산업 진흥 계획」, 2013.7.4 참조.

72 『아이뉴스 24』(인터넷판), 2009.1.5, 참조.

73 한국콘텐츠진흥원, 「K-POP이 주도하는 신한류―현황과 과제」, 『KOCCA포커스』 2011 -03호(통권31호), 2011, 18면.

제1장 _ 일본문화와 문화외교

金弼東, 「한국에 있어서 '일본문화론' 전개에 관한 일고찰」, 『日本学報』第58輯, 2004.3.

_____, 「自由民権運動の'在地化'過程に関する研究」, 『日本学報』第61輯, 2004.11.30.

_____, 「啓蒙思想に関する少考」, 『日本学報』第71輯, 2007.5.30.

_____, 「戦後日本外交史における'文化外交'の推移と意味」, 『日本学報』第75輯, 2008.5.31.

_____, 「戦後日本外交史における'文化外交'研究－1960年代を中心に」, 『日本学研究』第24輯, 2008.5.31

_____, 『리액션의 예술 일본대중문화』, 새움출판사, 2001.

_____, 『일본 · 일본인론의 재발견』, J&C, 2007.

정정숙, 「동아시아문화공동체를 지향하는 문화정책」, 한국문화관광정책연구원, 『뉴스레터』第16号, 2005.11.3.

青木保, 최경국 역, 『일본문화론의 변용』, 소화출판사, 1997.

相良憲昭, 『文化学講義』, 世界思想史, 2003.

麻生太郎, 「文化外交の新発想」, http://www.mofa.go.jp/mofaj/press/enzetsu/18/pdfs/easo_0428.pdf, 2006.4.28.

梅棹忠夫 編, 『文明学の構築のために』, 中央公論社, 1981.

小倉和夫, 「'国際財'の真の価値こそ世界に発信しよう」, 『中央公論』, 2004.10.

上山春平, 『日本文明史の構想』, 角川書店, 1990.

大沢淳, 「国益」, 猪口孝 編, 『国際政治事典』, 弘文堂, 2005.

小野直樹, 『日本の対外行動』, ミネルヴァ書房, 2011.

加藤周一, 『近代日本の文明史的位置－加藤周一著作集 7』, 平凡社, 1979.

加藤英俊 編, 『日本文化論』, 徳間書店, 1966.

川島武宜, 「評価と批判」, 『民族学研究』第14巻 4号, 1950.5.

川勝平太, 『文化力－日本の底力』, ウェッジ, 2006.

河島伸子, 「文化政策形成の仕組みづくりのために」, 社団法人日本芸能実演家団体協議会, 2002.9.

日下公人, 『21世紀, 世界は日本化する』, PHP研究所, 2000.

木村尚三郎, 『"耕す文化"の時代』, ダイヤモンド社, 1988.

小原雅博, 『国益と外交』, 日本経済新聞社, 2007.

経済産業省, 『News Release』, 2010.6.8.

後藤和子, 『芸術文化の公共政策』, 勁草書房, 1998.

近藤春雄, 「文化外交の思想的背景」, 『外交時報』76号, 1934.

白幡洋三郎, 「新"日本文化論－序説」, 『日本研究』第16号, 国際日本文化研究センター, 1997.

杉浦陽太郎, 『国際外交録』, 中央公論社版, 1933.

田中耕太郎, 「国際文化運動の理念」, 『改造』1月号, 1937.

三枝茂智, 「対外文化政策に就て」, 『支那』, 8月号, 1931.

＿＿＿＿, 『極東外交論策』, 斯文書院, 1933.

芝崎厚土, 『近代日本と国際文化交流』, 有信堂高文社, 1999.

清水嘉弘, 『文化を事業する』, 丸善ライブラリー, 1997.

鈴木貞美, 「グローバリゼイション, 文化ナショナリズム, 多文化主義と日本近現代文芸」, 『日本研究』第27号, 国際日本文化研究センター, 2003.

永原慶二, 『自由主義史観批判－自国史認識について考える』(岩波ブックレットNo.505), 岩波書店, 2000.

内閣府・財団法人日本総合研究所, 「国民経済協力の効率化のための官民パートナーシップの検討調査報告書」, 2000.3.

内藤湘南, 「日本文化とは何ぞや」, 加藤英俊 編, 『日本文化論』, 徳間書店, 1966.

中嶋嶺雄, 『反・革命の時代』, PHP研究所, 1992.

中本進一, 「ハイ・カルチャー／ポピュラー・カルチャーにおけるヘゲモニーの転換と領有に関する一考察」, 『一橋法学』第2巻 第3号, 2003.11.

根木昭, 『日本の文化政策』, 勁草書房, 2001.

橋本健二, 「文化としての資本主義・資本主義の文化」, 宮島喬 外編, 『文化と社会』, 有信堂, 1991.

馬場憲一, 『地域文化行政の新視点』, 雄山閣出版株式会社, 1998.

原田武夫, 『'NO'と言える国家』, ビジネス社, 2006.

尾藤正英, 『日本文化の歴史』, 岩波新書, 2000.

平野健一郎, 『国際文化論』, 東京大学出版会, 2000.

平野健一郎 編, 『国際文化交流の政治経済学』, 勁草書房, 1999.

冷泉彰彦, 「日本化するアメリカ」, 『Japan Mail Media』第305回, 2007.6.2.

文化外交の推進に関する懇談会報告書, 「'文化交流の平和国家'日本の創造を」, 2005.7.11.

牧原憲夫, 『文明国を目指して－日本の歴史幕末から明治時代前期 13』, 小学館, 2008.

宮城望, 「文化宣揚と文化宣伝」, 『国際文化』第5号, 国際文化振興会, 1939.

吉田禎吾, 「文化変容」, 祖父江孝男 編, 『現代文化人類学2－人間の文化』, 中山書店, 1957.

Martin Showsms, 高屋定国・松尾真 訳, 『グローバル社会と国際政治』, ミネルヴァ書房, 1997.

Mare Fumaroli, 天野恒雄 訳, 『文化国家―近代の宗教』, 山陽社, 1993.

Matthew Arnold, 多田英次 訳, 『教養と無秩序』, 岩波文庫, 1965.

「21世紀を'最高に生きる'ために転換期に立つ文化と国家」, 『国際交流』74号, 国際交流基金, 1997.

「クール・ジャパン戦略」, 経済産業省クリエイティブ産業課, 2012.7.

『国民生活白書』, 経済企画庁, 2000.

『我が国の文化行政』, 文化庁, 2008.

『わが外交の近況』, 外務省, 1971・1980・1981.

『外交青書』, 外務省, 1999・1991・2001.

McGray, Douglas, *Foreign Policy*, 2002.5・6.

Nicolson, Harold George, *Diplomacy*, Oxford University Press, 1963.

Nye, Joseph S., Jr., *SOFT POWER : The Means Success in World Politics*, Perseus Books Group, 2004.

The Travel Vision news, 2007.11.24.

The Washington Post, 2003.12.27.

제2장 _ 제국일본의 '일본문화'의 외교 전략화

有沢広巳,「日本経済の孤立」,『改造』8月号, 1934.

李嘉冬,「戦前・戦時期日本の中国における学術研究活動－東方文化事業上海自然科
　　　学研究所を中心に」,『中国研究月報』No.777, 2012.11.

石黒脩,『国語の世界的進出』, 厚生閣, 1939.

_____,『日本語の世界化』, 脩文官, 1940.

入江昭,『日本の外交』, 中公新書, 1966.

_____, 篠原初枝 訳,『権力政治を越えて－文化帝国主義と世界秩序』, 岩波書店, 1988.

岩倉具視,「外交・会計・蝦夷地開拓意見書」,『日本近代思想大系・対外観』, 岩波書
　　　店, 1988.

内田弘,「三木清の東亜協同体論」,『専修大学社会科学研究所月報』No.508, 2005.10.20.

小沢有作,「日本植民地教育政策論」,『人文学報』No.82, 東京都立大学, 1971.

小野正康,『日本学入門』, 目黒書店, 1944.

衛藤瀋吉,『近代東アジア国際関係史』, 東京大学出版会, 2004.

_____,『日本学の道統』, 目黒書店, 1944.

加藤祐三,『東アジアの近代』, 講談社, 1985.

外務省文化事業部,『国際文化交流の現状と展望』, 大蔵省印刷局, 1973.

外務省 編,『日本外交年表並主要文書』下, 原書房, 1965.

清沢洌,「日本文化の侵略性」,『改造』12月号, 1935.

熊本史雄, 「第一次大戦期における外務省の対中政策－'経済提携'から'文化提携'への
　　　転換」,『史境』第45号, 歴史人類学会編, 2002.

黒沢文貴,「日本外交の構想力とアイデンティティ」, 日本国際政治学会 編,『国際政治
　　　－日本外交の国際認識と秩序構想』139号, 2004.

近藤正憲,「戦間期における日洪文化交流の史的展開」,『千葉大学社会文化科学研究』
　　　第4号, 千葉大学, 2000.

近藤春雄,「文化外交の思想的背景」,『外交時報』76号, 1934.

佐野真由子,「文化の胸像と実像－万国博覧会に見る日本紹介の歴史」, 平野健一郎 編,
　　　『国際文化交流の政治経済学』, 勁草書房, 2007.

芝崎厚史,『近代日本と国際文化交流』, 有信堂高文社, 1999.

_____, 「財政問題からみた国際文化交流－戦間期国際文化振興会を中心に」, 平野

健一郎 編,『国際文化交流の政治経済学』, 勁草書房, 2007.

白政晶子,「国際文化振興会写真作製事業に関する一考察-'KBSフォトライブラリー'形成と活用の展開」,『早稲田大学大学院文学研究科紀要』, 2011.2.

関正昭,『日本語教育史研究序説』, スリーエーネットワーク, 1997.

三枝茂智,「対外文化政策に就て」,『支那』8月号, 1931.

_____,『英国反省せよ』, ダイヤモンド社, 1937.

杉村陽太郎,『国際外交録』, 中央公論社, 1933.

須磨弥吉郎,「東洋文化外交試論」,『外交時報』490号, 1925.

孫安石,「戦前中国における日本・日本語研究に関する資料の調査報告」,『神奈川大学言語研究』第25巻, 2003.3.1.

高田正治,「日支文化政策の将来」,『文芸春秋』1月号, 1941.

田崎仁義,「対支文化事業と吾人の之に対する若干の希望」,『商業と経済』第5巻 2号, 1925.2.

田中耕太郎,「国際文化運動の理念」,『改造』1月号, 1937.

_____,「文化協定と文化工作」,『改造』6月号, 1939.

田中義一伝記刊行会 編,『田中義一伝記』上, 原書房, 1981.

各務虎雄,「新東亜建設と国語教育」,『日本語教科書論』, 育英書院, 1943.

平野健一郎,「黄遵憲『朝鮮策略』異本校合-近代初期東アジア国際政治における三つの文化の交際について」, 日本国際政治学会 編,『国際政治』129号, 2002.

中山茂,「世界における日本学の成立とそれからの離脱」,『日本研究』第10集, 国際日本文化センター, 1994.8.

日米交流150周年記念シンポジウム報告書,「日米関係の軌跡と展望」, 国際交流基金, 2004.

長谷川恒雄,「日本語教育の'国策化'の流れ-外務省・興亜院・文部省・日本語教育振興会」,『第二次大戦期日本語教育振興会の活動に関する再評価についての基礎的研究報告』3, 2010.3.

広部泉,「国際連盟知的協力国際委員会の創設と新渡戸稲造」,『北大文学研究科紀要』121, 2007.

福島道正,「最近世界における日本の地位」,『外交時報』第701号, 1934.

細谷雄一,『外交-多文明時代の対話と交渉』, 有斐閣, 2007.

松宮一也,「共栄圏文化の拡充と日本語」,『日本語』第2巻 第5号, 1942.5.

三木清,「東亜思想の根拠」,『改造』12月号, 1938.

＿＿＿,「文化の力」,『改造』1月号, 1940.

森島守人,「国民外交の基調」,『国際知識』6巻6号, 国際連盟協会, 1926.

柳沢健,「国際文化事業とは何ぞや」,『外交時報』第704号, 1934.

＿＿＿,「国際文化事業とは何ぞや(続)」,『外交時報』第706号, 1934.

矢野仁一,「日支文化の交流」,『文芸春秋』6月号, 1939.

山田朗 編,『外交資料 近代日本の膨張と侵略』, 新日本出版社, 1997.

Hans J. Morgenthau, 原彬久外 訳,『国際政治(*POLITICS AMONG NATIONS*)』I, 福村出版株式会社, 1986.

『朝日新聞社史』(大正・昭和戦前編), 朝日新聞社, 1995.

『国際外交録・杉村陽太郎の追憶』(日本外交史人物叢書8), ゆまに書房, 2002.

「御署名原本・昭和八年・詔書三月二七日・国際聯盟脱退ニ関スル詔書(国立公文書館)」, JACAR(アジア歴史資料センター) Ref.A03021877900.

『財団法人国際文化振興会設立経過及昭和九年度事業報告書』, 文勝社印刷所, 1935.

「対支文化事業の動向」,『週報第一〇号』, 1937.12.16.

「対外文化事業の綜合機関組織, 二千六百年を光輝あらしめん, 提唱される試案三つ」,『神戸新聞』, 1936.8.15.

『ニューヨーク・タイムズ』(1920.10.3),『外国新聞にみる日本』第四巻・下, マイナビ, 1993.

제3장 _ 일본의 전후부흥과 문화외교

五百旗頭真,「国際環境と日本の選択」,『講座国際政治4－日本の外交』, 東京大学出版会, 1989.

五百旗頭真 編,『戦後日本外交史』, 有斐閣アルマ, 1999.

＿＿＿＿＿,『日米関係史』, 有斐閣ブックス, 2008.

入江昭,『日本の外交』, 中公新書, 1966

荻原徹 監修,『日本外交史 第31巻－講和後の外交II経済・下』, 鹿島研究所出版会, 1972.

ケネス B. パイル,「日本と世界と21世紀」,『現代日本の政治経済 第2巻－現代日本の国際関係』, 総合研究開発機構, 1987.10.

杉村陽太郎,『国際外交録』, 中央公論社, 1933.

武田康裕,「東南アジア外交の展開」, 草野厚 外編,『現代日本外交の分析』, 東京大学出版会, 1995.

鄭敬娥,「岸内閣の'東南アジア開発基金'構想とアジア諸国の反応」,『大分大学教育福祉科学部研究紀要』第27巻 第1号, 2005.4.

西川吉光,『日本の外交政策－現状と課題, 展望』, 学文社, 2004.

西村熊雄,『日本外交史 第27巻－サンフランシスコ平和条約』, 鹿児島平和研究所, 1971.

紀平建一,「戦後英語教育における*Jack and Betty*の位置」,『日本英語教育研究』第3号, 1988.

波多野澄雄・佐藤晋,『現代日本の東南アジア政策』, 早稲田大学出版部, 2007.

原栄吉,『日本の戦後外交史潮』, 慶応通信, 1984.

平田恵子,「インドシナ外交」, 宮下明聡 外編,『現代日本のアジア外交』, ミネルヴァ書房, 2004.

フランク C. ラングドン, 福田成夫 監訳,『戦後の日本外交』, ミネルヴァ書房, 1976.

増田弘 外,『日本外交史ハンドブック』, 有信堂, 1995.

宮城太蔵,『戦後アジア秩序の模索と日本』, 創文社, 2004.

岩本茂樹,「戦後日本におけるアメリカニゼーション－*JACK AND BETTY*を通して」,『社会学部紀要』第83号, 1999.

_____,「アメリカ漫画〈ブロンディ〉へのまなざし－'夫の家事労働'をめぐって」,『慶応義塾大学メディア・コミュニケーション研究所紀要』No.58, 2008.

宮本又郎 外,『日本経営史』, 有斐閣, 1995.

吉田茂,『回想十年』第1巻, 新潮社, 1957.

_____,『回想十年』第3巻, 新潮社, 1957.

_____,『回想十年』第4巻, 新潮社, 1957.

若宮啓文,『戦後保守のアジア観』, 朝日新聞社, 1995.

「旧称号"日米文化振興会"の設立経緯－'文化'の意味とは?」, http://www.ja-cpce.jp/history.htm.

『国際文化会館50年の歩み』, 財団法人国際文化会館, 2003.

『通商白書』, 通商産業省, 1953・1955.

『経済白書』, 経済企画庁, 1956.

『年次世界経済報告』, 経済企画庁, 1958.

『福沢諭吉全集』第10巻, 岩波書店, 1960.

『わが外交の近況』, 外務省, 1957・1958・1959・1960・1963・1964.

Nye, Joseph S. Jr., *BOUND TO READ : the chandind nature of American power*, Basic Books, 1990.

제4장 _ 일본의 국제지위변화와 문화외교

五百旗頭真 編,『日米関係史』, 有斐閣ブックス, 2008.

戎野淑子,「高度経済成長期における労使関係－日本的労使関係」,『日本労働研究雑誌』No.634, 2013.5.

岩本茂樹,「戦後日本におけるアメリカニゼーション－*JACK AND BETTY*を通して」,『社会学部紀要』第83号, 1999.

加藤淳平,『文化の戦略』, 中公新書, 1996.

外務省戦後外交史研究会,『日本外交30年』, 世界の動き社, 1982.

河竹登志夫,『近代演劇の展開』, 日本放送出版協会, 1972.

芹田健太郎,「日本の技術協力協定の分析」,『国際協力論集』第1巻 第2号, 1993.

斉藤泰雄,「青年海外協力隊'現職教員特別参加制度'」,『わが国の国際教育協力の在り方に関する調査研究報告書』, 国立教育政策研究所, 2009.3.

武田康裕,「東南アジア外交の展開」, 草野厚 外編,『現代日本外交の分析』, 東京大学出版会, 1995.

紀平建一,「戦後英語教育における*Jack and Betty*の位置」,『日本英語教育研究』第3号, 1988.

波多野澄雄 外,『現代日本の東南アジア政策』, 早稲田大学出版部, 2007.

フランク ラングドン, 福田成夫 監訳,『戦後の日本外交』, ミネルヴァ書房, 1976.

松葉正文,「日本の戦後史・断想(下)－『昭和天皇』,『敗北を抱きしめて』,『歴史としての戦後日本』を読了して」,『立命館産業社会論集』第39巻 第3号, 2003.12.

宮城大蔵,『戦後アジア秩序の模索と日本』, 創文社, 2004.

文部省,『学制九十年史』, 1964.

＿＿＿,『学制百年史』(第一篇), 帝国地方行政学会, 1972.

渡辺昭夫, 『戦後日本の外交政策』, 有斐閣, 1985.

Herman Khan, 坂本二郎・風間禎三郎 訳, 『超大国日本の挑戦』, ダイヤモンド社, 1970.

『科学技術白書』, 科学技術庁, 1962.

『経済白書』, 経済企画庁, 1956・1968・1969・1970.

『世界経済白書』, 経済企画庁, 1966.

『通商白書』, 通商産業省, 1964・1969・1970.

『わが外交の近況』, 外務省, 1961・1962・1963・1965・1966・1967・1969・1970・1971・
　　　　1972.

『毎日新聞』(夕刊), 1960.10.25〜26.

『時事新報』, 1951.9.10, 社説.

『出版文化国際交流会会報』160号, 2004.3.

제5장 _ 경제선진국 일본의 문화외교

五百旗頭真 編, 『戦後日本外交史』, 有斐閣アルマ, 1999.

稲村博, 『日本人の海外不適応』, 日本放送出版協会, 1980.

ウィ ホック チェア, 「東南アジア教育大臣機構―(SEAMEO)有効な地域教育協力の一例」,
　　　　『Japan Education Forum』IX, 広島大学教育開発国際研究センター, 2012.

加藤淳平, 「戦後日本の首脳外交」, 『外務省調査月報』No.1, 2002.

鹿野正政直, 「1970〜90年代の日本―経済大国」, 『日本通史 第21巻―現代2』, 岩波書
　　　　店, 1995.

国際交流基金, 『国際交流基金30年の歩み』, 中央公論事業出版, 2006.

斉藤泰雄, 「1970年代初頭における国際教育協力論の高揚と停滞」, 斉藤泰雄 外, 『わが
　　　　国の国際教育協力の在り方に関する調査研究』, 国立教育政策研究所, 2009.3.

佐藤乾一, 『近代日本とインドネシア―交流'100年史』, 北樹木出版, 1989.

日本文化研究会 編, 『国際誤解と日本人』, 三修社, 1980.

林知己夫 編, 『日本と東南アジアの文化摩擦』, 出光書店, 1982.

法眼晋作, 『日本の外交戦略』, 原書房, 1981.

平野健一郎, 「ヒトの国際移動と国際交流」, 『国際文化交流の政治経済学』, 勁草書房, 1999.

渡辺昭夫,『戦後日本の外交政策』, 有斐閣, 1985.

Herman Khan, 坂本二郎・風間禎三郎 訳,『超大国日本の挑戦』, ダイヤモンド社, 1970.

「為替制度の改善を」,『日本経済新聞』, 1970. 5. 18.

「"教室での万国博"で対立」,『朝日新聞』, 1970. 2. 24.

「人, その意見」,『朝日新聞』, 1969. 10. 28.

「財界の押し, 巧奏さず」,『日本経済新聞』(夕刊), 1970. 5. 19.

「世界の対話の場に」,『日本経済新聞』(夕刊), 1970. 3. 13.

「変質するの意義」,『読売新聞』, 2000. 3. 31.

「日本万国博協会会長・石坂泰三」,『朝日新聞』, 1970. 1. 1.

「日本万国博ベリーナイス!」,『日本経済新聞』(夕刊), 1970. 2. 25.

「日本万国博(1)」,『読売新聞』(夕刊), 1970. 2. 19.

「日本万国博(2)」,『読売新聞』(夕刊), 1970. 2. 20.

「万国博, あと半年」,『日本経済新聞』(夕刊), 1969. 9. 15.

「万国博の世論調査」,『朝日新聞』(夕刊), 1969. 6. 21.

『朝日新聞』, 1970. 2. 24, 社説.

「国際交流基金法 第1章 第1条」(昭和47年6月1日法律第48号).

『経済白書』, 経済企画庁, 1971・1972.

『通商白書』, 通商産業省, 1971・1973・1974・1975・1976・1981.

『わが外交の近況』, 外務省, 1965・1969・1970・1971・1972・1973・1974・1975・1976・
1977・1978・1979・1980・1981.

제6장 _ 국제국가 일본의 문화내셔널리즘과 문화외교

金弼東,「한일문화교류의 의의와 전망」,『日本学報』第64輯, 2005. 8.

_____,『日本・日本人論の再発見』, J&C, 2007.

윤상인 외,「일본의 문화국가/문화외교 전략에 있어서의 인문학적 기여 및 활용」,『경
제・인문사회연구회 인문정책연구총서 2011-06』, 경제・인문사회연구회, 2011.

다니엘 I. 오키모토,「政治的包括性—国内の貿易構造」,『現代日本の政治経済』第2巻,

　　　総合研究開発機構, 1987.

天沼香,『日本人と国際化』, 吉川弘文館, 1989.

安永武巳,『日本人と経済行動の構造』, ダイヤモンド社, 1974.

家正治 編,『国際関係』, 世界思想史, 1993.

石井米雄,「あらたな'十年期'を迎える日文研への期待」,『日文研』38号, 国際日本文化
　　　研究センター, 2007.

猪口孝,『現代日本外交』, 筑摩書房, 1993.

岩田規久男,『日本経済を学ぶ』, ちくま新書, 2005.

梅原猛,「日本文化研究は人類の危機にどのような答えを出し得るか」,『日文研』38号,
　　　国際日本文化研究センター, 2007.

奥野由希子,「世界中のOB・OGの皆様へ」,『日文研』38号, 国際日本文化研究センター, 2007.

国際交流基金 編,『わが国の国際文化交流団体一覧』, はる書房, 1985.

国際日本文化研究センター,「'国際的な連携及び交流活動'評価報告書」, 2004.3.

日下公人,『新・文化産業論』, PHP文庫, 1987.

佐々木毅,「一国民主主義の隘路」,『世界』2月号, 1986.

栖原暁,『アジア人留学生の壁』, NHNブックス, 1996.

総合研究開発機構,『国際社会の中の日本経済』, (株)丸井工文社, 1988.

総務庁行政監察局 編,『国際文化交流の現状と課題』, 大蔵省印刷局, 1991.

チャールズ E. モリソン,「日本の対ASEAN諸国関係ヘゲモニーの衰退を埋め合わせてい
　　　るか」,『現代日本の政治経済』第2巻, 総合研究開発機構, 1986.

中谷巌,『ジャパン・プロブレムの原点』, 講談社現代新書, 1990.

朴順愛,「韓国マスコミの日本報道」, 山本武利 外,『日韓新時代』, 同文舘出版株式会
　　　社, 1994.

橋本寿朗,『戦後の日本経済』, 岩波新書, 1995.

法眼晋作,『日本の外交戦略』, 原書房, 1981.

フリードマン バートゥ,『嫌われる日本人』, 日本放送出版協会, 1994.

正村公宏,「貿易摩擦・文化摩擦」,『日本通史 第21巻－現代2』, 岩波書店, 1995

山下道子,「日本のODA政策の現状と課題」, 内閣府経済社会総合研究所,『ESRI 調査研
　　　究レポート』No.3, 2003.2.

渡辺治,『現代日本の支配構造分析－基軸と周辺』, 花伝社, 1988.

渡辺利夫・三浦有史,『ODA』, 中公新書, 2003.

「今後の留学生政策の基本的方向について(留学生政策懇談会第一次報告)」, 留学生政
　　　策懇談会, 1997.7.

『国際協力プラザ』, 2004.2.

「じぱんぐ88'冬」特집시리즈, 『毎日新聞』, 1988.2.

『国際交流基金30年の歩み』, 国際交流基金, 2006.

『現代日本人の意識構造』(第5版), NHKブックス, 2000.

『経済白書』, 経済企画庁, 1978〜85・1981.

『通商白書』, 通商産業省, 1980・1981・1982・1983.

『文部科学白書』, 文部科学省, 1978〜85.

『警察白書』, 警察庁, 1977・1978〜85.

『外交青書』, 外務省, 1987・1988・1990.

『わが外交の近況』, 外務省, 1975・1978・1980・1981・1983・1984・1985・1986・1987.

제7장 _ 일본의 글로벌 리더십 구현과 문화외교

조윤영, 「문화적 접근을 통한국제관계연구」, 『国際政治論叢』第44輯 1号, 2004.

青木保, 「フォローアップとしての'東京会議'の実現を」, 『国際交流』80号, 国際交流基
　　　金, 1998.

アルビン トフラー, 『パワーシフト』, フジテレビ出版, 1990.

磯村尚徳, 「日仏交流新時代, 私はこう創りたい」, 『国際交流』76号, 国際交流基金, 1997.

伊波美智子, 「日米構造協議と流通制度改革の方向」, 『琉球大学経済研究』第41号, 1991.3.

猪口孝, 『現代日本外交』, 筑摩書房, 1993.

＿＿＿, 『世界変動の見方』, ちくま新書, 1994.

李貞玉, 「安全保障概念の変容」, 『現代社会文化研究』No.25, 2002.11.

岡崎久彦 外, 『日米同盟と日本の戦略』, PHP, 1991.

加藤淳平, 『文化の戦略』, 中公新書, 1996.

姜尚中, 「日本のアジア, アジアのアジア」, 『歴史の共有 アジアと日本』, 明石書店, 1997.

金敬黙, 「援助における開発と環境規範の対立」, 『アジア太平洋レビュー』第1号, アジ
　　　ア太平洋研究センター, 2004.

国際交流基金,『日本の国際交流活動団体の現状』, 国際交流活動団体調査, 2000.

──────,「報告書概要」,『国際交流活動団体に関する調査』, 2005.3.

近藤誠一,「文化と外交」,『国際問題』No.600, 2011.4.

サミュエル ハンチントン, 鈴木主税 訳,『文明の衝突』, 集英社, 1998.

──────, 坪郷実 外訳,『第3の波』, 三峰書房, 1995.

地主敏樹,「日米経済システムの比較と情報技術革命」, 同志社大学アメリカ研究所 編,『現代国際経済研究』, 晃洋書房, 2000.

蔡東杰,「ポスト冷戦期の東アジア安全統治メカニズムの発展」,『問題と研究』第38巻2号, 2009.

Josef kreiner,「日欧の相互認識を考える」,『国際交流』85号, 国際交流基金, 1999.

Gerard Caron,「ヨーロッパが探し求める'ヨーロッパとは」,『国際交流』74号, 国際交流基金, 1997.

George Friedman, 古賀林幸 訳,『The coming war with Japan』, 徳間書店, 1991.

関下稔,「ポスト冷戦時代のアメリカ経済の特徴とその含―グローバリズム再考」,『立命館国際研究』13-3, 2001.3.

池明観,「日韓関係」,『歴史の共有アジアと日本』, 明石書店, 1997.

総務省行政監察局 編,『国際文化交流の現状と課題』, 大蔵省印刷局, 1991.

ダニエル バースタイン, 鈴木主税 訳,『YEN』, 草思社, 1989.

F. ショニール ホセ,「日本と21世紀のアジア」,『国際交流』77号, 国際交流基金, 1977.

中尾茂夫,「冷戦後の世界をどう認識すべきか」,『経済科学研究所 紀要』第36号, 2006.

西田芳弘,「国際関係における文化の要素」,『レファレンス』No.648, 2005.6.

畠由紀,「六ヶ国コラボレーション〈リア〉のその後, アジアからヨーロッパへ」,『国際交流』85号, 国際交流基金, 1999.

平野健一郎,「国際関係を文化で見る」,『早稲田政治経済学誌』No.370, 2008.1.

船橋洋一,『日本の対外構想』, 岩波新書, 1993.

フリードマン バートゥ,『嫌われる日本人』, 日本放送出版協会, 1994.

松井透,「'七つの海'の支配と大英帝国の文化」,『国際交流』74号, 国際交流基金, 1997.

宮家邦彦,「日本の中東政策はどうやって決まるのか」,『中東協力センターニュース』, 2012.2・3.

山本吉宣,「冷戦と国際政治理論」, 日本国際政治学会 編,『国際政治』第100号, 1992.8.

渡辺昭夫,「冷戦とその後・序論」, 日本国際政治学会 編,『国際政治』第100号, 1992.8.

和田春樹,「世界体制の変容と日本」,『日本通史 第21巻―現代2』, 岩波書店, 1995.

「アジア歴史資料センターの設立についてアジア歴史資料センター(가칭)의 설립검토를 위한 유식자회의(1995.6.30)」, 『新たな時代の外交と国際交流の新たな役割』, 国際交流研究会, 2003.4.

「アジア歴史資料センター ホームページ アクセス状況」, http://www.archives.go.jp/information/pdf/report15_shiryo3.pdf#search='アジア歴史資料センター'.

「アジア歴史資料整備事業の推進について(閣議決定)」, http://www.zephyr.dti.ne.jp/~kj8899/asia.his.html, 1999.11.30.

「日欧文化交流強化事業」, http://www.jpf.go.jp/j/about/outline/result/ar/2003/img/ar2003-02-03-14.pdf.

「慰安婦関係調査結果発表に関する河野内閣官房長官談話」, http://www.mofa.go.jp/mofaj/area/taisen/kono.html, 1993.8.4.

「ASEAN拡大外相会議における安倍外務大臣演説(1986.6.26, マニラ)」, 『外交青書』, 外務省, 1987.

「新しい時代の国際文化交流」, 国際文化交流に関する懇談会, 1994.6.

『海外の日本語教育の現状－日本語教育機関調査・1998年』(概要版), 国際交流基金日本語国際センター, 2000.3.

「外交に関する世論調査(調査時期 平成2年10月4日～平成2年10月14日)」, 内閣府政府広報室, http://www8.cao.go.jp/survey/h02/H02-10-02-14.html.

「外交に関する世論調査(調査時期 平成3年10月17日～平成3年10月27日)」, 内閣府政府広報室, http://www8.cao.go.jp/survey/h03/H03-10-03-12.html.

「外務省における広報文化外交の取組」, 外務省広報文化外交戦略課, 2013.2.20.

「国際文化交流実施体制の強化と基盤整備」, 『国際交流基金30年の歩み』, 国際交流基金, 2006.

『国際交流基金'92』, 国際交流基金, 1992.

『国際交流基金日米センター2000年度年報』, 国際交流基金, 2002.

『国際交流基金年報 1998年度事業報告』, 国際交流基金, 2000.

『国際交流基金年報』, 1991～2000.

「新日英行動計画－世界に拡がる特別なパートナーシップ(1996.9.2, 東京)」, 『外交青書』, 外務省, 1997.

「ジョージア日米協会主催晩餐会における海部内閣総理大臣演説(1990.7.12, アトランタ)」, 『外交青書』, 外務省, 1990.

「1998年海外日本語教育機関調査」, 国際交流基金, 2000.

「第111回国会における竹下内閣総理大臣所信表明演説(1987.11.27)」, 『外交青書』, 外務
　　　省, 1988.

「第112回国会における竹下内閣総理大臣施政方針演説(1988.1.25)」, 『外交青書』, 外務
　　　省, 1988.

「第118回国会における海部内閣総理大臣施政方針演説(1990.3.2)」, 『外交青書』, 外務
　　　省, 1990.

「第122回国会における宮沢内閣総理大臣所信表明演説(1991.11.8)」, 『外交青書』, 外務
　　　省, 1992.

「内閣総理大臣の談話(1994.8.31)」, 『外交青書』, 外務省, 1995.

「21世紀を最高に生きるために」, 『国際交流』74号, 国際交流基金, 1997.

「日米構造問題協議最終報告」, 日米関係資料集(財)通商産業調査会, 1990.

「日本国と欧州共同体及びその加盟国との関係に関するヘーグにおける共同宣言
　　　(1991.7.18)」(仮訳)」, 『外交青書』, 外務省, 1991.

「日本とASEAN－平和と繁栄へのニュー・パートナーシップ(1987.12.15於マニラ)」, 『外
　　　交青書』, 外務省, 1988.

「日本・ASEAN多国籍文化ミッション」(提言), 『国際交流』80号, 国際交流基金, 1998.

「'平和友好交流計画'の概要」, http://www.mofa.go.jp/mofaj/area/taisen/heiwa_g.html,
　　　日本外務省.

「平和友好交流計画－10年間の活動報告」, 内閣官房副長官補室, 2005.4.12.

「ロンドン市長主催午餐会における竹下内閣総理大臣スピーチ'日欧新時代の開幕(1988.5.4
　　　於ロンドン)」, 『外交青書』, 外務省, 1988.

『経済白書』, 経済企画庁, 1989.

『国民生活白書』, 経済企画庁, 2000.

『通商白書』, 経済企画庁, 1990.

『外交青書』, 外務省, 1988・1989・1990・1991・1992・1993・1994・1995・1996・1997・
　　　1998・2000・2002・2012.

이면우, 「일본의 공공외교 추진체계-캐나다, 노르웨이와의 비교적 관점에서」, 『제10
차 한국학술연구원 코리아 포럼-한국의 공공외교 활성화 방안』, 2009.4.29.
정미애, 「일본의 단일민족국가관에서 다문화공생으로의 인식변화와 다문화공생의 거
버넌스」, 『한국정치학회보』 제45집 제4호, 한국정치학회, 2011.
최병두, 「일본 '다문화공생' 정책과 지역사회의 지원활동」, 『국토지리학회』 제44권 2
호, 2010.

大河原良雄, 『日本の品格』, 光文社, 1990.
小渕総理大臣演説, 「アジアの明るい未来の創造に向けて(1998.12.16)」, 『外交青書』, 1999.
外交力強化に関する特命委員会, 『外交力強化へのアクション・プラン-主張する外交
を積極的に推進するために』, 自民党政党政務調査会, 2007.9.
国際交流研究会, 『新たな時代の外交と国際交流の新たな役割-世界世論形成へ日本
の本格的な参画を目指して』, 国際交流基金, 2003.4.
北城恪太郎, 「官民のパートナーシップで'日本ブランド'の発信を」, 『外交青書』, 外務省,
2006.
日下公人, 『新・文化産業論』, PHP文庫, 1987.
広報文化外交の制度的あり方に関する有識者懇談会最終報告書, 「3・11後の広報文化
外交」, 外務省, 2007.7.
堺屋太一, 『明日を読む』, 朝日新聞社, 1997.
高塚年明, 「国会から見た経済協力・ODA(7)-日韓基本条約, 請求権・経済協力協定
を中心に(その1)」, 『立法と調査』 No.279, 2008.4.
日米交流150周年記念シンポジウム報告書, 「日米関係の軌跡と展望」, 国際交流基金,
2004.
那須祐輔, 「日本の対アジアODAの諸問題」, 『経済政策研究』 第2号, 2006.3.
林薫子, 「アジアと日本のパーセプション・ギャップ」, 『Business & Economic Review』,
1996.8.
平林博, 「世論調査に見る日本の国際的評価」, 日本国際フォーラム, 2011.8.15.
福田綾子, 「日本の国際協力におけるNGOと政府開発援助機関の協働の現状と課題-
パートナーシップからの考察」, 『21世紀社会デザイン研究』 No.6, 2007.

文化審議会文化政策部会用資料,『外務省における広報文化外交の取組』, 外務省広報
　　　文化外交戦略課, 2013.2.20.

報道発表資料,「平成24年末現在における在留外国人数について(速報値)」, 法務省入
　　　国管理局, 2013.3.18.

星山隆,「日本外交とパブリック・ディプロマシー—ソフトパワーの活用と対外発信の強
　　　化に向けて」,『Institute for International Policy Studies』, 財団法人世界平和研究
　　　所, 2008.6.

細谷雄一,「国際秩序の展望—'共通の利益と価値'は可能か」,『将来の国際情勢と日本
　　　の外交—20年程度未来のシナリオ・プラニング』, 財団法人日本国際問題研究所,
　　　2011.3.

山内昌之,「将来の国際情勢と日本外交—展望と提言」,『将来の国際情勢と日本の外交
　　　—20年程度未来のシナリオ・プラニング』, 財団法人日本国際問題研究所, 2011.3.

山脇啓造,「インターカルチュラル・シティ—欧州都市の新潮流」,『自治体国際化フォー
　　　ラム』, 2012.1.

渡邊啓貴,「文化が外交と経済に重要な役割を果たすとき—日本の発信のための土壌づ
　　　くりを」,『nippon.com』, 2012.2.21.

渡辺利夫 外,『どうするどうなる日本の活路』, 海竜社, 2009.

2010年度外務省国際問題調査研究・提言事業報告書,「将来の国際情勢と日本の外交
　　　—20年程度未来のシナリオ・プラニング」, 財団法人日本国際問題研究所, 2011.3.

麻生太郎,「文化外交の新発想」, http://www.mofa.go.jp/mofaj/press/enzetsu/18/pdfs/
　　　easo_0428.pdf, 2006.4.28.

寺沢芳男,「アメリカとわたし Vol.1—'敵国'から'憧れのアメリカ'へ」, http://www.jpf.g
　　　o.jp/cgp/info/article/america001.html, 2005.8.

内閣府 野口英世アフリカ賞担当室, http://www.cao.go.jp/noguchisho/keii/gaiyo.html.

麻生太郎日本国際問題研究所セミナー講演,「"自由と繁栄の弧"をつくる」, http://ww
　　　w.mofa.go.jp/mofaj/press/enzetsu/18/easo_1130.html, 2006.11.30.

河野外務大臣演説,「日欧協力の新次元—ミレニアム・パートナーシップを求めて」, http://
　　　www.mofa.go.jp/mofaj/press/enzetsu/12/ekn_0113.html, 2000.1.13.

国際交流基金,「海外日本語事業中期重点方針(平成24〜28)」, https://www.jpf.go.jp/j
　　　/japanese/dl/jp_121106.pdf.

「外国人住民に係る住民基本台帳制度について」, http://www.soumu.go.jp/main_sosiki/jichi_gyousei/c-gyousei/zairyu.html, 総務省.

「インドにおける対日世論調査結果概要(調査期間：2013.2.16～3.17)」, www.mofa.go.jp/mofaj/files/000006647.pdf, Center for Media Studies.

「豪州における対日世論調査(概要)」, http://www.mofa.go.jp/mofaj/area/australia/yoron05/gaiyo.html, 外務省, 2006.6.

「米国における対日世論調査(結果概要)」, http://www.mofa.go.jp/mofaj/press/release/24/5/0522_03.html, 外務省広報文化交流部総合計画課, 2012.5.22.

外務省報道発表,「南アフリカにおける対日世論調査(結果概要)」, http://www.mofa.go.jp/mofaj/press/release/23/6/0609_01.html, 2011.6.9.

「政府開発援助大綱の改定について(閣議決定)」, http://www.mofa.go.jp/mofaj/gaiko/oda/seisaku/taikou/taiko_030829.html, 2003.8.29.

「東アジア地域 보도자료」,『政府開発援助(ODA)国別データブック 2012』, http://www.mofa.go.jp/mofaj/gaiko/oda/shiryo/kuni/12_databook/pdfs/01-00.pdf.

「国連ミレニアム・サミットにおける森総理演説」, http://www.mofa.go.jp/mofaj/press/enzetsu/12/ems_0907.html, 2000.9.7.

「JETプログラム25周年記念シンポジウム」, http://www.mofa.go.jp/mofaj/gaiko/culture/hito/sei/jet/25th_anni_giron.html, 外務省, 2011.10.

「第151回国会における森総理大臣施政方針演説」, http://www.kantei.go.jp/jp/morisouri/mori_speech/2001/0131syosin.html, 2001.1.31.

「第153回国会における小泉総理大臣所信表明演説」, http://www.kantei.go.jp/jp/koizumispeech/2001/0927syosin.html, 2001.9.27.

「中国の経済情勢と日中経済関係」, http://www.mofa.go.jp/mofaj/files/000007735.pdf, 外務省中国・モンゴル第二課, 2013.7.

「人間の安全保障国際シンポジウムにおける小泉総理大臣挨拶」, http://www.mofa.go.jp/mofaj/gaiko/hs/terro_koizumi.html, 2001.12.15.

「チャレンジ2001－21世紀に向けた日本外交の課題」, http://www.mofa.go.jp/mofaj/gaiko/teigen/teigen.html, 外務省, 1999.

「ハイレベル委員会報告書－より安全な世界, 我々が共有する責任」, http://www.mofa.go.jp/mofaj/gaiko/un_kaikaku/hl_hokokusho.html, 2004.12.

「より強力なカルコンに向けて(仮訳) (Towards Strong CULCON)」, http://www.jpf.go.jp/

culcon/relate/powerful.html, 1991.3.

広報文化外交の制度的あり方に関する有識者懇談会最終報告書,「3・11後の広報文化外交」, 2012.7.

「OECD対日経済審査報告書について」, 内閣府国際経済担当参事官室, 2006.7.19.

「海外から批判を浴びる日本のODA削減」,『Japan Real Time』, 2010.6.18.

「外務省における広報文化外交の取り組み」, 外務省広報文化外交戦略課, 2013.2.

「観光立国懇談会報告書―住んでよし, 訪れてよしの国づくり」, 観光立国懇談会, 2003.4.24.

「経済一辺倒で'顔のない日本'からの脱却」, 国際文化交流に関する懇談会, 1989.

「規制改革・民間開放の推進による経済社会の活性化を目指して」, (社)日本経済団体連合会, 2011.11.21.

「グローバル観光戦略」, 国土交通省, 2002.12.

「今後の国際文化交流の推進について」, 国際文化交流懇談会, 2003.3.24.

「今後の日本の国際協力について―日本型モデルの提示を」, (社)経済同友会, 2006.2.

「国際交流基金40周年記念シンポジウム報告書」, 国際交流基金, 2012.11.9.

「要先進諸国における国際交流機関調査報告書」, 国際交流基金, 2003.

「世界構造の変化と日本外交次元への進化―日本力を発揚する主体的総合外交戦略」, 公益社団法人経済同友会, 2011.2.

「新日本様式ブランド推進懇談会」, 経済産業省, 2005.7.

『政府開発援助(ODA)国別データブック 2006』, 外務省.

『政府開発援助(ODA)国別データブック 2007』, 外務省.

『政府開発援助(ODA)国別データブック 2009』, 外務省.

『政府開発援助(ODA)国別データブック 2011』, 外務省.

「'生活者としての外国人'に関する総合的対応策」, 外国人労働者問題関係省庁連絡会議, 2006.12.25.

「中東文化交流・対話ミッション―報告と提言」, 外務省, 2003.10.

「多文化共生の推進に関する研究会報告書」, 総務省, 2006.3.

「人間の安全保障基金―21世紀を人間中心の世紀とするために」, 外務省国際協力局地球規模課題総括課, 2009.8.

'21世紀日本の構想'懇談会最終報告書,「日本のフロンティアは日本の中にある―自立と協治で築く新世紀」, 1999.11.

「21世紀日本外交の基本戦略―新たな時代, 新たなビジョン, 新たな外交」, 2002.11.28.

「EU(欧州連合)4ヶ国における対日世論調査(英国, ドイツ, フランス, イタリア)」, 外務省
　　　広報文化交流部, 2007.6.

「日EU協力のための行動計画」, 外務省, 2012.12.

「日EU関係」, 外務省, 2013.3.

「日本語教育通信」, 国際交流基金, 2011.1.

「日本の発信力強化のための5つの提言」, 海外交流審議会, 2007.6.

「日本の将来推計人口」, 国立社会保証・人口問題研究所, 2012.1.

「日本ブランド戦略ーソフトパワー産業を成長の原動力に」, 知的財産戦略本部, 2009.3.

「日本文化への理解と関心を高めるための文化発信の取組について」, 文化発信戦略に
　　　関する懇談会, 2009.3.

「'文化交流の平和国家'日本の創造を」, 文化外交の推進に関する懇談会報告書, 2005.7.

「'文化産業立国に向けてー文化産業を21世紀のリーディング産業に」, 経済産業省, 2010.10.

「平和と繁栄の21世紀を目指してー新時代にふさわしい積極的な外交と安全保障政策
　　　の展開を」, 社団法人経済同友会, 2001.4.25.

「平成19年度項目別業務実績報告書」, 独立行政法人国際交流基金, 2007.

「平成24年度評価調査報告書インターカルチュラル・シティ(多文化共生都市)事業」,
　　　国際交流基金, 2012.10.

「冷戦後の新たな時代における交流模索」, 国際文化交流に関する懇談会, 1993〜1994.

「2012年 海外日本語教育機関調査」(速報値発表), 国際交流基金, 2013.7.8.

『政府開発援助(ODA)白書』, 外務省, 2011・2012.

『外交青書』, 外務省, 2001・2002・2003・2004・2005・2006・2007・2008・2009・2010・
　　　2011・2012・2013.

McGray, Douglas, "Japan's gross national cool", *Foreign Policy*, No.130, May・June, 2002.

Ward, Kevin, "'Public intellectuals', geography, its representations and its publics",
　　　Geoforum 38, 2007.

Lightman, A, nd, "The role of the public intellectual", http://www.web.mit.edu/comm-forum/
　　　papers/lightman.html.

UN High-level Panel on Threats, Challenges and Change Report, "A More Secure World,
　　　Our Shared Responsibility", December 2, 2004.

제9장 _ 금후의 전망과 한국의 문화외교에의 제언

고정민 외, 『한국문화산업교류재단 한류총서 IV-한류 포에버 일본편』, 한국문화산업
　　　교류재단, 2012.

김영덕, 「한일문화교류 신시대, 과제와 전망」, 『한일문화교류증진을 위한 정책보고
　　　서』, 2009.12.

김상배, 「IT시대의 디지털외교」, 『21세기 한국 메가트렌드 시리즈』II, 한국정보통신 연
　　　구원, 2005.2.

김세중 · 고대원, 「IMF체제하의 한국의 문화외교」, 『문화정책논총』 제9집-02, 1998.

「김우상 국제교류재단 이사장, 하버드대 강연」, http://blog.ohmynews.com/ptkyoo/rm
　　　fdurrl/179403, 2012.11.16.

김문환, 「한국문화의 국제화 전략」, 『철학과 현실』 Vol.20. 1994.

김윤호 외, 「IT혁신과 한류 열풍」, 『한국해양정보통신학회논문지』 제9권 4호, 2005.

김철수 외, 「세계화를 위한 문화외교적 접근 전략 개발방안 연구」, 한국문화정책 개발
　　　원, 1996.

김필동, 『리액션의 예술 일본대중문화』, 새움, 2001.

_____, 『일본적 가치로 본 현대일본』, J&C, 2004.

_____, 「한일문화교류의 의의와 전망」, 『日本學報』 제64집, 한국일본학회, 2005.

_____, 「일본의 '동아시아 경제권' 구상에 관한 소고」, 『일본학보』 제69집, 한국일본학
　　　회, 2006.11.

김형국 · 김석근, 「동북아문화공동체 형성을 위한 여건과 전망-문화적 동질성과 다양
　　　성 그리고 정체성」, 『세계 지역연구 논총』 제23집 1호, 한국세계지역학회, 2005.

낸시 스노우 · 필립 M. 테일러, 최진우 감수, 이병철 외역, 『21세기 공공외교 핸드북』,
　　　인간사랑, 2013.

노재현, 「한일문화교류 촉진을 위한 제언」, 『한일문화교류증진을 위한 정책보고서』,
　　　2009.12.

박규태, 「한류담론과 일본문화」, 『일본학연구』 제24집, 2009.2.

박병석, 「독일의 문화외교」, 『FES-Information-Series』, 2010-01.

_____, 「독일 문화외교의 발전과 특징」, 『한독사회과학논총』 제20권 1호, 2010.3.

방문진, 「지속가능한 한류를 위해, 한 단계 품격 높은 한류를 위해」, 『한일문화교류증
　　　진을 위한 정책보고서』, 2009.12.

배재현, 「세계와 소통하는 문화외교」, 『문화예술을 통한 21세기 문화외교의 새로운 지평』, 한국문화예술경영학회 포럼, 2008.

신각수, 「架橋外交構想－韓国多者外交의 새로운 패러다임을 찾아서」, 『국제관계연구』 제15집 1호, 2010.

신종호 「한국의 문화외교 강화를 위한 추진 전략 및 지역별 차별화 방안」, 외교통상부, 2009.12.18.

_____, 「한국의 문화외교 강화를 위한 제도화 방안」, 『정책연구』, 2011 가을.

얀 멜리센, 김기정 감수, 박선영 외역, 『신공공외교』, 인간사랑, 2008.

양은경, 「동아시아문화정체성의 형성과 텔레비전의 소비」, 『한국방송학보』 제20권 3호, 한국방송학회, 2006.

양인실 「일본의 '욘사마 열풍'을 어떻게 볼 것인가」, 『여성과 사회』 No.16, 2005.

외교통상부, 『문화외교매뉴얼』, 2010.2.

_____, 『뉴스레터』 제388호, 2011.8.31.

_____, 『뉴스레터』 제405호, 2013.2.28.

유현석, 「소프트파워를 통한 외교력 강화 전략」, 『제10차 한국학술연구원 코리아 포럼 한국의 공공외교 활성화 방안』, 2009.4.29.

윤선희, 「아시아공동체의 문화정체성」, 『한국언론정보학보』 통권46호, 2009.

이어령, 『한·중·일 문화읽기 코드를 펴내며』, 종이나라, 2006.

이면우, 「일본의 공공외교 추진체계－캐나다, 노르웨이와의 비교적 관점에서」, 『제10차 한국학술연구원 코리아 포럼－한국의 공공외교 활성화 방안』, 2009.4.29.

제프리 코원 외, 최영종 감수, 『새 시대의 공공외교』, 인간사랑, 2013

정재서, 「동아시아로 가는 길－한중일 문화유전자 지도 제작의 의미와 방안」, 『중국어문학지』 제31집, 2009.

조대식, 「소프트파워시대의 한국 공공외교와 문화외교」, 『국제문제연구』 제9권 제3호, 국제안보전략연구소, 2009 가을.

최혜실, 「동북아시대 구현을 위한 사회문화적 협력－미디어와 문화콘텐츠의 활용을 중심으로」, 『구보학보』 제1집, 2006.

홍기원, 「문화정책의 관점에서 문화외교의 논쟁적 요소들에 대한 고찰」, 『예술경영연구』 제18집, 2011.

「해외 한류조사 결과보고－아시아, 미주, 유럽 지역 대상」, 문화체육관광부·(재)한국문화산업교류재단, 2012.12.

『품격 있는 문화국가 대한민국(2008.2~2013.2)-정책자료집 1 총괄』, 문화체육관광부, 2013.

「한국은 아시아 선진국 중 최악 부패국가」, 『세계일보』(인터넷판), 2013.7.15.

「총요소생산성(TFP) 영향 요인의 국제비교-총요소생산성 향상을 통한 창조경제의 구현」, 현대경제연구원, 2013.5.21

「2013년도 예산안 부처별 분석 II-외교통상통일위·국방위」, 국회예산정책처, 2012.10.

麻生太郎, 「文化外交の新発想」, http://www.mofa.go.jp/mofaj/press/enzetsu/18/pdfs/easo_0428.pdf, 2006.4.28.

天児慧, 「ナショナリズム, リージョナリズム, グローバリズム」, 『東洋政治思想史』 제5권 1호, 2005.

板倉聖恵, 「한일교류와 커뮤니케이션 양태변화 연구-김대중정부의 대일 문화정책을 중심으로」, 성균관대 언론정보대학원 석사논문, 1999.

岩淵功一, 『トランスナショナル・ジャパン』, 岩波書店, 2001.

大賀哲, 「日本外交とアイデンティティ-'アジア太平洋'から'東アジア'へ」, 『社会科学研究』 54-2, 東京大学, 2003.3.

権容奭, 『'韓流'と'日流'』, NHKブックス, 2010.

岸本健夫, 「"東アジアのRegionalism"への新しい視覚」, 『政策科学』 10-2, 2003.1.

北野充, 「パブリック・ディプロマシーとは何か」, 金子将史・北野充 編, 『パブリック・ディプロマシー-'世論時代'の外交戦略』, PHP研究所, 2007.

日下公人, 『21世紀, 世界は日本化する』, PHP研究所, 2000.

金恵媛・横山睦美, 「『外交青書』からみる日韓文化交流の歩み」, 『山口県立大学大学院論集』 第9号, 2008.3.

後藤和子, 『芸術文化の公共政策』, 勁草書房, 1998.

富山一朗, 「공적지신인과 연결을 위한 지(知)-생성의 과정을 공유한다는 것」, 『東方学志』 제156집, 2011.12.

坪田邦夫, 「동아시아(일중한)의 새로운 지역공통 아이덴티티의 형성에 관한 실증적 종합연구 구상」, 『日本学』 제25집, 2006.

根木昭, 『日本の文化政策』, 勁草書房, 2001.

馬場憲一, 『地域文化行政の新視点』, 雄山閣出版株式会社, 1998.

南博, 『日本的自我』, 岩波新書, 1983.

和田春樹,「世界体制の変容と日本」,『日本通史 第21巻－現代2』, 岩波書店, 1995.

「アジア・コンテンツ・イニシアティブ」, 経済産業省, 2008.7.
「新しい時代の国際文化交流」, 国際文化交流に関する歓談会, 1994.6.
『国際交流基金日米センター2000年度年報』, 国際交流基金, 2002.
『知的財産推進計画2013』, 知的財産戦略本部, 2013.6.25.
「日本文化産業戦略」, アジア・ゲートウエイ戦略会議, 2007.5.16.
「"文化交流の平和国家"日本の創造を」, 文化外交の推進に関する懇談会報告書, 2005.7.
日本・ASEAN首脳会議における竹下内閣総理大臣冒頭発言,「日本とASEAN－平和と繁
　　栄へのニュー・パートナーシップ(1987.12.15於マニラ)」,『外交青書』, 外務省, 1988.
『わが外交の近況』, 外務省, 1971・1981.
『外交青書』, 外務省, 1988・1990・1991・2001.

Donders, Yvonne, "Cultural Diversity and Human Rights:Towards a Right to Culral Identity?",
　　International Forum on Cultural Rights and Diversity, 한국문화관광연구원, 2007.
Englehardt, Richard, "Cultural Liberty and Freedom of Expression : Lessons from Asian
　　Experience", *International Forum on Cultural Rights and Diversity*, 한국문화관광연구
　　원, 2007.
Magdowski, Iris Jana, "Culture Diversity : Tradition and the Challenge Facing Political
　　Europe : Germany for Example", *International Forum on Cultural Rights and Diversity*,
　　한국문화관광연구원, 2007.
Tuch, Hans N., *Communicating with the world : U.S. public diplomacy overseas*, New York : St.
　　Martin's Press, 1990.
Zhong. X. & Lu. J.(in press), "Public diplomacy meets social media : A study of the U. S.,
　　Embassy's blogs and micro-blogs", *Public Relations Review*, Vol.39, Issue 5, 2013.12.

제10장 _ '한류'의 재인식 － 가치지향의 문화외교의 시점

고정민 외,『한국문화산업교류재단 한류총서 III － 한류 포에버 중국・대만편』, 한국문
　　화산업교류재단, 2009.

국제문화산업교류재단, 「2009 해외한류의 현황과 과제」, 2009.11.

김구, 우현민 역, 『백범일지』, 서문당, 1995.

김상배, 「한류의 매력과 동아시아 문화네트워크」, 『세계정치』 제28집 1호, 2007.

김윤호 외, 「IT혁신과 한류 열풍」, 『한국해양정보통신학회논문지』 제9권4호, 2005.

김필동, 「한일문화교류의 의의와 전망」, 『일본학보』 제64집, 한국일본학회, 2005.

김형준, 「한일영화교류증진을 위한 제언」, 『한일문화교류증진을 위한 정책보고서』, 2009.12.

김휴종, 「한국 대중문화산업발전 전략」, 삼성경제연구소, 1999.12.

미래창조과학부·문화체육관광부, 「콘텐츠산업 진흥 계획」, 2013.7.4.

문화부, 「주요업무 계획 2006」, 2006.2.13.

박경리, 『토지』 제4부 2권, 나남, 2002.

박상현, 「한류문화산업의 반한류 재발방지에 관한 연구」, 『생산성논집』 제21권 2호, 2007.6.

박영일 외, 「국가별 한류콘텐츠 수출동향과 한국 상품 소비인식 분석-중국, 일본, 태국, 베트남 사례 비교」, 『코카포커스』 2012-05호(통권53호), 한국콘텐츠진흥원, 2012.6.8.

박현주, 「글로벌 대중문화물의 한국적 변용과 탈식민주의적 문화정체성에 대한 연구」, 『언론과 사회』 14권 3호, 2006 가을.

방문진, 「지속가능한 한류를 위해, 한 단계 품격 높은 한류를 위해」, 『한일문화교류증진을 위한 정책보고서』, 2009.12.

서민수 외, 「신한류 지속발전을 위한 6대 전략」, 삼성경제연구소, 2013.6.19.

심두보, 「한류와 한국드라마, 그리고 여성의 팬덤」, 『방송공학회논문지』 제12권 제5호, 2007.

양은경, 「동아시아문화정체성의 형성과 텔레비전의 소비」, 『한국방송학보』 제20권 3호, 한국방송학회, 2006.

윤선희, 「아시아공동체의 문화정체성」, 『한국언론정보학보』 46호, 2009.

이문행, 「한국영화의 특성에 따른 일본수출 성과에 대한 연구」, 『한국언론정보학보』 39호, 2007.

이부형, 「HRI연구보고서-한류 현상과 문화산업화 전략」, 『한국경제주평』, 2004.12.

이응규 외, 「방한 중국관광객 유치증대를 위한 한류 지속방안연구」, 『문화관광연구』 제6권 2호, 2004.

_____, 「한식의 세계화를 위한 현지화 전략에 관한 사례연구」, 『외식산업경영연구』 Vol.5 No.1, 한국외식산업경영학회, 2009.6.

이인구 외, 「중국과 일본에서의 한류 현상에 대한 탐험적 연구」, 『마케팅관리연구』 제12권 1호, 2007.1.

이충배 외, 「한류문화 확산에 따른 디지털콘텐츠산업의 수출 확대방안 연구」, 『통상정보연구』 제8권 2호, 2006.6.

전태석, 「한류산업에 있어서 해외시장지향성과 사업성과에 관한 연구」, 『한국컴퓨터정보학회논문지』 제10권 6호, 2005.

정정숙, 「한류에 있어서의 인문학의 활용방안」, 『2007년도 인문정책연구 정책보고서』 6, 경제 · 인문사회연구회, 2007.12.

채지영 외, 「일본한류소비자 연구」, 한국문화관광정책연구원, 2005.12.

한국수출입은행, 「한류수출 파급효과 분석 및 금융지원 방안」, 2012.5.

한국콘텐츠진흥원, 「K-POP이 주도하는 신한류 – 현황과 과제」, 『KOCCA포커스』 2011–03호(통권31호), 2011.

_____, 「2011년 연간콘텐츠산업동향분석보고서」, 2012.5.

_____, 「2011 해외 콘텐츠시장조사(총괄)」, 2011.12.

_____, 『2010 음악산업백서』, 2010.

_____, 「2011년 기준 국내 콘텐츠산업 통계조사 결과 발표」, 2012.12.11.

_____, 「2011년 콘텐츠산업 통계」, 2012.3.12.

홍경자, 「세계화 시대의 문화정체성 문제」, 『해석학연구』 제18집, 2006.

홍성태 외, 「한류가 한국산 제품에 대한 평가 및 구매의도에 미친 영향 – 일본사례를 중심으로」, 『마케팅관리연구』 제12권 1호, 2007.1.

Kocca 콘텐츠산업정보포탈, 「2009 대한민국 게임백서 요약」, 『산업백서』, 한국콘텐츠진흥원, 2009.

KOTRA 유럽 지역본부 · 밀라노 무역관, 「유럽한류와 국가브랜드 조사」, 2013.7.8.

『경향신문』(인터넷판), 2012.8.23.

『아이뉴스 24』(인터넷판), 2009.1.5.

『서울경제』(인터넷판), 2010.4.6.

「인도네시아서 "한류 효자 노릇"」, 『뉴스메이커』 760호, 2008.1.29.

『조선일보』(인터넷판), 2010.4.18.

『한국일보』(인터넷판), 2010.4.24.

「해외 한류 조사 결과 보고-아시아, 미주, 유럽 지역 대상」, 문화체육관광부·(재)한
　　　국문화산업교류재단, 2012.12.

「한식과 한국 음식문화의 세계화-제5편 한국의 음식 및 음식 문화의 글로벌화 추진
　　　전략」, Agenda Research Group·Agenda.net. 2005.

青崎智行,「東アジア·テレビ交通の中の中国」,『越える文化, 交錯する境界』, 山川出
　　　版社, 2004.

李修京,「日本の'韓流'現象と日韓交流の諸課題」,『東京学芸大学紀要-人文社会科学
　　　系 I』, 2006.1.

李美智,「韓国政府による対東南アジア'韓流'振興政策-タイ·ベトナムへのテレビ·ド
　　　ラマ輸出を中心に」,『東南アジア研究』48巻 3号, 2010.12.

岩淵功一,「方法としての'トランス·アジア'」,『越える文化, 交錯する境界』, 山川出版
　　　社, 2004.

＿＿＿＿＿,『トランスナショナル·ジャパン』, 岩波書店, 2001.

内閣府輿論調査,「外交に関する世論調査」, 2004.10.

広報文化外交の制度的あり方に関する有識者懇談会第2回,「日本の目指す国家ブラン
　　　ド戦略は何か-韓国の事例を踏まえつつ」, 外務省広報文化交流部, 2012.2.9.

清沢洌,「日本文化の侵略性」,『改造』12月号, 1935.

財団法人国際文化振興会,「財団法人国際文化振興会設立経過及び昭和九年事業報告
　　　書」, 1935.

中根隆行,『'朝鮮'表象の文化誌』, 新曜社, 2004.

博報堂,『Global HABIT』Vol.1, 2012.2.10.

山崎正和,『柔らかい個人主義の誕生-消費社会の美学』, 中公文庫, 1987.

「アジア消費トレンドマップ(仮称)の策定について」, 経済産業省, 2009.8.7.

「新成長戦略(基本方針)」, 経済産業省, 2009.12.30.

「中国における日本産コンテンツの放映·上映·発売状況データ」, 日本貿易振興貴機
　　　構, 2009.7.

「日本文化産業戦略」, 経済産業省, 2007.5.16.

「'文化産業'大国に向けて」, 経済産業省, 2010.4.5.

『産経新聞』, 2013.7.10.

「『読売新聞』・『한국일보』공동여론조사」, 『読売新聞』(인터넷판), 2013.4.5.

Englehardt, Richard, "Cultural Liberty and Freedom of Expression : Lessons from Asian Experience", *International Forum on Cultural Rights and Diversity*, 한국문화관광연구원, 2007.

Nicolson, Harold George, *Diplomacy*, Oxford University Press, 1963(斎藤真・深谷満雄 訳, 『外交』, 東京大学出版会, 1965).

Nye, Joseph S. Jr., *SOFT POWER : The Means Success in World Politics*, Perseus Books Group, 2004.

성심(誠心)으로 시민외교를 ……

일본 최고의 교타자 이치로 선수가 메이저리거의 꿈을 키우기 위해 시합을 마친 후 미국투수들의 장기였던 강속구 공략을 위해 홀로 직구 타격훈련을 다년간에 걸쳐 실시한 후 미국에 진출하여 성공했다. 변화구를 주로 사용하는 일본의 투수와 직구 정면승부를 선호하는 미국투수들의 차이를 스스로 극복하기 위한 노력이었다. 일본에 진출하고자 하는 한국선수들이 일본야구를 치밀하게 분석하고 대응하여 진출했다는 소리를 아직까지 들어본 적이 없다.

한국프로야구 투타의 대표적인 선수, '무등산 폭격기' 선동열은 개막 직후 2군으로 강등되어 투구 폼을 수정해야 했고, '국민타자' 이승엽은 인코스 높은 볼의 약점을 결국 극복하지 못하고 귀국했다. 지피지기를 등한시 한 풍토 속에서 만들어진 허상으로 '일본정벌'을 기대했으나 결과는 기대와 반했다. 한국 프로야구계가 일본의 야구문화를 모르는바 아닐진대 우리는 왜 그들처럼 '현미경 야구'를 하지 못하는 것일까. 능력이나 여건이 부족해서일까.

1980년대 세이부 라이온즈의 전성기를 이끌었던 모리[森] 감독이 선

동렬 선수가 등판한 시합을 해설하면서 한일야구의 '수준차'를 언급한
바 있지만 그 수준차란 '기술'이 아닌 '자세'의 문제임을 인식할 필요가
있다. 프로치고 노력하지 않는 선수는 없다. 문제는 얼마나 성의(誠意)
를 다해 노력하느냐 이고 그 차이는 반드시 결과의 차이를 가져온다.
프로는 스스로의 정직하고 엄격함을 바탕으로 과학적인 분석과 훈련
을 통해 결과를 내야하고 구단은 그런 환경의 조성에 최선을 다해야
한다. 그래야만 비로소 팬들과의 감동을 공유할 수 있고 그런 자세가
프로세계에서 요구하는 성심(誠心) = 기본이다.

성(誠)은 직업이나 신분의 차이 또는 개인의 능력 유무와 관계없이
인간이라면 가장 기본적으로 중시해야 할 가치이다. 『중용(中庸)』은
'성(誠)은 하늘의 도(道)이지만 이를 자연스럽게 실천하는 것은 사람의
도'라고 설파했고, 일본에서는 성을 '마코토[誠]'라 칭하며 의미는 '진실
한 언행'으로 규정했다. 일본의 노동윤리가 주요선진국에 비해 앞서있
는 것은 정직과 성실함을 중시하는 일본인의 행동양식이 뒷받침되어
있기 때문이고 국가의 경쟁력 역시 여기서 출발한다. 그러다보니 일본
사회에서는 분야를 불문코 무슨 일을 하던 '열심히(熱心に)' '성실히(真面
目に)' '확실하게(しっかり)' '힘내라(頑張れ)'는 말들을 합창어처럼 일본인
에게 요구한다. 모두가 '마코토[誠]' 정신과 불가분의 관계에 있는 단어
들이다.

실제로 일본사회는 거짓 없고 진실 된 언행으로서의 성(誠)의 자세를
사람이 실천해가야 할 기본적인 도(道)로 생각하며 모든 관계성의 문화
에서 가장 중시하고 있다. 성의정심(誠意正心)의 행동양식이 개인이나 조

직문화, 그리고 사회적 신뢰관계 구축의 토대가 된다는 사실을 그들은 전통적인 사유양식으로 인식하며 일상의 행동양식으로 실천해 왔다. 거짓말이 죄이고 정직하게 벌어야 하는 것이 '상인의 도'라는 사실이 17세기 중반부터 일반에 전파되었고, 이를 확인하듯 정직 · 근면 · 인내 · 화합의 가치가 일본근대화의 원동력이 되었다는 학설이 전후 일본사학계를 관통했다. 기업이 원산지 표시만 속여도 퇴출에 직면하고 반세기의 역사를 자랑하는 전통식당도 음식재활용 하나로 스스로 폐점해야 하는 사회적 기반이 수세기 전에 형성되었다는 의미이다.

국민소득 2만 달러를 돌파하면서 한국사회는 성장사회로부터 성숙사회로의 진입을 꿈꾸고 있다. 당연히 나아가야 할 도정(道程)이지만 기본에 충실하고 공적가치를 중시하는 자세로 사회적 신뢰관계를 구축하겠다는 의지가 전제되지 않는 한 성숙사회의 구현은 요원하다. 그럼에도 한국사회는 모든 분야에서 성심을 중시하는 가치관과는 점점 멀어져 가고 있다. 마치 '추락하는 것에 날개는 없다'는 형국이다. 패전 이후 일본의 소설가 사카구치 안고(坂口安吾)는 문예잡지『신쵸[新潮]』(1946.5)에「추락(墜落)론」을 발표하면서 다음과 같이 언급한 바 있다.

전쟁은 끝났다. 특공대의 용사는 이미 암거래상이 되고, 미망인은 이미 새로운 모습으로 가슴을 펴고 있지 않는가. 인간은 변하지는 않는다. 단지 인간으로 되돌아 온 것이다. 인간은 추락한다. 의사(義士)도 성녀(聖女)도 추락한다. 그것을 막을 수도 없고 막는다고 해서 사람을 구할 수는 없다. 인간은 살아있고 인간은 추락한다. (…중략…) 전쟁에 패했기 때문에 추락하는 것은 아니다. 인간이기 때문에 추락하는 것이고 살아있기 때문에 추락하는 것이다.

사카구치에 의하면 '추락'은 살아있는 인간의 모습을 그대로 표현한 것에 불과하고, 살아있는 인간이기에 추락하는 것이지, 그것이 전쟁에 의해 어쩔 수 없이 그렇게 된다는 것은 아니라는 주장이다. 생존을 위해 몸부림치고 있는 일본인들의 처지를 애써 변호하고 있는 듯한 그의 논리는 당시 힘겨운 삶을 영위하고 있던 대중들에게는 잠시나마 위안의 논리가 되었을지 모른다. 인간이기에 실수도 잘못도 나락으로 추락할 수도 있다. 그러나 인간의 추락이 공동체의 참된 가치를 외면하는 피폐한 사회의 동인으로 작용한다면 생존을 위한 일순의 일탈이라 하더라도 감상적으로만 볼 수 없다. 지금 한국인·한국사회가 그런 위기적 상황으로 치닫고 있다.

자율과 책임은 독선과 아집을 앞세우는 자들 앞에 여지없이 무너지고 원칙을 고수하면 독재와 불통으로 몰리기 일쑤이다. 자신의 귀책사유를 찾기 보다는 네 탓에 집착하고, 옳고 그름에 대한 가치판단은 본인의 이해관계나 친소관계에 따라 달라진다. 스스로는 어떠한 노력도 하지 않으면서 타인이 무엇을 하면 비난과 중상모략을 일삼고, 최소한의 기본적인 책무도 하지 않으면서 권리주장에는 온갖 괴변을 동원한다. 부질없는 명예를 희구하는 위선이 표절과 대리논문을 난무하게 하고, 요령과 변칙의 횡행이 공적가치나 시스템의 기능을 무력화시킨다. 본질에 대한 고민보다는 상황의 논리만을 강조하고 절차의 정당성 보다는 결과주의를 중시하면서 어느새 자기성찰보다는 자기합리화에 몰두하는 비이성적인 한국인으로 변해가고 있다.

여기서 그치지 않는다. 한건주의, 복지부동, 무사안일, 줄서기로부터 초연한 공직자를 찾아보기 어렵고, 위장전입, 논문표절, 병역시비, 부동산투기로부터 자유로운 인재를 찾을 수 없는 것이 지도층의 단면이다. 규제혁파를 외치는 대통령과 경제계의 요구가 줄기차게 이어져도 관료들의 반응은 요지부동이고, 권력을 등에 업고 마피아적 탐욕을 갈구하는 각종 이익단체들의 공고한 부패사슬을 엄단하는 법의 집행도 찾아보기 어렵다. 자살률 세계 1위의 불명예와 정보통신세계에서 발생하는 극단적인 탈·불법은 공동체의 안녕을 위협하고, 공교육의 붕괴와 가치관의 전도는 치유될 전망조차 보이지 않으며, 성형시장 5조 원(세계시장은 21조 원으로 추정)의 대극에 최저생활비조차 감내하지 못해 스스로 목숨을 끊어야 하는 민초들의 아픈 삶이 공존하는 한국사회다.

분열적 정치문화와 지도층 인사들의 모럴해저드, 과도한 물욕주의와 공적가치에 대한 사회적 인식부재가 한계점을 넘고 있는 사이에 '희망격차'를 강화하는 양극화현상은 깊어만 가고, 세월호참사와 같은 후진적 인재는 그칠 줄 모른다. 공동체를 유지함에 있어 가장 중요한 정직, 인내, 책임, 배려, 화합의 가치를 외면한 결과이다. 신뢰할 수 있는 사회가 어디서부터 출발하는지에 대한 고민은 원초적으로 없는 듯하고 무신불립(無信不立)의 사회가 국제사회에 어떤 모습으로 비쳐질까에 대한 성찰은 관심조차 두지 않는다. 그래서일까 "생활 속의 최소한의 행동규범을 지켜야 우리사회의 불필요한 갈등도 해소할 수 있다"는 말을 대통령이 언급해야 하는 사회로 추락했다. 국제사회가 주목하는 'IT 선진국'의 슬픈 자화상이 아닐 수 없다.

그러나 보다 심각한 것은 이런 문제들을 해소하기 위한 리더십 발휘나 사회적 공감대 형성의 움직임은 미약하다는 사실이다. 자신에 대한 진지한 성찰 없이 '품격있는 대한민국' 건설은 불가능하다. 국제사회로부터 존경받고 신뢰받는 국가로 부상하기 위해서는 지금부터라도 공(公)과 개(個)의 가치를 재정립하고 개인이나 조직, 국가의 격(格)을 중시하는 행동양식에 충실해야 한다. 삶을 규정하는 기본적인 가치나 책무에 대한 기본, 그 연장선상에서 한국인으로서 국제사회에 공헌하는 방안이 무엇인지를 찾아가는 국제인이 되어야 한다. 삶의 양식이나 공적가치의 의미를 한 번도 고뇌해 보지 않은 사람들이 스펙이나 하드웨어로 스스로를 포장한 들 그것이 곧 품격을 의미하지 않듯이 국격 역시 예외가 아니다. 그래서 성심을 강조하는 것이다.

성심은 모든 관계성의 문화에서 신뢰의 전제가 되지만 그것은 언설이 아니라 도리를 지키는 평소의 행동양식에 의해 담보된다. 성심이 인간의 사유양식과 행동양식의 근본이라는 사실을 한국사회가 모르는 바 아니지만 언제부터인가 우리는 이를 외면하는 '괴물'로 변하기 시작했다. 대외적인 측면에서도 예외가 아니다. 성장시대에 국제사회의 조소를 샀던 '어글리코리안'의 행태는 G20이 되어서도 사라지지 않고 있으며, 후진국에 대한 공적원조는 2010년이 되어서야 비로소 OECD의 개발원조위원회(DAC)의 24번째 회원국으로 활동을 시작했을 만큼 국제국가로서의 위상정립 의지는 약했다. 한국사회의 미성숙함을 상징하는 사례들이다. 글로벌 가치의 함양 없이 한국사회의 선진화나 '선진문화대국'의 건설은 불가능하다. 국민의식의 선진화가 선행되어야 한다.

이 점에서 우리는 일정부분 일본을 응시해 볼 필요가 있다. 일본은 독자적으로 국제질서를 재편할 능력은 없어도 경제 · 문화적으로는 상당한 영향력을 행사하고 있다. DAC설립(1960) 당시부터 회원국으로 활동하여 개도국의 경제협력 · 지원을 아끼지 않았고, 다양한 문화적 자산이나 상품에서 일본인의 행동양식과 라이프스타일에 이르기까지 '쿨 재팬(Cool Japan)'의 세계화는 우리가 상상하는 이상으로 위력을 발휘하고 있다. 국제사회에서 일본문화의 확장력은 대일인식의 흐름을 보면 알 수 있다. 동아시아만 하더라도 한 · 중과 아세안은 상당한 온도차가 있고, 북미나 남미, 유럽은 물론이고 아프리카조차도 매우 우호적이다. 한 · 중은 정치권과 국민의 시각이 일치하는 편이지만 각 지역의 정서는 정치권의 대응과 국민들의 인식에 갭이 존재한다. 일본적 가치를 축으로 장기적인 관점에서 치밀하게 문화홍보외교를 강화해 온 결과이다.

바로 우리가 주목해야 할 점이다. 작금에 진행되고 있는 보수지배층의 극우노선에 대해서는 항상 예의주시하며 견제력을 양성해가야 하나 한편으로는 그 보수지배층이 문화적으로 일본의 국격을 어떻게 향상시켜 왔는가를 분석하는 자세 역시 잃지 말아야 한다는 것이다. 현재 극우세력의 반동적 이데올로기는 역사심리적인 관점에서 보면 제국일본의 폭주와는 또 다른 측면이 있다. 제국일본의 팽창이 '앵글로색슨 형제'에 대한 열등감과 아시아의 후진성을 바탕으로 한 자신감에 기인했다면 지금의 일본은 한·중의 부상과 아시아의 성장에 따른 과거의 자신감과 여유의 상실이 역으로 팽창적 가치관을 조장하고 있다. 이러한 흐름을 멈추지 않으면 일본은 불행한 고립을 자초하게 될 것이다. 일본의 보수지배이데올로기의 양면성과 일본인의 사유양식의 특징을 포함해 다면적이고 균형 잡힌 대일관이 그 어느 때보다 요구되는 상황이다.

국제사회에서 한국의 지위가 근본적으로 바뀌고 있다는 사실을 우리는 진지하게 인식해야 한다. 향후 한국에 대한 세계 각국의 시선은 갈수록 엄격해지고 책무에 대한 국제사회의 요구 또한 강해질 것이다. 반(反)에서 합(合)으로, 불신의 늪에서 상호신뢰의 공동체로, 성장사회의 가치관에서 성숙사회의 가치관으로 자기변신을 꾀하지 않으면 외부의 압력에 의해 변해야 하는 우를 범할 수 있다. 배려하고 협력하고 희생하는 열린 자세로 공생(共生)을 도모하고 가치를 공유하는 노력을 범국가적인 차원에서 추진하여 인류의 평화와 안전에 기여하는 선진문화대국으로 거듭나야 한다. 문화력과 경제력으로 국제사회에 공헌하는 국가가 되기 위해서라도 국제사회에서 조롱거리가 될 수 있는 자기본위적인 행동양식과는 결별을 고해야 한다.

국제사회에서 존경받는 국가로 자리매김하기 위해서는 끊임없는 자기성찰이 필요하다. 자기성찰은 국민 각자가 성심으로 행동하고 교류하는 자세이다. 각국이 '공공외교'를 강조하고 있다는 것은 상대국에 대한 대 시민외교를 강화한다는 의미이지만 외교의 주체 역시 일반

시민으로 확대되었다는 것을 의미한다. 바야흐로 문화외교 = 시민외교의 시대가 도래한 것이다. 한국인의 행동양식과 대외관이 변해야 하는 이유가 바로 여기에 있다. 한 세기에 이민족 지배와 내전, 분단을 모두 경험한 유일한 국가임에도 문화적 잠재력만큼은 반만년 역사가 귀중한 자산으로 남겨놓았다. 그 자산과 함께 성심으로 성숙한 시민외교를 강화해 간다면 머지않아 국제사회를 선도하는 국가로 부상할 것이다. 그날을 진심으로 기대해 마지않는다.